读名著

品湖湘

湖湘文化保护传承工程项目
2024年度湖南省社科基金重大委托项目

总主编 朱汉民

湖湘文化名著读本

历史卷

龚抗云 李古月 编著

湖南大学出版社·长沙
HUNAN UNIVERSITY PRESS

图书在版编目（CIP）数据

湖湘文化名著读本. 历史卷 / 朱汉民总主编 ; 龚抗云，李古月编著. -- 长沙 ：湖南大学出版社，2024. 12.

ISBN 978-7-5667-3704-5

Ⅰ. Z835；K2

中国国家版本馆 CIP 数据核字第 2024VT2077 号

湖湘文化名著读本 历史卷

HUXIANG WENHUA MINGZHU DUBEN LISHI JUAN

编　　著：龚抗云　李古月
项目总监：邹　彬　王桂贞
责任编辑：全　健　尚楠欣
印　　装：湖南省众鑫印务有限公司
开　　本：710 mm×1000 mm　1/16　　**印　　张：**31.25　　**字　　数：**535千字
版　　次：2024年12月第1版　　**印　　次：**2024年12月第1次印刷
书　　号：ISBN 978-7-5667-3704-5
定　　价：88.00元

出 版 人：李文邦
出版发行：湖南大学出版社
社　　址：湖南·长沙·岳麓山　　**邮　　编：**410082
电　　话：0731-88822559（营销部）　88821594（编辑部）　88821006（出版部）
传　　真：0731-88822264（总编室）
网　　址：http://press.hnu.edu.cn

湖湘文化名著读本

编委会

总序

在漫长的人类文明史上，中华文明之所以成为一个从未中断的连续性文明体，缘于中华文化内在的恒长生命力。对于中华文化组成部分的湖湘文化，我们不能够仅仅将其理解为中华文化体系中的地域形态文化，它也是中华文化的杰出代表。沿着中华文化演变的历史脉络，湖湘文化经历了漫长的形成、演变、发展、重构的历史过程。湖湘文化作为中华文化的优秀典范，既具有中华文化的普遍精神，又形成了其独特的传统。

一、湖湘文化对中华文化的重要贡献

湖湘文化形成、发展于漫长的历史过程中，它在不同历史背景下的发展机遇、文化形态、重要贡献，均与中华文化的主体性建构密切相关。湖湘文化之所以在中华文化体系中居于重要地位，是因为它坚守中华民族的家国情怀、人文精神、文化使命，对中华文化的建构发展作出了重要贡献。

湖湘文化有三个重要发展时期，即楚汉时期、宋明时期和近代。湖湘文化人在此时期均创造出独特的历史成就和文化贡献，顺应了中华文化发展的历史趋势，充分反映了中华文化主体性建构的要求。

楚汉时期是湖湘文化登上中华文化历史舞台的重要时期。楚国时期的湖湘地区是楚文化的重要区域，在此产生了将中原道德文化与沅湘民俗文化相结合的浪漫主义文学艺术，其典型代表是屈原的“楚辞”。屈原是战国时期杰出的诗人、思想家、政治家，晚年被流放于湖湘大地，创作了融入湖湘地域特色的《离骚》《九歌》《九章》《天问》等作品。屈原在《离骚》中表露自己的心迹：“济沅湘以南征兮，就重华而陈词。”他在沅湘之地而向舜帝陈词，表达了身处南楚沅湘的屈子对华夏文化主体的敬重和认同，这一种文化情怀推动了南楚文化与中原文化的融合。屈原还进一步通过《九歌》的创作，建构了一个将沅湘地区的自然神崇拜与中原地区的圣王崇拜融为一体的艺术形象，逐渐使中原地区的舜帝与苗蛮民族的精神偶像统一起来。他以自己独特的艺术创造与深刻思想，推动了中华文化的多元融合与历史建构。“楚辞”不仅是楚文化的典范，也是中华文化的艺术经典。屈原在“楚辞”中构建了一个体现中华文化精神的艺术世界，推动了一种具有包容性的文化传统的历史建构，对中华文化与民族精神的形成作出了突出的贡献。在之后两千多年的历史长河中，屈原的“楚辞”一直陶冶着中华儿女的审美情操和精神世界。两汉时期建构的中华文化，是人类文明史上最宏大、最丰富、最深刻且具有蓬勃生命力的文明体之一。两汉文化主要由三大地域文化即齐鲁文化、秦晋文化、荆楚文化构成。荆楚文化是湖湘文化的源头，亦可谓湖湘文化的母体，她为两汉以后逐步成熟的中华文明作出了杰出贡献。此后，被流放在湖南的文人学者继承了屈原所奠定的湖湘文统，表现出与屈原一脉相承的精神气质。西汉的贾谊是继屈原之后影响最大的湖湘文人，他在湖南创作了《吊屈原赋》《鵩鸟赋》等充满湖湘神韵的文学作品，在中国文学史上具有重要地位。司马迁作《史记》时将屈原、贾谊合传，故而湖南在历史上又被称为“屈贾之乡”。

宋明时期既是中华文化的成熟与深化时期，也是湖湘文化的丰富与发展时期。两宋时期湖湘地区理学崛起，书院教育大盛，推动了湖湘文化的兴盛和发展，进而推动了中华文化的深入发展。两宋时期湖湘学派崛起，推动了理学思潮的创新和发展，涌现出许多著名的理学家，如周敦颐、胡宏、张栻等。湖湘地区书院的蓬勃发展，为理学的发展和传播作出了重要贡献。宋以前文化教育并不发达的湖湘地区，在两宋时期拥有“天下四大书院”中的岳麓书院和石鼓书院，时有“天下书院楚为盛”的说法，这些都反映了湖湘地区的文化教育对中华文化的历史贡献。明末时期的王船山以毕生精力从事学术研究，留下了一百多种著作，内容涉及哲学、政治、经济、历史、文学、教育、宗教、科技等领域，构建了一个博大精深的思想文化体系。他对自己的学术期许“六经责我开生面”，充分表达了他对中国思想文化发展趋势的深刻洞察。一方面，王船山全面继承、系统总结了以“六经”为代表的中国思想文化传统；另一方面，他又根据历史变革与发展趋势，大胆创新、全面发展了中国的传统思想文化。正因此，他留给后人的是一个既有深厚中华文化传统又有超前时代意义的思想文化体系。

从晚清到民国是中华文化近代化的重要时期，也是湖湘文化的继承与创新时期。清末民初，湖湘文化开始进入大发展时期。晚清以来的近代中国面临“三千年未有之变局”，中华文化受到西方文化的巨大冲击。近代知识分子群体主动承担起学习和引进外来的器物文化、制度文化、思想文化的大任，全方位地推动中国文化的近代化。同时，他们又坚守中华传统文化精神，坚守中华文化中具有恒常意义的价值体系，以实现中华文化的主体性转型。清末民初的湖湘知识分子群体参与了这一历史进程，那些提倡学习西方近代器物、制度、思想的志士仁人，很多都是胸怀家国的优秀湖湘儿女。他们在致力于中华文化近代化建设的同时，也在进一步推动中华文化的主体性转型。那些在近代史上推动中华文化近代化的先驱人物，有着对中华五千多年文化的高度自信。这种文化自信是建立在对中华文化的深刻思考和深厚情感基础之上的，所以，尽管他们也批判中华文化中的糟粕部分，但是他们从来没有对中华文化丧失信心。如魏源既呼唤“师夷长技以制夷”，倡导学习西方先进技术，又坚守中华文化“三代之心”的理想精神，以行王道致富强作为近代中国的最终目标。谭嗣同也是一位有着高度文化自信和文化自觉的人。他坚持以“仁”为价值体系核心来革新近代中国文化体系，他的代表作《仁学》就鲜明地体现出中华文化主体性革新的精神。杨昌济更坚定地相信，中华文化的价值理念是具有普遍性的世界主义。他说：“吾国圣贤之教，本取世界主义，故恒谓吾国为天下。”① 总之，湖湘学人坚信中华优秀文化既有贯通古今的恒常性价值，又有超越民族国家的普遍性价值。

近代湖湘文化对中华文化发展的重要贡献是湖湘学人在新文化运动中吸纳、宣传马克思主义，且将外来的马克思主义与中华文化相结合而建立中国化马克思主义。近代湖湘知识分子群体既是强调经世致用的实用主义者，也是追求大同之道的理想主义者，大多数近代湖湘知识分子持中国传统的大同、王道理念来推动中国的现代化进程。青年毛泽东曾表达了自己对中国最高理想“大同圣域”的向往。他说：“彼时天下皆为圣贤，而无凡愚，可尽毁一切世法，呼太和之气而吸清海之波。孔子知此义，故立太平世为鹄，而不废据乱、升平二世。大同者，吾人之鹄也。”② 新文化运动中，科学社会主义思潮从西方传入中国，那些追求大同理想的湖湘知识分子很快就接受了马克思主义，并在湖南地区创建了共产主义小组。中国在现代化进程中，最终选择了马克思主义。中国化马克思主义包含着深刻的中华文化思想内涵。如青年毛泽东一度从中外各种新思潮中探寻实现大同理想的道路，最后通过阅读《共产党宣言》等马克思主义著作，找到了实现大同理想的科学社会主义，确定了共产主义信仰。中华人民共和国成立前夕，毛泽东在《论人民民主专政》一文中指出：“康有为写了《大同书》，他没有也不可能找到一条到达大同的路。资产阶级的共和国，外国有过的，中国不能有，因为中国是受帝国主义压迫的国家。唯一的路是经过工人阶级领导的人民共和国”，“经过人民

① 杨昌济著，王兴国编注：《杨昌济集㈠》，湖南教育出版社，2008 年版，第 85 页。
② 《毛泽东早期文稿》，湖南人民出版社，2008 年版，第 76 页。

共和国到达社会主义和共产主义，到达阶级的消灭和世界的大同”。① 所以，毛泽东把共产主义称为“真正的大同”。可见，中华文化中的大同理念成为马克思主义传入中国的文化基础和精神助力。马克思主义传入中国之后，以毛泽东为代表的一代中国共产党人将实事求是思想作为民族形式的马克思主义，指导中国革命和建设。毛泽东诠释的实事求是之所以成为中国共产党的思想路线，是因为它是一种典型的中国化马克思主义思想。更具体地说，实事求是既有深厚的中国思想传统基础，又能够体现马克思实践唯物主义的普遍原理。中华民族作为一个重视实践的民族，具有实事求是的思想传统与文化基因，所以中国共产党人能够走出一条中国式革命的道路，并且形成了毛泽东思想。总之，我们可以把将中国传统的大同之道与共产主义理想结合起来、将实事求是之道与实践唯物主义结合起来，理解为近代湖湘文化对中华文化现代化发展的重要贡献。

由此可见，一部湖湘文化形成和发展的历史，就是一部传承和发展中华文化道统、参与中华文化建构的历史。在中国历史发展过程中的一些重要阶段，总有一些湖湘知识分子在引领中华文化的主体性建构，推动中华文明的建设与发展。他们致力于中华文明建设和发展的精神动力，正是中华文化的基本精神与中华道统的核心价值——其中包括大同理想、王道政治、内圣外王和实事求是。他们的文化自信，正源于对中华文化所具有的普遍性与恒常性价值的精神信念。

二、湖湘文化的主要特色

湖湘文化是中华文化体系中的地域形态文化之一，具有鲜明的地域特色。学界曾经从不同角度对湖湘文化的地域特色作过概括，这对推进湖湘文化的

① 《毛泽东选集》第4卷，人民出版社，1991年版，第1471页。

研究和宣传起到了很好的作用。这里主要从文源、文脉和文气三个方面，考察和定位湖湘文化的主要特色与优势。

其一，文源深。中华文明是世界古文明中唯一从未中断过的文明。史籍记载的“三皇五帝”，充分体现了中华民族的悠久文明历史，而湖湘文化与“三皇”中的炎帝、“五帝”中的舜帝均有着密切的关联。在中华文明史上，炎帝神农氏是农耕文化的奠基人，《周易·系辞》载神农氏“斫木为耜，揉木为耒，耒耨之利，以教天下”。在湖南地区出土的新石器时代遗址，如道县玉蟾岩遗址、澧县彭头山遗址，均证明了炎帝神农氏时代（甚至更早的历史时期）湖南地区便创立了比较发达的农业文明。可见，“三皇”之一的炎帝神农氏既是中华农耕文明的开拓者，又是湖湘文化的开拓者。后来，炎帝神农氏因为民治病，误食毒草而亡，葬于今湖南炎陵县。“五帝”之一的舜帝则是中华道德文化的奠基人。舜帝是出生于中原地区的华夏部落首领，很多历史典籍中记载了他的道德精神，如孝敬父母、恭谦礼让、以德治国、举贤任能等。舜帝的道德精神成为中华传统道德的典范，在中华大地产生了重大的影响。据《史记》记载，舜帝南巡时崩于苍梧之野，葬于九嶷。此后，九嶷山的舜帝陵就成为湖湘儿女祭拜舜帝、弘扬道德文化的地方。

湖湘文化的文源深，不仅仅在于它与中华民族农耕文化、道德文化的源头相关，还在于它与中国古典文学、两宋道学的源头直接相关。中国古典诗歌有两个源头：北方的《诗经》与南方的“楚辞”。屈原是楚辞艺术的奠基人与杰出代表，他的许多代表作品都是他被流放于湖南地区时创作的，吸收了沅湘之地的神话巫风。可见，湖湘文化为屈原的诗歌作品提供了源头活水。宋代被称为“道学宗主”“理学开山祖”的周敦颐出生于湖南道县，又多年在湖南地区为官并从事学术研究与文化传播，故而也是湖湘学的奠基人。屈原与周敦颐，“一为文学之鼻祖，一为理学之开山”（钱基博语），充分反映了湖湘文化的源远流长。

其二，文脉广。“文源深”着重从时间维度表达湖湘文化的悠久，“文脉广”则着重从空间维度表达湖湘文化的广大。区域文化虽然是针对某一空间范围而言的，但其形成、发展、演变均离不开不同区域文化之间的交流和互动。湖湘文化之所以获得很大发展，除了对本土文化的继承、创新以外，还在于对外来文化的不断学习、吸收，故而具有文脉广的特点。湖湘文化形成的上古时期，中原文化与南方本土文化相结合，极大地促进了中华文化的发展。炎帝神农氏的圣王人格精神，其实就是北方的英雄传说（炎帝）与南方的宗教信仰（农神）交流互渗的结果。舜帝南巡逝世并葬于九嶷，受到南方民众的普遍敬仰，亦体现出湖湘文化对中原道德文化的接受与吸收。另外，湖南本土的苗蛮文化，如果追溯其来源，也是九黎部落（东夷文化）南迁的结果。

屈原的“楚辞”作品也体现出文脉广的特点。一方面，他的部分诗歌源于沅湘巫歌，具有南音歌谣、巫风歌舞的地域特色与湖湘风情；另一方面，这些诗歌表现出对“美政”“美人”的理想追求，特别是对舜帝这位远古圣王的崇敬，其文脉显然为中原华夏族文化。周敦颐之所以能够成为道学宗主、理学开山鼻祖，固然是由于他能够继承齐鲁之风、孔孟学统，同时还与他大胆吸收和兼容佛、道思想有关。作为周敦颐理学思想的传承者，南宋胡宏、张栻在湖南地区创建的湖湘学派，也具有文脉广的特点。湖湘学派的创立缘于二程洛学南传，故而有浓厚的洛学特色；湖湘学者又广泛地与闽学学派的杨时、朱熹，与浙东学派的吕祖谦、薛季宣、陈傅良，与江西学派的陆九渊、陆九韶等开展学术交流，学术上有典型的兼容并蓄的特点。王船山能够成为清初三大儒之一，也缘于他的文脉广。他不但继承了宋时的湖湘学统（其中包括胡安国的《春秋》学、胡宏的人性论、张栻的知行论），而且继承了张载关学的学术思想，将气学发扬光大；同时吸收了浙学的事功取向。再如晚清的湖湘学人，其思想学术无不具有文脉广的特点。曾国藩将知识学问分成义理、考据、辞章、经济等“四门之学”。他本人能够在这“四门之学”中取得突出的成就，很大程度上在于他的文脉广。如他的义理之学源于洛闽，考据之学宗吴皖，辞章之学承桐城，经济之学源于浙东、湖湘各地。可见，广泛的文脉成就了湖湘学人，也推动了湖湘文化的大发展。

其三，文气足。“文气”是古代文论中的一个专有名词，一般用来指文章中所体现出的作者的精神气质，而用“文气”来描述湖湘文化的特征时，就有狭义与广义之分。狭义的文气，专指那些在湖湘地区创作的作品或湖南人的著述中所表达出的既具有地域特色又充满生命活力的精神气质。湖南作为一个文化大省，曾产生了一大批著名的作家和优秀的文学作品。屈原的《离骚》《九歌》《九章》《天问》，是中国较早的文学经典。此后，这里产生了许许多多在中国文学史上占有重要地位的作品，如贾谊的《吊屈原赋》《鹏鸟赋》，柳宗元的《永州八记》，范仲淹的《岳阳楼记》，周敦颐的《爱莲说》，等等。明清至近代，湖湘地区涌现出不计其数的文化名人，如李东阳、王夫之、曾国藩、何绍基、王闿运、丁玲、沈从文等，他们的作品均表现出一种充盈而劲悍的文气。最早提出“文气说”的曹丕曾说，“文以气为主，气之清浊有体，不可力强而致”①。其中的“气”就指作者内在的精神气质。湖湘作家群体的精神气质大多是血性与灵性的结合，并表现出劲直、刚烈、气雄的特色，作家群体及其代表作品凸显出文气足的特点。

广义的“文气”指某个人物群体所具有并表现出来的文化气质。湖湘大地有数千年的文化积淀，加之宋以后湖湘教育发展很快，湖南人才群体普遍体现出一种特别的文化气质。除了那些从事文学、学术等与“文”有关的人普遍具有文气，军人与政治家群体也表现出特别的文气。晚清的湘军集团就是一个具有“文气”的军事集团、政治集团。湘军集团的大部分将领是文人学者出身，受过系统的文化教育，能够治学为文。他们还用这种“文气”训练士兵，军营中常常传出琅琅书声。军队能够具有这样鲜明的文气，在历史上罕见。近代湖南许多著名的革命将领如黄兴、蔡锷等均显出鲜明的文气。同样，湖南的政治家也具有鲜明的文化气质。其中表现得最充分的是毛泽东。毛泽东是中国历史上影响很大的政治家、军事家，他的政治才能、军事才能使得他能够领导中国人民推翻三座大山、建立中华人民共和国；同时，他又

① 严可均校辑：《全上古三代秦汉三国六朝文》，中华书局，1958年版，第1097页。

是一位创作了大量文学名篇的诗人，一位热爱哲学并且提出了系统哲学理论的哲学家。毛泽东是历史上罕见的文气足的政治领袖。

三、为什么要编“湖湘文化名著读本”

2023年6月2日，习近平总书记在文化传承发展座谈会上特别指出，只有全面深入了解中华文明的历史，才能更有效地推动中华优秀传统文化创造性转化、创新性发展。同样，我们只有深入了解湖湘文化的历史，特别是了解湖湘文化对中华文化的历史贡献，才能更有效地推动中华文化重要组成部分的湖湘文化的创造性转化、创新性发展。

我们应该如何深入了解湖湘文化呢？显然，学习、了解湖湘文化，离不开下列几条途径。

其一，阅读湖湘文化的文献典籍。湖湘文化在几千年的历史演变发展过程中，留下了卷帙浩繁的文献典籍，它们是悠久的湖湘文化的体现。想要了解湖湘文化的学习者，无疑应该把这些历史文献典籍作为重要的资料。通过阅读这些典籍，我们可以穿过时空隧道，领悟湖湘文化的丰富内涵。

其二，考察湖湘文化的历史遗迹、文化遗物。由于时间的剥蚀，曾经鲜活的湖湘文化的历史现象和文化形态逐渐演变为博物馆里的文物与文化遗迹。它们是辉煌、灿烂的湖湘历史文化的见证，客观、忠实地叙述着湖湘历史文化。通过参观、考察湖湘文化的历史遗迹、文化遗物，我们可以了解、感受湖湘文化的历史风貌和丰富内涵。

其三，观察、思考当代湖湘人的文化心理、性格气质、风俗习惯。文化心理、性格气质、风俗习惯均是文化积淀的结果，通过对当代湖湘民众习俗、性格、心理等方面的观察思考，可以找到与湖湘文化相关的信息，进而了解湖湘文化。许多民俗学、社会学、人类学、心理学的研究者，都通过这一途径了解和诠释着湖湘文化。

其四，阅读湖湘文化研究著述，参加湖湘文化专题讲座。从事湖湘文化研究的学者，通过上述文献典籍、文物遗迹、民俗活动等载体，获得对于湖湘文化的认知，进而撰写关于湖湘文化的著述，开办湖湘文化专题讲座。通过阅读他们的著述，参与专题讲座，可以更快捷地获得有关湖湘文化的历史知识。

上述学习湖湘文化的途径，各有其特点和长处。而我们采用编写“名著读本”的方式，希望能引导读者深入学习湖湘文化的思想内涵和人文内核，深刻了解湖湘文化。本丛书具有以下特点：

其一，采取选读湖湘文化名著的途径，引导读者更加准确、深入地了解湖湘文化。几千年的湖湘文化历史主要是凭借文献典籍保存下来的。其他的如文物古迹、风俗习惯，也只有借助文献典籍，其文化意义才能够彰显出来。大量的湖湘文化研究论著与专题讲座，也主要是以文献典籍为依据而完成的。阅读文献典籍应该是最全面、最深入、最系统地了解湖湘文化的路径。但由于湖湘文化文献浩繁，普通读者显然难以入手，非湖湘文化研究专业人士也没有必要下那么大的功夫去读。本丛书精选了那些能够体现湖湘文化精华的原著，这些文化名著往往既能够集中体现中华文化精神，又能够反映湖湘文化特色。

其二，将湖湘文化名著与湖湘文化研究著述结合起来。对于读者，仅仅阅读湖湘文化原典，可能难以把握其中的思想核心与文化内涵；仅仅阅读湖湘文化论著，又可能难以进行独立思考。本丛书希望引导读者在自己阅读原著的同时，又能阅读到专业学者的注解、评析，继而能够快速、准确、深入地了解湖湘文化。

其三，将湖湘文化名著分为不同学科，包括哲学、文学、历史学、教育学、军事学等不同领域，以更加全面地介绍湖湘文化，满足不同爱好者的需求。湖湘文化的研究是一个综合性很强的学术场域，其文化内涵离不开各个不同的学科视域。本丛书的编著者均是在上述学科领域中具有较高学术涵养、取得一定学术成果的学者。他们以专业的眼光，选取能够代表湖湘文化的名著，并作出专业的注解、评析，以帮助读者从不同学科视域品读湖湘文化。

“湖湘文化名著读本”丛书最初于2012年出版，包含哲学卷、佛教卷、道教卷、文学卷、教育卷、军事卷。丛书出版后产生了较好的社会反响。近年来，以习近平同志为核心的党中央一直在强力推动中华优秀传统文化的创造性转化、创新性发展，特别是习近平总书记提出将马克思主义与中华优秀传统文化相结合，进一步推动了民众对中华优秀传统文化的学习。作为中华文化典范的湖湘文化，也受到从中央到地方各级领导的重视，进而引发了广大读者对湖湘文化的学习热情，关于湖湘文化的著述方兴未艾。湖南省委、省政府为了进一步推广湖湘文化，指示湖南大学修订、完善“湖湘文化名著读本”丛书，并将其列为“湖湘文化保护传承工程”项目。同时，本丛书还被湖南省哲学社会科学工作办公室列为“2024年度湖南省社科基金重大委托项目（24WTA14）”。湖南大学高度重视，成立了编委会和修订工作专班，以期圆满完成这一重大文化工程项目。

根据湖南省委、省政府和湖南大学的指示以及湖南大学出版社工作专班的安排，我受命主持本丛书的修订和完善工作。本次修订，我们根据现代大学生、公务员、广大文化爱好者等不同群体学习湖湘文化的需要，选取哲学、历史学、文学、教育学、军事学等五个学科的湖湘文化名著，请相关作者根据新的研究成果，增补、完善本丛书，以体现当代学者对中国传统文化、湖湘文化的研究水平。我在原序的基础上，对湖湘文化的历史概貌、文化成就、地域特色以及本丛书出版始末、主要特色作了一个基本的介绍。

是为序。

朱汉民

2024年10月31日定稿于岳麓书院文昌阁

前言

历史学是湖湘文化的重要组成部分，了解和研究湖湘史学的成就和特点是我们认识和研究湖湘文化的重要途径。湖湘史学按其发展历程，可分为较明显的三个阶段。第一个阶段是汉唐时期。这个时期湖湘史学处于萌芽和发展阶段，这个过程非常漫长。由于这个时期的湖南处于非常落后的状态，且远离中原，一些在中原王朝为官、抱有经世济民情怀的士大夫，因各种原因触犯了权贵遭贬，就会被流放到湖南。如汉代贾谊被谪长沙、唐代柳宗元被贬永州，他们的到来为湖湘史学注入了关心现实、忧国忧民的情怀和经世致用的治史精神。第二个阶段是宋明时期。这个时期随着中国经济重心的南移，湖湘文化得到了长足的发展，尤其是湖湘学派的崛起，使湖湘学术开始走向全国的前列。体现在史学方面，就是湖湘史学率先完成了由传统史学向义理化史学的转型。胡安国、胡寅、张栻等湖湘学派代表人物，正是宋代义理化史学的开创者和代表性人物。值得一提的是明末清初的王夫之，他的史学在一定程度上是对义理化史学，包括湖湘学派的义理化史学思想的全面抨击，但这如同马克思主义哲学所言的“否定之否定”。他的出现，可以说将湖湘史学甚至是中国古代的哲学和史学推向了一个顶峰。第三个阶段是近现代。

这一时期，湖湘史学发展到高峰并引领全国史学的发展。近现代湖湘史学有三个明显特点：一是进一步继承和发扬了湖湘史学的经世致用和爱国主义精神；二是引领史学由传统向马克思主义史学转型；三是有许多湘籍资产阶级民主革命家和无产阶级革命家以亲历者的身份记录了一些重大历史事件和革命行动。

本书选取或节选了这三个历史阶段中一些湖湘史学代表人物的代表作品进行注释和评析，试图为读者学习和了解湖湘史学乃至湖湘文化提供一个基本的线索。

历史卷是《湖湘文化名著读本》丛书中唯一新增的一卷。鉴于“读本”普及性的文本特点，亦为了保证史学典籍的严肃性，本书在编撰、编辑过程中，除对版本和篇目悉心甄选外，还在勘误、注释和评析三方面用功甚笃，同时在体例上也做了相应规整。为便于读者阅读，说明如下。

勘误、注释

（1）每篇选文都在核对原文的基础上进行了勘误，并对勘误结果加注说明。首先核对选文是否与相应版本一致，然后参照权威工具书对选文进行编校，以消灭选文本身残留的错误。同时，为确保选文内容的正确性，还尽力找到部分选文的最初通行版本进行比对核实。如宋教仁的《间岛问题》，第三章据民国《建国月刊》第 15 卷 1 期刊载原文进行了勘误，第四至七章据《地学杂志》刊文进行了勘误。向达的《唐代长安与西域文明》，比对其 1933 年哈佛燕京社版原文进行了勘误。

（2）对选文中出现的一些生僻字词和知识点加注说明。

（3）对于原文页下注，校勘后，保留正确的或只对其中字、词、句进行部分修正和补充的，并加“＊”以与本书新增注释相区别；与引文不对应，可能误导读者的，替换新的注释。

（4）选文中一些涉及知识点的字词的修改，以及依据不同版本修改的字词，用修正符号“〔 〕”或补字符号“[ ]”标出，并加注说明依据版本。对单个字修改，直接在错字后标出，如“喀〔哈〕”。对两个以上字，或一对多、多对一的修改，对应的错字加“（ ）”，再用“〔 〕”标注正确字词，如“（国朝）〔开国〕”。对漏字则直接在相应地方增补，如“朝鲜［通］史”。

（5）对于选文中所引各类文献，结合选文原有注释一一查证。核对原文献后发现不一致或原文本身有误的，均用修正符号“〔 〕”或补字符号“[ ]”标出。

（6）选文中的繁体字、异体字（除某些专有名词）直接改成简体；一些专有名词如人名、地名等，依据《辞海》（上海辞书出版社 2019 年第七版）直接改成通行写法。

（7）选文中简单的错字径改，如“日”改“曰”，“土”改“士”，“风”改“凤”，“絳”改“绛”等。

（8）选文表述和选文所引文献本身有误或怀疑有误的，加页下注以“编者按”的形式作出说明。

（9）对于民国时期部分选文中与今译不同的音译词（主要是外国人名、地名等专有名词），和可能引起读者误解的表述，直接加页下注作出说明。

（10）民国时期选文只修改明显错字，表述方面基本保持原貌。如民国时期行文一般“的”“地”不分，统一用“的”。本书中“的”“地”混用的选文按现行语法规则修改；如果全篇用“的”，则保持原貌。

评析

（1）内容解读方面，全面细致地介绍选文内容，使读者能够准确无误地了解选文究竟说了什么。

（2）评价方面，结合历史背景和当今时代，剖析选文的精神价值、时代意义，并兼顾进步性和局限性，以引导读者领会选文的思想意义。

（3）语句表达方面，力求在通顺流畅的基础上有一定感染力，以激发读者深入了解选文的兴趣，并对选文所体现的湖湘文化精神产生共鸣。

虽然已经勉力按以上要求实行，但限于学识，实际效果如何，还有待检验。

目次

胡　寅

张　栻

王夫之

魏　源

杨毓麟

宋教仁

蔡和森

邓中夏

李剑农

周谷城

吕振羽

翦伯赞

毛泽东

向　达

贾谊

贾谊（前200—前168），洛阳（今河南洛阳东）人。西汉初年政论家、文学家。少有才名。文帝初，以“颇通诸子百家之书”被推荐为博士，当时年仅21岁，在所聘博士中年纪最轻。出任博士期间，每逢皇帝诏问，皆能应答如流，并有精辟见解。汉文帝非常欣赏，一年之内便破格提拔他为太中大夫。后受大臣周勃、灌婴排挤，谪为长沙王太傅，故后世亦称其为贾长沙、贾太傅。三年后被召回，任梁怀王太傅。后梁怀王坠马而死，贾谊深自歉疚，抑郁而亡，年仅32岁。著作有《新书》《过秦论》《陈政事疏》等。今人辑有《贾谊集》。

过秦论

过秦上

秦孝公据崤函之固①，拥雍州之地，君臣固守以窥周室，有席卷天下，包举宇内，囊括四海之意，并吞八荒②之心。当是时也，商君佐之，内立法度，务耕织，修守战之具；外连衡而斗诸侯。于是秦人拱手而取西河之外③。

孝公既没，惠文、武、昭襄蒙故业，因遗策，南取汉中，西举巴蜀，东割膏腴之地，北收要害之郡。诸侯恐惧，会盟而谋弱秦，不爱珍器重宝肥饶

①崤函：崤山与函谷关的合称，相当于今河南洛阳以西至潼关一带，为中国西北地区的险要之地。崤函之固，比喻地势十分险要。

②八荒：八方，泛指四面八方遥远的土地。

③西河之外：指黄河以西的土地。

之地，以致天下之士，合从①缔交，相举为一。当此之时，齐有孟尝，赵有平原，楚有春申，魏有信陵。此四君者，皆明智而忠信，宽厚而爱人，尊贤而重士，约从离衡，兼韩、魏、燕、赵、宋、卫、中山之众。于是六国之士，有宁越、徐尚、苏秦、杜赫之属为之谋，齐明、周最、陈轸、召滑、楼缓、翟景、苏厉、乐毅之徒通其意，吴起、孙膑、带佗、倪良、王廖、田忌、廉颇、赵奢之朋制其兵。尝以十倍之地，百万之师，仰关而攻秦。秦人开关延敌，九国之师逡巡而不敢进。秦无亡矢遗镞之费，而天下已困矣。于是从散约败，争割地而赂秦。秦有余力而制其弊，追亡逐北，伏尸百万，流血漂橹②，因利乘便，宰割天下，分裂山河。疆③国请服，弱国入朝。

施及孝文王、庄襄王，享国之日浅，国家无事。

及至始皇，奋六世之余烈，振长策而御宇内，吞二周④而亡诸侯，履至尊而制六合，执敲朴⑤而鞭笞天下，威振四海。南取百越之地，以为桂林、象郡；百越之君，俯首系颈⑥，委命下吏。乃使蒙恬北筑长城而守藩篱，却匈奴七百余里。胡人不敢南下而牧马，士不敢弯弓而报怨。于是废先王之道，焚百家之言，以愚黔首；堕名城，杀豪杰，收天下之兵，聚之咸阳，销锋镝⑦，铸以为金人十二，以弱天下之民。然后践华为城，因河为池，⑧ 据亿丈之高，临不测之渊以为固。良将劲弩，而守要害之处，信臣精卒，陈利兵而谁何。天下已定，始皇之心，自以为关中之固，金城⑨千里，子孙帝王⑩万世

①合从："从"即"纵"，合从连横是战国时期纵横家所宣扬并推行的外交和军事政策。合从之说由公孙衍首先发起，苏秦游说六国，推动六国联合抗秦，秦在西方，六国在东方，因为六国土地南北相连，故称"合从"；后秦国与各国分别结交以打破他们之间的盟约，因自西向东为横向，故称"连横"。

②流血漂橹：形容血流成河，可以漂浮盾牌。橹，盾牌。

③疆：通"强"。

④二周：不是指我们所熟悉的西周王朝和东周王朝，而是战国时期的西周国和东周国两个诸侯国。

⑤敲朴：也作"敲扑"，指鞭打的刑具，短曰"敲"，长曰"扑"。亦指敲打鞭笞。

⑥俯首系颈：形容卑躬屈膝、低头认罪的样子。

⑦锋镝：锋，刀刃；镝，箭镞。泛指兵器。

⑧践华为城，因河为池：以华山和黄河为屏障，把它们当作城墙和护城河。

⑨金城：坚固的城池。金，比喻坚固。

⑩子孙帝王：子子孙孙称帝称王。

之业也。

始皇既没，余威震于殊俗。然而陈涉，瓮牖绳枢①之子，氓隶之人，而迁徙之徒②也；才能不及中人，非有仲尼、墨翟之贤，陶朱、猗顿之富。蹑足行伍③之间，而俯起④阡陌之中，率疲弊之卒，将数百之众，转而攻秦。斩木为兵，揭干⑤为旗，天下云合而响应，赢粮而景从⑥。山东豪俊遂并起而亡秦族矣。

且夫天下非小弱也，雍州之地，崤函之固，自若也。陈涉之位，非尊于齐、楚、燕、赵、韩、魏、宋、卫、中山之君也；锄耰棘矜⑦，非铦⑧于钩戟长铩也；谪戍之众，非亢九国之师也；深谋远虑，行军用兵之道，非及乡⑨时之士也。然而成败异变，功业相反，何也？试使山东之国与陈涉度长挈大，比权量力，则不可同年而语矣。然秦以区区之地，致万乘之势，序八州而朝同列，百有余年矣。然后以六合为家，崤函为宫。一夫作难而七庙堕，身死人手，为天下笑者，何也？仁义不施，攻守之势异也。

过秦下

秦灭周祀，并海内，兼诸侯，南面称帝，以四海养。天下之士斐然向风⑩，若是，何也？曰：近古而无王者久矣。周室卑微，五霸既灭，令不行于天下。是以诸侯力正⑪，强凌弱，众暴寡，兵革不休，士民罢弊。今秦南面而王天下，是上有天子也。即元元之民冀得安其性命，莫不虚心而仰上。

①瓮牖绳枢：瓮牖，用瓦瓮做窗户；绳枢，用绳子系门枢。形容房屋简陋，家境贫寒。

②迁徙之徒：指陈涉在秦二世元年（前209）被征发戍守渔阳。

③蹑足行伍：置身于戍卒的队伍。行伍，古代军队编制，五人为“伍”，二十五人为“行”，故以“行伍”泛指军队。

④俯起：俯仰。

⑤干：通“竿”。

⑥赢粮而景从：担着干粮如影随形地跟着。赢，担负。景，同“影”。

⑦锄耰（yōu）棘矜（qín）：统指农民的锄具，形容武器粗劣。矜，木柄，木棍。

⑧铦（xiān）：锋利。

⑨乡：通“向”，以前。

⑩向风：如风吹草伏，比喻闻风归服。

⑪正：通“征”，诸侯之间凭借武力相互攻伐。

当此之时，专威定功，安危之本，在于此矣。

秦王怀贪鄙之心，行自奋之智，不信功臣，不亲士民，废王道而立私爱，焚文书而酷刑法，先诈力而后仁义，以暴虐为天下始。夫并兼者高诈力，安危者贵顺权，① 以此言之，取与、攻守不同术也。秦虽离战国而王天下，其道不易，其政不改，是以其所以取之也，孤独而有之，故其亡可立而待也。借使秦王论上世之事，并殷周之迹，以制御其政，后虽有淫骄之主，犹未有倾危之患也。故三王之建天下，名号显美，功业长久。

今秦二世立，天下莫不引领而观其政。夫寒者利裋褐②而饥者甘糟糠。天下嚣嚣③，新主之资也。此言劳民之易为仁也。向使二世有庸主之行而任忠贤，臣主一心而忧海内之患，缟素而正先帝之过；裂地分民以封功臣之后，建国立君以礼天下；虚囹圄而免刑戮，去收孥④污秽之罪，使各反其乡里；发仓廪，散财币，以振孤独穷困之士；轻赋少事，以佐百姓之急；约法省刑，以持其后，使天下之人皆得自新，更节修行，各慎其身；塞万民之望，而以盛德与天下，天下息矣。即四海之内，皆欢然各自安乐其处，惟恐有变。虽有狡害之民，无离上之心，则不轨之臣无以饰其智，而暴乱之奸弥矣。二世不行此术，而重以无道：坏宗庙与民，更始作阿房之宫；繁刑严诛，吏治刻深；赏罚不当，赋敛无度。天下多事，吏不能纪；百姓困穷，而主不收恤。然后奸伪并起，而上下相遁；蒙罪者众，刑戮相望于道，而天下苦之。自群卿以下至于众庶，人怀自危之心，亲处穷苦之实，咸不安其位，故易动也。是以陈涉不用汤、武之贤，不借公侯之尊，奋臂于大泽，而天下响应者，其民危也。

故先王者见终始之变，知存亡之由，是以牧之以道，务在安之而已矣。下虽有逆行之臣，必无响应之助。故曰“安民可与行义，而危民易与为非”，

①安危者贵顺权：平定危难的人重视顺应时势。安危，指平定危难，转危为安；顺权，顺应时势，懂得变通。

②裋（shù）褐：指古时贫苦人穿的粗布短衣。

③嚣嚣：怨恨声。

④收孥（nú）：一人犯法，妻、子连坐，没为奴婢。孥，妻和儿女的统称。

此之谓也。贵为天子，富有四海，身在于戮者，正①之非也。是二世之过也。

秦兼诸侯山东三十余郡，循津关，据险塞，缮甲兵而守之。然陈涉率散乱之众数百，奋臂大呼，不用弓戟之兵，锄耰白梃②，望屋而食③，横行天下。秦人阻险不守，关梁不闭，长戟不刺，强弩不射。楚师深入，战于鸿门，曾无藩篱之难。于是山东诸侯并起，豪俊相立。秦使章邯将而东征。章邯因其三军之众要市④于外，以谋其上。群臣之不相信，可见于此矣。

子婴立，遂不悟。借使子婴有庸主之材，而仅得中佐，山东虽乱，三秦之地可全而有，宗庙之祠宜未绝也。秦地被山带河以为固，四塞之国也。自缪公以来，至于秦王二十余君，常为诸侯雄，此岂世贤哉？其势居然也。且天下尝昔日同心并力攻秦矣，当此之世，贤智并列，良将行其师，贤相通其谋，然困于阻险而不能进，秦乃延入战而为之开关，百万之徒逃北而遂坏。然困于阻险而不能进者，岂勇力智慧不足哉？形不利，势不便也。秦虽小邑，伐并大城，守险塞而军，高垒毋战，闭关据厄，荷戟而守之。诸侯起于匹夫，以利会，非有素王之行也。其交未亲，其民未附，名曰亡秦，其实利之也。彼见秦阻之难犯，必退阵。案土息民以待其弊，承解诛罢⑤以令国君，不患不得意于海内。贵为天子，富有四海，而身为禽⑥者，其救败非也。

秦王足己而不问，遂过而不变。二世受之，因而不改，暴虐以重祸。子婴孤立无亲，危弱无辅。三主之惑，终身不悟，亡不亦宜乎？当此时也，世非无深谋远虑知化之士也，然所以不敢尽忠拂过者，秦俗多忌讳之禁也，忠言未卒于口，而身糜没矣。故使天下之士倾耳而听，重足而立⑦，阖口而不

①正：通“政”。
②锄耰白梃：指农具和未经加工的棍棒，形容武器粗劣。
③望屋而食：指行军不带粮食，随处就食。
④要市：以要挟手段谋取利益或迫使对方满足自己的某种要求。
⑤承解诛罢：指乘机攻击懈怠、疲劳的诸侯国。承，通“惩”；解，同“懈”；罢，通“疲”。
⑥禽：通“擒”。
⑦重足而立：两脚紧靠着站立，形容恭敬的样子。

言。是以三主失道，而忠臣不谏，智士不谋也。天下已乱，奸臣不上闻，岂不悲哉！先王知壅蔽之伤国也，故置公卿大夫士，以饰法设刑而天下治。其强也，禁暴诛乱而天下服；其弱也，五霸征而诸侯从；其削也，内守外附而社稷存。故秦之盛也，繁法严刑而天下震；及其衰也，百姓怨而海内叛矣。故周王序得其道，千余载不绝；秦本末并失，故不能长。由是观之，安危之统相去远矣。

鄙谚曰："前事之不忘，后之师也。"是以君子为国，观之上古，验之当世，参之人事，察盛衰之理，审权势之宜，去就有序，变化应时，故旷日长久而社稷安矣。

（贾谊著，阎振益、钟夏校注：《新书校注》，中华书局2000年版，第1－25页。）

评析

汉初大局已定，时人都以为国泰民安、江山稳固了，而贾谊却独具慧眼，洞悉到汉王朝内有诸王割据，外有匈奴入侵，表面太平，实际上危机重重。故而贾谊以史为鉴，写下了千古名篇《过秦论》，试图通过总结秦朝速亡的历史教训，以作为汉王朝建立制度、巩固统治的借鉴。

文章首先分析了秦自孝公以迄始皇逐渐强大的原因，如具有地理的优势、实行变法图强的主张、正确的战争策略、几代人的苦心经营等。贾谊认为秦能统一天下的另一方面原因是顺应了时代潮流：当时天下苦分裂久，民心向往统一。但秦统一天下后，自以为成就了子子孙孙的万世帝王之业，于是废先王之道、烧百家之书、行愚民之政，销毁天下兵器、加强京城防御，以为自己的天下固若金汤，却没能认识到治理王朝与军事征战的不同，没有及时调整政策，以致民怨沸腾，最终自取灭亡。因此贾谊总结道，秦朝速亡的原因在于"仁义不施，攻守之势异也"，这也是本文的核心观点。他强调，秦始皇统一天下后，不能审时度势，不施行仁义以守天下，“其道不易，其政不改”，依旧严刑峻法，崇尚计谋和暴力，以致很快灭亡。

秦朝在农民起义中备受打击。陈胜、吴广带领农民队伍首先发难，在推翻秦王朝暴政的过程中显示了巨大的力量。陈胜、吴广出身低微，所率领的队伍也不过是临时集结起来的戍卒，如果同当初的六国将领及其军队相比，差得太远，“不可同年而语”。但就是这样一群人揭竿而起，得四方响应，形成了浩荡的起义浪潮，重创了秦王朝的统治。最终，群雄并起，秦王朝越短短二世而亡。《过秦论》中详细评述了这一历史事件，并从中总结历史的经验与教训。因分析中肯，司马迁在《史记·秦始皇本纪》中将其全文收录，并赞叹：“善哉乎，贾生推言之也！”

贾谊《过秦论》的精神内核是汉初儒学一再强调的“马上得天下，安能马上治之”的治国理念。他认为，兼并战争需要的是计谋与暴力，治理天下则要顺从形势，施行仁义。而秦始皇统一天下后，仍施行当初兼并天下时的残暴统治，横征暴敛、严刑峻法；秦始皇死后，二世的暴虐无道有过之无不及，因而很快人心尽失，烽烟四起。因此，治国应审时度势，及时调整政策方针，只有顺应民心，方可长治久安。这表现出贾谊在政治立场上的民本倾向。

当然，《过秦论》中也表现了贾谊某些政治观点的局限性。例如，他把实行郡县制当作秦朝暴亡的原因之一，并认为，如果实行分封制，“裂地分民以封功臣之后，建国立君以礼天下”，就可以像周王朝那样，“千余载不绝”。这实际上是肯定了汉初中央集权与分封诸王并行的折中办法。后来贾谊看到诸侯坐大，有发动叛乱的迹象时，开始认识到分封制的弊端。因此，在《陈政事疏》（又名《治安策》）中，贾谊就不再主张分封制了。

值得一提的是，在毛泽东主席的诗词中，以历史人物为题的仅有四首，而贾谊独占两首——《七律·咏贾谊》和《七绝·贾谊》，足见贾谊在毛主席心中的崇高地位。

这两首诗对贾谊及其政论给予了很高的评价，今附于此：

《七律·咏贾谊》："少年倜傥廊庙才，壮志未酬事堪哀。胸罗文章兵百万，胆照华国树千台。雄英无计倾圣主，高节终竟受疑猜。千古同惜长沙傅，空白汨罗步尘埃。"

《七绝·贾谊》："贾生才调世无伦，哭泣情怀吊屈文。梁王坠马寻常事，何用哀伤付一生。"

柳宗元

柳宗元（773—819），字子厚，祖籍河东（今山西运城永济一带），世称“柳河东”“河东先生”。因官终柳州刺史，又称“柳柳州”。唐代文学家、哲学家、散文家和思想家。贞元九年（793）中进士，十四年（798）中博学宏词科，授集贤殿书院正字。贞元十九年（803）任监察御史里行。贞元二十一年（805）正月，太子李诵继位，改元永贞，是为顺宗。顺宗重用王伾、王叔文等人。柳宗元因与王叔文等政见相同，被提拔为礼部员外郎。王叔文等掌管朝政后，推行一系列改革措施，史称“永贞革新”。改革引起一些守旧大臣和宦官的反对。同年八月，顺宗被迫禅让帝位给太子李纯，是为宪宗，史称“永贞内禅”。宪宗一上台就打击以王叔文和王伾为首的政治集团，“永贞革新”宣告失败，前后仅146天。柳宗元被贬为邵州刺史，在往赴邵州途中，接到改贬命令，改往永州任司马。他在湖南永州（今湖南永州零陵区）生活了近十年，《封建论》即作于此时。柳宗元逝世后，好友刘禹锡曾编《河东先生集》；今人整理有《柳河东集》《柳宗元集》等版本。

封建论

天地果无初乎？吾不得而知之也。生人果有初乎？吾不得而知之也。然则孰为近？曰：有初为近。孰明之？由封建而明之也。彼封建者，更古圣王尧、舜、禹、汤、文、武而莫能去之。盖非不欲去之也，势不可也。势之来，其生人之初乎？不初，无以有封建。封建，非圣人意也。

彼其初与万物皆生，草木榛榛①，鹿豕狉狉②，人不能搏噬③，而且无毛

①榛榛：指草木丛生的样子。

②狉狉（pī）：形容群兽奔走貌。

③搏噬：搏斗、噬咬。

羽，莫克①自奉自卫。荀卿有言：必将假②物以为用者也。夫假物者必争，争而不已，必就其能断曲直者而听命焉。其智而明者，所伏必众；告之以直而不改，必痛之而后畏：由是君长刑政生焉。故近者聚而为群；群之分，其争必大，大而后有兵有德。又有大者，众群之长又就而听命焉，以安其属。于是有诸侯之列，则其争又有大者焉。德又大者，诸侯之列又就而听命焉，以安其封。于是有方伯③、连帅④之类，则其争又有大者焉。德又大者，方伯、连帅之类又就而听命焉，以安其人，然后天下会于一。是故有里胥⑤而后有县大夫，有县大夫而后有诸侯，有诸侯而后有方伯、连帅，有方伯、连帅而后有天子。自天子至于里胥，其德在人者，死必求其嗣而奉之。故封建非圣人意也，势也。

夫尧、舜、禹、汤之事远矣，及有周而甚详。周有天下，裂土田而瓜分之，设五等⑥，邦群后⑦，布履星罗，四周于天下，轮运而辐集；合为朝覲会同⑧，离为守臣捍⑨城。然而降于夷王，害礼伤尊，下堂而迎覲者。历于宣王，挟中兴复古之德，雄南征北伐之威，卒不能定鲁侯之嗣。陵夷迄于幽、厉，王室东徙，而自列为诸侯矣。厥后问鼎⑩之轻重者有之，射王中肩⑪者有

①克：能够。
②假：借助。
③方伯：古代诸侯领袖称谓，为一方之长。唐以后为地方长官泛称，明、清时为布政使别称。
④连帅：古代十国诸侯之长。《礼记·王制》载：“十国以为连，连有帅。”唐代多指观察使、按察使。
⑤里胥：古代管理乡里事务的公差。
⑥五等：指公、侯、伯、子、男五个等级的爵位。
⑦后：指诸侯。
⑧朝覲会同：臣子朝见君主、诸侯拜见天子的通称。朝覲，《周礼》云“春见曰朝，秋见曰覲”。会同，《周礼》云“时见曰会，殷见曰同”。时，指无常期。殷，犹众。
⑨捍：捍卫，抵御。
⑩问鼎：公元前606年，楚庄王向周大夫王孙满打听周朝的传国之宝九鼎的大小与轻重，意在夺取周王朝的天下。后以“问鼎”喻图谋夺取政权。
⑪射王中肩：箭射中王的肩膀。指周桓王十三年（前707），周桓王率周师与蔡、卫、陈联军讨伐郑国，大败，还被郑庄公手下将领一箭射中肩膀事。

之，伐凡伯①、诛苌弘②者有之。天下乖盭③，无君君④之心。余以为周之丧久矣，徒建空名于公侯之上耳！得非诸侯之盛强，末大不掉⑤之咎欤？遂判为十二⑥，合为七国⑦，威分于陪臣之邦，国殄于后封之秦，则周之败端，其在乎此矣。

秦有天下，裂都会而为之郡邑，废侯卫而为之守宰，据天下之雄图，都六合之上游，摄制四海，运于掌握之内，此其所以为得也。不数载而天下大坏，其有由矣：亟役万人，暴其威刑，竭其货贿。负锄梃谪戍之徒，圜视而合从，大呼而成群。时则有叛人，而无叛吏，人怨于下，而吏畏于上。天下相合，杀守劫令而并起。咎在人怨，非郡邑之制失也。

汉有天下，矫秦之枉，徇周之制，剖海内而立宗子，封功臣。数年之间，奔命扶伤之不暇，困平城⑧，病流矢⑨，陵迟⑩不救者三代；后乃谋臣献画，而离削自守矣。然而封建之始，郡邑居半，时则有叛国而无叛郡，秦制之得，亦以明矣。继汉而帝者，虽百代可知也。

唐兴，制州邑，立守宰，此其所以为宜也。然犹桀猾时起，虐害方域者，失不在于州，而在于兵⑪，时则有叛将，而无叛州。州县之设，固不可革也。

或者曰："封建者，必私其土，子其人，适其俗，修其理，施化易也。

---

①凡伯：凡国的国君为世袭伯爵，史称"凡伯"，此处指周桓王时期凡国国君。史载其待戎族轻慢，于楚丘（春秋曹地，在今山东曹县东南）被戎族所掳。

②苌弘：？—前 492，字叔，春秋时周大夫，蜀地资州人，古代著名政治家、教育家、天文学家，孔子的老师，孔子曾向他请教过音乐方面的学问。后卷入晋卿内讧，被周人杀死。传说其死后三年，血化为碧玉，因有成语"苌弘化碧"。

③盭（lì）：通"戾"，乖违，暴戾。

④君君：以君为君，即以天子之礼侍奉天子。

⑤末大不掉：尾巴大了不易摆动。比喻部属势力强大，不服从指挥调度；又比喻机构庞大，指挥不灵。

⑥十二：指天下分为晋、楚、齐、秦、宋、郑、鲁、卫、陈、蔡、曹、燕十二国。

⑦七国：指战国七雄齐、楚、燕、韩、赵、魏、秦。

⑧困平城：指西汉高祖七年（前 200）刘邦亲率军迎击匈奴，被围于平城（今山西大同市东北）东白登山。

⑨病流矢：指西汉高祖十一年（前 196）刘邦在平定英布叛乱的战争中，被乱箭射伤。

⑩陵迟：斜平；坡度渐缓。引申为衰颓。

⑪兵：指兵制，即唐后期藩镇拥有重兵。

守宰者，苟其心，思迁其秩而已，何能理乎？”余又非之。周之事迹，断可见矣：列侯骄盈，黩货事戎①，大凡乱国多，理国寡；侯伯不得变其政，天子不得变其君，私土子人者，百不有一。失在于制，不在于政，周事然也。秦之事迹，亦断可见矣：有理人之制，而不委郡邑，是矣；有理人之臣，而不使守宰，是矣；郡邑不得正其制，守宰不得行其理；酷刑苦役，而万人侧目②。失在于政，不在于制，秦事然也。汉兴，天子之政行于郡，不行于国③；制其守宰，不制其侯王。侯王虽乱，不可变也；国人虽病，不可除也。及夫大逆不道，然后掩捕而迁之，勒兵而夷④之耳。大逆未彰，奸利浚财，怙势作威，大刻于民者，无如之何。及夫郡邑，可谓理且安矣。何以言之？且汉知孟舒于田叔，得魏尚于冯唐，闻黄霸之明审，睹汲黯之简靖，拜之可也，复其位可也，卧而委之以辑一方可也。有罪得以黜，有能得以赏，朝拜而不道，夕斥之矣；夕受而不法，朝斥之矣。设使汉室尽城邑而侯王之，纵令其乱人⑤，戚⑥之而已。孟舒、魏尚之术莫得而施，黄霸、汲黯之化莫得而行。明谴而导之，拜受而退已违矣；下令而削之，缔交合从之谋，周于同列，则相顾裂眦，勃然而起。幸而不起，则削其半。削其半，民犹瘁矣，曷若举而移之以全其人乎？汉事然也。今国家尽制郡邑，连置守宰，其不可变也固矣。善制兵，谨择守，则理平矣。

或者又曰：“夏、商、周、汉封建而延，秦郡邑而促。”尤非所谓知理者也。魏之承汉也，封爵犹建，晋之承魏也，因循不革；而二姓陵替⑦，不闻延祚⑧。今矫而变之，垂二百祀，大业弥固，何系于诸侯哉！

或者又以为殷、周圣王也，而不革其制，固不当复议也。是大不然。夫

①黩货事戎：贪财好战。
②侧目：怒目而视，形容愤怒、怨恨。
③国：指诸侯国。
④夷：消灭。
⑤乱人：危害人民。
⑥戚：忧愁，悲伤。
⑦陵替：衰落。
⑧祚（zuò）：皇位；国统。

殷、周之不革者，是不得已也。盖以诸侯归殷者三千焉，资以黜夏，汤不得而废；归周者八百焉，资以胜殷，武王不得而易。徇之以为安，仍之以为俗，汤、武之所不得已也。夫不得已，非公之大者也，私其力于己也，私其卫于子孙也。秦之所以革之者，其为制，公之大者也；其情，私也，私其一己之威也，私其尽臣畜于我也。然而公天下之端自秦始。

夫天下之道，理安，斯得人者也。使贤者居上，不肖者居下，而后可以理安。今夫封建者，继世而理。继世而理者，上果贤乎？下果不肖乎？则生人之理乱，未可知也。将欲利其社稷，以一其人之视听，则又有世大夫世食禄邑，以尽其封略。圣贤生于其时，亦无以立于天下，封建者为之也。岂圣人之制使至于是乎？吾固曰："非圣人之意也，势也。"

（柳宗元著，曹明纲标点：《柳宗元全集》，上海古籍出版社 1997 年版，第 18-21 页。）

评析

中国历史上，从周代确定公、侯、伯、子、男五等爵位，裂土分封，就形成了完备的封建制。到后来，这种分封形成了东周即春秋战国时期的五霸七雄、列国纷争局面。秦始皇统一天下后，担心诸侯割据造反，于是废封建置郡县，以巩固中央集权。汉初是封建、郡县制并行。景帝时，曾有吴楚七国之乱。此后封建制是屡兴屡废。直到唐朝，围绕封建制与郡县制的优劣问题，仍是争论不休。贞观年间，唐太宗集合诸臣讨论封建问题。魏徵认为，唐朝初承大乱，刚刚恢复生机，不宜分封，提出"五不可"之说加以否定。李百药认为分封宗室没有经历创业之艰难，凭门资享富贵，会"世增淫虐，代益骄侈"，同时也认为还不具备分封的社会条件。颜师古则建议适度分封，将分封与郡县适当并行，即明末顾炎武所谓"寓封建之意于郡县之中"。

唐玄宗时发生了"安史之乱"（755—763）。当时，割据的节度使安禄山和部将史思明纵兵长驱直入，洗掠两京，如入无人之境，几十万政府军不堪一击。藩镇坐大，虽为朝廷命官，实与封建诸侯没有两样，既成尾大不掉之势，终为朝廷心腹大患。“安史之乱”后，藩镇割据情况愈演愈烈，且各藩镇极力鼓吹周时诸侯独立的封建制，反对当朝中央集权的郡县制，企图为自己的割据造势。针对这种情况，经历“永贞革新”失败、被贬永州的柳宗元，根据历史渊源和时代背景，对秦汉以来关于郡县制和分封制的纷争作了总结，完成了《封建论》这一古代政论散文的典范之作。

文章构架宏阔，体势雄峻，首先从人类社会发展的特点及各级官府、各类官员的产生情况入手进行论述。柳宗元认为，最初人类与动植物共生共存，人由于无毛羽，力气不如野兽，不能撕咬，难以“自奉自卫”，因此必须借助外物来保全自己。利用物就必然发生争斗，“争而不已”，就需要“智而明者”出来断是非曲直。这些能断是非曲直的智明者自然而然会凝聚一帮人在周围听命于自己。如有人违背，不服不听，则必然会“痛之而后畏”，即施以惩罚使之畏惧，这样“君长刑政”便产生了。“近者聚而为群”，有了群，所争的事情更大了，于是开始建立军队和道德规范，并依附于更大的群体，听命于众群之长。如此循环往复，则产生了诸侯、方伯、连帅之类的君长，最后天下统一，天子应运而生。这些各级各类君长在位期间造福群体，系“其德在人者”，所以他们死后，人们尊奉他们的后裔继任君长。柳宗元认为这就是“封建”，这种先后相传充当各级君长的世袭，并不是来自圣人的意志，也不是由圣人所决定，而是由人类生存和发展的趋势和规律决定，是形势发展的必然结果，所以他说：“故封建非圣人意也，势也。”

分封制发展到周朝已经非常详备，制定了公、侯、伯、子、男五等爵位以及各种各样的礼制来保证这种制度的运行。但到周夷王时，随着周王朝的衰落，分封制及维系其的礼制受到破坏，诸侯尾大不掉，天子徒有虚名。直到秦始皇统一天下，废分封制而行郡县制。

值得注意的是，柳宗元对秦制的评价，与历史上其他儒家思想家相比，尤其是宋代以后兴起的义理化史家相比，要客观公正得多。他不以人废事，也不像义理化史家从动机出发去评判人物，而是真正站在历史的角度去臧否人物、评析制度。他认为秦朝那么快就灭亡，“咎在人怨，非郡邑之制失也”，即不在于制度之失，而是因为行暴政，激起民众怨恨。他认为，秦始皇行郡县制虽然是出于“私”，“私其一己之威”“私其尽臣畜于我”，即希望巩固个人权威，使天下臣服于己，但这种出自私心的制度设定，造就了“公之大者”，并称颂“公天下之端自秦始”，认为正是从秦朝开始，废除分封制而以天下为公——这，就是典型的历史辩证法思维。

毛主席很看重柳宗元的《封建论》，曾于1973年8月5日作《七律·读〈封建论〉呈郭老①》一诗，就郭沫若过度贬斥秦始皇提出异议。全诗为：“劝君少骂秦始皇，焚坑事件要商量。祖龙②魂死业犹在，孔学名高实秕糠。百代多行秦政治，十批不是好文章。熟读唐人《封建论》，莫从子厚返文王。③”当然，主席的诗中有当时崇法抑儒的时代烙印，但他对秦始皇历史功绩和柳宗元思想观点的肯定，是值得我们思考和探讨的。

文章最后从国家、人民的治乱出发，点明封建制“继世而理”的恶果——贤者不能得位行道，“圣贤生于其时，亦无以立于天下”，继而将文章自然回归到实行分封制“非圣人之意也，势也”这个根本命题。

柳宗元的《封建论》引古证今，横扫谬论，首尾一贯，具有势不可挡的论辩力。他提出的“势”的概念具有朴素的唯物论思想，这种思想和他选贤任能、反对封建世袭等主张，对后来的进步思想家都产生了较大的影响。唐代的其他封建论学者虽然各有所见，但终未能探本溯源，测知世变的根由。唯独柳宗元纵观古今，反复论证，终成一家之言。苏轼在《东坡志林·秦废封建》中说：“宗元之论出，而诸子之论废矣！虽圣人复起，不能易也。”事实上，唐代以后，郡县制的主导地位已经不能动摇了。

①郭老：指郭沫若。他在所著《十批判书》中抨击秦始皇的苛政及其“焚书坑儒”之举，其中有些言论过分否定秦始皇的历史功绩。

②祖龙：指秦始皇。

③此句是告诫郭老，不要从柳宗元的立场倒退两千年到周文王。

胡安国

胡安国（1074—1138），字康侯，建宁崇安（今福建武夷山）人。南宋初年著名思想家，湖湘学派开创者。绍圣四年（1097）三试于礼部，中进士第，宋哲宗亲擢为第三。绍兴元年（1131）十二月，除中书舍人兼侍讲，专讲《春秋》。绍兴五年（1135）二月，除徽猷阁待制、知永州，辞而不就，诏以经筵旧臣，提举江州太平观，令纂修《春秋传》。自登第迄致仕四十年，数以罪辞官，在官实历不及六载。绍兴年间避战乱来到湖南，在湘潭、衡山结庐建舍，著书立说，授徒讲学，创立了名震一时的"湖南学"，培养了大批弟子，为湖湘学派的发展打下了坚实基础，对宋代理学乃至中国思想史的发展，产生了重要的作用与影响。胡安国认为，为学论道要解决现实社会和黎民生活的实际问题，因此，他的思想具有很强的实用性和现实性，"经世致用"是其思想的显著特征。他一生强学力行，操守坚定，以圣人为标的，志于康济时艰。其花费毕生精力所著《春秋传》（三十卷），元、明时期被定为科举考试教材。除《春秋传》外，还有《资治通鉴举要补遗》（一百卷）、《文集》（十五卷），另与曾恬辑有《上蔡语录》（三卷）。

春秋传
（节选）

春秋传序

古者列国各有史官，掌记时事。《春秋》，鲁史尔，仲尼就加笔削①，乃史外传心之要典也，而孟氏发明宗旨，目为天子之事者。周道衰微，乾纲解纽，乱臣贼子接迹当世，人欲肆而天理灭矣。仲尼，天理之所在，不以为己

①笔削：记载的记载，删除的删除，形容修改文字。笔，记载。削，删除。古代文字书于竹简，删改时要用刀刮去竹上的字，故用"削"。

任而谁可？五典弗惇①，已所当叙；五礼弗庸②，已所当秩；五服弗章③，已所当命；五刑弗用④，已所当讨。故曰：“文王既没，文不在兹乎？天之将丧斯文也，后死者不得与于斯文也；天之未丧斯文也，匡人其如予何？”圣人以天自处，斯文之兴丧在已而由人乎哉！故曰：“我欲载之空言，不如见诸行事之深切著明也。”空言独能载其理，行事然后见其用。是故假鲁史以寓王法，拨乱世反之。叙先后之伦，而典自此可惇；秩上下之分，而礼自此可庸。有德者必褒，而善自此可劝；有罪者必贬，而恶自此可惩。其志存乎经世，其功配于抑洪水、膺戎狄、放龙蛇、驱虎豹，其大要则皆天子之事也。故曰：“知我者，其惟《春秋》乎！罪我者，其惟《春秋》乎！”

知孔子者谓此书遏人欲于横流，存天理于既灭，为后世虑至深远也；罪孔子者，无其位而托二百四十二年南面之权，使乱臣贼子禁其欲而不得肆，则戚矣。是故《春秋》见诸行事，非空言比也。公好恶，则发乎《诗》之情；酌古今，则贯乎《书》之事；兴常典，则体乎《礼》之经；本忠恕，则导乎《乐》之和；著权制，则尽乎《易》之变。百王之法度，万世之绳准，皆在此书。故君子以谓“五经”之有《春秋》，犹法律之有断例也。学是经者，信穷理之要矣；不学是经，而处大事、决大疑能不惑者，鲜矣。自先圣门人以文学名科如游、夏尚不能赞一辞⑤，盖立义之精如此。去圣既远，欲因遗经窥测圣人之用，岂易能乎？然世有先后，人心之所同然一尔，苟得其

①五典弗惇（dūn）：五典，传说中上古五部典籍。孔安国《尚书序》：“少昊、颛顼、高辛、唐、虞之书，谓之五典。”惇，推崇，尊重。

②五礼弗庸：五礼，古代的五种礼制，即吉礼、凶礼、军礼、宾礼、嘉礼；庸，通“用”。

③五服弗章：五服，一指古代王畿外围，以五百里为一区划，由近及远分为侯服、甸服、绥服、要服、荒服，合称五服；一指丧服制度，以亲疏为差等，有斩衰、齐衰、大功、小功、缌麻五种，统称“五服”。章，同“彰”，彰明。

④五刑弗用：五刑，一指中国古代五种法规（野刑，关于农事的法规；军刑，关于军事的法规；乡刑，关于乡党自治的法规；官刑，关于官吏惩戒的法规；国刑，礼典）；一指我国古代五种刑罚，早期为墨、刖（砍脚）、劓（割鼻）、宫、大辟（死刑的通称），隋后改为笞、杖、徒、流、死。

⑤游、夏尚不能赞一辞：游、夏，指孔子的弟子子游、子夏。赞一辞，指添一句话或提出一句不同意见，形容文章非常完美。

所同然者，虽越宇宙，若见圣人亲炙①之也，而《春秋》之权度在我矣。

近世推隆王氏新说②，按为国是，独于《春秋》，贡举不以取士，庠序不以设官，经筵③不以进读。④ 断国论者无所折衷，天下不知所适。人欲日长，天理日消，其效使夷狄乱华，莫之遏也。噫，至此极矣！仲尼亲手笔削，拨乱反正之书，亦可以行矣。

天纵圣学，崇信是经，乃于斯时奉承诏旨，辄不自揆，谨述所闻为之说以献。虽微辞奥义，或未贯通，然尊君父、讨乱贼、辟邪说、正人心、用夏变夷，大法略具。庶几圣王经世之志，小有补云。

述纲领

学《春秋》者，必知纲领，然后众目有条而不紊。自孟轲氏而下，发明纲领者凡七家，今载七家精要之词于卷首，智者即词以观义，则思过半矣。

孟轲氏曰：《春秋》，天子之事也。⑤ 昔者禹抑洪水而天下平，周公膺戎狄、驱猛兽而百姓宁，孔子成《春秋》而乱臣贼子惧。又曰：王者之迹熄而《诗》亡，《诗》亡然后《春秋》作。晋之《乘》，楚之《梼杌》，鲁之《春秋》，一也。⑥ 其事则齐桓、晋文，其文则史，其义则丘窃取之矣。又曰：春秋无义战，彼善于此，则有之矣。征者，上伐下也，敌国⑦不相征也。

①亲炙：指亲身受到教益。炙，比喻受熏陶。

②王氏新说：指"荆公新学"。王安石与子王雱及吕惠卿重注《诗》《书》和《周礼》，合称"三经新义"，也称"荆公新学"。宋神宗熙宁八年（1075）三经新义颁于学官，成为科考取士法定教材。

③经筵：古代帝王为讲论经史而特设的御前讲席，宋代称经筵。自大学士、翰林侍读学士、翰林侍讲学士至崇政殿说书皆可充任讲官，也有其他官员兼任者。每年二月至端午节、八月至冬至节为讲期，逢单日入侍，轮流讲读。

④"独于《春秋》……进读"句背景：北宋神宗熙宁、元丰年间王安石当政，不喜《春秋》，"黜《春秋》之书，不使列于学官，至戏目为'断烂朝报'"，即认为《春秋》不过是一些残缺杂乱的传抄古代皇帝诏令和官员奏章之类的档案，没什么参考价值。胡安国正是愤于王安石贬抑《春秋》的态度而作《春秋传》。

⑤《春秋》，天子之事也：这是孟子盛赞孔子作《春秋》之辞，出自《孟子·滕文公下》。他把孔子作《春秋》与大禹治水、周公平天下相提并论，认为这是行"天子之事"。

⑥"春秋"本为各国史书的通名，这里楚国史书名《梼杌》（Táowù），晋国史书为《乘》（Shèng），《春秋》乃鲁国史书名，孔子所修《春秋》正是以之为原始资料。

⑦敌国：地位或势力相等的国家，也即名分相同的国家，非指敌对之国。

庄周曰：《春秋》经世，先王之志也，圣人议而不辨。又曰：《春秋》以道名分。①

汉董仲舒记夫子之言曰："我欲载之空言，不如见之于行事之深切著明也。"诵其师说曰："拨乱世反之正，莫近《春秋》。"董氏治公羊学。其自言曰：有国者，不可以不知《春秋》，前有谗而不见，后有贼而不知；为人臣者，不可以不知《春秋》，守经事而不知其宜，遭变事而不知其权。为人君、父而不通《春秋》之义者，必蒙首恶之名；为人臣、子而不通《春秋》之义者，必陷篡弑之罪。故《春秋》，礼义之大宗也。

隋王通曰：《春秋》之于王道，是轻重之权衡、曲直之绳墨也，舍则无所取衷矣。又曰：《春秋》其以天道终乎？故止于获麟②。

宋西都③邵雍曰：《春秋》，孔子之刑书④也。功过不相掩，五伯⑤者，功之首、罪之魁也。先定五伯之功过，而学《春秋》，则大意立矣。春秋之间，有功者未有大于四国⑥者也，有过者亦未有大于四国者也。不先治四国之功过，则事无统理，不得圣人之心矣。

横渠张载曰：《春秋》之书在古无有，乃仲尼所自作，惟孟子为能知之，非理明义精，殆未可学。先儒未及此而治之，故其说多凿。

河南程颐曰：《五经》，载道之文；《春秋》，圣人之用。《五经》之有《春秋》，犹法律之有断例也。又曰：《五经》如药方，《春秋》犹用药治病，

①《春秋》以道名分：出自《庄子·天下》，指《春秋》的主旨是"正名分"，严格区分尊卑上下，防止僭越。道，通"导"。

②止于获麟：鲁哀公十四年（前481）春，在大野狩猎，叔孙氏家臣鉏商捉到一只怪兽，认为不祥，赐给掌管大野苑囿之虞人（一说弃置路旁）。孔子认出是麒麟，心想麒麟乃珍稀祥瑞，可如今出现无人识得反受伤害，不由悲伤其出现非时。由麟及己，不禁对自己的道能否推行极度悲观，因此决定停止撰写《春秋》。后以"麟止"谓停笔。

③西都：也叫"西京"，北宋承后周，以洛阳为陪都，洛阳因在东京开封西，故称西都。

④孔子之刑书：孔子据鲁史而作《春秋》，《春秋》本为史书，然而其中又包含了孔子用以"拨乱世，反诸正"的王法，因此又被后世儒者奉为"经"。汉代董仲舒视《春秋》为"刑书"，以《春秋》决狱，正是基于此种理解。

⑤五伯（bà）：指春秋五霸。主要有两说：一说指齐桓公、宋襄公、晋文公、秦穆公、楚庄王；一说为齐桓公、晋文公、楚庄王、吴王阖闾、越王勾践。

⑥四国：当指齐国、晋国、秦国、楚国，这四个国家在当时势力最为强大。

圣人之用全在此书。又曰：《春秋》一句即一事，是非便见于此，乃穷理之要，学者只观《春秋》，亦可以尽道矣。又曰：《春秋》传为按，经为断。又曰：《春秋》之文，一一意在示人，如土功之事无大小，莫不书之，其意止欲人君重民力也。又曰：《春秋》之法极谨严，中国而用夷礼则夷之，韩子之言深得其旨。又曰：夫子作《春秋》，为百王不易之大法，后世以史视《春秋》，谓褒善贬恶而已，经世之大法则不知也。《春秋》大义数十，炳如日星，乃易见也。惟微辞隐义时措从宜者，为难知耳。或抑或纵，或与或夺，或进或退，或微或显，而得乎义理之安，文质之中，宽猛之宜，是非之公，乃制事之权衡，揆道之模范也。夫观百物而后识化工①之神，聚众材而后知作室之用，于一事一义而欲窥圣人之用，非上智不能也。故学《春秋》者，必优游涵泳，默识心通，然后能造其微矣。

明类例

《春秋》之文，有事同则词同者，后人因谓之例。然有事同而词异，则其例变矣。是故正例非圣人莫能立，变例非圣人莫能裁。正例，天地之常经；变例，古今之通谊。惟穷理经义，于例中见法，例外通类者，斯得之矣。

谨始②例

人君嗣立，逾年必改元，此重事也。当国大臣冢宰必以其事告于庙，秉笔史官必以其事书于策。缘始终之义，一年不二君，故不改于柩前定位之初；缘臣民之心，不可旷年无君，故不待于三年毕丧之后。逾年春正月，乃谨始之时，得理之中者也，于是改元，著新君即位之始宜矣。即位而谨始，本不可以不正，为子受之父，为诸侯受之王，此大本也。咸无焉，则不书“即

①化工：指天神、大自然等创造或生长万物的功能。

②谨始：慎之于始，指开始担任某个职位或角色时，须谨慎认真对待，一开始就做好准备，奠定一个良好的基础。在政治领域，主要体现在对新君的即位要求上，强调君主即位必须有天子授命，诸侯即位如无天子授命也须有先君之命，以确保政治秩序的合法性和稳定性；如果不合乎规定，即位将不被记录或认可。

位”，隐、庄、闵、僖四公是也。圣人恐此义未明，又于卫侯晋发之。书曰“卫人立晋”，以见内无所承、上不请命者，虽国人欲立之，其立之非也。在春秋时，诸侯皆不请王命矣，然承国于先君者，则得书“即位”，以别于内复无所承者，文、成、襄、昭、哀五公是也。圣人恐此义未明，又于齐孺子荼发之。荼幼固不当立，然既有先君景公之命矣，陈乞虽流涕欲立长君，其如景公之命何？以乞君荼，不死先君之命也，命虽不敢死，以别于内复无所承者，可也。然乱伦失正，则天王所当治。圣人恐此义未明，又于卫侯朔发之。朔杀伋、寿，受其父宣公之命，尝有国矣。然四国纳之则贬，王人拒之则褒，于以见虽有父命而乱伦失正者，王法所宜绝也。由此推之，王命重矣。虽重天王之命，若非制命以义，亦将壅而不行，故鲁武公以括与戏见宣王，王欲立戏，仲山甫不可。王卒，立之，鲁人杀戏，立括之子，诸侯由是不睦。圣人以此义非尽伦者，不能断也，又特于首止之盟发之。夫以王世子而出会诸侯，以列国诸侯而上与王世子会，此例之变也，而《春秋》许之。郑伯奉承王命，不与是盟，此礼之常也，而《春秋》逃之。所以然者，王将以爱易储贰，桓公纠合诸侯，仗正道以翼世子，使国本不摇，而天下之为父子者定，所谓“一匡天下，民到于今受其赐”者也。至是变而之正，以大义为主而崇高之势不与焉，然后即位谨始之义终矣，万世之大伦正矣。故曰“《春秋》之法大居正，非圣人莫能修之”，谓此类尔。

叙传授

传《春秋》者三家，《左氏》叙事见本末，《公羊》、《穀梁》词辨而义精。学经以传为按，则当阅《左氏》；玩词以义为主，则当习《公》、《穀》。如载惠公元妃继室及仲子之归于鲁，即隐公兄弟嫡庶之辨、摄让之实，可按而知也，当阅《左氏》谓此类也。若夫来赗仲子，以为豫凶事，则诬矣，王正月之为“大一统”，“及”我欲之，“暨”不得已也，当习《公羊氏》谓此类也。若夫母以子贵，媵妾许称夫人则乱矣，段，弟也弗谓弟，公子也弗谓公子，贱段而甚，郑伯之处心积虑成于杀也，当习《穀梁氏》谓此类也。若夫曲生条例，以大夫日卒为正则凿矣。万物纷错悬诸天，众言淆乱折诸圣，要在反求于心，断之以理，精择而慎取之，则美玉之与武砆①，必有能辨之者。自晋杜预、范宁，唐啖助、赵匡，此数子者用力甚勤，时有所取。虽造宫墙之侧，几得其门而入，要皆未见宗庙之美、百官之富者也，故不预七家之列。七家所造，固自有浅深，独程氏尝为之传，然其说甚略，于意则引而不发，欲使后学慎思明辨，自得于耳目见闻之外者也。故今所传，事按《左氏》，义采《公羊》、《穀梁》之精者，大纲本《孟子》，而微词多以程氏之说为证云。

进表

臣安国言：臣昨奉圣旨纂修所著《春秋传》，候书成进入，续奉圣旨，令疾速投进，今已成书，谨缮写奏御。臣安国诚皇诚恐，顿首顿首。

臣伏观春秋二百四十二年，其行事备矣。仲尼因事属词，深切著明，非"五经"比也。本夫周室东迁，礼乐征伐自诸侯出，及平王末年，王迹既熄，故《春秋》作于隐公之初，逮庄、僖而下，五霸迭兴，假仁义而行，以推戴宗周为天下之共主，号令征伐，莫敢不从。其文则史官称述，无制作之法，其义则以尊周为名，而仲尼固曰："丘窃取之矣。"霸德既衰，诸侯放恣，政在大夫，专权自用，官及失德，宠赂益章，然后陪臣执国命，夷狄制诸夏，皆驯致其道，是以至此极耳。仲尼德配天地，明并日月，自以无位与时道不行于天下也，制《春秋》之义，见诸行事，垂训方来。虽祖述宪章，上循尧、舜、文、武之道，而改法创制，不袭虞、夏、商、周之迹。盖洪水滔天，下民昏垫②，与《箫韶》九成③，百兽率舞，并载于《虞书》，大木斯拔与嘉禾合颖，鄙我周邦与六服承德，同垂乎周史，此上世帝王纪事之例。至《春秋》则凡庆瑞之符、礼文常事，皆削而不书。而灾异之变、政事阙失，则悉

①武砆：亦作"碔砆""武夫""珷玞"，似玉的美石。
②昏垫：迷惘沉溺，指困于水灾。
③九成：九阕或九章。成，古称乐曲一终为一成。

书之，以示后世，使鉴观天人之理，有恐惧祇肃之意。若事斯语，若书诸绅，若列诸座右，若几杖盘盂之有盟有戒，乃史外传心之要典，于以反身，日加修省，及其既久，积善成德，上下与天地同流。自家刑国，措之天下，则麟凤在郊，龟龙游沼，其道亦可驯致之也。故始于隐公，止于获麟，而以天道终焉，比于《关雎》之应，而能事毕矣。

书火于秦，赖诸儒口相传授。及汉初兴，张子房为韩灭秦，以明《春秋》复仇之义。三老①董公请汉为义帝发丧，以暴项羽弑君之恶。下逮武、宣之世，时君信重其书，学士大夫诵说，用以断狱决事，虽万目未张，而大纲克正。过于春秋之时，其效亦可见矣。粤自熙宁②，崇尚释老蒙庄③之学，以虚无为宗，而不要义理之实。殆及崇宁④，曲加防禁，由是用事者以灾异之变，政事阙失，则默不敢言；而庆瑞之符与礼文常事，则咏歌赞诵，洋洋乎盈耳，是与《春秋》正相反也。侈心益纵，至夷狄乱华，莫之能遏，岂不痛哉！

陛下天锡⑤勇智，圣德日新，嗣承宝位于三纲九法沦斁⑥之后，发于独断，崇信是经，将以拨乱世反之正。圣王之志，既自得之，又命臣下有能诵习其书者，使训明其义。而臣以荒芜末学，荣奉诏旨，辄不自揆，罄竭所闻，修成《春秋传》三十卷十万余言，上之御府。恭惟肃将天讨之余，万幾之暇，特留宸念，时赐省览，取自圣裁。监天人休咎之符，核赏罚是非之实，懋⑦检身之盛德，恢至治之远图。式叙邦经，永康国步，则臣虽委身填壑，志愿毕矣。谨奉表投进以闻。臣安国诚皇诚恐，顿首顿首，谨言。

绍兴六年十二月□日，左朝散郎、充徽猷阁待制、提举江州太平观、赐紫金鱼袋，臣胡安国上表

①三老：古时掌教化的乡官。秦置乡三老，汉增置县三老，东汉以后又有郡三老，并间置国三老。
②熙宁：宋神宗赵顼的一个年号，共计10年（1068—1077）。
③蒙庄：指庄周，因他是宋国蒙人，又做过蒙漆园吏，故有此称。
④崇宁：宋徽宗赵佶的第二个年号，共计5年（1102—1106）。
⑤锡：赐。
⑥沦斁（dù）：败坏。
⑦懋：通“茂”，盛大。

论名讳札子

臣昨列职经筵，专以《春秋》进读。缘《春秋》正文有渊圣①御名，方具奏札，未及进禀，得罪去国，后闻礼官建议以它字易之，定读为“威”②，其经传本字，即不改易，事已施行。臣今奉旨纂修，于经传本字既有诏令可遵，即未委臣所纂修，出于己见，援引他经子史，有犯渊圣御名者，亦许依本字书写，或当迁避，有此疑惑。

臣闻古者不以名为讳，《尧典》称“有鳏在下曰虞舜”，则尧、舜者固二帝之名，而《尧典》乃虞氏史官所作，直载其君之名而不避也。周人以谥易名，于是有讳礼，然临文不讳，嫌名③不讳，二名不偏讳④。载在礼律，其义明白。孔子作《春秋》，凡书周、鲁事，虽婉其文，至于名讳，并依本字。若襄王名郑而书“卫侯郑”，正王名班而书“曹伯班”，简王名夷而书“晋侯夷”，恭王名匄而书“晋士匄”，庄公名同而书“同盟于幽”，僖公名申而书“戊申朔”，襄公名午而书“陈侯午”，定公名宋而书“宋仲幾”是也。按《春秋》书成，当恭王之朝，哀公之世。匄乃恭王之名也，夷即三世之穆也，宋即哀公之考也，午即皇考之庙讳也，而笔削之际，并无回避。《春秋》为尊君父而作，仲尼岂不恭者？书法如此，义亦可知。自汉已来，此义不行，臣子习为谄谀而不知恭顺之实，则有易人之名以“彻”为“通”⑤ 者，易人之姓以“庄”为“严”⑥ 者，易甲乙之纪以“丙”为“景”者，易郡县之号以“还淳”为“青溪”者。又其甚，则有父名“晋肃”，而子不敢应进士

①渊圣：宋钦宗赵桓的尊号。靖康之耻后，宋高宗赵构尊称宋徽宗为太上皇，尊称宋钦宗为渊圣。
②宋代在钦宗之后因避讳“桓”字，曾将“桓”改为“威”。
③嫌名：是指与人名字中所用字音同或音近的字。
④二名不偏讳：对于由两个汉字组成的名字，只需避开其中一个字即可。
⑤以“彻”为“通”：西汉武帝名为刘彻，为避武帝名讳，改“彻”名为“通”。
⑥以“庄”为“严”：东汉明帝名为刘庄，为避讳，改“庄”姓为“严”，《庄子》一书改为《严子》。

举①者。忌讳既繁，名实愈乱。

本朝沿袭汉、唐故事，未暇尽革。恭惟陛下天纵聪明，既尊《春秋》之书以新圣德，宜用《春秋》之法以断政事。凡所施设，动以《春秋》从事，即有拨乱反正之功。臣所纂修缮写进本，援引他经子史之类，欲乞应犯圣朝庙讳不可迁避者，依太常博士王晳所进《春秋解》例，并依监本空缺点画，于渊圣御名亦不改易本字，覆以黄纸，庶几名实不乱。上遵《春秋》之法，亦以消臣子谄谀之端，向孟轲氏钦王之义，明恭顺之实。取进止。十一月二十七日，三省同奉圣旨，依奏仍疾速投进。

（胡安国著，王丽梅校点：《春秋传》，岳麓书社 2011 年版，第 1–10 页。）

评析

胡安国撰《春秋传》，历时三十余年。他视《春秋》为“经世大典”，在《春秋传序》中称《春秋》为“百王之法度，万世之绳准”，认为它蕴含着丰富、深刻的义理，这种义理不是抽象的哲学理论或空洞的伦理说教，而是与历史、政治、社会、人生联系在一起，可以垂诫后世的具体道义。他作《春秋传》，正是力图阐明《春秋》中所蕴含的义理，以使统治者在治理国家时有所取法。正因此，他的《春秋传》一个突出特点就是强调经世致用。

另，历经金朝持续入侵，中原的生产、经济遭到极大破坏，国势衰微，这使胡安国深感忧虑。他认为偏安于临安（今浙江杭州）的南宋朝廷的首要任务就是抗击外族入侵、收复失地，统一国家、恢复太平，所以他的《春秋传》强调“大一统”，突出“华夷之辨”，主张“尊王”和“攘夷”。“尊王”即提倡“君为臣纲”的政治理念，为宋王朝加强中央集权的现实政治服务；“攘夷”倡导反对外族侵略的民族精神，为鼓励朝廷坚持抗金、收复失地服

①子不敢应进士举：指唐朝著名诗人李贺，因其父名“晋肃”，“晋”与“进”同音，为避父讳，他终身不得参加进士科的考试。

务。经世致用、华夷之辨、尊王攘夷的思想贯串《春秋传》的始终，奠定了将心性之学与经世致用相结合的湖湘文化的独特学风，对湖湘学派以及湖湘文化的发展产生了深远影响，同时也是对唐以来消极避世思想的批判，和对当时儒生们“平居高谈性命”而“临事茫然”的治学风格的纠正。

在序中，胡安国表明了他作《春秋传》的直接原因，即不满王安石贬抑《春秋》，不使列于学官，“贡举不以取士，庠序不以设官，经筵不以进读”，以致决断国事者无所凭借，社会风气日益败坏。他认为，世道本就衰微，而王安石的举措，让乱象进一步加剧，应该大行孔子《春秋》之道，所谓“仲尼亲手笔削，拨乱反正之书，亦可以行矣”。

在《述纲领》中，胡安国将孟轲、庄子、董仲舒、王通、邵雍、张载、程颐七人对《春秋》的论述作为《春秋传》全书纲领。在这七人中，他最推崇的是孟轲。孟子对孔子《春秋》的推崇，可能最符合他自己作《春秋传》的宗旨和抱负。而他师承杨时，杨时乃程颐弟子，故他对程颐有关《春秋》的论述也推崇备至。

《谨始例》主要论述新君即位例。胡安国认为，君王即位应由王命、君命认定，不是受王命、君命而即位则为僭越，不被承认。其意在发“尊王”之义。

在《叙传授》中，胡安国表明了对《春秋》三传的态度。我们知道，《春秋》三传中，《左氏》（《春秋左氏传》）以记载史事翔实著称，《公羊》（《春秋公羊传》）、《穀梁》（《春秋穀梁传》）则以议论为主，着重讲“微言大义”。胡安国《春秋传》于《春秋》三传态度鲜明，史实以《左氏》为据，议论则多采《公羊》《穀梁》。

《论名讳札子》则阐发了对宋代避讳现象的看法。避讳是中国古代文化中一个较为突出的现象，自孔子在《春秋》中提出“为尊者讳，为亲者讳，为贤者讳”这一理念后，历代封建王朝均将其作为一种制度正式推行。孔子作《春秋》，对当时周、鲁君王名讳并不规避，而是“并依本字”。可发展到后来，不仅要避圣贤名讳，避当朝皇帝名讳（也称“公讳”），避父、祖名讳（也称“私讳”或“家讳”），到宋朝竟至连嫌名也得避讳。如宋钦宗赵桓嫌名达 49 个，宋高宗赵构的更是达到了 55 个。这种种避讳不仅使当时的读书人动辄得咎，还严重干扰了传统文化经典的正常研习和正确传播。鉴于此，胡安国提出，“古者不以名为讳”，古代史官书写帝王之事，皆“直载其君之名而不避”，孔子所作《春秋》亦是；《春秋》乃神圣经典，其中出现的宋代乃至历代皇帝名讳，均当依本字书写，无须改字。他还对宋以前一些过分避讳举措提出了批评。可以说，胡安国关于避讳的见解确有卓识。一方面对当时的避讳乱象作了一次厘正，减少了在经典刊刻和研习中的混乱和不便；另一方面，他强调经典的神圣性，希望经典的传播能摆脱皇权的干扰，这也彰显了他作为当世大儒的风骨。他所提出的经传不因避讳而改易本字的观点，在后世也得到了广泛认可。

当然，胡安国《春秋传》也有一定局限。元朝梁寅、明朝何乔新均认为《春秋传》过于尊信《公羊》《穀梁》“一字褒贬”之法，“求褒贬太详”，难免蹈先儒之谬，而失其本旨。不过元、明两朝胡安国《春秋传》仍然颇受推崇，是科考必备教材，而胡安国之学术地位也日显。直到清康熙以后，科考渐弃《春秋传》，而学者对其之批评日多，遂终致废弃。

胡寅

胡寅（1098—1156），字明仲，又字仲虎、仲刚，号致堂，学者因称其致堂先生；又称衡麓先生或衡楚先生。建宁崇安（今福建武夷山市）人。宋代著名的哲学家、政治家、文学家和史论家。胡安国堂兄胡淳之子，过继给胡安国，遂从安国学，得窥学术门径。宣和三年（1121）中进士。靖康初，经御史中丞荐，除秘书省校书郎。建炎三年（1129）为起居郎，时诏议移跸之所，胡寅上万言书力争。后知永州，不久被授予礼部侍郎，兼侍讲兼直学士院。秦桧主持朝政后，因反对和议，辞职隐居南岳。继又以忤秦桧，被降级贬至广东新州（今广东新兴县）。直至绍兴二十五年（1155）秦桧死后，方得北归。于次年逝世。胡寅壮年游学于二程（程颢和程颐）高弟杨时之门，学术思想深受春秋学和二程理学的影响，与其父胡安国同为湖湘学派奠基人，对推动湖湘学派的发展起了巨大作用。著有《崇正辩》《斐然集》和《读史管见》等，均传世。

读史管见
（节选）

高祖

元年

沛公入咸阳，萧何先收秦丞相府图籍文书，以此沛公具知天下阨塞、户口多少、强弱之处。

李斯献策，始皇用之，烧经书，坑学士，谓可以杜异意、息诽谤者矣。然沛公一起，言太公兵法、运筹决胜者，张良也。说下秦将、使连和者，陆贾也。收秦图籍、荐大将、抚根本者，萧何也。陈奢丽取亡之戒者，樊哙也。将思归之士，出南郑、定三秦者，韩信也。脱挽辂、定建都、陈山河百二之利者，娄敬也。自余如参、陵、平、勃之徒，莫不以材智策勋为汉宗臣。计其生时，始皇尚未平一天下也，或伏于胥吏，困于卒伍，屠狗贩缯①，寄食乞怜，姓名不闻，而往往已有蹀血咸阳、菹醢②祖龙之志矣。始皇既不得而坑之，方且虞心非巷议之人，隆偶语非今之罪，是犹大川泛溢，坏堤横决，而区区增土石，窒罅漏，不亦愚之甚哉？史谓秦愚黔首，夫黔首固多愚，不待秦而后愚也。其不愚者，非秦所能愚也。然则灭仁义之涂，绝谏说之辩，以一身而仇疾四海之人，将以遏其口，屈其心，至于贼至而不知，刃迫而不免，是则自愚而已矣。论秦自愚。

项羽坑秦卒二十万人新安城南。

莫强于人心，而可以仁结，可以诚感，可以德化，可以义动也。莫柔于人心，而不可以威劫，不可以术诈，不可以法持，不可以利夺也。项籍生于战国，耳不闻先王仁义之事，目不睹先王礼乐之化，其所知者，惟攻伐争斗耳。彼其见白起坑赵卒于长平，必以为豪敢武勇而慕尚之也。虽其天资祸贼，亦有所效而为之。此二十万人心既不服，即遽③坑之，使秦民皆不服也，可尽坑乎？昔周既胜殷，殷之余众，蠢有异谋，周公东征，去其渠魁④而已。建成周，迁顽民，选用毕公、君陈为之父师，教训渐摩，至于三纪，然后丕变，昔殷今周，混无异俗。大哉远乎，圣人之处事也！向使周家有怨疾之心，奋然殄灭，非无余力，仁恩不足，而刑杀是烦，惧而乱者众矣。不此之法，而唯杀是务，二十万人不服，羽得而坑之，诸王侯不服，四面而起，羽独且奈何哉！论项羽慕尚白起。

萧何言于汉王曰："愿王王汉中，养其民以致贤人，收用巴蜀，还定三秦，天下可图也。"王曰："善。"以何为丞相。

人有常言，皆曰用君子所以安百姓也，萧相国乃谓养民以致贤人，何也？曰：此无所因袭，独见之善也。当秦之世，所谓天地闭、贤人隐之时也，汉

①屠狗贩缯：古代以屠狗和贩卖丝织品为生的地位较低的商人小贩，指一个人未发达时身居下层的情况。缯，古代对丝织品的统称。

②菹醢：古代一种把人剁成肉酱的酷刑。

③遽：急，仓促，骤然；遂，就。

④渠魁：头领，大头目。

王暴起，虽有长者之誉，得秦人之心，而天下之贤人未可致也。所以未可致者，方用兵攻战，伤残呻吟者众矣，未有能养民者也。世主无养民之志，则贤人岩谷而已矣，草野而已矣。天之立君，凡为民也；君之求臣，凡为行保民之政也；臣之事君，凡为行其安百姓之术也。岂有他哉？世主视民如土苴①，如弁髦②，则吾之术无所施，岂不犹操瑟而立于好竽之庭乎？心术既殊，则所用者趋事者也，营利者也，好大喜功者也，逢君之欲者也，是皆残民之具也。高爵以贵之，厚禄以富之，残民之政日彰，宜乎民心之日离，而君势之日孤也，亡秦之辙可鉴已。萧何有见乎此，思得贤人与之共理，而知致之之道，莫先乎养民。汉王闻言即悟，遂委以政，于是韩信既亡而还，陈平自远而至，张耳失国而择主，黥布闻说而徙义，三老董公③遮道而纳说，诸侯之兵大合而伐楚，汉业勃然以兴。何为宗臣首，奕叶④永世，其有以取之哉！论萧何请养民致贤非无因独见之言。

汉王至南郑，韩信亡去，萧何不及以闻，自追之。或言何亡，王大怒。一二日，何归谒王，曰："臣不敢亡，追韩信耳。"王且喜且怒，骂曰："亡者以十数，独追信，诈也。"何曰："诸将易得，信国士无双。王必欲争天下，非信无可者。"王召见，与语大悦，拜为大将。

智谋武略之士，急于求用，非如抱道怀德之君子，舍之则藏也，陈平所谓"臣为事来，所言不可过今日"是也。韩信才士耳，稽留汉中，见王未有以处之，则思去而他适，无足怪者。萧何既深知其人可以争天下，诚惜其去，身自追亡，非特为信，乃为汉王也。方是时，王未奇信，则骂何为诈，亦理之常。而或者之论，乃谓汉王与何欲致信死，故示不用之端，激之使亡，又

---

①土苴：渣滓，糟粕。比喻微贱的东西。"视民如土苴"，比喻贱视民众。

②弁髦：弁，指黑布做的帽子；髦，童子分垂两边至眉的头发。古代贵族子弟行加冠礼，先用缁布冠（黑布帽子）把垂发束好，三次加冠之后，就去掉黑布帽子，并剃去垂髦，理发为髻。因以"弁髦"喻弃置无用之物。

③三老董公：三老，秦朝时设于基层的掌教化的乡官，由乡村德高望重的老人担任。董公是洛阳新城的一位三老，他向刘邦建议，项羽杀义帝是犯上弑君之罪，可以此联合各路诸侯，师出有名，共同讨伐项羽。

④奕叶：累世，代代。

为此追求喜怒之态，然后用信，则信当竭力而必留。是殆见汉王轩轾①黥布，而生此论耳。夫汉王恢廓大度，何又称人杰，岂顾为此区区小数，以动一信哉？汉王待布固不当尔，然布既南面称孤矣，不如是不足以折其威而收其心。信事项王，官不过郎中，位不过执戟，言不听，计不用，而来非布比也。或者又谓信既为汉王、萧何所迷，作史者亦复不悟，至编之先贤《语录》。予盖尝闻之先君子曰："《语录》如是者，皆门人剿②入之，非先贤语也。"论汉王、萧何激用韩信之说，非先贤语。

二年

汉王入彭城，收羽货宝、美人，日置酒高会。羽留诸将击齐，自以精兵归。击汉，大破之，围汉王三匝。会天大风昼晦，楚军乱，汉王乃得遁去。项王获太公、吕后，留军中以为质。

盘水可捧而志难持，六马可调而气难御。汉王于是时兢兢业业，如初入关中，见羽鸿门，则亦何至于败哉？得非良、平诸公不在行欤？方王之收美人、货宝，日置酒高会，何寂无谏者也？且是行也，多可疑者。羽留攻齐，而诸侯兵亟趣③彭城，何也？借曰披其国都，散其积实，使羽至无归，则宜亟反荥阳，以主待客，而淹留引日，何也？若欲致羽而与战，则宜分部诸将，待其来，击其中，扼诸险要，纵羽未成禽④，亦必胜负参半，而耽于宠乐，宴安不虞，何也？卒之丧师二十余万人，父执妻虏，身几不免，汉业之覆，在顷刻间，若非天意佑汉，大风昼晦，楚军坏乱，吁，亦殆哉！此汉王志不持而气为帅，狃⑤于小胜，逸欲生焉，是以至此，可为鉴也。论汉王志不持而气为帅。

汉王谓左右曰："孰能为我使九江王布，令倍楚，以留项羽数月，我取天下，可以百全。"随何请行。

①轩轾：车子前高后低叫轩，前低后高叫轾，引申为高低、轻重、优劣。亦谓抗衡；势均力敌。
②剿（chāo）：通"抄"，抄袭，抄取。
③趣：通"趋"，趋向、奔向。
④禽：通"擒"。
⑤狃（niǔ）：贪图，满足。

史记人诮刘季①多大言，少成事。彭城之败，几于亡矣，诸溃军犹未集，其于自保尚未敢必，而汉王遽谓得黥布，则取天下可以百全，不几于大言乎？且当时兴亡之决，独系于布之归汉耶？曰：秦失其鹿，四海竞逐，名其师者，谓诛无道秦可矣。秦灭，诸侯各有分地，而又起兵，虽曰项羽为政不平，主约不信，顾亦伸己私忿而伐之耳，此非制胜之机，百全之计也。及三老董公献言，请暴项羽弑君之恶，汉王大临②，三军缟素，从诸侯王击楚之杀义帝者，于是项羽无所容于天地之间。汉王虽折北于彭城，而必知天下之归己矣，于是随何陈此义而下九江，郦生陈此义而下全齐。夫楚都彭城，独齐与九江其与国也。南失九江，背无所倚，东失齐，断其右臂，竟以是亡。高祖之言，岂欺世哉？论汉王非大言。

拜陈平为护军中尉，尽护诸将。

善乎，汉王之用人也！魏无知荐平则受之，与平言则悦之，命为护军，诸将尽欢，则益厚之。及周勃、灌婴谗之，言其丑行，王疑焉，则以问无知，无知为之辩，则又召让平，平之对既无桡辞③，亦无留志，王疑泮④矣，则谢之，厚赐之，又宠任之。其后屡出奇计，于汉有大功，而无知以荐贤受封侯之赏。彼其是非明，不以谗蔽忠，取舍审，不以小弃大，平获释黯暗之嫌，无知得免比周⑤之累，君臣之间，表里洞达，此士之所以乐为用而愿效死也。夫以文帝之贤，尚惭于季布，况其余乎？然则汉王不为平去谗者，何也？曰：用材之时，既不可偏废，且信任平愈益于前，则诸将不直之愧亦多矣。若夫受谮诉而不为别白，被谤毁而不得伸理，一以势力行威辟⑥，而不要诸公道也，欲人心服，不亦难乎？论汉王善用人。

韩信下赵，诸将问曰："《兵法》：'右倍山陵，前左水泽。'今将军反背

①刘季：刘邦，字季。
②大临：聚哭告哀。
③桡（náo）辞：屈从的言语。桡，屈服。
④泮（pàn）：融解，消融。
⑤比周：结党营私。比，与坏人勾结；周，与人团结。比、周连用，义同"比"。
⑥威辟：严酷的刑法。

水陈以胜之，何也？”信曰：“《兵法》不曰，‘陷之死地而后生，置之亡地而后存’？且信非得素拊循①士大夫也，所谓‘驱市人而战之’，其势非置之死地，使人自为战，则皆走矣，尚可得而用乎？”

论者皆谓信答诸将之言，不以实告，疑其别有策也，不然，后人效之，出背水阵，相挤而入水者众矣，信何以独能胜？曰：是读史卤莽之罪也。信之答诸将者，诚语以兵法，特不自伐其督战之劳耳。当是时，信先出背水阵，示不能，以怠赵人之心。明旦，建大将旗鼓与赵人战者，未必用锐卒也。已而佯败，弃旗鼓，走水上军。非惟水上军先受此令，按兵全力以待信、耳，信、耳既来，军有所恃，势自百倍，两将军又冒犯矢石，出入行阵间，部勒精明，其胜必矣。后人蹑其陈迹，闻曰陷之置之，则自处安地，而处士卒于危亡，人肯前死乎？曾不知信之所谓陷之置之者，亲以身率之也，非使人死而己求生也。论韩信下赵非全恃兵法。

三年

郦食其请立六国后。张良自外来，曰：“谁为陛下画此计？”

汉王未称尊，而子房以“陛下”呼之，何也？曰：作史者之过也。汉、魏而后，奸渠②擅国，形势上侵，则有不令③之人，秘效情款，微示变革之端，以异群后之礼者，固多有之，子房岂为是哉？或曰：此亦文史之所同，犹《左氏》载石碏称陈侯而举其谥耳。是不然，自后而举前，庸可如此？故商鞅未封商于〔於〕④ 而书“商君”。虽曰文史所同，谓之失辞亦可矣，乌有人非天子，而天子号之？乃以是为比也，使后世憸士倾夫⑤，推戴跋扈之臣，引以为例，史氏之罪大矣。夫子房非委心臣汉者也，本为旧君报仇耳。

---

①拊循：安抚，抚慰；训练，调度。

②奸渠：大奸人，为非作歹的头目。

③不令：不善，不肖。

④商於（wū）：古地名，在今河南淅川西南。公元前313年，秦国遣张仪使楚，诈以割让商於之地六百里使楚怀王与齐国绝交，即此。也有说商於系指商（今陕西丹凤西北商镇）、於（今河南西峡境）两邑及两邑之间地区，即今丹江中下游一带。

⑤憸（xiān）士倾夫：指奸邪之人。憸，邪佞。

博浪之椎不中，则以太公兵法惎①沛公，既举咸阳，秦禄告终，沛公王汉，则归而相韩。未至而羽废韩王，又杀之，则复归于汉，为画策臣，以图项籍。籍诛，则良志愿毕矣。及帝入关，良即道引辟谷②，杜门不出，愿弃人间事，从赤松子游，其志可知也。而谓良于帝未有天下之时，率先群臣，以非礼谄之，是以憸人之腹，量君子之心矣。论张良必不以无礼谄汉王。

范增疽发背而死。

史称增素好奇计，以事考之，增计不能奇也。凡羽之恃强失道，如汉王临广武而数之者，未闻增有所谏正，而两雄角逐，义理之端，事幾之会，楚每失之。顾欲使壮士舞剑，杀沛公于欢宴之间，是一愚老人而已。况已见天子气、龙虎五采之文，又可杀乎？独其所谓“吾属今为沛公虏者”，此一言不谬耳。后之论者曰：有道吊民，天且助之，安用立怀王孙心为？且羽所过残灭，为汉驱民，而亚父不知也，其智尚不及外黄舍人十三岁儿，而敢与良、平敌乎？高帝曰：羽不能用增，所以成禽。非也，政使用之，亦不免耳。论范增计不能奇。

五年

汉王以鲁公号葬羽于谷城，亲为发哀，哭之而去。

或谓高帝之围项羽，无靳③智，无遗力，惟恐毙之不速也。羽死，封以本国而葬之，哀哭乃去，诚欤？曰：诚也。帝与羽俱起布衣，受命怀王，约为兄弟。鸿门之隙，自沛公左司马曹无伤为之，亦既讲解矣。及羽背关怀楚，放杀义帝而自立，汉王假仁仗正，以讨罪人，于是雌雄之势分。然而云扰风驱，雷轰电击，龙蛇交斗，山岳振摇，一时角逐胜败，智伸力屈之迹，既已消散，无事，则追念当时杖剑并起，相与图秦，兄弟约言，辅车敦好，慨然有动于中而不可遏者，此固英雄之人，心事落落之态，而史称其大度者也。

①惎（jì）：教导。

②道引辟谷：道引，即“导引”，古代道家将呼吸运动（导）与肢体运动（引）相结合的一种养生术，也是气功中的动功之一。辟谷，亦称“断谷”“绝谷”，古代一种修炼方法。辟谷时，不食五谷杂粮，但会服用药物并辅以导引等功夫。

③靳：吝惜。

诛则诛之，哭则哭之，道并行而不相悖，其斯之类欤？然则曹操之哭袁绍如何？曰：操任术数人也，绍虽死，三子尚存，河北未下，袁氏之人犹众，操不得不为尔，岂高帝之敢望？惟武帝哭昭平，孔明哭马谡，庶同情乎？吴孙氏之臣乞葬诸葛恪，而司马昭屈于向雄之言，郗鉴亦请听王敦家收瘗①，而蔡兴宗自葬范义，宋武帝责之，对曰："陛下讨贼，臣葬故交。"盖王诛行于上，私情伸于下，自古不废，是皆高帝之余泽也。论汉王哭项羽乃英雄大度。

诸项氏枝属皆不诛。封项伯四人为列侯，赐姓刘氏。

起义兵，诛暴乱，而自为无道者，项羽也，既伏其辜矣，枝属何责焉？恶恶止其身，忠厚之至也。高帝以丁公二心而杀之②，乃侯项伯，何也？项伯所以免帝于危者，明为羽讲解，此公道也，丁公刃已及沛公而纵之去，此私情也，岂可比而同之乎？若夫以己之姓，易人之姓，则前贤已论其失矣。论汉王待项氏忠厚。

二月甲午，汉王即皇帝位。

按：帝以冬十月追羽至固陵，十一月克之，至春二月，则又累月矣。虽神器归汉，理在不疑，亦见高帝意气雍容，若固有之。与夫大事未集而遽自称尊，若袁术、孙权、公孙述之徒，终不克济者，其度量岂直霄壤之远哉？论汉高即位，意气雍容。

田横亡入海，帝召之。横诣洛阳，未至三十里，谓其客曰："横始与汉王南面称孤，今王为天子，横为亡虏，其耻甚矣。"遂自刎。

横不肯北面汉祖，以同列为王之故，志亦壮矣。然天下岂有俱帝俱王之理，亦岂有四海无君之道？吕政③之时，藏器以待可也；胡亥之时，合从而起可也。至汉祖出，可以委质矣。汉祖而不可事，则谁可事矣？此所谓可以

①瘗（yì）：掩埋，埋葬。

②高帝以丁公二心而杀之：丁公即丁固，曾是项羽部下。彭城之战中，他私自退兵放过了刘邦。汉朝建立后，他找刘邦索恩，不想刘邦把他带到军中巡行示众，说："丁公作为项王的臣子却不忠诚，为人臣而怀有异心，正是他，让项王失去了天下！"刘邦下令将丁固斩杀，并对兵将们说："这样做，是为了让后世做臣子的不要效仿丁公！"

③吕政：指秦始皇嬴政。传言嬴政是吕不韦的私生子，故称。

无死，死伤勇者也。论田横死伤勇。

西都长安。

帝起兵四年，岁无宁居，跋履山川，蒙犯霜露，勤矣，至是天下平定，当亦少思安逸之时也。幸东归洛阳，未及税驾①，闻娄敬陈入关长久之计，遍问群臣，折衷于子房，即日西行，不待改夕。呜呼，其明于决策，敏于用言，不自遑暇如此，其成帝业宜哉！光武征隗嚣，下陇右，还京师才六日，颍川贼起，听寇恂之谏，即往镇抚之，靡有倦意，可谓能绳祖②武、光前烈矣。论汉高不自遑暇。

六年

帝惩秦孤立而亡，欲大封同姓以镇抚天下。以五十三县立从兄贾为荆王，以三十六县立弟交为楚王，以五十三县立兄喜为代王。

先王经世之法，陵夷③至于战国，至秦而扫地尽矣。高帝勃兴，既平四海，则宜命大臣，求遗贤，收拾五经，讲求王制，首复井田，废阡陌。是时距秦未远，经界沟洫，必尚可考也。大本一正，于以分土而封国，则远迩大小，各得其宜，使二帝三王④公天下之心，至己而不泯，岂不善哉？而高帝负才自雄，不能稽古，除秦灭项，则志愿已足，虽曰惩秦孤立，大封同姓，然割地无制，建侯无法，封三庶孽⑤，分天下半，苟简一时，流患于后。高祖之智，既不及此，良、平诸公，亦无为之计虑者，岂王泽当熄，霸术当兴，天不启其衷耶？呜呼，惜哉！论汉高割地无制，建侯无法。

叔孙通起朝仪，大抵皆袭秦故。

帝王之礼，因革损益，至周而大备。周八百年，虽柄移祚迄，其朝廷所用者，无利害于争战从横之事。虽秦火书灭籍，亦必有知其略者。诚能深加

①税（tuō）驾：犹解驾，停车休息。税，通“脱”。

②绳祖：指继承祖先之业。

③陵夷：由盛到衰。衰颓，衰落。

④二帝三王：“二帝”指尧、舜；“三王”一说指夏禹、商汤、周文王，一说指夏禹、商汤和周代文王、武王。

⑤封三庶孽：指刘邦赐封庶子刘肥、庶弟刘交、侄儿刘濞。庶孽，庶子，旧指妾媵之子。

询求，草创而润色之，纵不得其全，亦当参互有见，使圣帝明王制仪立度、文章物采、寓法象形、禁戒之意后犹有考，不亦美哉？惜乎汉高智不及此，而叔孙通委己从人，谐世而取宠也。夫吕政所为，无一可以垂世立法者。自汉兴，议论之臣、祸败之戒有所不言，言则必借秦为谕。岂有朝廷之上，君臣之仪，所以表正百官、观示列辟者，乃独可用乎？遂使周室礼文，泯不复见，而秦礼得传，通之罪大矣。鲁二生未必能制此礼也，然恶通面谀而不肯从，亦贤矣哉！至谓礼乐必积德百年而后可兴，则几乎迂矣。论叔孙通委己从人。

十一年

韩信反，夷三族。

司马氏曰："韩信之功大矣，观其拒蒯彻之说，迎高祖于陈，岂有反心哉？良由失职怏怏耳。卢绾里闬①旧恩，犹南面称王，信乃以列侯奉朝请，世言高祖负信则有之。虽然，信亦有以自取也，下齐不报而自王，固陵有期而不至，是乘时徼利②，怀市井之心。高祖欲取之久矣，顾力未能耳。及天下既定，则信复何恃哉？"愚以谓功过当相准，信功齿三杰，不可忘也。迎陈之礼，可以赎自王之衅；拒彻之意，可以免失期之罪。未有反计，则当侯以次国；逆谋既露，犹当宥其子孙。如是则汉祖于记信之功、讨信之罪，各尽其道而无负矣。论韩信功过当相准。

十二年

上欲废太子，立赵王如意，大臣固谏而止。

司马氏《考异》③曰："《史记》云，上欲废太子，立赵王，大臣多谏，未能得。吕后使吕泽劫留侯画策，留侯曰：'此难以口舌争也。上有不能致者四人：东园公、角里先生、绮里季、夏黄公。太子能卑辞厚礼，迎四人为客，令上见之，此一助也。'后从之。太子入侍，四人从。上怪问之，四人

①里闬（hàn）：指乡里。闬，指里巷的门。

②乘时徼利：抓住机会去谋取利益。徼，同"邀"，求取。

③《考异》：指司马光的《资治通鉴考异》，收录了《资治通鉴》编纂过程中舍弃不用的材料，并说明了问题和谬误。胡三省《资治通鉴音注》将相应内容附在《资治通鉴》下，标出"考异曰"，其后《资治通鉴》刻本都附有考异内容。

各言其姓名。上大惊，曰：‘吾求公，辟逃我，今何自从吾儿游乎？’四人皆曰：‘陛下轻士，臣义不辱，太子仁孝恭敬，天下皆欲为太子死，故臣等来。’上曰：‘烦公幸卒调护之。’太子退，上谓赵王母戚夫人曰：‘我欲易之，彼四人辅之，羽翼已成，难动摇矣。’竟不易太子者，留侯招四人之力也。按：高祖刚猛伉厉，非畏搢绅讥议者也，但以大臣皆不肯从，恐身后赵王不能独立，故不为耳。若决意欲行之，不顾义理，以留侯之久故亲信，犹云‘非口舌所能争’，岂山林四叟片言遽柅①其事哉？借使有之，是留侯为子立党，以制其父也，留侯岂为此？特司马迁好奇耳。今皆不取。”

善乎，子房之能纳说也！不先事而强聒②，不后事而失机，不问则不言，有言则必当其可，故听之易而用之不难也。评之者曰：汉业存亡，在俯仰间，而留侯于此每从容焉。诸侯失固陵之期，始分信越之地，③ 复道见沙中之聚，始言雍齿之侯。④ 善言子房矣。至于引致四皓⑤，羽翼储宫，方之齐桓公会合八国，定王世子于首止⑥，事简而力不劳，其绩尤伟。而世之君子，乃致疑焉，谓审有此，是子房为子结党以制父也。夫高帝驾驭群雄，独立为帝，其材气雄杰，岂四老人所能抗？而汉庭大臣力谏之强，岂不贤于四人之助乎？是盖未尝知圣人深许首止之盟，而称管仲相齐一匡天下之美也。《易》于

①柅（nǐ）：本指挡住车轮不使其转动的木块，引申为阻止。

②聒（guō）：声音嘈杂。

③诸侯失固陵之期，始分信越之地：汉高祖五年（前 202），刘邦率军追击项羽到固陵（今河南太康南），而韩信、彭越的军队并没有按约定的时间来会合。张良建议破楚后分封韩信、彭越，激励二人合力灭项羽。高祖采纳。后韩、彭灭楚军于垓下（今安徽灵璧县东南），韩信改封为楚王得楚地，彭越被封梁王。

④复道见沙中之聚，始言雍齿之侯：复道，高楼间或山岩险要处架空的通道；阁道。雍齿（？—前 193），秦末泗水郡沛县（今属江苏）人，原为沛县豪强。公元前 209 年随刘邦反秦，但他素来轻视刘邦，曾背叛过刘邦，因此刘邦对他非常痛恨。汉高祖六年（前 201），很多功臣得到了封赏，一些没获分封的常聚于沙地议论，刘邦遂问计张良。张良建议赶紧封赏雍齿，刘邦遂封雍齿为什邡侯。众人见刘邦最痛恨的雍齿都封侯了，心里便安定下来。

⑤四皓：指秦末隐居商山的东园公、甪（一作“角”）里先生、绮里季、夏黄公。四人年皆八十余，须眉皆白，故称“四皓”。

⑥定王世子于首止：指首止之盟。惠王二十二年（前 655），周惠王听信谗言，要废世子（即储君）郑，立少子带为世子。齐桓公得知此事，与宋、鲁、郑等七国诸侯会于首止（今河南睢县东南），并要求周惠王派世子郑参加，以巩固郑的世子地位。公元前 652 年，周惠王去世，郑继位，是为周襄王。

《坎》之六四曰："樽酒簋，贰用缶，纳约自牖①。"先贤以子房、四皓之事明之曰：人心有所蔽，亦有所明，欲立赵王如意者，帝之所蔽也，闻四老人之贤，愿见而莫能致者，其心之所明也。子房用其明以去其蔽，是"自牖纳约"者，宜其从之之速也。夫先贤之学，非世之君子所能及也，今当据旧史详载之，以见高帝免废嫡之愆，汉家有父子之序，非子房其谁赖？且子房时然后言，言必有益，而前史谓良与上言前后甚多，非天下所以治乱安危者，故不载。呜呼，良岂有费言哉？论留侯合《春秋》首止之盟、《易》纳约自牖之意。

孝惠

四年

帝以朝太后于长乐宫及间往，数跸②烦民，乃筑复道于武库南。叔孙通曰："此高帝月游衣冠之道也，子孙奈何乘宗庙道上行哉？"帝惧，曰："急坏之。"通曰："人主无过举，愿以为原庙渭北，衣冠月出游之，益广宗庙，大孝之本。"上乃诏有司立原庙。

天子七庙，致其诚敬足矣，而又作原庙，云益广大孝之本，则通之妄也。其言曰：人主无过举。有七庙，又作原庙，非过举乎？且衣冠出游，于礼何据？《中庸》记宗庙之礼，陈其宗器，设其裳衣，非他所也，谓庙中也，非他时也，谓祭祀之时也。今以死者衣冠，月出游之，于礼亵矣。然则通所以谏帝者，无一而当，则不若帝以数跸烦民，而筑复道之为是也。使后世有致隆于原庙，而简于太庙者，则通说启之矣。论叔孙通原庙之说非礼。

高后

元年

太后欲王诸吕，问王陵。陵曰："高帝约：'非刘氏不王。'今王吕氏，

①纳约自牖：字面意思是从窗户将东西递进去，简单直接，没有繁文缛节。指规劝人、使人信赖自己，要从他的明白之处做思想工作，再推而及其不明白之处。牖，窗户，指"明处"。

②跸：帝王出行时清道，禁止行人来往。

非约也。”太后不悦，问陈平、周勃。平、勃曰：“高帝定天下，王子弟，太后称制，王诸吕，无所不可。”罢朝，陵让之。平、勃曰：“面折廷争，臣不如君，全社稷，安刘氏，君不如臣。”

自已然论之，王陵之不如平、勃，固也。使太后未崩，而平、勃先死，则如此言何哉？且平、勃何以知己之死在太后之后，而全社稷、安刘氏之功可必也？故愚亦谓其侥幸而已矣。太后有议，陵不可，平又不可，勃又不可，将相大臣皆不可，太后亦安能独行其意乎？平、勃既许之，犹且数月，再遣谒者张释之①风谕大臣，乃后王诸吕，则知向者平、勃阿意，其罪甚大，而起太后心为多矣。自是而后，权归吕氏，地震山崩，桃李冬华，星宿昼见，伊、洛、江、汉水溢流万数千家，日食昼晦，人谋弗臧，感动天地，阴盛阳微，汉祚几易。他日平、勃安刘氏之功，仅足以赎王诸吕之罪耳。先贤论之云：人臣之义，当以王陵为正。至哉言乎！论平、勃阿意之罪大。

七年

陈平患诸吕力不能制，尝燕居深念。陆贾说之曰：“天下安，注意相。天下危，注意将。将相和调，则士豫附，天下虽有变，而权不分。为社稷计，在两君掌握耳。君何不交欢太尉，深相结？”平用其计，以五百金为绛侯寿，太尉报亦如之。二人深相结，吕氏谋益衰。

陆生为平、勃一时计可耳，非所以为训也。将相不和，固非国家之福，将相深相结，亦非国家之利。使其皆贤、皆而为社稷计，相举相职，进贤退不肖；将举将职，诘暴而禁奸。何患恶之不除，功之不就，何必阴私交缔，类非公道者乎？平与勃同心谋虑，则是也，而进币施报，则非矣，一有传之失者，身尚不自保，而何国之安？故曰：陆生为一时之计可耳，非所以为训也。论陆生之计不可为训。

①编者按：《史记》《汉书》《资治通鉴》皆为“张释”。西汉有张释之、张释。张释之（生卒年不详），字季，堵阳（今河南方城东）人，西汉法学家，文帝时累迁公车令、中郎将，后任廷尉。张释，西汉宦官，又名张泽，担任大谒者、宦者令，因游说大臣同意吕后分封外戚，高后八年（前180）春，封建陵侯。

八年

太尉令军中曰："为吕氏者右袒，为刘氏者左袒。"军皆左袒。

太尉此问非也。有如军皆右袒，或参半焉，则如之何？故先贤谓是时直当谕以大义，率而用之耳。况太尉已得北军，士卒固惟旧将之听也。非惟不当问，盖亦不必问也。论太尉左袒之问为非。

代王至渭桥，群臣迎谒。太尉请间①，宋昌曰："所言公，公言之。所言私，王者无私。"太尉乃上天子符玺，代王曰："至邸而议之。"

太尉此请非也，不过欲叙讨诸吕、迎代王之功，以伸私款②耳。宋昌一折之，其情立见，遽上符玺。夫渭桥非殿邸所在，王若何而受之？一举而三失焉，不学之过也。论君臣不学之过。

孝文

二年

立赵幽王少子辟强为河间王，朱虚侯章为城阳王，东牟侯兴居为济北王。

刘章忠勇，先愤刘氏失职，年才二十，而诸吕惮之，不敢轻发。及平、勃举事，章首诛相国产，其功不在二人之下。文帝行赏，于章宜先焉。而即位二年，乃始与辟强、兴居去侯而王，又不显言其功，何哉？初，章欲立其兄齐王，谋不在代也，文帝以是终怀不平，大臣又无开陈之计，使盛德之主，稍负疵议，惜哉！则其所谓"朕自任衣冠，念不至此"者，殆空言矣。若乃修代来功，在三时之后，又所侯者才宋昌一人，此则可为后法。后世有自诸侯王入继大统者，汲汲施恩于其故邸之属，又致隆焉，曾不知示狭于天下，本以为荣，适以表私也。论文帝不平刘章，亦盛德之疵。

除诽谤、妖言之令。

妖言令之始设也，必谓其摇民惑众，有奸宄贼乱之意者。及其失也，则暴君、权臣假此名以警惧中外，塞言路也。故贾谊论秦曰："忠谏者谓之诽

---

①请间：指希望找一个私底下言事的机会，所言之事不欲对众人公开。

②私款：私下亲密交好。

谤，深计者谓之妖言。”夫忠臣为上尽忠深计，必剀切①君身，探未然之事，陈危亡之戒，不止于近在目前者。自小人观之，曰：“是特扬君过以卖直。未然之事，危亡之形，汝安得知之？殆诽谤妖言耳。”此策既行，使中外之人钳口结舌，人君不闻其过，沦于危亡而不悟。然则其所谓谤者，乃天下之忠，而其自为者，乃天下之妖也。夫既以忠谏深计为诽谤、妖言，则指鹿为马，指野鸟为鸾，指菌为芝，指氛祲②为庆云，指雹曰不为灾也，指彗曰所以除旧而布新也，蝗生则曰不食嘉谷也，日食则曰阴云蔽之也，地震则曰官府无伤也，霖雨则曰秋稼自茂也，水涌泛溢则曰民无流死者也，岁饥则曰路未尝有饿者也。凡贤否、是非、治乱、得失，一切反理诡道，倒言而逆说之，欺惑世主，使沦于危亡，其罪岂特诽谤之比，其为妖也，不亦大乎？

（胡寅撰，刘依平校点：《读史管见㈠》，岳麓书社2011年版，第22－37页。）

评析

《读史管见》是胡寅晚年流放岭南谪居新州时撰写的一部史论专著，共三十卷，对《资治通鉴》所记述的从三家分晋至五代十国的历史作出了评价。本书摘录了《读史管见》卷一部分，内容涉及楚汉战争至西汉文帝时期的历史事件和历史人物。

胡寅认为，司马光的《资治通鉴》记述史实有余，阐发大义则不足，故其撰写《读史管见》致力于“用经义以断往事”，就是“以经断史”，用经典所载的价值标准来衡量历史事件与历史人物。胡寅坚信，“经”乃载道之具，只有经典所蕴藏的“道”和“理”才能对善与恶、美与丑、礼与非礼、义与非义、合理与不合理形成正确的评判。历史上的成败得失，只能代表一

①剀切：切实、恳切。
②氛祲（jìn）：指预示灾祸的云气。

时，而理之得失、事之是非，可以超越时空，沟通过去、现在与未来，虽千载而不改。故，他的史学论著，特别注重探讨历史事件所反映的“义理”，即其中蕴含的道德原则与哲学原理。

他对尧、舜“二帝”和夏、商、周“三代”之治极为推崇，并将其视作评判君王及其政治制度的标杆。如选文中“高帝六年”条中，他就对刘邦建立汉朝后的制度建设颇有微词，认为应该“复井田，废阡陌”，“分土而封国”，即恢复商周时期的井田制和封建制。他对秦始皇极为不屑，不称其为嬴政，而是采用野史的叫法，侮辱性地称其为“吕政”；对秦始皇建立的制度也是极为贬抑，认为“吕政所为，无一可以垂世立法者”。因此，他抨击叔孙通确立朝廷礼仪不以周礼为据而袭秦制，是犯了“使周礼失而不传，反而使秦礼得传”的大罪。

他对历史人物的评价鲜明地体现了他崇尚义理的治史特征。他赞同孟子“得人心者得天下”之说，认为人心是最强大的，又是最柔软的，统治者要想得人心，只能通过教化、感化等途径，所谓“仁结”“诚感”“德化”“义动”，而不可以“威劫”“术诈”“法持”“利夺”。他认为项羽就是因为不知仁义之事，不知礼乐教化，唯知攻伐争夺，故虽勇武豪强，结果还是落败。他评价韩信，一方面认为其“功齿三杰”不可忘，一方面也认为他攻下齐地后自行称王、与刘邦约定在固陵围攻项羽却失约不至为两项大罪。但他提出“功过当相准”的观点，认为韩信在陈地迎接高祖、拒绝蒯彻“三分天下，鼎足而居”的劝说，足可赎其“自王”“失期”之罪，汉高祖夷其三族，还是太过了，如能宽宥其子孙，才算君臣不负。在胡寅看来，理想的人臣形象应该遵守儒家士大夫道德准则，遵从君臣秩序，心怀国家社稷，而不是汲汲于私利。他对王陵的肯定便证明了这一点。吕后掌权后，打算分封诸吕。右丞相王陵以高祖所立白马之盟——“非刘氏而王，天下共击之”直面相驳；左丞相陈平、绛侯周勃则相反，认为高祖已逝，太后代行天子之职，封吕氏为王亦可。胡寅认为，从已发生的历史事实来论，平、勃二人后来确实有诛吕安刘之功，但那只是一种侥幸——假使吕太后未崩而平、勃先死，就不会有这些功绩；而如果当初吕太后议封诸吕时，平、勃也跟王陵一样不同意，将相大臣皆认为不可，太后也不可能独行其意。由此推论，平、勃附和太后的罪过很大，是他们助长了吕后的贪心权欲，而后来的安刘氏之功，仅足以赎罪。故，胡寅最后的结论是："人臣之义，当以王陵为正。"

显然，胡寅论史有着《春秋》"褒贬书法"和宋代理学的鲜明烙印。他讲求"义理"，论人则以先贤为范，论事则以二帝三王时代为则，难免给人褒贬太过、求全责备，且未必切中肯綮之嫌。《四库全书总目》就评价："寅作是书，……大抵其论人也，人人责以孔、颜、思、孟，其论事也，事事绳以虞、夏、商、周；名为存天理、遏人欲，崇王道、贱霸功，而不近人情、不揆事势……"也有人评价其"但就一事诋斥，不究其事之始终"，"凡所论是非，往往枝蔓于本事之外"。

然，治史的工作，不只是重现历史的陈迹、探明历史的真实，更重要的是认识人类精神发展历程，探求历史典籍所承载的正义与道理，并对其作出符合一定价值准则的评判。胡寅的《读史管见》对历史进行义理化的诠释，正是履行了史学研究之大道，而他重新厘定历史研究的意义与价值，对后世史学研究也产生了重大影响。有人说，宋代史学研究义理化，胡安国《春秋传》可谓开先河，而胡寅的《读史管见》以经解史、以史证经，可谓宋代史学向义理化转型的"奠定之作"，为后来朱熹撰成义理化史学的成型和集大成之作《资治通鉴纲目》，打下了基础。

《读史管见》对后世学者影响很大，朱熹对其评价尤高。其著《资治通鉴纲目》，全文引用《读史管见》有77处，而节录则有341处。随着程朱理学成为正统，胡寅的历史评论也影响了元、明、清三代学者。此外，《契丹国志》《文献通考》等著作，都曾大量引用其中内容。其思想还影响了后世文学作品，如罗贯中《隋唐两朝志传》每章皆引《读史管见》的议论作结，《三国演义》更是通篇发扬了胡寅以蜀汉为正统、以孔明为贤相的观念。

张栻

张栻（1133—1180），字敬夫，一字钦夫，号南轩，学者称其南轩先生。卒后，嘉定年间追谥“宣”，后世因称张宣公。汉州绵竹（今属四川）人，南宋中兴名相张浚之子。张栻生于蜀而长于湘，长期随父辗转于潇湘岭南之间，遵父嘱葬其于潭州宁乡（今属长沙市），并徙居其地，子孙繁衍至今，皆尊其为迁湘始祖。故而，绵竹张栻又得称为湖南宁乡人。张栻“生有异质，颖悟夙成”，深得其父张浚喜爱，令其长随身旁，教以“忠孝仁义之实”。既长，以荫补右承务郎，任职于其父之宣抚司都督府。从此踏入仕途，成为一名没有进士功名的官员。其后历任严州知州，尚书吏部员外郎兼权左右司侍立官、侍讲，左司员外郎，袁州知州，静江府知府兼广南西路安抚使，后转承事郎，进直宝文阁，除秘阁修撰，荆湖北路转运副使，改知江陵府兼荆湖北路安抚使。淳熙七年（1180）以病请辞，诏以右文殿修撰提举武夷山冲佑观，未及拜官而卒于江陵任所。张栻虽然英年早逝，历官未久，但他却以修德立政、举贤荐能、选将练兵、抗金复仇等形象享誉孝宗时代官场。其生也，人们对其期待甚高，《宋史》称其“有公辅之望”；其死也，孝宗皇帝“深为嗟悼”，“四方贤士大夫往往出涕相吊，而江陵、静江之民尤哭之哀”。然而，张栻一生最大贡献并不在从政，而在治学、育人。他以岳麓书院、城南书院、石鼓书院为基地，奠定了湖湘学派的规模，并最终成为集湖湘学派之大成的代表性人物。

史论（节选）

汉楚争战

惟仁义足以得天下之心，三王①是也。高帝之兴，亦有合乎此，是以能剪暴秦，灭强项，而卒基汉业。方怀王遣将入关，诸老将固以为沛公素宽大

①三王：指夏、商、周三朝的第一位帝王禹、汤和周文王。

长者，而心归之，至于《三章》之约①，其所以得乎民者深矣，此非其所谓仁者欤？予每爱三老董公②之说，以为“顺德者昌，逆德者亡。兵出无名，事故不成。名其为贼，敌乃可复”。三军之众为义帝缟素，声项羽之罪而讨之，于是五十六万之师不谋而来，从义之所感也。使斯时高帝不入彭城置酒高会，率诸侯穷羽所至而诛之，天下即定矣。惜其诚意不笃，不能遂收汤武之功。然汉卒胜，楚卒亡者，良由于此名正义立故也。董公盖深知其理，故其言又曰：“仁不以勇，义不以力。”自留侯而下，陈谋虽多，而皆未之及。呜呼！董公其一时之逸民③欤！

萧曹相业

萧何佐高帝，定一代规模，信宏远矣。高帝征伐多在外，何守关中，营缉根本。汉所以得天下者，以关中根本先壮故也，此何相业之大者。又何为相之初，首荐韩信为大将，而三秦之计遂定，此亦得为相用人之体。曹参虽不逮何，然以摧锋陷陈④、勇敢果锐之气，而使之治民，乃能尽敛芒角，以清净为道，遵何约束，不务变更，其人亦宽裕有识矣，此参相业也。然二子惜皆未之学。以高帝之资质，何不能赞助〔取〕远追三代之法，创业垂统，贻之后嗣？一时所定，未免多袭秦故，如井田、封建等事皆不能复古。在高帝之世，反者固已数起，此在何为可憾也。至参但知以清净不扰为善，而不知吕氏之祸已复著见，当逆为之处，以折其谋；惠帝忧不知所出，但为淫乐，不听政，而曾不能引义以强其君心，为可罪也矣。

①《三章》之约：刘邦进入咸阳后废除秦王朝的严刑峻法，召集关中父老，宣布三条法令：“杀人者死，伤人及盗抵罪。”

②*三老董公：本是洛阳新城地方掌管教化的小官，听说刘邦大军过洛阳，进而向刘邦献计，说项羽无道，杀害了义帝。刘邦意识到此事能使自己攻打项羽“师出有名”，于是下令三军哀悼义帝，自己又连哭三日，并昭告各路诸侯王，号召天下之人一起举义旗，共同讨伐无道之项羽。

③逸民：古代称节行超逸、避世隐居的人。

④陈（zhèn）：“阵”的古字，战阵。

张子房平生出处

子房盖有儒者气象，三代之后未易得也。五世相韩，笃《春秋》复仇之义，始终以之。其狙击秦政，非轻举也。其复仇之心，苟得以一击而遂焉，则亦慊①矣。此其大义根心，建诸天地而不可泯者也。子房之心，非以功利也，始终为韩，而汉之爵禄不足以羁縻之，龟山杨先生论之详矣。故予以为有儒者之气象，三代而后，未易多得，此其出处大致也。至于从容高帝之旁，其计策不汲汲于售，而所发动中节会，使高帝从之有不庸释者。盖子房非有求于高帝，故能屈伸在己，而动无不得，此岂独可以知计名哉！夫以高帝之英武，慢侮士大夫，其视随何、郦食其、陆贾辈皆侮而忽之，至于如萧相国之功，一旦下之廷尉，亦不顾也。独于子房盖敬而不敢慢，顺而不可强，则以子房所守在义而不以利故尔。嗟乎！秦汉以来，士贱君肆，正以在下者急于爵禄，而上之人持此以为真足以骄天下之士故也。若子房者，其可得而骄之哉？虽然，以高帝之英武，而能虚己以听信子房，盖亦可谓明也已矣！可谓远也已矣！

王陵、陈平、周勃处吕后之事如何

人臣之义，当以王陵为正。夫以吕后之凶暴，欲王诸吕，其谁扼之！独问此三人者，盖亦有所惮也。非特惮此三人，盖实惮高帝之余威流泽之在天下也。陵引高帝白马之盟②以对，其言明切，固足以折其奸心，如砥柱之遏横流也。使二子者对复如陵，吾知吕氏将悚焉若高帝临之在上，且惧天下之变，或缩而不敢，未可知也。彼二子者乃唯然从之，反有以安其邪志而遂其凶谋，既分王诸吕，而吕氏羽翼成就，气焰增长。然则吕氏之欲篡汉，二子实助之。予谓二子方对吕氏时，其心特畏死耳，未有安汉之谋也。退而闻王

①慊（qiè）：满足。

②白马之盟：汉高祖刘邦为维护刘姓王朝统治，曾宰杀白马与大臣盟誓："非刘氏而王，天下共击之。"

陵之责，顾高帝之眷，思天下后世之议，于是而不遑，则有卒安社稷之言耳。虽然，使二子未及施计，先吕氏而死，则是乃畔①汉辅吕不忠之臣，尚何道哉！抑二子安刘氏之计亦疏矣。不遏之于爪牙未就之初，而救之于搏击磔裂之后，观其闲居，深念与劫郦寄入北军②等事，亦可谓窘迫侥幸之甚，夫岂全谋哉！郦寄不可劫，北军不可入，吕媭之谋则亦殆矣！忠于人国者，顾如是哉？

人臣知立朝徇义而已，利害所不当顾也。功业之成，不必蕲③出于吾身也，义理苟存，则国家可存矣。借使王陵以正对，平、勃又以正对，吕氏一日而尸三子于朝，三子虽死，而大义固已立，皎然如白日，轰然如震霆，天下之义士将不旋踵四面并起，而亡吕氏矣，安刘氏者岂独二子为能哉！使人臣当变故之际，畏死贪生，不知徇义，而曰吾欲用权以济事于后，此则国家何所赖焉？乱臣贼子所以接踵于后世也。其弊至于如荀彧、冯道之徒，而论者犹或贤之，岂不哀哉！夫所贵乎权者，谓其委曲以行其正也。若狄仁杰是已，其始终之论，皆以母子天性为言，拳拳然日以复庐陵王为事。然其所以纡徐曲折而卒成其志者，则用功深矣。潜授五龙，夹日以飞④，仁杰岂必功业于其身者哉！人臣之义，当以王陵为正；济大事者，当以狄仁杰为法。

文帝为治本末

文帝初政，良有可观。盖制事周密，为虑深远，恳恻之意有以得人之心，三代而下亦未易多见也。文帝以庶子居藩国，入践大统，知己之立为汉社稷，非为己也，故不敢以为己私。有司请建太子，则先示博求贤圣之义，而又推之于吴王、淮南王；有司请王诸子，则先推诸兄之无后者而立之。其辞气温

①畔：通“叛”，背叛。

②劫郦寄入北军：此为陈平、周勃等诛吕氏家族的一个重要举措。吕后去世后，吕氏家族依旧把持西汉军政大权，尤其是吕后的侄儿吕禄当时为北军统帅。此人与郦寄要好，对他言听计从。周勃等人劫持郦寄之父为人质，设计逼郦寄骗吕禄将兵权交出。吕禄上当，周勃掌握北军，最终诛灭吕氏一族。

③蕲：通“祈”，祈求。

④夹日以飞：在太阳两旁飞，喻辅佐天子。

润不迫，其义诚足以感人也。凡所以施惠于民者，类非虚文，皆有诚意存乎其间，千载而下，即事而察之，不可掩也。史于其编年曰：“帝既施惠天下，诸侯、四夷远近欢洽，乃修代来功。”观诸此，又可见其明先后之宜，而不敢私己，记史者亦可谓善发明矣。

其待夷狄盖亦有道。以南越尉佗之强恣，自高帝犹难于服之，而帝特施恩惠，遣使遗以一书，而佗即自去帝制，下令国中称汉皇帝贤天子，惶恐报书，不敢慢。予尝详味帝所与书，则知忠信之可行于蛮貊如此。书之首辞曰：“朕高皇帝侧室子也，弃外奉北藩于代。”盖后世之待夷狄，往往好为夸辞，于是等皆在所盖覆矫饰以示之者也，而帝一以其实告语之。彼亦豪杰也，见吾推诚如此，则又安得不服！故其报书曰：“老夫故越吏也。”文帝不以高帝侧室之子为讳，则佗敢以越吏为歉哉？若吾以骄辞盖之，则彼亦且慢以应我，必然矣。推此一端，忠信可行于蛮貊，岂不信哉！

以文帝天资之美，初政小心畏忌之时，得学道之臣佐之，治功之起岂不可追三代之余风？惜其大臣不过绛①、灌、申屠嘉之徒，独有一贾谊为当时英俊，而谊之身盖自多所可恨，而卒亦不见庸②也。故以帝之贤，仅能为一时之小康，无以垂法于后世。如淮南、薄昭之事，未免陷于刑名之家，衰世之事。至于即位岁久，怠肆亦萌，新垣平③之邪说故得以入之。然终以其天资之高，旋即悟也。其终诏有曰“惟年之久长，惧于不终”，盖可见帝之能察乎此矣。呜呼，亦贤矣哉！故予犹重惜其诸臣之无以佐下风也。

贾、董奏篇，其间议论孰得孰失

贾生英俊之才，若董相则知学者也。《治安》之策④，可谓通达当世之

①绛：指周勃，他被封为绛侯。

②庸：任用。

③新垣平：？—前163，西汉赵人，术士。汉文帝前元十五年（前165），蛊惑文帝作渭阳五帝庙，又指使博士诸生作《王制》，谋议巡狩封禅事。以此得文帝宠幸，官至上大夫。后有人上书告其所言皆诈，被处以灭三族。

④《治安》之策：指贾谊的《治安策》。

务，然未免乎有激发暴露之气，其才则然也。《天人》之对①，虽若缓而不切，然反复诵味，渊源纯粹，盖有余意，以其自学问涵养中来也。读其奏篇，则二子气象如在目中，而其平生出处语默，亦可验于是矣。以武帝好大喜功多欲之心，使其听仲舒之言，则天下蒙其福矣，孰谓缓而不切邪？

武帝奢费无度、穷兵黩武而不至乱亡，前辈虽云尝论之，尚有可紬绎者

武帝奢侈穷黩之事，与秦皇相去何能尺寸？然不至于乱亡者，有四事焉。高帝宽大，文、景惠养，其得民也深，流泽渗漉，未能遽泯。非若秦自商鞅以来，根本已蹶，民独迫于威而强服耳。此一也。武帝所为，每与六经戾，夫岂真能向儒者？然犹表章六经，聘召儒生，为稽古礼文之事，未至荡然尽弃名教如秦之为。此二也。《轮台》之诏②，虽云已晚，然详味其辞，盖真知悔者，诚意所动，固足以回天人之心。自诏下之后，不复萌前日之为，思与民休息矣，与卒死于行而不知悟者，盖甚有间。秦穆之誓，圣人取其悔过，列之于书。予于《轮台》之诏，每三复焉。盖以为存亡之幾所系耳。此三也。惟其能悔过也，故自是之后，侈欲之机息而清明之虑生，是以能审于付托。昭帝之初，霍光当政，述文、景之事，以培植本根，于是兴利之源窒，而惠泽复流，有以祈天永命矣。此四也。

以四者相须而维持，是以能保其祚。然向使武帝老不知悔，死于炽然私欲之中，则决不能尽善于后，虽使赖高、文、景之泽以免其身，旋即殆矣。故予深有取于《轮台》之诏，以为存亡之幾所系也。然其能卒知悔者，则以其平日犹知诵习六经之言，听儒生之论，至于力衰而意怠，则善端有时而萌故耳。然则其所以不至乱亡者，亦岂偶然也哉！

①《天人》之对：指董仲舒的《天人三策》。

②《轮台》之诏：指《轮台诏》，又称“轮台罪己诏”，是汉武帝刘彻于征和四年（前89）所下诏书。武帝在诏书中否决了桑弘羊等大臣在西域轮台地区屯田的提案，并对派遣李广利出征匈奴之事表示悔恨。

汉家杂伯①

学者要须先明王伯之辨，而后可论治体。王伯之辨，莫明于孟子。大抵王者之政，皆无所为而为之，伯者则莫非有所为而然也。无所为者天理，义之公也；有所为者人欲，利之私也。考《左氏》所载齐桓、晋文之事，其间岂无可善者？要莫非有所为而然，考其迹而其心术之所存，固不可掩也。宣帝谓汉家杂伯，故其所趋若此。然在汉家论之，盖亦不易之论也。自高祖取天下，固以天下为己利，而非若汤武吊民伐罪之心。故其即位之后，反者数起而莫之禁，利之所在，固其所趋也。至其立国规模，大抵皆因秦旧，而无复三代封建、井田公共天下之心矣。其合于王道者，如约法三章，为义帝发丧，要亦未免有假之之意，其诚不孚也，则其杂伯固有自来。夫王道如精金美玉，岂容杂也？杂之则是亦伯而已矣。惟文帝天资为近之。然其熏习操术亦杂于黄老刑名。考其施设，动皆有术，但其资美而术高耳，深考自可见。至于宣帝，则又伯之下者，桓、文之罪人也。西京②之亡，自宣帝始。盖文、景养民之意，至是而尽消靡矣。且宣帝岂真知所谓德教者哉？而以为不可用也。如元帝之好儒生，盖窃其近似之名，委靡柔懦，败坏天下者，其何德教之足云！夫惟王者之政，其心本乎天理，建立人纪，施于万事，仁立义行，而无偏弊不举之处，此古人之所以制治保邦，而垂裕乎无疆者。后世未尝真知王道，顾曰儒生之说迂阔而难行，盖亦未之思矣。

丙、魏得失

魏相所存不得为正，观其有许、史之累则可见矣。夫欲其说之行而假许、史以为重，此诡遇获禽③之心，君子不道也。然其为相，亦有可取者。四方

①杂伯（bà）：指王道和霸道相结合的治国之道，一般指“儒法结合”。伯，通“霸”。

②西京：西汉建都长安，东汉改都洛阳，因称洛阳为东京，长安为西京。引申为称东汉为“东京”，西汉为“西京”。

③诡遇获禽：打猎时违背礼法，驱车横射禽兽。指以不正当的手段去谋取利益。

有异闻，或有逆贼、灾变辄奏言之，此诚宰相事也。其《谏伐匈奴书》有曰：“今郡国守相多不实选，风俗尤薄，水旱不时。按今年子弟杀父兄、妻杀夫者凡二百二十二人，臣以此非小变也。”凡此在他人不知为忧者，而相独知忧之，亦概乎有闻矣。故予甚惜其进之不能以正也。进不以正则牵制徇从之事必多，而感格正救之风或鲜矣。丙吉深厚不伐，在他人亦所难者，其德厚可称也。其为相若宽缓者，虽天资则然，意亦以宣帝之政尚猛，而有矫之之意欤？然抑亦太甚矣。至于韩延寿、杨恽之死，则亦莫能救也。吉见谓不亲小事、知大体，二卿之死，夫岂事之小者邪？滥刑若是，其于大体何有？若语其才识，盖不逮相远矣。

霍光得失，班固所论之外，尚有可议否

霍光天资重厚，故可以当大事，而其所以失，则由于不学之故也。人臣之功，至于周公无以加矣，而诗人形容其盛德，则曰“公孙硕肤，赤舄①几几”，夫何其温恭谦厚也！是则虽以天子叔父之尊，处人臣之极位，有盖世之功业，而玩其气象，岂有一毫权势之居？而人之视之也，但见其道德之可尊，而亦岂觉权势之可惮哉？孟子曰“事亲若曾子可也”，而后之君子亦曰“事君若周公可也”。如曾子之事亲，适为人子之能尽其分者耳，非有加也；如周公之事君亦然。盖在其身所当为者，而何一毫有于己也？周公惟无一毫有于己也，是故德盛而愈恭，事业为无穷也。光之所建立者，负于其身，横于其心，而不能以弭忘。惟其不能以弭忘，故其气焰不可掩，威势日以盛。权利之途，人争趋之，非惟家人子弟、门生故吏驯习骄纵而不可戢，光之身亦不自知其安且肆矣。此凶于乃国、败于乃家之原也，可不畏哉！故其一时用舍进退，例出于私意。以苏武之忠节，进不由己，仅得典属国，而大司马长史虽如杨敞之庸谬，亦得为宰相。至于如魏相、萧望之之才，皆摈不用，田千秋小不当意，则其婿即论死。作威作福盖如此。阴妻之邪谋未论其不能

①赤舄（xì）：赤色鞋，贵族所穿。舄，古代一种复底鞋，后引申为鞋的通称。

白发于后，使其妻邪谋至此而人敢为之助，而无复言其奸，则履霜坚冰，驯致其道，① 夫岂一日之故哉！光至此亦无全理矣。原其始，皆由于其心以宠利居成功，不知为人臣之分，故曰不学之过也。

虽然，后之儒生如班固辈盖知以不学病光矣，然使其当小利害仅如毫发，鲜不丧其所守，望其如光凛然当大事，屹如山岳，其可得哉！然则光虽有不学之病，而其自得于天资者盖亦有不可及。后之儒生虽自号为学者，讥议前人，而反无以自立，则亦何贵乎学哉？予谓人才如光辈，学者要当观其大节，先取其所长而后议其所蔽，反身而察焉，则庶几为蓄德之要。不然，所论虽似高，亦为虚言而已矣。

萧望之、刘向所处得失

望之、更生辅元帝初政，以元帝天资之弱，而外有史高总朝廷之事，内有恭、显②制枢机之权，二子居其间，可谓孤弱之势，危疑之时矣。所以处之之道，要当艰深其虑，正固其守，诚意恳恻以广上心，人才兼收以强国势，谨其为勿使有差，密其机勿使或露。积之以久，上心开明，人才众多，群心归而理势顺，庶几有可为者。此在《易·屯》“膏，小贞”之义也。而二子处之盖甚疏矣。其绸缪经理，未尝有一日之功也。遽白罢中书宦官，其机盖已尽露而无余策。既不蒙信用，而中外小人并起而乘之，身之死逐不足道，而当时之事遂不可复救。甚矣，二子之疏也！况其所为自多不正。用人要当公天下之选，而二子者不惟其贤，惟其附己，不知小人迎合于外者讵可保邪？故以郑朋之倾邪而使之待诏，至于华龙之污秽亦欲入其党，彼盖有以召之也。在《易》有之：“君子以远小人，不恶而严。”所谓严者，严其在我者也。二子处群小人间，而不严如是，其可得乎？袁安、任隗，当梁冀强横之时，非惟不能加害，而卒能去之，以安、隗所处之严故也。故史称安、隗素行高，

①履霜坚冰，驯致其道：通过不断积累达到某种状态或目标。履霜坚冰，指因踏霜而知寒冬将至，比喻由眼前的迹象而预知未来，并有所戒备。驯致，逐渐达到。

②恭、显：指宦官弘恭、石显，此二人互相勾结，陷害萧望之，望之被迫自杀。

冀未有以害之，斯言诚有味也，二子曾不知此耶！至于使外亲上变事，与子上书，则又其甚矣。予观二子所执虽正，然恳诚之心不笃，势利之念相交，以天下之公义而行之以一己之私，盖不知学之蔽也。吁，可惜哉！然昔人未可以一失断其生平。若更生经历忧患，晚岁气象殊胜于前，处王氏之际，庶几为忧国敦笃者矣。

（张栻著，邓洪波点校：《张栻集》，岳麓书社 2010 年版，第 634－643 页。）

评析

张栻的《史论》有二十四条，存于《南轩集》中。本书摘选了其中十一条，涉及从汉楚争战到西汉元帝时期一些重大历史事件和重要历史人物。张栻的《史论》承继胡寅治史理念，已具备了典型的义理化史学的特征，即摘取史书中一些能够体现道德伦理、纲常秩序等微言大义的史实，以“义利之辩”为尺度，去评判历史上的治乱兴衰和其中的历史人物。

如评论历史事件和政治制度，在“汉楚争战”条中，把历时四年的汉楚之争汉胜楚败归结为刘邦听从三老董公“顺德者昌，逆德者亡”之说，为被项羽杀害的义帝举行葬礼，并以之为名声讨项羽，即所谓“名正义立故”。在“汉家杂伯”条中，认为学者要先明白王道与霸道的区别，“而后可论治体”。而张栻心中的王道即王者之政，是遵从“义”即“天理”之政，典范就是夏、商、周三代政治；霸道即霸者之政，是出于私利之政，典范即是秦制。张栻曾言，“三代之治，实万世王者之师也”，认为夏、商、周三代之治乃王道典范，总是规劝后世之君效法三代王政。如在“萧曹相业”条中，认为萧何、曹参均未深入学习先王之道，二人不能辅佐汉高祖行三代“井田”“封建”之制，而“多袭秦故”，感叹萧“可憾”、曹“可罪”；在“文帝为治本末”条中，赞扬汉文帝天资很高，认为他治功本可追“三代之余风”，可惜当时无深明先王之道的大臣辅佐，仅有一贾谊为“当时英俊”，所以“仅能为一时之小康，无以垂法于后世”。

评价历史人物方面，在“张子房平生出处”条中，张栻认为汉初刘邦对儒生比较轻视，甚至对萧何也不能始终尊敬如一，独对张良“敬而不敢慢，顺而不可强”，是因为张良心中始终存有大义，从不计较个人小利，即“所守在义而不以利故”。在“王陵、陈平、周勃处吕后之事如何”条中，张栻对王陵、陈平、周勃三人的评价与胡寅完全一致，均将王陵视作人臣典范：“人臣之义，当以王陵为正。”张栻评价王陵以白马之盟驳吕后封吕氏，“如砥柱之遏横流”，视王陵为国家真正可倚赖之股肱之臣；抨击陈平、周勃同意吕后封吕氏子弟是“当变故之际，畏死贪生，不知徇义”，认为是他们的态度使吕后分封诸吕的凶谋邪志得逞，导致乱臣贼子继起，指责二人安刘氏之计甚为疏陋，不能遏制吕氏势力于未张之时，而是救于吕氏羽翼已成之后，以致后来诛吕氏之举变得非常窘迫，虽胜却得之侥幸。他强调，“义理苟存，则国家可存矣”，认为是否讲求“义理”，关系国家存亡；认为臣子“立朝徇义而已，利害所不当顾也”，即作为人臣，凡事应以国家大义为重，应为君主分忧，不应计较个人利害，认为陈平、周勃二者，国家不可倚赖。

由上可见，张栻的《史论》可谓承继了胡寅的《读史管见》之观点，无论是对三代之治的推崇还是对秦制的贬抑，皆如出一辙。很显然，这种完全从义理角度分析史事的观点，失之偏颇。如果按照张栻等理学家的理念，汉初重新实施井田、封建制度，那是开历史倒车，未必能国富民安，或许还会导致天下重新陷入混乱。而对秦制完全否定更是不尊重客观事实的主观偏见。秦统一中国，实行郡县制度，统一文字、货币、度量衡等，这是功在千秋之事，其速亡并不在于制度之失，而在于暴政，不能因为其不得民心，二世而亡便将其全盘否定。对人物的评价也是一样，将“义”“利”完全对立，以圣贤为楷模，难免有理想化、简单化和求全责备之嫌。

义理化史学这种将“义理”作为历史评价唯一标准的史论观，引来诸多议论。反对者认为这种近乎唯道德论的评判观，弊端显而易见——过分重视史论，将“经义”凌驾于“史实”之上，有时候容易忽略“真相”；而一旦将人物、事件与阔大背景下的历史真实相割裂，便很难做到充分结合诸多影响因素，综合、全面地评价历史事件和人物：这是我们在学术研究中应该注意的。赞同者认为张栻把董仲舒“正其义不谋其利，明其道不计其功”的儒家传统思想发展到了一个新高度，朱熹就评价他是“扩前圣之所未发”。从学术研究的角度看，义理化史学从哲学层面研究历史，也是对史学研究的新开拓；而从经世致用角度解读历史，注重探讨历史价值、历史意义，也确实可谓学术层面的另辟蹊径。客观地说，这种经史结合、高度强调道德伦理的史论观，是对孔、孟“舍生取义”“杀身成仁”观念的继承与弘扬，激励着后世一代又一代学子追求崇高的道德理想：重气节、讲操守，关心国家社稷，以天下为己任；敢于奋起与邪恶势力作斗争，而非明哲保身、委曲求全。正是他们对崇高道德理想的坚守与践行，铸就了中华民族的精神脊梁。湖湘文化“心忧天下”“敢为人先”“实事求是”之精神，可谓正是这一源流的延续，值得当下展开进一步的思考与发掘。

王夫之（1619—1692），字而农，号薑斋，晚年隐居衡阳石船山，故后人称之为“船山先生”。湖南衡阳人。明清之际思想家、学者、诗人、词人，与黄宗羲、顾炎武并称为明末清初“三大启蒙思想家”。崇祯十五年（1642）赴武昌乡试中举。崇祯十六年（1643）春，与兄长王介之北上参加会试，因李自成、张献忠领导农民起义，道路被阻，自南昌而返；十月，张献忠所部起义军攻克衡州，拘其父王朝聘，迫王夫之归顺自己，王夫之刺伤自己的脸、腕，伪伤救出父亲。崇祯十七年（1644），清军攻占京城。王夫之听到惊天国变，写成《悲愤诗》一百韵。后奔波于湖北、湖南之间，试图调解当时在两湖一带抗清的南明主将何腾蛟与堵胤锡之间的矛盾。无果，退回故乡衡阳，与匡社同人管嗣裘等在衡阳举兵反清。永历元年（1647）投桂王，不得志，返衡阳，隐姓埋名。康熙十四年（1675）迁居石船山。康熙三十一年（1692）去世，葬于高节里大罗山（现衡阳县曲兰镇船山村老屋组大罗山脉虎形山）。以“有明遗臣”自居，自题墓志铭曰：“抱刘越石之孤忠而命无从致，希张横渠之正学而力不能企。幸全归于兹丘，固衔恤以永世。”王夫之是中国古代朴素唯物主义思想的集大成者，著作有《周易外传》《张子正蒙注》《尚书引义》《读四书大全说》《老子衍》《庄子通》等。

宋论
（节选）

论岳飞北伐

尽南宋之力，充岳侯之志，益之以韩①、刘（原注：锜）②、二吴③，可以复汴京、收陕右乎？曰：可也。由是而渡河以进，得则复石晋所割之地④，驱女直于塞外；不得，亦据三关⑤，东有沧、瀛，西有太原，仍北宋之故宇乎？曰：不能也。凡得失之数，度之于彼，必察其情；度之于此，必审其势；非但其力之强弱也。情有所必争，力虽弱，未可夺也，强者勿论已；势有所不便，力虽强，未可恃也，弱者勿论已。

以河南、陕右言之，女直之初起也，积怨于契丹而求泄，既胜以还，亦思夺其所有之燕、云⑥而止。及得燕而俯视河朔，得云而下窥汾、晋，皆伸臂而可收也，遂有吞并关南之志。乃起海上，卷朔漠，南掩燕南，直数千里，斗绝而难于遥制，故乘虚袭取三河、两镇⑦，而所欲已厌矣。汴、洛、关陕，宋不能守，势可坐拥神皋⑧，而去之若惊，不欲自有，以授之叛臣⑨，则中原之土非其必争之地，明矣。朱仙一败，卷甲思奔，非但其力之不足也，情不

①* 韩：指韩世忠，南宋初期武将。

②* 刘锜（1098—1162）：德顺军（治今宁夏隆德）人，字信叔。宋高宗建炎年间为陇右都护，为夏人所畏。张浚宣抚陕西，任其为泾原经略使。后赴京领宿卫亲军。富平之战有功。绍兴十年（1140）任东京副留守，率王彦旧部八字军赴任。至顺昌，突遇金兵来攻，遂守城拒战，大败金军。次年援淮西，与王德、杨沂中等部于柘皋再败金军。旋遭秦桧、张俊之忌，罢兵柄，出知荆南府。金海陵王完颜亮南侵，任江、淮、浙西制置使，守淮东，因老病不能视事退至镇江，忧愤而死。

③* 二吴：指吴玠、吴璘，均为南宋初期武将。

④* 石晋所割之地：指后晋高祖石敬瑭割让给契丹的燕云十六州地区。

⑤* 三关：瓦桥关（今河北雄县西南）、益津关（今河北霸州市）、淤口关（故址在今河北霸州市东）。

⑥* 燕：燕京，今北京。云：云州，今山西大同。

⑦三河、两镇：应作“两河、三镇”。宋称河北、河东地区为“两河”：河北即今河北省易水、雄县、霸县和天津市海河以南，以及山东、河南两省黄河以北地区；河东即今山西省长城以南部分地区及今陕西省佳县以北地区。“三镇”指唐代在黄河以北地区的平卢、魏博、成德三个重要藩镇。

⑧神皋：指京城地区。

⑨* 叛臣：指刘豫。

属也。而宋自收群盗以后，诸帅愤盈，东西夹进，东清淮、泗，略梁、宋，有席卷之机；西扼秦、凤，指长安，有建瓴之势；岳侯从中而锐进，交相辅而不虑其孤，走兀术，收京阙，画河以守新复之疆，沛然无不足者，故可必也。

以河北、燕南言之，女直自败盟而后，力未能得，而胁割于众，以其为燕之外护也，以其为刍粮金帛之所取给也，以其士马之可抚有而弥强也。郭药师一启戎心，而女直垂涎以歆其利，久矣为必争之地矣。军虽屡折，而宿将未凋，余威尚振。使宋渡河而北，则悉率海上之枭，决死以相枝拒，河阻其归，敌摧其进，求军之不覆没者，十不得一也。宋之诸将，位相亚，权相埒，力相等，功亦相次。岳侯以少年崛起而不任为元戎者，以张俊之故为主将，从中而沮之也。韩、刘、二吴，抑岂折节而安受其指麾？则雁行以进，麋骇而奔，功不任受，咎亦无归。故五国合从之师衅于函关①，山东讨卓之兵阻于兖、豫，② 九节度北伐之军溃于河南，其不如刘裕孤军直进，擒姚泓、俘慕容超者，合离定于内，而成败券于外，未有爽焉者也。乃欲合我不戢，撄彼必争，当百战之骄虏，扼其吭而勿忧其反噬乎？若此，则虽高宗无疑畏之私，秦桧无腹心之蠹，张俊、刘光世无从旁之挠，且将忧为吴明彻淮北之续，退且河南之不保；而遥指黄龙，期饮策勋之爵，亦徒有此言，而必不能几幸者也。

是故《易》惫鬼方之伐，忧其难为继也；《春秋》许陉亭之次，谓其可

---

①* 五国合从之师衅于函关：公元前241年，赵、楚、韩、魏、燕五国组成联军，推楚为合纵长，向西攻秦。起初取得一些胜利，但逼近函谷关时，秦国反攻，楚军闻讯逃跑，其他各国军队也纷纷撤退，联合攻秦失败。——编者按：从，通“纵”。

②* 山东讨卓之兵阻于兖、豫：东汉末年，董卓率兵入京师洛阳，拥立汉献帝，独揽大权。潼关、崤山以东的一些军阀、豪强不满董卓，又欲乘机争权夺地，遂以讨伐董卓为名，纷纷起兵，结成联盟，推举世家大族代表人物袁绍为盟主，组成联军，分别驻扎在河内、酸枣、南阳、颍川、邺等地（均属今河南省）。因董卓兵强，联军不敢进攻，只有曹操引兵进击，但很快被击败，士卒死伤甚多，曹操亦为流矢所中，乘夜色逃脱。但曹操逃到酸枣后，诸侯军十余万，仍是每日置酒高会，不图进攻。山东即崤山以东。兖、豫即兖州、豫州，均为古九州之一，二州辖区包括今山东西南及河南全境。

以止也。自赵普沮曹翰①之策，而燕、云不可问矣。自徽宗激郭药师之叛，而河北不可问矣。任诸帅阃外②之权，斥奸人乞和之说，乘其所不争，攻其所不可御，东收徐、兖，西收关陇，以环拱汴、洛而固存之；支之百年，以待兴王之起，不使完颜氏归死于蔡州③，以导蒙古之毒流四海，犹有冀也。然抑止此而已矣。如曰因朱仙之捷，乘胜渡河，复汉、唐之区宇，不数年而九有④廓清，见弹而求鸮炙⑤，不亦诞乎！

（王夫之著，王嘉川译注：《中华经典史评·宋论》，中华书局2008年版，第139–146页。）

论岳飞失于安身定交之策

相臣而立武功，周公而后，吾未见其人也。帅臣而求令誉，吾未知吉甫⑥之果能称焉否也。帅臣之得令誉也有三：严军令以禁掠夺，为软语以慰编氓，则民之誉归之；修谦让以谨交际，习文词以相酬和，则士之誉归之；与廷议而持公论，屏奸邪以交君子，则公卿百僚之誉归之。岳侯之死，天下

①*曹翰：北宋前期武将。据一些史料记载：宋太祖曾在召见赵普时，拿出一张攻取幽州的战图给赵普看，赵普仔细看过后说："此必曹翰所画。"太祖问其何以知之，赵普答曰："现在的这些将帅，才谋没有超过曹翰的。如果不是曹翰所画，别人是画不出来的。但问题是，虽然现在派曹翰去攻幽州一定能拿下，但需要世世代代有曹翰这样的将领才能守住。您准备用谁去替代他呢？"太祖默然回宫，此后再也不提攻取幽州之事了。

②阃（kǔn）外：指京城或朝廷以外。

③不使完颜氏归死于蔡州：金朝皇室复姓完颜。公元1233年十一月，蒙古军与宋联合，于1234年正月攻破蔡州（今河南汝南），金朝灭亡。

④九有：指九州，即全天下。

⑤见弹而求鸮炙：典出《庄子·齐物论》，意思是看到弹丸就想到烤鸟肉，比喻计算得过早。鸮炙，烤鸮鸟为食。

⑥*吉甫：指李吉甫（758—814），唐赵郡（今河北赵县）人，字弘宪。唐德宗时任太常博士、州刺史等职。宪宗即位，征拜考功郎中，历任知制诰、翰林学士、中书舍人、中书侍郎同平章事、集贤殿大学士、监修国史等职，两次为相。曾参与策划讨平多处节度使叛乱，一年内改换三十六个藩镇节度使，削弱了藩镇势力。——编者按：也有说"吉甫"指尹吉甫。尹吉甫，西周宣王时大臣，政治家、军事家、文学家，本名兮伯吉父（兮氏，名甲，字伯吉父），尹是官名；曾带兵抵御猃狁的侵扰，《诗经》中多有歌颂其功绩的文句。

后世胥为扼腕，而称道之弗绝者，良由是也。唯然，而君子惜之，惜其处功名之际，进无以效成劳于国，而退不自保其身。遇秦桧之奸而不免，即不遇秦桧之奸而抑难乎其免矣。

《易》曰："安其身而后动，定其交而后求。"谓名之不可亟居，功之不可乍获也。况帅臣者，统大众，持大权，立大功，任君父安危存亡之大计，则求以安身而定上下之交，尤非易易矣。身不安则志不宁，交不定则权不重。志不宁，权不重，则力不足以宣，而挠之者起。挠之者起，则欲忘身以救君父之危，而不能毕遂其事；非但身试不测之渊而逢其沉溺也。君非大有为之君，则才不足以相胜；不足以相胜，则恒疑其不足以相统。当世材勇之众既归其握，历数战不折之威，又为敌惮；则天下且忘临其上者之有天子，而唯震于其名，其势既如此矣。而在廷在野，又以恤民下士之大美竞相推诩。犹不审，而修儒者之容，以艺文抒其悲壮。于是浮华之士，闻声而附，诗歌咏叹，洋溢中外，流风所被，里巷亦竞起而播为歌谣，且为庸主宵人之所侧目矣。乃君之有得失也，人之有贤奸也，庙算之有进止也，廷臣无匡救之力，引己为援，己复以身任之；主忌益深，奸人之媢疾益亟，如是而能使身安以效于国者，未之有也。

故汉之功臣，发纵指示，一听之萧、张，绛①、灌②无文，不与随③、陆争春华之美。郭子仪身任安危，知李泌、崔祐甫之贤，而不与纳交以结君子之好；知元载、鱼朝恩之恶，而不相攻讦以触奸佞之机。李光弼改纪其军政，

①* 绛：周勃（？—前169），汉初武将。沛县（今属江苏）人。随刘邦起兵反秦，以功拜为将军，赐爵武威侯。楚汉战争时，屡建战功，先后攻取二十二县。汉朝建立后，封绛侯。继以讨平韩信，升太尉。吕后死，与陈平等合谋，一举消灭诸吕，拥立文帝。官至右丞相。

②* 灌：灌婴（？—前176），汉初武将。睢阳（今河南商丘睢阳区）人。原为商贩，后从刘邦起兵反秦，以骁勇著称。后与周勃等拥立文帝，升太尉，并继周勃为相。

③* 随：随何，西汉初人，以善辩称于时。楚汉战争时为刘邦谒者，奉命说服淮南王英布叛楚归汉。及灭楚，刘邦当众折辱之，称为"腐儒"，乃举前使淮南之功以对，得为护军中尉。

而不竞其长；仆固怀恩①固属其部曲，而甘与为伍。乃以废斥之余，一旦跃起，而卒拯吐蕃之难。以是动，而动罔不利也；以是求，而求无不得也。岳侯诚有身任天下之志，以奠赵氏之宗祊，而胡不讲于此耶？

宋氏之以猜防待武臣，其来已夙矣。高宗之见废于苗、刘②而益疑，其情易见矣。张浚之褊而无定，情已见乎辞矣。张俊、刘光世之以故帅先达不能相下，其隙已成矣。秦桧之险，不可以言语争、名义折，其势已坚矣。而且明张纪律，柔声下气，以来牛酒之欢迎；而且缀采敷文，网罗文士，以与张九成等相为浃洽；而且内与谏臣迭相扬诩，以辨和议之非；而且崖岸自矜，标刚正之目，以与奸臣成不相下之势；而且讥评张俊，历诋群将，以折张浚之辨。合宰执、台谏、馆阁、守令之美，而皆引之于身，以受群言之赞颂。军归之，民归之，游士、墨客、清流、名宿莫不归之。其定交盛矣，而徒不能定天子之交；其立身卓矣，而不知其身之已危。如是而欲全其社稷之身以卫社稷也，庸可得乎？

呜呼！得失成败之枢，屈伸之间而已。屈于此者伸于彼，无两得之数，亦无不反之势也。故文武异用，而后协于一。当屈而屈者，于伸而伸，非迫求而皆得也。故进退无恒，而后善其用。岳侯受祸之时，身犹未老，使其弢光敛采，力谢众美之名，知难勇退，不争旦夕之功；秦桧之死，固可待也，完颜亮之背盟③，犹可及也。高宗君臣，固将举社稷以唯吾是听，则壮志伸

①*仆固怀恩（？—765）：唐铁勒族仆固部人。世袭都督。以善战、通晓番情著称。唐玄宗时，从郭子仪、李光弼平“安史之乱”，一门死王事者四十六人，屡立战功。肃宗即位后，随郭子仪入朝，嫁女于回纥，请兵结好，引回纥兵从郭子仪收复两京。任朔方行营节度使，封大宁郡王，从李光弼守河阳，每战皆摧锋陷敌，功冠诸将。又进收东京。以功迁河北副元帅、朔方节度使。后为宦官所谮，上书自诉，求与代宗和解未果，遂发动叛乱，为郭子仪所败。又引回纥、吐蕃入寇，中途暴卒。

②*高宗之见废于苗、刘：又称“苗刘兵变”，建炎三年（1129）由苗傅、刘正彦发动，诛杀了高宗宠幸的权臣和宦官，并逼迫高宗将皇位禅让给两岁的皇太子赵旉。但兵变被韩世忠等迅速镇压。

③完颜亮之背盟：宋高宗绍兴十一年（1141）十一月，宋金订立“绍兴和议”，双方停战。三十一年（1161）九月，金主完颜亮撕毁盟约，发兵南侵。

矣。韩、刘（原注：锜）、二吴不惩风波之狱①，而共畜余威以待时，承女直内乱以蹑归师，大河以南，无难席卷。即不能犁庭扫穴以靖中原，亦何至日蹙月削，以迄于亡哉？故君子深惜岳侯失安身定交之道，而尤致恨于誉岳侯者之适以杀岳侯也。悠悠之歌诵，毒于谤讪，可畏矣夫！知畏之，则所以弭之者，亦必有其道矣。

（王夫之著，王嘉川译注：《中华经典史评·宋论》，中华书局 2008 年版，第 150–157 页。）

评析

《宋论》是王夫之晚年所作的一部重要的史论著作，集中体现了他在史学方面的远见卓识。在《宋论》中，王夫之对许多宋代历史上的重要事件与人物作出了不同于流俗的评判，本书所选取的两篇评论岳飞的文章就是很好的例子。

通俗化史学以至话本小说，往往对岳飞给予极高的评价与期望，认为如果不是高宗昏庸、秦桧当道，岳飞在朱仙镇大捷后乘胜追击一定能够收复黄河以北的北宋故地，乃至直捣黄龙（今吉林农安），彻底击溃金朝。王夫之的《论岳飞北伐》在仔细分析当时政治、军事形势以及岳飞所处人事环境后，对岳飞作出了一定限度的肯定，但不认为他有机会完成恢复北宋故地的壮举。

王夫之指出，对军事成败的预估不能只从己方立场考虑，还要结合敌方情况综合考量。具体到岳飞北伐上来说，在宋弱金强的大前提下，宋军在局部的战役上尚有取胜机会，但很难取得全局性的胜利。如果宋朝全力支持，岳飞恢复汴京、陕右地区（今河南、陕西的部分区域）比较有希望，因为汴京、陕右位于金朝的外围，从战略上来看不是金朝非保不可的地方。一旦在

①风波之狱：指岳飞被害事件。有史料说岳飞是在监狱中受“拉胁”（用钝器猛敲肋骨）之刑而死，也有史料说是被毒酒毒死。后世传说岳飞死于风波亭，但现存宋代史料中无此记载。

局部战争中取得了胜利，乘胜追击是很有希望拿下这两块区域的。而河北、燕南（今河北北部地区）则直接关系到金朝核心区域的安全，同时也是重要的粮草财税来源地。一旦威胁到这两大区域，金朝必定寸土必争，不肯轻易后退，从而使战争变成消耗战、持久战，在宋弱金强的大背景下岳飞很难有机会获胜。这样，河北、燕南地区尚不可期待，更不要说打入金朝的腹地黄龙府了。

对岳飞的另一主流评价认为，如果没有奸臣秦桧，岳飞便不会死于非命，从而可以为国家作出更大的贡献。王夫之对此也不完全赞同。他在《论岳飞失于安身定交之策》中肯定了岳飞的拳拳报国之心，但同时也指出，岳飞最终壮志未酬而被奸人所害，自身在“安身定交”方面的失策也是重大原因：对上他不擅揣测君心被猜忌，对同僚他不懂和光同尘、明哲保身被排挤。王夫之先援引前代周勃、灌婴、郭子仪、李光弼等名将与同朝重臣和睦相处最终建立不世功业的例子，接着具体分析岳飞所处时代：宋高宗有过被武将废黜后又复辟的经历，本就不信任武将；岳飞又与同时手握重兵的张俊有过节；岳飞平日刚正不阿、与奸邪势同水火，奸臣早就视其为眼中钉、肉中刺。这几方面的共同作用，最终导致岳飞死于非命。王夫之认为，有能力、有理想的官员要想实现自己的政治抱负，必须先营造一个适合自己生存的环境，然后蓄势待发，等待时机来临后建立不世功业，也就是《易传》所说的“安其身而后动，定其交而后求”。

透过王夫之《宋论》中对岳飞的评论可以发现，王夫之把传统的义理史学推到了新的高度——“即事以言理”，而非高悬一个至高的道德理想却毫不顾及现实的可行性。王夫之在坚持至高理想的前提下所达到的对人情世事的深刻洞察，也在一定程度上，使《宋论》实现了“读史使人明智”的效果。不过，其从个人内因方面分析评价岳飞被害事件，虽言之有理，却也引起学界聚讼纷纭。

多数人认为，他对人太过“苛责”。王夫之说，“得失成败之枢，屈伸之间而已”；慨叹“君子深惜岳侯失安身定交之道，而尤致恨于誉岳侯者之适以杀岳侯也。悠悠之歌诵，毒于谤讪，可畏矣夫”。他深惜岳飞不懂随时进退以致身处险境，甚至认为岳飞不懂辞让时人对他的推崇与赞誉也是致祸之由。可是，一个人要做到既刚直不阿为国为民又见风使舵左右逢源，何其难哉！简直就是矛与盾的存在！“木秀于林，风必摧之。”可是风摧秀木岂是秀木之过？岳飞所处政治环境确实险恶，他追求的理想与统治者不符，他的所作所为不为小人所容。但是如果他真的如王夫之说的那样做了，就一定能实现其抗金理想吗？历史的走向谁都不能假设，王夫之也不过是作为一个近五百年之后的人，从已知的历史去作纸上谈兵之推断罢了。另，如果岳飞真如王夫之所愿，“见机行事”“能屈能伸”，恐怕也未必是青史留名之抗金英雄岳飞了。

再说说王夫之所谓的识进退、懂屈伸。确实，这是在形势复杂之政治环境中自保之良方，甚至可说是任何时代、任何领域某些人的自保甚至进身之途，但是，一定不要忘了那样做的终极目标。让我们回望历史，腐朽的清政府之所以被推翻，正是因为有一批又一批不与官场共进退的仁人志士之崛起；我们的中华人民共和国之所以能巍然屹立，更是因为一批又一批与民生社稷共进退而不是与反动政府、反动官员共进退的革命者和建设者的奋斗与牺牲。所以，永远记住，不是为谋个人或小集体利益而进退、而屈伸，而是与国与民共进退，为国为民而屈伸！

读通鉴论
（节选）

叙论一　不言正统

论之不及正统者，何也？曰：正统之说，不知其所自昉①也。自汉之亡，

①昉（fǎng）：起始。

曹氏、司马氏乘之以窃天下，而为之名曰禅。于是为之说曰："必有所承以为统，而后可以为天子。"义不相授受，而强相缀系以揜①篡夺之迹历，抑假邹衍五德之邪说与刘歆历家之绪论，文其诐辞②，要岂事理之实然哉！

统之为言，合而并之之谓也，因而续之之谓也。而天下之不合与不续也多矣！盖尝上推数千年中国之治乱以迄于今，凡三变矣。当其未变，固不知后之变也奚若，虽圣人弗能知也。商、周以上，有不可考者。而据三代以言之，其时万国各有其君，而天子特为之长，王畿之外，刑赏不听命，赋税不上供，天下虽合而固未合也。王者以义正名而合之，此一变也。而汤之代夏，武之代殷，未尝一日无共主焉。及乎春秋之世，齐、晋、秦、楚各据所属之从诸侯以分裂天下；至战国而强秦、六国交相为从衡③，赧王朝秦，而天下并无共主之号，岂复有所谓统哉！此一合一离之始也。汉亡，而蜀汉、魏、吴三分；晋东渡，而十六国兴，拓拔、高氏、宇文裂土以自帝；唐亡，而汴、晋、江南、吴越、蜀、粤、楚、闽、荆南、河东各帝制以自崇。土其土，民其民，或迹示臣属而终不相维系也，无所统也。六国离，而秦苟合以及汉；三国离，而晋乍合之，非固合也。五胡起，南北离，而隋苟合之以及唐；五代离，而宋乃合之。此一合一离之局一变也。至于宋亡以迄于今，则当其治也，则中国有共主；当其乱也，中国无君，而并无一隅分据之土。盖所谓统者绝而不续，此又一变也。夫统者，合而不离、续而不绝之谓也。离矣，而恶乎统之？绝矣，而固不相承以为统。崛起以一中夏者，奚用承彼不连之系乎？

天下之生，一治一乱。当其治，无不正者以相干，而何有于正？当其乱，既不正矣，而又孰为正？有离，有绝，固无统也，又何正不正之云邪？以天下论者，必循天下之公，天下非夷狄盗逆之所可尸，而抑非一姓之私也。惟为其臣子者，必私其君父，则宗社已亡，而必不忍戴异姓异族以为君。若夫

①揜（yǎn）：通"掩"，掩盖，遮蔽。
②诐（bì）辞：偏邪不正的言论。
③从衡：合纵连横。从，通"纵"。

立乎百世以后，持百世以上大公之论，则五帝、三王之大德，天命已改，不能强系之以存。故杞不足以延夏，宋不足以延商。① 夫岂忘禹、汤之大泽哉？非五子不能为夏而歌雒汭②，非箕子不能为商而吟麦秀③也。故昭烈亦自君其国于蜀，可为汉之余裔；而拟诸光武，为九州兆姓之大君，不亦诬乎？充其义类，将欲使汉至今存而后快，则又何以处三王之明德，降苗裔于编氓邪！

蜀汉正矣，已亡而统在晋。晋自篡魏，岂承汉而兴者？唐承隋，而隋抑何承？承之陈，则隋不因灭陈而始为君；承之宇文氏，则天下之大防已乱，何统之足云乎？无所承，无所统，正不正存乎其人而已矣。正不正，人也；一治一乱，天也；犹日之有昼夜，月之有朔、弦、望、晦也。非其臣子以德之顺逆定天命之去留，而詹詹④然为已亡无道之国延消谢之运，何为者邪？宋亡而天下无统，又奚说焉！

近世有李槃⑤者，以宇文氏所臣属之萧岿⑥，为篡弑之萧衍延苟全之祀，而使之统陈；沙陀夷族之朱邪存勖⑦，不知所出之徐知诰，冒李唐之宗，而使之统分据之天下。父子君臣之伦大紊，而自矜为义，有识者一吷⑧而已。若邹衍五德之说，尤妖妄而不经，君子辟之，断断如也。

叙论二　不论大美大恶

天下有大公至正之是非焉，匹夫匹妇之与知，圣人莫能违也。然而君子之是非，终不与匹夫匹妇争鸣，以口说为名教，故其是非一出而天下莫敢不

---

①故杞不足以延夏，宋不足以延商：杞国不能延夏礼，宋国不能延商礼。杞，国名，周天子封夏之后代于杞，以奉夏之祀；宋，国名，商灭后，周封商之微子于宋，以存商汤之祀。

②雒汭（ruì）：古地名，指雒水（今洛河）入古黄河处，在今河南巩义市东北。夏朝君主太康贪图享乐，在外打猎长期不归，国家被羿侵占，太康的五个弟弟在洛河边追述大禹的告诫而作《五子之歌》。《五子之歌》见《尚书·夏书》。

③麦秀：传说商灭后，纣王的叔父箕子朝周时有感于亡国之痛而作《麦秀》。后以“麦秀”代指家国破亡。

④詹詹：言辞琐碎、喋喋不休的样子。

⑤李槃：明代官吏，万历进士。

⑥萧岿：萧衍的曾孙，南朝后梁皇帝，562—585年在位，先后依附于北周、隋。

⑦朱邪存勖（xù）：指李存勖，五代唐的建立者，923—926年在位。

⑧吷（xuè）：以口吹物发出的微小声音，此处有轻蔑意。

服。流俗之相沿也，习非为是，虽覆载不容之恶而视之若常，非秉明赫之威以正之，则恶不知惩。善亦犹是也。流俗之所非，而大美存焉；事迹之所阂，而天良在焉；非秉日月之明以显之，则善不加劝。故《春秋》之作，游、夏不能赞一辞①，而岂灌灌谆谆，取匹夫匹妇已有定论之褒贬，曼衍长言，以求快俗流之心目哉！庄生曰："《春秋》经世之书，圣人议而不辩。"若华督、宋万、楚商臣、蔡般，当春秋之世，习为故常而不讨，乃大书曰"弑其君"。然止此而已，弗俟辩也。以此义推之，若王莽、曹操、朱温辈之为大恶也，昭然见于史策，匹夫匹妇得以诟厉之于千载之下，而又何俟论史者之喋喋哉！

今有人于此，杀人而既服刑于司寇矣，而旁观者又大声疾呼以号于人曰：此宜杀者。非匹夫匹妇之褊躁，孰暇而为此？孟子曰："《春秋》成而乱臣贼子惧。"惟其片言而折，不待繁言而彼诈遁之游辞不能复逞。使圣人取中肩之逆、称王之僭，申明不已，而自谓穷乱贼之奸；彼奸逆者且笑曰：是匹夫匹妇之巷议也，而又奚畏焉。

萧、曹、房、杜之治也，刘向、朱云、李固、杜乔、张九龄、陆贽之贞也，孔融、王经、段秀实之烈也，反此而为权奸、为宦寺、为外戚、为佞幸、为掊克②之恶以败亡人国家也；汉文、景、光武，唐太宗之安定天下也，其后世之骄奢淫泆自贻败亡也；汉高之兴，项羽之亡，八王之乱，李、郭之功：史已详纪之，匹夫匹妇闻而与知之。极词以赞而不为加益，闻者不足以兴；极词以贬而不为加损，闻者不足以戒。唯匹夫匹妇悻悻之怒、沾沾之喜，繁词累说，自鸣其达于古者，乐得而称述之。曾君子诱掖③人之善而示以从人之津，弭止人之恶而穷其陷溺之实，屑侈一时之快论，与道听涂说者同其纷呶④乎？故编中于大美大恶、昭然耳目、前有定论者，皆略而不赘。推其所以然之由，辨其不尽然之实，均于善而醇疵分，均于恶而轻重别，因其时，

①赞一辞：添一句话。指提不出一点意见，形容文章非常完美。
②掊（póu）克：亦作"掊刻"，聚敛贪狠，也指聚敛贪狠之人。
③诱掖：引导扶持。诱，在前导之；掖，在旁扶之。
④纷呶（náo）：纷乱喧哗。

度其势，察其心，穷其效，所由与胡致堂①诸子之有以异也。

叙论三　不敢妄加褒贬

论史者有二弊焉：放于道而非道之中，依于法而非法之审，褒其所不待褒，而君子不以为荣，贬其所不胜贬，而奸邪顾以为笑，此既浅中无当之失矣；乃其为弊，尚无伤于教、无贼于民也。抑有纤曲嵬琐②之说出焉，谋尚其诈，谏尚其谲，徼功而行险，干誉而违道，奖诡随为中庸，夸偷生为明哲，以挑达③摇人之精爽而使浮，以机巧裂人之名义而使枉，此其于世教与民生也，灾愈于洪水，恶烈于猛兽矣。

盖尝论之：史之为书，见诸行事之征也。则必推之而可行，战而克，守而固，行法而民以为便，进谏而君听以从，无取于似仁似义之浮谈，只以致悔吝而无成者也。则智有所尚，谋有所详，人情有所必近，时势有所必因，以成与得为期，而败与失为戒，所固然矣。然因是而卑污之说进焉，以其纤曲之小慧，乐与跳荡游移、阴匿钩距④之术而相取；以其躁动之客气，迫与轻挑忮忿、武健驰突之能而相依；以其妇姑之小慈，易与狐媚猫驯、淟涊⑤柔巽之情而相昵。闻其说者，震其奇诡，歆其纤利，惊其决裂，利其呴呕⑥；而人心以蛊，风俗以淫，彝伦以斁，廉耻以堕。若近世李贽、钟惺之流，导天下于邪淫，以酿中夏衣冠之祸，岂非逾于洪水、烈于猛兽者乎？

溯其所由，则司马迁、班固喜为恢奇震耀之言，实有以导之矣。读项羽之破王离，则须眉皆奋而杀机动；览田延年之责霍光，则胆魄皆张而戾气生。与市侩里魁同慕汲黯、包拯之绞急⑦，则和平之道丧；与词人游客共叹苏轼、

①胡致堂：指胡寅（1098—1156），世称致堂先生。
②嵬琐：鄙陋、鄙俗。
③挑达（tāotà）：亦作“挑闼”“挑挞”，指自由自在，放纵不羁。
④钩距：辗转推问，秘密谋划。
⑤淟涊（tiǎnniǎn）：软弱、怯懦。
⑥呴（hǒu）呕：谓言语和悦。
⑦绞急：形容急切。

苏辙之浮夸，则惇笃之心离。谏而尚谲，则俳优且贤于《伊训》；谋而尚诈，则《甘誓》不齿于孙、吴。高允、翟黑子之言，只以奖老奸之小信；李克用三垂冈之叹，抑以侈盗贼之雄心。甚至推胡广之贪庸以抑忠直，而惬鄙夫之志；伸冯道之逆窃以进夷盗，而顺无赖之欲。轻薄之夫，妄以为慷慨悲歌之助；雕虫之子，喜以为放言饰说之资。若此之流，允为残贼，此编所述，不敢姑容。刻志兢兢，求安于心，求顺于理，求适于用。顾惟不逮，用自惭恧①，而志则已严，窃有以异于彼也。

叙论四

一　因时宜而论得失

治道之极致，上稽《尚书》，折以孔子之言，而蔑以尚矣。其枢，则君心之敬肆也；其戒，则怠荒刻核，不及者倦，过者欲速也；其大用，用贤而兴教也！其施及于民，仁爱而锡②以极也。以治唐、虞，以治三代，以治秦、汉而下，迄至于今，无不可以此理推而行也；以理铨选，以均赋役，以诘戎兵，以饬刑罚，以定典式，无不待此以得其宜也。至于设为规画，措之科条，《尚书》不言，孔子不言，岂遗其实而弗求详哉？以古之制，治古之天下，而未可概之今日者，君子不以立事；以今之宜，治今之天下，而非可必之后日者，君子不以垂法。故封建、井田、朝会、征伐、建官、颁禄之制，《尚书》不言，孔子不言。岂德不如舜、禹、孔子者，而敢以记诵所得者断万世之大经乎！

《夏书》之有《禹贡》，实也，而系之以禹，则夏后一代之法，固不行于商、周；《周书》之有《周官》，实也，而系之以周，则成周一代之规，初不上因于商、夏。孔子曰："足食，足兵，民信之矣。"何以足，何以信，岂靳言③哉！言所以足，而即启不足之阶；言所以信，而且致不信之咎也。

①惭恧（nǜ）：羞愧。
②锡：赐。
③靳言：吝惜文辞。靳，吝惜。

孟子之言异是，何也？战国者，古今一大变革之会也。侯王分土，各自为政，而皆以放恣渔猎之情，听耕战刑名殃民之说，与《尚书》、孔子之言，背道而驰。勿暇论其存主之敬怠仁暴，而所行者，一令出而生民即趋入于死亡。三王之遗泽，存十一于千百，而可以稍苏，则抑不能预谋汉、唐已后之天下，势异局迁，而通变以使民不倦者奚若。盖救焚拯溺，一时之所迫，于是有“徒善不足为政”之说，而未成乎郡县之天下，犹有可遵先王之理势，所由与《尚书》、孔子之言异也。要非以参万世而咸可率由也。

编中所论，推本得失之原，勉自竭以求合于圣治之本；而就事论法，因其时而酌其宜，即一代而各有张弛，均一事而互有伸诎，宁为无定之言，不敢执一以贼道。有自相跖盭①者矣，无强天下以必从其独见者也。若井田、封建、乡举、里选、寓兵于农、舍笞杖而行肉刑诸法，先儒有欲必行之者矣。袭《周官》之名迹，而适以成乎狄道者，宇文氏也；据《禹贡》以导河，而适以益其溃决者，李仲昌②也。尽破天下之成规，骇万物而从其记诵之所得，浸使为之，吾恶知其所终哉！

二　释资治通鉴论

旨深哉！司马氏之名是编也。曰“资治”者，非知治知乱而已也，所以为力行求治之资也。览往代之治而快然，览往代之乱而愀然。知其有以致治而治，则称说其美；知其有以召乱而乱，则诟厉③其恶。言已终，卷已掩，好恶之情已竭，颓然若忘，临事而仍用其故心，闻见虽多，辨证虽详，亦程子所谓“玩物丧志”也。

夫治之所资，法之善者也。善于彼者，未必其善于此也。君以柔嘉为则，而汉元帝失制以酿乱；臣以戆直④为忠，而刘栖楚碎首以藏奸⑤。攘夷复中

①跖盭（lì）：脚掌扭曲变形，引申为乖舛、谬误。

②李仲昌：北宋官员，宋仁宗时曾建议引导黄河水回归故道，结果导致水患更加严重。

③诟厉：指责、嘲骂。

④戆（zhuàng）直：憨厚而刚直。

⑤刘栖楚碎首以藏奸：据《新唐书》，唐敬宗初即位，好游猎荒废朝政，刘栖楚头叩龙墀，满脸鲜血谏：“陛下以少主践祚未几，恶德流布，恐福祚之不长也。臣以谏为官，使陛下负天下讥，请碎首以谢。”然其人貌似刚直，实乃弄权邀宠之徒。

原，大义也，而梁武以败；① 含怒杀将帅，危道也，而周主以兴。② 无不可为治之资者，无不可为乱之媒。然则治之所资者，一心而已矣。以心驭政，则凡政皆可以宜民，莫匪治之资；而善取资者，变通以成乎可久。设身于古之时势，为己之所躬逢；研虑于古之谋为，为己之所身任。取古人宗社之安危，代为之忧患，而己之去危以即安者在矣；取古昔民情之利病，代为之斟酌，而今之兴利以除害者在矣。得可资，失亦可资也；同可资，异亦可资也。故治之所资，惟在一心，而史，特③其鉴也。

"鉴"者，能别人之妍媸，而整衣冠、尊瞻视者，可就正焉。顾衣冠之整，瞻视之尊，鉴岂能为功于我哉！故论鉴者，于其得也，而必推其所以得；于其失也，而必推其所以失。其得也，必思易其迹而何以亦得；其失也，必思就其偏而何以救失：乃可为治之资，而不仅如鉴之徒悬于室，无与炤之者也。

其曰"通"者，何也？君道在焉，国是在焉，民情在焉，边防在焉，臣谊在焉，臣节在焉，士之行己以无辱者在焉，学之守正而不陂④者在焉。虽扼穷独处，而可以自淑，可以诲人，可以知道而乐，故曰"通"也。

引而伸之，是以有论；浚而求之，是以有论；博而证之，是以有论；协而一之，是以有论；心得而可以资人之通，是以有论。道无方，以位物于有方；道无体，以成事之有体。⑤ 鉴之者明，通之也广，资之也深，人自取之，而治身治世、肆应而不穷。抑岂曰此所论者立一成之侀⑥，而终古不易也哉！

（王夫之著，船山全书编辑委员会编：《船山全书⑩》，岳麓书社 2011 年

①此句指梁武帝萧衍为收复中原曾多次北伐，均以失败告终，后打算用东魏降将侯景，不料侯景叛变。

②此句指显德元年（954），后周世宗柴荣在与北汉作战过程中，斩杀临阵脱逃的樊爱能、何徽等七十多名将士以严明军纪，最终战争取得胜利，巩固了自己的地位。

③特：仅，只是。

④陂（bì）：不正；邪佞。

⑤"道无方"句：道没有固定的方向，通过具体事物的方位体现；道没有固定的形态，经由事情的形成发展而表现。

⑥侀：同"型"，铸器的模型。引申为定型、完成，不可改变。

版，第 1176–1184 页。)

评析

《读通鉴论》是王夫之晚年所撰一部史学论著，是对司马光《资治通鉴》所载秦至五代历史事件的分析与评价，也可说是一位伟大思想家对历史的深邃思考。全书 60 余万字，分 30 卷，每卷以朝代为别。本书选文为《读通鉴论》卷末所附“叙论”四篇，相当于全书的引言，概括了《读通鉴论》的主旨和特点，全面反映了王夫之的进步历史观和政治思想倾向。

《叙论一　不言正统》对传统史学普遍重视的正统说提出了批判。所谓“正统”，关系王朝建立的合法性，封建社会某君王即位、某王朝更迭，总会称自己所承续的系统乃是“正统”，传统史家也普遍重视“正统之辨”。但王夫之不认为有什么正统之说。在他看来，正统说是曹氏、司马氏以邹衍的五德终始说和刘歆的《三统历谱》等为基础，为自己的篡汉行为所炮制的一套正名理论。王夫之指出，“统”是“合而并之”“因而续之”，是“合而不离、续而不绝”，实现天下大一统、循道治理国家就是“统”；而纵观前代历史，未能达到上述标准的“不合与不续”之朝代非常多，可以说历史上本就没有一个连续不断的“统”，没有“统”，“正统”之说便无从谈起。王夫之消解史学上的正统论，意在告诫后世的统治者与史学家，不必通过“五德终始”等妖妄不经的学说来强行建立新王朝与前代王朝之间的关系，为新王朝寻求合法性基础；“正不正存乎其人而已矣”，是不是正统，主要看统治者的所作所为，以天下为公，顺乎民意、造福苍生，就是正当的统治。

《叙论二　不论大美大恶》中，王夫之对如何评论历史上的是非善恶提出了不同于流俗的观点。他认为，历史上有些大是大非、大善大恶，历史记录已详，人人皆知且已有定论，史家没必要再去浪费笔墨反复评判，这样不仅起不了什么作用，反而可能促使好立异说者作翻案文章，以致模糊历史真相，混淆其中是非。所以王夫之说，他作《读通鉴论》，“于大美大恶、昭然耳目、前有定论者，皆略而不赘”。他提出，分析历史人物与事件时，应在幾微之处用力：“推其所以然之由，辨其不尽然之实，均于善而醇疵分，均于恶而轻重别。”即推断历史事件发生的原因，辨析前人记载的不实之处；评价不同历史正面人物时，分辨他们之间心术、品行的差异，评价不同历史负面人物时，指出他们造成危害的不同程度。要“因其时，度其势，察其心，穷其效”，结合历史情境分析事件与人物，归纳历史背后的社会发展趋向，体察历史进程中关键人物的行为动机和影响。这在方法论上一扫义理化史学唯“义理”论的流弊，具有“拨乱反正”的作用，确实如王夫之自己所说，“与胡致堂诸子之有以异也”。

《叙论三　不敢妄加褒贬》中，王夫之指出论史者有两个弊端：一是言论“浅中无当”，即讲道理似是而非，评价人物褒贬失当；另一个则是“纤曲嵬琐”之论，只顾用离经叛道的观点、浮夸不羁的言辞哗众取宠，不顾礼义廉耻、伦理人心，以致世风日下，甚至祸国殃民。他认为前者危害不大，无伤教化也不至于危害百姓，重点对后者进行了批驳，认为其“灾愈于洪水，恶烈于猛兽”，提出评论历史应“求安于心，求顺于理，求适于用”，与街头巷尾的野史闲谈相区别，真正起到“资治”的作用。

《叙论四》王夫之重点谈了两点。其一是阐述自己的史论是“因时宜而论得失”。在王夫之看来，治国不应拘于成法，古代的制度今日未必可行，现在适宜的法令也未必适合将来，不结合当时当地情况沿袭古制，不仅无法解决问题还可能适得其反。史学研究也一样，评判历史必须切合时宜，脱离当时历史实际来评价历史事件、议论历史制度，是荒谬的。他宣称自己作《读通鉴论》，重在探究得失之原，“就事论法，因其时而酌其宜”，宁可不下定论，也不会为了标明一种观点而曲解事实、损害道义，即“宁为无定之言，不敢执一以贼道”。其二是“释资治通鉴论”，对“资治通鉴”提出了自己的独到见解。王夫之认为，“治之所资，法之善者也”，但“善于彼者，未必其善于此也”。在王夫之看来，“得可资，失亦可资也；同可资，异亦可资也”，得失同异皆有可资借鉴之处；但“治之所资，惟在一心”，即任何善或恶的历史经验和教训，是否真正有助于治理国家，在于统治者如何运用。只有“以心驭政”，真正从古人所处的历史情境出发，设身处地去理解古人采取的施政措施，充分发挥自己的主观能动作用，懂得变通，不生搬硬套，才有可能使“资治”真正发挥实效。毕竟，“史，特其鉴也”，历史只是一面可以参照的镜子而已。这可谓是对胡寅、张栻等义理化史学代表推崇“三代”、一味复古的反拨和超越。

《读通鉴论·叙论》体现了王夫之对历史进程的哲理性思考，他对史学研究的探索，时至今日仍有重要的启示意义。

魏源

魏源（1794—1857），原名远达，字默深，又字墨生、汉士，湖南邵阳人。清代思想家、史学家、文学家。嘉庆十五年（1810）中秀才，十六年（1811）补廪膳生，十八年（1813）求学岳麓书院。道光二年（1822）中举；五年（1825）受江苏布政使贺长龄之聘，开始编辑《皇朝经世文编》（120卷），又助江苏巡抚陶澍办漕运、水利诸事，撰成《筹漕篇》《筹鹾篇》和《湖广水利论》。道光九年（1829）应礼部会试，与龚自珍双双落第，房考刘逢禄作《两生行》哀之，从此龚魏齐名。道光二十一年（1841）入两江总督裕谦幕府，参与抗英斗争。后见清政府和战不定，投降派昏庸误国，愤而辞归，立志著述。二十二年（1842）完成《圣武记》。二十五年（1845）再试礼部，中进士，先后任东台、兴化知县。咸丰元年（1851）授高邮州知州，三年（1853）完成《元史新编》。后以“迟误驿报”“玩视军机”革职。旋复职，以年逾六旬、世乱多故辞去。晚年潜心学佛，法名承贯，辑有《净土四经》。咸丰七年（1857）三月初一日卒于杭州东园僧舍。魏源是鸦片战争时期“睁眼看世界”的先进思想家、坚决反对外国侵略的爱国学者。他主张“师夷之长技以制夷”，强调“变古愈尽，便民愈甚”，坚持“以实事程实功，以实功程实事”，在当时社会产生了振聋发聩的影响，推动了洋务运动的发展，为后来的维新变法奠定了思想基础，开启了国民了解世界、向西方学习的新潮流。著作主要有《海国图志》《圣武记》《书古微》《诗古微》《默觚》《老子本义》《元史新编》等。今人辑有《魏源集》。

海国图志
（节选）

筹海篇一　议守上

自夷变以来，帏幄所擘画，疆场所经营，非战即款，非款即战，未有专主守者，未有善言守者。不能守，何以战？不能守，何以款？以守为战，而后外夷服我调度，是谓以夷攻夷；以守为款，而后外夷范我驰驱，是谓以夷款夷。自守之策二：一曰守外洋不如守海口，守海口不如守内河；二曰调客兵不如练土兵，调水师不如练水勇。攻夷之策二：曰调夷之仇国以攻夷，师夷之长技以制夷。款夷之策二：曰听互市各国以款夷，持鸦片初约以通市。今请先言守。

今议防堵者，莫不曰："御诸内河不若御诸海口，御诸海口不若御诸外洋。"不知此适得其反也。制敌者，必使敌失其所长。夷艘所长者，外洋乎？内河乎？吾之所御贼者，不过二端：一曰炮击，一曰火攻。夷之兵船，大者长十丈，阔数丈，联以坚木，浇以厚铅，旁列大炮二层，我炮若仅中其舷旁，则船在大洋，乘水力活，不过退却摇荡，不破不沉。必中其桅与头鼻，方不能行驶，即有火轮舟牵往别港，连夜修治。惟中其火药舱，始轰发翻沉，绝无泅底凿沉之说。其难一。若以火舟出洋焚之，则底质坚厚，焚不能然。必以火箭、喷筒焚其帆索、油薪，火药轰其柁尾头鼻。而夷船桅斗上，常有夷兵远镜瞭望，我火舟未至，早已弃碇驶避。其难二。夷船起碇，必须一时之久，故遇急，则斩缆弃碇而遁。夷舶三五为帮，分泊深洋，四面棋布，并非连樯排列。我火船攻其一船，则各船之炮皆可环击，并分遣杉船小舟救援。纵使晦夜乘潮，能突伤其一二艘，终不能使之大创。而我海岸绵长，处处防其闯突，贼逸我劳，贼合我分。其难三。海战在乘上风，如使风潮皆顺，则即雇闽、广之大梭船、大米艇，外裹糖包，亦可得胜。郑成功之破荷兰，明汪鋐①之破佛郎机②，皆偶乘风潮，出其不意。若久与交战，则海洋极寥阔，夷船善驾驶，往往转下风为上风，我舟即不能敌。即水勇、水雷，亦止能泅攻内河淡水，

①汪鋐：1466—1536，字宣之，号诚斋。明南直隶徽州府婺源（今江西婺源县）人。正德十六年（1521）以广东海道副使率军对佛郎机海盗作战，取得屯门海战胜利，将葡萄牙入侵者赶出了中国。

②*佛郎机（Frangi），即葡萄牙（Portugal）。《海国图志》中多次出现"佛郎机"，亦指西班牙（Spain），并较多指法国（France）。大抵辑自明代诸书及《明史》的"佛郎机"，说侵占马六甲及我国澳门的，指葡萄牙；说侵据吕宋群岛的，指西班牙。魏源本人又在《海国图志》总目的越南、法国等卷中，以"佛郎机"一名指法国。

不能泅伏咸洋。其难四。观于安南①两次创夷，片帆不返，皆诱其深入内河而后大创之，则知欲奏奇功，断无舍内河而御大洋之理。贼入内河，则止能鱼贯，不能棋错四布。我止御上游一面，先择浅狭要隘，沉舟絙筏以遏其前，沙垣大炮以守其侧，再备下游桩筏以断其后，而后乘风潮，选水勇，或驾火舟，首尾而攻之。沉舟塞港之处，必留洪路，以出火舟。或仿粤中所造西洋水雷，黑夜泅送船底，出其不意，一举而轰裂之。夷船尚能如大洋之随意驶避，互相救应乎？倘夷分兵登陆，绕我后路，则预掘暗沟以截其前，层伏地雷以夺其魄。夷船尚能纵横进退自如乎？两岸兵炮，水陆夹攻，夷炮不能透垣，我炮可以及船，风涛四起，草木皆兵。夷船自救不暇，尚能回炮攻我乎？即使向下游沉筏之地，豕突冲窜，而稽留片时之间，我火箭、喷筒已烬其帆，火罐、火斗已伤其人，水勇已登其舱，岸上步兵又扛炮以攻其后，乘上风，纵毒烟，播沙灰，以眯其目，有不聚而歼旃②者乎？是口门以内，守急而战缓，守正而战奇；口门以外，则战守俱难为力。一要既操，四难俱释矣。

或曰：门户失守，则民心惊惶；纵贼入庭，则必干罪戾。倘贼方入口，即分夷兵登岸，夹攻我后，或进攻我城，则如之何？曰所谓诱贼入内河者，谓兵、炮、地雷，水陆埋伏，如设阱以待虎，设罾③以待鱼，必能制其死命而后纵其入险，非开门延盗之谓也。奏明兵机，以纵为擒，何失守之有？贼虽入口，尚未至我所扼守之地，何惊惶之有？然海口全无一兵，尚恐贼疑，未敢长驱深入，必兼以废炮羸师，佯与相持，而后弃走，引入死地。即如粤之三元里，非内地乎？若非夷兵登岸肆扰，安能成围酋截敌之举？松江府城，非内河乎？尤提军于上海失守之后，整兵二千，以待夷船驶入，放炮相持，二日而退。使先备火攻，塞去路，安在不可奏安南殄敌之功？《传》曰：“不

---

①* 安南，今越南。《海国图志》辑自我国古籍的“安南”一名，作为越南的一个大地区名，多指今越南北部，即横山（Hoanh Son）以北；当时的西洋人著作多称越南北部为东京（Tonquin，Tongking），作为《海国图志》基础的《四洲志》一书亦直译为“东京”。

②旃：文言助词，相当于“之”或“之焉”。

③罾（zēng）：一种用木棍或竹竿做支架的方形鱼网。

备不虞，不可以师。”《易》曰：“王公设险，以守其国。”夫险者，非徒据口拒守，敌不能入之谓，谓其口内四路可以设伏，口门要害可截其走，寇能入而不能出也。自用兵以来，寇入粤东珠江者一，入宁波甬江者一，入黄浦松江者一，皆惟全力拒口外，而堂奥门庭荡然无备。及门庭一失，而腹地皆溃，使舍守口外之力以守内河，守口外兵六七千者，守口内兵不过三千，得以其余为犄角奇伏之用，猾贼知兵，必不肯入。如果深入送死，一处受创，处处戒心，断不敢东闯西突，而长江高枕矣。何至鲸驶石头之矶，霆震金焦①之下哉？故曰守远不若守近，守多不若守约，守正不若守奇，守阔不若守狭，守深不若守浅。

请纵言浙江：浙海岛屿林立，而舟山居其一，以险则非门户，以富则非沃壤，以大则仅弹丸，明汤和②经理沿海，并未收入内地。明之定海，今之镇海县也。康熙初，始移定海于舟山，而改旧卫称镇海。顺治八年，议政王大臣奏言：“舟山乃本朝弃地，守亦无益，其令副都统率驻防满兵回京。”此皆开国老成，瞻言百里。故康熙以前，皆弃化外。盖城逼海滨，船抵城外，炮及城内，迥非台湾、琼州、崇明之比。崇明虽最小，而四面沙滩，两港曲折数十里，非小舟不能入。乃宁波濒海连岸之南田山，垦成沃壤者，反禁不许开，而重兵以守孤悬之岛，使外夷得以挟制，此不得地利者一。然则如之何？曰：弃定海，移其兵民于南田，严守宁波，佯退镇海招宝山，以诱入之，而后于甬江下游狭港塞其去路，乘风火攻者，上策；专守镇海，不使入者，次之；分守定海者为下。

请纵言广东：香港与尖沙嘴、裙带路三屿相连，周百余里，堪避风浪，而孤悬海面，亦粤之舟山耳。夷与我通商，则必入虎门方能贸易，不与通商，则夷虽孤处香港无益。其地距广州四百余里，距虎门二百余里，何预咽喉利害。次则沙角、大角炮台，远隔虎门之外，江面寥阔，大炮仅及中泓，不足遏夷艘，适足招夷炮，何必守？所宜守者，虎门之横档、三门与虎门内乌涌，

①金焦：江苏镇江金山与焦山的合称。

②汤和：1326—1395，字鼎臣，明开国将领。历征张士诚、方国珍，统兵取浙东、福建、四川等地，封信国公。

再进曰猎得，曰大黄滘。盖广东外城卑薄，而城外市廛[①]鳞次，必应扼其要口，以为外障。至四方炮台，踞省城后山，俯视全城，乃国初王师破城所设，是攻城之要，非守城之要也，事平后早宜毁拆，而阻其上山之径。乃不严守省河要口，而反守四方炮台，即使不失守，其炮能遥击夷船乎？抑将俯击城中之人乎？其失地利者二。然则如之何？曰：拆去四方炮台，增修外城，沉舟筏于猎得、大黄滘，倚山近水，坚筑土城，守以兵炮，使夷兵断不能闯省城，而后潜遣人桩塞乌涌[②]上下，火舟乘夜夹攻者，上策；弃沙角、大角，固守虎门者，次之；弛内备而徒争香港者为下。

请纵言福建：福州、泉州，诸河溜急，皆潮至通舟，潮退浅阁，则一潮不能直达，故贼大艘不敢闯入。所守者，惟厦门。厦门有鼓浪屿障其外，大舟进港可至虎头关，小舟可至税关。旧设炮台于口门，不足制贼，仅足自守。上年反于口外大档、小档、峿屿、青屿等纷增炮台，备多力分，故为夷所破。其失地利者三。然则当如之何？曰：以精兵重炮内伏虎头关，尽藏火舟于内港，佯以废炮疲兵守口，弃走，诱入内港，而后水勇火具四面歼之者，上策；固守口门旧炮台不使入者，次之；纷增多台自相牵制者为下。

请纵言江苏：宝山城逼海塘，三面寥阔，潮头浪花，高溅雉堞[③]，故国初李成栋[④]军至此，惊为绝地。见《宝山县续志》。且以财赋文学之邦，而城中无千金之产，无一命之士，即承平尚宜内移于江湾、罗店，或与嘉定、上海同城。乃以重兵多炮守洋面，即使不失守，亦何能出奇制胜？此失地利者四。然则当如之何？曰：弃宝山专守上海，沉舟筏，阻江湾，而后诱其入江，潜以桩筏塞东沟下游，而火舟水勇攻歼之者，上策；固守东沟毋使深入者，次之；守宝山海塘者为下。

①廛：古代城市平民的房地；店铺。
②乌涌：广东省广州市黄埔区的一条河流。
③雉堞：城上如齿状的矮墙。
④李成栋：明末清初将领，少时跟随李自成部下高杰，后随高杰归附明朝，官至总兵；后投清；顺治五年（1648）起兵反清迎南明永历帝，次年兵败坠水而死。

请并言天津：天津府城直沽河，距海口二百里，潮退浅阁，且外有沙洪为门户，中通大艘，可以舟筏沉塞。倘夷艘敢北犯，但内徙炮台于近城，纵其深入，截其出口，而火舟水雷夹攻之者，上策；设兵炮于沙洪，伏地雷于近岸者，次之；远设炮台于口外者为下。

然则浙之钱唐，江苏之扬子江，广阔浩瀚，既不能沉舟筏以截其前后，而火攻又易于驶避，若何？曰：钱唐江西岸，潮落沙滩十余里，夷船即入，止能东扰萧山，断不能西犯杭城。且海口龛、赭二山，近皆涨浅，猾夷早已探明，故不肯驶入。扬子江口外有君山、圌山两重门户。江阴鹅鼻嘴，即君山之麓也，斗入江中，与对江之刘文沙相距四五里。圌山与对江之东新河相去二三里，国初张名振、郑成功动辄闯入，大炮远则无力，本难恃为门户。故凡言守圌山者，皆道听耳食之谭也。若既闯入以后，非北窥扬州，即西犯江宁。扬州宝塔湾，回肠曲折，最便于伏火舟，断去路。惟运河浅狭，夷大舰不能入，其入者，不过火轮杉板四五舟，夷兵六七百人，即烬之亦无能大创。惟江宁省会，则大兵艘环集于石头城即下关也。其外界沙洲数十里，江面极狭，而城内秦淮可藏火舟，可出火舟。夷船惟火轮无风能行，其兵船、货船则无风不能动。攻之之法，宜乘无风之夜、潮退之时，以火舟水勇出水西门，顺流而下，以数小舟攻一舟。夷船首尾无炮，其同帮各船之炮，恐自击其邻舟，则不敢开。火烈具举，船各自救，亦不暇开。我兵或泅或伏，出没如意，亦不畏其开。其尾大不掉之兵舰，有不帆焚、索断、柁烬、鼻坏者乎？四者去，则船不能行，人船可以并获。其奏功之小大，则视火舟之多不多，水勇之练不练。火舟多，水勇练，以数百火舟攻数十兵艘，即有散碇于下游他岸者，亦有下游火艇由运河出，由瓜洲出，由中闸出，各攻各舰。但使一夕无风，夷艘必无噍类①。若得粤中水雷百具，水勇黑夜泅送各艘之底，一举而烬之，尤万全策。若弥旬连日大风，竟无风息之时，则以火舟攻其上风，而以石油、江豚油之火箭喷筒，从下风夹攻之，专攻帆索，亦必可焚其半。

①噍（jiào）类：指活着的人，有时也指活着的其他生物。

夷若乘东风驶往上游，则不能出海，仍是槛笼中物。若乘西风驶往下游，则驱逼出海，纵不可歼敌，而可以走敌，永不敢再窥内江矣。

或曰：此皆谋之在预，备之于先，若既不能拒之口外，又未尝备诸口内，一朝夷艘闯入，仓卒风鹤，无火具可购，无小舟可雇，无水勇可募，其若之何？曰：调度不得其人，虽谋之期年，亦溃之一旦。若调度有人，则龙关六闸乃木簰①所集，沿江洲地为薪荻所薮，上海之闽、广水手，仪征下河之私枭匪艇，出没风涛，亡命骛利，视死如归，一呼数千可集。至火药、火球、火箭、奇油、毒药，军兴防堵局②购办，所费巨万。夷自六月初③破宝山后，七月朔日④始抵江宁，九月始出江口，前后将及三月⑤。但一面羁縻，一面备战，何事不可立办？顺治十七年⑥，海寇郑成功百万之众破瓜洲、破镇江，沿江郡县，望风纳款。其时江宁防兵调征云贵，守备空虚，东南全局皆震，其岌岌岂但今日。而梁化凤⑦且款且守，突出陆战以挫之，火其百艘以走之，彼岂备之于先，谋之于豫哉？千兵易得，一将难求。粤东初年有歼夷之备，而无其机，近日江、浙有歼夷之机，而无其备，机与才会，事功乃出。

或曰：圌山、君山之隘，说者皆谓可沉舟以断其去路，子何独谓其不能？火攻必乘顺风，子何以必待无风？若夷舟不能动，则大洋无风亦可攻之，无风何又患其驶避？岂夷船能无风驶动于大洋，而不能驶动于长江耶？曰：沉舟塞江之事，即使施诸珠江、甬江、黄浦江浅狭之处，尚必深下木桩，厚联竹缆，加以大树、大石，始可御潮汐而免漂散。况长江近海之处，至狭亦必数里，江愈狭则洪愈深、溜愈急，又桩不能下，缆不能联，如以无桩无缆，

①簰：筏子。

②防堵局：清代中晚期财政紧张，地方政府甚至统兵将帅往往自行设置“捐局”筹款，这类捐局常冠以筹饷、防堵、军需之名。“防堵局”即是地方治理中的一种公局。

③*应作“五月”。

④*应作“六月杪”。

⑤*应作“四月”。

⑥编者按：郑成功于永历十三年（即顺治十六年，1659）与张煌言合兵进入长江，破瓜洲、镇江，围攻江宁（今南京）。

⑦梁化凤：1621—1671，清初将领。顺治十三年（1656）实授苏松总兵。顺治十六年（1659），先是在江宁（今南京）击败郑成功，后又败其于崇明，迫使郑退至厦门。

高仅丈许之舟，深沉于数丈之底，横亘于数里大溜①之间，以当千里潮汐之冲，何异以朽株遏奔驷？荷兰沉二甲板船于鹿耳门，有浑潮而无内水，故淤沙愈涨愈积，足以纡束港口。若内水与外潮互相撞击，即尽沉夷船百十，尚不足填天堑，况能截其去路？是沉舟之策，断不可施诸长江。我顺风而火之，夷亦顺风而避之，惟有无风则大艘寸步难动，而小舟桨橹如飞，此安南札船所以制胜也。夷艘虽称能转风势，然亦止能驶三面之风，而不能驶迎面猛烈之风，尤不能驶行无风。观上年夷帅士密之兵船，自澳门至虎门五日方至，其证一。穰西之兵船，在闽洋南澳为我水勇所攻②，以无风不能开动，良久风起始起碇，其证二。均见新闻纸。韩世忠以海舟邀金师于黄天荡，使船如使马；兀术募破海舟之策，以小舟载土铺板，乘无风火其帆索，海舟不能避，烟焰涨天，其证三。盖赤壁鄱湖之役③，千艘絙联，万樯林立，故顺风一火，势若燎原。若夷船不过数十艘，分泊各岸，无所牵制，乘风弃碇，谁执惊鸥？若非沉舟截之，则必以无风蹙之，但大洋无风无浪之时极少。盖无论顺风、逆风、微风，皆难制者，大洋；无论顺风、逆风、无风，皆可攻者，内河。长江形势比之内河则不足，比之大洋则有余。故有风不可攻，而无风则可攻，英吉利④夷艘两碎于安南，人遂以为安南水战无敌于西洋，札船且胜于洋舶。请试诘之曰：安南船炮果无敌也？则嘉庆入寇闽、浙之艇匪，即阮光平⑤所遣乌艚船百余艘，宜乎横行海外，何以敢劫商船而不敢劫夷艘？又何以屡被挫于闽、粤，被飓碎于浙江乎？殊不知安南胜英夷者，在纵其深入内河，而非驰逐于外洋，拒守于海口也。其所用札船，狭长多桨，进退捷速，如竞渡之龙舟，如粤东之快蟹艇、蜈蚣艇，特多一尖皮顶及左右障板以避铳炮，以

①大溜：指江河中心速度大的水流。

②*所记“南澳战事”不确。

③赤壁鄱湖之役：指东汉末年孙权与曹操两大势力之间的赤壁之战，与元朝末年朱元璋与陈友谅两大势力之间的鄱阳湖之战。

④*英吉利，此名是我国古籍根据葡文“Monarquia Ingleza”简译过来的，英文作“England”或“Britain”，通译为英国。

⑤阮光平：原名阮惠（1753—1792），越南历史上著名军事家，西山朝第二代皇帝。

小胜大，以速胜迟。若大洋则不能使桨，是斗舰火攻之具，非楼船水犀之军也。富良江①、广南港②，江面广阔，与钱唐江、扬子江等，一则诱至滩浅潮落而阁之，一则预备火舟晦夜而乘之，以驰骋大洋则不足，以犄角内河则有余，斗智不斗力也。夷船横行大洋则有余，深入堂奥则不足，为客不如为主也。安南界连闽、粤，民习水战，同于漳、泉、惠、潮。故夷船始至，则畏闽、粤而不敢攻，继则两次闯入虎门、厦门，皆弃之不守，而惟滋扰于江、浙。使得调度闽、粤水勇之人，则夷船凡入粤河、入浙河、入吴淞、入长江，同于安南可乘之机者，凡四。交臂束手，而惟归咎于船炮之不如。夫安南之创夷，其为洋舶、洋炮者安在？惠、潮、漳、泉间其为安南之人何限？其为札船之技何限？或又谓倭寇专骚内地，故舍外洋御海岸、舍海岸御城外者，御倭寇之法，非御英夷之法，不知此又适得其反也。倭寇长于陆战，短于水战，由其入寇皆穷岛亡命，无力置大艘大炮，惟恃其胆力渡洋，恃其刀枪豕突，故登陆则不可敌。使以倭船遇闽、粤之船，则如石碾米也。使其倭船遇大炮火器，则如狼驱羊也。明代剿倭名将，亦惟知角诸陆战，虽间或击其惰归，亦已伤深疮痏③，惟唐顺之、俞大猷④始惓惓于击贼海中，且谓击归船不若击来船，深得治倭要领，而戈船水犀之备，亦未及见施行。夫倭之所长在陆，击之外海，在攻其所短。英夷所长在海，待诸内河，待诸陆岸，则失其所长。乃明人御倭者不知御之于外，而今日御英者，又不设伏于内，故天下实效之事，必与庸众之议论相反。

或曰：专守内河，诚可制夷艘之横突，而不能制夷炮之猛烈，则我兵犹慑虚声，夺锐气，其若之何？曰：大炮者，水战之用，非陆战之用也。即水战，亦我师击沉敌舟之用，非敌舟击伤我兵之用也。且沉舟亦攻海面远舟之

①* 富良江，今越南河内附近的红河（Hong Ha）主流。

②广南港：指今越南广南-岘港省的会安（Hôi An）。——编者按：20世纪90年代，广南-岘港省撤销，改为广南省和岘港市（中央直辖市），会安在岘港市。

③疮痏：疮疡；伤痕；祸害。

④唐顺之：1507—1560，明代理学家、文学家。嘉靖八年（1529）会试第一，调兵部主事；十二年（1533）任翰林编修。倭寇猖獗，唐顺之以兵部郎中督师浙江，在崇明亲率兵船破倭贼于海上。俞大猷：1504—1580，明代军事家，抗倭名将，与戚继光并称“俞龙戚虎”。

用，非内河近岸近舟之用也。西北平原大碛，陆战用炮，必先立战车以制敌骑，然后驾炮于车以破敌阵。东南江滨海澨①，夷若以轮推炮上岸，则有滩涂沮洳②之险，有塘陡岸峭之险，有港汊横纵之险，大船不能近岸，小舟不能载大炮。故自用兵以来，夷兵之伤我者，皆以鸟枪、火箭，从无携炮岸战之事。惟我兵之扛炮、扛铳，则跋涉奔驰，所至可用，且较彼鸟枪、火箭更远更烈。其可无惧者一。若夷从船上开炮，则无论数千斤之炮，数十斤之弹，遇沙即止，而我兵得于沙垣中炮击其舟。故厦门、定海、宝山屡为我炮击破夷船，而厦门、定海之土城，宝山之土塘，皆未尝为炮破。即镇海、镇江之城墙，亦未尝为炮破。松江夷船开炮两日，我兵列阵城外，伏而避之，炮过后起，毕竟未伤一人。其破城者，皆小舟渡贼登岸，攻我背后，我兵望风辄溃，及夷至，则城中已无一人，何尝与炮事哉？但使近塘近城之地，兼伏地雷，则我炮可伤夷，夷炮不能伤我。其可无惧者二。夷船在大洋，去岸数里，枪箭所不能及，故非数千斤大炮不能遥击，闯入内河，则舟岸相去不过半里数丈，而我之扛炮必可及半里，火箭喷筒可及十数丈，但沿岸先筑土垣，则我之火器可及夷，夷炮不能及我。其可无惧者三。或谓内河上游要隘，我可预沉舟筏，筑炮城，备兵勇，其下游纵敌入隘之处，预设之则敌疑不前，不备之则仓卒无及。不知惟大炮笨重难运，至桩木筏材，可伏近村，囊沙涂泥，散乱堆野，敌一望无可疑。俟敌舟已过之后，分遣兵勇一面运筏下桩，一面垒沙成垣，顷刻可就；而我扛炮之兵亦顷刻可集。不恃大炮而用扛炮，出奇设伏，其利无穷。可无惧者四。然有一宜防者，则曰飞炮，非谓悬桅上之号炮，而谓仰空堕弹之炸炮也。我之炮台虽坚，而彼以飞炮注攻，炸裂四出，迸射数丈，我将士往往扰乱。虽攻粤城时所放飞炮、火箭，非堕空地，则飘池塘，以隔城而不能有准。见章奏。而厦门则以飞炮而众溃。宝山则又以飞炮而众溃。惟是内河水势深浅不能一律，即使夷船冒险驶入，必须时时测量以防浅搁，断不能数十艘齐拥进；其飞炮能及垣内者，不过逼近塘岸之数艘，

①澨：水边地，涯岸。
②沮洳（jùrù）：泥沼；低湿的地方。

急用大炮、扛炮注攻其火药之舱，拉篷索、扶头鼻之人，是为急策。更有预备之策，先于土垣内横挖浅田，铺砖贮水，我兵可以往来，飞炮、火箭，堕水即熄；或为斜坡，前高后低，使飞炮转落深坑。此须预先历试，不可临时侥幸。由此观之，夷之长技曰飞炮，我之长技曰扛炮。扛炮又不如扛铳，若能讲求益精，于轻炮中藏用炸弹，则且兼有飞炮之长。详五十五卷。诚能出奇设伏，则多造大炮不如多造扛炮、轻炮，铸制易，演练易，运负易，挟攻追剿易，横放直透，可伤数十人，可及百余丈，视笨重不灵之大炮，得力十倍。乃张夷者竞曰夷炮之利，御夷者亦曰铸大炮之利，曾不问所施何地。试问用兵以来，定海总兵以扛炮连战数日，歼夷千计。而大炮则击破一舟之外，无他效也。大宝山以扛铳三十击死夷兵四百，而招宝山所列大炮不曾一用。至去冬以来，浙江铸炮，益工益巧，光滑灵动，不下西洋，而效安在也？甚至沙角、大角之战，陈连升〔陞〕① 以地雷、扛铳击死夷兵三四百，而虎门左右所购列西洋夷炮二百余，未闻足以拒敌，而适以资敌也。不讲求用炮之人，施炮之地，与攻炮、守炮之别，陆炮、水炮之宜，纷纷惟以畏炮为词，铸炮为事，不过只借兵而资寇。故曰：城非不高也，池非不深也，兵甲非不坚利也，委而去之，是器利不如人和也。

兵无利器与徒手同，器不命中与徒器同。自军兴以来，各省铸大炮不下二千门。虎门、厦门、定海、镇海之陷，宝山、镇江之陷，每省失炮约四百余。此皆重八千斤至一千斤，先后遗敌者千五六百门。夷初攻厦门之役，我军开炮二百余，仅一炮中其火药舱，大艘轰裂沉海，夷船遂退，是数百炮仅得一炮之力也。再攻定海时，葛总兵②开炮，数日相持，仅一次击中其火轮头桅，即欹侧退窜，是数百炮仅得一炮之力也。攻广东省城时，惟中其一火

①陈连陞：1775—1841，湖北鹤峰人，清中晚期将领。1839 年调守广东沙角炮台。1841 年 1 月，英军向大角、沙角炮台发起袭击，陈连陞指挥守军同数倍于己的侵略军力战，壮烈牺牲。

②葛总兵：指葛云飞（1789—1841）。1841 年，英军进犯定海（今舟山），时任浙江定海镇总兵的葛云飞率部与敌激战，壮烈殉国。

轮、一兵船头桅及杉板数舟。攻宝山时，陈提军①炮中其火药舱，沉翻者二，击破其头鼻、头桅者二，夷遂绕攻小沙背，是亦仅各得数炮之力也。使发而能中，则我炮亦足以破夷船；发而不中，即夷炮亦成虚器。中则一炮亦足威敌，不中则千炮徒费火药。其至，炮力也；其中，非炮力也。夷兵艘五十，火轮艘十，大小杉板舟数十，但使我军开数百炮，内有数十炮命中，即可伤其数十舟，大者翻沉，次者损折，沉一船可歼数百人，伤一船可伤数十人，尚何敌之不摧？如发而不中，则虎门所购西洋夷炮二百位，其大有九千斤者，何以一船未破，一炮未中？是知炮不在大，不在多，并不专在仿洋炮之式，惟在能中与不能中。不能中之弊有三：炮台依山者，前低后高，依水者四面受敌，皆易受飞炮，是建置不得地，难中一；山炮陷于石洞，台炮陷于垣眼，陆炮木架不能运转左右，是以呆炮击活船，难中二；兵士施放不熟，测量不准，临时仓皇，心手不定，难中三；夷船大炮不过重三千斤，我守城守岸之八千斤大炮，本夷船所极畏，止以蹈前三弊，故夷船得以先避我炮路，施其炸弹。诚使台得地势，垣可藏身，架可拨转，别伏奇兵以防后路；炮眼分作两层，高者准夷之中舱，低者准夷之舷底，测以仪器，演以标的，临时手眼合一，心胆俱壮，夷船虽坚，桅虽大，能当一二千斤炮，不能当八千斤之大炮，乌有中而不裂者？其火轮船、杉板船，则二三千斤炮亦足以破之；其船面拉篷索、扶头鼻之人，则千斤炮亦足以歼之。乌有中而不摧者？至夷之炮架，均用车轮，裹以铁叶，其数百斤及千斤之炮，亦可推挽登岸。然泥涂坡坎，即不能行放。定海、慈溪两次陆战，均无推炮；镇江曾推数炮上岸，以地势不便而退。英夷又有马炮军、骆驼炮军，惟用于西洋本国。去冬粤东奏夷船四艘，其载马二百匹，皆高大于内地之马，曾至定海，盖将为陆战之用。然安南、缅甸皆以象负炮，而战伤其象鼻则反奔，况马与骆驼乎？

自用兵以来，中外朋议，不出二端：非苟且，即虚憍②。虚憍之议，如

①陈提军：指陈化成（1776—1842）。1842年6月，英军舰侵入长江吴淞口，时任江南提督的陈化成率部与英军力战，英勇殉国。

②憍：同“骄”，骄傲，矜夸。

雇商艘以战大海，沉舟筏以截大江，人皆知其难行。然遂欲以苟且为苟安，信下策为上策，则其谬尤不可不破。说者曰：我兵皆立船上，而夷兵皆藏船中；我以血肉之躯当炮，而夷以坚厚之舟当炮，况我军炮不如，火药不如，炮手更万万不如，奈何误信稗史周郎江上之火、鄂王湖中之草①，施诸浩瀚大洋，欲以烬夷舰而胶火轮，岂非儿戏？应之曰：自用兵以来，我兵未尝与夷一战于海中也，安有立船上以受夷炮之事？夷攻岸，则我兵伏土塘中矣；夷攻炮台，则我兵伏沙垣中矣；夷攻城，则我兵又伏女墙中矣。又安有立露地以当夷炮之事？且大炮弹重者数十斤，小者十余斤，若果能以大炮陆战，则无论我炮夷炮，横放直透，当者皆必决成血渠，死伤百计。试问夷寇粤、闽，寇江、浙，曾有大炮陆战之事乎？且夷兵虽藏舱中，而其拉篷索、扶头鼻之兵数十人，则皆立舱面，故我炮能从垣出击夷船，而夷炮不能隔垣以伤我。是我以沙土当夷炮，而夷以血肉当我炮，其证一。夷船一面攻炮台，一面以小舟渡兵，绕攻旁岸。夫夷兵涉滩涂，爬峭岸；我兵守岸上，得以扛铳、矢石俯击，一可当百。其船上大炮，恐自伤其攻岸之夷，亦不敢遥击。是夷兵又以血肉当我火器，而我兵以土岸当彼夷炮，其证二。乃夷兵抵岸后，贼即撤去其舟，使绝反顾，故能冒死突前；而我兵立于万全之地，进退自由，反为一二飞炮惊走。既走之后，溃兵逃将，既张皇敌炮以逭诛；缙绅耳食，复神奇敌军以胁款。甚至以周瑜江上、岳王湖中之火攻水战，皆不足信。不知江上、湖中，皆内河，非大洋也。安南、广南②两烧夷舶，片帆不返，非内河火攻乎？余姚之艘陷软泥，台湾之艘阁浅礁，皆人船并获。其浅阁而我师不攻者，定海郭士利之舟。辛丑春议款，夷兵退出定海，郭士利三桅大舟陷浅，旁有二舟救护，兼雇远近乡民，拨载二日始动。粤东天字炮台下之舟，粤东款后，夷兵退出，大舟阁于

①鄂王湖中之草：“鄂王”，指宋朝抗金名将岳飞（1103—1142），其死后，南宋宁宗追封他为鄂王。“湖中之草”，传说岳飞在平定杨幺起义时曾用草木阻塞河道（明冯梦龙《智囊全集》），断其通路，故云。

②*广南，指今越南中部，即顺化（Hué）、广南（Quang Nam）一带。*The Encyclopaedia of Geography* 一书中的“Cochin China（交趾支那）”指的就是越南中部，故《四洲志》译为广南。这同1884年越南沦为法国的保护国以后，法国把越南中部改称安南（中圻），把越南南部改称“Cochin China（交趾支那，南圻）”的地理区分很不一样。

炮台，粤民欲火之，义律①移文大吏，出示禁止。皆数日始能移动，非明证乎？迩者，夷破吴淞后欲闯苏州，遣火轮舟测水至泖湖②，轮胶于水草而返，又非岳湖故辙乎？况火轮非战舰，不过哨探之用，炮伤其一轮，则全舟欹侧，不能行。方火轮窥松江，窥余姚、慈溪，窥扬州时，其河横不过三四丈，深不过丈许，有何浩瀚汪洋之处？沉筏、沉舟、沉大树皆可塞其走路，火轮不能闯过，稽延片时，而两岸伏兵、追兵，伏炮、扛炮、火舟、火器齐发，何难收岳王湖上之功？乃不但战舰不能制，并火轮杉板皆不能制，且故危其词，如鬼神雷电，例内河于大洋，诬正史为稗史，悲夫！悲夫！

方夷寇初兴，人皆谓其仅长舟战，一登岸则无用。及浙、粤屡北，则又谓夷兵陆战亦不可敌。陆兵败矣，而所以致败之由，终未明于天下。夫沙角炮台之战，副将陈连升〔陞〕以兵六百当夷数千，歼夷数百，以无援救而败。大宝山之战，副将朱贵以兵六百，当夷二千，歼夷数百，以无策应而败。三元里之战，以区区义兵，围夷酋，斩夷帅，歼夷兵，以款后开网纵之而逸。孰谓我兵陆战之不如夷者？至定海之守甚严，战甚力，何亦败陷？其所以败陷之由，则亦至今未明于天下。方夷寇之未逼定海也，三镇以兵五千，往防堵善后，首议修城。其地三面环山，前面濒海，城外二三里为红毛道头，市长里许。三镇议筑外城，包道头街于城内，左右抵山，其三面则以山为城。有诤者曰：天下无一面之城？此海塘，非外城也，贼一翻山入，即在城内矣。备多则力分，山峻则守劳。请前勿包埠，左右勿倚山，但环旧城再筑外郛，庶城足卫兵，兵足守城。而议者皆谓市埠不可弃，且左右高山，我兵踞高临下，仰攻不入。时主兵者未渡海，但据图指挥，遂从之。呜呼！山虽高峻，而外非峭壁，径路坡陀可上，但知白日晴明之可守，而不知晦冥风雨之难守也；但知一二日之可守，而不知旬久师疲之难守也。夷兵攻城退后，回舟安息，我无舟师水勇以扰之。而我兵则时时处处，昼夜设防，山高岭峻，寝食

①义律：Charles Elliot（1801—1875），英国近代殖民官员，1836年任英国驻华商务监督，多次破坏中国禁烟运动。1840年6月率舰队封锁广州海面，挑起鸦片战争。

②泖湖：在上海市青浦西南，松江西和金山西北，现已淤为平地。

无所，天下有此守城之法乎？是秋夷艘至，果乘大风雨昼夜攻扰。至第五日，乘我守疲，兼值风逆，遂以小舟渡兵，撤舟死战，火气炎上，下击无力，遂登山入，陷之。呜呼！定海本不必守之地，而所修筑者又必不可守之城。城陷久矣，而所以致陷者，终未明于天下。不戒前车，仍踵覆辙，恐将来倒柄授敌者，未有已也。然则当如之何？曰：兵无常形，地无定势。要之，凡战者，必先谋敌之所以败我至于六七，竭智共攻，其无可败也，乃可以行；凡守者，必先谋敌之所以攻我至于六七，竭智共攻，其无可入也，乃可以守。

孰为正？孰为奇？节制纪律不可败，坚壁清野不可犯，正也；出奇设伏，多方误敌，使不可测，奇也。今御外夷，请先言外夷之兵法：缅甸用兵，遇强敌，则专用大木树栅，为不可拔，有时守御坚固，虽英吉利军亦为所拒。《四洲志》。故李定国①攻阿瓦②都城之役，其城三面环水，缅于一面陆地，复凿为湖，而树木城于其前，出兵守之；俄于木城外，复立一木城，亦出兵守之。如此，渐逼定国营，始出兵大战。虽因象阵被伤反走，而据栅为固，终不可败。刘健《庭闻录》。乾隆征缅之役，缅守老官屯③，先据高坡竖立木栅，栅外三壕，壕外列鹿角。官兵大炮、火箭、地雷百道攻之，终不可拔。此即步步为营，以守为战之法。暹罗④军栅亦然，所谓正也。英吉利康熙中以兵船由地中海攻俄罗斯，俄罗斯敛兵，纵其登岸，而奇兵绝其归路，天大风雪，英军饥冻，不战自溃⑤，此一奇也。佛兰西⑥，嘉庆初合列国兵数十万，由陆地攻俄罗斯，俄罗斯倾国迁避，佛兰西兵长驱入其国都，俄罗斯兵乘大风雪夜，潜回纵火，佛兰西兵焚冻死各半，败绩而遁，此二奇也。准噶尔康熙中

①李定国：1621—1662，明清之际农民起义军将领，南明永历政权抗清将领。1656 年迎永历帝至云南。1661 年，永历帝逃亡缅甸，被缅甸扣押。李定国率军攻入缅甸，试图营救永历帝。

②* 阿瓦（Ava），即今缅甸的阿瓦。

③* 老官屯，指今缅甸八莫附近的恭屯（Kaungton）。

④* 暹罗（Siam），即今泰国（Thailand）。

⑤* 据《海国图志》第五十五卷所引《东西洋考每月统记传》的一段文字考证，这段故事指的是 1709 年的波尔塔瓦（Pultowa）战役，战争的一方虽是俄罗斯，另一方却是瑞典（Sweden），而不是英国；所谓英舰“由地中海攻俄罗斯”，更远离史实。

⑥* 佛兰西（France），即法国。

以兵三万由色棱格河攻俄罗斯，两岸高山，中通一峡，深入六七百里，不见一人。准噶尔疑其设伏诱陷，急班师遁去，此三奇也。俄罗斯之待强敌，与安南之待英夷，如出一辙。夫缅甸、安南之待英军，岂皆有洋艘洋炮，而一胜以陆兵之节制，一胜以水战之诱伏。今师出无律，是不知有正也；临出无谋，是不知有奇也。以无律无谋之兵，即尽得夷炮夷艘，遂可大洋角逐乎？不知自反，而惟归咎于船炮之不若，是疾误庸医，不咎方而咎药材之无力也。噫！

筹海篇二　议守下

夷事无所谓用兵也，但闻调兵而已，但闻调邻省之兵而已。夷攻粤，则调各省之兵以赴粤；夷攻浙，则调各省之兵以赴浙；夷攻江苏，则又调各省之兵以赴江苏。兵至而夷已就抚，则供客兵者又逆归兵；兵甫旋，而夷或败盟，则又调归兵以为战兵。夫国家各省养兵，原以备各省缓急之用，而沿海尤重兵所在，江苏五万，浙江逾四万，福建六万，广东将及七万。若谓本省不皆精锐，而选调客兵必皆精锐乎？则何以夷初至闽、粤时，未尝调他省一兵，而守御屹然？及征兵半天下，重集于粤，而粤败涂地；重集于浙于江，而江浙又败涂地。若谓英夷强寇，非一省所能抵御乎？则夷兵舰大小不过五十艘，其攻城上岸，不过二三千人。岂一省养兵数万，无数千可用之兵？沿海民风强悍，岂无数千可团之义勇？若谓闽、粤民兵虽可用而多通外夷，江、浙虽无汉奸而民多柔弱，则何以广东之斩夷酋、捐战舰者皆义民，两禽夷舶于台湾、火攻夷船于南澳①者亦义民？而明人平倭寇皆处州、义乌之兵，近日战定海、保松江者皆寿春之兵。然则各省之勇民，原足充各省之精兵；练一省之精兵，原足捍一省之疆圉。所要者，止在募练之得法；所难者，止在调度之得人，不在纷纷多调客兵也。

前代钱氏有吴越，王氏有闽，刘氏有粤，各通番舶。倘有海警，岂能借

①*所记“南澳战事”不确。

助于邻援？又岂能合从以御侮？况防海宜习水战，而多调陆兵，舍长用短，以短攻长，不利一。在籍有安家，在途有传食，事竣有回递，县县传送，驿驿供张，则累在官；来如乳虎，败如鸟散，则骚在民。每土兵四五而赡一客兵，曷若省客兵之费以练土著？不利二。故曰：调兵者，选调本省之兵而已；募兵者，选练本省之人而已。远调不如近调，远募不如近募。

或曰：贼如舍沿海而专攻一省，他省有兵无贼，此省贼多兵少，则如之何？承平恬嬉，水陆弛懈，即有可用之兵而无训练，有可募之勇而无纪律，安能俟数月训练之成，以应仓卒之敌，则如之何？曰：一巡抚提督所辖，则本省之兵也；一总督所辖，则近省之兵也。贼少专用本省，贼多兼用近省。如寇攻粤，则募本省水勇为水师，而广西出陆兵以佐之；贼攻浙，则练金、处、温、台劲兵备陆战，而福建选水勇以佐之；夷攻苏，则练淮、扬、松江水勇与徐州兵备战，而安徽寿春兵佐之。合两省之兵勇，岂尚不足御一面之贼？故曰：要在募练之得法，难在调度之得人，不在纷纷多调客兵为也。

问曰：远调不如近调，则然矣。至募勇，则当纠合四方精锐，而曰远募不如近募，何耶？曰：挑选土著之利有三：一曰服水土，二曰熟道路，三曰顾身家。计调兵一，而当募勇之费十，当土著之兵五。以十丁之费募一丁，以五兵之费养一兵；练益精，则调益寡；调益寡，则费益省。以所省者练兵，兵何患不精？费何患不给？或曰：戚继光论选兵之法，除城市柔猾奸巧之人必不可用外，必选气力、选武艺、选身躯、选灵警，而尤必以胆为主。无胆则气力、武艺、伟岸、灵警皆无所用。又曰：选浙兵，处州为上，义乌次之，台州次之，绍兴又次之。此外虽韩、白复生，不可用。选兵若是之难，矍相之圃①几何人乎？曰：此言专为杭、嘉、湖、苏、松之人而发，又为福建上四府而发。至漳、泉、惠、潮之民，械斗则争先赴敌，顶凶则视死如归矣，舟战则出没风涛如履平地矣。江北颍、亳、寿、泗、徐、沛之民，家家延教师，人人佩刀剑，或一人能负放大炮矣。仪征下河贩盐小舟八杆舟，持械冒

①矍相之圃：指代演武场。出自《礼记·射义》：“孔子射于矍相之圃，盖观者如堵墙。”

险，莫敢谁何矣。此其胆何待选？武艺何待教？故选精兵于杭、嘉、苏、松，是求鱼于山、求鹿于原也。选精兵于海南，于江北，则求柴胡、桔梗于沮泽也，不可以胜收也。一省且有可调不可调、可募不可募，况纷然征调于数千里外哉？故选兵先在选地。

募水勇之事，天津、山东不如江、浙，江、浙不如闽、广。以福建言之，当夷艘初犯厦门，大吏激厉水勇，人人思奋，故出洋立功。及款议兴，俘夷释，军赏迁延，而气一挫。是秋所募赴浙水勇八百，皆人人精悍，及至浙而定海款议成，水勇空往空返，而气再挫。次年又募精锐千人赴粤，及至粤而前数日款议成，水勇空往空返，而气三挫。颜制军召募本省水勇八千，闻粤东款议，漫然散遣，不择其精锐拨补水师，而气四挫。自是水勇人人离心，及夷船再至，无暇号召，其猾者甚且内应，而厦门不守矣。广东初年，水勇五千，前后出洋，烧夷艇、匪艇，逆夷望风畏窜，及款议兴，一朝散遣，而气一挫。新至诸帅，误疑粤民尽汉奸，无一可信，又不约束客兵骚扰居民，而气再挫。于是虎门不守，而省城累卵矣。及夷兵淫掠激民之怒，于是一战于三元里，而夷酋大困；一截烧于虎门横档，而夷艘煨烬。可见闽、粤民风之劲悍，各省所无，外夷所慑，而水战火攻，尤其绝技，断不可望于山东、天津渔盐之户。盖东南长水，西北长陆，迁地弗良，得人者昌。

今日沿海所患安在乎？必曰：械斗之民也，烟盐私贩也，海盗也，渔艇疍户①也。今日陆地所患安在？必曰：回匪也，盐匪也，捻匪、红湖匪、曳刀匪也。官吏切齿为乱民，有事则目为汉奸。其中有一二人能号召数百二三千人者，非有乌获②之力，猗顿③之财，而信义意气，能豪一方。其人皆偏裨将才，其所属皆精兵。而自文法之吏视之，则且谓乱民之首也。夫兵者毒药，药不毒则不能攻毒，故《易》之《师》曰："以此毒天下而民从之。"《华事夷言》英夷所著书曰："中国之兵若善调度，即为第一精兵。现在广东岸上力作

①渔艇疍户：指南方沿海一带的水上居民，世代耕海为生，不在陆地上置业。

②乌获：战国时期秦国的大力士。秦武王爱好举重比赛，重用他与任鄙、孟说为大官。

③猗顿：战国时期富豪，从事盐业致富，善识珠宝，被认为是中国最早的珠宝鉴定专家和珠宝商。

之人与水中渔贩之人，其技勇皆欧罗巴人所不及，若挑练此等人为兵卒，可谓一等勇壮之兵。”雍正中西虏未靖，诏各省选技勇送京师，得数千人，其最者能挽铁弓及二十力弓，以鸣镝射其胸，镗然而堕，举巨石千百斤，号勇健军。总督命史贻直①领之，屯巴里坤②，故一时北省盗贼绝踪，此先朝牢笼猛士之成效。道光回疆之役，伊犁将军奏选南北路遣犯二千为死士，屡挫贼锋，惜事平尽赦回籍，未能收入营伍，如雍正故事，尚有待于推广焉。嘉庆中海贼蔡牵犯闽，诏安有知县某者，传四乡总理四人，各予银千圆，令团乡勇，日甫夕而每总理各以二千五百人至，枪械藤牌毕具，一日而得精兵万，贼望风遁，其人即皆械斗之民也。蔡牵又与朱濆窥台湾后山，地本化外，有泉人吴沙者，集四社棚民与熟番拒之，一战其前，一攻其后，牵大败走。事闻，始诏即其地立葛玛兰厅。捍贼不烦官兵，何以文法吏不肯收以为用？然此辈亦不肯为用，盖绿营之饷不足以赡其身家也。英夷攻粤东时，募汉奸三千人，每人给安家银三十圆，每月工食银十圆。而我守虎门兵，月饷不及三两，提督关天培悯兵之穷苦，自捐赏恤，每兵银二圆，而议者且劾水师兵挟制提督要赏，尚望其出死力乎？闽、广水师，每省三万有奇，江、浙水师，每省二万有奇，虚冒半之，老弱半之，未必有数千之可用。诚能汰虚冒冗滥之缺，并两兵以养一兵，广东约万五千，福建约万五千，专选惠、潮、漳、泉四府，精训练而严节制之。以此推诸浙东、江北，岂但国家增无数之精兵，而且沿海销无数之械斗，中原收无数之枭匪。精气化痰，痰化精气，岂二物耶？乌喙、附子，以毒攻毒，毒去而药力亦销，顾用之者何如耳？精兵出其中，李长庚、罗思举之骁将，亦出其中。不此之图，而惟窃窃然曰无将无兵，古人讵借才于异地哉？

言调兵言筹饷者，动虞兵单费绌。而今言并兵并饷，则兵不愈少，饷不愈费乎？不知一省之兵，本足守一省之地；一省之饷，本足养一省之兵。即

①史贻直（1682—1763）：清代大臣。雍正十年（1732）代理陕西巡抚，后因功升为户部尚书，总理陕西巡抚。

②巴里坤：今新疆维吾尔自治区东北部的一个边境县。清乾隆二十五年（1760）置巴里坤直隶厅，乾隆三十八年（1773）设镇西府；清朝前期平定准噶尔叛乱的区域性指挥中心，建立乌鲁木齐城之后，战略地位逐步下降并被其所取代。

有军兴一切格外之费，而一省之财亦总足供一省之用。请详破其惑：夫兵之多少，视其实不视其名。养兵数万而无数千之可用，视一千有一千之用者，则不侔矣；视一千可当数千之用者，更不侔矣。调外省之兵，而置本省之兵于不练，则本省之饷皆滥饷，外调之费皆冗费。今以额饷养额兵，而不增一饷；以全饷养半兵，亦不裁一饷。兵减而实多，饷增而实省，其可无惑者一。戚继光鸳鸯阵法，或谓其止可驭三千，不可驭十万。夫十万皆三千所积也，一镇练三千，十镇即练三万，大阵包小阵，大营包小营，岂数万人之节制，有异于三千人之节制？且连大阵、辟战场、决胜负者，惟开创草昧之时，及西北平原之地。若承平东南剿寇，沟洫纵横，坡坎交错，则用三千之处为多。英夷兵艘所载为数几何？若各省有百练敢死之卒数千，再团练沿海之渔船疍户以绝其羽翼，何烦更调外兵？其可无惑者二。练兵之费取诸并饷，团勇之费将何出？东南沿海，殷富甲天下。计自军兴以来，粤、闽、江、浙，每省商捐绅捐各数百万。以本地之富民，养本地之劲民，卫本地之身家，但使用得其宜，尚可撙节①赢余，为造船械、修垣垒、悬购赏之费，何尝尽烦外兵、外饷？此可无惑者三。沿海之利，莫大鱼盐。前此宁波试行票盐②两月，销至七万引，及停止后，岁销仅二万引，闽盐派签殷户充商，有甘出十余万金求免签者。潮州之盐运同，历任赔累，亏空巨万，皆出官费、胥役费、捆工费层层蠹蚀，不能减价敌私。傥沿海皆行票盐，尽省浮费，匪独化私为官以助饷，并可化枭为良以助兵。他若浙江之南田山，福建之封禁山许民屯垦，沿海之银矿山许民开采，境内自然之利，用之不穷。此可无惑者四。至于兵分见寡之由，由无战舰，别详下篇。

匪特兵不宜多也，即炮台亦不宜多。今为贼去关门之计者，不过曰增炮台，移营汛。增炮台之说曰：多一重门户，增一重保障。夫人家御贼，非固守大门拒不使入，即固守腰门而开大门以延敌。今无一门可恃，而但多设重门以待贼之攻陷，岂知一重失守，重重胆破。何如并十重之费以修一重，修

①撙节：抑制、节约。
②票盐：指凭盐票运销食盐。

必固；并十重之兵炮以守一重，守必固。以近事证之：厦门旧止二炮台，而守御屹然，迨于口门内外峿屿、青屿、大档、小档增建各台，而贼至立破。宝山有东西炮台、有海塘而失守，松江城无炮台而贼攻不入。是知炮台不在多而在固。固之法如何？曰：建之得地，修之得法，守之得人。福州城距五虎门二百里，一潮不能达，而潮退即浅阁；杭州城外，潮退沙滩十余里，海口赭、龛二山淤涨数十里，故此二省城贼皆不犯。厦门、宁波旧建炮台，本得形势，方当弃去舟山，拆去青、峿各屿炮台，安有更加增建之理？惟广州及江宁，夷船可直抵城下。粤东新城以外，市廛栉比，既无可筑外郛之地，惟猎得、大黄滘二处炮台，实省城内障，与虎门外障并重。于此二处扼险，果能阻遏夷艘，则堂奥高枕，而此外各港汊，正可留为出奇设伏之地。安用处处设炮，河河填塞？若此处不可恃，则他处更可恃乎？江苏则吴淞口内，惟江湾、东沟二处，可扼要设炮以守上海。福山口内，惟君山即鹅鼻嘴、圌山二处，可设炮以守长江。方当徙宝山之城，拆去东西炮台，内徙要害，安有更加增建之理乎？地势既得，守必万全。万全之策，在乎奇正相生：一，固土城以御大炮。必三合土坚筑女墙，先以炮演试，不破为度。二，开浅池以备飞炮。见上篇。三，沉桩石舟筏以遏冲突。此法不可施于长江，而可施于内河。或临河有大树则伐倒沉之，又或以大木为笼，长数丈，内贮极大石，横亘水中，视碎石舟筏，尤堪御潮刷，而阻冲突。四，伏地雷、掘暗沟以防陆路。五，别伏奇兵以备陆战，甚或守台之兵弃炮佯走以诱敌，使敌但知全力攻台，而不知台非我所顾惜；又使敌即知分路绕台，而不知台外劲旅尚多。初观之以炮台为正，伏兵为奇；至于奇正相倚，变化不测，致敌而不为敌致，诱敌而不为敌诱，则又反以伏兵为正，而以炮台为奇，方尽兵行诡道之秘。以视泥守炮台，有正无奇，一处受创，望风四溃者，其巧拙不可同年语矣。但所用之伏兵，必须平日精选，优养勤练而严节制之。必使人人心灵胆壮，技精械利，且将士一心，臂指呼应，临时方足出奇制胜。此则全在训练得人，有非空言所能耶效者。

（魏源著，陈华、常绍温、黄庆云等点校注释：《海国图志（上）》，岳麓书社 1998 年版，第 1–23 页。）

评析

《海国图志》是魏源在林则徐主持编译的《四洲志》基础上，搜集各种文献扩编而成的一部介绍世界舆地及各国历史政制、文化教育、科学技术、民情风俗、宗教历法等的著作，是我国近代史上第一部由国人自己编写的“睁眼看世界”的划时代巨著。书籍初刻于道光二十二年（1842），为五十卷；道光二十七年（1847）增补至六十卷；后辑录徐继畬在道光二十八年（1848）所成《瀛环志略》及其他资料，补成一百卷，于咸丰二年（1852）刊行。魏源在书的序言中说明了作此书的缘由：“为以夷攻夷而作，为以夷款夷而作，为师夷长技以制夷而作。”其中“师夷长技以制夷”主张的提出，在当时和后来的思想界都产生了较大影响。《海国图志》的出版极大地冲击了传统夷夏观念，动摇了“九州八荒”“天圆地方”“天朝中心”等封建时代史地观，传播了西方自然科学知识及其文化习俗、社会制度，拓宽了国人的视野，使国人逐步树立了“五大洲、四大洋”等新的世界观念，使整个社会逐步形成向西方学习的新风尚。

本书摘录了《海国图志》卷一《筹海篇一·议守上》和《筹海篇二·议守下》。《筹海篇》可谓近代中国人提出的一套系统的海防方案，包括守、战、款（和）三个方面，本书选文是“议守”部分，重点分析了强敌当前该如何防守。

《议守上》甫一开篇就毫不留情地批驳了清廷在抵抗侵略中的失策——“非战即款，非款即战，未有专主守者，未有善言守者”，认为清廷不是战就是和，不是和就是战，从未考虑过防守。文章言辞激烈：“不能守，何以战？不能守，何以款？”认为应“以守为战”“以守为款”，只有守住我方领土，抵挡住外敌入侵，才可能战而不败、和而不受制于人；防守无力，无论战、和都只会任人宰割。那么如何防守？魏源认为，“制敌者，必使敌失其所长”，要制服敌人，就必须去除敌人的优势，并在文中据敌我双方优劣势，提出了防守策略：“守内河”与“练土兵”“练水勇”。

当时普遍认为抵抗侵略“御诸内河不若御诸海口，御诸海口不若御诸外洋”。《议守上》分析敌我情况，批驳了御敌于外洋主张，提出应御敌于内河。文中指出，我方御敌不过炮击、火攻两种方法，但这两种方法均很难在外洋克敌制胜，有大炮在辽阔大洋中很难击沉目标、火攻不能全面出击可能顾此失彼等“四难”。如果将敌船诱入我国内河，夷船不能如在大洋之中随意驶避、互相救应，则“四难俱释”，我方就可以利用地形优势灵活作战，出奇制胜。魏源以浙江、广东、江苏和天津等地为例，就如何利用内河克敌作了具体论述。他逐条批驳当时在防守策略方面的一些错误观点，并在战略防御思想指导下，提出了“以守为战”“以逸待劳”“诱其深入”“坚壁清野”“出奇设伏”“水陆夹攻”等战术，集中体现了其扬长避短、因地制宜的战略战术思想。

《议守上》还对鸦片战争中几次大的战争如沙角炮台之战、大宝山之战、三元里之战尤其是定海之战中清军失败原因作了具体分析。原因各不相同，不过魏源强调，无论是海战还是陆战，我们的武器装备固然不如洋人，但失败的根本原因还是军队没有严明的军纪，士气低下，同时不会利用自身优势采取灵活的战略战术。他认为，“兵无常形，地无定势”，只要将领们善于利用地形地利设防，采用正确的战略方针，完全可以抵御外敌的进攻并取得胜利。他批评清军将领不知反省自身原因，“惟归咎于船炮之不若”，就好像庸医给病人治不好病，不怪自己开出的药方不行，反而归咎于药材的药力一样。

《议守下》围绕防守重点阐述了“练土兵”“练水勇”事。魏源针对清廷在御敌中不讲用兵之道，“但闻调兵”，“调邻省之兵”，甚至调陆兵进行海战，以己之短攻彼之长，以致劳民伤财、劳而无功的错误举措，提出了“调客兵不如练土兵，调水师不如练水勇”，“远调不如近调，远募不如近募”，“要在募练之得法，难在调度之得人，不在纷纷多调客兵”等主张。

魏源认为练土兵除了可以节省财政开支外，还有“服水土”“熟道路”

"顾身家"三大好处：不会因水土不服影响战斗力；熟悉地形方便作战；保卫自己的家人、家乡更有斗志。募水勇方面，魏源特别指出要注意地域特性，认为"东南长水，西北长陆"，"天津、山东不如江、浙，江、浙不如闽、广"，闽、粤之地民风劲悍，尤擅水战火攻。

募练士兵与筹备军饷方面，魏源也提出了几项举措：一是以本地之绅商富民"养本地之劲民，卫本地之身家"，这样可不必调外兵外饷；二是在沿海推行票盐，而不是只"化私为官"，这样不但可以增加财政收入，还可以"化枭为良"，减少匪患；三是去除山林之禁，允许百姓屯垦林田，开采沿海矿山，以增加沿海地区财政收入，为募练水勇提供物质保障。针对"言调兵言筹饷者，动虞兵单费绌"之现象，魏源指出，兵不在多而在精，"炮台不在多而在固"。他尖锐地指出：闽、广水师每省三万多，江、浙水师每省二万多，能上战场的"未必有数千"！主张"汰虚冒冗滥之缺，并两兵以养一兵"，"专选惠、潮、漳、泉四府，精训练而严节制"并"推诸浙东、江北"，这样不仅可以将军饷用在实处，还可为国家增加无数精兵，同时可使沿海械斗消匿、内地匪患平复。炮台也是一样，只要"建之得地，修之得法，守之得人"，就足以抵御敌人进攻，根本无须"处处设炮"。

最后，他提出，防守之"万全之策，在乎奇正相生"，并提出了奇正相生的五大战术。在魏源看来，"奇"指战术，"正"指士气。只要在战术上"出奇设伏，多方误敌，使不可测"，在士气上"节制纪律不可败，坚壁清野不可犯"，就无惧敌人来犯。

《筹海篇·议守》是魏源于道光二十一年（1841）入两江总督裕谦幕府参与浙江抗英战争后，了解分析中英双方军力对比和清廷用兵政策基础上，提出的一份极具实战意义的海防策略。其中无论战术分析还是治军战略，均直刺时弊、有理有据，全无袖手谈心性的腐儒们不切实际、不谙时务之空疏学风，充分体现了魏源作为一名爱国知识分子，关注社会现实，主张"以实事程实功"的经世济民情怀。而且行文情感充沛，对朝廷昏庸的愤慨、对清军暗弱的痛心，对时局的担忧、对国运的关切，溢于言表，读来极具感染力。

再回到《海国图志》。在今天看来，《海国图志》的思想价值、文化价值、历史价值至高，可谓清末的“强国真经”，然而它刚问世时却备受冷落，几乎无人问津。晚清政府摇摇欲坠，可麻木迂腐的士大夫们仍然秉持“天朝上国”思想，觉得此书提倡向“蛮夷”学习简直是一派胡言、离经叛道，甚至有人建议销毁此书！可是邻国日本见到《海国图志》却如获至宝，当作救国良方、“海防宝鉴”，一版再版，反复研读，并据此改革，从排洋到学洋，迅速崛起。直到1894年，曾经与清朝一样遭受西方列强欺凌的日本，手持锋刃，狠狠刺向中国……

甲午战败的耻辱让中国的灾难进一步加深，同时也如惊雷般让更多的中国人从昏睡中睁眼。《海国图志》被重新审视，更多的有识之士开始痛定思痛，沿着魏源的足迹，发愤图强，探寻中国的自立自强之路。这其中，湖湘人才群体开始在历史的天空闪耀。他们带着强烈的忧患意识，深刻反思中国现状，以救亡图存、富国强兵为目标，在推动中国不断对外开放、不断走向现代化进程中，前赴后继。

杨毓麟

杨毓麟（1872—1911），字叔一，又字笃生，复改名守仁；曾用笔名有湖南之湖南人、三户愤民、寒灰等。湖南善化（今长沙）人。资产阶级民主革命家、宣传家。早年入长沙城南校经书院读书，清光绪进士。甲午战后力主维新，系湖南维新派重要人物、湖南时务学堂教习、《湘学报》撰稿人。光绪二十八年（1902）留学日本，与黄兴、陈天华等创办《游学译编》杂志，并担任总主笔，宣传革命。同年写成《新湖南》。光绪二十九年（1903）加入拒俄义勇队，参加拒俄运动，与黄兴、苏鹏、周来苏等湘籍留日学生组织暗杀团。光绪三十年（1904）夏至北京，谋划暗杀清廷要员。次年作为出洋考察宪政五大臣随员至日本，与黄兴等商筹扩充中国同盟会。1906年6月加入同盟会。光绪三十三年（1907）回上海与于右任等创办《神州日报》，任总主笔。光绪三十四年（1908）赴英国，任留欧学生监督秘书，后入苏格兰阿伯丁大学学习。宣统三年（1911）春，黄兴领导的广州黄花岗起义失败，杨毓麟闻之悲愤交集，于8月5日自沉于利物浦大西洋。1912年3月，南京临时政府陆军部呈请以南京太平门外玄武湖端方私宅建祠，专祀杨卓林、郑子瑜两烈士，并附祀吴樾、熊成基、杨毓麟、陈天华四烈士。

新湖南

第一篇　绪言

太平洋客①著《新广东》，三户之愤民，读而韪之。有顷，见康氏所为《辨革命书》②，反复而读之，忧沉沉而袭心。某之言曰："凡物合则大，分则小；合则强，分则弱，物之理也。毕士麻克③生当欧洲盛言革命之后，近对法国盛行革命之事，岂不知民主独立之义哉?！而在普国独伸王权，卒能合日耳曼二十五邦，而挫法称霸。嘉富洱④乃力倡民权者，而必立萨谛尼亚⑤为共主，合十邦以为意国，卒能列于强大。使二子者但言革命民主，则日耳曼、罗马纷乱数十年，必永为法、奥、俄所分割隶属而已。夫毕士麻克、嘉富洱苦心极力，合小为大，以致强霸。吾中国革命诸人，号称救国者，乃欲分现成之大国为数十小国，以力追印度。人不分割我而我自分割之，天不弱亡我而我自弱亡之，何其反也！俄罗斯所以为大国者，岂不以旁纳诸种之故？满洲之合于汉，开蒙古、回疆、青海、卫、藏⑥万里之地，为中国扩大之图，教化既益广被，种族更增雄厚，乃有大益于中国者也。"

①太平洋客：当指欧榘甲（1870—1911），广东惠州归善县（今惠阳）人，康有为弟子，近代著名报人，维新派干将。1902年赴美任《文兴报》记者，并以太平洋客为笔名在《文兴报》连载长篇政论文《论广东宜速筹自立之法》（共27篇），该文于1902年8月易名《新广东》，由日本横滨新民丛报社出版单行本。

②《辨革命书》：指康有为的《答南北美洲诸华商论中国只可行立宪不可行革命书》。1902年刊于《新民丛报》第十六号，后和《与同学诸子梁启超等论印度亡国由于各省自立书》合刊为《南海先生最近政见书》。是康有为与革命派论战的重要论纲。

③毕士麻克：其全名现译为奥托·爱德华·利奥波德·冯·俾斯麦（德文：Otto Fürst von Bismarck-Schönhausen，1815—1898），德意志帝国第一任宰相，有"铁血宰相"之称。

④嘉富洱：其全名现译为卡米洛·奔索·加富尔（意大利语：Camillo Benso Cavour），意大利杰出的政治家和外交家，是统一后的意大利王国的第一任首相。

⑤萨谛尼亚：现译为撒丁王国（意大利语：Regno di Sardegna），曾是19世纪中期意大利境内唯一的独立王国，位于意大利西北部。

⑥西藏旧分阿里、藏（后藏）、卫（前藏）和康（一作喀木）四部。前藏东起怛达拉山，西到岗巴拉山，大致相当于现今的拉萨市、那曲市、阿里地区、山南市和林芝市西部；后藏由岗巴拉以西直到与尼泊尔交界，大致相当于现今的日喀则市。藏人用卫藏指前后藏，清人著作中有时也用"卫藏"概称西藏四部。

三户之愤民曰：唯唯，否否。夫今世界既入二十世纪之舞台，则第二等国以下必不能于地球上有插立国旗之地，此稍知时局者之所同认也。白祸之倾注于远东，以江河两流系为归墟①，非吸集同洲种族以堤塞之，力薄精殚，终于复绝，此亦稍知时局者之所同认也。顾欲达此目的，必寄之地广人众、形势优胜者，乃能集合权力以造黄种之幸福。环顾大陆，非中国莫与属焉。而中国权力操之满政府，以满政府为可寄乎？此则非可确认之受验书也。

康氏之欲熔铸满汉也，以其占旁纳诸种之位置，则吾请得而剖析之。凡吸集民族者必有其实力，而实力又有辨：一则为亲和之实力，一则为混合之实力。亲和之实力生于自然，于同种为最著。混合之实力生于现在过去之事会而混成于历史，其组织而凝集之者，必缘于政治上之调和与宗教之融结力。其混成与否，当以何等原则规定之，此颇为复杂之问题也，而要视其民族根性之厚薄。其根性厚者，于未至混成之过渡时代，必常呈解散之形状，且虽几于混成，而权力不底于平，亦必呈解散之形状，如芬兰、波兰之于俄、德，匈牙利之于奥地利是也。其根性薄者，非苶然②同化及被他种所蹴踏而澌灭，亦必终至于解散。至于调和融结而无散释者，必其根性厚薄相等而权力适剂于平，俱不失优等之位置者也。今满洲之吸集蒙古、藏、卫也，持宗教以笼络之，虽然，如满人者，宗教思想最薄弱者也，特恃为射雉之媒③而已；而政治之调和，日日见其失败。故两蒙、两藏皆有脱离衔轭之势，乌能混合之哉？彼既不能调和而融之，旦夕之间为白人所役使，将为刲④割汉种之先驱，不及今而备之，岂有及乎？若汉种之与满族，其调和融结之术，似较蒙、回、藏、卫为胜之矣。虽然，此岂彼族之本谋哉？不过汉种膨胀之力，使彼有不能不且前且却者耳，故阳为一家，阴相摈弃。乃彼白人者，窥寻间隙，思得而利用之，知吾族势力未及成长也，乘其幼稚而摧折之。戊戌之事，英、美

①归墟：传说为海中无底之谷，谓众水汇聚之处，后喻事物的终结、归宿。

②苶（nié）然：疲惫貌，形容衰落不振。

③射雉之媒：指猎人所驯养的雉，用以招引野雉。

④刲（kuī）：刺杀，割取。

大国无一伸公论者，其情可知。吾族不能自伸其势力，而待满政府徐徐为立代议士，何其傎①也。夫彼日耳曼联邦、罗马民族，由自然亲和力之发生，而成德意志、意大利优美之结果耳。今以汉种生殖之区域，较之德、意，无所不及，顾不离绝满政府，则无由凝固其吸集之力，不能吸集而伈伈伣伣②，必与顽愚迷乱之满政府，同毙于白种人鸩醪毒脯之下，日日安坐而望满政府，则亦日日安坐而就屠割。夫所谓十八省③为十八国者，非未来之现象，而已往与现在之现象也。内部之吸集力与外部之刺激力相触而生者也。以排满与排外二重之刺激力，迸入于汉种之心目，乃可以言吸集。汉种能自相吸集，而后能提携满、蒙、卫、藏，使自相吸集。汉种能自相吸集，且能提携满、蒙、卫、藏使自相吸集，而后能集权于亚洲中央政府以抗御白祸。夫提携他族使自相吸集者，决非满政府之素心也。纵令如康氏所言，复辟之后，设施何若？夫以今日之事言之，被玩弄于权阉奸相股掌之上者，亦岂有复辟之理？吾见椒饼就御而宫车晚出④耳！且必使吾种人放弃责任，而禁其自谋，此何理也？日本以区区三岛一跃而入头等国，汉种以十八省之地而必待指挥于满政府，谓如含乳之子，一离保姆必不自存活者，岂非过虑欤?!

康氏之言曰：汉种之于满政府，不得以奴隶论。虽然，以野蛮民族翘然为天下共主者二百六十年，是以奴隶而据主人之室也。奴隶而主人者，则亦必奴隶其主人，此又无可自讳者也。吾湖南人也，欲谋中国，不得不谋湖南。湖南，山国也，交通绝不便利，自长江接洞庭而上溯，行浅水汽船者五百里，自秋末迄冬初，率阻浅不得上驶，南隔岭峤⑤，接两粤⑥，皆山险也。其民朴陋贫瘠，而暗于外事特甚，以排外闻天下，野蛮暴动，贻外人口实数数然也，而奴性亦未甚深固。

①傎：同“颠”。

②伈伈（xǐn）伣伣（xiàn）：指小心害怕或低声下气的样子。

③十八省：清初对长城以南明代故土仍沿用明制，分为十五省。康熙初陕西分为陕西、甘肃两省，湖广分为湖北、湖南两省，江南分为江苏、安徽两省，共为十八省。也叫内地十八省。

④宫车晚出：宫车迟迟不出，旧为帝王死亡的讳辞。

⑤岭峤：指五岭地区。

⑥两粤：清朝时“粤”通常为广东、广西的合称，即两广地区。

太平洋客曰：广东有自立特质四：一曰人才众多也，一曰财力雄厚也，一曰地方扼要也，一曰户口繁殖也。广东之事，则诚然矣。吾见边东海各省，若闽浙，若江苏，风气早开，通外事而知世界大势者，不远下于广东；物力丰厚，生殖繁衍，不远下于广东；扼扬子江、钱塘江、闽江之流域，地形便利，不远下于广东；然则奋袂攘臂为天下先，剑及屦及，而沿江负海，皆自立国旗之所飘漾也。然而志士太息于下，而国仇民贼慆淫荒宴于上，莫敢发难者，则岂非调停满汉、迟回审慎而重为戎首者欤？虽然，需者事之贼，时乎不再来，过此以往，虽欲如今日之仰视天、俯画地，以睥睨天下事，而载胥及溺①、维倾柱绝求一片土为立脚地，岂可得哉！微广东倡独立，吾湖南犹将倡独立焉。乃者，庚子实试行之，举事不成，奋为鬼雄，而"种界"二字劚入湖南人之脑中者，如压字机器之刻入纸背焉。然则广东倡之，吾湖南和之；广东鼓之，吾湖南舞之。吾于广东，如骖之靳②也。苟有赤血，苟有热肠，勿以其身家性命为奴于白种者之重儓③贱隶，勿以其财产土地为奴于白种者之包苴箪笥④。奴吾者，吾仇之；干预吾事、抑制吾之脱奴籍者，吾仇之。湖南者，吾湖南人之湖南也。铁血相见，不戁不竦⑤，此吾湖南人对于湖南之公责也。抑亦吾湖南人对于汉种之公责也。作《新湖南》，用遍告湖南中等社会⑥，以耻旧湖南人之甘于为奴者，以谂⑦旧湖南人之不愿为奴者，以待十八行省之同褫⑧奴服，而还我主人翁之位置者。

①载胥及溺：指相继落水。载，句首语助词。胥，相。及，与。溺，落水。

②如骖之靳：比喻前后相随。

③重儓：奴婢的奴婢，比喻同类事物中最低下者。

④包苴箪笥：指存放贿赂或馈赠的贵重物品的箱子。包苴，借指贿赂或馈赠。箪笥，竹或苇制的圆形和方形盛饭器。

⑤不戁（nǎn）不竦：指不恐惧。

⑥中等社会：大致指中小资产阶级及其知识分子。当时的革命知识分子自认为是"中等社会"的政治代表，负有领导和教育"下等社会"（指劳动人民）、打击和破坏"上等社会"（指大官僚、大地主、大买办）的责任，并提出由中等社会的"豪杰之士"组成政党，领导民众推翻清政府，建立民主共和国的主张。

⑦谂（shěn）：规谏；劝告；知道；知悉。

⑧褫（chǐ）：脱去，解下。

第二篇　湖南人之性质及其责任

诸君在于湖南之位置，实下等社会之所托命而上等社会之替人也。提挈下等社会以矫正上等社会者，惟诸君之责；破坏上等社会以卵翼下等社会者，亦为诸君之责。下等社会吾亟亟与之言，故必亟亟与诸君言；上等社会吾不屑与之言，尤不得不亟亟与诸君言。诸君，诸君！湖南之青年军，演新舞台之霹雳手，非异人任也。

诸君，诸君！湖南有一大纪念事，知吾人之入奴籍在于何时乎？事始于故明甲申国破①后之二年九月，满政府遣兵入湖广，其后二年三月遂克长沙。于时，吾湖南父老子弟方秣马厉兵，以随何腾蛟之后，思保全疆土，以存中原文献于西南一角弹丸黑子之地。兵气不扬，内讧迭起，然而湖南人之扶伤更进如故也。何腾蛟既殁，继之以堵允锡②之役；堵允锡既殁，继之以李定国之役，至明祚既斩，死灰不燃。而吴三桂以愚暗之姿、盗窃名义，犹足以倾我湖南人之观听，盖倔强洞庭、衡岳之间，冀得仰首伸眉者，出入顺治、康熙，垂数十年，满政府乃痛惩而狝夷③之。哀我孑遗，自兵事休息以后，乃十室而失其九；故我湖南户产至今尚多标业④。出郭门不十里，墓田葬地往往有所谓标业者，外府州县标业之占粮籍⑤十居八九，盖兵锋所至，几于刮地而一赤之矣。当日遗黎所著，有《下元甲子歌》，托于青盲弹词，以写兵祸之惨黩，首尾数万言，读之令人痛心酸鼻。所谓“呕起几根头发气”者，村农里妪，至今能讴吟之。湖南既当滇、黔、两粤兵事之冲，草剃禽狝⑥，生齿寥落，榛莽多而居人少，吏役无所得攫噬，而边地苗、獞、猺、

①甲申国破：指 1644 年清军入关，明朝灭亡。

②堵允锡：指堵胤锡（1601—1649），南明大臣。隆武二年（1646）召集李自成旧部李锦、高一功等抗清。桂王时进为兵部尚书，加东阁大学士，与何腾蛟分兵收复湖广失地。后兵败退往广西，在浔州（今广西桂平）病死。有《堵文忠公集》。

③狝（xiǎn）夷：处死，铲除。狝，杀。夷，诛锄，削平。

④标业：本指与招投标相关的活动或行业，此处指百姓将自己的家产标价出售。

⑤占粮籍：指上报户口，入籍定居。

⑥草剃禽狝：如同割除野草、捕杀禽兽一般，比喻肆意屠戮，无所顾惜。

犹所出没林菁深阻与山鬼争席。遗民逸老乃得展转栖息于虎豹蛇虫之窟，以寄其天倾地塌之悲，所至则诛茅数尺地结庵以居，樵夫牧竖皆以其跰手胝足所得欢迎而阴饩之。至今吾乡中数百丁之旧族必有一庵，庵不必供佛，供不知谁何之神像，或并其祖先为一庵而供之。其像若披缁为头陀状，若黄冠为道士服，若袒背戟肘为武士状。凡一姓之庵，子孙必世守之，盖皆畸民①烈士之余痛也。诸君试披《楚宝》及《沅湘耆旧集》，所载遗闻轶事，焄蒿凄怆②，为何如哉！王船山氏平生所著书，自经义、史论以至稗官小说，于种族之戚，家国之痛，呻吟呜咽，举笔不忘，如盲者之思视也，如痿者之思起也，如喑者之思言也，如饮食男女之欲一日不能离于其侧，朝愁暮思，梦寐以之。虽以黄梨洲③之刚侠，至其沉酣没溺，持此为第一义，谛为毕生归根立命之所。或尚未之及，其遗集所传付，不在王氏子姓之家，亦不在其故旧亲戚之家，而往往于破寮废刹中遇之。故种界之悲剧流传于我湖南人之脑蒂者，最为酞深微至。当未与湖北分闱以前，达于朝者寥寥焉，盖洞庭以南，自为风气，而独以其庞民耆献④之学说，展转相传播。自分闱以后，则利禄之途既启，而种性亦少劣焉。然而微茫灭没于吾人之心目者，亦无往而不遇之。盖士庶之家非食禄于朝者，其丧葬率用前代之衣冠，名为唐巾，询其故，则有所谓“生降死不降”之说。咸同间，号称“中兴”，湖南悻悻然以名业自见矣，而巴陵吴敏树⑤暮年不乐应曾文正之招，其卒也，亦以前代冠服殓，其余名士尚多有之。缠足，恶习也，而湖南人保守之性特强，叩其所以，城市之人不能言其故，乡里之氓又往往有所谓“男降女不降”之说，取其与满政府为反对也。悲夫！以如此悖教害礼之薄俗，而托之以为深痛巨创之一纪

①畸民：指有独特志行、不同流俗的人。

②焄（xūn）蒿凄怆：形容离别时的悲伤和凄凉之情，或者形容孤独、凄凉的境遇。焄，同“熏”，熏炙。蒿，气蒸发貌。焄蒿，指祭品发出的气味。凄怆，表示悲伤、凄凉的情感。

③黄梨洲：指黄宗羲（1610—1695），明清之际思想家、史学家。字太冲，号南雷，学者称“梨洲先生”，浙江余姚人。清兵南下，他招募义兵成立“世忠营”武装抗清。明亡后隐居著述，屡拒清廷征召。

④庞民耆献：指年高而有德之人。

⑤吴敏树：1805—1873，字本深，号南屏，湖南巴陵（今岳阳市）人，晚清文学家。

念碑，吾湖南人曷尝一日忘奴僇①之耻哉！诸君，诸君！出苦海而上天堂，以洗二百数十年之积耻者在今日。展贩卖鞭驱足踏自甲家而鬻之乙家者亦在今日，是在吾人之自为之。种性不灭，则两戒山河②涌起平地。种性既灭，则万劫不复，沉沦九幽，吾岂敢煽起杀机以菹醢我父老子弟之性命哉？吾抑岂忍汩溺世法，以任吾父老子弟之沉眠酣寝，席薪火以待焦灼哉？诸君，诸君！谓我何求，或亦未之思耳。

且我湖南有特别独立之根性，无所表现，其影响仅仅及于学术而未大显。盖前则划以大江，群岭环其左而负其后，湘江与岭外之流同出一源，故风气稍近于云贵，而冒险之性，颇同于粤，于湖北与江西则相似者甚少，盖所受于地理者使然。其岸异之处，颇能自振于他省之外，自濂溪周氏③，师心独往，以一人之意识，经纬成一学说，遂为两宋道学不祧之祖④。胜国⑤以来，船山王氏以其坚贞刻苦之身，进退宋儒，自立宗主。当时阳明⑥学说遍天下，而湘学独奋然自异焉。自是学子被服其成俗，二百年来，大江南北相率为烦琐之经说，而邵阳魏默深治今文《尚书》、三家诗，门庭敞然。及今人湘潭王氏⑦之于《公羊》，类能蹂躏数千载大儒之堂牖，而建立一帜。道咸之间，举世以谈洋务为耻，而魏默深首治之。湘阴郭嵩焘远袭船山，近接魏氏，其谈海外政艺时措之宜，能发人之所未见，冒不韪而勿惜。至于直接船山之精

①奴僇：谓施以刑辱，使为奴隶。

②两戒山河：两戒，指国家疆域的南北界限，这里用“两戒山河”指国家的全境。

③濂溪周氏：指周敦颐（1017—1073），北宋理学创始人之一。字茂叔，道州营道（今湖南道县）人。其筑学堂于庐山，旁有源自莲花峰一小溪，他经常在这溪里清洗帽带，于是自号“濂溪”。世称“濂溪先生”。

④不祧之祖：帝王家庙中祖先的神主即牌位，除始祖外，世数远的要依次迁于祧庙合祭；不迁移的叫“不祧”之祖。不迁入祧庙的祖先，一般指创业之祖，也比喻创立某种事业而受到尊崇的人。祧，远祖庙。

⑤胜国：指亡国，亡国为今国所胜，故称“胜国”；后亦称前朝为“胜国”。

⑥阳明：指王守仁（1472—1529），明朝理学家、教育家。浙江余姚人，尝筑室故乡阳明洞中，世称“阳明先生”。提倡“知行合一”“致良知”，追求个性解放，反对僵化的程朱理学。

⑦湘潭王氏：指王闿运（1833—1916），清末民初学者、文学家。初名开运，字壬秋、壬父，号湘绮，湖南湘潭人。治经主今文公羊学，通群经。

神者，尤莫如谭嗣同，无所依傍，浩然独往，不知宇宙之圻埒①，何论世法！其爱同胞而惎②仇虐，时时迸发于脑筋而不能自已，是何也？曰：独立之根性使然也。故吾湖南人之奴性，虽经十一朝之栽培浸灌，宜若可以深根而固蒂也，然至于今日，几几乎迸裂爆散，有冲决网罗之势。庚子之役③，唐、林、李、蔡④之属，诛锄酷烈，萌芽殆尽矣，而今岁乃复有贺金声⑤一事。金声平生之志事，想诸君之所素闻也。以一诸生躬耕于闾里，慨然有扶义而起之思，率其弟子，苦身力作，散金帛以收民望。倾荡其家资及其弟子之产业者数数矣，而来学者益亲，排满与排外二者交迸于脑蒂，欲乘时飙起，徒以策略疏阔，为贼臣所夷灭。夫以雄城巨镇，拥旄仗节者之所不能为，而唐、林、李、蔡以徒手为之；唐、林、李、蔡殒身灰骨曾不几日，而贺金声复以徒手而继之。以如许之头颅，易无端之斩斫，前僵后仆，无所于悔，诸君何必让人独为君子哉？呜呼！诸君不可不深长思也。满政府之栽培浸溉吾奴性也，以顺、康之间数十年之长枪大马耕之，以孔有德、济尔哈朗等数十万之雄师种之，以何腾蛟、堵允锡诸君子隳胆抽肠之热血溉之，湖南人之奴性固未尝勾茁而萌达也。满洲人知汉种之可以饵也，无端以无足轻重之秀才、举人、进士、翰林粪而壅之，无端以谬为恭敬之孔教、虚加崇奖之朱学藩而垣之，扶而植之，君臣之义，如日中天，而盗据神器、虔刘⑥华夏之穷凶极恶，则遂无人敢目忤而唇反。顾吾湘人，则未至熟寐而沉醉也，在援旗击鼓而发扬之耳。呜呼！诸君，诸君！不可不深长思也。

且我湖南人对于同种之责任，其重大有远过于诸省者，诸君亦尝闻之乎？

①圻埒（qíliè）：指边界。

②惎（jì）：憎恶，忌恨。

③庚子之役：现在一般指1900年（清光绪二十六年，庚子年）八国联军的侵华战争，但此处作者所指，当是唐才常领导自立军在长江沿岸地区发动的反清武装起义，时间为1900年8月9日至8月22日。

④唐、林、李、蔡：分别指唐才常、林圭、李炳寰、蔡钟浩。

⑤贺金声：清末湖南邵阳人。1902年（清光绪二十八年）领导邵阳人民反对帝国主义利用宗教进行侵略，树起“大汉佑民灭洋军”（一说“大汉灭洋军”）旗帜，自封大元帅，并发布《饬令各国洋人撤出湖南揭帖》。后被湖南巡抚俞廉三设计诱捕杀害。

⑥虔刘：劫掠、杀戮。

咸同以前，我湖南人碌碌无所轻重于天下，亦几不知有所谓对于天下之责任；知有所谓对于天下之责任者，当自洪杨之难①始。谭嗣同曰：“中兴之役，湘人自以为功，吾日夕思之，铲灭同种，以媚胡族，实负天下之大罪，吾日夕痛之。”吾读其言，流涕不可止。以湖南人遇洪杨之难，而忝窃节钺，算入满汉名臣，功绩传之混帐糊涂簿籍中，实湖南之大不幸也。虽然，吾尝求其故，则亦有说。洪杨之举事，虽能震荡天下，实龌龊无远略，其用兵殆同儿戏，而其掳掠焚杀之惨，几几不减于前明闯、献之所为者。自粤来围湖南时，吾乡实受其荼毒，至今父老言之心悸。其掠人也，常喜刳腹屠肠，刽其肝而食之。一父老言，见一酋为此，在傍得赐一脔焉。投小儿高数仞，而承之以枪，或自腹出入背，或贯其颅而出；尤恶书籍，用之入厕拭秽。吾里中某处为刳腹所，某处为竿首所，言之历历。当粤兵至湖南时，侦探绝不明，城门尚未闭也，过其前仅隔一街，而不知突入。至城南，踞书院。中有某生者，奇谲士也，干之以策，令自鄂分二道，一入蜀，一趋河南，入关乃下太行。粤酋懵然无所晓，但聚妇人群饮为乐。某生佯起如厕，逾墙而走，几折臂焉，常为乡里所笑。故曾国藩作檄及军歌，而乡里子弟呼噪而起，盖湖南承前明遗老之风声气习，痛恶流贼之暴乱以致此也。又洪、杨剽窃天主教之绪余，天父、天兄，称名诞幻，与湖南士庶闻所承用之学说，格不相入，故湘、粤之哄，虽谓带宗教之性质可也。及其株守金陵，不能遣一旅北渡，外援不固，内衅旋作，智愚而知其有亡形矣。不然，虽有胡、曾、左、彭②之伟略，其将奈之何哉？虽然，湖南人如胡、左二公，固非无度外之思想者也。胡公与官文③大隙，而终竟得官文之助，传者谓胡公善处危疑之地，而亦济之以术。

①洪杨之难：对洪秀全、杨秀清等领导的太平天国运动的贬称。太平天国运动是由洪秀全、杨秀清、萧朝贵、冯云山、韦昌辉、石达开等领导，从广西金田村率先发起的反对清朝封建统治和外国资本主义侵略的农民起义，是19世纪中叶中国规模最大的一场农民反清运动。运动发展到十八个省，坚持斗争十四年（1851—1864），严重动摇了清朝的统治，打击了外国侵略者，对中国近代历史产生了深远影响。

②胡、曾、左、彭：指胡林翼、曾国藩、左宗棠、彭玉麟。

③官文：1798—1871，王佳氏，满洲正白旗人。道光年间中武进士，后出任广州汉军副都统、荆州左翼副都统。与太平军在湖北战斗时，被清廷任为湖广总督。

顾以余所见胡公与其属吏手札若干事，则胡公之志为官文所扼者不少。自鄂出师至蕲黄一札，言之尤为愤慨。盖胡公至是知非大有所革除，不足以庇生民之命，而满政府决非可与图事，故其建议欲使曾公节制数省，布置宏大，亦常以非常之业微语曾公，顾曾公不之许。热河之难，湘军当北援，濡滞不前者，实胡公有所谋，而曾公柅①之。故曾公尝诮胡公一生脚跟不定，实为此也。而胡公乃怀抱郁郁，呕血而卒。左公暮年，亦颓唐衰落，薨时语其家人曰："朝廷待我固不可谓不厚。"少间，又语曰："误乃公事矣，在当日不过一反手间耳。"此言故人子弟多闻之者。桂阳陈士杰，以功至开府，其生平宗旨实与马殷、边镐略同，特于湘人为后起，噤不敢发。彭公一生不乐秉节钺任疆寄，郭嵩焘出使归径还乡不复命，皆有所憾者。吾尝察之，胡、左二公见之太晚，故不及发难；郭、陈二人所居地望，不及曾、左，濡忍而莫如之何。故余独谓当日所为负罪于天下者，在曾公不能定计而自取之耳。以曾、左、彭、杨之俦，左提右挈，收粤捻而为之用，内政外交，规画粗定，逐胡人而放之辽河之外，直至灶上扫除耳。徇书生之小节而忘国民之大耻，此其最可惜者。至以湘人而置洪杨麾钺之下，则其势必有所不能，故其罪不在于破粤也。西谚曰"以血洗血"，此惨憺哀痛之言也。吾湖南负罪于天下也，以血购之，欲求所以揃〔湔〕雪前耻而开辟新世界者，亦当以血偿之。谭、唐、林、李诸人血矣，向道隆〔龙〕②、何来保、蔡忠〔钟〕浩③之徒血矣，贺金声亦又血矣，特其造端也尚微，其结果也尚不知在于何日。虽然，迫矣，蹙矣，亡无日矣，过此以往，啜其泣矣，嗟何及矣。以不知谁何之人与不知谁何之颜色，取吾湖南之地图而一染焉，再染焉，三四染焉，何如以我湖南人之血染我湖南之地，为庄严而美丽乎？进而上之，以我湖南人之血，染我中国之地，是以中国染中国也。吾四万万人之血，尚足以没胡人之顶，

①柅：本指挡住车轮不使其转动的木块，引申为阻止。

②编者按：向道龙（1860—1899），字洗凡，号良骏。清咸丰十年（1860）生于湖南省衡山（今衡东）白莲乡闵家冲，1899 年领导反清起义牺牲。1912 年，中华民国临时大总统批准追谥他为大汉右将军。衡阳衡东县白莲镇有向道龙夫妇合葬墓。

③编者按：万里主编《湖湘文化大辞典》，湖南人民出版社 2006 年版，目录 174 页为"蔡钟浩"。

请自我湖南始；吾四万万人之血，尚足以熏白人之脑，请自我湖南始。

诸君，诸君！我辈对于湖南之责任为如何乎？胡、曾数公之遗策余画，当其末流①，实为国民重膇之疾②，而我湖南受之特深。当军事之盛时，湘人负戈荷戟，东际海，西极天山，恪守奴职，日夜黾勉，无所告劳。军兴既毕，欠饷最巨，政府间岁则增秀才额或举人额数名以示报酬，所欠则以“乐捐”二字了之。故湘人之进取于场屋③者，常不免动其衽金寝革④之积惨。而散勇之流落不归，遭法于有司者，遍天下。陕甘以西，嘉峪关以外，为丐及盗。入川则与哥老会为一家，入江苏则与盐枭为一家，入山东、直隶则亦厕身义和团、大刀小刀会诸党中，出山海关则入红胡子，在广西则为边法界之流勇。而地方官吏则亦借此铺张掩捕之劳迹，以换其翎顶，掠索以肥其姻戚，故湘人之散勇无得归返，亦无得生活者。而厘金一事，流毒东南数十年，及今尚未得解除。然湖南人陆挑水运，呻吟于水深火热之下，生计萧条，骨髓枯竭，壮者散四方，老羸转沟壑，则已不可救药矣！畴昔协饷横被数省，而今也，一二县之偏灾，非借外省之捐助，则阖户而待毙，岂非厘金之朘削使之然哉?！然则“中兴”以后数十年来，吾湖南人无日不在黑暗地狱中也。“中兴”诸公所操之政策，所成就之“名业”，其结果为何如哉？徒足驱迫我湖南人，弱者为沟途之饿殍，强者为绿林之豪客而已。故近二十年来，下等社会劳动之生殖益穷，而秘密社会之势益盛。出郭门十里多为盗薮，如南门外之金盆岭，如省河对岸之望城坡，白日行劫，入夜则篝火狐鸣相啸聚。由湘入粤，行宝庆一路，由湘入黔，行辰州一路，由湘至江岸，行澧州一路，行客不戒，则贸其首。附郭之县，若长沙、善化，闾里之间，日日闻愁痛声，岁穷腊尽，烟火寂寥，春帖几至数百户无一新者。视十年前繁瘠异况，其相去如行大西门墙根而想象上海四马路也。逆数至三十年前，则如坐死囚牢槛

①末流：水流的下游，比喻事物后来的发展状态；末期，末世；余绪，遗业。
②重膇（zhuì）之疾：脚肿病。重，通“肿”。
③场屋：指科举考试的地方，又称科场。
④衽金寝革：以兵器、甲胄为卧席，形容时刻保持警惕，随时准备迎敌。

之中而思伦敦、纽约之皇居帝室矣。危险忧愁，如此其极，而益与外患相接近。教堂林立于都市，租界连亘于口岸，弥州历县之矿产划入他人势力范围中，而觊觎攫搏，惟其眼光所注，不得不止。下等社会知觉无几，一切举动绝无意识，但隐约闻说膏血为洋人所吸取，权利为洋人所侵夺，不知所以自救之术，以为今日杀一洋人，明日烧一教堂，足以殄绝其野心而杜塞其来路矣。衡州一案赔款至三十七万，辰州一案则至八万镑，再出教案一二事，则举全省地皮鬻之而不足以偿也。因矿山之交涉而有教案，将复因教案而成矿山之交涉，矿教二事，相缘无已。杜兰斯哇①以矿产而亡，况于湖南，其民智、兵力无一足与杜兰斯哇相提并论者哉！

今日救亡之策，将待湖南大吏从容而展布之乎？则彼大吏者何人？固匍匐俯伏于李莲英、荣禄厕牏〔腧〕之下者也。日日捕缉志士，屠戮新党，使人不敢结党会，使人不敢谈时事。刘高照之顶戴，人人知其以志士新党之血，三淳五沃，染而红之者也。故湖南无一独立不羁之报馆，无一临时出席之会场，以是民智益塞，民气益郁，举国皆无耳无目之人，举国人之议论行为，皆为无规则、无团体、无方针、无目的之傀儡。过其朝，则嗫嚅之声薨薨然；入其塾，则诨笑之声谪谪然；适其野，则气息怫戾，容色愁惨，时时有涕泣之声，抑时时有愤怨之声，抑时时有耰锄戈戟交作之声。万一义和团出于江湖岭峤之间，我辈虽欲自命为湖南人，其可得乎?！今日起而为之，虽不免有万一不成，断腰绝领之患，然孰愈于在大师兄、红灯照出现之后，大书特书曰“某国顺民”四字，以迎八国联军队将之旗乎？以湖南人士诊湖南人病症，利害之势，洞若观火，存亡之机，间不容发，非独忍此而不为也。抑亦明白而言之，而听者方若闻若不闻，若欲信若不欲信。以现象如今日之离奇俶诡，而诸君不悟，任下等社会之俶扰，而不思所以提挈之，任上等社会之淫荒沉湎，而不知所以改造之，天虽欲胙②我湖南人，抑将奈此无骨无血无

①杜兰斯哇：今译德兰士瓦（Transvaal），是1852—1877和1881—1902年间布尔人（非洲南部荷兰移民后裔，今作阿非利坎人）在现在的南非北部建立的国家。

②胙（zuò）：福佑。

脑气筋之视肉何哉！湖南者，吾辈之家室也，一旦为他人所盗据，将托宿于何所？出国门而乞食，亦何以见九州人士乎？诸君，诸君！所望能投袂而起者也。

第三篇　现今大局之危迫

湖南人不知湖南之祸也，实由于不知中国前途之趋势；不知中国前途之趋势也，实由于不知欧美各国对付亚东之政策。故欲知湖南之祸之决不可逃，非确知欧美各国对付亚东之政策不可。

诸强国之谋我中国也，不遗余力矣。湖南人之所惊者，彼外交家手腕之敏捷，军事上形势之强盛耳。至其已往之历史，所为远因近因者何若，未来之历史，所为得尺得寸者何若，固往往不及详察，而实指其所以然。

夫所为历史上之远因者，何也？则民族建国主义是也。所为历史上之近因者，何也？则由民族主义一变而为帝国主义是也。民族主义之前，固已有所谓帝国主义矣，顾其为此主义之原动力者，或出于世主一人之野心，或出于武夫健将一二人之权略，而非以其全国人之思想为发生之基本，非以其全国人之耳目为运动之机关，故其末路往往丧败不可收拾。民族主义变而为民族帝国主义则异是。其为此主义之原动力者，非出于政府一二人之野心也，国民生殖蕃盛之力之所膨胀也；亦非出于武夫健将一二人之权略也，国民工商业发达、资本充实之所膨胀也。发生之基本，则全国人之思想也；运动之机关，则全国人之耳目也。故其风潮之猛，若倾海水而注之大陆，而吾国民乃无一著不失子，无一处不退步矣。而其所为未来之历史者，则尤为彼族至华美至瑰丽之舞台，而吾国民至凄恻至萧条之枪林剑树也。是何也？彼族以东亚为二十世纪工商业竞争之中心点，欲反客而为主，目营而心醉之也久矣。

俄国之帝国主义，以西伯利亚铁路为成立之骨干，而其注射于亚东南部者，则有攘夺旅顺、大连湾诸要害之事焉，有攘夺东三省之事焉，有浸浸攘夺内外两蒙之事焉，有浸浸攘夺前后两藏之事焉。是何也？曰：以此中心点故。

英国之帝国主义，其发生于印度、埃及、南非诸地者，固已磅礴积极充满大宅之势矣，而其注射于亚东中部、西部、南部者，则有九龙界线之扩张焉，有威海卫海军根据地之确定焉，有扬子江流域势力范围之划出焉，有横贯波斯经印度达四川大铁路之经略焉。是何也？曰：以此中心点故。

德国之帝国主义，其发生于小亚细亚①绾毂②之道与南美诸国实业之场者，亦已羽毛丰满，有摩霄振翮之势矣，而其注射于亚东东部者，则有胶州湾海军根据地之攫取焉，有山东全省铁道、矿产之攫取焉。是何也？曰：以此中心点故。

美国之帝国主义，以攫夺古巴、夏威夷、菲律宾群岛为横亘太平洋海面之势，以凿通尼喀拉加运河③、沉设太平洋海线为缩短大西、太平两洋海线之势，而其注射于亚东南部也，则有湘粤铁路之承办焉。是何也？曰：以此为中心点故。

夫此中心点者，我民族利用之，则可凌斥八极、抗拒欧美民族之竞争，而摧落其牙角也；彼民族利用之，而又知其决不可以使吾族把持势力也，则其所以跆借之者，何如乎？亚美利加④之土人，被圈禁于山谷，种族殆尽；夏威夷之土人，比白人未至时其生齿之减少，相去乃数十倍。是何也？曰：惟他种所侵蚀之故。然犹曰：此非文明之国也。埃及之权力入于白人之手，而累然行乞于街市者，皆文明国之旧民也；印度之权力入于白人之手，而恭然受役于外人，无得主持政治上之机要者，亦文明国之旧民也。然犹曰：此非同洲与同种也。波兰之见分于俄、德也，禁用波语，禁用波文，其有产业者、为地主者，尤为俄、德人之所排斥，必欲倾其产、罄其蓄积而后已。彼其于同洲同种者尚如此，于吾族则何爱焉？俄国之虐待犹太人，而犹太人无

①小亚细亚：指安纳托利亚（Anatolia），位于亚洲西南部，北临黑海，西临爱琴海，南濒地中海，东接伊朗高原。今属土耳其。

②绾毂：统摄，比喻扼住要冲。

③凿通尼喀拉加运河：指尼加拉瓜（Nicaragua）运河计划。尼加拉瓜运河可连通太平洋和大西洋，具有同巴拿马运河一样重要的作用。1884 年美国用威逼利诱的手段让尼加拉瓜政府签署了这个计划，但后来由于种种原因，尼加拉瓜运河并未开通，仅只是一个计划。

④亚美利加：英文“Americas”的音译，指美洲。

所申诉也，曰：惟无国故。然今吾国虽危亡在旦夕，然此国名者固犹在万国统计表中也。乃如夏威夷之焚烧华人街，损失资财数十百万，吞声忍泪，莫之敢校也；俄兵之入东三省，驱同胞六千人为黑龙江之溺鬼，山哀浦思，莫之或恤也。以今亡而未亡则已如此矣，况其利用此中心点，俨然为中国之新主人翁，其为贪残酷烈，岂可思议乎?！彼族之于种界也，畛域之坚，厚于地壳。伯盖斯之著《政治学》也，充民族主义之极，必欲逐土耳其于欧罗巴外，以其为黄种也。亚美利加之拒绝华工，澳大利亚之拒绝华工，虽日本亦几在例禁之列。彼其所以自营其生计、自殖其种族者，其侵略他人之权利不留余地，毒害至于如此！然则中国前途之趋势，虽筑太平大同之垒，隆之以至于天，导兼爱平等之波，汇之使澄于海，尚不足以消此急劫，度此群生矣！

若夫列强所以施行此帝国主义之方计，则以殖民政略为主脑，而以租界政略、铁道政略、矿产政略、传教政略、工商政略为眉目，用以组织此殖民政略，使达于周密完全之地。其推行之实际，又有可以言者焉，列强之耀兵力以索取商权也，其始但有所谓通商主义，而无殖民主义，其后一变而为殖民主义也，则英、俄二国权力之所炫耀也。俄为欧陆所禁闭，不得出黑海，亟亟欲得一不冻之海岸线，又亟亟欲得一最佳之海军根据地。目营四海，得二要害焉：中亚细亚之极端，则有波斯湾；东亚之极端，则有辽东半岛。谋波斯湾而不得，则指亚东东岸以求之。西伯利亚铁道发端，而亚东东北之为俄国殖民地，已如南山之不可移矣。英国殖民地，遍及于美、澳、菲、印，百事成立，别无所私其攫搠①，见俄人之心雄而手捷也，亟亟为英俄协商之举。于是各国皆一变其从来之目的，悍然以殖民政略行之矣。始之所谓租界者，虽有治外权之损失，尚无所谓土地所有权及先得权也；政略既变，则虽有租界之名，而实则土地所有权及先得权，俱已包含于其中矣。始之所谓铁道者，虽有资本灌入之损失，尚无军事上之关系及政治上之关系也；政略既变，则虽有合同之名，而实则军事上之关系及政治上之关系，牵连轇轕②铁

①攫搠：抓取杀死，伤害。
②轇轕（jiāogé）：交错，杂乱；纠缠不清；纠葛。

出于包办之外矣。始之所谓矿利者，虽有洋股附入之损失，尚无圈划全省地面及垄断数十百里矿脉之事也；政略既变，则虽有地主之名，而实则圈划全省，垄断连州，疆吏不敢争，枢臣不敢问矣。始之所谓传教者，虽有民教交哄之损失，尚无借此以掠夺要地、劫取海权之事也；政略既变，则虽仅以保护为名，而实则掠夺要地、劫取海权，国际公法不得而持其平，太平弭兵会不得而听其直矣。始之所谓工商政略者，不过支支节节侵入内地，输出巨镪①，如捧漏卮②以沃焦釜③，尚不至以工商势力圈限囊括政治圈限也。政略既变，则以工商势力圈限为其名，而以政治圈限为其实，招牌未改，而数百年之老店已盘顶④于他人；堂构依然，而数十世之家居，已重典于异姓矣。凡各国新闻笔锋之所指，雄辩家舌剑之所摧，外交家眼球之所射，武备家枪针炮准之所拟度，政治家之所以绞脑浆而早作夜思，以及实业家、地学家、宗教家视远镜之所窥，德律风之所谈，象限仪、纪限仪之所测，罫纸规笔之所绘，其有出于亚东殖民政略之外者，无几矣！然而其手段愈高，其方法愈巧，其议论愈精，其规画愈细，于是以扶植满洲政府为兼弱攻昧之秘藏，以开放中国门户为断腰绝膂之妙术。满洲政府为之伥，而列强为之虎；满洲政府为之囮⑤，而列强为之罗。使吾国民援戈相逐，则借满政府之兵力以锄之，正其名以告天下曰，此盗贼之行径，野蛮之举动也；使吾国民戢翼而处，则借满政府之赔款以蠹之，正其名以告天下曰，此所以维持国际之安宁，保全外交之睦谊也。而吾国民则如中蛊毒，脏腑蚀尽，终必死亡；如遇鬼妻，精髓日枯，立见僵踣。此则彼民族之所为徘徊四顾、踌躇满志，以为世球上最有光荣之历史无如我白民者也。白人有言曰：“世界者，优等民族世袭之产业也，优等人族斥逐劣等之野蛮人族及衰微人族，夺其领土盘踞而蹂躏之，此天赋之权利使然，犹人之斥逐禽兽出。禽兽以充人类之庖厨为天职，劣等

①镪（qiǎng）：成串的钱，泛指钱币。
②漏卮：有漏洞的盛酒器。
③焦釜：烧干水的铁锅。
④盘顶：指房产、器具、货物等全部卖出或买进。
⑤囮（é）：媒鸟，捕鸟时用于引诱鸟的鸟。

人族以供优等人族之牺牲为天职。”彼优等民族之为此，实天演强权之适当而最无惭德者也。以此为历史，以此为道德，以此为文明，以此为教育。其用之于我民族也，始则显避其名，而巧取其实；今则隐据其实，而并不惜显被其名矣。俄人之踞东三省，英、美新闻之论之者，不以为恶名，而以为正义也。英人以辰州教案欲袭用德国胶州之手段，英字新闻之论之者，不以为暴行，而以为公理也。以日本区区岛民，日日研究支那问题者，亦悍然以染指大陆为正当应行之天职矣。顾列国之操术也，不以迫蹙而以舒徐，不以刚强而以柔媚。利用我土地以为其外府，则且利用满政府以为守藏之胥①；利用我权利以适其阴谋，则且利用满政府以为窃符之使。哀我生民，独奈何不痴不聋堕入罟护②陷阱之中，无术以自脱也。

用是而求之，则彼诸国有劫夺我湖南之资格者，其对我之政策，果何如哉？以租界政略言之，则岳州、长沙、常德、湘潭及其他户口稍繁、交通稍便之处，皆列国所为瞠目而攘臂也。以铁路政略言之，则湘粤干路及其他支线以全长计之为三千三百二十四里，过于芦汉干路乃在九百八十八里以外，此英、美两国所为通力而合作也。以传教政略言之，则岳、常、衡、永、辰、沅，英法教会之所蔓延也。以矿产政略、工商政略言之，则英国势力范围之所圈及也。租界所及即主权所及，则沿湘、沅二水及资江流系之城镇，无不为碧眼虬髯儿之根据地者矣。铁道所及即军事与政治所及，则我湖南循干路自湘达粤，循支线西去自湘达黔，东去自湘达赣，西北去自湘之蜀，无不属于英、美军旗之下矣。至矿产政略与传教政略相辅而行，则尤为施于我湖南之特别手段。凡此数者，其一足以绝我湖南人之命脉者也。夫以湖南之贫瘠，既以重要利权太阿倒授，且复借赔修之名目以重累之，使万无生息之望，况乎有每年摊还之巨款，元气已尽于前者乎！如乳小儿而夺之哺，如廪饿夫而绝其粥，饮泉食槁，亦将无以资生，鬻子卖妻，尚且难乎为继。呜呼，噫嘻！发纷纷兮委渠，骨借借兮无居，此实我湖南人未来之倒影也。且彼族之对付

①守藏之胥：看管财库、保管财物的小官、胥吏。
②罟（gǔ）护：指捕取禽兽的工具。罟，网的总名。

湖南，岂特如此而已哉！我湖南人若非能一志合力以御外侮，则彼列强者，方将指挥不肖之官吏，以屠割我忿民；将指挥不肖之绅富，以钤束我懦民；将驱策不肖之教民，以歼灭同类为功伐；将愚莠不肖之穷民，以拥护异族为铺〔哺〕餟。于是，此县之人与彼县之人相仇，甲府之人与乙府之人相仇，此社会之人与彼社会之人相仇，以犬噬犬，以马踶马，以虎搏虎，以蚁杀蚁。赤君山之树，杞梓与樗栎①同戕；竭洞庭之波，鱼鳖与蛟龙共尽。彼白民者乃始掀髯大笑，今而后可以率我子姓歌哭斯聚族斯矣。悲夫！我湖南之险象如此其剧也。

然而诸君或且不之信也，则吾请得而证之。英人之于印度也，以印度人攻印度人，以印度人杀印度人。印度人之相仇也益甚，而抵抗英人之力乃益弱。迄今日犹且借印度人酋长之威力以钤制其国民，印度人虽悟之，而未可如何也。远东有战事，则以印度人为前驱，进战而死，犹弃狐豚腐鼠也。人口日渐消耗，比百年前十损五六焉。故印度人股栗胁息于英人鞭策之下者无他，英人以印攻印之效也。俄人之于波兰也，以波兰人攻波兰人，以波兰人杀波兰人。波兰人之构祸也益深，而抵抗俄人之力乃益弱。一旦借波兰之主权，斩杀其志士数百人，坐徙西伯利亚者又数万人，稚子弱妇，宛转顿踣于车轮马足之下，遂与普、奥裂地而自私之。波兰人裂眦泣血而未如之何，至今不得复其国名焉。故波兰人股栗胁息于俄人衔辔之下者无他，俄人以波兰攻波兰之效也。然此犹其远者，诸君之感情或有所不及动也。请言近事，联军之入京也，以教民为前行，奋斗而死，累然仆于地者，皆教民也。英人之得威海卫也，则练华兵。德人之据胶州湾也，亦练华兵。此皆将安用之哉？必不用之欧洲大陆也，又不用之于美洲大陆也，其必用之我中国也，决矣。然则吾国人不与人战则已，一与人战，乃自相斩刈以相寻于尽也。湖南之入白人手中也，则亦必练湘勇，以湖南人仇湖南人，以湖南人杀湖南人。湖南日日自相仇杀，而抵抗异族之力，乃烟消冰释，沦灭于无何有之乡矣。于是

①樗栎：樗、栎是两种树名，古人认为这两种树质地不好，不能成材。

白人安坐而临之，而畴昔之出死力以为白人者，固非能见怜于白人也。苦工力作则吾湖南人为之，厮养下贱则吾湖南人为之，今日之巍然据高坐、称上流者，皆异日求得一刚巴度①大写之位置而欣欣有得色者也，非是则无所得衣，非是则无所得食。彼族之自尊自大也固宜有是，吾族之自污自辱也固宜有是。不受同化力，则必受反拨力；受反拨力，则必殄刈无遗育。虽受同化力，而亦必受无形之反拨力；受无形之反拨力，则亦永沦于异种而殄灭无遗育。虽然，此不足怪矣。吾湖南之自忘其种姓、自造此孽果而无所逭也。灵绶②所著书谓：中国不及此五年自强，五年以后决无可措手。诸君及今日改造湖南之社会，吾犹恨其晚也。

第四篇　湖南新旧党之评判及理论之必出于一途

湖南无兼并之豪农，无走集海陆之巨商，无鸠合巨厂之大工业，诸君占中等社会之位置，惟自居于士类者成一大部分，而出入于商与士之间者附属焉，出入于方术技击与士类之间者附属焉。而主持全省之议论思想者，惟士林而已。吾湖南而为埃及，必有人为亚拉飞③；吾湖南而为菲律宾，必有人为阿君雅度④；吾湖南而为杜兰斯哇，必有人为古鲁家⑤。若而人者，必出于中等社会无疑也。顾湖南中等社会之议论、思想，涣散而不统合，党仇交争，戈矛林立，则又何以御滔天之大祸哉？不知破除门户之见，而自生畛域之私，攘夷者以趋新者为仇敌，排满者亦以趋新者为仇敌，排满与攘夷二事并为一

①* 刚巴度，系英语“comprador”译音，意为买办。——编者按：在近代中国，买办指受雇于外国资本家，协助其在中国市场进行贸易的中间人和经理人。

②灵绶：保罗·芮恩施（Paul Samuel Reinsch，1869—1923），美国学者、外交官，著名的远东事务权威之一，这里的“所著书”应为《十九世纪末世界之政治》。

③亚拉飞：今译作艾哈迈德·阿拉比（Ahmad Arābī），埃及民族解放运动领袖，曾率众抵抗英国在埃及的殖民统治。1882 年英军进攻埃及，阿拉比领导军队抗击，战败后被流放于锡兰（今斯里兰卡）。

④阿君雅度：今译作艾米利奥·阿奎纳多（Emilio Aguinaldo，1869—1964），菲律宾共和国首任总统（1899—1901）。

⑤古鲁家：今译作保罗·克留格尔（Paul Kruger），德兰士瓦共和国总统。在第二次布尔战争（1899—1902）期间他以领导布尔人争取脱离英国统治的独立运动而闻名。

谈者，则又以攘夷与排满划分轻重者为仇敌，实则不及研究利害，闭门向壁而高谈阔论。一旦枪林弹雨，轰集于阶闼之前，枕藉而死，子孙无类，口沫未干，私忿犹在，而此父兄子弟之根据地，已为大力者负之而趋，生称亡虏，谥为至愚，悔何及乎？顾诸君之所以如此者，良有所蔽焉，不可不为诸君剖心析肝而陈说之。

戊戌以前，天下无所谓新旧党之名；有之，自牝朝乱政①，掀翻前局始。戊戌以前，湖南亦无所谓新旧党之名；有之，自劣绅争权、学堂交哄始。为祸首者，实为王先谦②、叶德辉。交讧互讼，见于《翼教丛编》及《湘报》中者，海内人士皆耳而目之。王、叶二氏之无行，此吾湖南人之所共知也，葵园之行乐图，叶麻③之小品传，其所描绘，尚未及十分之一。王氏好利而忘在得之戒，叶氏好名而有行险之材，皆欲挟其经义史事、词章考据之陋学，以矜式来者，而以争名夺利之余力，轶而出于倡优赌博之间，在孔门为无忌惮之小人，在满政府亦为不守法之刁奴劣仆。至其晚节末路，将何如哉？波澜反复，情急计迁，执箪笥壶浆以迎非族，而呼大英、大美、大法、大德万岁者，即此人也。何也？知满政府之不足以死，故必不为之死，彼知湖南事势已不可为，则必不敢冲锋犯难，将袖手而不为，故其归宿惟有屈膝丐命，尚可借此以鱼肉同类而肥其身家耳。故如二氏者，吾决不屑与言，然为湖南大局计，尚不得不涕泣而与之一言，冀万一有天良发现之一日。

夫二人之所争者，个人之私权私利也。争个人之私权私利，而遂至牺牲湖南人之公权公利以从之，二人者固自以为得计矣。夫天下岂有公权公利被剥夺于他族，而尚得存有个人之私权私利者哉？台湾贱人某甲者，富至数百万，日人至台，执顺民旗以迎之，以为可以博他人之怜爱矣，然日人尽夺其

①牝朝乱政：牝朝，指女人当皇帝的时代，此处指慈禧太后擅权秉政。

②王先谦：号葵园，湖南长沙人。清同治进士。授翰林院编修。曾任长沙城南书院、岳麓书院院长。反对新学，诬蔑时务学堂，1900年8月自立军起事失败后，与叶德辉向巡抚俞廉三告密，致湖南维新人士百余人被害。

③叶麻：指叶德辉。叶德辉，湖南湘潭人，别号郎园，因得过天花长了一脸麻子，人称“叶大麻子”或“叶麻子”。

资产，劫而徙之于东京，今尚在某市中，为他国国民所耻笑。王、叶之工于自为者，亦不过如台湾某甲之下场头耳。令彼二氏者回其强决之志，挥其明辨之笔，鼓其隽永之舌，以作新湖南少年之气，则挽回劫运，终将于彼乎赖之。故吾愿二人者，熟思而审处之。不然，既见摈于他族，又见贱恶于湖南人，障面自羞，复载之内，何所侧足？往者不可谏，来者犹可追也。

又有孔宪教者，其嗜利无耻，与王、叶颇同臭味，而其知识愚暗，常为王、叶所揶揄。八比试帖小楷①之积习，深入骨髓者相率而崇拜之，其徒党皆有妾妇行而桀跖②心，思想至猥亵，议论至浅鄙。而无识之京官与慕膻逐臭之鄙夫，常徘徊于其径路，不入于王、叶，则入于孔氏，所争者在稻粱之谋，所执者在牛马襟裾③之名义。诸君，诸君！幸能分别黑白者，则望其尘而恐自污矣。若夫超立离立于垢浊之外，而为湖南旧学精神命脉之所寄者，则湘潭王氏实为一大宗。其所治经说，类皆拨去汉宋诸家之榛芜灌莽，而自以其理想之所至，成一家言。顾其弊也，颇堕于厌世主义，而又不乐博观四海宗教学术之变迁。故其识解所及，犹堕于疏阔而暗于世宙之趋势。然振奇吊诡，秕糠利禄，终当以事功见者也。

又有如贺金声一流者，坚忍刻苦必欲不负其初心，而成见自封，涂肝脑以徇虚骄之意气而不悟者，所在尚多有之。悲夫，悲夫！此吾所得为揭鼓以求之，盛筵以飨之，鸣炮以敬之，而愿其一审观中原之急难而与共济于方来者也。

诸君，诸君！今日吾辈之所研究者，在存中国，在存湖南以存中国。苟有不必排满而得存湖南者，吾辈不必排满可也；苟有其不出于排满而必不得存湖南者，吾辈又奚为隐忍苟活坐视其亡也？苟其径情直行出于攘夷而可以存湖南者，吾辈径情直行以攘夷可也；苟其必用迂回曲折之手段而后可以攘

①八比试帖小楷：八比，八股文的别称；试帖，唐代明经科试士之法；小楷，科考首选字体：三者均指八股文的写作。

②桀跖：夏桀和柳下跖的并称，泛指凶恶残暴的人。

③牛马襟裾：比喻人行事像禽兽一般，犹言衣冠禽兽。

夷、而后可以存湖南者，吾辈又安能以六十三州县之性命轻于一掷也？且夫言公权、公益者，则何党之足云？新党者，假借众人之所指目而以为名词耳。苟能以湖南公益为目的者，温和可也，激烈可也，进步可也，自由可也。新则何所谓党？所贵于新学者，不为一身之奴，不为一家之奴，不为一姓之奴，亦不为一学说之奴，不为一党派之奴。新学之真精神，如是如是，新学之真面目，如是如是。进而言之，则且不宜为湖南公益之奴，而必为中国谋；进而言之，则且不宜为中国公益之奴，而愿为同洲同种谋。

顾吾所必欲伸之理论安在乎？则曰民族建国主义及个人权利主义而已。十六世纪以前，欧洲人不知有民族建国主义也，故有以天下为国家之误；不知有个人权利主义也，故有以政府为国家之误。其知之也，则封建之弊而新国家之所由崛起也；专制之弊而宪法之所由以确定也。惟其以天下为国家，故爱国之公心，泛而不切；惟其以政府为国家，故爱国之热力，屈而不伸。欧洲之为政治学说者，务力破之，遂得成十九世纪竞长增高之国力。若是乎，理论之大有力于世界也。

民族建国主义何由起？起于罗马之末。凡种族不同、言语不同、习惯不同、宗教不同之民，皆必有特别之性质。有特别之性质，则必有特别之思想。而人类者，自营之动物也，以特别之性质与特别之思想，各试其自营之手段，则一种人得有特别之权力者，必对于他一种人生不平等之妨害；受不平等之妨害者，必对于他一种人生自存之竞争。故异类之民集于一政府之下者，实人类之危辀仄轨①也。罗马政府集异族于一范围，此古世帝国主义之橐约也。政府之势力，不能无类败，而此异思想、异性质之民，各自求其托命，异者不得不相离，同者不得不相即。异者相离，同者相即，集合之力愈庞大而坚实，则与异种相冲突、相抵抗之力亦愈牢固而强韧。非此，则异类之民族将利用吾乖散睽隔之势，以快其攫搏援噬之心，此民族主义所以浸昌浸炽也。

日耳曼以独立不羁之民族，服属于罗马之宇下，其反拨之力最盛，久而

①危辀仄轨：指即将倾覆的舟车。

久之，此义遂由日耳曼民族而倡佯于欧洲大陆。苟为他族所钳束欺压，则必洒国民之颈血以争之，掷国民之颅骨以易之，绵延数十载以至百年，必得所欲而后止。英相格林威尔①用此以大造白里登②，德相毕士麻克用此以大造德意志，意相嘉富洱用此以大造意大利，匈牙利烈士噶苏③利用此以反抗奥地利。以此主义为之而不成，若波兰、芬兰民族之于俄罗斯，则天下哀之；若菲律宾之于西班牙、美利坚，杜兰斯哇之于英吉利，则敌国震之。虽然，此主义于建设国家之基础，要为有绝大之凝合力。以拿破仑之雄心壮志，欲冲决此主义之郛郭④，而建立独一无二之伟大帝国，卒至身死荒岛，前图尽丧，岂非民族主义墙壁坚固使之然哉！今日地球诸国，所为凌厉无前者，帝国主义也，而此帝国主义实以民族主义为之根底。故欲横遏此帝国主义之潮流者，非以民族主义筑坚墉以捍之，则如泛桃梗⑤于洪涛之上而已矣。夫胡越之人，不能相为忻戚，天性然也。故民族主义者，生人之公理也，天下之正义也。有阻遏此主义使不得达者，卧薪尝胆，炊矛折〔淅〕剑⑥，冀得一当而已矣，公理然也，正义然也。欲起国民之痿痹者，此其一事矣。

虽然，民族建国主义不得个人权利主义以辅翼之，其分子之亲和犹未密，其质点之结集犹未坚，其形式之组织犹未完，其势力犹未能达于全盛也。欧人之言政治者，疾专制之腐败，思有以大革除之也，乃倡个人权利之说。所谓个人权利者，天赋个人之自由权是也。霍布士、陆克⑦诸人导之，而实光大于法国之卢骚。卢骚之说，以为人生而有自由权。此自由权，人与我皆平等，故不捐弃己之自由权，亦不侵害人之自由权。有自由权斯有责任，为有

①格林威尔：指乔治·格伦维尔（George Grenville），英国辉格党政治家，1763—1765 年曾任英国首相。

②白里登：Britain，今译作不列颠。

③噶苏：也即后文中的噶苏士（Lajos Kossuth），今译作拉约什·科苏特。19 世纪中叶匈牙利民族解放英雄。1849 年匈牙利宣布脱离奥地利帝国独立，他任国家元首。革命失败后，流亡国外，后死于意大利。

④郛郭：比喻屏障。

⑤桃梗：用桃木雕刻的木人。

⑥炊矛淅剑：在矛的尖头上做饭，在剑的尖头上淘米，形容处境非常危险。

⑦霍布士、陆克：今译作霍布斯、洛克，英国哲学家。

我故；有自由权斯有界限，为有人故。言自由则必言平等，为人己平等，两不失其自由故。人生而欲保护其自由权及增进其自由权，故不能无群。群之始成于所谓民约者，此国家所由成立之原理也。惟国家以民约集合而成，故以集约诸人之希望为目的，而不得以一二人之希望为目的；以集约诸人之幸福为趋向，而不以一二人之幸福为趋向。故政府者，为国家之一部；国民者，为国家之全体。人人为服从于国家之一人，亦人人为享有自由权之一人。故虽有时割弃其自由权之一部纳诸公益之中，即得增长自由权之一部于公益之中。虽有割弃，随有增长；既有增长，故亦无割弃。放弃其自由权者，失人格者也。侵害他人之自由权者，损伤他人之人格者也。失人格与损伤人格者，皆乱术也。是故主权者，国民之所独掌也；政府者，承国民之意欲而奉行之委员也。国民者，股东也；政府者，股东之司事也。此论既出，于是欧美大陆莫不公认政府与国家之分别，莫不公认人民之自由权，以为政府与国民共守之界线。于是而共和焉，于是而立宪焉，于是有人民对于国家之责任，亦有政府对于国家之责任，于是有人民对于政府之责任，亦有政府对于人民之责任。是故国家之土地，乃人民所根著之基址也，非政府之私产也；国家之政务，乃人民所共同之期向也，非政府之私职也；国家之区域，乃此民族与彼民族相别白之标识也，非政府之所得随意收缩裂弃也；国家之政治机关，乃吾国民建设大社会之完全秩序，非政府之所得薮逋逃①而凭狐鼠也。于是以全国之观念为观念，以全国之感情为感情，以全国之思议为思议，以全国之运动为运动，人人知其身为国家之一份子，为公同社会之一质点，而公德发达，如晓日之升于天，公权牢固，如磐石之根于地，形式益完，势力益盛，虽欲不突飞于地球之上，不可得矣。是故个人权利主义者，非个人权利主义，实公德之建筑场也。故天赋人权者，生人之公理也，天下之正义也。有遏抑此主义使不得伸者，卧薪尝胆，炊矛折〔淅〕剑，冀得一当而已矣，公理然也，正义然也。欲起国民之痿痹者，此其一事矣。

①得薮逋逃：指逃亡者藏身之所。

则请以欧洲大陆之学说，对观吾中国之学说。孔子之作《春秋》也，内其国而外诸夏，内诸夏而外夷狄，诸夏之与夷狄，其畛域截然不可紊也，其称名判然不可假也。所谓称子称人，进退之大法，则以彼受吾同化力而进之，非以吾国民俯首帖耳于贱族劣种之下而进之也。民族主义之发达，昌矣明矣。自是以后，吾国民益腐败，五胡之乱，沦于左衽①垂数百年，中国之士不耻被劣种之衣冠，中国之民不耻受劣种之鞭策，耗矣，哀哉！神圣之子孙奄然无气至于此极也。自唐至宋，胡族浸浸益猖獗，吾国民浸浸益柔儒。南宋诸儒虽大声疾呼，以复仇雪耻号召天下，顾其学说之界画，国家与世界混茫而不可辨，乃至朱学末流，若许衡、吴澄辈，转侧于顽凶淫肆之胡俗，不以为耻。自前明之末以迄今世纪，满人盗据天府，反借崇奉朱学以伸其压制钳束之大义于天下，遂至吾国民忘其所自来。闻欧洲人则夷之，不知彼贱种者，其声明、文物、学术、政理，且远出欧洲民族之下也。见欧洲人则惎之，不知彼贱种者，锢塞吾民之进步，攘夺吾民之权利，锄薙吾民之英杰，且乐奉欧人之馋吻，而自为其爪牙也。今日欲拔出于欧洲之坎窞，则不得不拔出于胡族之坎窞。欧洲之坎窞，借胡族以为入阱之隧。若不申明此义，而欲亲昵和会并为一家，既失独立之精神，而益与人以名义，使得挟制政府，以行其芟夷蕴崇②之毒手，虽欲免白人之复压，不可得也。

吾中国数千年来，未有知政府与国家之区别者也。西方之学说曰：国家有三权，三权不分立者，其秩序必不安宁，幸福必不增进，是故立法、司法、行政三者，不得不分别部居，使各在于独立之地。虽然，三权者，由国家之主权而生；主权者，以国民全体为体，而以三权分立为用：是故主张此三权者，国民全体之意识也。立法权者，由国民全体付之少数之部分，以达全体之意识者也；行法权者，国民少数之一部分，受全体之委任而奉行主权之职务者也；司法权者，所以监督行法者与人民之奉法者也。奉行主权者不当其

①左衽：我国古代某些少数民族服装前襟向左开，异于中原一带的右衽，因以左衽代指少数民族，也指受异族统治。衽，衣襟。
②芟夷蕴崇：把野草集中起来除灭，比喻彻底铲除。芟夷，削除。蕴崇，堆积。

位，由国民之公意斥退可也，戮辱之可也。宪法者，以国民之公意立之，亦得以国民之公意废之，以国民之公意护持之，亦得以国民之公意革除之。是故宪法者，国民公意之眉目，而政府与国民所同受之约束也。政府者，在于国家为一部分；国家者，不独非一姓之政府所得私，亦非寡人之政府所得私也。故有政府亡而国家不亡者，有国家亡而政府不亡者，明国家之存亡，系于全体之主权之存亡，不系于政府之兴废。惟系于全体之主权之存亡，故印度虽有酋长而印度不可谓不亡；惟不系于政府之兴废，故播尔奔①政府亡而法国不亡，拿破仑政府亡而法国不亡。吾国之学说，虽有贵民轻君之大义，而数千年服儒服、冠儒冠者，莫敢承用，但知元后②作民父母而已，但知尊君卑臣，辨天泽高堂陛而已。于是一不知谁何之人，若盗贼、若夷狄，僭据政府，则群国民而牺牲之惟命，生心外向，举主权、土地献媚他人亦惟命，而拘文牵义之士，从而为之囚，从而为之死，从而为之愤慨悲思，曰：名教然也。故夫吾国之所谓名教者，教猱升木③，便利盗贼夷狄之利器也。匹妇为强暴所淫掠，已而为之守贞，已而为之殉死，曰：此名教然也。塞上之牧儿为夷狄所奴虏，已而为之服劳，已而为之死义，曰：此名教然也。此乃横行于青天白日之下，魑魅魍魉之学说也。以十八省四万万民族酣嬉颠倒于魑魅魍魉学说之下，而不知割断根株，澡雪狂乱，则以吾国民之性命供白人之菹醢，亦孰非名教者耶？亦孰非生人之公理、天地之通义者耶？虽欲免白人之复压，不可得也。

夫以吾国之学说尘霾若彼，则此二百年来所生之现象，吾人亦可以自思而得之矣。彼胡族历世相传之政策，何一非防家贼者乎？所持以为诒谋者，不过“汉人强，满人亡；汉人瘺，满人腴〔腴〕”之秘书密记。所挟以为威福者，不过摧折士气、解散民党之强权辣手。至于今日，执名义以正告天下，

①播尔奔：指波旁王朝，欧洲波旁家族祖先艾马（Aimar,？—1098）主教封地在波旁堡（Bourbon），故名。1589 年波旁家族纳瓦尔的亨利被立为法王，即亨利四世。法国大革命爆发后，于 1792 年被推翻。1814 年复辟，1830 年七月革命后终结。

②元后：指天子和皇后。

③教猱升木：教猴子爬树，比喻指使人干坏事。

犹且曰："汝国民者，食我之毛，践我之土也；汝国民者，二百年来，列祖列宗深仁厚泽之所复育也，皇太后宵旰忧勤之所扶植也。"自吾党观之，是恶可以欺小儿哉！二百年来之历史，皆爱新觉罗氏之罪状也。自光绪初政以迄于今，皆那拉氏西邸卖官之贸易所、梨园歌舞之淫乐图也。诸君试入学宫门，读所谓卧碑①者，与周厉王之监谤、秦始皇之禁偶语何异？翻《大清律》一书，无一毫集会自由之权，无一毫出版自由之权。故十一朝之事实不暇详言也。观其对我国民之律令，阴谋毒计，如对照胆镜矣。那拉氏之淫纵，今亦不屑备举。试问纵拳匪以要大祸，使我国民负九万万之巨款，卖身鬻子不得偿者，谁之罪欤？青衣蓬首，走出水窦，国门以外，豆粥难求，可以惩矣！及至西安，则酣歌恒舞，连日逮暮。岑春煊以梨园一部得优擢矣，卖官鬻爵、需索进奉之事，迭见于阙下。刘坤一、张之洞之贡使，至以宫门费多少相比较，天下传为笑柄。回跸入河南，百姓走徙，如遭大寇，闾里为墟，知县办差，至被太监勒索而缢死，百姓老幼妇女，走避不及，悬缢林中者相望也。日进燕窝粥一顿，给宫监三百金乃得达，故李莲英、荣禄入京以后，富过于旧。此何从而得之哉？以那拉氏为之城社也。日日言母子一心，励精图治，其所图者何事？不过以数十万金修颐和园，为饮宴外国妇女地耳！白玉之床，洋酋酣睡，不以为耻，且以为殊荣奇宠而张大之矣。俞正燮记康熙中黑龙江立约事，谓使臣与俄女主订约于镜奁之下。今日之事，诸君亦知之乎？中国割地赔款之约，其不订于那拉氏镜奁下者，几何哉？呜呼！台湾之割于日本也，我国民之死于掠杀、死于复溺者数万人；金州、旅顺、大连湾之入于俄，我国民之死于搜杀、死于苦役、死于劫夺者数万人；广州湾②之入于法，我国民之死于搜杀、死于炸弹者数千人；新安之入于英，我国民之死于格斗者数千人；东三省之构衅于俄，我国民之挤死于黑龙江，蹴踏于哥萨克马足，焚搜村落，灰烬于烟焰者数万人。此其为同胞之伤痛何如哉！顾彼那拉氏，

①卧碑：明洪武十五年（1382）礼部颁学校禁例十二条，刻石置于学宫明伦堂之侧，称为卧碑。清代也有卧碑，其中有"不得议论天下国家利病之事"的内容。

②广州湾：湛江市和湛江港的旧称。

则日日乐观此戏以为下酒物也。此何也？满汉之不相为苦乐，无怪其然也。华人在台湾避日本苛虐，相率航海入闽，某将军命炮沉其舟，无一生活者。是而可忍，孰不可忍？今试问土为谁氏之土欤？毛为谁氏之毛欤？吾国民之遗产为强梁所占据久矣，吾国民之身命为强梁所役使久矣，今日亦当泥首谢罪，以见还矣！然而，彼知大命不可以幸延、神器不可久窃也，念为吾奴隶所得，不如使吾友得之之为愈也。使吾奴隶得之，则逆僭而上逼，不如使吾友得之，豆剖瓜分，犹可以泄忿之为愈也。处心积虑如此，嘻其甚矣！遍数东南西北诸界线，割让他人，无少顾惜，共几千万方里，岂不以物非固有、置诸不足轻重之数哉？呜呼！以不同之民族，行无限之专制，学说不明，事至今日，尚欲求苏息于恐怖政府之下。诸君，诸君！吾则安能忍而与此终古欤？

夫以现象之危险如此，政府之不足恃如此，湖南之隶籍于他人，直转瞬间事耳。六十四州县，改渲颜色之图，已于黄昏黑暗时，高挂于白人之壁矣！能执一理论以图匡救之法，则彼民族者，尚未及牢钉而熟熨也。不然，则亦谓他人父而已矣，谓他人母而已矣。然且谓他人父，他人不见我父也，谓他人母，他人不见我母也。络马首、牢牛鼻，彼殖民家之长技也，欲自比于人群，岂可得哉！岂可得哉！

第五篇　破坏

夫理论既一，总合策力，以图建设，固已阳回阴薄，如蛰雷潜苏于九渊之下矣。虽然，有自立之方针，又有自立之程度。自立之程度何也？曰：破坏是也。改造社会者，不能仍旧社会而组织之，则必破坏旧社会而涤荡之。夫破坏者，宇宙之悲谷也，吾不忍于湖南见之，吾亦何忍为湖南言之？虽然，是乌可以已哉！苟可以不至于暴动，即毒蛇鸷兽，亦决不至于暴动也。破坏者，肝脑之庖厨也，衣冠之鼎镬也。如吾党者，抑岂独非此刀砧上之一块肉，匕箸间之一杯羹哉？顾吾以湖南之事观之，则无可以不至于暴动之望，即无可以不至于暴动之事也。

夫所以不至于暴动者何也？必有使湖南公益日日进步者，必有使湖南自立之根本日日稳固者。是将恶乎望之？望之鬼幽魄躁之官欤？则为湖南之大敌者，即其坐堂皇而巍然具冠带者也。非斩绝自立之萌芽，不足以护其顶戴；非吸取湖南公众之利益，不足以润其身家。见西客则如娼妓之媚人，见湖南士民则如仓鼠之变虎，行止动作，外人提其线而舞之，则中节而适度焉。望之求田问舍之绅士欤？则奄奄待尽，如就木之陈人，汲汲寻欢，如登筵之醉蟹，非老而不死之糊涂虫，则大愚不灵之顽固党也；非寻行数墨之冬烘学究，则斜簪散髻之风月闲人也。为琐琐姻亚谋膴仕，则腕捷而材高；为堂堂中国策治安，则心空而脑坏。燕雀处堂，不知突决栋焚之在于眉睫也。他人有心，予忖度之，吾湖南绅士之权力，其强盛实在诸行省之上，彼于官场最能有抵抗力。莫能为湖南肩大任者，其弊在于自谋其利，以为大局虽坏，吾橐中之预备金尚如故也，地皮上之不动产尚如故也。一切教育军备大计所在，则诿其权于官，出而干预之，则恐将破其居积之一二分也。充此类而推之，则卖祖国而以图其利，亦将无所不为者也。然非貌为关心时事者，不足以间执新学小生之口。于是官场言教育，则亦言教育；官场言工艺，则亦言工艺；官场言商矿，则亦言商矿。有利于私益者，则攘而归之于己；有害于私益者，则百计而避之，若将陨焉。至于湖南公益，现在之办法，当以何为目的，吾之所不计也，将来之成效，以何为期限，吾之所不计也。言外事则苍苍然如堕云雾之中，争闲气则龂龂然如涉洙泗之水。以湖南自立之大计望之此曹，犹画饼而欲充饥也。

然则湖南之公敌岂独在官场而已哉？彼日日坐大轿、掌纱灯，以出入于游戏征逐之地，称老师、拜大人，以雄长于厮养仆御之间者，皆是也。即有一二贤者，亦硁硁自守，以五十步笑百步而已。非隆隆炸弹，不足以惊其入梦之游魂；非霍霍刀光，不足以刮其沁心之铜臭。呜呼！破坏之活剧，吾曹安得不一睹之？破坏之悬崖，吾曹安得不一临之？

轰轰烈烈哉！破坏之前途也。葱葱茏茏哉！破坏之结果也。熊熊灼灼哉！破坏之光明也。纷纷郁郁哉！破坏之景象也。夷羊在牧，吾以破坏为威凤之翔于天；旱魃行灾，吾以破坏为神龙之垂于海。西人有恒言曰：列国文明皆从流血购来。柏雷亚曰：自由，犹树也，溉之以虐政府之血，而后生长焉。吾亦曰：未来之湖南犹树也，溉之以顽官、劣绅、饬民、瘁士之血，而后生长焉。悲夫！求文明者，非独赏其价值，又须忍其痛苦。吾侪之求自存者，忍亦苦痛，不忍亦苦痛。不忍苦痛之苦痛，其祸迟而长，而其后且无以偿之；忍苦痛之苦痛，其祸速且短，而其后且有以偿之。吾闻物竞家之说矣，母之得子，天下至苦痛至困难之事，故慈母之怀不可夺子。惟国亦然。国民之权利，经天下至苦痛至困难之生产，则其得之也，亦必能有以护持之。故湖南人苟不知权利之说，则亦已矣，苟其知之，则惟有牺牲此不肖之官场绅贵以求之。愈苦痛，则前途愈坦荡；愈苦痛，则结果愈甘芳；愈苦痛，则光明愈灿烂；愈苦痛，则景象愈雄杰。荆榛塞途，一步不可以行，剃而掷之，则掉臂自如矣。乱丝在桁，一缕不可一织；斩而去之，则经纬自成矣。乌喙之毒，中人必死，而收效乃捷于参苓。夫孰知〔如〕摧陷廓清之胜于委曲迁就哉！夫孰如腾掷跳荡之胜于从容濡忍哉！接巨室之锁，可以为养军十岁之资；破蠹吏之囊，可以为购炮千尊之费。彼以不义得之，我以公义收之，一转瞬间，而可为多数之幸福，况建设之高尚公正百倍于现在者哉！

诸君不见英吉利之事乎？英吉利者，立宪之前辈也，独立之海王星也，其得之矣，以暴动而已矣。一千二百十五年之革命，惨矣烈矣，继之以一千四百八十五年之革命；一千四百八十五年之革命，惨矣烈矣，继之以一千八百三十二年之革命，而后有今日焉。最后之革命，最温和之暴动也，其间凶人之枪弹及于乘舆，数十万人之请愿书，呈于内阁，喧喧愿愿，不可一日以居，有陆沉之象焉。不如是，则英吉利必仍为奴隶国，不足以成今日之英吉利也。诸君不见法兰西之事乎？法兰西者，《民约论》之出生地也，自由权之演武场也，其行之也，以暴动而已矣。一千七百八十五年之革命，惨矣烈矣，继之以一千八百三十年之革命；一千八百三十年之革命，惨矣烈矣，继之以一千八百四十二年之革命。馘①独夫民贼之首，以徇于巴黎市，举国之

①馘（guó）：古代战争中以割取敌人的左耳数计功，亦指所割下的左耳。

人莫不为之拊髀雀跃，而呼自由万岁也。三逐其君，十四更其宪法，糜肉流血，如沸如羹，有地狱之悲焉，然卒为强国。不如是，则法兰西必仍为奴隶国，不足以成今日之法兰西也。诸君不见意大利之事乎？内受那颇利[①]诸国王之压制，外受法、奥诸国之凌逼，无复统一之期矣。然而烧炭党倾热泪以救之，加里波的[②]、玛志尼[③]之徒刳心鉥肾以谋之，义旗屡举，喋血无数，卒收功于嘉富洱，而大业遂成。夫意大利者，民族建国盘根错节之场，而独立之枯窘题也，然而以"暴动"二字，摧坚陷阵，用为首功。不如是，必仍为奴隶国而附庸于奥、法，决不足以成今日之意大利也。至于日本，其立宪之宣告，可谓最安稳而容易者矣，然而国会未设以前，志士之著小说以鼓舞民气者若干事，译西书以摇荡人心者若干事，郡县之暴徒蜂起而抗官吏者若干事。西乡隆盛以维新第一人物，扬旗拔剑，问罪于政府，齑粉其身而不惜也。故日本者，仅免于大破坏而已。论谁为原动力者，则亦暴徒崛起之功也。不如是，则宪法必不得立，郡町村自治之制必不得定，不足以成今日之日本也。是故"暴动"云者，开辟新局面之爱牟乾[④]也，筑造新国家之塞门得[⑤]土也。且夫两利相形则取其重，两害相形则取其轻。今日不暴动，不能禁他人之不破坏我也。湖南之见破坏于外人，此亦必然之事，不可解之灾矣。与其他日见破坏于外人，何如发之自我，尚可以收拾之哉？人曰：今日之言暴动者，凶德也。吾党则曰：今日之言暴动者，立义也。人曰：今日之言暴动者，败群也。吾党则曰：今日之言暴动者，爱国也。人曰：今日之言暴动者，畔夫也。吾党则曰：今日之言暴动者，贞士也。他人之言暴动也，或与吾党异，吾党欲有所创立而为暴动，欲有所成就而为暴动。苟有所创立、有所成就，而不必为暴动者，吾党行之；苟有所创立、有所成就，而不得不行之以暴动

①那颇利：那波利（意大利语：Napoli），亦译作"那不勒斯"（英语：Naples）。

②加里波的：朱塞佩·加里波第（意大利语：Giuseppe Garibaldi），意大利国家独立和统一运动的杰出领袖，军事家，民族英雄，被誉为"意大利统一的宝剑"、意大利"祖国之父"。

③玛志尼：朱塞佩·马志尼（意大利语：Giuseppe Mazzini），意大利革命家，民族解放运动领袖。

④* 爱牟乾，系英语"amalgam"译音，意为汞合金。

⑤* 塞门得，系英语"cement"译音，意为水泥。

者，吾党行之。

夫以暴动而后能有所创立、有所成就，此天下至艰至险之途也。虽然，诸君不必瞿然惊疑，诸君不必苶然沮丧。拿破仑曰："难"之一字，惟庸人字典中一见之耳。壮哉此言！夫当华盛顿畔英自立之先，亚美利加何尝见一十三色国旗之影哉？然而今日则且横掩太平洋海面矣。是何也？曰：惟不畏难而已矣。吾党今日之破坏，决无华盛顿之难，此可知也。彼不肖之官场绅贵，其手腕决不如英国政府之强，其兵锋决不如英国军队之精，其财力决不如英国国会之易集。华盛顿与英苦战八年，始足自立。今日湖南之官绅，尸居余气①而已矣。虽然，是所难者，不在于破坏，而在于吾党主张破坏之精神。有破坏之精神，必又有破坏之条理。无精神而言破坏，是一跌而不复振也；无条理而言破坏，是一溃而不可防也。条理者，不可宣言者也；吾不可不言精神。

今世界各国中破坏之精神，最强盛者莫如俄国之无政府党。无政府党言破坏之渊薮也。斯拉夫民族之所以有此党人者何也？为社会阶级之制不平也，为官吏之腐败也，为司法行政机关之颓坏也，为学校教育之钳制也。以种种之原因，生种种之反对；以种种之反对，生种种之压抑。然压抑者，岂足以息破坏之焰哉！凡专制者，未有不恃压抑为墙墉者也；而破坏者，则又能乘墙墉而俯瞰之者也。压抑一次，则反对之风潮亦高一次，如加重力于压水柜，挤力愈紧，则喷起愈强；如掷皮球于地，用力愈猛，则跃起愈疾。故夫压抑者，反对之良友，而破坏之导师也。是故俄国之虚无主义，自革命文学时期升而为游说煽动时期，自游说煽动时期升而为暗杀恐怖时期，愈挫愈奋，愤盈旁魄，几使俄政府权力威命之所及，俱陷于盲风晦雨之途焉。在昔十九世纪之初，倡之者不过一二人；至十九世纪之中，而蔓延及于学校焉；至十九世纪之末，而蔓延及于军队焉。开革命党之协议会，发行民意党之纲领书，遂骎骎乎宣告皇帝之死刑。学校之青年，悍然与政府为国事之劲敌，斧钺在

①尸居余气：像尸体一样但还有一口气，指人将要死亡，也比喻人暮气沉沉，无所作为。

前，监狱在后，曾不足以戢其凶行十之一。至于学校教头、地方知事，被刃绝命，累累相望也。历山二世①被狙击者至七次，游艇下之水雷、铁道线下之地雷等未发见者，尚不在此数。如彼得堡御殿之爆发，观兵式辇路之炸弹，最为震动地球诸国之耳目者。其党人秘密活版所至数十处，爆发物兴造所、通券所至数十处。政府设备不敢稍疏，而党人之势力，乃如水银泻地，无孔不入。无政府哲学弥满充塞于国民之脑质中，至使妙龄之弱女，亦乐敝衣毁饰，杂于男子之中，冀得一达其目的，以为愉快。呜呼！何其壮也。故俄国今日不立宪，则亦必至于革命。以如鬼如神如天如地之政府，焦然坐于快枪毒炮之中，虽欲不许与国民之权利而不可得，岂非破坏之精神所为掀簸而摇撼之者哉？是故主张破坏者如炸药，破坏之精神如炸药之燃烧性；主张破坏者如镪水，破坏之精神如镪水之酸化性。此性不可灭，抑亦无能灭之者；此性不至无端而即发，亦未有当其适宜之度而不发者。既发之后，有绝大之分解力，即有绝大之生产物；而炸药、镪水之能力，已变为功用之后，散如飞烟，销如幻泡，则已不复存其原来之体质形状矣。是故主张破坏者，其能力之成迹止此，其功用之结果必不止此。此可言破坏即可言建设，则岂非仁人君子，精神魄力所留遗哉？悲矣夫，吾愿吾党，缟素苴绖②以当破坏之凶门；笑矣夫，吾乐与吾党轩鼚③鼓舞，以颂崭新之结构。

第六篇　独立

精神充矣，条理具矣，程度达矣，建天心阁为独立之厅，辟湖南巡抚衙门为独立之政府，开独立之议政院，选独立之国会员，制定独立之宪法，组织独立之机关，扩张独立之主权，规划独立之地方自治制，生计、武备、教育、警察诸事以次备举。以吾湖南为古巴，以吾湖南为比利时，以吾湖南为瑞士，庶可谓吾党得意之秋乎！然而吾党之言独立决不在此。

①历山二世即指亚历山大二世。

②缟素苴绖（jūdié）：穿丧服。缟素，白色的衣服。苴绖，丧服中麻布制的无顶冠与腰带。

③轩鼚（chāng）：指击鼓跳舞，引申为激发、开启某种情绪。

夫人人视湖南为公共之湖南，则湖南不能独立；为其如此，则湖南为质点排列之混合物，而非亲和力构造之化合物也。人人视中国为公共之中国，则中国不能独立；为其如此，则中国为质点排列之混合物，而非亲和力构造之化合物也。混合物者，如积沙然，遇风而扬，随流而荡，受外力不及锱铢，而已有离绝播散之象矣。化合物则不然，非依其本来亲和力之原则，决不足改变之。在公共之湖南中，必使各个人自任一部之位置，各个人发见其独体之亲和力，则湖南独立矣。在公共之中国中，必使各分省自任一部之位置，各分省发见其独体之亲和力，则中国独立矣。夫中国之所以致有今日者，非为其团体之不能结合耶？在亚洲中部而名之曰中国，在中国而有十八省，非固有之团体耶？如之何欲决裂而离去之？然混合之团体，决非所谓团体，以今之道，无变今之俗，中国散为十八行省，十八行省散为千五百州县，千五百州县散为四万万人。名虽集合，形虽庞大，而腐朽霉烂，终于瓦解。今日之集合，实所以胎孕分割之奇痛也。湖南者，中国之一部分；新湖南者，畔全体而裂去其一部者也。非能畔而裂之，则亦不能缝而完之。由吾党之说，则四万万分子，聚而为千五百分子，千五百分子，聚而为十八分子，十八分子聚而为中国。质点愈密，则团结力愈益强固，非自成为一部，必不能于全体中占一部之位置，不能于全体中占一部之位置，滋〔兹〕所以病全体者也。故吾党欲新中国必新湖南。

普通中国之思想，有最大之弱点，一曰见慑于满政府之余威也。夫当彼族之隆，安坐而定禹域，所以能慑服吾国民者，有四焉：法制简质，身臂相使，而吾国民窘束于刀笔筐箧之下，救过不给，一也；种族亲固，团结坚牢，而吾国民嚬呻于饥馑师役之中，内讧并起，二也；武力强盛，耐饥与寒，而吾国民狼藉于弓弦马足之间，戎车不竞，三也；权略兼资，知彼与己，而吾国民侜张于水火荆棘之内，大计全疏，四也。今彼以二百年之休养，间宴无事，种性愈失，其不足虑也决矣。以言法制，则袭前明苛碎之失，束缚绳墨，难以更张；以言团体，则成萧墙构祸之形，树立党援，自谋封殖；以言武力，则宴安鸩毒①，肥马鲜衣，绵力薄材，而师干不试；以言权略，则孤坐穷山，引虎自卫，甘言厚币，而附骨为疽。然则彼族威力，其已熸②矣，无一营之卒，不须召募华人；无一日之粮，不须取资于江河两流系；无一夫之械，不待给于江、鄂、山东诸省制造厂。浮寄孤悬于十八行省之上，而发祥重地置于饿虎之齿颊间，内外两蒙阴除羁绊，根实已拔，徒建空名，一旦华人起而乘之，如以乌获③而推稚子，其僵仆也，决矣！

我湖南独立，彼族所以控制之者如何？川、粤乱萌方长，江海门户洞开，自守泛地，有所不足，所持者惟鄂、豫、赣、皖尚足资调遣耳，然俱不免有内顾之忧，不足畏也。一省自立，则满政府坠地矣。诸君亦闻英人之言乎？英人之论中国也，谓汉种卑贱屈辱，不足以居政府，惟满人尚高视阔步，有足恐怖汉族之形式，宜扶而翼之。诸君之言尊王也，欲有政府也，有政府以存国家之权利也，但求其可恐怖乎？何不刻狮画虎而崇拜之？何用彼东胡之贱种为耶？新湖南者，所以身当祸首而雪此恶谑也。故吾党欲新中国必新湖南。

普通中国之思想有最大之谬见，一曰惧引外人之干预也。夫外人之干预我中国也，岂自今日始哉？鹬蚌相持，渔人获利。虽然，罗者得鹬，渔者得蚌，苟在其所取，岂有见赦者哉？然则如之何？曰：在吾自立之力量耳。瑕则攻之，坚则辅之，瞰吾势力，以为伸缩，此各国之隐情也。然亦在目前则然耳。过此以往，英之波斯、缅甸大铁路，美之尼喀拉加运河皆已竣工，内地各国租办之铁路，亦已毕事，而列强扩张海陆军备，有加无已，亟欲乘衅一决雌雄，则其干预之强猛，视此三五年内，当百倍之。在今日而实行干预者，吾尚有可以支拄之力也；在他日而实行复压者，吾决无可以摆脱之方也。湖南深入堂奥之中，倔强一隅，事须及热。故吾党欲新中国必新湖南。

虽然，湖南之自立者，湖南人切实之问题也。吾言湖南自立，尤有所望

①宴安鸩毒：指贪图安逸如同饮下毒酒，最终会导致自我毁灭。
②熸（jiān）：火熄灭。
③乌获：战国时秦之力士名，后为力士的泛称。

于诸君一致之决心焉。今世立国于地球之上，不能无以党会为基础者也。是故有国会，有地方议会，有私人所倡立之政党会。国会及地方议会者，立法之机关也，自治之钤键①也。私人所倡立之政党会者，于国会、地方议会外，以特别之性质，结特别之团体，主张一党派特别之议论，而欲施行一党派特别之方针者也。此特别会党者，惟其各以公益为主，则其所执之方针目的，不必尽同，而其维持公益则大同。能如是，则英、德、美、日诸国所以能占地球上高等也。匈牙利之见败于奥，而使噶苏士不得伸其志也，意大利之见败于奥、法，而使加里波的遁迹于美也，皆党人见解之游移、胆力之怯懦为之也。使彼党人，人人能为噶苏士，则匈牙利之独立不至重入烦恼之乡；人人能为加里波的、玛志尼，则意大利之勃兴，不待迭出于坎坷之境。然则为党人者，不可不刚强坚忍、安徐重固以图之也。图之则若为先后，若为奔走，若为游说，若为凶行，各如其意以行之。智者侠心，任侠心者组合为一朋；勇者侠命，任侠命者组合为一朋；富者侠财，任侠财者组合为一朋；贫者侠力，任侠力者组合为一朋；文儒侠辩，任侠辩者组合为一朋；妇女侠慧，任侠慧者组合为一朋。心与心竞，而经略出焉；命与命竞，而爆烈出焉；财与财竞，而资用出焉；力与力竞，而事业出焉；说与说竞，而流衍出焉；慧与慧竞，而奇秘出焉。此朋与彼朋，相扶相翕，而汹涌澎湃，有〔犹〕长风怒涛、疾霆震电起于天地之间，自由万岁、新湖南万岁之声，遍于国界矣。且夫以党人各自占其会党之一部分，则会党立；以会党各自占湖南之一部分，则湖南立。不能自占党人之一部分，而欲新湖南者，犹各省不能自占中国之一部分而欲新中国也，日日而言之，夕夕而梦之，岂有及哉？临渊羡鱼，网罟备具，不能濡足以求之于水；入林而誉果，俯仰取足，不能扱衽②以入之怀。袖手而使人，被使者复袖手而有所使；玩时惕日，不如起而自为之。吾为旁观者，他人亦为旁观者，旁观者复呵旁观者，然则遍数湖南人而无一非旁观者也。吾自为之，他人亦自为之，自为者可与他人合而为之，亦可与他

①钤键：锁钥，比喻事物的核心、关键。
②扱衽：插衣襟于带。

人分而为之，然则遍数湖南人，而无一非自为之者也。遍湖南人而自为之，新湖南之成立，夫岂远而?!

言世界民族之最强大者，必曰条顿人①。言国力最饶富及领土之最广阔者，必曰条顿之英吉利人。此何以故？凡英吉利人，少数人口所到之海岸，必得纵横广大若干里之属地，此何以故？问其所以，则以英吉利人富于个人独立性。惟其有独立性，故能以少数人控驭多数人而驯扰之；亦惟有独立性，故能以少数人抚有多数人之领土而承袭之。美哉，独立性之作用乎！能使其国为头等国，能使其国民为头等国民。观地球列国之等级，可以知独立性之优劣焉。然则吾党所谓新湖南之事业，以何等程限为满足乎？吾党必曰：以制造湖南人得为独立性之头等国民为程限，以制造湖南得为独立性民族之头等国为程限。然则所谓独立性民族之头等国者，以湖南为范围乎？抑非以湖南为范围乎？吾党必曰：吾党必制造中国为独立性民族之头等国，必制造中国国民为独立性之头等国民。吾能不以条顿民族之独立性，制造湖南人，而以湖南人之独立性，制造湖南人；吾能不以条顿民族之独立性，制造中国人，而以中国人之独立性，制造中国人。中国人之独立性无程限，湖南人之独立性亦无程限。中国人之制造中国无程限，吾湖南人之制造湖南亦无程限。以是为满足，以是为程限。

呜呼！白云无极，苍梧邈然。作小朝廷之生活，举止羞人；接无政府之风潮，头颅顾我。南风不竞，恐残山剩水之无多；东门可芜，有秋菊春兰之未沫。知昨非而今是，羌含旧而谋新。悲夫！天方荐瘥②，丧乱弘多，忼当以慨，为湖南独立之歌：

衡山高高兮，湘水沄沄③，其北有洞庭八百里，佛狸④饮马之所不能渴，苻坚投鞭欲渡不得问其津。夫何一塞外之游牧兮，是为乌桓贱族，肃慎之遗

---

①条顿人：相传为日耳曼人的一支，一说为克尔特人的一支；泛指日耳曼人及其后裔。

②荐瘥（chài）：指一再发生疫病；深重的灾祸。

③沄沄：水流汹涌貌。

④佛狸：魏太武帝拓跋焘的小名。《资治通鉴》胡三省注：佛，读如弼。

民。腰硬弓、手长箭、骑大马来窥此江上兮，岳云愁、湘灵泣、山鬼呼啸。白日而攫人，以杀戮为耕作者四十载兮，诉之帝释，帝释沉醉而伪若不闻。左陈刀锯而右施饼饵兮，乃复蛊我以俗学，梏我以俳优无用之文。使我聪者聋、明者昧、行者跛、谈者吃而以为天宠兮，如鹦鹉之在笼，猿猴之在槛。秋非我秋，春非我春。瞰其后者，倏然命俦啸侣而来袭兮，三战三北愿为之臣仆，拜舞呼导，以叩吾门。田宅丘墓不得自有兮，教堂租界、矿山铁道，惟视彼族之笑颦为奉承。拒之则为盗贼兮，听之则剥权失利，亡宗覆嗣，目不及忤而舌不及伸。然且问八十国不知名而坐谈时事兮，倡尊王、言锁港，逞血气以嗔瞋①人。蜩螗沸羹而复如此兮，门户之争，未及止息，席卷而去者，已列在印度总督柴棍②总督之下陈。不自立之祸，其后乃如此。谓余不信，祝融颓兮，湘水绝此恨兮，更千万世而不得直酌我酒兮。为君歌竹上，泪兮安可磨？吁嗟乎噫嘻，奈汝湖南人何？吁嗟乎噫嘻，奈汝湖南人何？

衡山之高高极天，西瞰峨眉太白，如在户牖；南望越南之大海，如瓶罍杯杓落于几案之前。清湘之水流若驶，一日下城陵矶，三日而出太平洋，与长江合流者四千里。其北有汝祖国之中原兮，其南有汝同胞南徙广阔辽远之扬州。惟此荆衡之南、五岭之北，驱豺而斩棘兮，乃汝士所食之旧德，汝农所服之先畴。一旦有强暴者移转而掠卖兮，奈何乎争之不得，誓当横尸暴骨率九世以相仇。不自由毋宁死兮，曰乾侯败绩，非吾孔子之所羞。万一有不败兮，是皇王帝霸，汉、唐、宋、明，衣冠文武之所遗留。固将左揭滇黔，右携赣鄂，后连粤峤，前援江北，以求此泗水之坠鼎兮，绲黄河南北、长江上下，以光复我金瓯③。天诱其衷兮，鬼惎其谋。岣嵝之峰有天书陨而赤光降兮，曰汝能为民族之牺牲者，尔偿我值，我必如汝愿以相售。诏重华而相之兮，埤之以烈山之子，俾遏此横流。太平、印度两洋，波沸如山立，怪声砰訇如地裂兮，是汝曹得意之秋。常山宝符十二，捷足者得之兮，毋俾辱于

①嗔瞋：表示生气或责怪、埋怨的意思。

②柴棍：指西贡，今越南胡志明市。

③金瓯：指国土。

非族。磨牙吮血为子孙忧，曰余稽首而承嘉命兮，斧腰膂碎心脑，出死以相求。五洲之民各有其室家兮，余亦借此堂构，未雨而绸缪。西邻之责言所不得及兮，道旁之行客所不得谋。请自今以为始兮，子又生孙，孙又生子。子子孙孙无穷已兮，余亦不待夸娥氏之移所峙。

（杨毓麟著，饶怀民编：《杨毓麟集》，岳麓书社 2008 年版，第 27-66 页。）

评析

鸦片战争后，中国一步一步逐渐沦为半殖民地半封建社会。庚子国变后，中华民族危机更为深重。对国家命运的担忧，对清政府成为“洋人的朝廷”的愤慨，加之身为湖湘子弟“以天下为己任”“宁死不做亡国奴”的担当与血性，让正在日本求学的杨毓麟拍案而起——一篇《新湖南》，擂响了号召湖南人率先奋起反清独立、建造崭新的湖南，继而团结其他各省人民推翻清政府、打倒侵略者，建造崭新的中国的战鼓。

《新湖南》1902 年冬在日本东京刊行，共包括六小节：“绪言”“湖南人之性质及其责任”“现今大局之危迫”“湖南新旧党之评判及理论之必出于一途”“破坏”“独立”。

第一节“绪言”交代了写作《新湖南》的缘起。1902 年 9 月，康有为在《新民丛报》发表《辨革命书》，批驳革命派分省独立主张，为清政府统治辩护。他首先以普鲁士、意大利、俄罗斯等会合诸多民族、诸多小邦铸就强大的国家为例，说明清王朝融汇满、汉、回、蒙、藏等民族建立统一的国家，是“大益于中国”，继而指责革命党人主张分省自治，是把大国分裂成数小国自我削弱，最终会被列强逐个击破，自取灭亡！杨毓麟对康有为的观点一一进行了反驳。首先，他认为清政府统治下所谓集合各族的统一大国，不过是形式上统一的松散混合体，貌合神离，离心倾向明显，认为像清政府这样毫无凝聚力的政府，绝不可能承担得起率领人民抵御外侮的领导责任。接着，他从民族主义角度驳斥了康有为“汉种之于满政府，不得以奴隶论”的观点。在杨毓麟看来，汉人在明亡后就已经成为亡国奴，成为“野蛮民族”的奴隶；满族窃取汉人的天下，是“以奴隶而据主人之室”。据此他认为，不论是为中国之独立还是为汉人之独立，都应推翻清政府。也正是因此，他积极响应欧榘甲《新广东》提出的自立主张，作《新湖南》以号召湖南率先独立，继而推动其他各省独立，最后大家同心协力推翻清政府，再造一个崭新的中国，夺回“主人翁之位置”。

第二节从湖南人之性质和责任两方面，分析了为什么湖南可作为、应作为全国独立之先锋，及谁才是湖南独立可仰仗的领导者。

湖南的地域特性及独特的历史文化，铸就了湖南人的独特个性——强烈的反抗精神和“特别独立之根性”。湖南多山，交通不便，历史上一直远离中枢，属于蛮荒之地，而湖南人则“以排外闻天下，野蛮暴动”，但同时也较少奴性，敢于反抗，极富韧性。杨毓麟自称“三户之愤民”所化用的《史记》“楚虽三户，亡秦必楚”之典故，即是证明。

湖南人的反抗精神和不甘为奴，在明末抗清斗争和对清朝统治的不合作中体现得淋漓尽致。清军攻入湖湘后，湖南父老子弟为保全疆土、存续中原文明，进行了艰苦卓绝的反击。何腾蛟、堵胤锡、李定国等前赴后继。清铁蹄所至，“草剃禽狝，生齿寥落”，湖南人民“十室而失其九”仍不放弃，直至明祚燃尽。清政权稳定后，湖南人的抵抗仍暗流涌动：非仕于清朝者，丧葬一律用前代衣冠，名“唐巾”，以示“生降死不降”；甚至有女子以延续缠足这一陋俗表示对汉政权覆灭之悲痛和对清政权的不认同，只因为清政府反对缠足！可见湖南人对“种界之悲剧”的刻骨之痛。

而湖南“特别独立之根性”主要表现在思想学术方面不随波逐流，“自振于他省之外”。明灭以来“阳明学说遍天下”，但王船山持种族之戚、家国之痛，拒不与清廷合作，著书立说申明种族大义，让湘学独“奋然自异”，并让后学“被服其成俗”；二百年来“大江南北相率为烦琐之经说”，湖南却有魏源、王闿运治今文经学，独树一帜；道咸之间，“举世以谈洋务为耻”，邵阳魏源、湘阴郭嵩焘却冒天下之大不韪，倡导学习西方科学技术和先进制度……杨毓麟认为，正是因为有了这样的“独立之根性”，才有了百日维新谭嗣同的浩然独往，甘做变法流血第一人；才有了唐才常、林圭、李炳寰等自立军起事的殒身不恤，和后来贺金声的揭竿而起。

在湖南人之责任方面，杨毓麟提出：“湖南人对于同种之责任，其重大有远过于诸省者。”为什么这样说？在杨看来，曾国藩、胡林翼、左宗棠等靠湘军起家之湖南籍将领，于清廷是股肱之臣，却有负于天下。第一，湘军镇压太平天国是“铲灭同种，以媚胡族”。第二，他们为清朝创造了“同治中兴”局面，延续了异族对汉人的统治，也延续了汉人被压迫的苦痛。所谓“中兴”，并没有带来百姓的安居乐业，而是让人民生活日益穷苦，帮派组织日益增多，湖南人更是“无日不在黑暗地狱中”：“弱者为沟途之饿殍，强者为绿林之豪客”。第三，咸丰死后，曾国藩本有机会终结清廷腐朽统治取而代之，却“徇书生之小节而忘国民之大耻”，仍当清廷之顺臣，以致侵略势力步步深入，连处于内陆深处之湖南也是教堂林立、租界连亘！在杨毓麟看来，这些湖南籍“中兴名臣”有负于汉人、有负于天下，就是湖南人有负于汉人、有负于天下。所以，湖南理应“赎罪”，首先站起来承担救亡图存的责任。

那么，由谁来领导湖南人担此大任呢？就是杨毓麟所呼吁的“诸君”——湖南中等社会之先进代表。为什么是“湖南中等社会”而不是“湖南全体同胞”？在作者看来，“下等社会”劳动人民“知觉无几”，“上等社会”官僚士绅“淫荒沉湎”，“主持全省之议论思想者，惟士林而已”，也就是只有处于中间阶层的知识分子堪当大任。杨毓麟自认是其中的一分子，并认为“中等社会”应承担起“提挈下等社会以矫正上等社会”“破坏上等社会以卵翼下等社会”的职责，即帮助和提携民众，开启民智、改造社会，领导民众打倒荒淫之官宦，推翻腐朽之政府，赶走侵略者，再造一个独立的中国。在他看来，下等社会的普通民众是指导和联合的对象；上等社会的大官僚大地主大买办，则是站在革命对立面应打击和取代的对象。

第三节“现今大局之危迫”，重点分析了欧美各国对付亚东之殖民政策，揭示了中华民族所处之危局。杨毓麟首先指出，西方列强图谋中国是其亚东政策的一部分。19世纪末，随着“国民工商业发达、资本充实之所膨胀”即生产力的高速发展，西方列强迫切需要开拓更广阔的商品市场和原料产地，于是，他们在扩张领土的同时，也加紧了对落后国家和地区的控制和掠夺。20世纪初，西方列强基本完成了对世界的瓜分，资本主义世界殖民体系最终形成——非洲、美洲全部沦陷，亚洲除了日本经过明治维新跻身列强摇身而成殖民者，其他所有国家都沦为别国的殖民地或半殖民地。正是在此背景下，各帝国主义势力开始了在亚洲的争夺。而东亚尤其是中国地大物博，成为列强“二十世纪工商业竞争之中心点”：俄国抢夺了旅顺、大连湾，英国扩大了九龙的边线，德国强占了胶州湾，攫取了山东省之铁道、矿产，美国则有湘粤铁路之承办……

作者对列强之侵略方式进行了剖析，认为已由“通商主义”一变而为“殖民主义”。“通商”是以武力索取商权，重在经济利益，“殖民”则以扶植傀儡之“柔媚”功夫狠狠掐住中国命脉。杨毓麟分析其中利害：西方列强以殖民政略为主脑，辅以租界、铁道、矿产、传教、工商等政略，让清政府成为他们的“窃符之使”“守藏之胥”，帮助他们实现殖民阴谋；“满洲政府为之伥，而列强为之虎”，我数万万同胞如堕罟护陷阱之中，无术自脱。最可怕的是，白人有着强烈的种界意识，他们自视为优等民族，认为世界乃“优等民族世袭之产业”，视其他肤色人种为劣等民族，扬言“劣等人族以供优等人族之牺牲为天职”。作者列举土耳其因其黄种身份被逐，亚美利加、澳大利亚等地拒绝华工，列强不以自己掠夺抢占之暴行为恶，反以为正义、公理等例说明：中国之前途，恐怕不只是亡国，还可能有灭种之虞！

再说到湖南，列强各种政略已深入湖南之五脏六腑，湖南之交通、经济、矿产等被悉数控制，元气殆尽，就如婴儿之被夺乳、饿夫之被断粥，已是穷途末路。为提醒湖南爱国志士合力御侮已迫在眉睫，杨毓麟在此引用美国研究远东事务著名学者芮恩施（Paul Samuel Reinsch，1869—1923）的话告诫："中国不及此五年自强，五年以后决无可措手！"

第四节先对湖南省新旧党进行了分析，然后对建立民主国家的理论基础进行了详细阐述。"新旧党"之称源于长沙时务学堂之争。时务学堂由岳麓书院山长王先谦呈报、湖南巡抚陈宝箴批准，于1897年1月创办。任中文总教习的梁启超和中文分教习欧榘甲等思想激进，倡导民权、平等，被目为"新党"，而"旧党"是指以王先谦、叶德辉等湖南守旧士绅为代表的保守派。两派之间因为观点不同，进行了激烈斗争。

作者认为旧党代表人物王先谦、叶德辉所争的只是"个人之私权私利"，而置地方福祉、天下大义于不顾；孔宪教则更不值一提，"知识愚暗"：入于他们一门者，不过为稻粱谋之衣冠禽兽罢了。他劝诫中等社会诸君，一定要辨别黑白，不要同流合污。又说王闿运算是湖南旧学精神命脉之所寄者，但他的学说有故步自封、缺乏世界视野之弊病，且颇有厌世主义色彩，无法适应时代需要。至于"新党"，杨毓麟说，只是相对旧党而言，也不一定就是革命派、激进派。在杨毓麟看来，只要是以湖南公益为目的，以存湖南而存中国，救国途径可温和，亦可激烈；"新党"之特性在于，"不为一身之奴，不为一家之奴，不为一姓之奴，亦不为一学说之奴，不为一党派之奴"，心中所想不是个人利益，而是湖南之公益、中国之公益，甚至不只是心存中国人之公益，还心存整个亚洲被压迫之黄种人之公益。

接下来，杨毓麟阐述了推翻清政府、建立民主国家必须以"民族建国主义及个人权利主义"为理论基础。"民族建国主义"旨在激发汉人的种族意识，建立汉族掌权的国家。"个人权利"即西方所倡导的自由、民主等独立人权意识。

有鉴于国民数千年来"未有知政府与国家之区别者"，杨毓麟在文中详细阐述了政府、主权、国家之关系：主权在民，政府只是奉行民意之机关，国民与政府之间相当于"股东"与"股东之司事"关系；国家之土地，"乃人民所根著之基址也，非政府之私产"；国家之政务，"乃人民所共同之期向"，非政府之私职；国家之存亡与主权之存亡息息相关，但并"不系于政府之兴废”，因为政府并不等于国家。故，政府、人民均有卫国守土之责任，政府对于人民、人民对于政府亦有责任；故，政府亡而国家未必亡，推翻清政府分省自治并不是分裂国家，而是抵抗腐朽政府和西方列强双重压迫寻求自救的一种途径。又有鉴于中国之学说虽讲“贵民轻君”，但几千年来浸入国民骨髓的却是以“三纲五常”为中心的忠君卑民思想，尤其是一些以恪守名教为操守的士子，不管怎样的君主、怎样的政府，都“为之囚”“为之死”，一味愚忠，毫无个人独立之思维，杨毓麟强调：必须在国民心中植入“个人权利主义”，唤醒国民之独立意识，对民族、对国家的责任感；只有以“个人权利主义”辅翼“民族建国主义”，才能推翻旧社会、缔造新社会。

第五节对“破坏”（即“暴力革命”或“暴动”）的实质、目的和必要性等进行了剖析。作者倡导通过激进的方式，不惜流血牺牲来推翻清政府。他指出，“破坏”就是要涤荡旧社会、建设新社会。他也认识到，暴力革命的过程对人民、对社会而言极具破坏性，所以他说，“苟可以不至于暴动”，决不暴动。那为什么还是选择“破坏”？作者详细分析居湖南上层之官吏士绅：道貌岸然之官员不过是一群欺压士民、谄媚西人的清廷走狗，只关心头上顶戴；求田问舍之士绅亦只谋自身安稳，或醉生梦死汲汲寻欢，或闲散世外麻木不仁。他们心中全无湖南、中国之大局，更遑论世界大势，简直就是“湖南之公敌”。故，湖南自立之大计，“惟有牺牲此不肖之官场绅贵以求之”，而绝不可能指望这些人。文中还以英吉利、法兰西、意大利之革命皆以“暴动”二字摧坚陷阵，日本立宪能够实现“亦暴徒崛起之功”证明，暴力革命是开辟新局面、筑造新国家之必要途径，破坏之后才能有创立、有建设。难能可贵的是，作者看到了无组织、无纲领之暴力革命对社会的危害性：“无精神而言破坏，是一跌而不复振也；无条理而言破坏，是一溃而不可防也。”他提出，革命之难不在于破坏，而在于“主张破坏之精神”，强调革命应有方针、有组织、有目标、有纲领，不能为破坏而破坏，而应为创造而破坏。

第六节“独立”，作者首先参照西方资产阶级民主共和制为湖南绘制了一幅自治蓝图：设立独立之政府、独立之议政院，选举独立之国会议员，制定独立之宪法，组织独立之机关，扩张独立之主权。接着笔锋一转："然而吾党之言独立决不在此。"在杨毓麟看来，湖南、中国真正独立，不仅在于政治权利、组织机关之独立，更在于国民精神的独立。他认为，如果只是把湖南、中国视为"公共之湖南""公共之中国"，湖南、中国绝难独立；只有每个人、每个省把自己作为湖南之一分子、中国之一部分，意识到自己乃是湖南、中国的主人，自己对湖南、对中国的责任，团结一致，"智者侠心""勇者侠命"，"富者侠财""贫者侠力"，而不是眼见国家危亡却袖手旁观，湖南、中国之独立才有可能。然后分析了湖南独立的可行性。他认为国民囿于现状而不敢反抗，有两大原因：一是慑于清政府之余威；一是害怕引来外人干预。针对第一点，杨毓麟指出，清王朝面临内忧外患，早已如风中残烛，国人一旦起事，必如力士之推稚子，瞬间即倒。针对第二点，他认为，列强干预我中国已经很多年，对我之态度是"瑕则攻之，坚则辅之"，之所以扶植清政府，就是认为"汉种卑贱屈辱，不足以居政府"，所以，主要还是看"吾自立之力量"。又分析世界局势，西方列强积极打通交通线、扩张海陆军备，意欲在东亚决一雌雄。照此趋势，过个三五年，其势力之强猛，恐怕会是今日之百倍！如果到那时再起事，我方对其干预恐毫无招架之功！他呼吁，此时正是湖南脱离清政府独立的大好时机，湖南应利用内陆腹地之地理优势，树起独立大旗，继而掀起各省脱离清政府、建造新中国的洪流，并宣称："吾党欲新中国必新湖南！"最后，他以一篇气势磅礴、壮怀激烈的《湖南独立之歌》结束全文，号召大家秉承愚公之志，"子子孙孙无穷已"，接新湖南之使命，创新中国之功。

杨毓麟身上有着湖湘传统文化"敢为天下先"的精神特质，同时留学日本广泛阅读西方社会学名著，吸收先进时代观念，又让他具备了超出一般知识分子的宏阔视野。他的这篇《新湖南》集中反映了20世纪初中国先进知识分子对世界大势的观察、对国家命运的关切，和对救国路径的探索。其一出版便因深刻的思想性，加上文采斐然、情感充沛，极具鼓动性，迅即"风行于世”，尤其在“中等社会”广泛传播，成为当时影响很大的新潮读物，并被史界誉为“辛亥革命准备时期最具鼓动力的著作之一”，为反清革命做了极具感染力的舆论宣传。

综观全文，闪光点显而易见：(1) 对当时时代特征、世界局势和帝国主义本质的深刻洞察，体现了当时历史条件下先进中国人对世界时局的最深刻理解；(2) 对清晚期统治下中国被裹挟着步入近代化的艰难历程和中华民族所处危局的透彻分析，反映了当时爱国知识分子对国家、对民族的刻骨忧思；(3) 以“排满”“排外”相号召，清醒地认识到当时中国所面临的“反帝反封建”双重任务；(4) 强调“政府不等于国家”，欲求国家独立须得国民精神独立，在国民心中埋下了民主与自由、权利与责任的种子；(5) 为推翻清政府，就革命步骤、革命领导者、革命纲领、革命手段和独立举措等进行了逻辑严密的分析和规划。

不过，站在现时代分析，其思想上的局限性也很明显。最显著的一点就是“狭隘民族主义”。作者以“排满”为口号，鼓动汉人推翻清政府；以“民族建国主义”为基础，倡导建立一个民主独立的新中国。首先分析“排满”口号。如果仅指“推翻清政府”，在当时清廷已经完全沦为列强在中国的代理的情况下，是顺应时代潮流、符合民意的；但如果不区分“满清政府”和“满族人民”，在当时满汉融合已经几百年的情况下，恐会造成满汉人民之间的对立，影响民族团结，反而不利于全国独立。再分析“民族建国主义”。这是起于古罗马末期风行于19世纪欧洲的思想，强调单一民族建成的国家最具凝聚力，否则必然分崩离析。以杨毓麟等为代表的资产阶级革命派对此思想甚为推崇，认为是资本主义国家强大且发展为帝国主义之基础。这种思想有些类似于中国古代“夷夏之防”，认为“非我族类，其心必异”。文中历数清军入关和清政府统治对汉人犯下的罪行，正是基于此理念以激发“汉种”——不是全国所有民族——推翻清政府的斗志。虽然文中说汉族团结了“而后能提携满、蒙、卫、藏，使自相吸集”，即先号召所有汉人团结反抗清政府，然后再推及汉人以外民族，但在当时“蒙古、回疆、青海、卫、藏”已经归属清朝大一统背景下，这种言论很难不给人一种排斥异族的印象。且文中多处表述把中国等同于“汉地十八省”，如“十八行省之同褫奴服”，“中国而有十八省”，“中国散为十八行省”，“十八分子聚而为中国”，这也很难不让人以为革命派想要建立的独立中国，只是十八省汉地上一个独立的“汉族国家”，而不包括非汉族地域。这就难免给人留下“分裂国土”之口实。另，文中以兽名“獞、猺”指称壮、瑶，也给人唯汉独尊之“大汉族主义”印象。

杨毓麟思想上另一大局限就是轻视民众力量，对民众力量认识不足。他认为“下等社会知觉无几，一切举动绝无意识”，对下层民众自发的反抗清政府和洋人的行动全盘否定，认为只会扰乱社会甚至祸国殃民。

比如他说太平天国起义为流贼之暴乱，“龌龊无远略”且残忍暴虐，并列举道听途说之太平军暴行为湘军开脱，说曾国藩等组建湘军是“痛恶流贼之暴乱”，是剿匪安民。首先，洪杨之举事能够震荡天下十多载，其性质肯定不是一句“流贼之暴乱”所能概括的。然后，作为战争的双方，无论是湘军还是太平军，都对社会对人民造成了灾难，因为战争本身就意味着灾难。正义战争所带来的损失，是人类为进步不得不付出的代价；而非正义的战争，则完全是灾难。看待事物应历史客观、一分为二，抓主要矛盾、主要方面。太平天国后期确实出现了很多问题，军纪废弛、将领腐化等，以致烧杀掳掠、虐待百姓之事时有发生，这也是它最后失败的内因；但作者把湘军视作安民攘匪的正义之师，完全忽略其清政府镇压人民反抗之暴力机关性质，无视其在天京、安庆等地屠城暴行，就明显有失公允。另，只看到太平天国起义的破坏性，完全无视其在打击清政府反动统治、反击洋人侵略方面的伟大力量和积极作用，且反清反洋还是他摇旗呐喊鼓舞“中等社会”领导民众去实施的革命任务！这也充分反映了他与“下等社会”的劳苦大众所属阶层的隔膜与疏离。

又比如对1900年湖南衡州（今衡阳）教案和1902年湖南辰州（今怀化沅陵县）教案的态度。西方传教士的恶行激起民众公愤，最终发生烧教堂、杀教士的血案，而帝国主义列强以此为由索取巨额赔款。杨毓麟不追究赔款根本原因——国家贫弱、政府无能，也没站在民众角度思考为什么会有教案之发生，反认为民众反洋致祸，痛心“下等社会之俶扰”，感慨“再出教案一二事，则举全省地皮鬻之而不足以偿”。这也足见他作为“中等社会”一分子对“下等社会”的偏见。同为“暴力反抗”，下层民众发动的就是意气用事、逞一时复仇之快意，就是“无精神”“无条理”之盲动和冲动，只会破坏社会之大局，对社会有百害而无一益；他们“中等社会”发动的，就是有规划、有纲领，“有所创立”“有所成就”，对国家社会有利的。这种偏见不仅反映了当时社会资产阶级知识分子与下层民众间鲜明的阶级区分，也注定了这两个阶级间虽然有着共同的革命诉求——“反清反洋”，却无法彼此理解更无法走向联合的现实。这也许正是资产阶级革命派发动的起义，最初总是一次又一次失败的深层原因吧。

杨毓麟《新湖南》所体现的并不只是他个人的思想，而是20世纪初资产阶级激进革命派的整体思想。其思想中所呈现的局限性，更准确地说，是那个时代、那个社会和他们所处阶级，在他们精神上所烙下的深深印记。另，当时思想界对救亡图存之探索，各派别、各主张纷争激烈又相互影响，很难说哪一种思想、哪一种主张就完全对或者错，或专属哪一派别；不同派别思想也不是截然对立，甚至在某些方面还交叉重合。

比如“湖南自立”主张，早在1897年12月梁启超就曾以此游说过湖南巡抚陈宝箴，且还是在其师康有为授意之下所为！理由是指望慈禧主政的清政府维新变法绝无可能，若任由列强瓜分继续，恐怕“数年之后，吾十八省为中原血，为俎上肉”，而腹地之一二省自立，可为中国留一线生路。可以说欧榘甲《新广东》、杨毓麟《新湖南》都不过是延续了康梁之思想，只不过时过境迁，后来康有为思想有了改变。“十八省”中国之说更不是杨毓麟等革命激进派所独创，而是清军入关后汉人以明朝遗民自居思维的延续。再比如暴力革命，也不是革命派所专有。领导自立军起义（文中“庚子之役”）的唐才常，追随的就是康有为、梁启超领导的维新保皇派，只不过起义宗旨是推翻以慈禧为首的清顽固政权，拥立光绪。杨毓麟口诛笔伐的湖南

"旧党"王先谦、叶德辉等，也不是全然不顾国家大义的守旧派。王对湖南教育、实业之发展，功不可没，且有强烈的维护国家利权意识；而叶德辉对湖南文化发展方面的贡献，也不容抹杀。之所以发生时务学堂"新""旧"之争，不过是因为当时梁启超等激进维新派的思想早已超越洋务阶段，开始提倡学习西方先进制度，并宣扬民主、民权，而王、叶等的思想仍停留在"中体西用"阶段，只主张学习西方科技，而不主张变革封建制度。新派觉得旧派是在阻挠国家走向独立富强，是祸国殃民，而旧派感觉新派要撼动自己所捍卫的中国几千年神圣道统。于是，一场由湖南岳麓书院发端、几乎席卷湖南整个文化界的新旧党文化之争，轰然爆发。最终，维新变法失败，时务学堂被解散。而经历过这场激烈思想碰撞的时务学堂师生，大致走上了三条不同的救国道路：一如唐才常，继续维新；一如杨树达，教育救国；一如杨毓麟，为民主共和不惜流血牺牲。虽然路径不同，但殊途同归，都是为了救国。

综上，19 世纪末 20 世纪初文化界激荡鼓涌的各种思想，很多只是立场不同、观点不同，但目标其实一致，都是救国；更重要的是，各种思想也不是静止不变的，而是随着形势的变化不断发展。最后，拥护不同救国路径的思想、派别，都因为共同的追求，统一到了"推翻清政府、建立新中国"这个总目标下。曾经在资产阶级革命派中占主导地位的"狭隘民族主义"，随着革命不断推进，越来越多不同阵营的人加入反清队伍，逐渐得到矫正，民族团结和防止国家分裂被提到重要位置。而随着民间反抗清政府、反抗侵略的运动日益频繁，资产阶级革命派开始看到下层社会反抗压迫的力量和勇气，同时也从一次次起义失败中醒悟——应该寻求民众的广泛支持。于是他们转变路线，由只发动学生、新军到联合"下等社会"中的会党，并积极向会党民众宣传民主、共和，宣传革命的宗旨和纲领；曾经被"中等社会"知识分子所轻视的劳动阶级，成为革命的同盟。

这种伟大的转变，为资产阶级民主革命指明了一条正确的路线，也为 1911 年武昌起义奠定了胜利的基础。1911 年 10 月 10 日武昌起义胜利。正如杨毓麟《新湖南》所倡议的分省独立然后全国独立，武昌光复后，湖南、陕西率先响应，接着江西、山西、云南……全国有十几个省份相继宣布脱离清政府统治。1912 年 1 月，中华民国建立；1912 年 2 月，清帝退位。清政府的腐朽统治永远结束，同时也宣告了封建君主专制在中国的终结。而随着民主共和国的建立，民主、共和理念的日益加强，资产阶级革命派的民族观开始转变：曾经汉地十八省即为“中国”、在汉地建立汉族国家的观念被摈弃，代表汉、满、蒙、回、藏五族共和的红、黄、蓝、白、黑“五色旗”，取代象征十八省铁血团结的“十八星旗”，飘扬在中华民国上空；“中华民国人民一律平等，无种族、阶级、宗教之区别”的规定，从法律上根本否定了大汉族主义。从此，“中华民族”这个大民族精神被唤醒，近代意义上新的民族观逐渐形成。在后来的抗击日本法西斯侵略战争中，“中华民族”的自觉意识和凝聚力进一步增强。而今天，在中国共产党的领导下，中华人民共和国五十六个民族早已是血脉相连、牢不可破的“中华民族共同体”。他们共同团结奋斗、共同繁荣发展，正为建设社会主义现代化强国、实现中华民族伟大复兴，谱写着一篇篇壮丽华章！

参考文献

[1] 张翔.“霸国”时代的“亚洲故事”：以二十世纪初康有为与其弟子的革命辩论为中心［EB/OL］.（2023-04-12）［2024-10-08］. https：//www. aisixiang. com/data/132131. html.

[2] 许顺富. 湖南绅士与时务学堂的新旧文化之争［J］. 历史学研究，2018，6（1）：8-17.

[3] 羽戈. 康有为的转向：从革命到改革［EB/OL］.（2018-08-06）［2024-10-08］. https：//www. sohu. com/a/245482805_ 120776.

[4] 夏晓虹.《新广东》：从政治到文学［J］. 学术月刊，2016，48（02）：108-126.

[5] 张永. 辛亥革命时期的十八省建国思想及其后果［EB/OL］.（2011-09-06）［2024-10-08］. https：//www. aisixiang. com/data/43956. html.

[6] 陈振江. 论资产阶级革命派的民众观［J］. 理论与现代化，1991（02）：108-126.

宋教仁

宋教仁（1882—1913），字遯初，一作钝初，号渔父。湖南桃源人。民主革命家、中国“宪政之父”。光绪二十七年（1901）中秀才。光绪二十八年（1902）赴武昌投考美国圣公会文华书院普通中学堂，被录为第一。1904年2月与黄兴、刘揆一等在长沙组织华兴会，任副会长。策动起义未成，流亡日本，入法政大学学习西方政治。1905年加入中国同盟会，任司法部检事长，同盟会机关报《民报》撰稿人。1911年1月回上海任《民立报》主笔，7月同谭人凤、陈其美等在上海组织同盟会中部总会。1911年10月10日武昌起义后积极促成上海、浙江等地起义和筹建临时政府。1912年中华民国成立后，任南京临时政府法制院院长；临时政府北迁后，任农林总长。1912年8月中国同盟会改组为国民党，任代理理事长。1912年12月到1913年2月，第一届国会选举在全国范围内进行，他到多地发表演说，为国民党争取国会选举中的多数席位，并极力主张成立政党内阁以制约袁世凯。1913年3月于上海遇刺身亡。宋教仁倡导学习欧美政党政治、议会民主制，制定民主宪法，实行宪政，是革命党人中最富有法政知识也最重视法政建设的人。他翻译了《英国制度要览》《美国制度概要》等多种法律类资料，起草了《鄂州临时约法》（亦称《中华民国鄂州约法》）。该约法于1911年11月9日由湖北军政府颁布，是中国第一个按照资产阶级民主原则拟定的地方宪法，是中国民主宪政发展史上的一座里程碑。今有陈旭麓主编、中华书局出版的《宋教仁集》行世。

间岛问题

（节选）

第三章　间岛之国际法的观察

吾人今文对此问题而为国际法上之研究，以谓间岛从来之性质，实有确切不移之界说，而不容一毫矫诬者也。夫国家版图之取得也，其方法要有二式：增殖（岛屿之出现、沙洲之长成，如唐时中国扬子江崇明岛之出现是也）、时效（取得非所应得之土地，而经过时期已久，他国默认之者，其后无论何时，他国不得再有异言，如中国库页岛①昔时为日本所得，而中国不知为何时之事，其后遂为日领是也）、先占（不属何国之无主土地，而以国家统治权力行使及之者，如西班牙发见南美洲，葡萄牙发见非洲是也）三者，为本来取得（acquisition originally）；交换（如日俄两国以库页岛、千岛交换是也）、赠与（如意大利赠尼斯予法国是也）、买卖（如美国买俄之阿拉斯加是也）、割让（如日本割取台湾于中国是也）、合并（如美国合檀香山②于菲律滨③是也）五者，为传来取得（acquisition derivative）。国家境界之划定也，其种类亦不外二形：一以山川、湖海、沙漠、荒原为境界者，名曰天然的境界（natural boundary）；一以两国合意订立条约而确定标识者，名曰人为的境界（artificial boundary）。此版图取得之方法，与境界划定之种类，皆国际法上所认为确定国家领土主权之必要形式也。更变其形以为说，则前者基于历史的事实，后者基于地理的事实与政治的事实，又皆国际法上所认为确定国家领土主权行使范围（即国境）之必要实质也。是故国与国之间，因领土主权行使范围之故，而发生争议也，苟非一国欲倚强力为解决者，无论如何，皆不可不考究其领土主权之孰先取得，自然地势之孰为便利，境界条约之如何协定，以为解决之条件也。

间岛领土主权之历史。中古以前无论矣，唐之中叶，通古斯④人种之靺鞨⑤族，起于粟末河（今松花江），建渤海王国（渤海高王元年〈唐武后圣历二年，新罗孝昭王八年，日本文武天皇三年〉，始称震国王，有高句丽、

①库页岛：今萨哈林岛。
②檀香山：今火奴鲁鲁。
③菲律滨：今作菲律宾。
④通古斯：在西方国家和日本，有些人对操满-通古斯语诸民族的泛称。
⑤靺鞨：中国古代民族名，自古生息繁衍在东北地区，北魏称“勿吉”，隋唐时写作“靺羯”。辽宋时期恢复了最早的“肃慎”名称，但汉语中改译为“女真”或“女直”。

扶馀〔余〕、沃沮靺鞨①故地，至唐玄宗开元二年②，唐封为渤海郡王。见《唐书》）。其南疆有今韩国③咸镜平安南北四道（当时以铁岭〈今韩国咸镜南道安边府西南〉、泥河〈今大同江〉与新罗为界。见《唐书》及高丽金永等《三国史记》④，日本吉田东伍《日韩古史断》），豆满江流域，实为其畿辅重地（渤海有五京，东京即今咸镜北道镜城郡。见朝鲜韩致渊〔奫〕《海东绎史》），是间岛为通古斯人地见于史籍之始。阅二百年，辽人并灭渤海，间岛为女真族所有，而为辽之羁縻地（辽灭渤海，改为东丹国。渤海东部遗族中有女真人，居南方者号熟女真，隶辽籍，居北方者号生女真，不隶辽籍。后辽复封生女真完颜部〈即金之祖〉为女真军节度使，生女真遂亦属辽，其地为今松花江东南地及牡丹江流域，豆满江流域皆是。见《辽史》、《金史》及《吉林通志》）。时朝鲜统一于高丽王氏，以咸兴（今咸镜北道成⑤兴郡）、耀德（今同南道永兴郡西有耀德镇）、孟州（今平安南道宁远郡东南有孟州岭）、宁远（今郡）、清塞（今同南道照川郡）、云州（今同北道云山郡）、威远（今同北道义州郡南）与辽属之女真为界（见朝鲜柳希龄《东国史略》，日本小藤文次郎《韩满境界私考》）。辽末，女真屡窥高丽边境，高丽遣将北伐，一时稍拓东北土宇（女真康宗四年〈高丽睿宗二年〉，高丽遣尹瓘北伐女真，获地抵先春岭〈未详，或谓在今咸镜北道庆源郡〉，筑九城守之。时当宋徽宗大观元年，日本崛川天皇嘉永二年也。⑥ 后二年，高丽复归九城于女真以和。考九城地，《金史》谓之海兰甸，今咸镜南道咸兴以北，及同北道吉州、端州二郡以南是也。见《金史》及朝鲜郑麟趾《高丽史·尹瓘传》）。然未几仍复旧疆，以伊勒呼岭（今咸兴郡西北之黄草岭是）及定

①高句丽、扶余、沃沮靺鞨：今朝鲜半岛、东北地区古国名。

②编者按：另一种说法为开元元年（713）封渤海郡王。

③韩国：1897年，朝鲜国王李熙改国名为“大韩帝国”，简称“韩国”；1910年8月大韩帝国被日本吞并。非指当今之韩国（全称“大韩民国”）。

④编者按：《三国史记》为朝鲜高丽时期金富轼（1075—1151）等奉王命于1145年编撰。

⑤编者按：民国《建国月刊》第15卷第1期《间岛问题》为“咸”。

⑥编者按：宋徽宗大观元年（1107）对应的日本年号应是堀河天皇嘉承二年，疑误。

州（今同南道定平郡）之都连浦亦名和尼水（在同郡北二十里以上，俱见《金史》、《高丽史》）为界。其后迄于女真代辽建金之后（其间惟高丽睿宗十二年得保州〈今平安北道义州郡〉于金西北一隅，稍展至鸭绿江岸而已。见《高丽史》及宋徐竞〔兢〕《宣和奉使高丽图经》），间岛为通古斯人地，二百年间不变。降及元代，高丽叛臣降元，失地二次（高丽高宗四十五年〈元宪宗八年，宋理宗宝祐六年，日本后深草天皇嘉元二年①〉高丽和州〈今咸镜南道永兴郡〉迤北叛降元，元因置双城府，以铁岭为界〈铁岭属同南道〉。又阅十一年，高丽元宗十年，西京诸城叛降元〈西京属今平安道平壤郡〉，元因置东宁府，以慈悲岭〈在黄海道瑞兴郡西六十里〉为界。见《高丽史》及《元史》），间岛益与高丽远距，为女真部落（即金遗族）所盘踞，而统摄于合兰（亦作海兰）府（见《元史》）。元之中世，高丽收回失地（忠烈王十六年〈元世祖至元二十七年，日本伏见天皇正应三年〉，元以东宁府归于高丽。又高丽恭愍王五年〈元顺帝至正十六年，日本南朝后村上天皇正平十一年，北朝后光严天皇延文元年〉，南京千户李子春〈即朝鲜太祖之父桓祖也〉以双城等府降于高丽，高丽复收回和、登、定、长、预、高、文、宜八州，宣德、元兴、宁仁、耀德、静边等镇，以伊板岭〈今端州、吉城二郡间之摩天岭〉为界。见《元史》及顾祖禹《方舆纪要》②、《高丽史》、《地理志》、《东国文献备考》、《大韩疆域考》）。然豆满南北，仍为女真。元亡明兴，女真复侵高丽边境。高丽窥中国多事，借以蚕食女真部落，然间岛仍属于明之女真军民府（洪武初，女真降附，置兀者野人女真乞例迷军民府③，时女真人侵扰高丽边境，据高、和、定三州〈高州今高原郡〉。洪武二十年，高丽言于明，谓高、和、定三州为高丽铁岭旧壤，请还之。明太祖引自古以鸭绿江为界，而铁岭既已置卫，不允，其后卒谕户部，以铁岭北

①编者按：该处对应的公元纪年为1258年，应为后深草天皇正嘉二年。

②《方舆纪要》：指《读史方舆纪要》。

③编者按：《明史》卷四一作“兀者野人乞例迷女直军民府”。乞例迷，又作乞列迷、吉里迷，女真部落名，生活于今吉林、辽宁东部地区。

东西归于辽东，铁岭南归于朝鲜。考明初铁岭卫置于故银州〈今盛京铁岭县〉东南五百里之铁岭城〈未详，盖在今兴京厅管内鸭绿江边〉。而高丽所请之铁岭，则与咸镜南道相距有数百里之遥。盖明初辽东以外女真诸部，皆属羁縻，不深悉其情事。高丽以三州失于女真，名已属明，故请还之。明祖不知其颠末，且不知高丽亦有铁岭，误以所请地即为辽东之铁岭也，故初以鸭绿江为国界拒之，后经审究，始知其误，乃复循渤海高丽旧迹，以咸镜南道之铁岭为界也。然自是朝鲜太祖代兴，女真部落渐被蚕食矣。见《明太祖实录》，原本《读史方舆纪要》，清高宗《钦定续考》①、《大韩疆域考》）。成祖时，划开原（今盛京开原县②）以东，建奴尔干都司，分置卫所，羁縻诸部，间岛则属于建州、野人二部（明初，女真分三大部：曰建州女真，曰海西女真，曰野人女真。建州女真，一曰兀良哈〈与大宁都司之兀良哈异〉，一曰藩湖野人，与朝鲜接壤。成祖时，女真诸部悉境归附，乃改建奴尔干都司〈一作尼鲁罕都司〉，分置诸卫所，授其部长为都督等。其建州部中，有毛怜女真，有建州女真。野人部中，有兀者卫③。毛怜在西，左卫在东，兀者又在东，皆有今豆满江流域地。建州左卫都督猛可帖木儿④〈清官书作孟特穆，即清肇祖〉，原为鄂多里部酋长，其所居地曰阿木河鄂多里，即今敦化县阿木河，亦作干莫河，亦作俄漠惠，即今韩国惠宁郡，盖今韩国咸镜北道之一部，北越间岛，迄与敦化之境，皆其势力圈地也。明英宗正统二年〈朝鲜世宗十九年，日本后花园天皇永亨九年〉猛可帖木儿为野人部之七姓人所杀，朝鲜乘间遣兵逐女真人，置会宁镇于阿木河、宁北镇于伯颜愁所〈今钟城镇〉，次第拓地，至豆满江岸，遂先后改置会宁、钟城、稳城、庆源、庆兴六府，号六镇⑤，自女真人失豆满江南地，与朝鲜始划江为界。以

①《钦定续考》：指《钦定续文献通考》。

②编者按：“盛京开原县”在今铁岭市开原县。

③兀者卫：明永乐元年（1404）十二月置，治今黑龙江呼兰河中下游。属奴儿干都司。辖区约当今小兴安岭以南，汤旺河以西，哈尔滨、阿城区、宾县一线以北地区。

④猛可帖木儿：又作猛哥帖木儿，明初建州女真首领。

⑤*上海某书局刊本作会宁、富宁、钟城、稳城、庆源、庆兴六镇。——编者按：此处疑漏“茂山”镇，《驳日本九州〈实业新闻·间岛问题论〉》（182页）提到了。

上见《大明一统志》、《明成祖实录》、明徐日久《五边典训〔则〕》、陈建《皇明从信录》、叶向高《苍霞草》、天都山人〔臣〕《建州女真考》、马文升《抚安东夷记》、朝鲜洪凤汉等《东国文献备考》）。于时高丽亦亡，李氏朝鲜代兴，朝鲜太宗、世宗先后北伐，东建六镇（见上注），西置四郡（元时高丽西北境，虽以鸭绿江与元为界，然皆为女真人所盘踞出没之地。朝鲜太宗十六年〈明成祖永乐十三年，日本称光天皇庆永二十二年〉始分甲山府〈今成南道甲山郡〉内悬远之地，置闾延郡〈今平安北道慈城郡闾延地面〉。世宗十八年，割闾延地，置茂昌县〈今同道厚昌郡东境〉，二十四年置虞芮县〈今同道江界郡北境〉，又明年置兹城县〈今郡〉，号四郡）。世祖元年，以女真入寇，复废四郡，移其民于龟城江界以定其地。其后女真人复出没其间，或入据之，至明末清国方兴时始已。自是乃与清廷相约，禁民移居，空其地，称为废四郡。至前皇七年（同治九年）始立慈利、厚昌二郡，以迄于今（见《东国文献备考》、朝鲜《通文馆志》、《大韩疆域考》），始划豆满、鸭绿二江及白头山，以与女真为界。至明末清人初起时，女真有东海窝集国（窝集亦作兀者，即野人女真），其瓦尔喀部、虎尔喀部，实居今间岛地。清国之先，原出于金，自猛可帖木儿以鄂多里酋长附明，为建州左卫都督，徙居阿木河，为七姓野人所杀，其子董山（即清官书之光善）逃归故地，复嗣职。猛可帖木儿有弟，曰凡察，正统六年亦来归附，乃以为建州右卫指挥，居辽阳迤东苏子河畔之赫图阿拉（今盛京兴京厅西南四十里老城）。成化时，董山合建州卫李满住及凡察，屡扰明边。明遣兵灭之，旋复以董山子妥罗（一作脱罗）为指挥。未几，左右二卫皆为他女真人所据。其后妥罗之弟锡宝齐篇左〔古〕有子，曰福满（即清兴祖）者，于嘉靖时复入居右卫，为都指挥（或曰为都督），传子觉昌安（一作叫场，即清景祖），始稍蚕食诸部，称贝勒。万历初，与其子塔克世（一作塔失，即清显祖）同为明将李成梁所杀。塔克世子曰努尔哈赤（即清太祖），复继之，旋升都督龙虎将军，以次吞并建州、海西诸卫。称皇帝，是为后金，传子皇太极（即清太宗），改国号清，是即清国之始（以上据《明神宗实录》、天都山人〔臣〕《建州女真考》、周文邦〔郁〕《边事小记》①、叶向高《苍霞草》、高拱《边略》、徐日久《五边典训〔则〕》、陈仁锡《皇明世法录》、茅元仪《武备志》、王在晋《三朝辽事实录》、顾炎武《圣安本纪》、《皇明从信录》②、日本林泰辅《朝鲜［通］史》、朝鲜无名氏《朝野纪闻》及清太宗《敕建大金喇嘛法师宝记》诸书，与清人诸官书异。诸官书皆谓孟特穆始居赫图阿拉，而不载董山、凡察、福满事，盖清人忌讳，不欲认猛可帖木儿、董山为祖，故变易其词也）。盖清人初起时，本在今间岛、敦化之间，其后领右卫，乃徙于今兴京，而左卫故地及同部之毛怜卫，尽为野人女真所据，即瓦尔喀人与虎尔喀人也。（魏源《圣武记·（国朝）〔开国〕龙兴记》云，东海三部，曰窝集部〈中略〉，曰瓦尔喀部，沿瓦尔喀河，入鸭绿江，濒海两岸，在兴京③南，近朝鲜，沿鸭绿、图们二江之间及诸海岛，为东海瓦尔喀部，安楚库优斐城属焉。曰虎尔喀部，虎尔喀河出吉林乌拉，经宁古塔城，行七百里至三姓城，入混同江，北沿大乌拉河松花江，至混同江南岸，为虎尔喀部，札库城属焉。曹廷杰《东北边防辑要·明季三卫分建诸国考》云，自长白山东北至三姓下数百里，沿今牡丹江及混同江南岸居者，通称虎尔喀部；自图们江沿〔源〕抵图们江口，自乌苏里江源抵乌苏里江口，凡此两岸居者，通称瓦尔喀部：皆东海窝集部也。按由以上二说推之，间岛北部为当日之虎尔喀部地，南部为瓦尔喀部地，盖无误也）。清太祖、太宗，次第征服二部，间岛遂尽入版图，亦以豆满江为界（事俱见《开国方略》、《满洲源流考》、《东华录》、《圣武记》诸书）。又朝鲜《通文馆志·纪年编》云，仁祖大王十七年，尹晖回言尼应古太部落，议设架捕四雕训戎④，镇民越界来猎，偷去架雕及雉兔，并其人与物捉送，另差训练佥正郑允诚，即将庆源人李立押解，仍付送回一口咨报。户部回咨，称国王既言李立似非身犯，本部焉肯强坐之，从来以江

①亦有作“《边事小纪》”。
②《皇明从信录》：明朝陈建辑，非顾炎武作品。
③后金天聪八年（1634），改称努尔哈赤前期的旧都赫图阿拉为兴京，在今辽宁新宾西老城村。
④训戎：训诫军旅，整饬武备。

为界，纵见倦雉坠地，亦无越取之理，今乃出边偷取，但雕乃微物，恐由小及大，渐成乱阶，故令马吏查实复禀云云（按朝鲜仁祖十七年，系清太宗崇德四年，明思宗崇祯十二年，日本明正天皇宽永十六年）。尼应古太，即宁古塔训戎镇，即今庆源郡，地在豆满江南岸，其所咨报户部，即清之户部，盖当时朝鲜已服属于清，故人民有越边偷盗之事，即报之上国也。越界者为豆满江南岸之朝鲜人，而户部回咨中明言以江为界，可见当日两国，实以豆满江为界，无疑也。厥后清人统一中国，制定绥抚满洲世仆之制，盛京东边有库尔喀人者（亦作库雅喇，亦作库尔喀气，亦作库尔喀齐，即前之虎尔喀也），设佐领三人、骁骑校三人统治之，属珲春协领，而隶于宁古塔将军下，每年入贡江獭，礼部筵宴，户、工二部给赏（见《大清会典》），迄于乾嘉时不衰，盖犹是间岛地方之部落也（《满洲源流考》云：库尔喀在图们江北岸，与朝鲜庆远相对，一曰库雅喇。杨宾《柳边纪略》云：东边部落贡盛京者，曰库雅喇，俗与窝集同，产海豹、江獭，其地在土门江北岸，与南岸朝鲜庆远相对，去宁古塔五百里，岁一贡〈其所谓庆远，当为庆源之误〉。萨英额《吉林外纪》云：珲春协领一员，防御二员，库尔喀气佐领三员，骁骑校三员。其下注云：库尔喀气，朝鲜附近，居住满洲。日本丸家善七校刊《朝鲜国志》云：珲春之库尔喀齐，与朝鲜只隔土门江。按以上各说，皆可证土门江地，即库尔喀人所居，今延吉厅珲春附近一带皆是也）。由以上观之，则夫间岛之领土主权，自唐中叶迄于明末，即属通古斯人之传来取得者，自明末迄于间岛问题之起，即属于通古斯人之清国传来取得者，不特与朝鲜国家绝无关系，即与朝鲜民族亦无丝毫之关系也。

次言间岛自然之地势。夫南满、北韩之间，山岭河川夥矣，然其天然形胜，足以贯东西而限南北者，则莫如白头山及豆满、鸭绿二江。白头山蜿蜒磅礴于数百里之间，高八千呎（见俄国大藏省《满洲通志》），为长白山主峰。其分道四出者，有黑山岭（东北走，其分支北走，即英喀〔额〕岭脉）、费德里山（西北走，又西为摩天岭脉）、小长白山（东南走，此与吉林省东境之小长白山异，韩人俗称为长白山，日本小藤文次郎以其与白头山之长白山混，故易为小长白山，今从之）、太白山（南走，折而西为狼林山脉、狄输山脉）之诸山脉，然要皆以白头山为发轫之太祖。豆满、鸭绿二江，同发源于白头山顶，东西分流，东为豆满江源，西为鸭绿江源。豆满江源，东流数里，入于地下石缝中，潜流四十里，复现出为石乙水（说详见下节。日本明治四十年九月二日大阪《朝日新闻·间岛纪行》〈十六〉云：从白头山之分界碑而东，其第一相距最近者，名曰汗河，系松花江之水源，即在碑东之下方，其次则为石乙水，系豆满江之水源，约在碑东四十余中里之处云云。盖自碑东第一次发源处，流数里，复入地下，潜流约四十里，再流为第二次发源，合之适为四十余里。朝鲜《通文馆志》亦明言出于分水岭，伏流四十里，而为豆满江源。合而观之，豆满江源潜流及再现为石乙水，其事甚确也。大阪《朝日新闻》曾于去年特派一人探险间岛及长白山一带情形，其纪行之笔记，即逐日登于该新闻中，所记皆实地探查之结果，必确实也），东流至碧桃花甸南，与其北源之下乙水合（见《吉林通志》）为鱼润江（亦曰于伊后江，亦曰爱呼江），又东北流经间岛南、茂山、会宁、钟城北，始为大水，称豆满江，又东北流，经稳城，折而东南，经庆源、庆兴，入于日本海，其水长计六百五十里（见日本守田利远《满洲地志》，及日本参谋本部《满洲地志》），其流域为黑山岭脉与小长白山脉间之谷地。南北各自其山发源者，有红土水、长山岭河、红溪河（又有阿几个江、兀口江之名，亦曰小图们江）、海菊河（以上在北），红丹水、西豆水、朴水、城川甫、下乙川、千〔干〕木河、五龙川（以上在南）之诸流。鸭绿江源西流数里，折而南至惠山，又折而西至闾延，又折而西南，始为大水，又西南流入黄海，其水长计一千一百里（见参谋本部《满洲地志》①，日本矢津昌永《韩国地理》），其流域为费德里山脉与太白山脉间之平原。南北各自其山发源者，有二十四道沟诸水，佟家江（亦名珲江）、叆河（以上在北），钗川江、虚川江、厚州江、慈城江（以上在南）之诸流，然要皆以豆满、鸭绿为归宿之终点。由地

①即日本参谋本部《满洲地志》。

文上言之，此一山二水，似故为识别满洲平原与朝鲜半岛之境域者。由人文上言之，此一山二水，似故为阻限满洲人种与朝鲜人种之关系者。近人之言曰，朝鲜者，东亚之意大利、斯干的那比①也；长白山者，东亚之阿尔伯山②；而豆满、鸭绿者，东亚之多尔尼亚河③也，其言盖甚允矣。然则白头山及豆满、鸭绿二江者，实为当日满韩间天然境界，而间岛之应谁属，观于此亦可知其梗概矣。

次言间岛境界之条约。东洋诸国以国际法不发达故，夙无完全之境界条约固已，然国与国接，则不能不有划界之事；有划界之事，则虽无现时境界条约之形式，而其实质则无不备具者也。中韩之间岛境界亦然，征于康熙五十一年定界之事可知矣。朝鲜《通文馆志》，彼邦纪录历代以来事大交邻④之官书也。其《纪年编》曰：“肃宗大王三十八年，穆克登等至长白山查边，以参判朴权为接伴使，同咸镜监司李善溥迎于原州。克登由兴京入头道沟，入鸭绿江，至厚州相会。四曰至惠山，舍舟登山，穷江源，至白头山顶潭水边，刻石立碑曰：‘乌喇总管穆克登奉旨查边，至此审视，西为鸭绿，东为土门，故于分水岭上，勒石为记。康熙五十一年五月十五日。笔帖式苏昌，通判二哥，朝鲜军官李义复、赵台相，差使官许标、朴道常，通官金应濂、金庆门。’穆克登带有画师，随处缮写山川地域，为图二本，一进皇帝，一送本国。又移文伴使、监司曰：‘我亲到白头山，鸭绿、土门俱自山发源，东西分流，原定江北为中国境，江南为朝鲜境，历年已久，无异议，外于分水岭立有界碑。但从土门源审视，流至数十里，不见水痕，经石缝暗流至百里，方现巨水。此无水之处，人不知边，所以往来越境。如何设立坚守，使人知有边界，不敢相犯，庶可以副皇帝轸念民生之至意。’伴使、监司以依移文，或筑土，或聚石，或树栅，乘农隙起役等由申覆。”又朝鲜洪凤汉等

①斯干的那比：指斯堪的纳维亚半岛。
②阿尔伯山：指阿尔卑斯山。
③多尔尼亚河：指多瑙河。
④“事大交邻”是古代朝鲜的重要外交原则，“事大”就是对中国称臣纳贡，“交邻”即是与日本等邻国保持对等交往。

《东国文献备考》纪当日查勘之情形，更多详实。其《舆地考》曰：“洪世泰记云，肃宗三十八年，乌拉〔喇〕① 总管穆克登来白头山定界，我国遣接伴使朴权，咸镜监司李善溥，往遇克登于三水府之莲困〔囦〕。克登但与译官金应瀗、金庆门同上山。自挂弓亭下沿五时川，北度柏德七十里，剑〔钗〕门二十五里，昆长隅十五里，有大山当前。乃西渡江水，斩木缘岸，行五六里，路断，复从山坡行。山名桦皮德，视柏德峻，行八十余里，有一小泽，又东行三十余里，登韩德立支当，行数十里，树渐疏，山渐露，自此山皆纯骨，色苍白，东望一峰插天，即小白山也。迤过山址西十余里，至山顶尚有二三十里，稍东有一岭，小白之支也。陟其上脊，望见白头山，雄峙千里，一苍顶，如覆白瓮于高俎。从岭底行数里，山皆童濯。行五六里，山忽中陷，成堑，横如带，深无底，广仅二尺，或跃过，或接手以渡。四五里，又有堑，劈木作架以渡。稍西数百步，行至山顶，有池如顋穴，周可二三十里，复不可测，壁削立，若糊丹垣，坼其北数尺，水溢出，为黑龙江源（按此松花江东源中之二道白河也，松花江下流入黑龙江，故亦名此为黑龙江源）。又东有石狮子，色黄尾鬣如欲动者，中国人谓为望天吼云。从冈脊下三四里，有泉出，未数十百步，峡坼为大壑，中注。又东逾一短冈，得一泉二脉，其流甚细。克登坐叉水间，顾庆门曰，此可名为分水岭，遂勒石为记。克登归后，移文曰：‘立碑后，从土门源审视，流至数十里，不见水痕，从石缝暗流至百里，方现巨水。此无水之处，如何使人知有边界，不敢相犯。’我国以‘土门源断处，或筑土，或聚石，或树栅，以接下流之境’申复云。”此二书所载，亦足尽当日之事实矣。盖白头山顶潭水，除此方溢出为松花江之一源外，复由南方浸润潜伏，于短冈东西，发为二泉。江〔冈〕东者即土门江源，亦即豆满江源（朝鲜无名氏《山经表》白头山条注云，山由鸭绿、土门两江之间，南至于胭脂峰，土门即豆满江上流，可知土门江源即豆满江源甚确）；冈西者即鸭绿源。从石缝暗流百里方现者（按其实不过约四十里，谓

①编者按：民国《建国月刊》第 15 卷第 1 期《间岛问题》为“乌喇总管”，前述也是“乌喇总管”，故改“拉”为“喇”。

为百里者，当日就人行道迂回之里程而言也），即石乙水。自鸭绿江发源，迄于下流入海之间，及自豆满江发源，迄于不见水痕处，与自再现为石乙水，迄于下流入海之间，既为天然境界线，自不必另作标识。而两源相距之间，及自豆满江源不见水痕处，迄于再现为石乙水之间，既无可识之水流，复非最高之山脊（白头山最高山脊，即漂水①所在之峰也），则皆不可不另作标识，以补天然境界线之缺。故当日穆克登与朝鲜委员，即以两源及再现之石乙水为张本，而设立土堆、石堆、木栅之种种人为标识焉。至其事实之性质，则所谓移文，所谓申覆，即境界条约案之提出，及合意之表示也。所谓立碑，所谓筑土，所谓聚石，所谓树栅，即境界划定之点线也（不过无今日所谓科学的境界线 scientific boundaryline 而已。又当时朝鲜为中国属国，故无对等形式之约章及缔结方法也），盖纯然具有境界条约之实质，已无容致疑者。而此条约内所协定之间岛人为境界，即在豆满江上流，亦已得有确证矣（韩国李范允《北舆要选》② 云：白头山界碑高二尺，广一尺余，额题“大清”二大字，横书，正面九行，石质青，琢而不磨）。

附录　朝鲜古山子③《大东舆地图》

朝鲜古山子校刊之《大东舆地图》（在日本东京帝国图书馆见之，署曰：“当宁十二年辛酉岁刊。”盖朝鲜哲宗十二年，中国清咸丰十一年），载康熙五十一年定界之迹，甚为明晰，尤足以证豆满发源于分水岭，潜流地下，复现为石乙水，及当日筑土、聚石、树栅之事。今勾录其豆满江上流分水岭附近之图④，以供参考。

图中上方之大山，为白头山，山南大池，为闼门潭，潭之下方，为分水岭。岭西有一水，为鸭绿源；岭东有一水，为豆满源。豆满实两国分界之所在，故曰分界江，即界碑文中所谓土门江也。南有石堆、木栅，即水源潜流

---

①漂水：指漂河。沿河两岸森林茂密，采伐的木材靠河水漂送，故称漂河。

②编者按：《北舆要选》的作者疑为朝鲜金鲁奎。

③古山子：指朝鲜的地理学家、地图学家金正浩，号古山子。

④编者按：选文以民国《地学杂志》连载版为底本，无图；为方便读者阅读，补图。图片来源：光绪戊申版即初版《间岛问题》45 页。

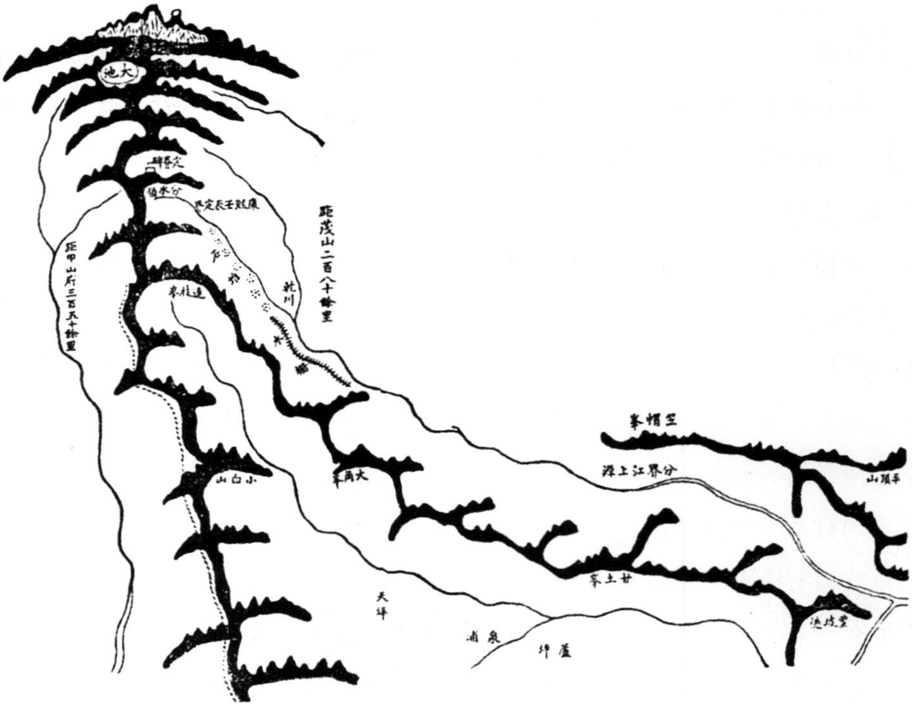

地下处，当日所立之标识，以正无水之界者。惟不见土筑之堆，殆年湮代远，已坍废欤。大池东有一水源，不明记其下流入于何水，水〔木〕① 栅有一小水，注曰乾川，合于土门。此二水皆未能确指为今何水，或系错误，亦未可知，抑乾川即所称下乙水乎？其余图中方位、地望、道里，皆多与今不符，自因当日图学尚不发达之故。然其载明界碑及石堆木栅，以证当日实划豆满江为国界之迹，则甚确也。

三者既如是，然则间岛当为中国领土，其条件已完全具备矣。间岛问题，当以判为中国领土为最多之解决，其准的亦已了著矣。由是以衡度二侧主张之理由，则其是非可得而言焉。

①编者按：民国《建国月刊》第 15 卷第 1 期《间岛问题》为“木栅”，根据上下文“水”应为“木”。

第四章　间岛问题学理的评释

窃以为日韩侧各说，盖无一而非矫诬之论也，兹分别辨之如下。

（1）以海兰河为土门江，而指为国境者。考海兰河有三源：北曰头道沟，源于小孤山；中曰二道沟，源于窝集岭（亦曰英额岭）之牛心山；南曰三道沟，源于老岭。南、中二源，合流至西古城北与北源合，又东右受四、五、六、七道沟水，至东盛涌街，又东折而北，至局子街，东合于布尔哈图河（源于哈尔巴岭），又东左受嘎牙河①，又东南入豆满江（见《吉林通志》、日本守田利远《满洲地志》）。其源距白头山界碑所在处，虽至近之三道沟，亦有二百余里，不足言人为的境界也。其流不及豆满江长大之半（《满洲地志》云：海兰河长四十余里），不足言自然的境界也。自古以来，为通古斯人域内之流（《金史》、《元史》、《地理志》② 皆有海兰路，即以海兰河得名者），不足言领土主权之历史也。且其名称，或别有合兰、哈兰、孩獭、骇浪、海狼等名，从未有称以土名者（布尔哈图河上源，有一小水名土门河，其地亦名土门子，然与此更无涉也），有之，则自韩人揑造始。故海兰河非界碑上所指之土门，不能当国境之标识，不言可知。盖无地理思想之韩民，首唱此说，故其荒谬若是也。（又日本明治四十年六月五日大阪《朝日新闻·间岛纪事③第十四信》云："关于国界问题，彼长白山头境界碑上之土门二字，果何物乎？以为地名，则在布尔哈图河岸哈尔巴岭山下，距界碑之北，有六百里有余；以为水名，则既非松花江之上流，亦非布尔哈图河之支流，惟豆满江源，足以相当，然果为豆满江源，则应不至于起国界议论。此外可疑者，惟有一海兰河，故非穷探海兰河水源不可焉。"又云："朝鲜人所著《大韩疆域考》，谓有土门子之小地名之布尔哈图河，昔日曾号为分界江，其地图中因妄绘该水源系向南曲屈而发于长白山者，以今日我辈之

①嘎牙河：指嘎呀河，又名潺蠢河，图们江最大支流。

②编者按：此处应为《金史·地理志》《元史·地理志》。

③编者按：前有"《朝日新闻·间岛纪行》〈十六〉"，此处"间岛纪事"疑为同一系列报道。

实察衡之，布尔哈图河既系发源于哈尔巴岭①，则此书实无三文之价值也。”又第十六信云：“海兰河源在此处〈即下距峰密沟五十里之处〉，上方仅十里，白头山则尚在其南二百里，其间有名老岭之一大山脉〈亦长白山之一脉〉横亘之，以庶〔遮〕② 此二者焉。”合而观之，尤足见海兰河及布尔哈图河之非土门也。）

（2）以红土水为土门江而指为国境者。考红土水源于黑山岭之红土山，东南潴为圆池，溢而南流二十余里，入豆满江（见《吉林通志》及日本东亚同文会《长白山附近略图》）。其源距界碑处，实百里而近，中间尚隔北甑山，不足言人为的境界也。其流虽亦可谓豆满江之一派，然较为短小，地学家例以源远者为正流，不足言自然的境界也。至于领土主权之历史，则更无可言之价值矣。论者所谓豆满上流，众水中与石堆最近者为红土水之说，所谓红土水出长白山之东麓，此外更无东麓水之说，所谓碑堆在红土水以上无水之处，适与标识相符之说，均属臆测。且此水下流入豆满江，非与豆满江各别者，即假定为真土门，亦足证豆满江北之非韩领也。此说足见韩人作茧自缚，绝无意识耳（日本明治四十年十月二十四日《辽东新报》载有小川运平说，以红土河为豆满正源，而主张间岛为韩领，其说尤谬。盖小川氏犹不知间岛之位置在江北，而信口妄谈者也）。

（3）以松花江之一源为土门江而指为国境者。考松花江有二源：南曰头道江（亦曰松嘎里江，亦曰额赫诺因河），东曰二道江。二道江又有二源：南曰娘娘库江（亦曰尼雅穆氏〔尼〕雅库河③，又曰娘木娘库江，又曰两两河），北曰富尔哈河。此即指娘娘库江之上流而言者。娘娘库江上流曰黄花松沟，亦曰汗河，源于白头山东，东北流，至北甑山西北，左受西来一小水，又东北流至红土山北，右受东南来一小水，又东北流，右受里马鹿沟［、］

①哈尔巴岭：在今敦化市与汪清县、龙井市、安图县之间，为牡丹江上游与布尔哈通河分水岭。
②编者按：民国《地学杂志》第6年第14号《间岛问题》76页，“庶”为“遮”。
③编者按：民国《地学杂志》第6年第14号《间岛问题》77页为“尼雅穆尼雅库河”。

和通集河①，又折而西北，左受四道白河、三道白河、二道白河、头道白河诸水。二道白河，即自闼门潭溢出之水，古所称为松花江正源者。又西入韩边外境，与富尔哈河合，即为二道江。二道江又西流与头道江合，即成松花江巨流。自此以下，北流贯韩边外境，入吉林，左受辉发河，右受拉发河，又北左受伊通河，又西北左受嫩江，又折而东，左右受牡丹江等诸大水，入于黑龙江（见齐召南《水道提纲》，《满洲地志》及《长白山附近略图》②）。此水之发源，当长白山分水岭之东，与界碑相距亦近。论者谓碑东有石堆、土堆之迹，土堆终点，水源流出，似亦可引为此水即土门之证，然实则与土门无何等之关系也。界碑所指之土门，乃在水发源之南，当日两国往复文书，明言其自分水岭界碑处，东流数十里，忽入石缝不见水痕，于是接以土堆，继以石堆，复继以木栅，栅终处，水复现，始为巨水。而此水则在界碑所指之土门北，且如论者之所云，是石堆在上，土堆在下，并无木栅。又土堆终点始见水源，石堆以上绝无水迹，皆与当日之情状不符。则无论其说之实否，要之，此水必非当日界碑所指之土门水源无疑。惟因其适当土门源不见水痕处之北，且其源较土门木栅终处之水为近于界碑，而韩人屡次查勘者，皆不知土门有二重水源，故反以此水为碑东最近之水，当即界碑所指之土门，而不知以此水较木栅终处之水，或以为近，以此水较土堆以上之水，则为远于界碑者也。是不足以言人为的境界矣。古今解释土门江者，无不言其东流（或东南流）入海（《明史·地理志》云：徒门河经建州卫东南一千里入于海。《盛京通志》云：长白山东南流入海者为土门江。《柳边纪略》云：长白山在乌喇南千三百余里〈中略〉，南流入海者三：曰土门江，曰鸭绿江，曰佟家江），而此水则北流入黑龙江，又无土门之名义（松花江，满洲语谓为松阿哩乌拉，意为天河也〈见清高宗《御制诗注》〉，与土门意异。又论者所举之吉林土门河，亦与土门江不同。吉林土门河，亦作鸡林土门河，亦有

①编者按：和通集河是河流名，即禾屯吉河，故“和”前应加顿号。
②《满洲地志》和《长白山附近略图》非齐召南作品。

略称为土门河者，即辉发河之上流，发源于盛京柳河县西南吉林哈达山〈即荫〔萨〕① 哈亮山脉，古名纳绿窝集〉，初名柳河，东北流受数小水，始名吉林土门河，又东北流过海龙府，左受辽吉善河，右受三屯河，又折而东，过辉发城〈明末之辉发国〉，始名辉发河，又东入吉林省，左右共受交河等四十余水，入于松花江〈见《盛京通志》、《吉林通志》、《满洲地志》、日本参谋本部《满洲全图》〉。其源距白头山已四五百里，不得与土门江混，且不得与松花江混也，惟何秋涛《朔方备乘·艮维窝集考》谓辉发河即图们河，又即《明史》之徒门河。考《明史》徒门河，明言东南一千里入海，此则东北七百里入松花江，其非一水无疑，盖何氏不知朝鲜北界有图们江，其书中亦不载，故误以此当之，与论者同一毛病也)，非当日划为国界之水可知，不足以言自然的境界矣。自发源处至下流入黑龙江，屈曲千里，其以东以南，自古即为通古斯人之根据地（古时靺鞨〈即勿吉〉地，今吉林府东北境〈见《盛京通志》、《吉林通志》〉。唐时渤海之上京，今绥芬厅宁古塔西南之东京城是〈见方拱乾《宁古塔志》、萨英额《吉林外记》、曹廷杰《东三省舆地图说》〉。辽时女真军〈即金之祖〉在混同江东，今吉林省东南境〈见《大清一统志》、《吉林通志》〉。金时之上京，今宾州厅阿勒楚喀城南之白城是〈见《东三省舆地图说》。又吴根〔桭〕臣《宁古塔纪略》谓在宁古塔西沙岭，《柳边纪略》谓在吉林府东张广才岭〉。元时之开元路，明时之奴尔干都司，亦皆含有今吉林省地。清初乌喇国，今吉林府北乌拉城，即其国都也。均见《盛京通志》、《吉林通志》、《满洲源流考》)。当间岛之北，且数百里，不足以言领土主权之历史矣。是故论者所谓碑东之水源，非土门江之所谓源也；土堆、石堆，非土门江之所谓堆也；土壁如门，非土门江所谓土门之义也。杉浦、陵口、黄口、大小沙墟、九等墟各水源，皆不与土门江相涉者也。盖土门自土门，松花自松花也。论者主张此说不已，一则曰，自上流至下流入海以南，皆原为界限内地〈再则曰，土门以东，北甑山以南，即韩

①编者按：民国《地学杂志》第6年第14号《间岛问题》78页为“萨哈亮山脉”。

地无疑。使以前说为是，则今之吉林省东半部及俄之沿海省一带，皆当为韩领，其面积较全韩十三道犹且过之，其妄不辩可知。使以后说为是，则茂山以上，豆满江北百里之地，当为韩领。然茂山以下之江北地，既无何等之说明，则其东境，将以何者为止乎？且土门东流入海，及原以土门为国界之说，既为定论，则论者不问如何主张，皆不可不求一东流入海可当土门之水以为国界之标识，而后其说乃得自完。乃仅利用黄花松沟之上流，指为间岛西方一部之国界，其北方则绝未指出一东流入海之水可划为国界者，于是乃生出北甑山以南一语，似欲以北甑山为国界者，指鹿为马，希图影射，可笑孰甚也。至于附和此说者，谓哈尔巴岭一带山脉，东西分水，为天然之国界。哈尔巴岭以东，清国政令久废，韩人移往，事实上即占领此地云云，此更为不经之说。夫天然境界者，乃人为境界未定以前自然之标识，非既有人为境界之后，犹可以此压倒彼者也（以人为境界优于天然境界故也）。哈尔巴岭虽亦号称大山脉，然仍为长白山脉之支系。自古中韩国界，既以白头、豆满、鸭绿之天然境界为标准，而定有人为境界矣，则此外自不得再移他山他水以为境界，而哈尔巴岭亦非可除外例者也。哈尔巴岭以东，自清初即属中国宁古塔所辖之境，既有库尔喀佐领之设，则非废弃政令可知（清初东三省皆施军政佐领，即与各省道府相当之地方官也）。韩民移住虽多，然韩国国家统治权，初未行使（韩人占地，不过土地所有权，与统治权绝异），既非战时敌地占领之义，复非平时无主地先占之例，事实上何得谓为占领耶？盖此说之诸理由，皆牵强附会之词，在各说中最为无根据者也。

（4）不明言何水为土门江，而泛指豆满、鸭绿二江以北地及长白山一带为韩国领地者。此说系日本人窥知前三说皆不确当，而欲避其弱点，以冀惑人耳目者。又见中国政令久旷之长白山一带，可以垂涎，故并指鸭绿江北地亦为间岛。且虚造南间岛或西间岛之名目，而称豆满江北地为东间岛或北间岛，甚且以韩边外及兴京、凤凰二厅亦为间岛地焉。夫白头、豆满、鸭绿确为国境，而豆满江北地，不得为韩领，亦既如前所述矣。则鸭绿江北地，无论历史上地理上，皆自然无丝毫理由可以指为韩领也，况韩边外犹在其所谓南间岛之北，兴京、凤凰二厅，又清廷之发祥重地，中国久已行使统治权者耶（韩边外，明时为建州左卫地，清初为长白山部讷殷人①地。兴京，明时为建州右卫地及建州卫地，清兴始祖居之，赫图阿拉地即此；清太祖时，建为兴京。凤凰厅，明时为定辽中卫属边内地，清初得之，置凤凰城）。为此说者，理由甚浅，无暇多驳，适见日人之贪纵骄慢，不暇择言，故如此无忌惮耳。

附录　驳豆满江、鸭绿江北为局外中立说

日本人有主张豆满、鸭绿江北为局外中立地“neutral district”之说者，冀以动摇中国之领土权，以便援饰国际惯例，攫为己有。其主张之有力者，一为小藤文次郎《北韩旅行谈》，谓海兰河与豆满江间之地域，实当日清、韩间局外地，两国皆相约不可侵略，惟不许第三国占领之而已。一为今年一月五日至十三日大阪《朝日新闻》，谓清初豆满江北及鸭绿江北地，系朝鲜领土，海兰河、布尔哈图河流域及浑江以西地，系两国间之中立地，在昔满洲人构居垦地于豆满北岸，朝鲜尝要求清国禁止之，清国政府屡次欲置番所于鸭绿江北岸，与朝鲜交涉，朝鲜亦尝抗议不许云云。然细考当日事实，则皆非是。当日两国既定以豆满、鸭绿为国界，尝恐边民往来滋事，因于沿江北岸二三里近处，严禁盖屋种地（此事始于康熙五十四年。见《大清一统志》、日本丸家善七校刊《朝鲜国志》），有违犯者，朝鲜则报告上国，请禁止之。此固实事，然此乃中国严边禁之策，以中国土地中国人民而自处分之，并非放弃主权者可比，朝鲜以两国人民接近，恐酿边衅，将不利于小国，故援例陈请耳（当日朝鲜人民侵越中国边境之事，尝数数见，而中国人民则绝无一次，朝鲜官吏因边民越境获罪至死者，亦尝有之，故朝鲜政府以严边禁为己利而尝陈请耳。事在朝鲜英祖二十四年，乾隆十二年也），非有要求禁止之权利也。且其地实只二三里（当日朝鲜英祖咨中国礼部文，亦明言之。见《通文馆志》），无涉及海兰河及布尔哈图河之事，海兰河及布尔哈图河

①讷殷人：建州女真中的一个部族，以世居讷殷河流域而得名。

二流域，当日固完全为中国之领土也，是不得谓为局外中立及朝鲜领土明矣。鸭绿江北及浑江以西之地，则当日所谓围场参山之禁地，所以保清廷发祥重地之尊严者，封禁之制，最为严厉（见康熙十六年，乾隆四十一年，雍正十年，道光二年、七年上谕），非特无放弃主权之事，实为严格行使主权之域，谓为局外中立地，及朝鲜领土，尤为诬妄。且当日鸭绿江南岸，今韩国之厚昌、慈城二郡，亦在禁地范围内，朝鲜未设官治理（又朝鲜前皇于同治九年咨请清礼部设立厚昌、慈城二郡文内，有“江界废四郡与上国迹裔，限以衣带，原系禁地”之语。可见当日二郡系禁地，亦可见江北地为中国领也）。若以江北为朝鲜领土，则清廷亦可主张江南二郡为中领，有是理乎？至谓抗议不许清廷设置番所，当日亦无此事。中国自清初即已于鸭绿江北岸设汛防边，并不闻有朝鲜干涉。惟雍正八年（朝鲜英祖七年，日本中御门天皇享保十五年），乾隆十年（朝鲜英祖二十二年，日本樱町天皇延享二年），盛京将军奏请于蟒中哨地方（今安东县东鸭绿江北岸）增设汛地，清世宗、高宗皆恐不便朝鲜人民，会礼部询问朝鲜国王，王复咨有“设汛诚恐小邦边民不知禁令，或有得罪”之语，两次皆止，不果设。然此不过中国抚字藩属之意，并非因其地为非中国领土而朝鲜得抗议之而止者。若无抚字藩属之意，则虽设汛，朝鲜不得有违言也。观于当日清高宗停止设汛之上谕曰，“欲设汛之处，在原定界内，与朝鲜边界无涉，惟恐设汛后，朝鲜人不知禁令，或有得罪，朕心有所不忍”云云（以上均见《通文馆志》），即可知之矣。此尤足以证其地非朝鲜领土及局外中立地也。小藤氏为彼邦硕学，盖亦误认当日事实性质及地域范围，故作为是言。大阪新闻之说，非带有政略臭味之狂论，则武断之妄谈耳。

（5）不明言何水为土门江，亦不明指何处为国境，而惟否认豆满江为国境之说者。此说之理由，首谓豆满江为天然国境之说，无历史可证，而以李朝祖先起自满洲，现珲春犹有其陵墓为口实，不知李朝祖先，原起于高丽之全州（今全罗北道全州郡。见高丽李穑《牧隐集·李公神道碑铭序》及朝鲜肃宗钦定《璿源系谱纪略》〈朗源君偘纂修《朝鲜王家谱序》也〉）。至李穆祖（名安社），因避乱，乃迁三陟（今江源道三陟郡），又迁德源（今咸镜南道德源府），降于元，为元南京千户所达鲁花赤①，又迁斡东（元之南京千户所，初隶开元路，后隶合兰〈亦作海兰〉府，其地今未详。考《元一统志》云：宁远县南曰南京，又南曰合兰，又南曰双城。宁远，今咸镜南道洪原郡西；合兰，今同道咸兴郡；双城，今同道永兴郡：则南京必为今咸兴郡北洪源〔原〕郡西南一带地方可知也。斡东，亦元合兰府地，今俄国南乌苏里郡波些图②地，是当珲春南豆满江东）。其子翼祖（名行里）袭职，又迁赤岛（今同北道庆兴府南造卵岛湾海中），复还德原〔源〕，终乃定居于合兰府（咸兴郡），历度祖（名椿）、桓祖（名子春），皆世居之，为元臣不变。桓祖于元至正十六年（高丽恭愍王五年，日本南朝后村上天皇十一年，北朝后光严天皇延文元年），以合兰、双城等府叛元，附于高丽，始复为高丽臣。太祖（名成桂）因其余烈，乃篡王氏得国（以上均见李穑《牧隐集》、《璿源系谱纪略》，及朝鲜魏昌祖《北道陵殿记》、日本林泰辅《朝鲜［通］史》）。综其颠末，惟穆祖为元安抚女真部落，暂居斡东，为豆满江外地，其余诸处之可称李朝发祥地者，皆在江南，为今韩国内域（韩人为丰沛之地，为一咸兴也），并无所谓起自满洲之事实。又李氏祖先陵墓，今皆在咸兴郡附近（见朝鲜魏昌祖《北道陵殿记》）。穆祖与其妃，因卒于斡东，曾暂葬于斡东之八池地方，然未几亦皆迁葬咸兴（《北道陵殿记》：德陵在咸兴府西北六十里加平社，癸座丁向，即我穆祖大王寝园；安陵即我穆祖大王妃孝恭王后李氏寝园，两陵同园异茔。又云：两陵初在庆兴府城南，太宗庚寅同迁于此。又云：旧德陵在庆兴府城南十二里许赤地坪中圆峰上，旧安陵在德陵之北四里许。又云：旧德陵安陵在庆兴府北豆满江外斡东地，即时钱山来脉八池之南，俗传自此迁于赤池坪③，而年月不可考云。以是考之，盖穆

①达鲁花赤：官名，本义为“掌印者”，蒙古在征服各地时设置于主要城镇。

②编者按：疑指“伯力”。伯力，亦作“伯利”，在今黑龙江、乌苏里江汇合口东岸，1860 年沙俄强迫清政府订立不平等的《中俄北京条约》后被沙俄侵占；1883 年改名哈巴罗夫斯克。

③编者按：“赤池坪”与“赤地坪”，疑为同一地名误写。

祖夫妇，因卒于斡东，故暂葬之，及后迁居朝鲜内地，以斡东为女真人地，故迁葬之于庆兴，又迁葬于发祥地之咸兴也）。今珲春附近，亦无所谓有李朝祖先之陵墓也（惟朝鲜人俗语相传，穆祖有一妾，亦葬于斡东，太祖迁二陵时，以其不足重弃之，然此固不足谓为祖先陵墓，且今俄领波些图附近及珲春附近，亦不见有是也。见朝鲜南九万《抚夷堡记》）。且当时豆满江南北及珲春等处，为元领土（元时豆满江北为合兰府水达达路地，江南为合兰府及双城府地。见《元史·地理志》、《明史·地理志》、《大明一统志》、明顾祖禹《方舆纪要》、朝鲜卢思慎《东国舆地胜览》同郑麟趾《高丽史》），李朝祖先，亦为元臣民。豆满江虽尚未成为国境，然亦不能谓为间岛当属韩领之证据，适足以证明间岛当属中领而已。而至有明中叶，朝鲜北拓六镇，划豆满江为界以来，豆满为天然国境之事，实固已确定不移者也。又谓清国设延吉厅，韩国未尝有承认之言动，豆满江设立界碑，系清国任意行为，于划境上无何等之意义，不知国际法上有默认时效之例，苟甲国行为，经一定之时间，而乙国犹不能抗议者，则虽违法背约，亦有效力，而乙国不能再有异言。假令间岛即为韩领，然设官立碑，非同细事，韩国既不抗议已久，则虽无承认之言动，亦视同默认可也。况间岛夙为中领，中国设施，不过行使主权之经过，既非违法背约，不须韩国之承认，况韩国亦已明明承认者耶（光绪十五年，吉林将军长顺命和隆〔龙〕峪商务总局委员章鸿锡，会同朝鲜咸镇〔镜〕道官吏，将豆满江韩人私设桥渡，概行撤毁，在光霁峪分卡及西步江分局开市处所设渡，所有往来，彼此照验方可放行，是韩国明明承认光绪十四年设碑分界于豆满江之事实也。又光绪三十年，延吉厅同知陈作彦等与韩国定立善后章程十二条，韩国认延吉厅有定立条约之资格，是明明承认延吉厅在该地存在之事实也）。又谓韩国尝要求交还韩人一事，日本政府已向韩国搜查所有文书，实无此事，则尤可嗤。今使韩国政府对日本而抗议曰："明治三十八年，伊藤与韩国所定之保护条约，今韩国已搜查所有文书，实不见有此事，请速撤还统监。"则日本将以此抗议为是而从之乎？抑亦再演逼宫废帝之活剧乎？以堂堂一国主权者，对于他国正式交涉之文书（事在光绪八年，谓为光绪元年者，恐有误。日本各新闻乃以为系袁公世凯驻韩时〈袁赴韩时，在光绪十年〉，迫挟韩主所为，尤为强妄之说），而欲以此一语抹杀之，冀以隐讳韩国承认其地为中领之据，不意自认为赫赫东亚霸国者，而有此童稚之言动也（明治四十年十月，东京《日日新闻》、《读卖新闻》等所载日本答书与此少异，其末段谓韩王请求清国交还韩人一事，乃因当日清国官吏强令韩民剃发，故韩国欲区别而移出之，以证其为韩民者；又韩国政府在间岛内有发给地券于韩民之事云云。其说亦不足证间岛之非中领，盖既不欲韩人变为中国人，而请其交还，则是承认中国有统治权于该地明矣；发给地券之事，光绪十六年，尽经吉林官吏烧弃之，而韩国亦无异言，足见韩国从前发给地券之不法，而该地为中国领土也）。至于主张分水岭界碑，固当日之事实，然考碑文既无所谓“土门以南豆满以北即间岛地”之语，则不谓为凭空控造者不可，自欺欺人，其傎孰甚焉。日本帝国刑法，伪造文书或变造者，处三年以上之惩役。在国内则法律森严，对国外则政府躬自蹈之，所谓文明者，固如是耶？综观此说，始终不明言间岛当为韩领，维持境界不明之说，较各说尤为狡诈无赖。盖以一国政府而对于外人争议，实一国威信所关，不可即为过甚之词，故不欲切实主张，以为后日转圜地步，惟支吾其说，以图侥幸一当，而不知其说之无理已若斯也。

若夫解释土门江非豆满江之说，其所列举言语学上、地理学上之证据，自亦足以自完其说者。然果以学理的解释绳之，又皆皮相之论也。吾人今更举地理学上、言语学上之真正证据，而并加入历史学上之言，都凡为三，以论究而规正之焉。

土门江之历史关系，以金元时代为最盛。《金史·世纪》曰：“景祖兵势稍振，统门水温特赫部来附。”又《太宗本纪》曰：“天会九年，命以徒门水以西和屯、星显、潺蠢三水以北闲田，给海兰路诸穆昆。”① 又《呼克传》

①编者按：此处与《金史》原文有异。《金史》中“和屯”为“浑疃”，“海兰路”为“曷懒路”，“穆昆”是“谋克”。

曰："呼克①，统门蠢水合流之地，乌库里布人也。"按海兰路，即海兰甸故土，为今海兰河以南咸兴郡以北地（见《东国文献备考》、日本小藤文次郎《北韩山脉水系考》）。浑蠢水，为今珲春城南之珲春河（见清高宗钦定《辽金元三史国语解》）。温特赫部、和屯水、星显水（亦作锡馨水）、潺蠢水（亦作珊沁水）虽不能详指为今何地，然考女真景祖时国境，以白山耶悔（亦作叶赫）、统门耶懒（亦作扎兰）诸部来附，东南拓地，由海兰河流域东抵绥芬，西括长白，南包六镇，而分别按其地域，则白山诸部，即长白山地（见《吉林通志》），耶悔诸部，即六镇地（见《大韩疆域考》），耶懒诸部，即绥芬厅地（据《金史》。耶懒与习〔恤〕品相近，恤品亦作率宾，即今绥芬厅境，则耶懒亦当为绥芬附近，或俄国南乌苏里郡地。考南乌苏里郡海参崴东有雅兰河，南流三百里入海，雅兰、耶懒、扎兰，皆一音之转，耶懒之称，当日或因此水以名乎）。惟所余统门诸部，不得所指，是统门必为今海兰河流域豆满江北地，而统门水之温特赫部，亦当为其一部可知。又女真康宗时，有遣硕硕欢往海兰甸立幕府于潺蠢水之事，此幕府当即为海兰路治所之张本。《金史·地理志》谓海兰路治，南至高丽界五百里，西北至上京七百里，东北至恤品路五百里，以今地望推之（上京，今宾州厅西南之白城。恤品，今绥芬厅，金与高丽国界，今韩国定平、咸兴二郡），当在豆满江中流以西地方，则海兰路治所在之潺蠢水及其附近之和屯、星显二水，必为间岛南部入江诸水中之三水可知（《大韩疆域志〔考〕》谓星显水为咸镜南道三水郡中三水之一，恐误）。夫统门水之温特赫部，既为豆满江北地，其统门水即豆满江无疑矣。统门合流之浑蠢水，既为珲春城南之珲春河，而今日在珲春城南与珲春河合流者，惟一豆满江，则统门水即豆满江又无疑矣。徒门以西之和屯、星显、潺蠢之水，既为豆满江中流以西地方之水，则徒门水亦即豆满江又无疑矣。夫统门、徒门二者，皆与土门字异音转之同一名词，此古今言土门江者之定说也（见《大清一统志》、《吉林通志》及日本近藤守

①呼克：又作留可。

重《边要分界图说》）。然则，土门江即豆满江之说，不已于此得确实之本原耶？此历史学上之证据一也。

土门江之地理考证，自前明清初已稍稍著于世。《大明一统志》曰：“长白山高二百里，其巅有潭，周八十里，阔复〔深〕莫测，南流为鸭绿江，北流为混同江，东流为阿也苦江。”《明史·地理志》曰：“徒门河流经建州卫东南一千里入于海。”《大清一统志》曰：“按《明一统志》，长白山高二百里，其巅有潭，周八十里，阔复〔深〕莫测，南流为鸭绿江，北流为混同江，东流为爱呼江。”考天下之山，未有高至二百里者，明志所云，殆出于传闻。其潭名闼门潭，今实测所得，裁二十九里有半，与通志三四十里不甚相悬。明谓八十里，亦约略之词也。爱呼原作阿也苦，今无其名，恭读高宗纯皇帝御制《盛京赋》云：“粤我清初，肇长白山，鸭绿、混同、爱呼三江出焉。”则爱呼当为图们江，古今称名之异耳（图们别源之红溪河，一名阿几个江〈见齐召南《水道提纲》〉。盖阿也苦之变音，亦用以称正流也）。《盛京通志》曰：“长白山在船厂东南一千三百余里，西南流入海者为鸭绿江，东南流入海者为土门江，南流经船厂城东南出边者为混同江。”又曰：“土门江在宁古塔城南六百里，源出长白山，东北流，绕朝鲜北界，复东南入海。”齐召南《水道提纲》曰：“土门江源出长白山顶东麓，曰土门色禽，东流若隐若现，数千里折东北流，又东南流入大海。”《朝鲜国志》（日本丸家善七校刊，著者姓名不传）曰：“土门江在国东北界，源发长白山东南麓，东南流入海。”此皆言土门江之地理者。建州卫，即今兴京厅附近及吉林府东南境。船厂，即今吉林省治。宁古塔，即今吉林省绥芬厅辖地，其南六百里，则今延吉厅南境。混同江，即今松花江源之二道白河。徒门、爱呼、图们三者，与土门皆为一水，已不待言。综合而推理之，则所谓土门江之地理的考证，实可得数要点：（一）其始发源在长白山之东南麓（即白头山之南麓，以山之全脉言则为东麓）；（二）以长白主峰白头山顶之潭水为水脉；（三）其水既出，复陷，陷而复现；（四）当二道白河水源之南；（五）鸭绿江水源之东；（六）其地望去兴京以东稍南，约一千里，去吉林省治以南约一千三百余里；（七）既发源，向南流，不远，即折而东，绕朝鲜北界；（八）折而东北，流经延吉厅南境；（九）又折而东南入于海；（十）其流域当朝鲜东北之国界。此土门江之源流位置方向，大略如是也。今试以南满北韩间，求其一一与此诸点相合者，舍豆满江，不能有二，其源流位置方向之详，前既已言之矣。上源之石乙水，既发源于白头山顶潭水之南，潜行地下复出，是前之五点相合也。下流既经间岛之南、六镇之北以入海，是后之四点相合也。盖不烦言，而土门江即豆满江之理由已得解矣。此地理学上之证据二也。

豆满江名称之原起，实出于满洲语（即女真语），而朝鲜人以汉字译成之者（见朝鲜李端夏《北关志》）。满洲语原作，译意为万数（见清高宗钦定《金史语解》）。其音在汉语上一音为重舌次清音（透母），与鱼韵（语韵御韵亦同，俗之虞韵亦同）字之切音，下一字为重唇半浊音（满母。在唐释守温三十六母①中为微母），与元韵（阮韵愿韵亦同，俗之先、潜、铣等韵亦同）字之切音。在英语上一音为“T”“U”（同ꝏ）之缀音，下一音为“u”“E”“N”之缀音（在日本语上一音为“メ”“コ”“ン”，韩国语上一音为“ㅌ”“ㅜ”，下一音第一在“□”，第二无适当之音可合，第三为“∨”〈第二亦可强作“에”〉）。以发音学 Phonetics 之理法准之，则上一音者，舌头闭无声之父音，“U”与高后部之母韵“I”也。下一音者，唇闭鼻有声之父音“ꝏ”与中前部之母韵“C”，而复加以鼻音“ꝏ”者也（发音学之记号，用英国伯尔 Alexamda Melaille Bell 之视话音字 Visille Speech，其法世界各国语音，皆能表明。见伯尔《发音记述学》、日本远藤隆吉《发音学》、日本伊泽修二《音韵新论》）。自来汉语译外国语固有名词之例，凡遇舌头闭无声父音，与高后部母韵之音，常以重舌次清音（透母）与鱼、语、

①守温三十六母：守温，唐末到五代和尚。敦煌石窟曾发现一署有“南梁汉比丘守温述”的韵学写本残卷，中有“三十字母”“四等轻重例”等，证实守温首创字母，为等韵学的创始者。有说守温可能是后汉梁县（今河南汝州附近）人。《玉海》说守温有《三十六字母图》1卷，不过据研究，“三十六字母”并不合于唐朝声类，守温的著述残卷只记述了三十个字母，且与“三十六字母”有诸多不同，因此，推测“守温三十六母”系后人伪托。

御等韵之切音字译之。凡遇唇闭鼻有声父音，与中前部母韵之音，常以重唇半浊音（满母）与元、阮、愿等韵之切音字译之，此正例矣。但汉语每因时代及地方不同，往往生音韵变迁之弊，由是译外国语时，亦尝随时代及地方而有伪译之事。应译为重舌次清音[（透母）]与鱼、语、御等韵之切音字，则常误为重舌清（端母）、轻舌次清（天母）（在唐释守温三十六母中为彻母）等音字，或尤、萧、有、筱、宥、啸、幼、物等韵字（若一名词中，其下之音为唇音时，则常附加鼻音于鱼、语等韵之尾，而为东、董等韵）；应译为清〔重〕唇半浊音与元、阮、愿等韵之切音字，则常误为轻唇半浊（明母）、重唇清（帮母）等音字，或真、寒、蒸、侵、覃、庚、轸、旱、证、寝、感、梗、震、翰、拯、沁、勘、映等韵字，惟大半以不出双声（同父音）叠韵（同母音）二者之一之范围为限而已。此固稍明语言学者所能道也。故“ᡨᡠᠮᡝᠨ”一语，《金史·太宗本纪》作“图们”，《明史·地理志》亦作“徒门”，《大清一统志》、《盛京通志》等作“土门”，清高宗钦定《金史语解》乃定作“图门”。此等于双声、叠韵二者，皆与原音吻合为正译，《金史·世纪》作“统门”，则上一字为伪译。至于朝鲜之译者，以应为重舌次清音与鱼、语、御韵之上一字，于叠韵之范围内，而作重舌清音之豆字焉，以应为重唇半浊音与元、阮、愿等韵之下一字，于双声之范围内，而作旱韵之满字焉，则二字皆伪矣。盖朝鲜汉字，多存中土古音，凡从豆之字，皆附以두音（即朝鲜文之舌头闭无声父音，与高后部母韵也。豆字，唐以前读徒侯切〈见《唐韵》〉，为重舌次清音。朝鲜文化多从汉、魏、晋、唐时由中国传入，故文字亦多存唐以前音也。又豆满江上流来汇之西豆水，朝鲜人亦作西头水，不可见彼国豆字，读为次清音也）。朝鲜谚文（朝鲜字母也），原无中前母韵，凡元韵之字半读为“ㅓ”韵（即朝鲜文之中广部母韵，而加以鼻音者，盖读为旱、翰等韵矣，亦有读为东韵者，皆其国音韵不全之故也），其讹为豆满者，亦彼国应有之事。然要其与土门、图们为同物，则仍然也。又满洲语“ᡨᡠᠮᡝᠨ”，讹译为豆满二字之例，不独土门江为然也。此外中国、朝鲜

古今书籍中，于译他种之名称时，亦尝有之。女真人有称为“[illegible]”之姓氏者，《金史·宣宗纪》作“陀满”，《东国通鉴·高丽纪》作“豆门”（《高丽纪》云：肃宗八年二月，东女真将军豆门小高夫、老豆门恢八等五十人来朝），《八旗姓氏通谱》作“图们”。金时有号为“[illegible]”之部落者，《金史·世纪》作“统门”（与前之统门水不同，或即是居统门水域附近者），《金史·列传》（卷六十四）作“陀〔驼〕满”，清高宗钦定《金史语解》作“图门”。图、们、门三字，正译也，陀、豆、统、驼、满五字，皆讹译也，而其为译语，则无变也。更足见豆满二字，用以译“[illegible]”一语之非奇异矣。然则豆满、土门，果为名异实同之一名词，而土门江即豆满江之说，更无何等之疑异也。此言语学上之证据三也。

今夫日韩侧所持之证据曰，豆满江发源于朝鲜国内也；曰石乙水发源，非长白山，乃小白山也；曰豆满正源，出于长山岭池，与界碑相近九十里也；曰豆满之名称，为众水相合之义，下流会合诸水，故称为豆满，上流则韩人称为鱼润江，清人称为爱呼江，并无豆满之名称，不得与土门混同也。夫以吾人学理的解释言之，豆满正源，既在长白山东南麓，则非朝鲜国内之地，而即为前明以来所谓土门源所在之中韩两国界地可知矣。石乙水既为山顶潭水水脉之豆满正源，又在长白山主峰白头山之南（再南即小白山），则虽与小白山相接近，不得谓为即小白山，而仍为土门发源之白头山可知矣。长山岭河既为北自黑山岭发而归宿于豆满江之一水（见前），则出于长山岭池之水，不得谓为豆满正源，而豆满正源仍应求之于土门发源之长白山东南麓可知矣。“土门”既译意为“万”，则与所谓众水相合之义无别（朝鲜李端夏《北关志》亦云：豆满江出白头山，女真语谓“万”为“豆满”，众水汇流，故名万），而“爱呼”又既为“图们”古今称名之异，则爱呼、图们、土门、豆满皆为名异实同之一水可知矣（论者谓“鱼润”为“於伊后”之变种，考“於伊后”当即“阿也苦”之转，鱼润则为大红丹水别称，非豆满正源也。又有论者，谓上流无豆满之名称，考日本参谋本部《满洲地志》云，图们江发源于长白山之东麓，谓为图们色禽。色禽者，河源之义也，东流折而东北五十海里，受西北来一小水云云。则是上流无豆满之名称之说，亦不足据也)。故是数说者，皆不足以维持土门非豆满说之存立，而适足以证明土门即豆满说之确凿者也，谓之为皮相之论，岂过刻耶!

然则中国侧之主张，究为如何?曰中国侧者，皆确有根据，惟稍欠详实者也。盖中国对于间岛之土地，既有领土主权取得之历史与自然的人为的之境界，其为有领土主权于该地者，已彰彰可信。清政府前次既主张豆满上源之石乙水为土门江，而指为国界，此次复援历史的现实的证据，以言豆满江北地当为中领，其根据已巩固矣。惟所举之事实，颇嫌简略。又此次照会中，有“分水岭石碑无境界明文”之说，似不详审穆克登定界之事，斯为缺点耳。然于主张该地领土权之论据，则无害也。且夫间岛当为中国领土，尚不乏其证也。在昔穆克登既定界碑，曾自白头山浮土门江而下，由茂山下至庆兴海口(朝鲜《通文馆志》云，克登曾从土门水道以下约行三百里，到茂山，又造四小舟，水陆并下至庆兴海口，还至庆源，越江至厚春乃去)巡视边界。使土门非豆满，又使豆满非国界，则何缘得至茂山及庆兴海口乎?此其一也。穆氏定界以后，清廷曾遣宁古塔那去官兵，至豆满江岸，设立屯庄，以严边禁(《大清一统志》云：康熙五十四年，以珲春之库尔喀齐等处与朝鲜只隔土门江，恐居人往来生事，今〔令〕将安都立他木弩房屋窝铺，即行拆毁，与宁古塔那去官兵之屯庄，俱令离江稍远居住)。此其二也。自清崇德四年①以来，朝鲜六镇人民，尝有越豆满江盗物伐木之事，被满洲官吏捕获交还治罪，并六镇官吏，亦坐罪者，共计二十余次(朝鲜史志所载者，仁祖十七年〈崇德四年〉一次，二十年一次，肃宗六年一次，十六年一次，三十年一次，三十六年一次，英祖五年一次，九年一次，十五年一次，十七年一次，二十六年一次，三十二年一次，三十七年一次，哲宗八年一次，前皇三年一次，八年一次)，是豆满江以北原不许朝鲜人越雷池一步者。此其三

①清崇德四年，即明崇祯十二年(1639)。崇德，清太宗皇太极所用的年号。

也。从来两国定例，中国宁古塔、珲春等处人民，渡豆满江至会宁、庆源二处市易（《大清会典》云，宁古塔人每年往会宁市易①，库尔喀人等每二年一次，往庆源市易）。顺治十七年（朝鲜显宗二年，日本后西院天皇万治元年），清礼部咨朝鲜国王文，明言“珲春与交易处所止隔一河”（朝鲜《通文馆志》卷三《事大》篇，载有此文）。此其四也。是咸丰十年，中国割地与俄，豆满江地距海二十里左岸，全归俄国，使豆满北地，果系韩领，则此二十里必不得听其割让。又光绪十年，李鸿章为俄韩陆路商约事致朝鲜国王书，明言：“自图们江口上溯二十里，左岸为俄国国境，右岸为朝鲜国境，该地以外，以图们江为大清吉林省境。”（日本各报译载此书者甚多，今从日文译）而朝鲜亦不闻有反驳之言。此其五也。光绪七年，清廷命吴大澂为边务督办，设靖边军，屯垦于珲春局子街各处，其后十五年，又设图们江水师，置炮船以固边防，而朝鲜皆无异议，反倚赖之以为北韩之保障，是明认豆满江为国境。此其六也。光绪十一年，清韩协定通商事宜，清廷开豆满江北岸和龙峪等处为商埠，设商务总局于和龙峪，设分卡于光霁峪、西步江二处，且其通商约章第一条云：“两国边界，敦化县南与会宁、钟城，珲春与庆源，互相往来贸易，其稽查之事，各按边界定律办理。”其后十五年，吉林将军长顺复命商务总局委员章鸿锡与朝鲜边界官撤毁豆满江桥渡，尤为朝鲜承认豆满江北为中领之证。此其七也。光绪十二年，朝鲜国王咨北洋大臣文中，明言“图们豆满为一江转音，则疆界已大定”云云（见朝鲜《通文馆志》），尤承认豆满为国界之证。此其八也。是八者，皆二百年来两国关于豆满江北交涉之事实，而不可湮没者也。岂犹不足资助中国侧所提出之理由，而益使之强实有力乎？要之，界碑所载之土门，实为今日之豆满江，豆满江北之间岛，当为中国之领土，无论从何方以言，皆已成为固定不摇之铁案，此固凭之事实，而可信者。特恐清政府不能引证事实，根据学理，以为交涉，且无国力以盾其后耳。而不然者，吾不知日本将何恃而不败也。

①编者按：《大清会典》原文为，“宁古塔人往会宁地方市易者，每年一次”。

附录　驳日本九州《实业新闻·间岛问题论》

前稿既成，复见日本九州《实业新闻》（自明治四十一年二月八日至十一日）有《间岛问题》一篇，其作者著曰："在东京法学士鬼谷子。"盖隐名也。其主旨在力论间岛非中国领土，而以历史论及法理论为其根据，颇为彼国有力之言，兹故另驳之于下。原文曰：

（前略）欲决定日清二国对于间岛之主张孰为正当，则不可不先从历史上以观察其所属究竟如何。远古以前不可知矣。当神宫皇后①征伐三韩时，豆满江一带之地，皆为高丽领土，此历史所证明者。而斯时三韩既为我日本之藩属国及纳贡国，则间岛即谓为曾服属于我国威之下者，亦无不可。惟事去今已远，对于现问题不能为直接之证据。厥后满洲方面有渤海王国兴起，间岛乃归其版图。次渤海而兴者为女真国，亦领有间岛。再次至于元朝，间岛又为元领地。时则朝鲜现朝开国君李成桂之六代祖名李安社②者，方仕于元，为元之地方官，领有间岛一带。至成桂，以英雄之资，不甘臣元，则起兵占领朝鲜全土，开现王朝之基业，间岛地方，遂归朝鲜之统属。当是时，朝鲜为统治间岛之故，特在豆满江岸设置茂山、会宁、钟城、稳城、庆兴、庆源六镇，其对于间岛之关系可知矣。当李成桂以前，朝鲜尚未成为国家，其历史的事实，与现问题固无关涉。自成桂开国以后，亘于李朝初期之间，间岛盖确为朝鲜统治下之土地，此则可注目之事也。盖自是而后，间岛历史之事实，与现问题遂有直接之关系。未几，清国现朝王始祖，有爱新觉罗氏之一豪杰者，举兵于间岛附近敦化地方，征服豆满江北，即今之间岛一带，使其居民，悉为臣妾，复率其部落，进捣中央，支那遂开清朝之天下。盖斯时间岛既被征服，又从清朝入关而行一种之民族移转也，于是有不能不注意者。当时之爱新觉罗氏，果曾以间岛为领土，而有永久统治之意思乎？吾人

①神宫皇后：又作神功皇后，日本历史上第14代天皇仲哀天皇的皇后、第15代天皇应神天皇的生母，传说她在仲哀天皇去世后曾长期摄理朝政，曾亲自出征朝鲜，但事多不确。

②编者按：据《朝鲜王朝实录》，李安社为李成桂高祖父，其曾孙李子春是李成桂的父亲，此句"六代祖"疑有误。

今日不能徒以率其居民以为转移之一事，为推测其意思有无之据，故颇难确答也。今即让一步而认其真有永久统治之意思，然以国际法眼光观之，凡徒以兵力征服他国领土者，皆不足为领土取得之源泉，必经对手国之承认，其领土权始行移转。虽今日国际法之法理，可否适用于当时之状况，犹不能臆断，然要之间岛领土权之曾否移转于清国，则不得不谓为犹属疑问也。爱新觉罗氏既率间岛居民西征以后，间岛遂变为空虚无人之地，清韩二国，互相禁止人民入居其间。此禁止入居之意思，今以法理释之，可为三解：一解为清韩二国皆以间岛为己国领土以外之地而禁止之者；二解为二国皆有领土权于其地，而清国以任意之处分，为政略上之禁止者；三解为甲国视为己国领土以外之地，而乙国视为己国领土而禁止之者。此三解中果以何者为正当，吾人以不详知当时之法律命令，不敢确下判断。惟从外观上论之，则所谓禁止入居者，谓为一种中立地或缓冲地之设定行为，似无不可也。及康熙帝时，因划定南满洲国境之故，遣天主教徒一人于间岛方面，探查情形，其所作地图及备忘录，曾记明豆满江北一带为中立地。厥后三年，康熙帝乃以独断，决定豆满、鸭绿二江，为满韩国境，以二水发源之长白山为己国领土，于时间岛始混入清国版图之内。盖帝以长白山附近为自己举兵之地，实祖宗发祥之灵域，不可不严加保护，故敢出以大胆之妄断也。当是时，帝复遣划界委员会合朝鲜官吏，登长白山绝顶，设立石碑为境界标识，其碑文有“西为鸭绿东为土门”之语。以今实地证之，碑西发源之水，固为鸭绿江，碑东发源之水，实非豆满江，而为松花江之一源，韩人称之为土门江，正当间岛之西北境。以是知碑文所指之土门，即此土门江。而间岛应为朝鲜之领土，愈确实也。（中略）要之，爱新觉罗氏勃兴以后，朝鲜并无抛弃间岛领土权积极的根据，不过欲买清国的欢心，而认为中立地带。此种情态，固迄于间岛问题之起，上下二百年间，而持续不变者。（中略）今也间岛为朝鲜领土之证据，虽不能确举，然谓为所属未定之地域，则其理由正不患不足。我政府之主张既已如是，是我之理由，不谓之正当不可也。

总观其立论，不外征引历史，援引法理，以证间岛非中国领土。其尤用意者，在辩护日本政府之说，谓纵非朝鲜领土，亦当解为所属未定之地，其狡焉之心，盖如见矣。夫欲决定间岛问题，不可不先从历史上以为观察固矣。然为历史上之观察，而辄误解当日事实之性质，或有意割裂武断焉，以为自完其说计，皆不可者也。论者其坐斯弊乎？当神宫皇后之征伐三韩也，日本威力固尝及于朝鲜半岛，然当时曾为日本之藩属国或纳贡国者，不过南方之百济、任邹等国，其北方之高丽，则俨然为独立王国，虽以隋炀帝、唐太宗之雄武而不能取胜，何尝有服从日本之事乎？高丽无服从日本之事，则安得谓间岛曾服属日本国威之下哉？朝鲜现朝，虽起于李安社①之仕元，然考安社所居之官职，为南京五千户所达鲁花赤，其所领之土地，为斡东一带。以今地证之，南京实今咸镜北道咸兴郡北地，斡东实今俄领波些图地，与间岛实风马牛不相及。其后不甘臣元者，亦非李成桂，乃安社之孙②，成桂之父，名李子春。子春以双城等府叛元，降于高丽，成桂借其余烈，乃篡高丽王位，受明太祖封，为朝鲜国王。时则女真部落在北强盛，成桂乃遣金宗瑞北伐，拓地至豆满江，始建六镇守之，划江为界，江北则仍为女真，并无间岛归朝鲜统属之事，亦无六镇统制间岛之事也（朝鲜《东国文献备考》云：咸镜道，古朝鲜属国沃沮地，汉置玄菟郡，后徙郡于辽东，更以沃沮为县，属乐浪东部都尉。后汉建武中，罢都尉，封其渠帅为沃沮侯，后为高句丽所有。唐灭高句丽，以其地属安东都护府，新罗得其南境，隶溟州，其北地没于渤海，因为女真所据，称曷懒甸，高丽划定州都连浦为界。高宗时，和州迤北叛附元，元以和州为双城府。至恭愍王时攻破之，复其地，称朔方道，本朝初拓地至豆满江。又云：明宗二十二年李浚书示许天使曰：“〈前略〉东北曰咸镜，东抵豆满江〈下略〉”云云。观此，知朝鲜自新罗以后，未尝辖地至豆满江北，信而可征也〈明宗二十二年，为明世宗嘉靖四十五年，日本正亲町天皇永禄九年〉）。清初征服间岛部落之事，论者欲以今日国际法之法理

①李安社：朝鲜王朝开国君主李成桂之高祖父。曾任高丽宜州知事，后来入仕元朝，为南京等处五千户所中的斡东千户兼达鲁花赤。

②编者按：此处据《朝鲜王朝实录》应为“曾孙”。

解释之，谓领土权果〔曾〕否转移于清朝，犹属疑问。考当日间岛地方，原为东海瓦尔喀部、虎尔喀部属地，二部名义上为明之羁縻卫，而其实皆独立之部落。清太祖、太宗征服诸国，二部尽收入版图之内，以今日之法理论之，实合于甲国强制合并乙国之例，非领土权一部移转之例可比。强制的合并者，国家灭亡之一例也，而犹欲以所谓"必经对手国之承认"之法理绳之，其迂愚亦可知矣。自清太宗时与朝鲜划境，即以豆满江为界，其后又设有库尔喀佐领三人，骁骑校三人，又有那古官兵、宁古塔官兵之屯庄，在豆满江北岸二三里外，常川防戍，则不能谓为无永久统治之意思，不更可信哉？至于两国互相禁止人民入居之说，尤为大谬。当日两国之既定界也，其始以恐边民滋事之故，相约禁止人民渡江越境（见朝鲜《通文馆志》）。其后以两国人民只隔一江，尝生冲突，清廷乃自撤屯兵、居民，离江二三里。绎其性质，前者虽为国际的禁约，然其实为消极性质，只禁止中人之渡至江南、韩人之渡至江北而已。后者则为国内的行政，亦不过为自安边境计，对于己国之领土臣民，而为行政之处分而已，皆未尝于豆满江以北，划定纵横数百里之地，而互相禁止曰：无论中韩人，皆不得入居此地也。夫既无互相禁止入居之事，则论者援引国际法理，以释禁止入居意思之三解，及推定间岛为中立地、缓冲地之说，皆可谓之拟于不伦，不待端驳而已自倒矣。又当日间岛亦非空虚无人之地，所谓民族移转者，不过一部之人从龙入关，其未移转者，仍自不少。观于当日两国通商成案，有宁古塔人每年渡江往会宁市易（昔日间岛亦属宁古塔也），库尔喀人等每年二次①渡江往庆源市易之例（见《大清会典》）。可知当日会宁、庆源江北地方，仍有生息之居民。既有居民，不能再禁他人之来此，尤足证互相禁止入居之说之不实也。又谓康熙时天主教往探查间岛，其地图及备忘录，曾记明该地为中立地。吾人未见其地图及备忘录为何物，不敢确言其真伪，惟考康熙时，遣查满韩境界之举，共有四次：康熙十六年，吴木纳等登长白山观闼门潭；二十三年，勒楚等至鸭绿江为韩

①编者按：《大清会典》原文为，"库尔喀人往庆源地方市易者，每二年一次"。

人所杀；二十九年，查山等由鸭绿江至图们江南岸（考此次礼部咨朝鲜国王文云：发祥之地，关系甚大；所差大臣查山等将册前往详阅，而鸭绿江至土门南岸一带，俱系朝鲜驿站，俱行预备云云。以南岸俱系朝鲜驿站一语推之，则北岸必系中国境土可知，此亦一证也）；五十一年，则穆克登设立石碑之事也。穆氏事姑不论矣，其三次皆未尝指间岛一带为中立地之迹，固已信而可征者也。论者所指，果为何事耶？吾人虽不敢断言其为杜撰，然实不知其何所据而云然，毋亦流于误解臆测之所致乎？若夫解释穆氏界碑土门之说，吾人前者既详辩之。要之，无论从何方面立论，碑文之土门，即国界之豆满江，固已无一毫之疑义者也。

抑论者之主张，不但陷于谬妄已也，为前后立论，自相矛盾之处，亦不少焉。既主张李朝开国时，领地及于豆满江北之间岛，而又谓统治间岛之六镇在豆满江岸。江岸者，江南岸也。矛盾一也。既主张清韩二国曾有互相禁止人民入居之事，而所下国际法的三解中，又谓“清国以任意之处分，为政略上之禁止者”，“甲国视为己国领土以外之地，而乙国视为己国领土而禁止之者”，似已承认此举为中国一方的行为者。矛盾二也。既主张康熙帝以妄断决定豆满、鸭绿为国界，而又谓帝遣委员定界立碑，碑文土门非豆满江。矛盾三也。既主张两国设定间岛为中立地，而又持所属未定说。矛盾四也。夫天下未有不能自定其说，而犹能伸张其理由者，论者之谬妄如此，其殆所谓无驳辩之价值者乎。噫，论者休矣！间岛之局，既将大定，今而后，可不复再倚重论者之讨议。论者其再费数年之日月，殚精竭思，从事于满韩史学、国际法学、论理学之研究焉可也。

第五章　间岛地志

间岛在昔原为无名之地（哈尔巴岭以南一带，惟总称为南岗而已）。自清咸丰时，朝鲜人渡江越垦，呼为垦土“kentu”，本为普通名词。其后人数日多，垦土日广，复别之为数区。直茂山者，曰茂山垦土；直会宁者，曰会宁垦土；直钟城者，曰钟城垦土；直稳城者，曰稳城垦土：遂有渐变为固有名词之势。又当是时，钟城之北，豆满江中泥沙淤积，生出一岛，朝鲜人亦争往垦，名曰间岛 Kantao（中国人称曰江通，亦曰夹江，在钟城与光霁峪之间，宽里许，长约十里。韩人今呼曰古间岛，土地甚肥，适于农，居民数十户，皆韩人，其地亦属延吉）。间岛与垦土，语音相近，称呼之间，不免混淆，因是乃有误指垦土为间岛者。及境界问题起，韩人希图影射，又造为韩土、韩岛、大韩岛、大间岛等称。迨至日人侵入其地，不知始末，始专以间岛称之。自是“间岛”二字，遂变为该地之通名，现日政府且定为经制之名称焉。但其主张之范围，颇缺明了，故其疆域四至，亦难推定。其始韩人之所谓垦土，原为豆满江北沿岸一带，境界问题发生时，所主张者，为海兰河豆满江间。其后或持北甑山以南说，或持松花江以东说。日人继之，更张其词，有谓英额岭以东，哈尔巴岭以南，东抵俄境为间岛者；有谓松花江以东，哈尔巴岭以南，东迄嘎牙河为间岛者；有谓韩边外及豆满、鸭绿江北地均为间岛者。众论纷纭，莫衷一是。盖日人惟抱侵略之野心，原无确实之证据，故其所说，亦因各人之观察而自歧异。吾人参照各说，观其政府实行经营之迹，窥测其用意之所在，盖西自黄花松沟及英额岭，北至喀〔哈〕尔巴岭及老爷岭，东迄嘎牙河，南抵豆满江，凡延吉厅之西部及绥芬厅西南之一角，实其所欲争之地，而认为问题所涉之范围者，谓为间岛之疆域，似无不可。此外若韩边，若鸭绿江北，若珲春，不过间岛问题之关系地而已。故兹叙述间岛之地理的情事，亦以此为范围焉。

（1）沿革。间岛为古时东夷肃慎氏之域。周时为涉国地。秦及汉初为朝鲜属国东沃沮（一曰南沃沮）地。汉武帝灭朝鲜，以东沃沮地为玄菟郡（治沃沮城）。后为貊人所侵灭，徙郡于辽东之高句丽。元帝时，复为沃沮地，属于乐浪东部都尉（治不耐城，辖单单岭东七县）。后汉光武帝时，罢都尉，封沃沮为县侯。三国西晋时，沃沮属于高句丽国。南北朝陈时，为靺鞨人白山部所有，亦复〔役〕属①于高丽（即高句丽也）。至唐高宗时，灭高丽，

①编者按：民国《地学杂志》连载版《间岛问题》“复属”为“役属”。

其地属于安东都护府，后复没于靺鞨，而新罗复〔役〕属[1]之。渤海时，［西］南[2]部为东京龙原府地，东北部为恤品府（亦作率宾）地。辽时，南部为女真人温特赫蒲卢毛朵等部地，北部为率宾府地。金时，南部为海兰路地，北部为上京路会宁府地。元初为南京万户府地。世祖时，为辽东总管府地，后复改置开元路，及海兰府水达达路（亦作硕达勒达路），东大部属海兰府水达达路地，西少部属开元路地。明初为兀者野人女真军民府地。未几，改军民府为三万卫（明初，因女真人来附，置军民府，未几，改三万卫，皆治鄂多里〈今敦化县〉），洪武二十年始徙卫于开元，即今开元县也（见原本《读史方舆纪要》，今本《方舆纪要》经清廷删削者甚多，其辽东一卷尤甚，著者于日本西京曾见大阪《朝日新闻》所藏之原本）。永乐时，西南部属毛怜卫，中部属建州左卫，东北部属兀者卫（亦作高〔窝〕[3] 集）。中叶以后，豆满江上流属毛怜卫，下流属兀者卫，海兰河流域为爱丹卫（今艾丹城，其治地也），布尔哈图河流域为布尔哈图河卫，嘎牙河流域为树哈卫西境，俱为女真部落（见《吉林通志》），而以奴尔干都司羁縻之。明末，南部为瓦尔喀部地，北部为虎尔喀部地，俱属于东海窝集国。清初，为宁古塔城辖地。康熙五十三年，改属珲春城，置协领治之，其东北部，则仍属宁古塔。光绪七年，改珲春协领为副都统。光绪二十九年，以珲春地设延吉厅于局子街，以宁古塔地设绥芬厅于三岔口（“绥芬”盖即古“恤品”之转音也），地分属之，迄今不变。

（2）面积人口。间岛之地，西起东经约百二十七度五十分，东迄东经约百二十九度五十分，南起北纬四十一度三十分，北迄北纬四十三度五十分。广三百一十里，长四百七十里，面积约十万余方里，较日本四国稍大，较台湾稍小。惟人口甚为稀薄，且客民多，土著少，不能确实统计。据最近日人之调查，共计间岛全境有户一万七千四百余，人口九万四千余。分计之，则

①编者按：民国《地学杂志》连载版《间岛问题》“复属”为“役属”。
②编者按：民国《地学杂志》连载版《间岛问题》“南”为“西南”。
③编者按：民国《地学杂志》连载版《间岛问题》“高”为“窝”。

中国人三千七百余户，二万七千余人，男一万八千余，女九千余，朝鲜人一万六千三百余户，七万七千余人，男四万四千余，女三万三千余，盖平均一方里强仅得一人之率也。

（3）地势山川。间岛地势，自西而东，起伏屈曲，成为一大缓斜地。西北环山，东南滨河，中间许多山脉河流，纵横贯列。其山脉之大者，自白头山东走为北甑山（高五千余尺，顶平，有喷火口），为长山岭。又东稍北为大秫秸垛山（又曰下畔岭），为青山，为南丘山，为胡里改山（又曰兀良哈岭），为盘岭。自北甑山迄盘岭，蜿蜒五百余里，通称为黑山岭山脉。自大秫秸垛山分一支北走为老岭，为五道羊岔岭，为窝集岭（高六千尺）。自窝集岭分一支西走，入韩边外境，为牡丹岭山脉，为哈尔巴岭（高二千六百尺）。再折而东，为平顶山，为和欢山（高二千八百余尺），为马尔胡里岭，为老爷岭，为松岭（自是分二支，南为穆克德亨山脉，东北为完达山脉）。自老岭迄窝集岭，蜿蜒二百里，为东西一大分水岭，敦化、延吉由此划界，通称为英额岭山脉。自窝集岭至老松岭，蜿蜒三百里，为南北一大分水岭，通称为哈尔巴岭山脉。英额岭山脉，自五道羊岔岭，又分支东走，终于冒儿山，为马鞍山脉。哈尔巴岭山脉，自和欢山又分支南走，终于廷〔延〕① 吉冈，为四方台山脉。黑山岭山脉，横列于豆满江北岸，山之南面，陡斜急侧，北面缓慢倾叠，成为一带之丘陵性地，称曰“南冈”。英额岭山脉，与哈尔巴岭山脉，为间岛二面之轮廓，山势高峻，成为一带之高原性地，于间岛有建瓴之势。马鞍山脉，在海兰河、布尔哈图河之间，居间岛之中央，地势较为低平，称曰“西冈”。四方台山脉在嘎牙河、布尔哈图河之间，山势蔓延四出，东西各成缓斜面，称曰“北冈”。其河流之大者，豆满江、海兰河，已如前述。布尔哈图河，源出于哈尔巴岭，东南流，左受头道沟、二道沟、北二道沟，又东南流，左受城场沟、粮米台河、庙儿沟、土门子河，又东南流，右受榆树河、胡仙洞河、锡林河，又东流，左受朝阳川（亦曰太平沟）、

①编者按：民国《地学杂志》连载版《间岛问题》“廷”为“延”。

延吉河，又东至局子街东南，入于海兰河，全水计长二百余里。嘎牙河，源出老松岭，西南流，右受哈达河，又东南流，左受牛圈河、石头河，又东南至萨奇库站西南，右受阿穆达河，左受小嘎牙河，又南，左受噶哈里河，又西南，至太平岭东（即瑚珠岭），左受大荒沟，右受苦水白草沟①，又东南，左受旺青河②，又南，右受牡丹川，又南，至嘎牙河屯东南，入海兰河，全水计长四百余里。豆满江流域北岸属间岛者，大抵险峻之溪谷性地居多，在间岛中较为硗瘠之区。海兰河流域，土地旷衍，沃野相属，实三冈交通上、产业上之中心点。布尔哈图河流域，上流为一带之谷地，下流为一带之平原，间岛北部之堂奥在焉。嘎牙河流域，西岸属间岛者，半系丘陵，半系平原，承四方台山脉东缓斜面之余势，亦东北方面之门户也。

（4）地质。间岛地质，大抵以太古界之片麻岩、花岗岩，古生界之玄武岩，中生界之沙岩、页岩为主，以太古界之千枚岩，古生界之粘板岩砂砾，中生界之灰岩、砾岩为副。中央三冈地方，多砂岩、页岩，而间以砂砾、砾岩。西南部白头山以东为玄武岩，由古时溶流凝结而成者。西北部高原地，则系片麻岩、花岗岩及千枚岩、粘板岩、灰岩等之混合质。约而言之，周围之山岳地方，多火成作用，中央之低地，多水成作用。此其地质之大要也。

（5）气候。间岛气候，大略与满洲大陆大同小异。雨雪之期，比较的多，夏期降雨尤甚，雷霆甚少。东部春夏多东南风，秋冬多西北风；西部春多西南风，夏秋冬多北风。寒暑变化颇激，夏期温度最高时，达于摄氏三十二度，乃至三十九度；冬期最低时达于零二十度，乃至零三十六度。盖本为大陆气候，而以近于海洋之故，复稍变化者也。

（6）政治。间岛政治之组织，属于清政府之官治者，以延吉厅为最高机关。厅之长官，为抚民同知，兼理事衔，正五品，属吉林分巡道，掌地方赋税、词讼之事。兼理事者，得兼理满洲人之事务也。其下有和龙峪分防经历一员，正八品，掌初级裁判及开垦、捕盗之事务。教谕一员，从八品，掌教

①编者按：白草沟，疑为“百草沟”。1909年签订的《图们江中韩界务条款》中为“百草沟”。
②编者按：旺青河，疑为“汪清河”。

育事。巡检兼司狱一员，正九品，掌监狱事。其特殊之机关，巡警局掌警察事务，总局设于厅治，分局设于头道沟等处。通商局掌陆路通商事务，一设和龙峪（分防经历兼之），一设光霁峪。山海税局，掌收税事务，总局设于厅治，分局设于土门子各处，荒务局掌开垦升科等事务。交涉局掌外交事务，均设于厅治，局员皆委用官吏或士绅任之。此外珲春副都统及其下之协领、佐领、骁骑校等官，经制上应有辖治间岛之职务。宁古塔副都统及其下之协领、佐领、骁骑校等官，绥芬厅同知及其下之知事、教谕、巡检等官，经制上应有辖治间岛东北部之职务。然大抵皆归于有名无实矣。

属于自治者，为社、村、乡约、团练、公议会等。社为垦民随地区分，数十家或数百家相合立之，以共理垦地课租事。村有村长，掌地方争讼、盗贼、水火之事。乡约，合数村置之，或置于无村长之一村，大约亦如村长。团练，合数乡数村组成之，有练长，练兵勇，备器械，以防御盗贼。公议会，为市镇商人所设，谋商业上之便益者。此等自治团体之中，尤以乡约、团练之权利为最大。

自光绪七年，清廷又设有督办边务处于珲春，专掌边务事宜，以珲春副都统兼之。去岁又改驻延吉厅，派专员任之。计其组织，督办一员，会办一员，交涉科长、参谋科长、书记科长、庶务科长、执事官、俄文译员、东文译员各一人。其下间岛各地方，又设派办处十余所，掌民政警察之事，所员若干人。

日本去岁设立之派出所，原有所长、总务课长等数人。今岁三月，日皇以敕令发布间岛派出所官制，共计所长一人，奏任事务官二人，奏任技师一人，属技手、通译共五人，皆判任。宪兵队长、警部、邮便局长等各一人。

（7）军备。间岛之军备，以吴大澂创设靖边军于珲春为始。光绪二十八年，移靖边军于宁古塔，复设吉强军驻延吉厅，以防备珲春、延吉一带之地。计现今专属于间岛城内者（去岁边务督办率来之北洋常备军，不在其列），吉强军共四营，在间岛者有三营，中营驻局子街及帽儿山、朝阳川等处；马队五哨，计二百人，左营驻头道沟及和龙峪、光霁峪、西古城等处；步队五哨，计四百人，右营驻老头沟、铜佛寺、土门子、瓮圈拉子[①]、嘎牙河等处；步队五哨，计五百人。[②] 全军有统领一人，营有管带一人，哨有哨官、哨长各一人，军器皆系新式，操法亦颇齐整。靖边军左路共三营，在间岛者有一哨，驻骆驼褶〔砬〕子。步兵五十人，有队长一人统之，军器皆系新式，有小炮二门，操法不甚精良。捕盗营共一哨，驻局子街，计步兵五十人，有哨官一人统之。经厅亲兵队共一哨，驻和龙峪，计步兵五十人，有哨长一人统之。水师营共一哨，驻于珲春之西步江，间岛南部沿江一带，皆属其汛地，计水兵四十名，三板船一只，四板船二只，噶尔萨炮七门，有领哨一人统之。此外珲春副都统之骑兵（珲春副都统所辖，共计协领二员，佐领八员，防御四员，骁骑校八员，笔帖式五员，助教一员，领催四十名，前锋五名，甲兵五百五十四名。佐领八员中有世管佐领二人，即库尔喀人世职也），在昔共辖间岛一带之地。今则仅同虚设，不足与于间岛军备之数矣。

（8）交通。间岛以开辟最迟之故，交通甚不便利。近年移民日多，官治渐兴，交通机关，乃逐次发达。要而计之，可分为三：一曰陆路；一曰水运；一曰邮便。

间岛陆路之交通，以海兰河流域为中心点，分支四出，如蜘蛛之四布。由局子街东行，经瓮圈山、依兰河、苇子沟、嘎牙河而往珲春者，为一道。由局子街西行，经朝阳川、官道沟、铜佛寺（自此又分二道，南道往头道沟，西南道经天宝山）、老头沟、五蜂岭（一名五个顶子山）、土门子、瓮圈拉子、榆树川、小庙沟、粮米台、大庙沟、城场沟、二道沟、头道沟、哈尔巴岭，而往敦化及额木索者，为一道。此二道皆沿布尔哈图河岸而行，地势平衍，路亦广阔，原为驿传大道，间岛、珲春、吉林一切交通运输，无不由此者。由嘎牙河北行，经白草沟、上嘎牙河屯、瑚珠站、小三岔口、老松岭，而往宁古塔者，为一道。此道虽多山谷，亦可通行无阻，自上嘎牙河屯以北，珲春往宁古塔之驿路也（自上嘎牙河屯东南行，经王清凉水泉子米占而至珲

①瓮圈拉子：今作“瓮圈砬子”。砬子，山上耸立的大岩石；多用于地名。

②编者按：前句写“步队五哨，计四百人”，这里又说“步队五哨，计五百人”，疑有误。

春)。由局子街南行，经帽儿山、六道沟、和龙峪、王八脖子，而往会宁者，为一道；由六道沟东行，经东盛涌街、光霁峪，而至钟城者，为一道（由光霁峪西北行，达局子街，东北行达嘎牙河，亦多〔为〕① 大道）。此二道为间岛与朝鲜间交通之孔道，沿途复有许多支路，纵横联络，间岛一切货物，无不由此出入。由六道沟西行，经阖门咀子、东古城、头道沟、天宝山、三道河子，而往敦化县南境者，为一道。此道沿海兰河北岸而行，自头道沟以下，亦为物资流通之道。由头道［沟］南行，经西古城、三道沟、外四道沟、石洞沟，而往茂山者，为一道。此道越黑山岭脉，路颇陂仄，车马仅能通行，为朝鲜移民往来之地。由头道沟西行，经二道沟、蜂蜜沟、王家塘子、窝集岭、五道扬岔，而往韩边外者，为一道；由三道沟西行，经土山子、澄子淘、老岭，而往娘娘库者，为一道。此二道皆行于丛山老林之中，路途险恶，车马不能通行，不过樵夫猎户出入其间而已。

间岛水道虽多，然足供交通之用者甚少。豆满江自发源处至嘎牙河口，殆尽流于山谷之间，河水浅急，且多屈曲，无舟楫之便。惟盛夏水涨时，长白山中木筏顺流南下，达于茂山、会宁等处。海兰河、布尔哈图河、嘎牙河三水，河身狭仄，河砥〔底〕沙石填积，仅局部间可行槽船，或流下木筏，亦不能为长途之航路也。

间岛邮传机关，在昔仅有由珲春北达宁古塔之驿站，每驿设站丁十人乃至三十人，牛马十五头乃至三十头，专以传递官家公文为职，以笔帖式或委员掌之。及设立延吉厅后，益感交通之必要，由是邮政电线，逐次发达。电线由局子街东至珲春，再由珲春北经萨奇库站达宁古塔，又由局子街西经额木素达吉林省城。局子街有电报局，有委员、领班、报生若干人，皆隶于吉林总局。邮政有官民之别，官设者为文报局（邮政局尚未设立），递送公文及官家函件，民间书信亦间有出资托送者。民设者为信局，系奉天义合信局之分店，以传递普通书信及汇兑金银为业务。近日日本侵入，又立邮便局于

①编者按：民国《地学杂志》连载版《间岛问题》“多”是“为”。

六道沟，开设电线邮政，其线路由六道沟达会宁，可与朝鲜京城及日本本国直接。

（9）产业。间岛之产业，以农商为最，而林矿次之。其余工业、猎业、渔业、牧业等，亦间有之，然不甚发达也。

农业。间岛地味肥沃，黑土居其大半，深三四尺（惟局子街一带稍次），种植甚宜。总计全土之耕地，约可得七百余万亩。其农产物甚繁多，产出之额亦丰富，尤以海兰河下流及布尔哈图河下流一带为最。其各种产额之比较，随地而异。布尔哈图河下流，首小麦，次玉蜀黍（俗曰包米，亦曰包谷），次高粱，次粟，次豆。布尔哈图河上流，首小麦，次粟，次玉蜀黍，次豆。嘎牙河流域，首高粱，次小麦，次粟，次豆，次玉蜀黍，次麻，次烟草，次鹦粟①。头道沟流域，首小麦，次豆，次高粱，次玉蜀黍，次蘑菇。二道沟流域，首高粱，次小麦，次玉蜀黍，次豆，次鹦粟，次麻，次蔬菜。三道沟流域，首小麦，次粟，次玉蜀黍，次高粱，次黄烟，次鹦粟，次人参。海兰河下流，首小麦，次高粱，次豆，次玉蜀黍，次稻，次粟，次稷（俗曰糜子），次瓜类。其农业制度，有大农制、小农制及组合制之三种。大地主雇人自种及贷地于人而收其田租者，为大农制。小地主自耕自食及佃户借地耕作者，为小农制。以数人或数十人相聚，而从事垦地耕作者（名曰帮耕，此制较上二者尤多），为组合制。三者之间，以组合制为最发达。

林业。间岛三面环山，自古号为东北窝集之地（窝集亦作渥集，亦作乌集，亦作涅稽，满洲语“森林”之意，古之沃沮、勿吉、渥稽等国名，皆音同字异之一语），故森林甚富。自白头山蜿蜒而东，迄于大秫秸垛山，以松、桦、榆、柞、柳、椴、杨等为主，长百余里，广四五十里，深茂蓊蔚，不见天日，其老大者，高十余丈，周丈四五尺。黑山岭一带，以松、楠、枞、枫、柳、杨等为主，长二百里，广三四十里，其老大者，高七八丈，周四五尺。英额岭一带，以柞、松、椴、桅、榆、槲等为主，长二百里，广百余里，其

①鹦粟：今作罂粟。

老大者，高十余丈，周丈余，为间岛森林之冠。哈尔巴岭一带，以松、桦、椴为主，长三百余里，广四五十里，其老大者，高十余丈，周五六尺。四方台山一带，以柞、桦、椴为主，长百余里，广四五十里，其老大者，高七八丈，周五六尺。冬春之季，入山采伐，造为木材或薪材，以马车及人力运送出山。有河流处，则编为木筏，流下至局子街、头道沟、敦化县及韩国六镇等处销售，每年出产之额不鲜。

矿业。间岛到处皆露矿脉，以金、银、石炭为最富，铜、铁亦不少。惟土民不知开采之法，故矿业甚不发达。其已经发见开采者，都凡有八：一为天宝山银矿，在延吉厅西百里胡仙洞河之上流，山之南腹有三坑，光绪十七年湖北人程光第禀官开采，产额甚富，其后为俄人所破坏。前年，程又与日人中野次郎合办，去岁为清官吏封禁。一为官道淘金矿，在厅西四十里，数年前开采，矿苗甚佳，惟以采法不良，产额甚少。一为二道沟口金矿，在厅西百里，十余年前开采，产额甚富，现犹有八九百人，照常从事，每年产金约万余两。一为蜂蜜沟金矿，在厅西南百五十里，七年前开采，从事者常有六七百人，每年产金约三四千两。一为东南岔沟金矿，在厅西南百五十里，数年前开采，从事者常有百余人，每年产金约千余两。一为白草沟铜矿，在厅东北八十里，数年前开采，产额不甚富。一为三道沟炭矿，在厅西南百三十里，十余年前开采，产额颇富。一为老头沟炭矿，在厅西六十里，数年前开采，产额颇富。其余南、北、西三冈各地，又有炭矿数处，则仅土民开采，以供常时燃料而已。

渔业。间岛四大河流皆产鱼。布尔哈图河及嘎牙河，以鲑鱼（俗名大麻哈鱼）为大宗。海兰河以鲇鱼为大宗。豆满江以鳟鱼（俗名赤眼鱼）为大宗。其余鲶、鳗、鳖等，亦到处皆产。有专业渔户（满洲人为多）从事采捕，制为干鱼，输出于珲春各处。

猎业。西部英额岭、长白山一带，人民多以狩猎为生，其狩猎物，以虎、熊、狍子、獾、狐、灰鼠、鹿、麝、雉、戴胜、鹌鸽等为主。北部哈尔巴［岭］一带，人民亦于农隙从事狩猎，其猎产物以雉、鹿、猞猁狲、貉等为主。南部黑山岭一带，人民亦同有兼事狩猎者，其猎产物以熊、狍子、獾、狐、鹿、雉、鹤、雁等为主。猎获之物制为皮货、药剂、食品等，输出于满洲各地，及朝鲜、西伯利亚等处，其额甚不少。

牧业。凡豪农佃户及大商家，皆从事于牧畜，一家多者至数百头，其牧产物以豚、马、牛为最，骡、羊、鸡、鸭次之，除自供使驭及食用外，多输出于西北利亚①各处。

工业。间岛以原始的产业丰富之故，工业亦颇兴盛。惟制造法极粗劣，生产之率不能发达，故不能与外国之机械工业相比较。然其种类及产类〔额〕②，亦颇不少。其工业物，以酒、油、面粉为大宗。酒有高粱酒、黄酒（粟酿者）、红酒（麦酿者）之别，而高粱酒为最多。造酒之工场曰“烧锅”，局子街有六户，头道沟有六户，东盛涌街有二户，皆为大规模之工场，常使用牛马十余头，乃至三四十头，人夫二十余人，乃至百余人，每日能出酒七八百斤。其他光霁峪、和龙峪等处，亦有小烧锅一二户，每日能出酒数十斤，乃至百余斤。油有豆油、蓖麻油、胡麻油、苏油、棉油之别，而豆油为最多。其工场曰“油房”，局子街有四户，头道沟有三户，光霁峪、和龙峪等处亦有一二户，常使用人夫数人乃至十余人，每日能出油百余斤。面粉有麦粉、豆粉、粉条、素面之别。其工场曰“磨房”（制粉条者亦曰粉条房），局子街有五六十户，其他各处或数户十余户，常使用磨盘一二具，人夫数人乃至十余人，每日能出粉二三十斤乃至百余斤。此外丝业、麻绳业、皮货业、染业、织业以及各种小手工业，亦无处不有。大抵除供本土消费外，皆输出于朝鲜、西伯利亚、珲春、吉林等处。

商业。间岛以界于吉林、朝鲜、俄国之间，商业颇为发达。其市场以局子街、和龙峪、光霁峪、头道沟、东盛街、六道沟为最盛。局子街有商店三百余户，为对于珲春、宁古塔、绥芬厅、敦化县及俄领波些图、海参崴之需供地。输出物以粟、豆、高粱、油、酒、木材、皮货、砂金、豆粕、干鱼、

①编者按：西北利亚，即西伯利亚。

②编者按：民国《地学杂志》连载版《间岛问题》“类”为“额”。

蘑菇、人参为大宗，输入物以茶、盐、纸、蜡、火柴、绸布、陶器、香、药材、席、石油、糖、洋烛、俄国纸烟、俄国布匹、时计、牛皮、洋布、洋纱、棉花等为大宗。和龙峪有商店五十户，光霁峪有商店二百户，二处为对于东朝鲜之供给地。输出物以米、粟、豆、高粱、麦、酒、油、人参、蔬菜、木材、皮货为大宗，输入物以石油、盐、糖、布匹、陶器、绸布、麻布、木棉带、日本布、日本糖、日本纸烟、日本火柴、日本药材、日本海产物、日本杂货为大宗。头道沟、东盛街、六道沟各有商店一二百户不等，为对于间岛境内之货物集散地。粟、豆、高粱、麦、酒、油、木材、人参、皮货等之贸易甚盛。此外各地之小市镇，其贸迁有无者，亦随地有之也。

（10）社会。间岛社会之状态，可分为四：

人种。二百年前，居民皆属通古斯族之满洲人种（南部为瓦尔喀人，北部为虎尔喀人）。其后韩民越垦，乃混入朝鲜人种。二十年来，中国人殖民其地，故汉人种亦繁滋焉。计今各人种分布之势力，汉人以布尔哈图河、嘎牙河流域为根据，海兰河流域亦间有之（山东登莱①人为多），势力最大，为地主、商人、农民者居多。朝鲜人以海兰河以南豆满江沿岸为根据，海兰河以北及西部二道沟一带亦间有之，势力较汉人稍弱，为农民劳动者居多。满洲人则甚寥落，惟散居嘎牙河流域及海兰河下流一带，势力甚微，多无业之民。又近日六道沟、局子街各地，日本人有移入者，人数甚少，大半系倡伎及无赖，其势力尤不足称。

语言。昔时使用满洲语，三十年前使用朝鲜语，汉人移入后，汉语乃通行各地。现今全土，无论满汉人，大抵尽用汉语，朝鲜语惟朝鲜人用之。满洲语虽满洲人亦多不能解者。此外俄国语及日本语亦间有一二。

宗教。人民尚未开化，故信仰宗教颇盛，分门别类，约有数种：一佛教，局子街以东，佛寺不少，僧侣亦众；和龙峪一带，韩国佛教盛〔甚〕② 行，惟其势力皆颇微弱。二道教，各处市镇乡村，往往有关帝庙、财神庙等，庙

①登莱：指登州、莱州，包括了山东半岛的绝大部分区域。
②编者按：民国《地学杂志》连载版《间岛问题》“盛”为“甚”。

中多道士居之，皆奉道教龙门派（邱长春①派），居民有丧祭之事，必延道士主之，势力较佛教稍振。三回教，其教徒散居各种社会，势力颇大，有礼拜寺在珲春。四在理教，全土汉人，什五六皆信此教。其教起于清初康熙时，有明遗臣杨存仁（亦名莱茹，字佐臣，明万历进士，山东即墨县人），痛明亡之惨，谋在山东起兵图恢复，不果，乃入崂山学道。数年，周游燕、齐间，自言遇见圣宗关尹子降世度化，人多信之，得弟子尹某等八人，立教名在理教，设公所于天津，传播渐广，遂遍于燕、齐间。后因山东人移住满洲，此教随之传来，故间岛地方亦盛行。其教义参合儒、释、道三教，而以正心修身克己复礼为归，不供像，不烧香，禁食烟酒，而不禁茹荤。其组织，每一地方设公所一，有老师父一人总之（称曰大爷）。每年上元浴佛、中元腊八各节，教徒诣公所集会，名曰摆斋。现局子街、四道沟各有公所一所。五天主教，各处无赖之徒及劳动者信之。六道沟有教堂一所，牧师为法国人，教徒约二千八百人；局子街亦有教堂一所，牧师为中国人，教徒约四百余人：皆系天主旧教。此外亦兼〔间〕② 有信耶稣新教者，属于珲春长老教堂。六天道教，南部地方，朝鲜人多信之，为朝鲜一进会所创立。一进会主张亲日维新，故此教徒皆短发洋服，以“出政则一进，入家则天道”为宗旨。六者之外，满洲人间信萨满教（金时有女巫名萨满者创立，现今东部西伯利亚及黑龙江、吉林之满洲人多信之，取〔以〕③ 祈祷咒诅为事，其教曰师萨满巫者，有跳神帮君之别），汉人间信巫教，然其人甚为鲜少，不足称数。

民俗。南北民俗，各自不同。北部大抵与满洲各处相同，食物以高粱、玉蜀黍为主，衣服为满洲制，最不洁，居家皆设炕，盛夏亦燃火，眠食其上，富于迷信守旧之念，好祭鬼神仙狐，嗜赌博，婚丧祭祀，重繁文缛节。其满洲人，尤信巫蛊。然其民性忠实朴厚，有坚强忍耐之风，吸烟、嗜酒、妇女缠足之弊，比中国本部稍少。南部大抵与朝鲜同，食米谷，服装如前明制，

①邱长春：指长春真人邱处机。邱处机，金道士，道教全真派“北七真”之一。
②编者按：民国《地学杂志》连载版《间岛问题》“兼”为“间”。
③编者按：民国《地学杂志》连载版《间岛问题》“取”为“以”。

色尚白，居室席地而坐，性温柔敏巧，而流于怠惰委靡，亦重迷信，善守旧，起居饮食，最不喜清洁。二者比而观之，北部较南部，盖稍胜矣。

(11) 地方志。间岛土地未辟，人口稀疏，地方市镇村落可称者甚少，今记其调查所知者如下：

局子街，即延吉厅治，在吉林省治东八百五十里，当布尔哈图河与延吉河会流之北。市街长二里，宽一里，跨布尔哈图河而居。诸官署、商店多在河北（河南亦曰南营，亦曰艾丹城，亦曰芝丹，曰地陀所，明时之爱丹卫治所也）。商务颇盛，木店、布店、酒店居多。居民共约三〔五〕百余户，人口约一千三百〔二万三千〕人。① 其附近地方为一大平原，东西约二十里，南北五十里，土地肥沃，耕地甚多，居民富庶，实间岛北部之天府也。

和龙峪，亦名大拉〔砬〕子，在延吉厅南九十里，当南邱山脉之斜面，中韩陆路之通商地也。南至会宁五十里，北距六道沟四十里，东经八道河子至光霁峪四十里，为往来孔道，有分防经历厅驻焉。居民五十余户，人口约五百余。商务颇盛，有药铺、洋货店等。

光霁峪，亦名钟城崴子，在厅东南六十里，当豆满江之北岸，亦中韩陆路之通商场也。南距钟城十里，西距东盛街三十里，有通商局驻焉。居民二百余户，人口约二千三百余。商务颇盛。

东盛街，亦名东盛涌街，在厅南五十里，西距六道沟二十里。居民百余户，商务颇盛，为间岛南部货物集散之一市场。其附近地为一小原野，耕地颇多，居民亦富庶。

八道沟，在厅南三十里，距六道沟约二十里，人口百余户，多农业。

六道沟，亦名龙井村，在厅南五十里，居民二百余户，人口千余，商务颇盛，当东盛街、和龙峪、头道沟间往来之孔道，亦间岛南部货物集散之一市场也。日本间岛派出所即设于是处，附属之邮便局、宪兵队、警察署、病院等皆在焉。日本人约有二百余。其附近之地为一稍大之平原，东西约二十

①编者按：300 多户约 1300 人，每户约 4 人，疑有误；查民国《地学杂志》连载版《间岛问题》，为“居民共约五百余户，人口约二万三千人”。

里，南北约五六十里，沿沟两岸，耕地甚多，尤多水田，居民甚富庶。

头道沟，亦名三河镇，在厅西南八十里，当头道沟之北岸，东距六道沟六十里，居民四百余户，商店三四十家，商务颇盛，为间岛西部商业上之中心点。其附近地为一大村落，土地肥沃，耕地颇发达，居民亦甚富庶。

朝阳川，在厅西十里，居民数十户，商务颇盛，农业亦多。

铜佛寺，在厅西五十里，居民百户，商店十余家，余皆农业。

土门子，亦名石门山，在厅西八十五里，地沿土门子河两岸，居民三百余户，商店二三十家，农商业皆颇盛。

烟筒折子，在厅南三十里，居民约二百余户，皆业农，颇富裕，土地肥沃，耕地甚多。

帽儿山，在厅南三十里，当帽儿山南麓，为交通孔道。居民百余户，大半农业，商店仅数家，耕地颇多。

八道河子，在厅南六十里，当八道河沿岸之谷地，亦交通孔道。居民十余户，农商各半，土地亦沃。

东古城，在厅西南六十里，西距头道沟三十里，居民十余户，皆业农。此地有古城，相传为金时海兰路副总管所筑，城址四方，土墙，广约一百五十步。

西古城，在厅西南九十里，北距头道沟十里，当三道沟右岸，居民二十余户，皆业农。此城亦有古城，亦金时所筑。光绪三十年，土人掘地得一银印，方大二寸，镌"上京路万户钡字号印"九字，右旁镌"贞祐二年九月日"七字（贞祐为金宣宗年号，贞祐二年，当宋宁宗嘉定七年，高丽高宗元年，日本顺德天皇建保二年），盖此地金时为上京路辖地也。

二道沟，在厅西南一百三十里，东北距头道沟五十里，居民三十余户，商店四五家，农业亦颇盛。

三道沟，在厅西南一百三十里，北距头道沟五十里，居民三十余户，以农樵狩猎为业。

外四道沟，在厅西南二百二十里，北距三道沟九十里，居民数十户，皆业农。

石洞沟，在厅西南二百六十里，在豆满江北岸，东距外四道沟四十里，为通茂山之道。居民四五十户，皆业农，商店数家。

长坡岭屯，在厅西南三百五十里，当江溪河西，东距石洞沟九十里，居民十余家，业农。

长山岭屯，在厅西南四百五里，当长山岭河东，东距长坡岭五十里，居民十余家，业农樵。

碧桃花甸，在厅西南四百三十里，当石乙水与下乙水合流之北，东距长山岭屯二十五里，居民数家，业农樵及狩猎。

白草沟，在厅东北七十里，为往宁古塔孔道。居民数家。

嘎牙河屯，在厅东五十五里，当嘎牙河、海兰河会流之北，为往珲春之孔道。居民约百五十户，皆业农，商店数家。其地为一小平原，土甚肥沃，耕地亦发达。

上嘎牙河屯，在厅北百里，当嘎牙河西岸，为珲春往宁古塔之孔道，居民数十家，多业农。

瑚珠站，在厅东北一百十里，南距上嘎牙河屯十里，居民数家，有驿站在焉。

骆驼砬子，在宁古塔城南二百六十里，南距瑚珠站五十里，地属绥芬厅。居民数十户，业农樵，土地颇沃。

老松岭屯，在宁古塔城南一百九十里，南距瑚珠站七十里，当老松岭南麓，为宁古塔南来之大道。居民十余家，皆业樵，间营商业。

附录　韩边外志略

韩边外，原为吉林府辖地。当七十余年前，有山东登州人韩效忠（亦名显忠，号瑞臣）者，在夹皮沟为挖金贼首领，占领附近一带之地。清吉林将军遣人讨之，不克，乃招抚之。效忠阳受抚而阴修兵备，逐渐扩张其领域，遂至全有今地（效忠绰号边外，因呼其地曰韩边外，人亦呼为韩国或韩家），而成为独立自治之部落，清官吏授为练长之职。光绪二十三年，效忠卒。子受文弱病〔病弱〕①，受文子登举承其后，为现今韩边外之统领。其疆域东西长二百里，南北广百里。东以古洞河（界敦化县）为界，南以头道江南山为界，西以那尔轰大鹰沟为界，北以牡丹岭为界，面积约二万余方里，人口约五万余。其治所初在木旗沟（亦曰金城，亦曰地阴子，明时之穆城卫地也），在松花江之东岸、木旗河之南，北距吉林省治二百二十里，后分治于桦树林子（亦曰桦皮甸子），亦在松花江东岸，南距木旗沟三十里。领统居桦树林子，下有总理、管事等员属之。其领内分为团练会九区，会有会首一人，掌地方民政、裁判、赋税、军备之事（曰夹皮沟会，曰金银别会，曰古洞河会，曰帽儿山会，曰黎子沟会，曰梆锤沟会，曰那尔轰会，曰头道流〔溜〕河会，曰大沙河会）。每会养兵十余人，乃至五十人，合桦树林子、木旗沟二治所之护勇计之，共有兵六百余人。其地当长白山之北缓斜面，松花江上流之头道江、二道江诸水贯流其中，诸山脉纵横起伏，成为一大溪谷［性］②之高原地。地质属太古界之结晶片岩系，以片麻岩、云母、石英等为多。气候甚寒，多北风，雨雪较盛。居民皆系汉人（山东人最多），风俗习惯，皆与山东省相同。交通甚不发达，自桦树林子北行渡松花江，经大鹰沟，可至吉林。东行沿漂河而上，可至敦化。南行可至木旗沟，自木旗沟西行，渡松花江，经宽街，可至海龙府。东行沿木旗河而上，可至敦化。南行经二道沟、头道沟、色勒河、高丽房［身］、（贝勒）〔板〕庙子、老银厂、二道岔，可至夹皮沟。③ 自夹皮沟东行，经金银别、二道江、两江口、大沙河、古洞河，可至间岛及娘娘库。南行经高丽沟子、头道流〔溜〕河，沿二道江而上，可至濛江、汤河及临江县（娘娘库、濛江、汤河、临江县皆在长白山脉之西北缓斜，而鸭绿江之北、韩边外之南，即日本人谓为西间岛，或南间岛者。娘娘库为娘娘库河以西南之地，广长各数十里，有团练会，会首名五〔王〕老

①编者按：民国《地学杂志》连载版《间岛问题》为“病弱”。

②编者按：民国《地学杂志》连载版《间岛问题》此处有“性”字。

③编者按：民国《地学杂志》连载版《间岛问题》此句“高丽房”为“高丽房身”，“贝勒庙子”为“板庙子”。房身，满语，指屋顶、房址、房屋遗迹等，多用于地名。

峒①。汤河为头道江上流之地，当费德里山之北面，广长各北〔七〕② 八十里，有团练会之首，名纪□□。二地皆系自治村落，与韩边外无异。檬〔濛〕江，为头道江以东以西之地，当汤河之北，广长各百余里，吉林将军设有开垦局治之，居民亦立团练会自治。临江县，在费德里山脉之南，鸭绿江北岸，自帽儿山以东，至二十四道沟，皆其辖地，东西二百余里，县属盛京兴京厅，纯然之官治地也。今岁春，清东三省总督奏请增设州县于奉天、吉林二省，娘娘库隶桦甸县，以汤河及濛江地设立濛江州，皆属吉林省，以临江县东部增设长白府，属盛京省，刻下尚在经营中也），皆系险恶之道路，车马不能通行之处。产业以矿业、林业、猎业、人参业为重，农业、渔业次之，工商业无足称者。矿者多砂金，领内到处皆有，而以夹皮沟、古洞河、大沙河、金银别为最。林产多松、桦、椴、楸、榆等，由松花江输出于吉林。猎产多虎、熊、狍子、狐、灰鼠、麝等，各处有窝棚，从事狩猎。人参多在那尔轰附近一带，为领内最贵重之物。农产多玉蜀黍、豆、高粱、粟，渔产多鲤、鲫，产额均不少。现统领登举（号子昇）自光绪二十三年袭职，至二十五年，吉林将军保为尽先守备，后又升为都司。去岁，吉林巡抚又保升参将，授为南山一带总练长。今年春，东三省总督已奏请将其地设立桦甸县，以收其自治权云。

第六章　间岛与东亚政局之关系

上文所述间岛问题之真相，与间岛地方之情事，已略具如是矣。

虽然，间岛者，介于中日俄三国势力圈之间，于东亚政局之关系，甚为深切重要，盱衡③时局者，又不可不明形势也。夫日本之所以强词夺理，宁犯不韪而不惜汲汲焉必欲攫间岛为己有者，其原因与目的果何在哉？亦曰半在间岛，半不在间岛而已矣。何者？满洲、朝鲜，极东问题之导火线，而日

①编者按：民国《地学杂志》连载版《间岛问题》为“王老峒”。
②编者按：民国《地学杂志》连载版《间岛问题》“北”为“七”。
③盱衡：观察；纵观。

本所卧薪尝胆，竭全国之力以经营之者也。日本国于东海群岛，星罗棋布，当太平洋交通之孔道。其国防以南北二海面为最急，而北面之日本海，左控三韩，右望乌港，与俄人共有险要，尤其为存亡安危之所系。使不经营朝鲜以为屏蔽，则日本海不能高枕，而俄人直可抚其背而扼其吭。朝鲜与满洲，有唇齿辅车①之势，使经营朝鲜而不经营满洲以为藩篱，则朝鲜不能高枕，而俄人仍可捣其腋而断其臂。且也日本国小而贫，大有人满之患，欲求尾闾②，常不可得。顾瞻四方，惟弱小之三韩与老大之支那，尚可以逞其鲸吞蚕食之志，而实行其海外经济政策，故前此所以掷金钱、糜血肉，必驱逐先入之俄人者，正为此也。今者强敌已去，大欲方遂，国防经营与经济经营，正在同时并进之中，效秀吉③之雄图，祖义经④之遗策，故已踌躇满志矣。虽然，满洲、朝鲜与日本本国，间以大海，地势不相接，形援不相属，而满洲僻处西北，尤有鞭长莫及之势，自日本而往满洲，非渡对马海峡，纵贯朝鲜半岛而至东安，则必航黄海，绕朝鲜西岸而走大连，行程往复，辄经旬日；且俄人虽一时败退，然北满洲之势力依然存在，借东清铁道与松花江之利，与其沿海省连为一气，不啻围绕日本势圈（南满洲、朝鲜）北东二面，而使之不能越雷池一步。中国亦借口主人翁之资格，屡持收回权利之说，近且欲筑新法铁道⑤，以夺南满铁路⑥之势。夫统日本、朝鲜、满洲之全局而论之，日本在东，朝鲜在西，满洲在西北，而日本海阻绝其间，恰成掎角之形。由日本而控制满韩，与其绕行远途之对马海峡与黄海方面，不如径走直道之日本海之为愈也。由朝鲜而绾络日满，与其专事正面之西朝鲜，不如并用背面之东朝鲜之为愈也。由满洲而回顾韩日，抵抗中俄，与其拘守土地较硗、物

①唇齿辅车：指相互依存的双方，比喻关系密切、互相依存。

②尾闾：古代传说中海水所归之处，后泛指事物趋归或倾泄之所。

③秀吉：指丰臣秀吉（1536—1598），日本著名政治家、军事家。

④义经：指源义经（1159—1189），日本名将。

⑤新法铁道：自奉天（旧省名，1929 年改名辽宁省）新民至法库的铁道。清光绪三十一年（1905）英商请借款修筑，后因日人反对未果。

⑥南满铁路：原为 1897—1903 年沙俄在我国东北境内所筑中东铁路的一部分（长春至大连段）。日俄战争后，为日本所占，改称南满铁路。

产较乏之南满洲，不如进取沃野千里、粟资十年之北满洲之为愈也。以北满洲资济东朝鲜，为〔以〕① 东朝鲜吐纳日本海，再以日本海维系日本本国之国防经济，夫然后东亚之大势，乃在吾掌握中，而可以为所欲为，此亦形格势禁之理也。日人知其然，故近年以来，汲汲从事于此方之经营，不遗余力。调查松花江流域之富源，组织长白山开发之会社，建〔遣〕② 测图队于吉林，扩渔业权于沿海省，筑永兴湾为军港，辟清津为商埠，修会宁至清津之铁道，开日本北岸与朝鲜东岸之航路（前日本大阪商船会社所经营，由敦贺经元山、城津而至清津），凡所以直接间接谋日本北面海上国防经济之充实者，无不持筹握算，日进不已，其成效亦略有可观矣。惟是，东朝鲜沿岸一带，土地硗瘠，物产贫乏，虽有元山、城津、清津诸港，而陆上之富源不继，输出入之货物不多，兴盛之势，殆难骤望。北满洲天府之松花江流域，与东朝鲜诸港距离颇远，崇山巨岭，间阻其间，虽有会宁清津铁道，而一越豆满江，则除险恶之道路及粗笨之马车外，几无交通机关之可言，运输联络，甚形不便。苟非再于东朝鲜、北满洲之中间，求一形援相济、指臂相倚之域，以为络绎南北传接交通机关之枢纽，则北满洲之货物终不能流通，东朝鲜沿岸之商务终不能发达。所谓以北满洲资济东朝鲜，以东朝鲜吐纳日本海之计划，终不能实现，而日本北面海上之国防经济，终不能充实。夫欲于北满洲东朝鲜之中间求一形援相济、指臂相倚之域，则舍所谓较四国稍大较九州稍小之间岛，岂再有二焉者耶？呜呼，是即日人所以必欲攫间岛之一大原因欤！

今夫溯布河，逾哈岭，绝额多里③之城，走俄木索之驿④，西指乎吉林之邦，此北满洲平原之一大都会，松花口航路上流之终局，而吉长铁道东端之起点也。越海兰，渡图们，入北咸镜之郊，经东沃沮之野，南临乎日本之海，则左走崴波（海参崴港、波些图港），右通敦舞（日本之敦贺、舞鹤二港）之东朝鲜诸港湾在焉。横绝嘎牙，直走珲春，掠波些图之浦，涉阿穆尔之津，

①编者按：民国《地学杂志》连载版《间岛问题》“为”是“以”。
②编者按：民国《地学杂志》连载版《间岛问题》“建”为“遣”。
③额多里：又作鄂多里，在今敦化市区东南部。史载清始祖布库里雍顺在鄂多里城建立满洲政权。
④俄木索之驿：清代东北境内重要驿站。

东抵乎尼古勒斯科之市（即双城子①），非俄人东清铁道、乌苏铁道纵横联贯东下乌港之冲要乎。是皆间岛之形势矣。

盖间岛者，实中日俄三国势力接触之缓冲地带，而具有控引东西临制南北之潜势力之要区也。苟有一国焉，捷足先得，规画而经理之，则大之可以抵御二国之势力，小之亦足以巩固自国之边圉。往者，中国尝用之矣。吴大澂自吉林南来，开道路，兴垦政，修守备，扼豆满江以为重防，而吉省东南边境，借以无事者十余年。日俄战前，俄人亦尝用之矣。俄将爱古斯都自珲春西上，据芝丹城，分兵屯守帽儿山南北，招抚马贼，四出侵路（俄人于英额岭山中招抚马贼，编为军，号“花膀子队”，日俄战后始解散）而长白山间及北韩境上，殆化为俄人之权域者数岁。此固征之往事而可信者也。今也，日人乘俄人败退之余，因中国放任之势，思欲伺间抵隙，割而有之，其用意所在，非所谓司马昭之心，路人皆知者乎？盖亦曰，于东朝鲜北满洲之中间，求一形援相济、指臂相倚之地，以为络绎南北传接交通机关之枢纽，而确立其北面海上国防经济之大计画而已。

吾人为之借箸代筹，遥揣其经营间岛之目的，盖不外有四：一曰交通；一曰产业；一曰殖民；一曰军事。

所谓交通上之目的何也？夫六道沟者，日人所认为经营间岛之根据地也（去岁冬，统监府已筹经费六百五十万元，为修筑六道沟市街之用）。自六道沟而北，越哈尔巴岭，过敦化而至吉林，约八百里，为间岛与北满洲交通之孔道。自六道沟而南，经会宁而至清津，约百五十里，为间岛与东朝鲜交通之孔道。此长距离之交通线，实间岛枢纽南北之筋脉。其南线既于会宁、清津间设有轻便铁道，而会宁、六道沟间，近且复谋延长之；其北线之全部，亦有议敷设者。惟以领土问题未经决定，故尚不果从事耳（今春彼派出所以测量路线设立木标，为边务督办所毁折）。使其得有间岛，则必实行其政策，

①编者按：双城子原为我国领土，1860 年《中俄北京条约》签订后被俄国占领，1957 年改为乌苏里斯克。

鸠工庀材，径事经营，先筑轻便，继改广轨，期岁之间，南线全部，当能蒇事①，而间岛东韩之交通，即可畅达。比及三年，北线一部，亦当经始，虽其西端在间岛域外者，或不克任意修筑，然以其强势诈力，临制易与之清廷，岂不能再仿东清、安奉、吉长之故事②。苟外交上策略有效，吾意其不出十年，此延长线之工事，亦必实施而告成功，而间岛、北满间之交通，亦可自由联络。诚如是也，则将来东清铁道之陆运，与松花江之水运，皆将减杀其东向之输送力，以折入于间岛铁道，与其南满铁道并驾齐驱。而自日本国越日本海贯东朝鲜以迄北满洲之海陆交通，亦可成一直线，畅行无碍，直不啻收缩满韩日三域之地势，而使之接近焉，此其便利为何如耶。

所谓产业上之目的何也？间岛物产丰富，为北咸镜道及俄领乌苏里各地所仰借，其贸易之势圈，北抵松花江，南迄朝鲜沿岸，东极海参崴，盖亦产业竞争之奥区矣。惟殖产兴业之事向不发展，故尚未臻于盛境。使日本得有间岛，则必大挥其产业政策，以从事开发，奖励农业，开掘矿山，采伐森林。此尤其细事，其大焉者，盖将俟珲春开埠条约之实施（乙巳中日满洲条约已定开珲春为通商埠），与间岛南北铁道之告竣，而谋日本、东韩、北满三域工商业之联络发达。以北满之物资，由铁道而输出于间岛，则东经珲春，可以散于俄领各地，而夺俄人之势力；南下清津，可以供东韩地方之缺乏，及日本内国工业原料之需要。以日本之商品由海道经清津而输入于间岛，则北出吉林，可供北满洲一切生食之消费。斯时也，陆上之六道沟，与海上之清津，互相出纳，同为南北之门户，而北满、东韩之富力，皆由是而吸收于日本之手。其结果，将使日本内国之制造贸易，亦必日益进步，夫岂特间岛产业云尔哉？

所谓殖民上之目的何也？间岛以七万方里之面积，而人口不及十万，以

①蒇（chǎn）事：事情完成。

②东清、安奉、吉长之故事：东清铁路，又名中东铁路，19世纪末沙皇俄国在东北地区修建的铁路；安奉铁路，日俄战争期间日本在东北地区修建的铁路；吉长铁路，清末吉林省城至长春的铁路。

中国本部每方里能容四十人之率则〔例〕① 之，尚可容人口四百万，以日本每方里能容五十人之率例之，尚可容人口五百万。且也风土干燥，气候温和，适于居处，为殖民之良地。使其归于日本，则必视为海外一大尾闾，而力行其移民事业，利用日本北面与间岛间之海陆交通，而便其出航之途，利用北满、东韩诸般出产之开发，而启其生活之资，利用三冈各处荒地之待辟，与劳力之需增，而固其永久占居之业。且不特间岛而已，北满洲，天府之国，人口密度亦甚稀疏，使间岛、吉林间之交通一日发达，则大和民族膨胀之范围，更可进而及于松花江流域，此亦必然之势也。十年之间，形见亚东大陆一隅，涌出一新日本，未可知耳。

所谓军事上之目的何也？夫日俄之在满洲，势不两立，此夫人而知之者也。今而后，若果有第二之日俄战役乎，则其角逐之场，必不在他处，而在北满洲之平原。俄人既擅东清铁道与松花江之利，东西联络，有率然在山之势。为日本者，苟但〔仅〕② 恃关东半岛之一隅，及南满铁道之独线，以为攻取之资，其不为强弩之末者几何？而间岛者，为北满洲之后门，当日本海之捷道，实足以出奇制敌而有余者也。使日本而得间岛，则必屯宿重兵，建为巨镇，近与朝鲜之驻屯军相提携，远与南满之守备队相呼应。平时可用以捍御北韩，镇压叛乱。一旦有事，则西出吉林，可以捣哈尔滨之冲；南道珲春，可以抄海参崴之后；北下宁古塔，可以劫东清铁道而截之为二。虽最后之结果未可预知，而要之足以制俄人一时之死命，使其太平洋沿岸与其本国之交通，不能不北退而经由黑龙江之迂途（现俄人已经决计筑黑龙江铁道，为此故也，然其成功尚不可知），则固无所于疑者也。此尤日人最终之大希望也。

以上四者，皆日人对于间岛之目的，一言以蔽之曰：要为日本北面海上之国防经济而已矣。抑夫日本人果有间岛，以达其国防经济之目的，其影响

①编者按：民国《地学杂志》连载版《间岛问题》“则”为“例”。
②编者按：民国《地学杂志》连载版《间岛问题》“但”为“仅”。

之及于中国者，又岂浅鲜也哉！满洲全土，原为东北重地，不幸前此盲昧之政府，昧于利害，拱手以委诸虎狼之强俄。误国大错，固已聚九州之铁，不能铸之。天牖其衷，日人出而代为讨伐，俄人败创之余，食之不能下咽，始以两国协议，各分其半，以保平衡。又以互相猜忌防制之故，不得不标榜门户开放、机会均等之主义，以外示维持和平之度。因是中国对于满洲之主人翁资格，表面犹保存不坠，此正所谓鹬蚌相持，渔人得利也。为中国者，苟能利用此机会，直起急追，内修政理，外结好二国，十年之后，或能恢复旧业，亦未可知。乃忽使日人又无端由间岛侵入北满，再夺俄人之半部。夫俄人果为所夺，则举满洲南北全土悉化为日本之势力范围，而失平衡之局。失平衡之局，则势必使中国再处于一国垄断权域之下。斯时也，清廷不能再用去虎进狼之策，又不能以自力抵抗之，惟有俯首结舌，一任日人之所为而已。而所谓东北重地者，非终于改图变色，又岂得已乎？夫当今之中国，尚能保持残喘，受各国保全领土之处分，不即蒙瓜分之祸，而使我国民获乘间图强之机会者，何为也哉？以各国之均势故也。使满洲全土而悉入于日本也，是日本独占优胜之地位，而破均势之局也，各国其不能默尔而息明矣。张牙舞爪，纷至沓来，以共逐中原之鹿。噫，禹城〔域〕① 虽大，尚有吾人啖饭之所乎！他日读“谁生厉阶，至今为梗”之诗，恐不能不追怀间岛问题耳！涓涓不塞，将成江河，世有关心东亚国际政局者，安得不于此问题而再三加之意也。

第七章　间岛问题之解决

然则中国应付间岛问题之策当何如？曰间岛者，中国之领土也，始终使之不失为中国之领土，斯可矣。世之人有持调停之说，主张局外中立制与共同协治制者，皆迂远不切事情之论也。夫国家间，苟因领土主权行使范围之故而发生争议，除一国欲以强力解决外，无论如何，皆不可不依据历史的、

①编者按：民国《地学杂志》连载版《间岛问题》“城”为“域”。禹域，中国的别称。传说禹首先划分九州，并指定名山大川为各州疆界，故后世称中国为禹域。

地理的、政治的事实，以为解决之标准者也。使间岛之历史的、地理的、政治的事实，而悉属暗昧难知之数也，则亦已耳，然衡以吾人之评释，所谓领土主权之历史也，自然之地势也，境界之条约也，皆已确切不移，如前之所陈述，固已显然，非暗昧难知之类比也，则不得以非中国领土之义解之，而调停以终事也明矣。

且夫国际问题之起，其原动国既有政策上之目的潜于其间，则被动国亦不可不视其目的以应付之，使无大害于我焉，此外交上之恒术也。日人之谋间岛，其目的既在北满洲之侵略。为中国者，即使明知间岛为所属不明之地，不能提出其历史的、地理的、政治的证据，犹当挥外交上之手腕，防御而抵抗之，而况既有种种之证据，确为中国之领土者耶。且论者亦知局外中立制与共同协治制之性质，为不适于间岛者乎？局外中立制者，国际争议调和之方法也。有一地焉，因历史上及政策上之事故，各国争之，相持不下，若归于一国，则此国将占优势而失平衡，故关系各国互相协议，立为永世局外中立国，或永世局外中立地，以条约保证其安全，而使独立自治（永世局外中立国，除防御外，不得与外国有战事，平时不能参预他国开战之交涉）。如一千八百六十七年，普法二国会议于伦敦（因卢森保①驻兵问题），以卢森保为永世局外中立国；一千八百八十五年，欧洲各国会议于柏林，以孔哥②殖民地为永世局外中立国；一千八百十四年，普鲁士荷兰二国以摩勒斯③立邑为永世局外中立地（二国因分划该邑及其所属锌矿，意见不合，遂以为中立地。其条约规定，两国皆不得筑城塞、设军备于其地，惟两国裁判所得行使司法权而已，其地今在普国与比利时国之中间，距比领拉些伯尔五哩，有人口三千余）；一千八百十五年，俄奥普三国以瓦消公领④一部之格拉高⑤为永

①卢森保：今译作卢森堡。
②孔哥：今译作刚果。
③摩勒斯：今译作莫雷斯内特（Moresnet），第一次世界大战后被并入比利时。
④瓦消公领：华沙公国。
⑤格拉高：今译作克拉科夫（Kraków），在今波兰南部。

世局外中立地（三国因分割瓦消公领地争论不决，遂将［其］① 一部之格拉高市与其传来领土合立为永久自由独立之中立市，在三国保护之下，其地今属奥国），皆其例矣。

虽然，此局外中立制协定之际，不可不先具二个之条件：一其地方须有历史上传来之资格；二其人民须有政治上相当之能力。此二者即不能得兼，亦必有一焉而始可，否则将不能举独立自治之实，终必至于扰乱安宁，折而入于强者之一国焉而后已也。间岛虽号为形势利便、物产丰饶之区，然历年荒芜，治理未修，编户鲜少，人智未辟，既无历史上之资格，又无政治上之能力，其不能举独立自治之实，盖已了然矣。苟施行局外中立之制，则困难现象，必层见叠出。为中立国耶，将不能有统治其国家之主权者与政府，及维持其国家之政治。为中立地耶，将不能有自治之组织，及自治之实质。流弊所至，致使全土数百里间，变为秩序紊乱之域，盗贼巢窟其中，奸宄构结于外，稍有事故，日人借为口实，乘之而入，不旋踵间，间岛全土，皆可归其掌握。其结果孰与全让间岛异？惟迟速稍差耳（或曰割鸭绿江北地及韩边外以益间岛，戴韩边外之豪酋韩登举为主权者，以建为中立国，当可成事云云，此不过滑稽之说也）。共同协治制者，国际法上之变例也。有一地焉，因历史上及政策上之事故，甲国争之，乙国抗之，而乙国之势，尝弱于甲国，甲国于是运用策略，议设为两国共同协治地，相约各遣官吏、共同行政，以互保其安宁。如一千八百五十八年，清俄二国以乌苏里江东为共同协治地；② 一千八百六十四年，普奥二国以休勒斯益、荷斯丁③二州为共同协治地，④ 皆其例矣。虽然，此共同协治制施行之际，强者之甲国必恃其国力，利用其主

①编者按：民国《地学杂志》连载版《间岛问题》此处为“其”，无“将”；据上下文，应为“将其”。

②指 1858 年《中俄天津条约》规定，清王朝与俄国从前未经定明的边界，由两国派出信任的官员查勘，并将查勘取得的相关结果作为条约的一部分补入。

③休勒斯益，即 Schleswig，今译作石勒苏益格，在今德国北部；荷斯丁，即 Holstein，今译作荷尔斯泰因，在今德国北部。

④指 1864 年，普鲁士和奥地利发动对丹麦的战争，丹麦战败，于当年 10 月与普奥签订《维也纳和约》，放弃对石勒苏益格、荷尔斯泰因两地的统治权，由普奥两国共同治理。

权之半，以力征经营其地，势或凌驾于乙国之上，久之，其地非终变为甲国之领土不止，此亦国际先例所屡见不鲜者也。间岛既为日人垂涎之地，而又有土著之韩人趋炎附势以助之，其势已足凌驾中国而有余，苟施行共同协治之制，则举凡该地之政治、军备、产业、交通诸事，皆不能不与日人共同处理，而使之握主权之半。夫天下未有势力不相等，而尚可与共同治事者，以取守势而弱之中国，而欲与取攻势而强之日本，于区区之间岛域内，相提相携，相守以信，吾不知其将谁欺也！倒持太阿，授人以柄，虽欲不亡，其可得哉！是故此二策者，皆绝对不能行于间岛者也。

然则，始终使不失为中国领土之策，其可必行乎？曰是未可必也。虽然，清廷果能引证事实，根据学理，坚持不让，以为谈判，亦实十有八九耳。夫外交之惯技，虽曰重权谋，尚诈力，然表面之标榜，则未有不以道德、仁义、平和为口头禅者，非真国交断绝之际，固犹不敢显以强力占人之土地，而悍然不顾也。世有尧其面而跖其心者，始也不知其伪也，故为所盗也。今乃知之，则抗言曰：汝果欲吾物耶，其速明火执仗而来。吾力不汝敌，将开吾门而任汝之席卷也。若尧言尧服而来，吾将与汝揖让周旋不懈，终不与汝以间耳。噫！果如是，吾知尧之必大窘也。间岛问题，何尝不如是耶，亦视乎清廷谈判之态度何如耳。曰：使谈判终不协，日本终不吾让，将奈何？曰：以今日之形势推之，日本盖终不能如是也。然使其果如是，则吾又岂另无应付之策耶？

今夫处理国际争议之最后手段，有所谓强硬的者焉，有所谓平和的者焉。强硬的手段（返报复仇、船舶抑留、平时封锁等），非吾今日所敢企及，无论矣。平和的手段，以法理为甲胄，以事实为干橹，固由吾力所能行之者也。平和的手段有三：一曰居中调停，听第三国周旋或和解也；一曰国际审查，两国以合意设置审查委员会，使审查问题之真是非，以豫备解决也；一曰仲裁裁判，两国以其事件付与仲裁裁判，而听其处决也。居中调停，与两国间政策上有意见之冲突时所用，其性质不适于境界问题，又无论矣。仲裁裁判与国际审查，一为两国间有法律条约上解释援引之争议时所用，一为两国间有事实上见解歧异、不能妥协时所用，其性质在阐明争议之真因，发挥事实之真相，与境界问题，正为相适，固又吾所亟宜采用者也。使间岛谈判而果不协乎，吾则以为可即用国际审查之手段，以博其次之胜利。先以缔结国际审查条约，提议于彼，得其同意，而后遣精明强固熟悉间岛情形之人员，与彼会合组织所谓国际审查委员会者，以为公平诚实之审查，作为记录，报告两国。夫间岛问题，里面虽基于日人侵略北满之野心而起，然表面之争议，彼曰不明地域，此曰自国领土，固犹是单纯之境界问题，正所谓事实上之见议歧异，而适用国际审查之手段者。以此提议，日人盖不能悍然拒而不应者也。果应矣，而间岛为中国领土之证据既确实，则此委员会所审查报告，终不能湮没，盖又可知也。虽其效力，无拘束之性质，不能强日人之承诺，然既经此郑重反覆审查之后，日人即顽，必不能配颜而再抗言曰：此仍不足为据也。时则吾再以严格之谈判继之，吾意日人除撤回其间岛派出所外，盖无他策耳。使国际审查而犹不协也乎，吾则以为可再用仲裁裁判老手段以博最后之胜利。一千八百八十一年，智利与亚尔然丁①国安的士山②境界问题，委英国仲裁裁判，一千八百八十九年，巴西与法领基阿那③境界问题，委瑞士仲裁裁判，皆为国际之成例，吾不妨效而行之。拟定主张，备列证据，或提出海牙公会，或欧洲一国裁决，折以公议，质以大义，吾意日人其终不能不俯而就我主张也又明矣。噫，若是者，又岂难能之事哉！亦患乎清廷之不知之而不能断行之耳矣。

难者又曰，子之说善矣，吾不能难之，吾且姑为子意，假谓日人终必吾让，虽然，日人岂果甘心弃间岛者？其让也，不过一时理屈耳，后此能保其不从他方变其态度而来乎？子之理想，其终能达哉？曰：唯唯，否否。不然，吾但就现势而论耳。吾以为现日人对于间岛之态度，不妨以如是方法应付之云尔，此外非吾之所敢知也。虽然，亦尝熟思之矣。夫使日人果从他方变其

①亚尔然丁：今译作阿根廷。
②安的士山：今译作安第斯山。
③基阿那：今译作圭亚那。

态度而来，吾意其大要当不外二事：一曰要求间岛韩民之保护权；一曰要求间岛、吉林之铁道敷设权。要求韩民之保护权，则仍可以设立官署，施行政治，而为经营一切之基础，虽领土权犹在中国，而亦可以徐图进行之法。要求间岛、吉林间之铁道敷设权，则仍可以北下北满洲，南贯东朝鲜，而便其本国北面海上国防经济政策之实施。二者之结果，皆与攫得间岛之领土权，无所轩轾。夫固可恐之阴谋也，然而吾之待之，亦不患无术也。何者？自日韩保护关系成立，韩人之在中国者，与日本人同归日本领事之裁判权，间岛韩民虽多，然其大半既编入中国国籍，属中国统治之下，无须他国之保护。其余者，可与日本人同受其驻扎吉林领事之管辖，更无设置特别保护制度之理。吾自一面清查户籍，整顿民政，以实行吾统治之权力，一面以此正当之理由，拒绝其要求，不获已，则许其设杂居地，置专管领事，以让步焉。已足以夺其口实，折其狡焉之心而有余矣。间岛、吉林之铁道，既为吾完全领土内之物，则允许其敷设与否，皆吾自操其权，更何要求之足惧哉？要之，一领土权而果得保全，即可谓间岛问题已得良好之解决。过此以往，无论日人变如何之方面，持如何之态度，苟清政府始终不蹈前次之覆辙，惑其甘言，受其威迫，拱手让之，开门揖之，夫固不患其再来也。

嗟呼，数十年来失地之祸烈矣！兴安岭南之失也以势怯，乌苏里江东之失也以虑疏，香港、台湾之失也以力屈，帕米尔、云南诸土司之失也以知瞢，旅顺、大连之失也以愚而受欺，胶州、威海、九龙、广州湾之失也以虚而被胁。凡此者，何莫非原于外交上失败，而资人以窥伺中原之前导也？呜呼，失地之影响，茫茫禹甸，几成为釜中鱼、俎上肉者屡矣！迄今思之，其能无噬脐之悔也？呜呼，前车岂远乎哉！清廷今日外交当局者，其尚一回首焉，勿再贻白山黑水之羞，而使鄂多里城边之鬼，不安于地下也。

（宋教仁著，郭汉民编：《宋教仁集㈠》，湖南人民出版社 2008 年版，第 89-156 页。）

评析

“间岛”问题是日本帝国主义者制造的阴谋。“间岛”原是吉林省光霁峪前图们江中泥沙淤积成的一块约长十里、宽一里的小沙洲，我国称为江通滩，也叫“夹江”或“假江”，朝鲜人称为“斜米”（“江洲”的意思）。康熙五十一年（1712）中、朝两国规定以图们江为国界，这块地方位于中国一侧，属中国领土。因这一带是满人故地、清王朝的发祥地，清兵入关后即被列为不准开垦的封禁之地。后来附近的朝鲜边民越境开垦，清政府便在此地设官管理。同治八年（1869）开始，因图们江南岸朝鲜钟城一带闹灾荒，大批朝鲜饥民越江开发清王朝管辖的土地，清政府无法阻挡，只好就地安置。光绪七年（1881），朝鲜人于图们江北岸私掘一沟，使江水歧出，滩地遂处于江中，四围带水。中国居民称为“假江”的地方，变成了朝鲜垦民口中的“垦土”或“垦岛”。光绪十一年（1885）清政府设立越垦局，专门管理图们江沿岸已经扩展至长700余里、宽40余里的朝民越境私垦地带，朝鲜垦民与中国百姓一样每年纳租银800余两。① 1900年俄国占领满洲后，怂恿韩国争夺这些私垦土地，并许诺与韩各占一半主权。光绪二十九年（1903）韩国官员李范允行文清政府越垦局，指假江为“间岛”，并妄言为韩土，开始出现“间岛”之名。1904年中、韩两国签订《边界善后章程》十二条，第八条为“古间岛即光霁峪假江地，向准钟城韩民租种，今仍循旧办理”②。可见所谓“间岛”，本来就是中国的领土，只是准许韩民租种而已。③ 1905年日俄战争俄败日胜，日本进一步掌控了韩国的外交、军政大权，韩国成其保护国。1907年，为侵略中国东北，日本当局托词“受韩政府倚嘱”，替韩国向清政府提出了“间岛”领土要求，且将“间岛”范围由夹江扩展为图们江之北、

①李澍田主编：《长白丛书研究系列之十二：东疆研究论集》，吉林文史出版社1992年版，第313－314页。

②徐世昌等编纂：《东三省政略·边务·延吉附件》，转引自赵宗颇、夏菊芳著《吴禄贞》，上海人民出版社1982年版，第47页。

③赵宗颇、夏菊芳著：《吴禄贞》，上海人民出版社1982年版，第47页。

长白山附近、满洲①东南大片区域（约包括今吉林省延边朝鲜族自治州延吉、和龙、珲春、汪清四市县）。

宋教仁是近代中国旧民主主义革命时期著名革命家，华兴会创始人之一、同盟会会员，矢志推翻腐朽清政府，建立民主共和国。当他得知这一消息，异常愤慨，查阅大量历史文献并结合自身实地考察经历，于 1907 年耗费数月撰写《间岛问题》一书，以为捍卫国土之据。该书于 1908 年出版。全书共七章，本书节选的是第三到七章。分别是“间岛之国际法的观察”“间岛问题学理的评释”“间岛地志附录韩边外志略”“间岛与东亚政局之关系”“间岛问题之解决”。

“间岛”问题已然是关系到地区局势的重大国际问题，引起了国际社会的广泛关注。宋教仁曾在日本法政大学学习西方政治，又翻译过多国法律制度文献，具有较高的法律素养和政治理论水准。他参照国际上解决领土纠纷的公认法则指出，国土之取得，一为“本来取得”，一为“传来取得”；境界之划定，一是天然境界，一是人为境界；领土主权归谁所有，取决于“领土主权之孰先取得，自然地势之孰为便利，境界条约之如何协定”。宋教仁以之为据，从间岛领土主权的历史、间岛的自然地势、间岛的境界条约三个方面，阐明了“间岛”地区无可辩驳地属于中国领土。

“间岛”问题的关键之一是，在朝鲜边民越境开垦之前，中、朝两方是否已经对边境有了清晰的划定，或者是否存在中、朝两方认定的天然境界。在这一点上，宋教仁引用大量中、韩、日古籍文献，详细说明了自唐朝以来，“间岛”就不在朝鲜政权的控制之下，反而从辽灭渤海国开始，该区域就被女真人占领。此后女真人的一支建立了清朝。进入清代，双方官员在康熙五十一年（1712）勘定界碑，明确了“间岛”属清王朝管辖。19 世纪后期朝鲜边民的开垦活动，在性质上属于越境开垦，不应受到法律保护。因此在当

①满洲：包括今辽宁、吉林和黑龙江三省全境，内蒙古东北部（即东四盟），旧热河省部分及外兴安岭以南（包括库页岛）。

时所通行的对于国境划定的准则中，“间岛”显然不能属于朝方。在地理走势上，宋教仁借用俄、朝、日文献，以子之矛攻子之盾，从白头山蜿蜒之形势和豆满、鸭绿二江发源、分流方面研究，得出“白头山及豆满、鸭绿二江者，实为当日满韩间天然境界”的结论。并且，宋教仁还引用朝鲜古山子校刊的《大东舆地图》为证，上面康熙五十一年（1712）定界之迹甚为明显，当日划豆满江为国界，毋庸置疑。

“间岛”问题的另一大关键是“土门江”的位置。按康熙年间所勘定的两国边界，双方以“土门江”为界。日本、韩国方面为牟取更多利益，便炮制了五种说法：（1）以海兰河为“土门江”；（2）以红土水为“土门江”；（3）以松花江的一条源头为“土门江”；（4）不明言“土门江”为何水，“泛指豆满、鸭绿二江以北地及长白山一带为韩国领地”；（5）不明言“土门江”为何水、何处为国境，“惟否认豆满江为国境”。其中以第三种说法图谋最大，因为按此说法，东北地区松花江与图们江之间大片土地都将被划入双方存在争议的“间岛”地区。宋教仁抽丝剥茧，从地理学、语言学和历史学三方面力驳几种论调的不实之处，力证“土门江”即当时“豆满江”（今图们江），逐个击破日本、韩国方面的“矫诬之论”。在驳斥日韩论调的过程中，宋教仁立足于清代学术中得到长足发展的音韵学知识，结合近代西方语言学的最新成果，有力地论证了“土门”“徒门”与“图们”指称的是同一事物，指出“豆满江名称之原起，实出于满洲语（即女真语），而朝鲜人以汉字译成之者”。他说，韩国语之“豆满”，是将本属重舌次清音的“图”“土”“徒”发作重舌清音的“豆”，将属于重唇半浊音的“门”“们”复加入鼻音发作“满”所产生的讹变。“土门”“徒门”“图们”均属“正译”，“豆满”属于“伪译”，但指称的均是同一个事物。经过这种语言学上的分析，宋教仁厘清了中韩边界“土门江”所指，对日方基于混淆的“土门江”所指而提出的无理主张，起到了釜底抽薪的作用。

接下来，宋教仁继续以子之矛攻子之盾。他引用日朝古今文献，结合中国历史和“间岛”现状，举出八条论据说明“土门”即两国国界，“间岛”

当属中国领土：一是朝鲜《通文馆志》载，穆克登定界碑后，曾从土门水道至茂山及庆兴海口巡视边界；二是康熙曾令库尔喀齐等处居人离土门江稍远处居住，恐与朝鲜边民往来生事；三是曾有朝鲜六镇人民越豆满江盗物伐木，被满洲官吏捕获交还治罪，光朝鲜史志记载就有16次之多；四是中、朝文献均有记载，两国定例，中国宁古塔、珲春边民渡豆满江至韩国会宁、庆源与韩国边民交易；五是1860年中方割“豆满江地距海二十里左岸”于俄，日本多报曾译载1884年李鸿章致朝鲜国王书，其中明言“左岸为俄国国境，右岸为朝鲜国境，该地以外，以图们江为大清吉林省境”；六是光绪年间清廷设图们江水师固边，朝鲜并无异议；七是吉林将军长顺命章鸿锡与朝鲜守边官员撤毁豆满江桥渡；八是朝鲜文献记载，1886年朝鲜国王咨北洋大臣文中，曾明言“图们豆满为一江转音，则疆界已大定”。这些两国间关于豆满江北交涉之事实，正是土门江即豆满江，豆满江北之“间岛”当为中国之领土“固定不摇之铁案”、无可辩驳之铁证。

第五章“间岛地志”首先对“间岛”名称的由来及“间岛”问题所关涉地域进行了分析，然后对“间岛”的地势山川、资源矿产和政治、经济、社会、人口、文化等情况进行了详细介绍。宋教仁指出，夹江（韩人称“古间岛”）以外“间岛”区域本指朝鲜人渡江越垦之地，一开始统称“垦土”，以不同地域相区别，如茂山垦土、会宁垦土，因“间岛”与“垦土”语音相近，后逐渐混淆。境界纷争起后，韩故意造出“韩土、韩岛、大韩岛、大间岛等称”，及至日人介入，才专以“间岛”称呼。而“间岛”地域，也因日本图谋，由原来确定的“宽里许，长约十里”的夹江，一变而为不确定的图们江以北及长白山一带几万平方公里的广袤区域。之所以不确定，不过是因为拿不出确实证据，也即，日方所言“间岛”，全出于其侵略阴谋，不过是其“所欲争之地”罢了。

第六章对“间岛”攸关东亚政局的重要战略地位及一旦失去可能造成的危局进行了深刻分析。宋教仁首先点明“间岛”位置的重要性：处于中日俄三国势力圈中，实为三国“势力接触之缓冲地带”，具有“控引东西临制南北之潜势力”，只要谁捷足先得善为规划，大之可以抵御其他二国，小之亦足以巩固边疆。然后从四个方面分析日本图谋“间岛”之目的及可能导致的后果：(1) 交通方面，通过“间岛”可向北沟通满洲北、往南直抵韩国东，中国、韩国之海陆线一旦贯通，将为日本进一步侵略中国满洲提供便利。(2) 产业方面，“间岛”丰富的矿产、森林等资源，将为日本发展实业向外扩张提供强大动力。(3) 殖民方面，“间岛”地广人稀，气候宜居，可据为堡垒并向中国松花江流域渗透，久而久之，必将在亚东大陆建成一“新日本”。(4) 军事方面，目前韩已为日本所控，日俄角逐俄处下风，再得“间岛”，日必屯重兵建巨镇，进而逼迫俄势力退出满洲，而使满洲全境成为其独占之势力范围。

那么，如何应对“间岛”问题？最后一章宋教仁给出了答案：必须坚持“间岛”是中国之领土，“始终使之不失为中国之领土”；在此原则下，采取平和的手段，“以法理为甲胄，以事实为干橹”，争取谈判胜利。他明确指出，所谓“局外中立”，不过是强敌以退为进，图谋最终占领之诡计；所谓“共同协治”，也不切实际，我弱敌强，断难与之平等治事：此二策最终都只会让“间岛”入他人之彀。强硬手段也不行，因为没有强大的实力做后盾，只能采取外交手段。宋教仁援引国际案例，针对日方意图及其可能反应，结合本国实际缜密谋划，对谈判可能遇到的情况层层分析并给出对策，充分体现了他作为一名政治家，对国家大势的深刻洞悉，和具体战术运用方面的冷静睿智。

20 世纪初中国面临的边疆危机日益加剧，周边列强不断借故蚕食原本属于中国的领土，一批爱国知识分子开始重视边疆地理研究，同时也促进了边疆史地学的兴起。宋作《间岛问题》可说是这股潮流中的杰出成果。从学术角度言，毫无疑问，《间岛问题》是有着相当学术水准的优秀边疆史地学作品。其中引用了大量中外文献——有人统计说有中、日、韩、俄文献共 90 多种，资料翔实，论据充分；运用历史学、地理学、语言学和国际法学等各科知识驳斥敌方观点，逻辑严密，论证有力：这一切都充分体现了宋教仁作为一名学者，严谨的治学态度和深厚的文化素养。但《间岛问题》绝不只是单纯的学术著作，而是粉碎敌人阴谋之攻略、捍卫国家权益之利刃。从开始撰写到最后完成并实现它的使命，贯串着宋教仁对祖国的满腔关切、一片赤忱。

《间岛问题》不是在安静的书斋里靠翻阅故纸堆完成的，其中涉及日方阴谋的很多资料和证据，是宋教仁扮作日本浪人，冒着生命危险，潜入日本特务组织长白山会“盗”来的。如果没有一颗炽热的爱国之心，绝不可能这样做。完成《间岛问题》的撰写之后，作为站在清王朝对立面、正被清政府通缉的革命党人，宋教仁既没有理会日方的收买与威胁，也不在乎某些革命同人“帮助敌人”的挖苦讥笑，而是暂时放弃与清政府的敌对立场，将著作署名“宋炼”，托湖南同乡、宪政党人许孝绶交给清驻日公使李家驹，“以为政府外交援手”。这在当时革命党急需经费，革命派中“排满”思想占主流，认为满洲是“满人故土”，不属“汉地”背景下也殊为不易。而宋教仁能够坚持国家大义，体现了他在国家民族意识方面，已经超出当时很多革命激进主义者。在他看来，政府不等于国家，国土不属于政府。他说：“政府固所反对，然国家领土，国民人人当宝爱之。”①

《间岛问题》对中日交涉产生了重大影响。清政府外务部得到宋教仁所著《间岛问题》后，在与日谈判中据理力争，1909 年 9 月 4 日，双方签署《图们江中韩界务条款》。该条款规定，以图们江为中韩两国国界，间岛为中国领土——中国延吉地区与韩国隔图们江相望的十万余平方里领土得保。这一事件时人也有记载。于右任曾回忆说：“后间岛交涉，因获此书为辅佐，得未失败。”② 徐血儿所作《宋教仁先生传略》也说宋教仁“曾著《间岛问题》一书，清政府得之，间岛交涉得以不败”③。还有今之学者将 1909 年 3 月清外务部驳复日本谬论之文本与《间岛问题》一书做比较，发现有不少方

---

①杨天石著：《从帝制走向共和 杨天石解读辛亥秘档》，重庆出版社 2016 年版，第 132 页。

②傅德华编：《于右任辛亥文集》，复旦大学出版社 1986 年版，第 245 页。

③马志亮主编，湖南省政协文史资料研究委员会编：《喋血共和 忆宋教仁》，岳麓书社 1997 年版，第 16 页。

面论证与该书内容“如出一辙”，显然在起草文本时是将其作为参考资料之一的。[①] 由上可见，宋教仁的努力取得了巨大成效。

宋教仁撰写《间岛问题》，也反映了他作为湖湘人士，对湖湘文化“经世致用”传统的继承与弘扬。近代以来，众多湖湘仁人志士为挽救国家危亡投身革命，成为革命的先驱与中坚，这与湖湘文化“以天下为己任”“经世济民”思想的影响密不可分。学术研究的问题意识不只是立足于学科自身的建设与发展，而是以回应时代关切、解决社会问题为首要任务，这既是以宋教仁为代表的一派学人与书斋学者最大的不同，也是湖湘文化在近代对湖南乃至中国的发展产生深远影响的重要原因。宋教仁用一本书，捍卫了一片国土，他是当之无愧的学术救国典范。他用自身所学维护国家领土主权的精神，值得我们永远铭记与学习。

不过，值得注意的是，虽然我方对“间岛”主权在1909年清政府与日本签订的《图们江中韩界务条款》中已经明确，但“间岛”问题并没有完结。20世纪70年代，韩国学术界开始有人挑起事端，宣称1909年的协议“无效”，“间岛”是韩国领土。这股舆论迅速蔓延。2009年，甚至有韩国民间团体要求韩政府向国际法庭提起诉讼，向中国索回“韩国领土”。如今，韩国政府虽然没有挑起主权之争，但那不过是因为，今日的中国，不再是一百多年前的清朝。

弱国无外交。当年的大韩帝国是日本的保护国，所以协议由日方签订，且第二年就被日本吞并；而当年也正是因为清王朝颓弱，我方才不得不以利权换主权——“间岛”的主权，是以日本可以在龙井村、局子街、头道沟、百草沟四处开埠设立领事馆，和拥有吉林到韩国会宁的铁路权换来的。虽然付出了不小代价，但在当时背景下，能够保住国土，也算一次“公理战胜强权”。且“为保领土权而舍利权”这个两害相权取其轻的方案，宋教仁在《间岛问题》最后一章也提到了，所以有学者认为，清政府与日本签订的条

①双立珍：《宋教仁〈间岛问题〉述评》，《新西部》2019年第12期，第99页。

款，正是借鉴了宋教仁提出的策略。

国家主权神圣不可侵犯。对于韩国的叫嚣，我们不能置之不理。要让全国人民都知道，从来没有什么“间岛”，所谓“间岛”，不过是日本侵略者制造的一个阴谋。图们江北延边夹江一带自古就是中国领土！我们要永远记住那段签订无数丧权辱国条约的历史，那段山河破碎民族蒙难的岁月！硝烟虽散，警钟长鸣。谈判桌上的较量，永远以实力为后盾！

参考文献

[1] 李澍田. 长白丛书研究系列之十二：东疆研究论集［G］. 长春：吉林文史出版社，1992.

[2] 赵宗颇，夏菊芳. 吴禄贞［M］. 上海：上海人民出版社，1982.

[3] 杨天石. 从帝制走向共和 杨天石解读辛亥秘档［M］. 重庆：重庆出版社，2016.

[4] 傅德华. 于右任辛亥文集［G］. 上海：复旦大学出版社，1986.

[5] 徐血儿. 宋教仁先生传略［G］//马志亮. 喋血共和 忆宋教仁. 长沙：岳麓书社，1997.

[6] 双立珍. 宋教仁《间岛问题》述评［J］. 新西部，2019（12）：98-100.

[7] 张耀杰. 谁谋杀了宋教仁 政坛悬案背后的党派之争［M］. 北京：团结出版社，2012.

[8] 李澍田，潘景隆，金慧珠. 涉外经济贸易：上［G］. 长春：吉林文史出版社，1995.

[9] 宋念申. “间岛”争端中的宋教仁、内藤湖南和申采浩［EB/OL］.（2021-10-07）［2024-10-16］. https://mp.weixin.qq.com/s?_biz=MjM5Mzc0Njk1MA==&mid=2651277273&idx=3&sn=c37386ad14679f29706ec217e62088d8&chksm=bd61beb08a1637a6315dadab783a8bfdea43385d0f962e01c0cfcad9f96925e7e0dda0d91879&scene=27.

蔡和森

蔡和森（1895—1931），字润寰，号泽膺，湖南省湘乡永丰镇（今属双峰）人。中国共产党早期重要领导人，杰出的共产主义战士，无产阶级革命家、理论家和宣传家。中共第二届中央执行委员会委员，第三、四届中央局常委，第五、六届中央政治局常委。1895 年 3 月生于上海，4 岁随母亲回到家乡湖南湘乡。1913 年考入湖南省立第一师范学校。1914 年，湖南省立第四师范学校并入一师后，与转入一师的毛泽东结为志同道合的挚友。1918 年与毛泽东等在长沙发起成立新民学会，以革新学术、砥砺品行、改良人心风俗为宗旨。1919 年底赴法勤工俭学，与周恩来、赵世炎等一起筹组早期中国共产党旅欧组织，系法国支部创始人之一。与陈独秀和毛泽东通信探讨建立共产党的问题，对党的性质、指导思想等提出正确主张，是提出“中国共产党”名称的第一人。1921 年回国，经陈独秀等介绍加入中国共产党。1925 年五卅运动期间，展现出卓越的领导才能，并在斗争中成长为杰出的群众领袖。1931 年赴香港指导广东革命工作，因叛徒出卖不幸被捕。在狱中他坚贞不屈，顽强斗争，用自己年轻的生命，实践了当年立下的豪迈誓言，为共产主义事业战斗到了生命最后一刻。著有《社会进化史》，今人辑有《蔡和森文集》。

社会进化史
（节选）

第九章　土地私有财产之起源

充野蛮人与半开化人的逻辑精神，纵多只能想像到自己所制造的物件和自己所常要使用而不能离身的物件为个人的财产；但是决不能想像到自己所不能制造和自己年年只能在共同家族中使用的一部份土地会成为个人的财产。所以土地私有的观念，在人类的脑中，原来是很难贯入的，除了经过长久的岁月，迂回曲折的浸渍。

用篱笆围着，和用人力开辟的土地，并不是土地私有的发端；认此为土地私有的发端，不过是卢梭的感情学说。我们要找土地私有的起源，最初只能找出一种“宅地”的分配。因为房屋可以为构造的人或住居的人之所有，所以宅地也被视为一种动产。在中国井田制时代，宅田也准许个人永远使用，而不复返于公。在许多野蛮人和半开化人中，房屋与其他动产（如武器、装饰品、衣服，及其所宠爱的牲畜等），是随着死者而焚化的。英国极古的法律，和法国以及其他地方的习惯，都把房屋列入动产之中。

房屋是家庭的中心。家庭是不可侵犯的，所以房屋也是不可侵犯的。即在原来住居的家族丧失退出其房屋之后，房屋还是永远保持不可侵犯的权利。各社会中的公民可以被捕，可以监禁，也可因负债而卖为奴隶，但房屋是始终不可侵犯的。人们不得家长许可，不能擅自跑到人家的房屋里面去。原始的人们无所谓正义，无所谓裁判；正义裁判之始——始于各个家屋的大门：假若是一个犯了罪的人，便拒绝其跨过大门的门限；若是罪人触动了大门的插锁，便是犯了社会公诉的重罪；要免避这重罪，只有逃到其父亲的领域里面去，因为父在自己的地域以内，有立法兼行政的权威。纪元前一六八年罗马一个犯了死刑的元老，和几个酒醉的罗马妇人犯了扰乱公众安宁和道德的罪过，官厅只有将逮捕的职务要求家长去执行：因为妇女住居家中，除家长的权威外，国家的法律是不能及于她们的。家屋之不可侵犯，在罗马已达到这样的地步：任何罗马人都不能要求法官和公众势力，跑到人家去逮捕一个抗命的犯人。

村落社会各家族的房屋不是相联的，但是孤立的，并且每个房屋包围一带土地。据达西德及以后许多历史家说，这种孤立是半开化人预防火灾的方法，因为各个住居通常都是用树枝与茅草盖搭的。但这种很普遍的习惯，不是这样的理由可以说明的。野蛮民族和半开化民族的猎地莫不剩余一些中立地带为界限；各个独立的邻居之间，剩余一些不占领的空间，当然也是同一理由。这些包围每个住居的土地，后来遂同着房屋宣布为私财产。

各个独立的住居，开始是用篱笆围着，复次才用岩石筑成墙围。墙围以内，在半开化人的习惯法，叫做法定的家屋围绕地（curtis legalis，或hoba legitima）。在罗马十二铜板律中，邻近各个独立住居的距离是必须审定的：城市房屋的距离则规定为二尺半（铜板律第七版，第一条）；不仅一切住居是独立的，每个家族的每块土地也是独立的。这可证明决不是为预防火灾了。铜板律第七版第四条又规定：各家田原之间，应空五尺宽的地带以为界线而不耕种。

第十章　集合财产之分裂

集合的财产，是由氏族共产起分裂作用时产生的。当半开化时代到了尽头的时候，这种分裂作用又轮到了集合财产的本身：包括众多家庭的大家族渐渐地解体，集合的财产也渐渐地分成为个人的财产了。

氏族与村落两种不动产的继续分裂，都是由动产的事实限定的。动产为转移不动产的积极原动力，不仅过去如此，现在也是一样的。

不动产的个人化，不过随着动产的个人化才发生；动产的性质，是天然的准备个人化的。当氏族共产社会起分裂作用时，各家主母从共同住居中携带几件动产（如家具、构屋木料、牲畜等）分离出去，各立门户，建筑新住居；纵然她们的建筑是很幼稚的，然而我们从此已可看出动产在实际上即已如此重要。房屋下面的土地，隐约之间，便已具有个人财产的性质，因为房屋与土地是不可分离的。房屋所在的地方，这种性质自然容易扩张到周围屋宇的一带土地。由此每个家庭随着房屋的建筑而建筑了家庭的财产，其势是很顺易的。集产家族发达到恰当程度，自然又要分裂为几个大家庭，而各家庭自然又要瓜分集合的财产以自膨胀。

这种膨胀，借着动产的增殖而益迅速。凡位置适宜的村落便于商业的发展，因而动产愈益繁殖。这样一来，村落中各家族之间的平等便破坏了：这几家日看日穷，日看日负债；而别几家日看日富，并运用其财富势力以图吞并集合的土地。凡不能还债的各家族，其土地遂次第落于横领者之手。

财富的功用，在集产的本身也是一样的觉得。起初，一切财产都是共有，家族中没有谁人具有个人的财产。也只有使用的东西才成为个人的所有品。在印度各集产村落中，钱币不用以做任何的买卖，但用以做装饰品，把他缝在衣服上面；无论任何人获得的东西都属于全家族。但是到了动产增加的时候，人们的心理便要大起变化。斯拉夫人有一句俗话说："我们应当把母牛引到外面去走走，因为她日日踮在分娩的栏里面！"这句话的意义是：要使个人得发财便应与集合的家族分家，也如要使母牛分娩得快，便应引她出去走一走。

动产的来源，开始不外两端：一是劫掠；一是战争。战利品（peculium castrense），在罗马人的习惯，是归个人有的第一种动产；斯拉夫族各国也是一样的。男子由动产的权威在家族的不动产上发生特权，而排除女子于财产地位之外；女子出嫁于别家族时，至多只能得一点"嫁奁"。掠夺品或战利品是有出息的，故由此又可派生一种准战利品（peculium quaoi castrense）。准战利品怎样产生的呢？一是高利借贷；一是经营商业。商业的范围，开始是很狭小的，至此遂渐渐地扩张，以至可以贩卖牲畜、宝石、金银、奴隶，及不动产。因此集产家族的各家庭与个人之间，随着财富而渐渐发生不平等的阶级，一个阶级是贫人，别的阶级是富人；家族的调和遂从此破坏了。每个家庭为谋个人的利益，有时甚至反对别个家庭的利益，所以集合的家族卒至于解体而建立个人的家庭。这样的家庭初建立的时候，我们便可完全清楚他的性质和内容了。

在那些不成为商业中心或流动财富的中心之各村落，是要慢慢地才能达他的极点。在这样的情形中，假若不为外来的打击所摇动，好像这种财产形式很能永续几个世纪。因为实际集产社会的本身就是整个经济的单位：在她的内部可以生产自身一切需要的物品，以供全体人员物质生活和精神生活的需要。这样自给的社会，假若其中产生扰乱调和的因素（也可说是革命的因素，如以上所说的各种动产）很少，尽可将很宝贵的祖业一代传一代地维持下去。并且当这种村落社会其农业与工业发达到恰当程度的时候，她很能供给居民不多欲望不大的各种简单的需要，在她的本身中似乎再也找不出进化的因素了，只有来了外界的接触才能使她再向前进。专制政府与资本帝国主义好像是专门担任这种工作的。“沙”之于俄罗斯，英之于印度，便是著例。所以他们可算是村落社会之最后的破坏者，如印度各村落社会，骤然遇着“文明国家”严重的财政负担，大商人、大银行家等可怕的剥削，怎得不破产解体呢？

以上所说集产社会崩溃之原因，偏于动产支配不动产之一点。现在更从别一方面来说：农业进步的结果，也可自自然然引起集合财产的分裂。第一是铁器完成，各个劳动者渐渐认识一己之力量，因而共同劳动渐渐解体而发生孤立劳动之趋势；这种孤立劳动在以前是不足有为而必须纳入共同劳动中才有作用的。第二种是耕种方法进步，使农产品丰富到发现于各市场的时候，耕种者自自然然发生这样的企想：延长其分配土地的年限。因为他们在所得分配土地中，既加了许多人工，又下了许多肥料，所以他们不得不想要收获这些劳动与肥料的利益。最初是要求将分配年限延长两年三年，复次是七年以至二十年。这样一来，一个种族的全部份或一部份的分配土地，由长久的期限，卒至可以成为各家庭久假不归的财产了。

第十一章　动产之发达

在野蛮时代，雏形的动产是很少的，如拷火石、武器、渔猎工具、小船、极简单的家具等，开始皆视为共同财产，也如一切获物及土地谷物之为氏族的共同财产一样。

在半开化的各种族中，畜群、宝石、贵金属等动产虽然逐渐增加，然共产制也还依然存在。然而这些东西卒致促成人类第一次可怕的大革命，剥夺妇女在社会中的最高地位，使不自觉的男子高蹈在原始共产制和血族集产制的废址上面而建立私有财产制的文明社会。

在原始共产社会中，农业与工业是很幼稚的，所以找不出奴隶的地位。战俘大都是置之于死地，只有氏族中发见劳动不够或战士减少时，才采用收容的方法。及土地开辟，家畜与工业进步，才开始采用奴隶制：为经济的利益而保留战俘，并使之调供各种生活上的需要而从事于各种劳动。战争，原来不过为各种族间争夺或防守猎地而偶发，至此遂成为增加各种动产和掠夺畜群奴隶谷物以及贵重金属的直捷方法。半开化高期的战士与猎夫，类皆厌恶劳动：他们要规避艰苦的农业劳动，便专门努力于劫抢和战争，遂现出劫掠事业为增殖动产之习用途径。

前史时期的希腊，强盗们是异常大胆异常发达的，他们沿着地中海各岸打劫，劫得货物，便携着回来藏于城墙之最高处；希腊沿海各城墙上面的强盗窠，正如岩石上面的鹰巢一样。希腊英雄歌中，有一段很好的东西，足以使我们知道半开化高期战士的生活：

英雄歌

我有长枪和利剑，
并且还有盾：
把我的胸膛做战垒，
为的要发财！
我用这些东西耕，
我用这些东西获，
我用这些东西制造甜蜜蜜的葡萄酒，
我用这些东西使奴隶们——
叫我做领主！
并且还要使那些不敢荷枪带盾的人们——
跪在我的面前如跪在主人面前一样，
我还要使他们叫我做大酋长！

又有一个英雄歌，是芬诺人（Finnois①）的叙事诗，也是一样的腔调：

我的黄金和月亮一样的老，
我的白银与太阳同年：

①Finnois：法语，意为芬兰族人、芬兰人。

他们都是从战场中勇敢夺来的。

从战争中得来的一片小钱,

比由犁头翻出的——

一切金与银,

价值大得远!

陆地上和海面上的劫掠,在半开化高期的民族中,占极优越的地位。纵然他们一面从事农业,一面还是做强盗。据恺撒的记载,日尔曼①各民族每年留一部份战士在家里耕田,遣一部份战士出去劫掠。远征队回来了,耕田队又出去,两部份人年年都是这样互相轮流的。至于战利品的处分,最初都是分配于全体,因为留在本地的人也是为大家而耕作;所以他们全体,在农业与劫掠业中,还是共产主义者。然而这样的共产主义,后来卒致消灭了;但劫掠业还是永续存在——到近世资本帝国主义的国家而达于极点。私产制充分发达的雅典人,还保持他们从来劫掠的风俗;大贤梭伦执政的时候,还维持雅典的一些劫掠团体。据都昔第②(Thucrdides,希腊三大历史家之一,纪元前四六〇—前三九五年)说:"凡属长老,对于劫掠事业,绝不为羞耻。"而近世资本帝国主义的国家,亦以掠夺殖民地和弱小民族为莫大之荣誉!

文明初期的英雄们遍布于地中海沿岸各处。他们不仅劫掠牲畜,谷物,以及各种动产,而且劫掠男子和女子,做他们的奴隶。最初奴隶是共同财产,土地也还是共同财产,在后才起瓜分。克拉特岛在亚里士多德(Aristotle)时代,还有些共同奴隶的群众,叫做诺慈(Mnotx),为公共产业做耕种的工作,其收获则供全体公民之用。希腊共分奴隶为两阶级:其一为公共奴隶(koineodouleia),属于国家;其一为私有的奴隶(klarotes),属于各个贵族的家庭。雅典也有许多公共奴隶,其职务不是耕种土地,但是做刽子手,警察,

①日尔曼:今译作"日耳曼"。

②都昔第:今译作修昔底德(Thucydidēs,约前460—约前400),古希腊历史学家。公元前424年当选为雅典将军。有著作《伯罗奔尼撒战争史》(共8卷)传世。

一切行政机关的下级属员，或听差，等等。公共奴隶，在印度也可发见；印度可说是过去种种习惯的大陈列所。贺吉森（Hadyson）在他著的《亚细亚社会记》（*Transactions of the Royal Asiatic Society*，一八三〇年出版）里面说，建立在马德拉（Madras）① 西北四十五基罗米突②地方的村落，其中的居民关于他们一切的农业劳动，都有奴隶们帮着做，这些奴隶是他们的共有财产。这些奴隶，一部份是贩买来的，一部份是由没收抵押品来的。贫的家族，原先以共同土地做抵押品，向富的家族借贷，等到土地被没收时，附着于土地的人们也随着没收为奴隶了。

第十二章　封建财产之起源及其性质

封建的财产（la propriété féopale）有两种形式：一是不动产，如田庄采地第宅等，封建派叫做附身财产（corporelle）；一是动产，如年役徭役什一税及各种赋金等，封建派叫做非附身财产（incorporelle）。

封建的财产是从集产村落社会产生出来的。她发达到一定的程度，便毁损了村落社会而形成一种新的社会制度；并且由此演进几百年之后才达到个人财产的真正形式，即资产阶级的财产（la propriété bourgeoise）。所以封建的财产乃是上古血族集合财产和近世个人私有财产间的摆渡。

在一切封建时代中，地主对于农奴们所附着的土地财产并不能如近世资本家对于其资本财产一样，具有独立自由的使用权和享用权。土地不仅不能由封君买卖，而且是农奴们的代理相续人；地主对于土地只能按照习惯和法律相传授，此外绝不容许其有违犯旧习之余地。封君不仅对于上层阶级要履行各种义务，对于下层阶级也要履行各种义务。

怎样说封建的财产是从集产村落社会产生出来的呢？当承平而未发生继

①马德拉（Madras）：一般译作“马德拉斯”，金奈（Chennai）旧称。金奈为印度第四大城市、印度东南部大港市，泰米尔纳德邦（旧称“马德拉斯邦”）首府。原为一渔村，1639年英国在此设贸易站，18世纪初发展为大港市。

②基罗米突：英文“kilometre（千米）”的音译。

续不停的战争或外族入侵的时候，村落社会的生活是很平静而很平等的，首领（或酋长）与居民并没有什么区别。但战争不停地发生，则上述状况逐渐破坏；前此平淡无奇的族长地位至此便要变成为赋有许多必要特权的军事首领，村中居民不能不集中势力于其首领的保护与征调之下，由此徭役（如掘战壕，筑城垒……）赋税等必要服务随之而生，久而久之，便成为普遍的社会制度。至其详情，余将于第三篇述之。

封建财产之下，又派生一种教会财产（la propriété ecclésiastique）。教会财产的起源是伴着封建财产而来的。当维护封建制度的无形武器——基督教——发展到恰当的时候，他便广开天堂以接受农民的土地与物质之贡献，而给农民以教会权威之保护，以对抗虐待农人之封君和诸侯。

今将封建财产之要项，分条述之如下：

徭役（coryvée）——部落酋长还未成为军事首领的时候，他也是一个平常的居民，从本村中接受一份耕地；后来因为外敌压境，他的土地只有交给全村居民替他耕作，而自己专门担任防守的职务，并且渐渐变成为封君。据哈截荪①的报告，俄罗斯每个村落的土地，封君只领四分之一或三分之一，交由全村居民去耕种。

当封君和教会的产业扩张时，他们所具有的农奴还不足以耕种其土地，则只有交给自由的农人村落去耕种。耕种者无论是自由人或农奴，他们对于封君的劳动时间是有定的：大部份劳力是耕种封君给与自己的土地，小部份劳力是耕种封君领有其收获的土地。

在商品生产与商业还未发达时，封君与农人成为自己供给一切需要的制造家。封君的宫殿和教堂里面都设有制造一切需要品（自武器、农具以至衣服等）的工厂。农人和他们的妻女，每年都要在这些工厂里面做一定日数的工作。妇女的工厂由宫娥管理，并取名为奇尼西亚（Gynecia）。教会里面也

①哈截荪：指普鲁士政府顾问、作家奥古斯特·冯·哈克斯特豪森（August von Haxthausen，1792—1866）。19世纪40年代他在游历俄国后写了《对俄国的内部关系、人民生活特别是农村设施的考察》（也作《俄罗斯乡村制度与其民族生活的内情之研究》），介绍了俄国的农村公社。

有同样的女工厂。这些女工厂不久便变成为封君牧师及其臣仆的公娼室。奇尼西亚的名词简直与卖淫同其意义。

家臣与自由农给封君耕作的劳动时间，开始是很少的：某几处地方，每年不过三日；有几个王国也不过规定每年十二日。农奴的徭役虽然比较繁重，然每个星期通常亦不过三日。农奴得享用封君一部份土地，只要不被驱逐；此外对于封君的收获和牧场皆占有一部份的权利。

收获之宣告（bans de moisson）——集产村落社会之劳动纪律，以上既已说过，收获和播种的日期是由长老会议规定的。这种习惯，在封建社会里面还是保留，不过其权限由长老会议而移于封君。一切谷物、小麦、牧草、葡萄园的收获，皆须由封君宣布时日。这不仅是一种形式，乃是一种经济上的利害关系：比如每个封君要使他的收获早于邻近各村落的收获而在市场上占优势，则他的播种与收获的宣告，都要早于别的地主。

公用租借（banalité）——前面已经说过，在集产村落里面，有些职务是由公众设置并由公费维持：比如牧人和匠人等皆由全村雇用，而公共熔铁炉、屠场、手磨、兽栏等都是共同使用的。这种习惯，在封建社会还是保存；所以公用租借制也还带有原始共产制的意义。这种制度也是建立在经济的必要上面的：比如为减少燃料计，所以设立公用面包灶，使每个家庭不要另起炉火。维持并看管这公用面包灶的责任，以前是属于长老会议，以后是属于封君。凡使用这公共面包灶的，都要征收少许的税额：照一二二三年勒姆（Reime）总教主的法令，凡每灶烤三十二个面包的，应缴纳一个面包做租税。照阿奇斯（Boucher d’Argis）所引一五六三和一六七三年的法令，凡使用公用手磨的，缴纳其所磨小麦十六分之一与十三分之一。然而这样的制度很难阻碍商业和个人营业的发达，所以只有在商品生产还未发达的时代才能存在。一七八九，法兰西资产阶级的革命后，便正式宣布废除这些封建制度的束缚了。

教堂（L’Eglise）——凡被乡村人民所供养与爱戴的牧师，他们与人们之间建立一种密切的关系，造出许多仪式与宣传的方法以系人民的感情，并且帮助人民以对抗封君。牧师与人民间的联合，显然足以表示教堂所具有的性质。教堂本来是牧师、封君和农人的共同财产；不过后来才成为教会专有的财产，除却祷告时间以外，便关门闭户，不许人民进去。中世纪教堂上面的钟楼，本是专为农人预防火灾、警告劫掠及召集会议之用的；所以十七世纪和十八世纪法兰西的司法文库里面，常常发见农人控告教堂不许其使用钟楼的案卷。

什一税（ladime）——什一税是教区居民付给教士的工钱；她同各种封建的赋税都是用农产品缴付的，这种税的轻重，是以收获的丰歉为比例。资产阶级革命，这种税由教会移于国家，而叫做租税（impōt）；无论收获的好歹，租税的征收是一样的，这是租税与什一税不同的地方。

这种帮助教会的什一税，原先本是随意的；但后来成为一种强迫的义务。所以封建时代的俗语说："土地没有了，什一税和负担也没有了。"什一税一经成为官式的权利之后，世俗的封君也征收起来，于是农人的负担增加两倍。

封建制度发达到一定程度，封君对于他的家臣、自由农和农奴便停止其保护地位而居压迫地位；对于人民强征暴敛，以扩大其封建的财产。如英格兰和苏格兰的封君，用野蛮敏捷的手段，把乡村农人的土地没收得干干净净（参看马克思《资本论》二十七章）。这个时候，封建诸侯已成为破坏共同财产的蟊贼，与从前的性质完全相反。

封建贵族霸占村落的土地常常使用种种的方法：他们或托词于农人占有土地不合于他们的财产名义；或主张变更财产的权利而没收土地上一切剩余的利益；或用暴力破坏以前的契约，而使农人从此以后不得具有土地。

然封建财产的特性，始终不是自由的和个人的，但是家族的；所以既不能买也不能卖，每代封君只有实际享受其利益而担负遗传于其后嗣之责任。教会财产的性质也是一样的，虽然不是属于世俗的家族，却是属于加特力教①的大家族（贫人、牧师、尼姑、教主等）。教会财产超出于租税范围以

①加特力教：天主教"Catholicism"的音译，又译作"公教""罗马公教"。

外，所以献地之农人愈多；直到资产阶级革命以前，神圣的财产是超越于世俗的财产以外的。

村落土地虽被封建贵族所没收，然共同使用的古风并未斩断；谷物收获以后，土地又向全村居民所有的牲畜公开而复成为共同的财产。葡萄园也是一样的；山林川泽的共同使用也是保留的。这些遗习，直到资产阶级革命后才完全推翻；所以惟有资产阶级是土地私有财产的创造者。

第十三章　商业之起源及小工商业之发展

前面已经说过，动产发达，一面产生劫掠业，别面产生商业。由商业的发展，又产生近世劫掠的资产阶级社会，这是很值得注意的。

在自给经济时代的集产村落里面，本来没有商业的地位；当分工在这社会内部初起的时候，不过采用一种换工制（échange de services）：如农人给铁匠织匠耕种土地，而铁匠织匠给农人打铁织布。至村落间的交换，不过在一定的时间由各村落的族长做经纪以交换各自剩余的物品。但动产发达城市勃兴的时候，逐渐形成一种商人阶级，专从事于城市间和城市与乡村间的交换事业。这种商人阶级，人们最初是很鄙贱的（印度中间人的阶级叫做贱族），视她如同盗贼，然而她卒于不声不响之中，隶属一切生产者，夺得全般生产的支配权。她的性质原来便是两种生产者间的居间阶级，两种生产者都由她盘剥与掠夺。

初步的商业是物物交换，对方需要何种物品，都由双方的商人去选择。最初是用牲畜做交换价值的标准；复次是用金银的重量做标准；最后才用铸成的货币做标准。金银货币成为一切商品的商品；这种商品，其中包含一切事物的潜伏状态，她的魔力足以转变一切事物的志愿。

自给经济的村落社会，除却几种匠人外，无须与外界发生关系。然外来的匠人最初也是不许入境的，只容许他们住居于村落的边境和城寨以外；在必要时虽准其入城，然居留时间通常不过一年一日。但这种限制是不可以永久的，所以匠人居留权随时扩张，渐渐得受村落一土一屋以为公众服务；公众替他耕作土地，每年给他以粮食。他若解除公众职务的时候，村人对于他的制造品是要随时以谷物去交换的。

在地当要衢的村落变成为城市之后，城市居留权是很不容易获得的；要获得这种权利，便应缴纳一定的年金。凡属新来的人，不在农地分配，共同使用，以及城市一切公众机关之列。这些权利只有最初占领此土的人们之后裔才得享受。这些后裔，不久便形成为特权团体、贵族社会、豪强城邑，以至封建的贵族政治；而在别一方面与他们相对抗的，则有各种各色的手工匠、外来人、没来历的人。他们为保卫自己对抗豪强贵族封君的继续暴敛计，便组成了各种各色的行业社会（guild)。这样城市居民的划分，为中世纪全时代阶级斗争的源泉。后来城市既成为生产交易以及增殖流动财富的积极中心，封建财产的范围遂扩张于乡村一切集合财产的上面，而为后来资产阶级的财产做了一个大准备。

城市有由村落变成的，也有由各种匠人聚集而成的。河口或交通方便的地方，匠人们每每从各方跑来，以交换其制造品和必需品；这地方不久便成为市场：开始是暂时的，后来遂成为永久的。在这种市场中，不仅各种匠人间互为其需要而互相服务，并且在市集之日（jours de qoire）趸卖其制造品于外来的商人及与邻近各村落的农人互相交换。

由此手工业便要逐渐变更其性质，而匠人们也开始从贱民的地位中解放出来：村落社会，不仅轻视商人，而且轻视工匠，因为工匠多半是没有来历与谱系外的人，所以村落容纳工匠居住之屋叫做贱民之屋（maison du client)。现在贱民的地位是增高了，他预先制好一些工业品，堆积于自己的小店子里面，只等外来的原料来和他相交换。从此以后，他再也不须人家有求于他才去制造物件，但是预计售出之可能而制造物件。从此以后，他于生产者资格上又加一商人的资格，他把买进的原料制造之后，卖出的时候要变成为三倍的价格。由此他的小店子自然也要扩大起来，而组合一些的学徒和伙计做他的助手。为购买原料与给付工钱（给予在店主管理下做工作的工人）计，他不得不领有其剩余价值；但这种剩余价值的量是很有限的，雇用的工钱劳动者也是很少数的，所以他决不能成为资本家（至多只能说是资本的萌芽状态），他还要同伙计学徒们一样地劳动。

行会的组织，一面是反抗城市专利的贵族，别面是防止同业间的竞争。行会最初的性质，是完全平等的，并向一个地方的全体劳动者公开；后来因为利害的关系，逐渐采取防止生产者和生产品过剩的方法而兼调节生产机关之作用，所以每个行会只坚紧地团结每一业的工人，而严格限制其同业的人数。不仅如此，工具和生产方法的发明与变更，也要严格禁止。每个行会有每个行会的特性。对于全体会员有严格限制其工作之责：比如同属于靴匠工会的人员，做新靴的只准做新靴，修理旧靴的只准修理旧靴。至此行会完全成为一种贵族的组织。

关于卖货的习惯，也有许多嫉妒的规定：到了市集之日，人人皆须遵守固有的习惯，卖货的人不许在街上牵拉行人，要任行人走到他所选择的货摊去买货；若行人已跑过这个货摊而这个货摊的主人越界去兜揽时，便要受严格的处罚。

然而从矛盾方面看来，个人主义的生产，反能在这样的行业社会里面尽量地存在。中世纪的匠人是一个综合的劳动者：他一方面是生产者，别方面是售出者；一方面是体力的劳动者，别方面是智力的劳动者（如管理生产等）。他单只有依靠几种工具和一种生产便能到处生存。不仅个人可以独立生存，就是城市与乡村也可独立生存。在中世纪的整个时代中，每一省，每一城市，每个村镇，每个封建的田庄，以及每个农人的住居，莫不年年具备全体居民所必需的粮食与副产品；他们所售出的不过是剩余的谷物，所购入的不过是农具和奢侈品。至于消费品的输入，是没有这样一回事的。所以中世纪的城市，在经济上都是自主的，故各城市都能孤立自存；并且在普遍的互相间的战争中，形成一些小的国家。

当战败者灭亡，相互间的战争停止后，土地皆旧〔归〕战胜者所有；战胜者要得人民的欢心，必尽可能地建立道路交通上的安宁。由此城市间和各省间的商业大发达，市场大扩张，而形成为手工业的中心。比如十四世纪干德城（Gand）纱罗织业的劳动者竟达五十万之多；商业之盛，可以想见。商业这样地发达，封建城市的社会组织根本地动摇起来。

第十四章　近世资产阶级财产之发达

自十五世纪末，印度航路和美洲发见后，墨西哥和秘鲁的金子流入欧洲，因此创立一种太平洋上的商业，而使土地财产的价值日益跌落，并且给资本主义的生产以决定的动力。由此遂开一近世的大革命和阶级争斗的新纪元。

自上述新地方发见后，欧洲的工业制造品斗然增加并创立一些广大无垠的新市场与殖民地。然崛起的新人物并不属于行业社会，但是一些运用资本经营商业与生产事业以起家的制造家。他们不仅不遵行会的旧规与约束，而且完全违反行会的生产方法而建立新式的生产方法；生产量与雇用工人的数目，丝毫不受行会的限制。然而他们的制造厂，因为行会工人的严厉反抗，在各城市里面都不容许他们设立，他们只得逃到既没有城市贵族又没有行会组织的郊外、乡村，以及新辟的地中海沿岸各地方去设立；所以巴黎和伦敦城外的圣安敦（Saint Antoine①），威斯门特（Westminster②）和苏瓦克（Southwark③），便成为他们破坏行会和推翻小手工业的阴谋策源地（他们设立一些制造厂于这些地方）。

但新市场不停地扩张，制造业又不能应付其需要，于是大机器与蒸汽机发明，遂完全成功了产业革命；由此近世的大工业又夺了制造业的地位。近世大工业的特性，便是把一切散漫的生产手段和劳力集中于极少数人和大都市里面，吸收极丰富的剩余价值，迅速地积聚并发展其资本。

大工业既不须攻击行会的组织，也不须反对手工匠的主人之特权；她只

---

①Saint Antoine：法国巴黎的一个地方，今译作圣安东尼、圣安托尼、圣昂图等。

②Westminster：威斯敏斯特，也称西敏市，今为英国英格兰大伦敦下属的一个拥有城市地位的伦敦自治市。

③Southwark：萨瑟克，又叫南华克区、伦敦南岸区，今为英国英格兰大伦敦下属的伦敦自治市。

用很有利的方法根本拆坏一切旧生产方法的墙脚，如使劳力极其集中，规模极其扩大，工钱极其增高。此外更破天荒地采用极其精细的分工制，使工匠熟练的技能降到至低限度，而生产力反因此异常地增加。如从前的针匠，每人擅有制造一口针的全部技能，现在一口针分为二十种工作，每一种工人只知道一点极简单的技能。由此工人的个性与独立完全破坏，而成为极单纯的附属机械，离开他的厂主的工厂便不能生产。至此生产成为集合的事业，以前个人主义的生产完全归于破灭。

大工业一方面破坏小手工业者个人主义的生产，别方面又要影响于乡村的农业生产。以前生活于乡村和小市镇的小手工匠，人人都有一个屋子和一块小小的土地；他们在一年之中，有几个月是做工业劳动，有几个月是做农业劳动。到了大工业发达，把这些小手工匠脱离自己的土地或大地主的土地，抛弃农业的劳动，而集中于城市的大工厂里面。乡村人口从此减少，大地主从此日受打击而不胜其苦恼。然大工业一面夺去农业的手臂，同时又要求农产品增加以供给新组成的城市的人口，由此又发生资本主义的农业。

中世纪的城市是一种独立的经济单位；城市间的商业是偶然的，并且限于很少数的奢侈品。资本主义的生产发达到一定程度的时候，破坏这种独立的经济单位，涣散各种行会，而把许多孤立的地方集中为一个或几个大区域，以便利于他的大规模的发展。从此，每个城市或每一省的生产，决不限于单只制造供给自己居民所需的物品，外国和海外各民族所需要的东西都由他制造起来。

从前的经济单位是复杂的，凡属居民所需要的各种生产事业都集中在一个城市里面。近代的经济单位是简单的，每个城市只有一种主要的大工业以及几种辅助的工业。各种大工业的城市，不仅不能独立，而且互相密切地依赖；这个城市若没有其余各城市的物品的供给，便不能生活一个星期或一个月之久。不仅城市之间如此，就是资本主义的国家之间亦然。资本主义的国家，各有其社会生产的特性，比如甲国产煤乙国产铁，甲为工业出产国乙为农业出产国，则两国间互相需要的关系必密切而不可分离。所以资本主义的发达和旺盛，不仅建立在工厂和城市的分工上面，而且建立在国际的分工上面。

资本主义经过长时间发展，连续不停地改革生产和交通的方法，于是完全破坏了地方的、城市的和国家的经济单位，而代之以国际的经济单位。由世界市场之不停的开拓，遂使资本主义的生产发达至于极点。资本主义在百余年中所创造之各种伟大的生产力，比以前一切时代（自原始共产时代以至封建时代）的生产力之总和不知超越若干倍。机器的发明，各种自然力的征服，化学工业的应用，大农业的发达，轮船火车的便利，各大陆的开辟，桥梁水道的建筑……好像魔术家使用魔术，把人们斗然换了另外一个天地，不但可使冬季变热、夏季变冷，各大陆之距离缩短至于至低限度，而且可使中国农人因外国商品的输入而破产，上海金融要视伦敦纽约的行情为涨跌。但这样伟大的生产力一从封建的束缚中解放出来掀天揭地地发展之后，魔术师似的资本家再也不能驾驭或调节这种莫可思议的势力。由此，商业恐慌和工业恐慌定期而来，如瘟疫一般，起于一隅，即要轮流传染全世界。这种经济恐慌每起一次，不仅糟蹋许多生产品，而且要糟蹋生产力的本身，每国失业的工人动以几十万至七八百万计算。各国资产阶级要解决这种难题，只有准备异常强大的武力去争夺殖民地；但新的征服事业愈多，即新的经济恐慌愈益严厉，而资本国家之间的战争，势非使资本主义根本破灭不止，于是人类的历史又朝着共产主义的方向进行了。

（蔡和森著，湖南人民出版社编：《蔡和森文集：下》，湖南人民出版社1980年版，第73–92页。）

评析

蔡和森是中国共产党早期的重要领导人，杰出的共产主义战士，无产阶级革命家、理论家和宣传家。1923年，蔡和森在上海大学任教，主讲课程

“社会进化史”。在课程讲稿的基础上蔡和森完成了《社会进化史》的写作，并于1924年交由民智书局正式出版。《社会进化史》全书共分为“家族之起源与进化”“财产之起源与进化”“国家之起源与进化”三大篇，共计35章。本书节选的是第二篇“财产之起源与进化”的第九章到第十四章，从土地私有财产的起源一直讲到资本主义的兴起和发达。《社会进化史》意在通过分析世界经济政治发展历史，指明资本主义的大生产为步入共产主义社会准备了各种必要的经济条件，本书所节选内容正是理解《社会进化史》这一主旨的重点。

在选文中，蔡和森首先探讨了土地私有财产的起源问题。文章开宗明义：在原始人类心中，从没有把“自己所不能制造和自己年年只能在共同家族中使用”的土地当作个人财产的思维逻辑。“用篱笆围着，和用人力开辟的土地，并不是土地私有的发端”，土地私有，最早可追溯至“宅地”的分配。“宅地”因为建筑在其上的房屋可以为构造的人或住居的人所有，无论在古代中国还是古代西方，都“被视为一种动产”。而“动产的性质，是天然的准备个人化的”。正是房屋这一建立在宅基地上的动产被作为私有财产不可侵犯，推动了宅基地最先被承认为私有的土地财产。随后，房屋周边“包围每个住居的土地”也被承认为私有。

由上可知，私有财产并不是如资产阶级经济学家所说，与天地相始终，一直存在，它的起源和进化有一个过程。西方资本主义经济学把财产私有作为一个不证自明的前提，不认为曾经存在过原始共产制或血族集产制，无非是想掩饰资本家的剥削本质，为资本主义制度辩护。在马克思主义看来，私有财产并不是一个可以当作前提的天然事实，而是应当用历史的观点加以阐明的概念。而蔡和森对土地私有财产的起源问题的阐释，正是运用马克思主义史学研究方法，对西方资本主义诡辩论的有力驳斥。

蔡和森认为，人类在原始社会一开始实行的是氏族共产制，氏族共产社会发展到一定时期，一些人从共同住居地分离出去自立门户，建立新住所，而因为宅地已有个人财产性质，“由此每个家庭随着房屋的建筑而建筑了家庭的财产”，氏族共产分裂，转变为村落集产制。所以他说：“集合的财产，是由氏族共产起分裂作用时产生的。”而集产家族发展到一定程度，又分裂为几个大家庭，而各家庭又瓜分走部分集合的财产，也就是“集合财产之分裂”。

在分析集合财产分裂以致集产社会崩溃时，蔡和森从动产对不动产的支配和生产力发展两个角度作了说明。他说：“动产为转移不动产的积极原动力”，“不动产的个人化，不过随着动产的个人化才发生”。原始社会生产力低下，动产的来源主要有两种：一是劫掠，一是战争。将掠夺品和战利品变换成自己所需要的东西或从中谋利的需求，催生了高利贷与商业，加剧了原始部落内财富分配的不均衡，促使穷人、富人这样不平等的阶级出现，“家族的调和遂从此破坏了”，“集合的家族卒至于解体而建立个人的家庭”，而集合的财产也渐渐地分散为个人的财产。另外，生产工具的改进促使共同劳动渐渐解体，耕种方法的进步促使农业发展，土地私有进一步巩固，也进一步推动了村落集体社会的崩溃和私有制的产生。

有战争必然有战俘，“动产之发达”一章阐述的战利品中之战俘的处置，便蕴含了奴隶制的萌芽。在原始共产社会，生产力落后，还不需要奴隶。战俘大都是处死，只在劳动力或战士不够时才留下。随着土地的开辟、农业的进步和商业的发展，战俘被作为奴隶或保留或贩卖。而由于经济利益的驱使，战争也不再是各种族间“争夺或防守猎地而偶发”，开始变为他们“掠夺畜群奴隶谷物以及贵重金属的直捷方法”，厌恶劳动的战士和猎夫们，成为专事战争和劫掠的奴役者。还有一些贫的家族，因为向富的家族借贷，等到土地被没收时，也随着土地被没收为奴。这样，奴隶主与奴隶两个对立的阶级产生。

接下来说封建财产的起源和性质。蔡和森指出：“封建的财产是从集产村落社会产生出来的”，“是上古血族集合财产和近世个人私有财产间的摆渡”。也就是说，封建财产是从村落集合财产中产生，是村落集产与资产阶级私有财产中间的过渡。理由是：以劫掠和战争谋取私有财产的方式，使得部落内酋长的地位逐渐变为被赋予各种特权的军事首脑，为支撑战争，徭役、赋税等各种任务被摊派下去，逐渐形成普遍的社会制度即封建制度。封建制度发展到一定程度，统治阶级对领域内的自由农和农奴的地位，便从保护转为压迫，“对于人民强征暴敛”，且想方设法霸占村落财产，剥夺农民拥有土地的权利。显而易见，封建财产不是集体共同财产，但也“不是自由的和个人的”，而是家族的；它不能买卖，但能世袭。

资产阶级财产的兴起在蔡和森看来，可谓是动产发达、商业繁荣的结果，而且延续了之前不同社会形态下动产“劫掠”的特征，正如他所说：“动产发达，一面产生劫掠业，别面产生商业。由商业的发展，又产生近世劫掠的资产阶级社会。”一方面，封建财产的扩张为资产阶级的财产做了一个大准备，商业城市的形成与行会的成立，打破了农业经济的基本单位，动摇了封建城市的社会组织。另一方面，工业革命极大地提升了生产力，形成了新型的大工业。大工业的分工制使小手工业者与农民脱离大地主的土地，集中到城市的大工厂里，最终导致封建社会的崩溃，资本主义社会的兴起。而资本主义在不断扩张并日趋发达旺盛的过程中所展现的不可驾驭或调节的势力，也让资本家们在经济危机定期出现时束手无策。而资本原始积累的劫掠性决定了，资产阶级解决这种难题的渠道，只能是再去开辟、争夺新的殖民地。而这不仅没有解决问题，还导致资本主义国家之间的剧烈争斗，再加上资本主义内部存在的“劳”“资”对立冲突——这是资本主义私有制社会自身不可调和的矛盾，只有改变社会制度才能解决——所以，资本主义社会必然迈向社会主义社会，它的方向，必然是共产主义方向。它只是人类社会发展的一个阶段，而非终点。

蔡和森对财产私有的起源与进化等阐述，很好地吸取、融贯了恩格斯《家庭、私有制和国家的起源》和法国马克思主义学者拉法格《财产及其起源》这两部著作的思想观点。他从人类学古史研究角度出发，遵循物质生产是人类社会存在和发展的基础这一基本原理，对家庭、财产、阶级的起源和发展进行分析，形成了一个脉络清晰的社会进化史系统，也强有力地说明了，人类社会每次步入新的发展阶段，都是由生产力的发展所推动的。总之，《社会进化史》用物质的原因来解释和说明人类社会的发展规律和一切历史现象，是中国第一部用马克思主义唯物史观写成的社会发展史，它不仅是宣传马克思主义无产阶级革命理论的重要著作，也是中国新民主主义经济理论史上的一部重要文献。

邓中夏

邓中夏（1894—1933），男，汉族，字仲澥，又名邓康，湖南宜章县人。马克思主义理论家，工人运动领袖。中共第二届、五届中央委员，第三届、六届中央候补委员。少年时代曾就学于长沙的湖南高等师范学校文史专修科。1917 年入北京大学国文门学习。1920 年 3 月，在李大钊领导下，他和高君宇等人发起组织北京大学马克思学说研究会。1920 年 10 月，在研究会基础上，发起成立了北京的共产党早期组织，他成为中国共产党最早的党员之一。1923 年参加创办上海大学，任教务长。1925 年中华全国总工会成立后，任秘书长兼宣传部部长，参与组织领导省港大罢工。1927 年参加八七会议，被选为中央临时政治局候补委员。1928 年赴莫斯科，任中华全国总工会驻赤色职工国际代表。1930 年回国后被任命为中央代表赴湘鄂西根据地，任湘鄂西特委书记，红二军团（后改为红三军）政委、前敌委员会书记，中央革命军事委员会委员。1932 年到上海任全国赤色互济总会主任兼党团书记。1933 年 5 月被捕。1933 年 9 月 21 日，英勇就义。著有《中国职工运动简史》，有《邓中夏文集》行世。

中国职工运动简史一九一九——一九二六
（节选）

第十三章　省港[①]大罢工

罢工的准备

省港罢工是为了抗议上海“五卅”惨案而起，继续了二年多之久，成了“五卅”以来反帝国主义长期潮流之最后砥柱。罢工继续到这样长久的岁月，详细叙述所占篇幅太多，我们这里只能将这次罢工择要的作简括的叙述。

省港罢工未能继上海“五卅”运动立时发动，其原因是广州此时发生刘

①省港：广州和香港的联称。“省”指省城，“港”指香港。明清时期广州府为广东省治地，百姓习惯称广州为省城。当时的广州府并不是指今天的广州市，地域要大很多。

杨战争①。广州正在准备战争状态中，故中华全国总工会接到上海“五卅”惨案消息后仅只能召集一次示威的群众大会，还不能有省港罢工的决定。虽然如此，但全国总工会已准备于刘杨战争告终之后，必须号召这个罢工以响应上海。故当战争方殷之际，就派代表到香港去准备。

当时香港的情形是这样：工会虽有百余，但不是黄色工会②，便是行会工会。海员工会虽有我们的影响，特别是林伟民、苏兆征两同志相继加入共产党后，我们在海员工会中的影响增加，但该会会长还是一个极右倾的分子。香港的共产党员，此时还不满十人，而多为最下层的码头工人，共产主义青年团员虽比党员多几个，但多数为学生。很显明的，如以我们主观力量估计起来，罢工能否发动，确无把握。我们当时鼓动这个罢工是从上下两方面着手，一方面在各工厂散发传单，一方面与各工会领袖接头。此时上海反帝革命高潮风起云涌，这种影响给予香港工人极为巨大。果然，不到数日，我们的鼓动工作生效了，罢工情绪继续增高。当时我们最感困难的是香港工会的不统一，我们在十一章便已指出。当时香港工会大别为三派：一、工团总会派，包含七十几个工会，多属手工业，就中海员工会为一大产业工会；二、华工总会派，包含三十个工会，亦属手工业，重要的只电车工会；三、无所属派，约二十几个工会，却多是大工会，如机器、起落货、煤炭、洋务等工会。在这样分立状况之下，罢工如何能够一致！幸第二次全国劳动大会成立了中华全国总工会，香港各工会是参加过劳动大会的，故对于中华全国总工会的代表颇有信仰。于是全国总工会之代表召集各工会代表联席会议，罢工公然竟在此次会议上无异议通过，还通过罢工宣言与罢工要求。过一日又开第二次联席会议，组织罢工的统一指挥机关，定名为“全港工团联合会”并

①刘杨战争：指1925年桂系军阀刘震寰、滇系军阀杨希闵在英帝国主义和皖系军阀段祺瑞策动下，乘广东革命军东征之际，于5月中旬发动的军事叛乱。广东革命政府调回东征军，在工农群众支援下，于6月中旬击溃叛军。

②黄色工会：一般指被资本家收买、控制的工会。据说，1887年法国蒙索莱米讷市（Montceau-les-Mines）一个厂主收买工会破坏罢工，罢工工人出于愤怒打碎了工会的玻璃窗，资方用黄纸裱糊，故称。

选定职员。

上面说过，香港工会不是黄色工会，便是行会工会，为什么这些黄色领袖会赞成罢工呢？这因为黄色领袖有他们自己的企图与希望。这般黄色领袖实际上是些百业不居的分子，以抽收会费为生。他们以为参加罢工，于自己并无不利，因为罢工之后，领导权握在手中，一方面固可取得爱国虚荣，一方面又可取得克扣罢工经费的实利，所以他们赞成罢工。这一点我们当时是估计到的，所以在香港与这些黄色领袖计议罢工时，关于他们争夺罢工指挥机关的位子，我们当时取放任态度，因为那时如要香港罢工实现，的确少不了他们，去了他们罢工便会被捣乱。我们所需要的是罢工实现，故对于他们一时不能不采取容忍策略。虽然如此，但黄色领袖事到临头终于畏缩起来了，向我们提出许多难题：第一个是罢工工人的食宿问题，他们说刘杨战争未平，罢工工人何处取得宿食？我们解答：刘杨战争三日内可平，回广州宿食不成问题。果然削平刘杨的消息第二日便证实了，但黄色领袖还不相信宿食问题有把握，一定要派代表到广州接洽。其时刘杨战后，广东政府接受共产党的提议，赞助香港罢工，因此香港工会派去接洽的代表得到满意的答覆。第二个是如何应付香港政府封锁出口问题，他们说：香港政府如下戒严令，停开火车，罢工工人不能出口，怎样办？我们解答，即使火车停开，尚有好几条水路与旱路可回广州，万一香港政府真的封锁水陆交通，我们起来暴动，我们有全世界工人的同情与援助。到最后，第三个难题来了，黄色领袖提出罢工程序问题，他们主张分批罢工，其畏惧罢工更明显了，我们极力主张同时罢工。在会议上，他们勉强通过我们的主张，但我们已预料到黄色领袖必然怠工。在此千钧一发之际，当晚共产党党团开会决定，首先由受我们指挥的各工会（海员、电车、华洋排字、洋务等工会）先行罢工，再来逼迫黄色工会罢工。于是这伟大历史意义的省港罢工，就在这个决议之下，于六月十九日晚实现了。

罢工的爆发

未罢工以前，香港各工会联名送给香港政府公文一件，叙明罢工理由，并胪列罢工要求条件，分两大纲：第一纲，拥护上海工商学联合会之十七条件。第二纲，对香港政府要求六项：一、政治自由；二、法律平等；三、普遍选举；四、劳动立法；五、减少房租；六、居住自由。

宣布罢工时，发表宣言，其大意如下：

“中国自从鸦片战争之后，帝国主义除了经济的政治的文化的侵略以外，还要加以武力的屠杀，是而可忍，孰不可忍！故我全港工团代表联席会议，一致决议与上海汉口各地取同一之行动，与帝国主义决一死战。我们为民族的生存与尊严计，明知帝国主义的快枪巨炮可以制我们的死命，然而我们亦知中华民族奋斗亦死，不奋斗亦死；与其不奋斗而死，何如奋斗而死，可以鲜血铸成民族历史之光荣。所以我们毫不畏惧，愿与强权决一死战。”

六月十九日晚起，香港如大地震一样，罢工爆发了。海员、电车、印务首先发难，接着是洋务、起落货、煤炭工人以及各种工人相继而起，最后是机器、船坞工人亦相率罢工。前后约十五日，完全罢尽，罢工人数约二十五万人，而罢工局势遂以大定。工人纷纷乘火车、轮船由前山、江门、三水河口分道回广州。

广州沙面洋务工人亦同时罢工。

这里须略略补述的，上面说过黄色领袖事到临头便畏缩起来，真的，如果不是海员、电车、印务首先发难，罢工一定发生变化。事实上黄色领袖对于同时罢工之决议案怠工，一直到后来影响所及，工人群众纷纷自动罢工，才不得不跟着走。所以共产党党团决议是正确的。最有趣的是，海员工会会长是一极右倾的分子，对于罢工，临时发生动摇，海员逼着他下罢工命令，说：“下不下，不下以老拳奉送。”因此他不得不下罢工命令了。更有趣的是，香港机器华人会本系香港帝国主义之御用机关，对于各工团联席会议始终拒绝到会，罢工发生以后又始终不肯下罢工命令，但是其属下的机器船坞工人群众，却不待工会罢工命令，纷纷自动罢工：这就是机器船坞工人罢工独后的原因。

香港政府事先对于罢工本有所闻，密探四出，捉拿领袖，并布告说：

"上海事件与本港无关，工人应安心乐业，不得妄动，妄动者严惩不贷。"但这种恐吓，对于罢工工人丝毫不生影响。罢工发生，香港政府一时手忙脚乱，宣布欧战时的戒严令，宣布禁止粮食出口令，宣布禁止金银圆块纸币出口令，海军陆战队全体登陆，军舰升火往来海面巡逻，香港顿时陷入战时状态，但工人却万死不辞，蜂拥离港。

沙基惨杀

罢工工人纷纷回广州，六月二十三日偕同广州市工人、四郊农民、青年军士、学生共十万人举行大示威游行，当路过沙面租界对岸之沙基时，英法帝国主义命令水兵巡捕在沙袋背后瞄准游行群众，开放机关枪扫射，同时，兵舰发炮示威。二十五分钟后，五十二个中国人当场被枪击身死，重伤者一百七十余人，轻伤者无数。上海、汉口、青岛等处大屠杀，又重演于广州。但帝国主义这样一来，却更激起中国民众反抗的决心，于是各界人民更表示热烈援助省港罢工。

罢工工人的组织

罢工工人到达广州以后，中华全国总工会召集香港沙面各工会代表大会，通过罢工委员会的组织法。罢工委员会以十三人组织之，香港方面九人，沙面方面四人。罢工委员会之上为罢工工人代表大会，以人数为比例，每五十人选一代表，为最高议事机关。共计代表八百余人，间日开会一次。罢工委员会之下设干事局，分置文书、宣传、招待、庶务、交通、交际、游艺七部。另设财政委员会，筹措及保管罢工经费。后来又添设会审处，为审判破坏罢工、私运粮食、偷卖仇货之走狗的机关，并有监狱，拘禁犯人。设保管拍卖处，为保管及拍卖被纠察截获仇货的机关。设法制局，为起草各机关组织法及各种办事细则的机关。设审计局，为审核各机关开支账目的机关。设筑路委员会，为管理修筑马路事宜的机关。另有纠察队（见后）、水陆侦缉队、罢工工人医院、宣传学校等机关。又设工人饭堂、工人宿舍，封闭原来之赌馆烟馆及所有广州市空屋充之；分全市为八区，每区设登记处，罢工工人登记后领得凭证，分往宿舍住宿，至于吃饭则只要有凭证及饭票，到处可以吃饭。到后来，还添设不少机关，不能详述。真的，这个罢工委员会，按其实际，实不啻一个政府。它有绝对权力，可以处置一切与罢工相关之事，广东政府不得过问，所以后来香港帝国主义宣传广东有“第二政府”，就是指此。

罢工委员会委员长就是苏兆征同志。原来当大会通过罢工工人组织法时，黄色领袖力持异议。首先反对组织统一的罢工委员会，谓香港沙面应各有机关各办其事，但是遭大会的打击而失败。继则反对代表大会以人数做比例，谓应以工会为单位（黄色工会多半系手工业的小工会，人数不多），亦遭大会的打击而失败。三则中华全国总工会向香港工会提出希望：罢工委员会中香港方面之九人，应包含海员、起落货、机器、煤炭、洋务各一人及工团总会、华工总会各二人，他们又反对，主张自由选举，但选举结果全国总工会的希望完全胜利，他们又失败。因此黄色领袖着着失败，他们在香港时之一切企图，到此皆空。苏兆征同志被群众拥护起而充当委员长。

我们对于黄色领袖的策略，在重要地方虽不让步，但在次要地方亦可放任，比方在香港发起罢工之指挥机关——“全港工团联合会”，我们听其存在，月给津贴。各部亦网罗他们参加办事，设法分化他们。这些黄色领袖在罢工过程中，营私舞弊，层见叠出，后来经代表大会一一加以惩戒，有不少还被逮捕送会审处，处以有期徒刑。

我们须特别指出的是，这次罢工，这个八百余人的代表大会的确起了不可思议的伟大作用。罢工策略经过集体的讨论，因而取得一致的团结。罢工内部许多纠纷，都依靠代表大会的威权予以解决。黄色领袖以及一切反动分子之阴谋企图，都受到代表大会的严厉制裁。工人群众的一切意志，都经过代表带到代表大会。罢工消息又经过代表带入工人群众。罢工委员会的会务及财政，皆经常在代表大会报告，以致外面一切谣言都失其效用。罢工各机关重要职员，都经过代表大会选举，不称职时又经过代表大会随时撤职，因此罢工各机关不致腐化。真的，代表大会奠定了此次罢工。这个经验我们是在这次罢工中第一次取得的。

再须附带提及的，是罢工委员会一切权力都有，只没有杀人权。正因为此事，当时曾发生一场激烈的斗争。原来罢工起后，香港帝国主义派遣大批走狗混入广州，造谣捣乱，破坏罢工。有林和记者，运动海员复工，会审处以其情节重大，判处死刑。此消息传出以后，广东检察厅长以“尊重法律，保障人权”、“破坏罢工，罪不至死”为辞，提出抗议。罢工工人大愤，以为此次罢工，系反帝国主义的革命的非常时期，不能以普通法律宽宥国贼。结果是由广东政府另组“特别法庭”，处断此等人犯。

封锁香港

封锁香港本是一九二二年海员罢工的旧经验，故罢工工人一回广州，各工会即纷纷自动组织纠察队封锁香港。罢工委员会成立以后，乃统一各工会纠察队，加以整理与扩充，设总队部，置总队长一人、训育长一人，为全队主脑（后来改为七人的纠察委员会）。设总教练一人，施以军事训练。下分五大队，每大队置大队长一人，大队副一人，训育主任一人。每大队下分三支队，每支队置支队长一人，支队副一人，训育员一人。每支队下分三小队，每小队置小队长一人，每小队下分三班，每班置班长一人，每班十二人（这个编制后来略有变更）。纠察队起初总数为二千余人，后来还有扩充。纠察队的责任，为维持秩序，逮捕走狗，截留粮食，扣缉仇货。纠察队布置以后，分派到各海口驻防。因此省港交通完全断绝，继以澳门附和香港，亦宣告断绝。当广东尚未统一时，纠察队封锁线还只限于珠江口一带，东起深州，西抵前山。后来广东政府收复东江南路，纠察队的封锁线也扩张了，东至于汕头，西至于北海。广东沿海港口皆有纠察队驻扎，蜿蜒数千里，旌旗相望，金鼓之声相闻。纠察队还有小舰十二艘，电船数只，往来巡查。纠察队枪枝号称四百余支，实只二百余支能用（我们当时为增加枪枝，不知花了若干气力，结果增加不多）。香港便在这样封锁之下，肉食菜蔬，无从取得，猪肉涨至一元余一斤，鸡蛋涨至五角多一个，牛肉几乎绝迹，街市等于虚设。街上垃圾粪秽，堆积如山，楼居者以纸包粪，抛掷街中，加以暑日炎蒸，臭气熏天，故当时群呼香港为“臭港”。但是最使香港痛苦的，还是经济上受到空前未有的大打击。

香港经济上的空前损失

当沙基惨杀后，沙面英国领事送来一函，大意是说：“你们抵制英货好了，何必罢工！”当时我们颇为诧异，继乃考察《中国海关贸易册》，则知香港每年出入口货价值为一万五千万金镑，约合华币二十五万二千万元。罢工以后，航业商务概行停止，平均罢工一月，损失二万一千万元，罢工一日，损失七百万元。但英国货每年输入广州者不过三四千万元，这样罢工五六日，便抵得排货一年。罢工是如何有力量的武器呀！于是我们坚持罢工排货与封锁，以与香港帝国主义相周旋。

真的，香港自被封锁以后，经济上受到空前大损失。我们根据当时香港报纸自己披露的消息，就可看得出来。

就输入输出来说。一九二四年输出为八百八十一万镑，一九二五年只得四百七十万镑，相差四百一十一万镑。一九二四年秋季入口税，总数为一千一百六十七万镑，一九二五年秋季则降落到五百八十四万镑，相差五百八十三万镑。总之，输出输入，一九二五年皆只得一九二四年之半。原因是这样的，香港出口货中，四分之一往中国北部，四分之一往南洋群岛，四分之二往中国南部，香港罢工工人封锁以后，即使中国北部与南洋群岛未被封锁，但中国南部是被封锁了的，所以输出输入皆损失一半。

我们再就其他方面来说，都可证明香港经济上的损失。例如航业，一九二四年到港船数为七万六千四百九十二只，共吨数为五千七百万吨，平均每日有船二百一十只，共吨数为十五万六千一百五〔六〕十四吨。但自一九二五年七月起计算，平均每日仅有船三十四只，吨数为五万五千八百一十九吨。一九二五年与一九二四年比较，船数减少五点五倍，仅得一九二四年百分之十六；吨数减少一点八倍，仅得一九二四年百分之三十六。

再如商店破产。罢工以后，香港报纸与政府通告，每日必有商店报穷案。

仅就一九二五年十一、十二两月，计破产的商店已达三千余家。

又如银行。罢工以后，存款断绝，提款突增，纸币被抵制，现金流出。虽然当时香港报纸对于银行损失讳莫如深，我们无从考察，但股票是低跌的。如一九二五年六月二十二日至十月十九日，汇丰银行股票由一千二百九十元跌到一千一百四十元，已减少百分之十一点五〔六〕。

又如政府收入。罢工以后，出入口货税固然损失大半，地价也跌到十分之五，房租又跌到十分之四。税收固然锐减，同时开销却又锐增，因为政府要应付罢工风潮，军备等项突然增加。真的，香港政府当时把常存不用的存款一千七百万元，都从银行提出来用了，并提出制定新预算，高唱“裁员减薪”。

也就因此引起香港帝国主义对于广东的愤恨，七月二十七日，召集什么公民大会，电请伦敦英皇，立即出兵攻打广州，驱逐“过激党”，说广东人都是“过激党”。后来八月十五日，又召集公民大会，以前次电报英皇不理，乃改电首相，意态极其愤懑，仍请立时出兵。但当时英国伦敦政府因本国无产阶级之不稳，各殖民地之蠢动，各帝国主义间之冲突，有此种种原因，所以对于香港什么公民大会之答覆是：“香港困苦，伦敦至深系念，惟统观全局，现时无法出兵。”英国伦敦政府当时借款给香港三百万镑，为救济商业之用。但当时有名的演说家哥尔就说：“此次借款，只不过救济香港危机于一时罢了。”香港此时真是陷于绝地。罢工、排货、封锁，这是如何有力量的武器呀！

国民政府的成立

罢工以后，广州当时的政治情形是这样：刘杨虽被削平，但东江又被陈炯明占领，南路仍被邓本殷割据，就是广州内部各派军阀亦是拥兵自恣，各有异志。总之此时广东仍是四分五裂的状态，仍然是处于内忧外患岌岌可危的环境。幸而有此次罢工，十余万革命工人集在广州，表示拥护革命政府。当时国民党左派，也为之气壮，采纳共产党的提议，重建新政府，即国民政府，宣布新政纲，主张军政统一、财政统一、民政统一，各军受政治训练，军需独立。这样一来，广东内部即起分化，主要分成三派：一派以许崇智①为首，而魏邦屏、梁鸿楷及所有粤系军官属之；一派以胡汉民②为首，而一般官僚政客属之；一派以廖仲恺③、汪精卫为首，而左派党员及工农群众属之。共产党不用说是赞助最后一派。新政府成立了，但三派之明争暗斗，也愈趋激烈。胡许两派阴谋政变，首为罢工委员会查觉，于是召集罢工工人于八月十一日举行肃清内奸大运动，游行示威。其意即在于壮国民党左派之胆，实行断然处置，但国民党左派当时却极其动摇，懔然不动手。此时胡许两派公开宣传“反共产”（其实刘杨叛变亦以反共产为口号），形势更为严重。一直到八月二十日廖仲恺被刺，国民党左派方下最后决心，解散梁鸿楷、魏邦屏的部队，并下令捕拿胡毅生、朱卓文诸人。在军事行动时，罢工工人为军队作侦探与向导，尽力甚多。随后驱逐胡许离粤，许崇智则以“请假赴沪”为名，胡汉民则以“出使苏俄”为名。广东政权从此完全递入左派之手，此一时期，可说是左派执政时期。

此时罢工工人与国民党政府真是相依为命，有存则俱存、亡则俱亡之势，内外环境更为恶劣：在广州，谣诼繁兴，反侧蠢动；在全省，陈炯明陷落惠州，邓本殷进攻江门，中山县被土匪占领；在省外，香港勾结北舰南来，资助陈邓反攻。于是罢工工人援助国民革命军东征与南征。

在东征与南征的时候，罢工工人组织运输队，运输辎重接济前线；组织宣传队，随从大军前进，向农民宣传；组织卫生队，救护战场伤亡战士。罢

①许崇智：1887—1965，广东番禺（今广州）人。1905年加入中国同盟会。1917年参加护法运动，任孙中山大元帅府参军长、粤军第二军军长。1924年国民党“一大”擢升为建国粤军总司令。1925年7月1日广州国民政府成立，任军事部长。1925年8月国民党左派廖仲恺被刺杀，蒋介石和汪精卫合谋，以其部下涉廖案为由，将其排挤出广东。

②胡汉民：1879—1936，广东番禺（今广州）人。1902年留学日本。1905年参加中国同盟会。1914年随孙中山组织中华革命党。1924年国民党改组后成为右派首领。孙中山北上后留守广州，代理大元帅兼广东省省长。1925年改任广州国民政府外交部长，因“廖仲恺被刺案”去职。1927年和蒋介石发动“四一二反革命政变”。

③廖仲恺：1877—1925，中国民主革命家。原名恩煦，又名夷白，广东归善（今惠州）人，生于美国旧金山。1905年加入中国同盟会。1921年任广东省财政厅厅长，1923年任广东省省长。国共合作后兼任国民党工人部部长、农民部部长，黄埔军校党代表，国民革命军总党代表。1925年7月1日广州国民政府成立，任财政部长。1925年8月20日在广州被国民党右派暗杀。

工纠察队请缨出征，上阵杀贼。政府嘱其巩固后方。真的，国民革命军得罢工工人之助，行军迅速，东征军一鼓而下惠州，再鼓而占汕头，东江以次收复。南征军一鼓而平高雷，再鼓而入琼崖。南路也以次底定。前后不过三个月，广东全省统一了。

当时中国国民革命唯一的根据地，就在罢工工人帮助之下完全巩固了，以至于能再准备力量，而有后来之出师北伐。

罢工的中心策略

罢工的头两个月，因封锁香港，海外交通完全断绝，任何国家轮船皆不准其出入广州。这样一来，这种封锁不只封锁了香港，而且封锁了我们自己。

因为广东米粮向来仰给海外，以香港为总转运之门户，如不沟通海外直接航运，势必自困；再则广东工业尚不发展，货品无以自给，特别是燃料缺乏，如不沟通外埠直接运来，亦系自困。此外还有两个问题须得解决：一个是商人营业问题，很显明的，沙基惨案之后，爱国空气高涨，一时商人停止贸易，尚可隐忍；时过境迁，热潮低降，商人非要求贸易不可。再一个是帝国主义联合问题，也是很显明的，英、美、日帝国主义年来争夺广东市场，极为猛烈。据《中国海关贸易册》的数字，英货逐年递减，日、美货则逐年递增。广东排英，在日、美自然认为是取英而代的绝好机会，如广东抵制一切外货势必逼成日、美与英协同对我。罢工委员会有鉴及此，于是决定一种“特许证”制度，订定“凡不是英国货英国船及经过香港者，可准其直来广州”。此特许证由罢工委员会、商务厅、公安局、外交部共同签字发出。这个特许证实行后，真的，上海、暹罗等处商船闻风而来，美国大来公司、日本三井洋行及各国商船亦要求领证复业。于是上海广州间之航线，暹罗与广州间之航线，直接打通，广州江面每日有四十余只船入口，为广州有史以来所未有的现象。

这一个“凡不是英国货英国船及经过香港者，可准其直来广州”之原则，是省港罢工的中心策略。真的，在这个中心策略之下，解除广东经济的困难，保持广东商人的中立，拆散帝国主义的联合战线，最后还促进广东经济的独立发展。使这个伟大的罢工，得以坚持如此长久的岁月，就是由于这个中心策略之正确。

工商联合

这里我们要说到当时广东商业资产阶级对于罢工的态度。

当罢工开始时，特别因为发生沙基惨杀，商业资产阶级为爱国空气所降住，当然不敢公开反对罢工，同时也不赞助罢工。譬如罢工开始时，我们要廖仲恺（当时他身兼国民政府财政部长和广东省政府财政厅长）召集全市商人开会，商量捐助罢工经费，结果是商人只捐数千元敷衍面子。罢工委员会自动宣布特许证制度后，商业资产阶级才乘机向罢工委员会进攻，原因是此时正是胡许两派阴谋政变，政局杌陧①不定，我们内部里极端困难的时候。他们看清了这一点，受胡许两派的指使，于是挺身出来反对特许证制度。问其所持理由，则曰“手续麻烦，手续费太重”。罢工委员会认为这是枝节问题，手续可以力求简单，手续费亦可准予减免，但不能取消特许证。商人仍坚持反对，主张根本取消。不久廖案发生，政府断然处置，解散反动军队，通缉反动政客，驱逐胡许出境，政府转危为安。罢工委员会又自动取消特许证，并提倡“工商联合”，邀请四商会共同商议善后办法。罢工委员会提出仍以“凡不是英国货英国船及经过香港者，可准其直来广州”为原则，订立工商善后条例，共同盖章，张贴布告，以资遵守。以后只在罢工委员会领取轮船出入口证，不须经过商务厅公安局外交部等机关签字，手续费一律减免。商业资产阶级见我们镇压反动如此神速，政局突然安定，又见我们自动取消特许证，已无可借口，对于“凡不是英国货英国船及经过香港者，可准其直来广州”这一原则，当然不便反对，如反对无异自承为英帝国主义走狗。因此商业资产阶级完全接受罢工委员会的提议，罢工委员会与四商会联名盖章的皇皇布告遂贴满街上了。

的确，从此以后，商业资产阶级对于罢工不仅不反对，而且相当赞助，

①杌陧：倾危不安的样子。

这不是他们革命性的表现，而是有经济的原因。原来广州自与海外直接建立交通以后，商务突然兴盛，不仅比罢工开始时兴盛，而且比没有罢工以前还要兴盛。兹将粤海关一九二五年七月罢工以后各月份收入统计，与一九二四年同月份的作一比较：

	一九二四年	一九二五年
七月	二二九、五二三（以海关两计）	七〇、七一一
八月	二八一、八一六	一五〇、一八〇
九月	二八九、六三二	二三二、四〇七
十月	二四二、〇七八	三〇六、一二五
十一月	三一九、八三五	三三七、五三二
十二月	二八二、五六四	三〇四、八三八
	一九二五年	一九二六年
一月	二五七、五四一	四二二、九七一

观上表，可看出，七月罢工初起时，海关收入较一九二四年同月份少三分之二，此时商务可说极坏，但自十月与海外直接建立交通后，则不仅完全恢复原状，而且逐月均有增加，一九二六年一月比一九二五年同月，超过五分之三。为什么呢？第一，因为广州与海外直接建立交通；第二，因为广州与香港澳门交通断绝，而且内地向来向港澳直接采办货物者，现在都改向广州采办，广州之批发商业乃骤然兴盛。所以当时资产阶级的报纸也说："此种情况，诚出一般人意料之外也。"这样，罢工不仅不妨害广州商务，而且大有造于广州商务。这就可以解释当时广州商业资产阶级能够接受罢工委员会"工商联合"的口号，甚至于到一九二六年一月，香港政府不接受罢工条约时，广东四商会开大会，义形于色的做决议说："此次罢工为人民自动，出于爱国运动，争回国体与人格，各工友如此牺牲热烈，我等商人亦应联合一致热烈援助，务求达到香港完全承认复工条件为目的。"

国民党与这次罢工

这次罢工是由共产党发起而成的。究竟国民党对这次罢工取如何态度呢？

这里须得加以叙述。在罢工发动的开始数日，共产党中有一部分同志，有这样一种机械论的见解，说："共产党是无产阶级的政党，罢工是无产阶级的事情，所以省港罢工应完全由共产党独立领导，不要国民党来过问；国民党来过问便会夺去领导权。"其实领导权共产党是不是会失掉，那要看共产党在罢工工人群众中的工作是不是努力才能决定，拒绝国民党过问是不能保证共产党对罢工领导权的巩固的，并且这种拒绝国民党过问，实际竟拒绝国民党帮助，假若当时不取得国民党帮助，的确罢工不到一个星期便要倒台。试问十几万人的伙食经费从何取得？无疑的这种机械论的幼稚见解是不对的，当即被党否决。不仅要国民党过问，而且要拉国民党来过问，这样才能取得国民党目前迫切的物质帮助，这与领导权问题全是两件事。的确当时国民党因刘杨战争刚毕，新胜之余，对于民众运动极为援助，特别是刘杨战争之中，铁路工人与海员工人罢工给予他们军事上很大的便利（请参看下一章①），所以使得他们怀好感，省港罢工起，共产党要求国民党经济援助，他们很慷慨的承认而且实行了。

后来才接各方面的捐款。从罢工开始直到一九二六年六月，罢工委员会收入是这样：国内捐二十五万元，海外华侨捐一百一十三万元，租捐及政府收到各方捐款二百八十万元，殷实绅富捐二万元，拍卖英货四十万元，罚款二十万元，其他二十万元，共四百九十万元②。

的确，国民政府财政部，自始至终是每月送给罢工委员会一万元。

当然，国民党内部对于罢工的态度是不一致的：右派是始终反对，左派在罢工的头半年的确是热诚拥护的。左派拥护罢工的原因，在政治方面，我们在上面已经说了许多，很明显的他们那时完全要依靠工人帮助才能把握政权，故不能不拥护罢工。在经济方面，我们来多说几句话。

①* 铁路工人和海员工人的罢工对平定刘杨战争的巨大支援，按著者原来的编写计划是要写在"广东时代极盛期"一章（见"著者 申明"）中，后来因著者忙于革命的实际工作，原来的编写计划未能实现。

②编者按：25+113+280+2+40+20+20=500，应为"五百万元"。

自罢工以后，国民政府的收入也增加了。一九二二年，广东全省收入为一千万元，平均每月为八十三万三千元。一九二四年收入仅七百九十八万六千元，平均每月为六十六万五千元。一九二五年罢工以后，八月收入为一百五十万元，已比前两年每月收入之平均数增加不少；到十月，收入达到三百六十一万六千元；十一月收入为三百八十万元，则较前两年每月收入之平均数多至六—七倍了。

为什么呢？因为一方面是由于广东统一的影响，但另一方面则因为省港罢工，断绝与香港交通，把大门关住，好让政府来从容的有计划的从事财政的整理。原来广东经济向来是受香港所操纵和支配。比方广东政府所设立之中央银行，孙中山在时，舌敝唇焦要求人民信任他们纸币，但结果经不起香港纸币之操纵，使得中央银行纸币价格起落不常，信任动摇。直到罢工以前，中央纸币一元还只当三四角用。罢工以后，加以沙基惨杀，于是广东人民抵制香港纸币，又兼封锁，故香港纸币当时几乎绝迹于市面，而中央银行乘此加以整理，再不受香港纸币的操纵，因此信用恢复，营业扩张，纸币变为十足十用。举银行就可以概其余。

从上面的事实，就可以解释当时左派政府为什么热诚拥护罢工；又何况政府每月送给罢工委员会的一万元，事实上是政府从各方面收得的罢工捐款，慷他人之慨于己毫无所损，又何乐而不为。

但是这些左派，到一九二六年一月以后，对于罢工就有些冷淡了。当然广东统一了，不再需要罢工工人了，又加上右派借罢工如何“不法”的诬蔑事实，专门与左派为难，小资产阶级动摇的根性发作了，遂日益与罢工工人离开。

三月二十日政变，代表民族资产阶级的新右派掌握政权以后，无疑的是反对省港罢工。其所以不敢断然解散罢工者，因他们自己力量还感觉不足，一时还不能脱离无产阶级。因为省港罢工到此时确已形成一个坚固的力量，而且是正在与帝国主义斗争着，无端解散罢工，于力固所不能，于理亦所不顺。

香港帝国主义态度的变化与广东政局

香港帝国主义对于罢工的态度经过好几次的变化，这些都与广东政局有关。

第一期，强硬时期。罢工开始时，香港方面急于在求一战，所以他们的什么公民大会两次电求伦敦出兵攻打广州。出兵被伦敦否决后，香港则专心一致实行“以华制华”政策：一方面勾结北方军阀侵粤，一方面勾结广东内部一切反动势力作乱。第一着便是香港暗中资助胡许两派政变，文华堂二百万元之贿赂，江门梁鸿楷部队新军械之发现，皆其铁证，于是而有廖仲恺的被刺。但因为当时共产党帮助国民党左派实行断然处置，胡许被逐，香港的第一着政策失败。第二着便是香港资助陈炯明邓本殷两路进攻广州。陈炯明当时在香港设立机关，招兵买马，在香港市上得以自由逮捕过往汕头的罢工工人、海陆丰的农民以及革命的学生达二百人。香港政府又复勾引北洋四舰南来，帮助陈邓反攻。再则又嗾使土匪袁带、林警魂陷落中山县。此时罢工委员会本已准备解决罢工，九月二十八日香港中等华商代表来省，罢工委员会将香港沙面工人及学生要求之三十余条件交其带回香港。香港总督板起面孔对华商代表说：“谁叫你带回条件来！”很明显的，香港帝国主义此时在指挥如意的捣乱广东，此种计划还未实验，如何肯解决罢工！但因为当时罢工工人帮助国民党左派坚决进攻陈、邓，东江南路都次第收复，而香港第二着政策又失败。

第二期，软化时期。原来陈炯明占领汕头时，汕头罢工立被解散，港汕交通恢复，但革命军攻入汕头时，本地罢工工人又卷土重来，封锁香港。邓本殷受香港八十万元，专雇轮船八艘，载运粮食赴港，但革命军攻入琼崖时，此项接济又被本地工人截断了。勾引南来之北洋舰队，见陈邓已败，不敢进窥虎门，只得悄悄率队北返。香港亦无可奈何。同时又因香港中等华商见罢工已久，愤恨香港政府不予解决，使他们受“城门失火殃及池鱼”之惨痛；又见国民政府着着胜利，同情广东，于是而有“恳亲团”之组织，十二月二十六日来广州，共代表三百余人。继而又有“华侨参观团”之组织，不久亦来广州，其人数亦相若。香港中等华商这些举动，无疑义的直接对广东政府同情，间接即对香港政府示威。香港帝国主义知大势已去，外既军事失利，内又居民叛离，于是戏法为之一变，宣布派遣四个全权代表，赴广州解决罢工，以安香港方面的人心。同时又派华商代表八人先行来广州，以探广东方面的意旨。八个华商代表抵省以后，与罢工委员会商量经济条件。罢工委员会答覆："我们固然要经济条件，同时也要政治条件；只谈经济条件，何能谓为根本解决?"并嘱其转告香港政府，所派定的四个全权代表，放胆来省，可以商量解决罢工。无论如何香港帝国主义此时确有软化的表示。

第三期，犹豫时期。一九二六年一月，国民党第二次代表大会以后，广东政局内即发生新的酝酿，原因是共产党在国民党大会时采取了对于新右派的退让政策，以致新右派得以纷纷回粤活动，于是左派的政权隐隐发生动摇。蒋介石以左派的资格一变而为新右派的领袖，暗中准备反革命的政变。这种内容，香港帝国主义岂有不知之理，认为广东既要发生政变，左派倒塌，右派登台，那么又何必急于解决罢工！所以香港政府派定的四个全权代表，始终迟迟不来。不仅如此，香港政府还于一月二十五日，率性宣布停止解决罢工，以示决绝。

香港帝国主义此时一方面静候广东的政变，一方面则用尽一切方法以加速这一政变。比方那时他们加紧"英国决用十万大兵进攻中国"的宣传。上海英国帝国主义的机关报，登载这样一个消息，说"伦敦方面决将用武力干涉中国，预定十万大兵，北攻天津，中攻沪汉，南攻广州"。同时，英国公使向北京政府提出质问："究竟能否制止广东排英运动？否则，英国当代加重大教训。英国国会业已同意，预算将来对粤每日军费一百五十万。"很显然的，这种恫吓的作用，只是给右派一种借口，好来提议解散罢工。再则就是勾结广东右派加紧对于罢工工人的进攻。伍朝枢①等此时与香港政府已经发生密切关系。在此时期，伍朝枢万事不管，专门在国民政府委员会上，替

①伍朝枢：1887—1934，字梯云，广东新会人。伍廷芳之子。1925 年任广州国民政府委员、司法委员会主席兼广州市政厅委员长。

外国商人告发罢工纠察队的“不法”。又如公安局长吴铁城向市民宣传，“罢工工人比刘杨兵士还凶”，简直开枪射击罢工工人。很显然的，这种造谣中伤的作用，一面是离间左派对于罢工的信任，一面也是给右派将来借口强迫解散罢工打下基础。香港帝国主义此时还有一个得意之作，就是嗾使粤海关停关。中国海关税务司，按照不平等条约都须尽用英人，粤海关税务司不用说亦是英人。二月二十二日粤海关突然宣告停关，借口是“罢工纠察队扣留八艇货物，未经税关查验，纠察队如此行动，彼实不能执行职务”。并对广东政府说：“罢工会不听政府命令，我来替你教训。”又对广东商人说：“我之停关，系为减少你们受纠察队之压迫。”又很明显的，这种挑拨离间的作用，都只为了一个目的，就是催促广东政变加速的到来。

但一切阴谋，当时是被我们一一加以打击，故一时未能生效。

直到三月，香港帝国主义见广东政变竟未发生，不觉犹豫起来了，于十九日派人到广州面见汪精卫说：“香港政府有诚意解决罢工，已内定辅政司、律政司、华民政务司为代表，只须汪主席亲笔写一函去，三代表就可来省。”可见香港帝国主义此时还有意解决罢工。恰恰第二天广东发生蒋介石的政变，罢工委员会亦被兵包围，即所谓三月二十日中山舰事件，于是香港帝国主义的态度又为之一变。

第四期，重新强硬时期。三月二十日蒋介石的政变，使香港帝国主义从此根本取消解决罢工的意思。三月二十日政变消息传到香港以后，香港总督召集西商大会，兴高采烈的说：“恭贺诸位！报告你们一个好消息，就是二十日广东政府已上轨道了。”听众报以欢笑，高呼万岁！所以香港政府内定的三个代表，遂不出发。四月九日，再派人到广州与伍朝枢谈说之后，香港政府率性宣布“香港政府对于罢工期内工金及不能复业损失赔偿，均不给予，亦不容许此项办法”。以前香港帝国主义虽因面子关系，不愿出钱，然而并未正式宣布决绝，香港商人出钱，香港政府至少已经默许，如一九二五年年底派八个华商代表到广州谈经济条件可以证明；今则露骨的不承认出钱原则，而且布露天下，咸使闻知，态度何等鲜明，何等坚决！无疑的这是三月二十日政变的影响。香港帝国主义从此重行抱持强硬的态度，以至于后来的“中英谈判”，仍坚决的把罢工问题撇开，我们在后面再说。

这次省港罢工，本有极大的直接胜利的可能性，然而有了三月二十日的政变，这种可能性完全取消了。

罢工与北伐

北伐是中国革命过程的一件大事，因为有了北伐，中国革命发展到最高度，革命领土扩张到长江流域，中国工人运动农民运动很迅速的得到长足的进步。北伐自然是当时中国全国范围内革命高涨的需求，然而直接促进北伐则省港罢工实为很大的动力。广东统一以后，就开始了北伐的准备，虽然经过三月二十日蒋介石的政变，但北伐终是革命的要求，终不能因任何障碍而阻止它的进行。六月，北伐出师了。在这次北伐中，省港罢工工人不用说是积极的参加。他们照东征南征一样，组织运输队、宣传队、卫生队，随师北伐。特别是运输队三千余人，给予北伐军巨大的帮助。湘粤之交，为五岭山脉，崇山峻岭，道路异常险阻，又兼湿暑炎蒸，罢工工人重担渡岭，其困苦可知。也就因此，罢工工人病者好几百人。北伐军因得罢工工人这种帮助，出师异常迅速，八月便收复全湘，九月便直抵武汉，中国革命得到空前的发展。

中英谈判

因为北伐的原故，因为“得以进行本国统一革新之工作”的原故，罢工委员会同意国民政府致函香港政府提议商量解决罢工。六月五日，国民政府去函，香港帝国主义答覆谓：“罢工已成过去事件，愿派代表商量排英货问题之解决。”国民政府回函声明罢工仍为政治上经济上一件要事，但亦可磋商广东人民业已维持一年以上之排英货运动的方法与手段。九月十五日，中英谈判终于在广州外交部实现了。第一次会议（十五日）只国民政府致了一篇欢迎辞。第二次会议（十六日）国民政府代表提出一意见书，大意是说广东人民发生排英货之直接原因，由于沙基惨案；沙基惨案之重要背景，由于上海“五卅”惨案。广东为什么有省港罢工与经济绝交之排英运动？因为

“广州为中国民族主义最大中心点，无怪其于此案坚持民族主义以相对峙，而视为中国民族主义与外国帝国主义间斗争之显著表示也”。中国以民族主义办外交，并坦直指斥帝国主义，这算是中国外交史上的第一次。此外并质问为什么香港对广东实行经济财政封锁，为什么拒绝国民政府在沙基惨案发生后所提议的解决条件。第三次会议（十九日）英国代表提出答覆书，谓“五卅”屠杀是自卫行动；沙基惨案系中国先开枪；省港罢工系少数人强迫；香港并未封锁广东。第四次会议（二十一日）国民政府代表提出反驳书，引证据理，指斥其推诿图赖。谈判到此，国民政府提出解决办法，组织一公正的第三者考察法庭，惟此事须延宕时日，如为早日恢复两国关系计，主张两方协力分任担负：第一，应保障不再有类似沙基惨案发生，此种保障，在于整顿沙面海陆驻兵，并限制英国炮舰停泊国民政府领土河面；第二，根据极公平原则，抚恤沙基惨案死伤者家属；第三，解决因香港广东通常关系破裂所发生的大失业问题，应筹备大宗款项。英国代表对组织第三者考察法庭表示须请示本国政府；对早日恢复关系之三条件，表示反对，并声言解决问题不能包含赔偿在内。国民政府代表表示让步，提议在第三者法庭未成立以前，应行借款，此项借债，双方分别担任，如将来英国在第三者法庭得到胜利，香港担负之借款，由国民政府偿还。英国代表表示反对，提议实业借款贷予中国，以为黄埔开埠之用，而以建筑粤汉、广九两铁路接轨为条件，其监督借款则依照广九铁路协约，雇用英国总工程师总管账各一人。此日，罢工委员会偕同广东工农商学各界召集十万余人之示威大会，发布力争沙基惨案与省港罢工条件的宣言。第五次会议（二十三日）双方以其提议写成条文，继续讨论。双方皆表示须请示本国政府，而中英谈判就此告一段落。其名延期，实则破裂。总而言之，中英谈判虽为广东自有独立政府以来第一次与外国开的对等会议，为国民政府的新纪录，但对于罢工解决是毫无结果。

取消对香港的封锁

中英谈判延期以后，罢工委员会发出致全国同胞书、致海外华侨书、致全国工会书、致世界工会书、致国民党与国民政府书，除叙述中英谈判经过外，请教三事。

一　其将不念先烈沉冤，无条件屈服乎？

二　抑将不但屈服，且进而接受英国所提出的实业借款条件乎？

三　或不愿屈服，须再接再厉，继续奋斗，以求最后之胜利乎？

对于三条道路，罢工委员会说："因我等罢工，事关民族问题，并非纯属我等一己问题，何去何从，毫厘千里，故不能不要求海内外同胞立予决定者也。"罢工委员会又申明："我等奋斗，牺牲一切，本身利害，久非所计，如荷同胞指示，我们惟敬谨遵循，虽赴汤蹈火，决不瞻顾。"罢工委员会发出这信之后，各方面纷纷回答，都说"应当继续奋斗，誓为罢工后盾，以求得最后之胜利"。

本来罢工委员会有好几次准备收束罢工。当一九二五年八月廖仲恺被刺的前后，曾有一度准备，因那时"五卅"运动在北方各地已依次低落，广东孤军奋斗，如何做得？于是而有"北上外交代表团"之发起，由各界各出代表二人及罢工代表八人共同组织之，将省港罢工所提的政治条件交付此代表团联合全国去争，而罢工委员会只与香港解决经济条件便可复工。但此种准备，一方面固然因香港帝国主义一时还不愿意解决，一方面确因当时东征南征，须要罢工封锁香港，将帝国主义对于反革命派之援应斩断，好让我们关起门来在家里捉贼，所以第一次准备收束罢工的计划就作罢。一九二六年一月国民党大会的前后，我们又有一次准备收束罢工。因东江南路均已收复，我们须准备北伐工作，如果香港帝国主义接受相当条件，亦可复工。故当时广东方面派一重要官员到香港，作非正式之探询；香港亦曾派一重要官员到广州，非正式的表示要将罢工条件分为政治经济二部。广东方面答应如经济方面原则上能承认，分开亦无不可。后来香港方面对于恢复工作一层，因谓商店倒闭，无业可复，完全复工，有些困难，广东方面表示可以相当让步。但因国民党大会后广东政局有新的酝酿，右派纷纷回粤，香港帝国主义因为有新的希望迁延解决，我们亦拟维持罢工，以预防右派的叛逆行动的发生，因为罢工工人经常聚集广州者近五六万人之多，造成一种革命的浓厚空气，实在是镇压右派的一种力量，所以第二次准备收束罢工的计划又作罢。三月二十日政变发生了，民族资产阶级乘机进攻，此时当然我们不愿即于收束罢工，自己解除武装。到五月第三次全国劳动大会的前后，我们因急于需要出师北伐，又有一次准备收束罢工。劳动大会提出由国民政府、香港政府、广州商人、香港商人和罢工委员会五方面举出代表组织委员会，商量解决罢工。这个五方面共同组织的委员会，亦含有打破香港方面谣言的作用，因为当时香港有一种谣言说："香港出钱未为不可，不过恐其落在罢工领袖及过激派手中，仍用为继续反对香港之用。"罢工委员会曾以此办法，怂恿广州商人派两代表到香港，征求香港商人同意，并托其转征香港政府同意。结果是香港帝国主义者置之不理，所以第三次准备收束罢工又作罢。陈独秀、魏琴当时大骂广东的党部"太左，自始至终就无半点意思收束罢工，简直是胡闹"！据他们的意思，应该无条件解散罢工。自然他们这种意见，我们无论如何不能赞同。但当时谭平山在上海的共产党中央机关报宣布："省港罢工终止了！"省港罢工在广州分明没有终止，而他们却在上海宣布已经终止，这简直是工贼的作用。

七月北伐出师了，而且所向克捷，收复全湘，直趋武汉，我们此时以为时机已至，决定自动的收束罢工。首先是取消对香港的封锁。取消对香港封锁的原因还有一个，就是对于广州沿海农民的让步。自罢工以来，封锁香港，所以沿海一带农产物一律禁止出口。当罢工初起时，罢工纠察队封锁海口，的确得农民的帮助不少，当时爱国热潮甚高涨，农民也卷入这个热潮之中。但封锁实在太长久了，农产物停滞不能出口，农民当然大感不安。到一九二六年五月以后，农民与纠察队在海口常常发生冲突，因为农民偷运农产物出口，纠察队当然截留。此时正是新农产物上市时期，农民非得出口不行。罢工纠察队封锁以来，在各海口常常发生战争。如沙鱼涌之战，纠察队与铁甲队死者数十，是香港以兵舰飞机巨炮协助土匪干的。太平之战，纠察队死者八人，是香港指使当地奸商土匪干的。中山之战，纠察队全队覆灭，是香港以机械资助土匪干的。其他还有白鹅潭之战、淡水之战、前山之战，大概都是奸商土匪协同干的。在这些战争中，农民还有帮助纠察队的，至少是守中立。但到此时便不然了，农民反对纠察队。如宝安，好几个邻近英界的村庄农民，简直与纠察队取了武装对抗的形势，虽被纠察队征服了，但农民不平之气确是与日俱增。这一点也是逼得我们不得不取消封锁的。

关于取消封锁自然需要收束罢工有一根本解决才行，罢工工人代表大会对此问题经过郑重的讨论。罢工委员会提出办法，在关税上附加二五税，以此税作为收束罢工之用。每一罢工工人先领一百元，到各处寻找工作，最好到香港寻找工作。六个月后，如不能寻找工作，可以回广州，罢工委员会依然供其宿食。二五附加税当然不是一次便够发给所有罢工工人，可分五批发给：每批二万人，以五个月发齐。此问题决定后，以二五附加税由政府通知各国领事，期在必行，各帝国主义无法，只得在罢工工人这种伟大权威之下承认了。

于是一九二六年十月十日，罢工委员会召集广州各界群众大会，宣布取消对香港封锁，并宣言“我们对香港封锁的取消，是为了将来根本收回香港的准备”。

十月十一日，便于海关附近另建二五附加税征收机关，由政府与罢工委员会共同组织，开始征收。

于是对于省港封锁，便这样的告一结束。

二五附加税是由省港罢工开始的，这又是中国革命史中的新纪录。此例一开，不仅国民政府领土内一切海关照例举行，就是当时北方军阀亦向帝国主义要求援例开办，罢工工人所争得的果实，不期军阀也能得受实惠，真是出人意料之外。

此后省港罢工便办理结束。实际上罢工并没有完结，罢工委员会一切机关依然存在，罢工食堂与宿舍亦一律存在。一直到一九二七年整个国民党叛变以后，汪精卫回粤，知省港罢工工人为一不可侮的势力，于十月方用武力强迫解散罢工工人，罢工才算完结。所以正确计算，省港罢工从一九二五年六月起，应算至一九二七年十月为止，共计两年零四个月。①

这次罢工的意义与教训

这是一个为世界职工运动有史以来所未闻见的长期罢工，它的意义的确超过“罢工”以上。很明显的这个罢工在中国大革命的广东时代，无疑的起了无产阶级的领导作用。省港罢工委员会本身的确有独立的政权性质（香港帝国主义所骂的“第二政府”），它当时在南中国的确成了各社会民众团体的总领袖，它在广东的地位的确有举足轻重之势，它的影响的确是巨大无比。也就因此广东方面全省工人组织起来，全省农民（九十四县之中有八十五县）也组织起来。共产党由四百余人的小团体一变而为上万数的真正群众的政党，以致无产阶级和共产党在政治上得到巨大的威信。幼弱的国民党、国民政府、国民革命军，更是得到省港罢工的帮助，巩固了革命根据地，统一了广东，实行了北伐，使革命高潮推向前进。所以省港罢工的意义，的确是不能以“罢工”的意义来解释的，因为它超过了“罢工”的意义以上了。

省港罢工的策略是不是有错误呢？如就罢工范围内所有主要的策略来说，我们直到现在始终还未发现错误，认为是正确的。关于个别的局部错误，当然是不免的，但与根本策略无关。的确省港罢工所采用的策略达到了最高的形式，不是工厂范围的形式，也不只是国内范围形式，而是国际范围的形式。这在中国，这种罢工策略之最高形式，应该说是自省港罢工才开始的。我们要说这些策略便是我们的教训，读者可自去领会，这里不重说了。

省港罢工遗传下来的种子，直接影响到一九二七年十二月的广州公社的诞生。

（邓中夏撰，人民出版社编辑部编：《邓中夏文集》，人民出版社 1983 年版，第 610-639 页。）

---

①学术界一般认为，省港罢工从 1925 年 6 月开始，于 1926 年 10 月罢工委员会宣布结束罢工止，历时 16 个月。

评析

《中国职工运动简史》是邓中夏的代表作之一。它是中国早期工人运动史的珍贵记录，是研究早期中国共产党领导工人运动历史的重要文献，是党进行革命传统教育的宝贵资料。在书中，邓中夏自觉运用马克思主义的立场、观点、方法，对中国早期工人运动的发展进行了介绍，并对其斗争经验进行了系统总结。该书最早于1930年由苏联中央出版局出版，1943年延安解放社据苏联版本重印。1953年人民出版社据解放社版本再版该书，在书名后加了“一九一九—一九二六”，并对个别字句作出了调整。

本文为该书第十三章“省港大罢工”，是对省港大罢工较为详尽的回顾与总结。

一、全面且详尽地记录了省港大罢工运动的始末。文章对罢工的准备、罢工的爆发、沙基惨案、封锁香港、中英谈判、取消对香港的封锁等的记述，展示了工人阶级在党的领导下，与帝国主义势力斗智斗勇，最终取得巨大成果的罢工全过程。

二、揭示了省港大罢工的斗争策略。作为罢工领导机构“全港工团联合会”的副主席兼总顾问，邓中夏能够深入地参与到整个运动的决策当中，因此，他所执笔的这篇文章，也详细地揭示了罢工领导者在不同形势下所作出的不同斗争策略。首先是采取工农商学兵联合斗争的策略，发动农民群众一起支持北伐，与国民政府展开合作，取得商业资产阶级支持，建立广泛的反帝斗争统一战线。其次是拆散帝国主义的联合战线，在帝国主义势力中“单独对英”。这也是罢工的“中心策略”。考虑到香港与广东的现实情况，罢工委员会规定“凡不是英国货英国船及经过香港者，可准其直来广州”，暂时不将英国以外的帝国主义国家列入打击范围，从而孤立英帝国主义，还促进了广东的经济发展。再次，配合全国革命的发展形势，适时举行中英谈判。在北伐顺利进行时，罢工领导机构与英方达成了关税上“附加二五税”以补贴罢工参与者的重要协议，最终结束了对香港的封锁，使罢工圆满结束。

三、揭示了省港大罢工的特点及意义。邓中夏认为，省港大罢工是“世界职工运动有史以来所未闻见的长期罢工”。在这次罢工中，中国共产党领导下的组织者们既坚持战略原则性，又注重斗争灵活性。他们建立了严密的组织领导机构，这个机构在一定程度上具有“独立的政权性质”。战略上，他们团结一切可以团结的力量，建立了广泛的反帝统一战线；而在战术上，则集中力量打击主要敌人：充分展示了中国工人阶级的无穷智慧和伟大力量。省港大罢工是一次工人阶级反抗帝国主义压迫的罢工，但它也不只是一场“罢工”。正如邓中夏所说，省港大罢工的意义，已经超过了“罢工”本身。它沉重打击了英帝国主义在中国的势力，团结壮大了无产阶级队伍，增强了中国共产党在人民心中的威信。同时，它也是在第一次国共合作背景下，由国共两党共同促成的一次反帝斗争，对北伐胜利、中国革命的发展更是有着“直接促进”之功。

省港大罢工不仅是中国劳动人民在中国工人运动史、中国革命史上写下的光辉一页，它在斗争中所展现的反抗精神与斗争策略，也为世界工人运动提供了宝贵经验。而邓中夏以一位组织者、亲历者的身份对这次罢工进行的记叙与评价，对当时省港政商各界博弈的分析，也为研究这场运动乃至当时政治形势提供了宝贵资料。

李剑农

李剑农（1880—1963），又名剑龙，号德生，湖南隆回人。教育家、政治经济学家，中国近代史研究的重要开拓者。少时就学于家乡私塾，稍长到邵阳县设书院就学。1904年考入湖南中路师范学堂史地科，1908年毕业后留校任教。1906年加入中国同盟会。1910年东渡日本，入早稻田大学学习政治经济学。1911年返国担任汉口《民国日报》新闻编辑。1913年“二次革命”爆发前夕，该报被查封，李剑农被通缉，乃于1913年7月赴英留学。1916年夏返国担任上海《中华新报》编辑，专写政论，不久又和朋友创办政论刊物《太平洋》。1919年8月至1922年受聘为汉口明德大学教授。1921年3月任湖南省宪法起草委员会主任委员，负责起草湖南省宪法，后又出任省务院院长兼教育司长，1924年辞去有关职务。1925年与彭一湖在长沙创办晨光学校，以不介入政治斗争相标榜。1927年夏赴上海任太平洋书店编译部主任。1930年秋受聘为武汉大学文学院教授兼史学系主任，讲授中国近代政治史、中国经济史及政治学概论。1938年因日军侵入湖北转回湖南邵阳老家。居家期间，为纪念蔡锷，与门人创办松坡中学、发起编印《蔡松坡先生遗集》并募资创办松坡图书馆。1940年至1945年冬，执教于蓝田国立师范学院（1944年迁至溆浦，湖南师范大学前身）。1946年借聘于湖南大学。1947年重返武汉大学执教，直到去世。1950年7月曾受聘为湖南省军政委员会顾问。1954年至1963年任第二、第三届全国政协委员。著有《戊戌以后三十年中国政治史》（原名《最近三十年中国政治史》）、《中国近百年政治史》、《政治学概论》等。

中国近百年政治史
（节选）

李剑农

导论

一　百年前的世界趋势

我们要知道近百年内中国政治上发生大变化的由来，非将百年前世界的新趋势和中国内部的情形，作一个简略的比较观察不可。因为一切历史事变，都是难于截然斩断的。但此处所谓百年前，我们不能追溯得太远，只能从1840年追溯到1740年，约当中国的乾隆、嘉庆两代。① 这个时期，在中国是清朝的最盛时期（但已有衰兆），在西方是政治、经济思想及国际情势发生极大变化的时期。

最重要的推动力，是英国的瓦特所发明的蒸汽机。瓦特生于1736年，殁于1819年。蒸汽机的发明在1764年，初应用于矿山的吸水器，渐至应用于各工厂，到1807年美国的福尔敦更应用它创造蒸汽船。在瓦特发明蒸汽机以后约数年，即1768年，英国还有一个发明纺织机的阿克莱特开始创设纺织公司。这是所谓工商业革命的开始。②

就政治思想方面说，此时期中法国有三大名人：一个是孟德斯鸠（1689—1755年），研究各种政制，发表所谓《法意》的名著；一个是福禄特尔（1694—1770年）③，发表许多文学作品，攻击贵族、僧侣等上流社会；一个是卢梭（1712—1778年），发表有名的《民约论》。这都是促进政治社会产生变化的推动力。就经济思想上说，在英国有亚当·斯密（1723—1790

①编者按：从1740年到1840年，约当中国的乾隆、嘉庆、道光三代。

②编者按：本段表述有误。蒸汽机不是瓦特发明的：1698年，英国工程师托马斯·塞维利（Thomas Savery）发明应用于矿井抽水的蒸汽机；1712年英国工程师纽科门（Thomas Newcomen）进行改良，发展成可供实用的大气式蒸汽机；1776年，英国发明家瓦特（James Watt）在纽科门蒸汽机基础上再度改良的新型蒸汽机制造成功并应用于实际生产。1768年阿克莱特发明水力纺纱机，次年即1769年建立纺织厂。福尔敦，今译作富尔敦（Robert Fulton，1765—1815），美国著名工程师。

③编者按：“福禄特尔”当指伏尔泰（Voltaire，1694—1778），作者在此对伏尔泰的卒年标注有误。

年）发表所谓《原富》的名著，成为近代经济学的鼻祖；在法国有圭斯尼（1694—1774 年）①，为重农学派的倡导者。这都是鼓吹经济上自由主义的。有了这些经济上及思想上不断的新发展，于是西方的政治、经济、社会都不能维持原来的形势，并且变动的波澜将由西方而及于全世界。

再就此时代西方的国际形势及政治实际上的变动观察。自东西航路发现后，殖民地的争夺已遍于东西两半球。17 世纪西班牙在海外的优越势力到了 18 世纪，渐渐地移于英国（17 世纪世界殖民事业，西班牙领地最大，法兰西、葡萄牙次之，英吉利最小）。18 世纪的初期欧洲各国的政治，法国已完成强固的中央集权，英国且由君主的中央集权进于国会内阁政治，其他各国的政治组织散漫微弱，远不及英法。在欧洲本部的政争，英与法常处于敌对的地位，因此在海外殖民地的争夺，英法两国也常常彼此对抗。当 18 世纪的中期，英法两国在东半球的印度和西半球的美洲都有剧烈的战争。两国在印度的势力，起初本不相上下，印度人并且多倾向法国的方面。1741 年后，英法在欧洲因为奥国皇位继承问题发生战争，于是两国在印度也开始争夺。从 1743 年起连年战争不断，到 1756 年欧洲又发生所谓七年战争，英法又成劲敌，两国在印度的争夺更凶。结果英以东印度公司社员克莱夫②的奋斗，卒于 1760 年将法国在印度的势力摧毁，从此印度成为英国的囊中物。到 1784 年由英政府发布条例，将监督权由东印度公司移归政府，树立英国雄飞于东方的基础。英法两国在北美洲的势力，当 18 世纪的初期也是法国优于英国。两国在北美洲的争夺，约与在印度的争夺同时。最烈的战争，也是在欧洲七年战争时。1759 年英国攻陷魁北克，次年遂占领加拿大，于是英国在北美洲也独据优势。

自英法两国殖民地争夺的胜负决定后，于是更要发生世界的大政变了：一为英国殖民地北美十三州的独立，一为法国的大革命。英国的热心争夺殖

①圭斯尼：今译作魁奈（François Quesnay，1694—1774），法国经济学家，重农学派创始人。

②克莱夫：又译作克莱武（Robert Clive，1725—1774），英国殖民官员、孟加拉省督。早年在东印度公司任职。参加英国与法国在印度的争斗。1757 年普拉西战役后，建立英国对孟加拉的统治。

民地，起初是想由母国垄断殖民地的利益，北美的殖民就有些不平；自经累年的对外战争以来，国库的负担增加，因于1765年课税于北美殖民地；殖民地以在国会无发言权，坚不承认；英政府想用兵力强制；到1775年，十三州就联合树起独立的旗帜来了。独立的战争自1775至1783年，共经八年，欧洲大陆各国都有点嫉视英国海上的势力（尤其是法国），对于独立军予以种种援助，英政府卒归失败；到1787年十三州制定了一种联邦新宪法，正式成立一个联邦共和国，开近代民主共和国的先声。北美联邦共和国成立后仅二年（1789年），法国的大革命发生了。法国也因为在不断的战争中，国库弄得很空虚，又加以王室和贵族的奢侈滥费，弄得财政没有方法整理；社会上的人士受了福禄特尔、卢梭一辈人学说的熏染，加以北美独立战争的刺激，于是以召集三级全体议会为导线，引出大革命的活剧；到1792年，由国民公会将国王路易十六处以死刑，宣布法国为共和国①；再经过几年的混乱，政权落入拿破仑第一之手，到1804年拿破仑称帝了。当法国革命初起时，欧洲各国的君主贵族政府群起恐慌，想用兵力来扑灭法国的革命势力，但是完全失败；及拿破仑专政，一手举自由旗，一手提指挥刀，横行全欧，把欧洲大陆的封建残余尸骸踏入泥涂；除了极北的俄国和隔离于海上的英国外，大都皆被拿破仑所慑服。1812年拿破仑由俄败归，兵力衰退，英俄普奥各国乘势合力攻法，始于1814至1815年两年把拿破仑打败，将他流放于圣海伦娜岛②；由维也纳会议，恢复欧洲的和平秩序。

1815年后，欧洲的和平秩序虽然恢复了，法国也再由拿破仑的帝政返于波旁王统的王政了，算是反动势力的伸张时期，但是法国的王政已非从前的王政，路易十八须用宪法来敷衍国民；其他各国的国民虽然连一纸宪法都不曾取得，但是自由民权的思想已潜伏在各国人民的脑识里，不能拔除了。到了1830年，法国又发生所谓“七月革命”，更换了一个新王统，由波旁王家

①编者按：1793年1月，国民公会以叛国罪判处路易十六死刑；1792年9月22日国民公会宣告法兰西第一共和国成立。

②圣海伦娜岛：今译作圣赫勒拿岛（Saint Helena）。

的支裔俄连公爵路易菲立普，取查尔十世而代之。① 这次革命的意义，就是以新兴工商业的中流阶级势力，战胜反动的贵族僧侣传统势力。法国的七月革命，对于欧洲其他各国，虽未发生绝大的波动，但也多少受了一点影响；其中受影响而发生最良好的结果的，要算是英国1832年国会改革案的成立（即清道光十二年，鸦片问题将要发生了）。英国的政治在1832年以前，虽已成为国会的内阁政治，但国会为旧贵族地主的优越势力所宰制；经1832年的改革后，新兴工商业的中流阶级势力，始得及于国会。自此英国的国会内阁政治，比从前的精神更不相同，向外发展的力量比从前更形充实，欧洲大陆各国的国民隔岸羡慕，有望尘莫及之感。但是有了那种蒸汽机和其他思想学术上不断的新发展作推进器，民权自由的势力，不久也要弥漫全欧，终非那神圣同盟的力量所能遏止。

上面所述是百年前世界新趋势的大概。

二　百年前中国内部的情形

中国在18世纪，是清政府文治武功极盛的时代（乾隆帝即位于1736年，禅位于1796年，他在位的时期，正值英法争雄于欧陆和印度北美殖民地；北美联邦共和国的成立，也是当他在位的后期；法国的大革命，起于他在位的末期。嘉庆帝时代，则为拿破仑第一称雄时代。蒸汽机的发明，在乾隆二十九年②，到了嘉庆十二年已应用它造成汽船了）。就中国的学术思想说，此时也算是放了一点光彩。清代最有名的汉学中坚人物，所谓戴、段、二王（戴震、段玉裁、王念孙及其子引之），皆荟萃于此时（戴为乾隆时举人，曾任四库全书馆纂修；段为戴之弟子，亦乾隆时进士；王念孙为乾隆时进士，引之则嘉庆时进士也）。他们治学的方法，也是一种极有科学精神的方法；可惜他们的科学精神，全用在故纸堆中，他们的工作，还只能比于欧洲文艺复

①“俄连公爵”今译为“奥尔良公爵”；“路易菲立普”今译作“路易·菲利普”；“查尔十世”今译作“查理十世”。

②编者按：作者认为蒸汽机由瓦特发明于1764年（乾隆二十九年），故有此言。今多认为瓦特1765年开始改良蒸汽机。

兴时代的工作，对于中国当时的政治及社会生活，未能发生若何的影响。其中第一个重要人物戴震，算是很能注意于实用方面（戴氏曾著有《勾股割圜记》等书），但终为旧时代所谓“王政”的观念所拘，未能突入近代自然科学的核心；戴氏的哲学理论，也很与西方边沁①派的功用主义相接近，但当时一般人多只注意他的考证，罕有人注意他的哲学上的理论的。因此盛极一时的所谓汉学，全没有与西方同时代新文化潮流相抵抗的效能（咸、同时代，中国人且有“天下不乱于长发贼而乱于汉学”的诬说。平心而论，谓天下乱于汉学，固属诬说，谓汉学没有抵抗西方文化潮流的能力，则属事实）。并且在乾隆奖励学术的用心，与其说是启导民智，毋宁说是想把优秀人士的聪明才力锢蔽于故纸堆中，帝开四库全书馆，与明太祖用八股文来锢蔽民智，差不多是同样的手段。他一面开四库全书馆，一面颁布禁书令，凡明末清初有关于满汉民族消长的著述，皆称为逆书，一律销毁；由乾隆三十九年至四十六年，销毁所谓逆书共24次，被销毁之书达538种，共13 862部；犹恐未能禁绝，到五十三年尚严谕陆续搜禁。乾隆五十八年（1793年），英国派来中国的特使马甘尼（Macartney）② 归述所见，说中国的科学知识远不如他国；说招待他的赵大人，看见他从衣袋中取小盒自来火擦之而燃，大为惊异；说他在热河与各大臣会见时，于欧洲各种发明物中特述氢气球一事，劝中国备置一球于北京，并劝中国宜聘用西方各种专门技师，传授各项专门学术，各大臣皆不注意他的劝告；说乾隆帝虽意气盛旺，自负心极强，诸事不欲落人后，但实际所见不远，还不及康熙帝的通达，只知道防止汉民族的活动，不知启导民智。我们看马甘尼所述，便知道当清代文教极盛的朝廷，已为西方人所轻视了。

再就政治的组织上说，此时可称为名实相符的君主专制政体。中国的君主专制政体，本是从秦汉以来几千年相承不替的；不过到了清代，组织上更

①边沁：指杰里米·边沁（Jeremy Bentham，1748—1832），英国伦理学家、法学家、哲学家，主张个人利益的满足（利己主义原则）是保证“最大多数的最大幸福”（利他主义原则）的手段。

②马甘尼：今译作马戛尔尼或马噶尔尼。

为完密。我们要懂得清代后期政治势力的变化，不妨在此处将清代几种主要的政府机关，略加以分别地说明如下。

内阁与军机处 清代中央政府的重心最初在内阁，到了雍正乾隆时代，完全移于军机处。但是清代所谓内阁与现世君主立宪国的所谓内阁完全不同，内阁的阁员称某殿（如保和、文华、武英等）或某阁（如文渊、东阁、体仁之类）大学士，满汉各二人乃至六人不定；以外又有协办大学士、内阁学士等。大学士的职权，在清初除了接受各处章奏上之皇帝，替皇帝撰拟谕旨并批答奏牍外，还参与重要机务。经康、雍、乾三朝屡次用兵平乱，产生军机处。军机处本是专管军机秘密事情的，后来因为作军机大臣的人就是作内阁大学士的人（如乾隆时之鄂尔泰），内阁大学士的权就被军机处吸收去了。乾隆中期以后，内阁大学士不过是赏给有功大臣的一种特别荣贵的头衔罢了，他的职掌除了谕旨奏牍的收发，几于别无所事了。军机大臣也是没有一定的员额（起初没有满汉并立的规定，但事实上总是满人，洪杨之役以来，渐有汉人充军机大臣的），随皇帝的意旨于皇族内阁大学士或各部尚书中选充，与皇帝最亲近。他的职权，凡政务的裁决、官吏的任免黜陟、用兵时的军事方略，无不参与。但有两点最宜注意的：一是无论内阁或军机处，都没有特别独高的首长，首长就是皇帝；二是无论内阁大学士或军机大臣，都没有向各部或各省督抚直接发命令的权，向各部或各省督抚直接发命令的只有皇帝——就是上谕或谕旨。

六部 清代的中央行政机关在预备立宪以前，只有吏、礼、户、兵、刑、工六部，这是沿袭前代的旧制。各部的主要人员，从清初就定为满汉二人并立（对于重要的各部有时特派皇族为管部大臣）。各部通常的长官称尚书，次官称左右侍郎，通称曰堂官。但是有最可注意的两点：一是六部虽为中央行政机关，对于各省的政务可以核议准驳，但各部的长官却没有向地方长官（督抚）直接发命令的权（要向督抚发命令就要以皇帝的谕旨行之）；二是尚书与侍郎，各有单独的上奏权，尚书与侍郎意见不合时，除了两方相互奏请皇帝裁决以外，别无办法。然则就中央与各省言，六部不能算作总辖全国的行政首长；就尚书与侍郎言，各部并没有统率全机关的唯一首长；无论对地方或对本机关，最后的解决也只有问皇帝。

都察院 都察院是清代的总监察机关。它的主要职员有都御史1人，副都御史2人；所属有给事中20人，监察御史44人；给事中监察京内官府，分为各科；监察御史监察地方官府，分为各道（给事中及监察御史总称之为科道官）。这些科道官虽然因处理事务上及地域上设有分界，但是他们的监察权，在性质上并无限制；无论什么阶级的官，他们都可以参劾，无论什么性质的事，他们都可以举发或反对；大小官府的陈奏，他们固然可以指摘，就是皇帝的谕旨，他们也可以拒驳；不能上奏的小官，可由他们代奏，百姓有冤抑，也可由他们代申。总括一句，国家政务的全部，无不受他们的监察。但是有几点应该注意的：一是这种监察权的行使，不是用都察院的机关全体去行使，而是用都察院各员的官衔单独去行使，从都御史到所属各科道官，各人都有单独的参劾上奏权，并不要经过全体机关的取决；二是这种监察官的选任，并不必要有政治或行政经验的人，也不是一种有特别保障的终身官，随时可以改任或升迁，一旦作了普通官，同样的要受他人监察，有特别权势的人可以暗中干涉他们的进退；三是这种监察官自身的责任问题，全以皇帝一人的意旨为断，皇帝喜欢容纳直言的，对于他们的诬劾诬说，也不问他们的责任，倘若触犯了皇帝的私好偏爱，就是参劾得确实，也要受谴责。

各省督抚 清代的总督巡抚，也是沿袭明代的旧制（在明初皆非常设之官，但是后来总督巡抚的职权性质，都渐次变了）。总督大约是兼辖两省（晚清的东三省总督兼辖三省），但也有单辖一省的；辖两省的所属有两个巡抚，总督初无直辖地；辖一省的，则以总督兼授巡抚衔，其下不别设巡抚。原来总督、巡抚的职权本不相同，依雍正即位时的上谕说："总督地辖两省，权兼文武，必使协和将吏，辑绥军民，乃为称职；巡抚则凡一省之事，察吏安民转漕裕饷，皆统摄之。"乾隆时修的《大清会典》也说："总督统辖文武，诘治军民，巡抚统理教养刑政。"但是，后来督、抚的职权都有变化（变化大都起于洪杨之役，此后总督、巡抚的职权，渐次无有差别）。督、抚不受内阁军机处和六部的直接命令，上面已经说过，但是还有一点应该注意的就是：总督还兼一个右都御史衔，巡抚还兼一个右副都御史衔，都有单独的参劾权及上奏权；总督固然可以参劾巡抚，巡抚也可以参劾在他上面的总督；他们是地方的行政长官，也都是全体政务的监察官；督、抚意见不合时，也和六部的尚书和侍郎一样，除了相互奏请皇帝裁决以外，别无办法。所以在形式上督、抚仿佛有上下从属的关系，实际上还只有皇帝是高高在上的一个人。

就上面所说明的几种机关来看，我们可以得到下面两个结论：第一，一切权都在皇帝手里，没有一个机关可以宰制别一个机关；第二，无论甲机关与乙机关，就一个机关内部的甲人员与乙人员，都有互相监视、互相牵制的意味，要想保持权位，除非取得皇帝的信用，博得皇帝的欢心。所以说中国的君主专制政体到了清代，组织上更为完密了。但是这种完密的君主专制的组织，须得君主是一个雄才大略的君主，方能运用如意；若遇着一个庸主必使机关的全部失去它的重心。乾隆帝确是能运用这种机关的人，所以在乾隆时代的政治，可称为名实相符的君主专制政治。自嘉庆帝以后“一蟹不如一蟹”，加以外力渐次侵入，于是这种最完密的君主专制政治的组织，渐有“捉襟见肘”之势了。

上面是专就政治的机关上观察。再就乾嘉时代的政治实质说，乾隆帝确是很励精图治的。在位六十年，年纪已满八十五岁，始禅位于嘉庆帝；对于重要的政务，嘉庆帝还是须禀命而行。当乾隆帝年逾八十时，他自诩为古来罕有的皇帝，自作《御制十全记》，叙述他十全的功绩。所谓十全，就是当他在位期中，平定准噶尔两次，平定回部一次，平定金川两次，平定台湾一次，降缅甸、安南各一次，受廓尔喀之降两次，合之为十大武功。但是他的武功虽盛，终究掩盖不了他内治的弱点。他信任一个贪黩不堪的和珅达二十年，援引许多贪黩的督、抚，如国泰、王亶望、陈辉祖、郝硕、伍拉纳之徒，赃款累累，动辄数百万；在他尚未禅位的时候，已经屡次发生赃贿的大狱。这些赃贿案，实际都是由和珅在内隐为驱迫而成；但是乾隆帝至死不知道这些赃案的根源所在，他的监察人员，也终究不敢触动到这个根源上。直到乾隆帝死后，嘉庆帝方把和珅处以死刑，抄没他的家产共计109号，约值八万万两（当时查抄其家产金额，列为109号，内中已估价者仅26号，约占金额四分之一，计银223 895 160两，故其金额约为八万万两云）。当时人为之语曰：“和珅跌倒，嘉庆吃饱。”因为当时中国国库岁入额，并不甚大（每岁不过七千万两上下）。和珅二十年宰相所蓄的八万万，超过了国库岁入十年的总额。因为有这么一个贪黩的宰相在内，驱使一班贪黩的地方大吏在外搜刮，无所不至，于是民力凋敝，到嘉庆帝一即位，地方的乱事就起来了。在乾隆六十年，已有湖南、贵州红苗之变；到嘉庆元年白莲教之乱起，蔓延及于五省，经过八九年的长时间，耗去军费二万万两，才告平定；同时海寇蔡牵等以安南为窟穴，侵扰两广闽浙各处，到嘉庆十五年①才平定；天理教的李文成、林清等扰乱山东、直隶，至于震动畿辅宫禁之地；到嘉庆末道光初，边境又有回部张格尔的乱事，官军大举征伐，经过七年的长时间，才告平定。这些乱事，大都是在乾隆后期已经酝酿潜伏着，到嘉庆时才陆续爆发的。所以乾隆帝的十全大功，可以说就是嘉庆以后的民乱种子。

在白莲教乱当中，清廷的政治还暴露一个大弱点，就是军备已经失了作用。清廷的所谓经制兵即常备军，原有八旗兵与绿营两种；到嘉庆时代，这两种常备军都已腐败不能作用。当嘉庆民乱，有记述当时情形者谓：“交战时以乡勇为先锋，汉人之绿营次之，其素称骁勇绝伦之旗兵在最后，贼军亦驱难民以当锋镝，真贼在后观望；乡勇与难民交战，而官兵则与贼兵不相值。乡勇伤亡，则匿而不报，或稍得胜利，则冒为己功；然与贼会之时甚稀，惟尾追而不迎击，甚至地方村民，备粮请兵，拒而不纳，常求无贼之地以驻军。军中费用之侈，骇人听闻。有建昌道石作瑞者侵渔五十万两，皆耗于延请将帅之宴饮；尝于深菁荒麓间，供一品值五两之珍馐，一席至三四十品之多；有某尚书初至营中，得贿珍珠三斛，蜀锦一万匹，他物称是……”军纪这样

①编者按：蔡牵死于嘉庆十四年（1809），此处写“平定”于嘉庆十五年（1810），有误。

腐败，所以白莲教乱，延至八九年之久。白莲教乱的平定，并不是这种常备军打平的，乱事蔓延到无可如何的时候，采用两种政策：一是坚壁清野，二是团练乡勇。坚壁清野的政策，由德楞泰建议，就是令地方市镇坚筑堡垒，不给贼以掠夺机会，待其自灭；此法初行于湖北随州，颇有效力，后乃命川陕豫各省仿行。团练乡勇的政策由合州知事龚景瀚建议，他因为八旗官兵不可恃，所过地方受害甚于盗贼，故主张募集乡勇，给以武器，举办团练，既可替国家节省军费，又可灭免地方的扰害。当时有反对此说的（陕督长麟），说团练乡勇以保乡里，虽未尝不可，但恐民间有兵，难免将来的纷扰危险；但终不能不采团练的政策，四川一省的乡勇，至有三十万人；到了乱事平定之后，又把乡勇的兵器收回。政府的常备军既不足以平内乱，自然更没有抵御外侮的能力，所以后来一与西方武力接触，便无不失败。这是百年前中国内部的大概情形。

三　百年来中国政治变化的概要

百年前世界的趋势既如彼，中国内部情况又如此，所以鸦片战争的失败不是偶然的事。鸦片战争失败后，中国的门户既被打破，于是西方的势力节节相逼而入，造成近百年的政治局面。

百年来中国的政治变化，大概可分为三个大段落。从鸦片战争到甲午中日战争，为第一个段落；从甲午后维新变法运动，到辛亥革命为第二个段落；从民国成立到国民党由广东出师北伐为第三个段落。第一段为外力侵入，新思想酝酿的时代；第二段为革命势力进展，清皇位颠覆时代；第三段为革命势力与清残余的军阀势力斗争时代。若从这三大段中间重要的政治事变再加剖析，又可分出下列的小段落来。

第一，因为英国人扩充商场的热望屡为清政府所阻遏，遂以鸦片问题为导火线，惹起 1840 年（道光二十年）的鸦片战争。结果于 1842 年与英国签订《南京条约》，割香港一岛，并开五口为通商口岸。是为外人打破中国门户的开始。

第二，中国自受此挫辱，一方面汉民族对于清廷的威力渐渐看破，一方面感受西方潮流的影响，到 1850 年（道光三十年）就有洪杨革命军的崛起：洪杨战役连互〔亘〕十五年，至 1864 年渐告平定。① 是为汉民族势力复活的时期。

第三，在洪杨战役中，又有英法联军入北京，咸丰帝避难热河之事（1860 年，咸丰十年）。结果与英法结城下之盟，外力压迫的程度又进一层；并且在平定洪杨的战役中，得了外国人军事上一点助力。于是到平定洪杨以后，所谓中兴的新人物中，颇有感觉西方军事艺术优长的人，讲求所谓洋务，在造船、制械、练兵、裕饷上尽力模仿西法。所以由同治朝到光绪中叶，可称为洋务讲求时代，亦可称为西法模仿时代。不过这种皮毛上的西法模仿，终于不能发生抵抗外力的效能，到 1885 年（光绪十一年）对于安南问题，和法国发生争议，结果模仿西法的第一根据地马尾船厂被法军破毁，失去安南的藩属地；② 但是皮毛上模仿西法的方针并不因此改变，到 1894 年，便有所谓甲午战争的大挫败。至此中国的弱点完全暴露。

上面是第一大段中的几个小段落。

第四，由甲午战败的刺激，惹起士大夫阶级里面一部分人对于中国政治制度的怀疑，遂有维新变法的运动；到 1898 年（光绪二十四年）的夏间运动达于最高潮，便有所谓戊戌“百日维新”的事业。是为维新运动的初步。

第五，由百日维新的失败，西太后再行临朝，到 1900 年（光绪二十六年）因为亲贵利用拳乱③争夺政权，排斥新党，惹起外国联军入京的大祸。是为维新运动反动时期。

①编者按：“洪杨战役”指太平天国运动，现多以 1851 年 1 月 11 日金田起义为起点，1864 年 7 月天京陷落为终点，共延续 14 年。

②编者按：清法就安南问题发生争议是在 1883 年。1883 年 8 月越法签订《顺化条约》，清成为法国占领越南的障碍，12 月，法国挑起战争。1884 年 8 月，马尾船厂被法国舰队炸毁。作者此处记述有误。

③拳乱：对义和团运动的贬称。义和团运动是以农民和破产失业的城乡居民为主体的中国人民发动的一场反帝爱国运动。1900 年（清光绪二十六年）八国联军侵入中国，义和团在保卫京、津的廊坊（今属河北）和紫竹林等战斗中英勇奋战，最后虽因八国联军的残酷镇压、慈禧太后等当权者的出卖失败，但它粉碎了帝国主义列强瓜分中国的狂妄计划，沉重打击了清政府的反动统治，加速了清王朝的灭亡。

第六，由辛丑和约的耻辱，清政府始感觉维新变法的必要，于是有督抚派的维新运动；到 1904 年（光绪三十年），日俄战争勃发，结果日胜俄败，更感觉立宪优于专制，于是有派遣五臣出洋考察宪政之举。是为维新运动再起的时期。

第七，自拳乱以后，国民对于清政府的反感，已非虚伪的立宪招牌所能缓和了。在 1905 年五臣出洋考察宪政时，中国同盟会在日本东京成立。自此一方面预备立宪，一方面进行革命，进于革命与立宪对抗运动的时期。立宪的虚伪，一天一天地暴露，革命的潜势力，一天一天地膨胀。到 1911 年秋间，便有武昌革命军的崛起。

上面是第二大段中的几个小段落。

第八，从 1911 年秋间武昌起义，到次年春初中华民国成立，为中国政权由清朝廷移入北洋军阀首领袁世凯手中的时期，是即由第二大段转入第三大段的关键。

第九，由 1912 年春间临时政府北迁，中国同盟会改组为国民党，与北洋军阀首领袁世凯开始斗争，到次年春夏间，因宋案①而惹起赣宁之役②，国民党失败，国会被破毁。是为国民党与北洋军阀斗争的初期。

第十，国会第二次破毁后，袁世凯图谋帝制，第一步修改约法，第二步成立筹安会；到 1915 年秋冬间，袁氏公然要称帝了。反帝制的各派联合奋起，与袁氏决斗，到次年夏间，卒将袁氏打倒。是为帝制运动与反帝制运动的对抗时期。

第十一，袁世凯死后，北洋军阀的势力依然不可侮，他们不利于旧约法，因是发生新旧约法的争议。结果旧约法虽然恢复了，到 1917 年因为对德宣战问题惹起国会第二次的解散，演为长期的护法战争，成为南北对立之局。在

①宋案：指 1913 年 3 月 20 日，宋教仁在上海火车站遇刺，于 3 月 22 日身亡事件。

②赣宁之役：指“二次革命”。1913 年 7 月，李烈钧在湖口宣布江西独立，黄兴在南京就任江苏讨袁军总司令，安徽、福建、湖南、四川等地也先后宣布独立讨袁。但因起兵仓促，准备不足，不到两月便告失败。

护法战争中，一方面北洋军阀分为直皖两派，他方面西南的小军阀也渐形跋扈；到1920年秋间①，北洋军阀的直皖两派，公然打起仗来了，西南的军政府也瓦解了。是为护法运动与南北各军阀分裂的时期。

第十二，自1920年北方直皖两派分裂，西南军政府瓦解，护法的战争虽然尚未终了，但因南北两方都失了重心，于是进于所谓联省自治的运动。但是这种运动，徒为割据地盘的各军阀所利用，各军阀间势力扩充的斗争仍未能免。从1920年到1923年秋冬间曹锟篡窃大位时止，可称为联省自治运动与南北各军阀混战的时期。

第十三，自1924年春中国国民党改组，南方的新势力，一天一天地充实，北方曹锟颠覆后，成立一个临时执政政府；到1926年春夏间执政政府消灭，国民党准备北伐的工作完成，于是北洋的军阀嫡系势力将归消灭了。是为第三大段的最后一段。

上面三大段中的十三个小段落，便是近百年中国政治史的总纲目，以下便依照这个总纲目分章叙述。

（李剑农著：《中国近百年政治史》，湖南教育出版社2008年版，第1-14页。）

评析

1930年10月，李剑农出版了《最近三十年中国政治史》，“三十年”约指1898年戊戌变法到1926年国民革命军出师北伐这段时期。后来，为满足在武汉大学讲授中国近代政治史的需要，又补写了从鸦片战争到中日甲午战争期间的政治斗争历史，共三章，与前编“三十年中国政治史”大致衔接。1942年，李剑农将补写章与《最近三十年中国政治史》合并，改名为《中国近百年政治史》，由蓝田国立师范学院（湖南师范大学前身）史地学会刊印。

①编者按：直皖战争发生于1920年7月。

《中国近百年政治史》在1949年以前还有以下较为重要的版本：1943年的蓝田书报合作社版、1946年蓝田启明书局（湖南安化）版、1947和1948年商务印书馆（上海）版。

本书所选的是“导论”部分。《中国近百年政治史》介绍的是从1840年鸦片战争至1926年北伐战争时期中国政治发展演变的状况，而在“导论”中，李剑农先将时间线拉长，对1740—1840年的中外政治大势作一鸟瞰式回顾，以帮助读者理解本书的主体部分。

“导论”共分为三节：第一节“百年前的世界趋势”；第二节“百年前中国内部的情形”；第三节“百年来中国政治变化的概要”。在第一节中，李剑农着意介绍了1740—1840这一百年间欧洲与北美政治大势的演变：西班牙与英国之间海外霸权的转移、英法两国争夺殖民地的斗争、北美十三州的独立、法国大革命的爆发……最终，他认为新兴工商业势力的参政、民权自由思想的传播，是百年间世界“新趋势”的大概。

视角回到中国，18世纪乾隆在位时期正值清王朝“文治武功极盛的时代”，但统治者的好大喜功与思想钳制政策，导致中国与世界发展大潮悄然拉开了距离。李剑农认为这一时期的中国政治是“名实相符的君主专制政体”，体现在清代的制度设计上，组织更为完密，各个机关、各机关内部的人员相互牵制，一切权力最终集中在皇帝手中，发展活力受限。而内治上，乾隆帝武功虽盛，有所谓“十全大功”，却“信任一个贪黩不堪的和珅”，为嘉庆以后民变迭起埋下了种子。军事上，八旗与绿营这两种常备军“都已腐败不能作用”，团练乡勇又不被信赖，军力既不足以平内乱，更无法抵御外侮。中西双方力量此消彼长，最终导致鸦片战争中清军失败，中国由一个独立自主的国家，逐步沦为半殖民地半封建社会。

1840年到北伐战争的近代历史，李剑农将其分为三大阶段。第一大阶段是从鸦片战争到甲午中日战争，包括鸦片战争、洪杨革命、“洋务讲求”（或称“西法模仿”）三个小段落。这一阶段一系列尝试最终都归于失败，“中国的弱点完全暴露”，但也促进了新思想的酝酿与发展。第二大阶段是从甲午后维新变法直到辛亥革命，又可分为“百日维新”、八国联军侵华、日俄战争、武昌革命四个小段落。这一阶段要求变革的势力逐步壮大，变革派内部存在着革命与立宪两种主张，最终革命派推翻了清王朝。第三大阶段是从中华民国建立到国民党由广东出师北伐，李剑农又将其分为民国成立、国民党与北洋军阀斗争等六个小段落。这一阶段的主题是革命势力与清王朝残余军阀势力的斗争，北洋军阀内部纷争不断，国民党改组后统整力量开始发动北伐。这三大阶段内细分的十三小段，便是《中国近百年政治史》的总纲目，正文内容正是依照这个总纲目分章叙述。

这篇“导论”篇幅虽然不长，却是了解李剑农政治思想、时代关怀和学术风格的重要窗口。李剑农把中国政治发展放在世界大背景下考察，并从生产力、思想文化、政治的实际运作三大方面进行中西对比分析。他把近代西方的迅猛发展首先归因为工业革命，从生产力进步的角度审视工业革命的展开，将蒸汽机、蒸汽船、纺织机的发明与改良视为工业革命迅速展开的重要推动力。可以说，李剑农认识到了生产力、经济基础在社会发展变革中的重要地位。在生产力和经济基础之外，李剑农同样重视思想文化的引导作用。世界范围，他列举了孟德斯鸠、伏尔泰、卢梭和亚当·斯密、魁奈等人对西方的重大影响。可以看出，李剑农对社会思想的考察重点在政治思想、经济思想两方面，认为这两方面对西方社会发展有着重要的推动作用。中国内部，他认为 18 世纪的中国学术界，治学功夫全用在故纸堆中，“对于中国当时的政治及社会生活，未能发生若何的影响”，“全没有与西方同时代新文化潮流相抵抗的效能”。李剑农毫不讳言中方在思想层面与西方的差距，并指出，从所谓“文教极盛”的乾隆时期开始，中国就已经被西人轻视了。

李剑农一生出入政、学两界，这种经历使得他的学术研究不是纯粹学理上的分析与建构，而能够较多地体察政治的实际运作层面，以政治势力的此消彼长作为勾勒中国近代史的重要线索，同时又不迷失于当时错综复杂的政治时局，入乎其中、出乎其外，没有放弃对自己所认可的政治价值的坚守：这些都在他的《中国近百年政治史》中得到了体现。

《中国近百年政治史》一经问世便广受赞誉。美国著名中国近代史学者费正清认为，该书是“中国近代政治史的最清晰的唯一全面的评述……对于西方的研究学者来说，作为一种可靠的纪事史和重要资料的简编具有重要的价值”。另一美国学者林伯格则说：“李剑农的政治史对于中国问题专家来说是必不可少的书……该书在阐明太平天国、义和团运动、革命和立宪运动，以及类似这样一些问题方面，是值得一读的。”① 直到现在，李剑农的《中国近百年政治史》，仍是国内外学者进行相关研究的参考必备书。

①萧致治：《中国近百年政治史·再版前言》，载李剑农《中国近百年政治史》，复旦大学出版社，2007，第4页。

周谷城

周谷城（1898—1996），历史学家、教育家、社会活动家。湖南益阳人。出身于普通农家，7岁开始在家乡的族立小学读书，1913年考入长沙省立一中。1917年考入北京高等师范学校（今北京师范大学）英语部学习，思想极为活跃，参加了五四运动。1921年春到湖南一师任教，结识毛泽东。1926年前往广州，正在广州从事农运工作的毛泽东邀请他参加农运工作，他因湖南一师工作未辞婉拒。北伐军攻克长沙之后，他在毛泽东的影响下积极参加湖南农民运动。1927年春北伐军占领武汉，他也随之来到武汉，先后在邓演达主持的国民党中央军事委员会总政治部和毛泽东主持的全国农民协会工作。大革命失败后，他远走上海。1930年在上海加入邓演达、宋庆龄等发起领导的中国国民党临时行动委员会（农工民主党的前身）。同年秋应邀前往广州，担任中山大学教授和社会学系主任。1931年秋开始在上海暨南大学任教，主要讲授中国通史，兼史地系主任。1942年经陈望道等人介绍在复旦大学任教。1946年春复旦大学迁回上海江湾，他担任历史系主任。全面内战爆发之后，与翦伯赞等人发起成立上海大学民主教授联谊会（简称“大教联”），反独裁、反内战，拥护成立民主联合政府。1949年9月出席中国人民政治协商会议第一届全体会议，参与新中国筹建。后任复旦大学教授、教务长，并长期担任中国史学会上海分会（后改为上海市历史学会）会长一职。1956年参与上海市哲学社会科学学会联合会的筹备工作，并当选为副主席。“文化大革命”期间，作为上海第一批“反动学术权威”被打倒。“文化大革命”结束后，先后担任上海市人大常委会副主任、上海市政协副主席，第六、七届全国人大常委会副委员长兼教育科学文化卫生委员会主任，中国农工民主党中央主席、名誉主席。著作有《中国通史》《世界通史》《中国社会史论》《史学与美学》等。

中国社会史论
（节选）

导论　本篇的目的及范围

我们为什么要研究中国　近代研究中国问题，最具热心，且最有成绩的，并不是国人自己，而是国际资本主义者。国际资本主义的势力侵入中国时，与之偕来的，有三种人值得注意。第一为教士；第二为稍解文事，随大商人来帮忙的书记或与此相似的职员之类；第三为领事及其所带来的一切人物。这三种人随着国际资本主义的势力到了中国，眼看着中国事事落后，而又存在着希望，于是心为之动，每乘自己职务闲空之时，研究中国问题。他们利用媚外华人以谋得帮助，把中国的历史、中国的地理、中国的制度、中国的人情、中国的风俗、中国的富源等等，一概描写出来，刊为研究中国问题的书籍。这些似通非通的书籍，名目繁多，我们只要到上海大马路西书店里一看，便可看到数百种。这些书籍，对于国际资本主义者有什么影响？概括地说来，第一，把中国的内情明白暴露于国际资本主义者之前，使他们知道世间尚有偌大一块未经开拓的肥土；第二，把野心较大的富商大贾以及各大资本家，一一引诱到中国来，扰乱中国；第三，沟通中外的隔阂，作了建设中外友谊关系的准备工作。当然不止这三项，但概括起来就是一个影响，为帮助国际资本主义者统治中国鸣锣开道！

我们自己也开始研究中国了，我们不要以为翻译几本外国书，便可以解决中国问题了。我们为什么要研究中国呢？这研究中国，当然不外要了解中国；了解中国的用意，当然又在要改造中国。事实上自然也有许多人是为了解中国而了解中国的，他们以为做了一个中国人，就应当知道中国的种种。其实为了解中国而了解中国，不如为改造中国而了解中国之有意义。站在国际资本主义方面研究中国问题的，只是替国际资本主义者作统治中国的先导。站在我们自己的地位研究中国问题的，目的应该在改造中国。所谓改造中国，就是把中国从国际资本主义统治之下解放出来。站在国际资本主义方面研究中国问题的人，拼命把中国掩到国际资本主义统治之下去。站在我们自己方面研究中国问题的人，应该把中国从国际资本主义统治之下解放出来。所以研究中国问题这件事，显然有两个立场：一则国际资本主义的立场，一则我们自己的立场。前者的立场，必拥护国际资本主义；后者的立场，必反对国际资本主义。研究中国问题，在这两者之间，若不能抉择，若不站在一边，其研究必无结果。我们研究中国问题，必具有反对国际资本主义以图改造中国的最大愿望。

研究中国的下手处 本着改造中国的最大愿望去研究中国，其下手之处有两个不同的方面：第一从历史的传统势力中去寻找中国；第二从国际资本主义的发展中去寻找中国。前者从纵的方面研究，后者从横的方面研究。近代的中国，即一般西洋人之所谓摩登支那（Modern China），决不是由一方面的势力造成的。单只有历史上传下来的旧势力，决不足以产生今日的中国，单只有从外国侵进来的新势力，也不足以产生近代的中国。近代的中国，实是历史的势力与世界的势力合造成的。历史的势力从上向下移；世界的势力，从外向内侵。两者相交，互相冲撞、互相激荡，乃形成一个近代的中国。

我们要研究中国，于这两种势力中，如果只注意一种，便不能得到明白的了解。近来研究中国的书籍，未尝没有，但都是就事论事，拿着一个问题便从该问题之本身，直截下手；不从这纵横的两种势力互相冲撞、互相激荡之处去观察，结果总不能把近代的中国看得透彻。高明一点的，把问题放在历史的势力中去观察，或把问题放在世界势力中去观察。但如此观察的，又常常胶执一偏，而不注意两种势力之相撞。看重历史势力的人，便为历史势力所压倒所遮掩，看不见世界的势力。于是研究中国问题时，埋头在历史上深钻，一若中国与世界不相干者。看重世界势力的人，便为世界势力所压倒所遮掩，看不见历史的势力。于是研究中国问题时，其所发表的著作，好象专作论文，与中国好象不相干。后者之例，我们随处可以看见。书肆中有许多新书，题目是讨论中国问题的，然打开细读，几乎只有崭新的理论，看不见实际材料。这类书即使见解好，但总嫌空疏；不是富有阅历的人，总不易把书中的理论联想到事实上去。前者之例，也随处可以看见。书肆中也有好多关于研究近几十年中国事情的书。其中条理系统之分明、事实之确凿，断不容否认。但读了之后，往往等于不读；始终看不出其用意之所在。我们研究中国问题，于历史的势力及世界的势力，都不可忽视。我们要在这种势力互相冲撞之处寻找中国。忘却了历史上传统势力的下移，将寻不着近代中国的基础；忘却了国际资本主义的发展，将寻不着近代中国的来因。

一种研究的范畴 把下手之处决定了，便应当开始研究。我自己曾定了一个研究中国问题的范畴，并预备著三本小书，以发表我个人研究的结果。一曰《中国社会之结构》，二曰《中国社会之变化》，三曰《中国社会之前途》。第一书专从历史上下手，预备找出历史上中国的真相。第二书专从国际资本主义的发展中下手，想找出中国在这发展过程中所以转变的原因及变化的痕迹。这两种研究偏重于解释现在的中国。第三书，则打算把我们理想的中国作一种简略的描写。盖既把历史上的中国研究了一个大概，又把国际资本主义发展过程中的中国变迁的大势研究了一个大概；照顺序讲，应该于中国社会之前途有所描写。于《中国社会之结构》一书中，举出两个主要阶级：其一为借政权以夺取经济利益的统治阶级，另一为专事生产，因没有政权而被人剥削的阶级。历史上的变乱，便是这两阶级冲突爆发的时候。历史上的太平，便是这两阶级相安于无事的时候。在《中国社会之变化》一书中，我认为历史上传下来的中国，近代几十年之所遭遇大变，以及变化的结果，都与国际资本主义直接相关。近代几十年来中国一切变动，乃国际资本主义造成的。变动的结果，又恰恰帮助国际资本主义之继续发展。倘国际资本主义的势力未侵入，中国或者仍循历史上的惯例，治乱相间地绵延下去。然国际资本主义毕竟进来了，所以中国也毕竟成了今日的中国，或摩登支那。循此发展，当然有一个我们理想的前途。我想写《中国社会之前途》一书，便是要把这理想的前途加一种描写，以作为我们今日努力的标准。但于今我这计划放弃了。我觉得理想的描写，不如事之分析有益。于是我决计不写

《中国社会之前途》，而写这本《中国社会之现状》。

综合的研究 在本书〔篇〕里，我想把中国问题作一种较为周密的研究。所谓周密，并不是我所研究的，如何完全无误；只是说所关涉的较多，把大家时常注意的几个问题，理出一个头绪。在第一章里，我将中国几千年的历史，从动的方面，或斗争的方面，总检阅一番。中国的历史，大家都知道：是一部斗争史。几个斗争的时代，几种斗争的方式，在本章中都概括地说出了。鸦片战争的前后，中国开始与世界各强大的民族斗争，到将近百年了。在这时期之内，中国一切，都发生变化；尤其是近代变化的速度大。所谓近代的中国，或摩登支那，便在这短时期内完全出现。第二章到第六章，都是讲摩登支那所以出现的过程的。换言之即是讲近代几十年内，中国的各种变化的。第二章讲经济的变化，第三章讲社会阶级的变化，第四章讲政治的变化，第五章讲教育的变化，第六章讲思想的变化。近代几十年中国的变化，当然不止这几种。我提出这几种来研究，不过举实例而已。这些变化，都是在国际资本主义发展过程中产生的，其变化的原因、变化的方式、变化的结果，都有一定的特征。据我个人的观察，我觉得种种变化的原因，都不外国际资本主义势力的高压；变化的方式，不外把中国的种种，变成与国际资本主义发展的趋势相融合相调和，换言之，即是欧化；变化的结果，恰恰帮助国际资本主义的继续发展。事事都是这样变化了，中国也就成了一个崭新的中国，西洋人誉之为摩登支那。但正在这盛名之下，所谓中国，实际上便完全没有了，只成了世界的一部分。国内的一切，都成了世界经济网里面的东西，都要从世界经济网里面去察看，才能看出意义。变化的现阶段，实在值得注意，实在值得研究。

（周谷城著：《中国社会史论》，湖南教育出版社 2009 年版，第 517－521 页。）

评析

《中国社会史论》是周谷城撰写的一部具有鲜明时代特色的史学著作，在其学术体系当中占有重要地位，同时也是中国近代学术史上一部重要著作。该书原为出版于20世纪30年代初的三部独立之作——《中国社会之结构》《中国社会之变化》《中国社会之现状》，合编后改为上、中、下三篇：社会结构篇、社会变化篇、社会现状篇。内容上略加修订，基本未变。本书摘录了下篇的“导论　本篇的目的及范围”，讨论了为什么要研究中国，研究中国的下手处和研究的范畴、思路等内容，可谓是了解该书“社会现状篇”的绝佳窗口。

本文开篇即交代了一个令人痛心的现状，即近代研究中国问题，积极性最高且最有成绩的并不是中国人，而是“国际资本主义者”。他们通过随他们入侵而来的教士、领事和其他相关人员对中国历史地理、制度人情、风俗资源等的考察，了解了中国的国情，并对中国展开了更加深入的经济渗透。国际资本主义不仅在经济上控制与压榨中国，还与帝国主义结合，破坏中国的主权独立与领土完整。这样的现状，如何不让中国的有识之士感到痛心，并发愤图强试图改变呢？周谷城就是。他明确拒绝做一个为了研究而研究的书斋里的学者，严正声明一代忧国忧民知识分子的主张：“研究中国，当然不外要了解中国；了解中国的用意，当然又在要改造中国”，“为了解中国而了解中国，不如为改造中国而了解中国之有意义”。在他看来，研究中国的目的，就是把中国从国际资本主义的统治下解放出来。也因此，周谷城的学术研究有着鲜明的革命性与斗争性。

具体到如何展开对近代中国的研究，周谷城显示出了一个具有深厚学养的学者本色。他对近代中国有着深刻认识，认为近代的中国，“实是历史的势力与世界的势力合造成的”。“历史的势力”指中国内部各因素的影响，“世界的势力”则指外部国际资本主义的冲撞。两者一“纵”一“横”，交互激荡，乃形成一个近代的中国。针对当时的研究状况，他认为，关于近代中国的研究存在着巨大缺陷，即大多数人只是就事论事，作单独个别的研究，没有触及近代中国演变的主脉络；高明一些的研究，也只是将近代中国所涌现的问题放入中国的历史传统或国际势力的角逐中单独考察，陷于“一偏”，难以厘清问题的全貌。有鉴于此，周谷城倡导中外结合全面分析，即将历史的势力与世界的势力结合研究，以中国历史当中传统势力的下移作为理解近代中国的内因，以国际资本主义的发展作为理解近代中国的外因，在两种因素的交互碰撞中理解近代中国的演变，进一步找寻中国发展的出路，从而达到改造中国的目的。

最后，作者介绍了自己的研究思路，并重申研究近代中国社会之现状的重要性。在周谷城看来，中国几千年的历史，就是统治阶级与被统治阶级间对立斗争的历史；到鸦片战争前后，开始变为与世界侵略势力斗争。而在进入近代以后，中国在国际资本主义势力的高压下，快速“欧化”。他对这种变化特别警惕，认为这只对国际资本主义的发展有利，反观中国，会逐渐失去自我，只成为国际资本主义世界的一部分。他提醒学界，变化的现阶段，“实在值得注意，实在值得研究”！

时至今日，已经过去近百年，我们仍可透过这篇“导论”，感受到周谷城的拳拳报国之心。他的做学术以“改造国家”的爱国情怀，紧密结合实际反对空谈的务实学风，正是湖湘文化经世致用、传道济民优秀传统的延续，值得我们永远铭记与学习。而他以阶级斗争理论解释中国历史的演变与当时社会情形，和用古今中外纵横结合的史学研究方法研究近代中国，一方面体现了他对马克思主义历史观的吸收，反映了他坚持理论联系实际，将马克思主义中国化的史学实践；一方面也是作者马克思主义革命者的身份，中国共产党领导的土地革命以阶级斗争为原动力的特征，以及当时严峻的革命形势等多重因素决定的。大革命失败后，共产党损失惨重，革命形势一片低迷，学界就中国社会、中国革命的性质和道路展开了一场持久且激烈的“中国社会史论战”，周谷城的《中国社会史论》正是对这一问题的回应。有学者评价这部著作，“是在大革命失败后的历史紧要关头强调着力研究中国社会的现实主义之作，是学术求真与致用的有机结合之作”①。不过，也有人提出，周谷城的《中国社会史论》过于强调阶级斗争，在某些方面研究不够全面、深入。后来，作者自己也坦承，确实存在过于偏重阶级斗争而辩证性不足的问题。这也从侧面反映出，周谷城作为一名学者，虚怀若谷的一面。

①邢战国：《中国社会史论·前言》，载周谷城《中国社会史论》，湖南教育出版社，2009，《中国社会史论·前言》第6页。

吕振羽

吕振羽（1900—1980），湖南邵阳武冈人。1926年毕业于湖南大学，后投身北伐战争。1928年至北平（今北京），任教于中国大学和朝阳大学。30年代初成为北平著名的“红色教授”。1936年加入中国共产党。1937年抗日战争全面爆发后赴南方，担任湖南文化界抗敌后援会负责人，1938年创办了有“南方抗大”之称的塘田战时讲学院并任副院长。1942年由苏北抗日根据地赴延安，任刘少奇的政治秘书和学术秘书。1949年新中国成立以后，先后担任过东北人民政府文化教育委员会副主任，大连大学（今大连理工大学）校长，东北人民大学（今吉林大学）党委书记兼校长，中共中央历史问题研究委员会委员，兼任中共中央高级党校教授、中国社会科学院顾问。第一届全国人大代表、第三届全国政协委员、中央民族事务委员会委员。1955年当选中国科学院哲学社会科学部学部委员。著有《中日问题批判》《最近世界之资本主义经济（上）》和《史前期中国社会研究》《殷周时代的中国社会》《中国政治思想史》《简明中国通史》《中国民族简史》等。

史前期中国社会研究
（节选）

一、绪论

今日的中国史，特别是史前史，即原始公社制度史，还是一块荒莽的天地。因之，在今日的可能条件下，去探究中国史前的社会，无疑是带着几分冒险尝试的性质。然而在时代的需要上，这种冒险的尝试，却是必要的。

问题是在于历史材料的不充分，和既有材料之难于正确运用。从问题的一方面说，古代遗存下来的典籍，无论其是否完全真确可靠，也是极有限的；而地下发现的古代遗物，就更属不多。就殷墟所发现的殷代文物说，殷墟只是从盘庚以来的殷代首都，盘庚以前的殷代文物是否由盘庚的迁殷而全部或部分运来新都，是一问题。此其一。殷墟所保存的文物，一方面由于不规则的开挖，容有散失，二方面殷墟被水冲淹时，① 容有一部分文物为水所漂流而去；加之数千年来，洹水水流易道，殷墟故址，或又不免有部分的冲破，此均意想中可能之事。此其二。三方面保存到今的部分，还不曾全部开挖出来；开挖出来的，也不得全部为我们所用。此其三。因而我们现在所能看见的殷墟出土的东西，还只能算作殷代文物的一部分。再次，殷墟所保存的东西，照目前已出土的看，多是关于王室方面的遗物，如兵器、祭器、食器、龟片等。当时民众所应用的生产工具，是否连手工工具、农耕工具都包容在内，还是问题。

从材料问题的另一方面说，典籍方面之显属后人伪托者无论矣；即所认为一些可靠之古籍，亦大都经过历代儒家无数次的修改和附会，而不能漫然无条件引用。关于金石文字和甲骨文字的释文，亦不无问题。因各家所解释之金石文及甲骨文字，大都以《说文》为底本；《说文》本身还有问题，已为现代一些学者所公认。以没有相当的科学知识的汉、宋人眼光去解释“周金”，已属难免谬误；后人本以字解字、以文解字的框框，更拘此以释远在周前之甲骨文字，更难认为完全可靠，因而各家释文尚多歧异。又因文片甲骨破碎不完，故释文多梗塞难解；以之与可靠之殷代文献中文句相较，显多疑问。而甲片之伪者更无论矣。更次，除殷墟而外，历代出土古物，关于其时代的考定上，还多有问题。如我在山东图书馆所见陈列之玉鼎，汉代之物与商代之物，有形式甚相似、花纹精粗亦同者。该馆馆长王献唐先生亦认为还有问题。

其次，从甲骨文字看，并不如郭沫若先生所说，为原始象形文字；实际，而是已发展到了“声音文字”即形声阶段的文字。照人类发明文字的演进程序去推断，中国文字从原始象形图画发展到甲骨文字的阶段，至少应有千年以上的历史。但散在世界的其他各民族，在其当时所散处地域内的天然石壁

①* 按有谓殷墟非水淹之说者，姑志之。（见前中央研究院《安阳发掘报告》第 4 期。）——编者按：见李济主编《安阳发掘报告（第 4 期）》，上海：中央研究院历史语言研究所，1933 年版。

上，多发现有能应用声音字母以前的原始象形文字、象形图画。在中国，在殷周各民族当时所散布的地域内，前于甲骨文字的文字，至今尚无系统发现。这样便可能发生两个问题：（1）殷民族是否在其形成国家前就到了中国？〔按自城子崖的发掘，已发现殷人的新石器遗物。——一九四〇年补订〕（2）殷代的文字，是否由其本土所创造发明的？但石器时代遗物的发现，一九三一年，法国神父桑德华（Father Licent）① 和德日进（Father Teilhard de Chardin）② 两人在［内］蒙古鄂尔多斯所发现之旧石器时代遗物，③ 以及北京周口店所发现之五十万年前人类牙骨，④ 我们尚不敢确认其是否和现在之中国民族有关。〔按布拉克（Black）医士认其时人身构造与现代华北人相类。——一九四〇年补订〕但在河南仰韶所发现之新石器时代遗物，⑤ 以及和仰韶同一系统之新石器及金石器时代遗物，却能充分证明系属中国民族在史前时期之遗物。其次从殷人当时散布的地域研究，她或者比当时散处在黄河上游各民族，还有先来到中原的可能。似此，第一个问题似是无庸研究的。关于第二个问题，西欧学者曾有各种不同判断：高本汉（B. Karlgren）判定中国文字纯系本土创造，⑥ 查瓦德（A. Churchward）判定中国文字与埃及文字同源，⑦ 波尔（C. J. Ball）则谓中国文字与巴比仑文字类似。⑧ 但甲骨文

①桑德华（Father Licent）：本名 Paul E. Licent，今译桑志华，法国博物学家、地质学家、传教士。

②德日进（Father Teilhard de Chardin）：本名 Pierre Teilhard de Chardin，法国哲学家、古生物学家。耶稣会神父。曾八次来到中国，到内蒙古、周口店等地进行古生物的发掘、考古工作。

③* 民国时期《北京历史博物馆丛刊》第 1 年第 3 期附录载此等古物，埋藏在黄土层下砂砾层中，和法国发现之旧石器形状相似。专家判定为五万年前之遗物。

④* *Peking Reader*, Oct. 23, 24, 1920.

⑤* 安迪生（J. G. Anderson）：《中华远古之文化》（*Early Chinese Culture*）。按安氏于 1920 年（民国九年）在河南渑池仰韶村掘出大宗新石器时代之石器。后在辽、陕、甘、豫、晋等省，均有与此同系统之石器及铜器出土。

⑥* B. Karlgren, *Philology and Ancient China*, p. 25. ——编者按：高本汉（Klas Bernhard Johannes Karlgren，1889—1978），瑞典语言学家、汉学家。*Philology and Ancient China*，1926 年出版，有贺昌群译本，书名《中国语言学研究》。

⑦* A. Churchward, *Origin and Evolution of Human Race*, p. 367. ——编者按：查瓦德：Albert Churchward（1852—1925），英国人类学家。

⑧* C. J. Ball, *The Sumerian and the Chinese*, p. 1 - 4. ——编者按：波尔，即 Charles James Ball（1851—1924），又作鲍尔，英国学者，1913 年出版 *Chinese and Sumerian*（《中国人与苏美尔人》）。

字中十二支辰文字恰与巴比仑之十二星象暗合,① 易经卦文与巴比仑之楔形文字亦甚相类似,② 此则甚堪注意。因而，这一问题的圆满解决，不仅有待于国内之大规模的地下发掘和对中国近亲各民族之研究，而且有待于我们对中亚细亚作大规模的发掘，以及作语言学、民俗学、人种学等各方面之研究。然而这在目前，是很少有可能性的。③

似此，如果人类历史发展法则的一般性不得到确立，便可以使我们对中国古代社会的研究，不能前进一步。如我们所见，像胡适，他从美国布尔乔亚学者那里抄来一些术语，从所谓实验主义出发，把其所谓《中国哲学史》粉饰一段之后，便无法再继续下去。像李季④，不论他是否居心想创造历史发展法则的新理论，但是因为其一定立场限定他对历史唯物论的隔阂，使他对中国社会史研究所作的结论，不能不陷于机械论的公式主义的谬误。像陶希圣，他似乎在企图重新创造一历史发展法则的各别性——多元性的理论⑤，结果不惟对中国历史的真际性不曾把握着，且使其自己的研究，辗转于历史循环论的泥沼中，在儒家所画定的圈子中淌来淌去，虽然陶希圣自认已跳出儒家的骗局。我在后面，对这几位先生的理论，不免要提出一些意见商榷。

①* 郭沫若：《甲骨文字研究·释支干》。

②* 除卦文外，兹再举数例：迦勒底（即巴比仑）“王”作“”意释光明等，汉文古文作“”意释美贵等；迦勒底“金”作“”；汉文“金”作“”；迦勒底“吉”作“”，汉文作“”；迦勒底“北”作“”，汉文“西”作“”等。

③* 近年来的地下大量发现和研究证明，中国文字和古代文化，完全系中国民族自己首创性的创造。——1960 年补注。

④李季：1892—1967，湖南平江人。1925 年到上海大学任教，1926 年 4 月任社会学系主任。他认为“亚细亚生产方式”是在原始氏族社会瓦解之后所出现的，与古希腊罗马奴隶社会并列而先于封建社会的一种独立的社会经济形态；否认中国历史上曾有过奴隶制社会存在；认为自秦至鸦片战争前为前资本主义生产方式，鸦片战争以后中国进入资本主义生产方式。

⑤* 陶希圣反对把马克思、恩格斯等所发现的历史学方法论，即历史唯物主义应用到中国史的研究上，只允许从中国社会的本身去零星探求。——编者按：1928 年，国民党新创办的上海《新生命》杂志刊发陶希圣的《中国社会到底是什么社会》等文，认为中国的封建制度在春秋战国时已崩坏，但封建势力仍在，鸦片战争后过渡到商业资本社会，引发中国社会性质问题讨论。

幸而恩格斯、卢森堡①以及莫尔根（A. Morgan）② 和其他伟大的社会学者、考古学者、古生物学者、人种学者、民俗学者、语言学者们各方面的努力，根据事实研究的结果，指示出史前期人类活动的一幅轮廓画，并求得其一般的共同的社会特征。再加其他历史唯物论的历史家们，对人类社会历史发展过程的研究——无论从全人类之总括的或从各国家民族历史的各别的研究——所得出的结论，不惟证明了人类社会发展法则的共同性，在其过程中各个阶段上所表现的各主要特征的一般性，而且证实了人类社会的发展法则，完全符合了辩证法的发展法则——正确地说来，人类社会就是辩证法的发展法则的实践；辩证法的本身，是存在于自然社会和人类思维自身发展的法则之中。

郭沫若先生说得好："中国人不是神，也不是猴子。"所以中国社会历史的发展，当然也不能在这个共同的法则之外，另有一个途径。

因而历史唯物论，不啻是我们解剖人类社会的唯一武器，是唯一正确的历史学方法论，我们握住这副锐利的武器来解剖中国社会发展的过程，一切问题都不难迎刃而解。而且对于史料问题，不惟搀杂在真史中的伪的成分能够分别出去，即伪史中的真的成分，也不难分别出来，供正确地引用。这正如地下考古一样，从地层的分析上，分别出同时代的遗物，和因地层的变动或其他原因而杂入之不同时代的东西。所以我们在中国史的研究上，对古书中的材料，也必须要经过一次开挖的手续，才能正确引用。

我为什么说伪史中有真的成分呢？大抵古代伪书的一部分，出自战国诸家所假托，一部分出自后代诸家所假托。在战国时代的社会矛盾的基础上，反映着各种意识形态的斗争，因而产生所谓诸子百家的争鸣。有人认为：由于当时科学知识的水平，大家不但竞相从历史上找根据，且不惜托古以加强

①卢森堡：指罗莎·卢森堡（Rosa Luxemburg，1871—1919），德国女革命家，德国社会民主党和第二国际左派领袖之一。

②编者按：莫尔根（A. Morgan），疑为莫尔根（Lewis Henry Morgan，1818—1881），今多译作"摩尔根"，美国人类学家、民族学家。

自己的论证，因而演成伪造史实的风气。其实，伪造历史，乃是剥削阶级的传统。在汉代——尤其是西汉末，一方面有儒家和非儒家的斗争，他方面，有儒家内部的饭碗斗争。为符合以王莽为首的贵族地主的需要，古文家所伪托的古书便纷纷出现；为符合商人地主的需要，今文家的作品又纷纷出世。但无论伪书作者的动机如何，更无论其出自战国时代抑出自汉人之手，当时或有所根据的材料，而为后代所不及见已归湮没者；一部分或系根据当时所流传之神话传说，而加以粉饰——用作者自己时代的意识去扮演出来。如果是凭空臆造，在当时也不可能有任何说服力和站得住脚的。尤其如司马迁的《史记》及班固的《汉书》关于殷代事实的记载，与今日发现的甲骨文研究出的结果，每多所暗合；因而，他们在当时必有可靠史料的根据，为我们今日所不及见者。不然，以科学知识水平较低的古人，而所记每有合于古代社会之事实，宁非奇迹？

二、中国社会形式发展的诸阶段

A. 关于历史方法论上的几个问题

人类社会历史发展的法则，是一元的——均有其一般性的，这在我们的前驱者，已指示得十分正确、明白，无庸再事申述。

那班抱历史发展法则之多元的唯心论者们，只要他们肯转向事实即历史的真实方面去“思维”一下，问题或者也有让他们明白的一天——如果肯放弃其特定的立场来讨论问题的话。

只是一般冒牌的唯物论者们，究起他们的本源来，本是和唯心论者有其血缘关系的；因而他们不惜把历史唯物论七折八扣之后，便又跑回到唯心论的怀抱里去，呼爹唤妈，同时却拼命扯着唯物论的招牌不肯放手。这不惟给“历史唯物论”这一术语，加上一层污点，而且淆乱大众的听闻——这毋宁是他们一种卑鄙的可耻的企图。因而我们便不能不略有声述。

在中国，在历史研究这一范畴里，问题最纠纷的，莫过于“亚细亚的生产制”、“奴隶制”、“商业资本制”这三个问题。易言之，其一便是“亚细亚的生产方式”，在社会发展之一般的过程中，是否能独自成为一特定的阶段？在中国是否存在过？其次便是奴隶制度在社会发展之一般的过程中，是否能独自成为一特定的阶段？再次便是商业资本是否能作为一种经济的领导，而构成其独自存在之一社会阶段？

因而种种奇异的议论便于此发生了。就“亚细亚生产方式”说，有谓马克思所指的亚细亚生产方式，适当于原始共产社会的那一个阶段——且系前于古代氏族社会的那一阶段；有谓在古代共产社会崩溃以后，便发生两个可能的前途，其一转入奴隶制，其一转入亚细亚生产制；有谓亚细亚生产制所说明的社会，便是所谓“专制主义”的国家，正所以别于欧洲的封建国家。

关于奴隶制度的问题，有谓在世界若干民族的发展过程中，除古代希腊、罗马而外，都不曾有奴隶制度这一特定阶段的存在；有谓中国的奴隶制度，是和亚细亚生产方式平行地混合着的；更有人看见在中国历史运动的长时期中，都有使用奴隶这一事实的存在，便不问其是主要还是残余，无条件地把这些时代都划归奴隶制度社会去管辖。

关于商业资本和高利贷资本的存在，竟亦有人喊出“商业资本主义的社会”来。

这些别开生面的议论，一一陈列起来，不禁使人发生两个连带的疑问：在那些先生的脑子里，历史运动的法则，究竟是一元的还是多元的呢？在历史发展的进程中，有没有中断和飞跃的形势的相继到来呢？先生们所假借的历史唯物论，是什么“史的唯物论”呢？

可惜本文注重在“立”的工作，不注重在“破”的工作。不然，就这些“别开生面”的议论一一加以分析，简直可以写成一部“历史方法论批判”的书来。

不过，混淆究竟只混淆了人们自己的脑子；问题的本身呢，只一离开先生们衰弱或别有作用的脑海，仍不曾染着半点混淆的色彩。

关于社会发展诸阶段的问题，马克思在其《政治经济学批判·序言》中，对我们曾有如次的明白指示：

大体说来，亚细亚的、古代的、封建的与现代资本主义的生产方式，是社会经济形态向前发展的几个时代。①

后来普列汉诺夫对马克思之所谓“亚细亚的”这一问题，曾有所注释。他说：“当马克思后来读到莫尔根的《原始社会》（即《古代社会》——吕）一书时，他大概改变了他对于古代生产方式同东方生产方式的关系的观点。”② 普列汉诺夫的这种解释，是不正确的，是对马克思主义的修改。但这种修正主义的观点，给以后对“亚细亚的生产方式”的问题在理解上，留下了很大的坏影响——马扎亚尔③、威特福格④等都受了这种错误见解的影响。

作为所谓“亚细亚的生产方式”的一个特征去把握的印度村落公社，卢森堡说它和德国的马克⑤、俄国的米尔⑥，本质上是完全同一的东西。这自然有着局部的正确性。但卢森堡并没有解决问题，她而且没有把它从奴隶制度的历史范畴和封建制的历史范畴分别开来把握。

这问题在中国重新提出，是马扎亚尔开始的。照他所说明的所谓亚细亚生产方式的特征，可概括为如次的几点：

（1）土地属于国家所有，适用一种永佃制转佃给人民，地租采取一种赋

①* 人民出版社 1959 年版，第 3 页。

②* 普列汉诺夫：《马克思主义的基本问题》，人民出版社 1957 年版，第 40 页。——编者按：当马克思和恩格斯晚年看到摩尔根的《古代社会》，并形成了他们关于史前社会的理论后，就以“原始社会”取代了“亚细亚生产方式”概念。后来的马克思主义者根据马克思相关思想和论述，把人类社会的历史演进概括为“原始社会—奴隶社会—封建社会—资本主义社会—共产主义社会（社会主义是其低级阶段）”，即“社会五形态”。

③马扎亚尔：1891—1937，又译马季亚尔、马札牙尔、马嘉、马加尔等，匈牙利人，历史学家、东方学家。1926 年为苏联驻华领事馆工作，1928—1930 年任苏联国际农业研究所东方部主任。1928 年出版的《中国农村经济》（也作《中国农村经济研究》），将 20 世纪初的中国农村社会性质界定为资本主义，认为中国共产党没有弄清楚中国的社会性质，采取了错误的方针和政策，导致大革命失败。

④威特福格：今多译作魏特夫。魏特夫（Karl August Wittfogel，1896—1988），德裔美国历史学家，著有《东方专制主义》一书。

⑤马克：德语“marke”的音译，亦译作“马尔克”，西欧中世纪的村社。流行于日耳曼人占领罗马帝国领土后所建立的国家中。曾长期实行耕地定期平均分给各户使用但不得买卖转让的制度，后土地渐成为私有。

⑥米尔：俄文“мир”的音译。15—20 世纪初俄罗斯的村社。村长由村社成员选出，其耕地在村社内实行定期轮换，并用摊派方式缴纳赋税。乡村会议为其管理机构，负责解决各种经济问题。1861 年农奴制改革后仍保留。十月革命后取消。

税的形式；

（2）全国分成无数的公社，公社都是各自独立的小社会；

（3）国家和官吏是社会事业的承担者、水利的掌管者，统治着那些各自独立的小社会，专制政权便由此形成的。

马扎亚尔所指出的这些特征，在中国是否存在，我们暂时把这问题搁置。只是马扎亚尔在这里对问题的认识方法，又不免把辩证法的首尾倒置起来了，这不能不是他的一个严重错误。一个忠实的辩证论者，总不应该倒果为因，认为上层建筑的东西能孤立于下层建筑之外，去规定社会的构成；而且关于那些上层建筑的东西，并不能当作独自存在的东西去研究的。

说到“亚细亚的”国家水利系统的存在这一问题，自然谁也不能否认那是一个特殊的地理的条件，然也只能对于所谓“亚细亚的”国家在形式上多多少少扮演一点特色，它并不能改变所谓“亚细亚的”国家的历史法则的一般特性。波特卡诺夫说得对：

中国的官僚，若是我们认其是从灌溉制度上生长起来的超阶级的东西，这便是错误。国家纯属在实现对农奴和被压迫大众之封建集团的政策，而行使其支配各阶级的机关，在中国也是一样，这是我们应该知道的。①

因而在考察其有这一——水利系统——特殊的地理条件的“亚细亚的”诸国家，而欲说明其历史运动的法则时，只有从生产力以及与之矛盾统一的生产诸关系上去考察。如果所谓“亚细亚的”国家支配的生产力及生产关系的内容，土地所有者对直接从事生产者之阶级的相互关系的内容，能符合于封建主义，则适应于上层的建筑物，也便不能不是封建主义的。关于这一问题，李达先生曾为我介绍如次的一段话：

土地所有，是剩余生产物的占有的基础；直接生产者营独立的经济。在生产手段所有者与直接生产者之间的关系上，经济外的强制实行支配，在土地所有的阶层制度，照应于政治权力的阶层制度。

---

①*波特卡诺夫：《唯物史观世界史教程》，日译本第三分册。——编者按：疑为苏联鲍恰罗夫等编《唯物史观世界史教程》，日本东京白杨社于1932—1934年出版了早川二郎的日文译本。

关于封建主义的这个定义，如果是正确的话，那么，亚细亚的封建主义的问题，就要看那些国家的社会制度中有无因这个表征而显出特征的关系以为断。

这个意见，对于封建主义的特征说，我以为是相当正确的。

因而只要人们在研究上肯放弃主观的成见，不把所谓灌溉制度故事夸张，不依仗“水”的力量来糊人，问题就会明白的。我们试一考察秦始皇的“统一”，是否完全借助于“水”的力量呢？照我看来，那不过是旧封建领主政权向新兴地主阶级政权的转移的问题，此外构成其社会之一切特征的条件，只是在其本身内前进了一步，而并无质的改变，而且，秦始皇的统一，实际的内容上，究竟统一到了怎样的程度，这也该考察的。如果我们不愿平白受儒家骗弄的话，便可以看见所谓统一的内容，也还是有限的、在一定形式上的，易言之，它只是一种封建主义的统一。如果我们不考察历史的具体内容，而为文字的语义所蒙蔽，那么，将可以推演出如次的一个结论来：在秦始皇时代的中国政治是完全统一了，但现在的中国，反完全恢复了军阀割据的状态，然而这不是历史的运动在倒退吧！实际，历史并不曾倒退，只是我们“历史家”的脑筋在开倒车。

再则，马扎亚尔提出的所谓亚细亚生产方式诸特征，在理论的范畴里，不只是一种错误，而且在政治上包含着一种极大的危险性。他无异把地主占有，在“土地国有”的名义之下隐蔽起来；把地主的阶级构成，在“官僚”的名义之下隐蔽起来；把土地对于农民的束缚，在国家的“永佃制”的名义下面隐蔽起来；把地主对农民的剥削关系，在国家“赋税的形式”下面隐蔽起来；把地主的阶级支配的政权，在所谓“社会事业”和“水利调节”的基础上，建起一座空中的楼阁来。这样，便当然没有地主阶级，也没有农奴或农民阶级的存在了——无论马扎亚尔和马扎亚尔派怎样去解释——从而当然便没有社会革命。因而马扎亚尔不只显明地在反对恩格斯和列宁关于国家的学说，在取消所谓亚细亚国家的历史运动的动力，且又取消了民主革命的反封建任务（如在中国）——这不单是逻辑上的错误，而且是一种背叛史实和革命实践的结论。在马扎亚尔所指出的那种所谓亚细亚国家的政权形式，在马克思列宁主义的范畴里，应该把它归之于那一种类型的政权呢？除了拿"亚细亚"那个字来作遁词外，又能叫做什么东西呢？我想除去马扎亚尔心目中的空想世界的"亚细亚"而外，在人间的世界内，恐怕不会有它的归宿地吧！这显然是非辩证主义的理论。

不过马扎亚尔还可说对东方的情形不甚熟悉，他的这种错误，我们还可作万一的原谅；而从马克思列宁主义的原则上说来，仍是无可原谅的。尤其是以讹传讹，一般中国的所谓"历史家"，更从而夸张起来，结果便形成了取消农民在政治上重要性的一个错误的结论，取消中国革命的反封建任务。这便无法宽容。

〔按"亚细亚的生产方法"问题，科瓦列夫等人研究的结果，认为它是东洋奴隶制度的"变种"。请参阅科氏《古代社会论》；拙著《殷周时代的中国社会》页九~十三及《理论与现实》二卷二期拙作《亚细亚的生产方式与所谓中国社会的"停滞性"问题》。——一九四〇年补订〕

关于奴隶制度，是否在社会历史的进程中，为一般存在的一个特定阶段这一问题，也是近年才提出的。

他们提出这一问题的中心意见，说马克思和恩格斯所指的奴隶制度社会，单在指古代希腊、罗马而说的；在欧洲现代的诸国家如英、德、法等，也都不曾经过奴隶制度这一特定阶段。所以除古代希腊、罗马而外，在其他各国家中，奴隶制度经济并不曾取得过独立的领导地位（?），因而它并不能代表一个特定的社会阶段，而是在阶级社会之各阶段中附属存在着的因素的东西。

但是马克思和恩格斯所指的奴隶制度社会，究竟是否系单指古代希腊、罗马而说的呢？在希腊、罗马而外的世界各国家、民族，在其社会历史的发展进程中，是否都不曾有奴隶制这一特定阶段的存在呢？前者只［有］拿马克思和恩格斯自己说过的话来作证据，才能解决，后者只有拿历史的具体内容来作证据才能解决。

恩格斯说到奴隶制度时，都是明白地在指一般的古代的阶级压迫的支配形态而说的，并不曾限于希腊和罗马。他在《英国工人阶级状况》中说：

在古代的亚洲、希腊和罗马，阶级压迫的主要形式是奴隶制，即与其说是群众的土地被剥夺，不如说他们的人身被占有。……在中世纪，封建剥削的根源不是由于人们从土地上解放出来，相反地，而是由于他们被束缚在土地上。当时农民保有自己的土地，但是他们是作为农奴或奴仆束缚在土地上，而且必须给土地占有者服劳役或缴纳产品。①

在《家庭、私有制和国家的起源》中说：

随着奴隶制（它在文明时代达到了最高度的发展）底出现，发生了社会分成剥削阶级和被剥削阶级的头一次大分裂。这个分裂继续存在于文明底全部时期。奴隶制是古代世界所特有的头一个剥削形式；继之而来的是中世纪的农奴制与近代的雇佣劳动制。三大文明时代所特有的三大奴役形式，便是如此。②

他又指出，没有奴隶制，便不能有希腊、罗马的国家以及其科学、艺术；从而也不能有罗马帝国。没有希腊、罗马帝国的基础，便不会有现代的欧洲文明。在这里，恩格斯已给我们极其明确地指出，奴隶制度，是人类社会发展过程中一个共同的必经的阶段；若没有这一特定阶段的存在，则后来的文明时代便不可思议。

马克思说道：

在古代世界，商业的影响和商人资本的发展，总是结果为奴隶经济；或视其始点如何，结果不过把奴隶制度，由家长式（patriarchalisch）的，以生产直接生活资料为目标的，转化为以生产剩余价值为目标的。但在近代世界，它是归结为资本主义的生产方式。

又说：

在一切以奴隶经济（不是家长式的奴隶经济，而是像后期的希腊、罗马

①* 人民出版社1956年版，《序言》第11页。

②* 人民出版社1954年版，第168-169页。

时代一样的奴隶经济）为致富手段……①

在这里，马克思是说得很明白的，所指的后于家长式的，以生产剩余价值为目标的奴隶经济，并不单指希腊和罗马，他还特别注明，是指一般的“像后期的希腊、罗马时代一样的奴隶经济”。在前一段话中，并明确指出，家长式奴隶经济的直接转化的前途，“为以生产剩余价值为目标的”奴隶经济。

在马克思和恩格斯的文集中，像这一类的话，我们还可以找出许多来。他们在很多地方都提到奴隶制、封建制、资本主义或古代、中世纪和资本主义，并论证了继资本主义而起的是社会主义的历史必然性；在读到莫尔根的《原始社会》以后，又解决了到其时还没得到解决的原始社会的谜。列宁总结了马克思和恩格斯的论证，说道：

世界各国所有一切人类社会数千年来的发展都向我们表明，这种发展的一般规律和次序是这样的：起初是无阶级的社会，即氏族社会，没有贵族的原始社会；然后是以奴隶制为基础的社会，即奴隶占有制社会。整个现代文明的欧洲都经过这个阶段……

在历史上继这个社会形态而起的另一个形态是农奴制。

农奴制在西欧各国被消灭了。……资本主义代替了农奴制。②

其次，在罗马国家存在的当时，日尔曼人和罗马国家的关系怎样，这是值得考察的。照我所知，当时的日尔曼人，大部分是在罗马的统治之下的——无论其关系如何。

不宁惟此，而且在罗马国家的末期，奴隶制已走上衰退途径的时候，已有大批的日尔曼人，或由于被掠获而参加在罗马经济生产的领域中，作了后

①*《资本论》第3卷，人民出版社1953年版，第410、771页。

②*《列宁全集》第29卷，人民出版社1956年版，第432、433页。

代农奴之前驱的科劳士（colonus）[①]；或是在罗马管辖下的区域内，由士兵而作了所谓“边疆佃户”。易言之，在罗马国家解体期中，日尔曼人不仅和罗马发生了很密切的关系，而且在罗马国家内的日尔曼系人，也已经形成了一种潜伏力量。[②] 他方面，罗马国家在其没落的当时，已创造出其后来的封建制度的各种因素，这已替日尔曼人预备了其创造另一新社会制度的历史因素。因而日尔曼人以罗马的世界原理和日尔曼的世界原理相合流而创造其历史，即在罗马社会的废墟上，从奴隶制转变为封建制。所以若把日尔曼各氏族历史的发展过程，脱离罗马历史的关联去考察，诚然“空白”了奴隶制度这一阶段，但日尔曼的“中世”史不能脱离古代罗马的关联。[③] 这好像今日的匈牙利一样，她若在德奥资本主义之下，而演过资本主义社会这一阶段，将来匈牙利直接由此而跃入社会主义社会的时候，我们断不能说匈牙利在历史发展的一般法则中，另有一个途径。欧洲人一走入南北美洲，对其祖国的社会所走过的途程，便不再重复，直接就过渡到资本主义社会。

另一方面，除古希腊、罗马外，再从古代世界中其他部分的具体内容看，首先日本历史的发展，已依次经过原始公社制、古代奴隶制、中古封建制、近代资本主义制的相续的诸阶段。在这里，因为不是研究日本社会史，对其社会演进过程的详细内容，恕我不作介绍。但日本史的这种过程，不只在佐野学的《物观日本史》中，能给予一个基本的概念，而且在日本著名的资产阶级经济学教授福田德三的《日本经济史论》中，也能暗示出这个线索——虽则福田是戴上一副布尔乔亚的色眼镜在观察日本史的。其次在俄国的历史

①科劳士（colonus）：本义为“自耕农”，在古罗马社会中也泛指小块土地的佃耕者。自公元3世纪罗马帝国发生危机，使用奴隶劳动渐已无利可图，有些奴隶主将地产分割成份地，租与奴隶而收取佣金，这类奴隶遂转化为隶农。他们有一定的家庭经济，但被束缚在所属的土地上，可连同土地一起被转让或出售。其身份虽与奴隶有别，但也不算是自由人，恩格斯称之为“农奴的前辈”。

②* 参看《唯物史观世界史教程》日译本第二分册，第6-8页。

③* 波特卡诺夫《唯物史观世界史教程》说：“在纪元四世纪，在罗马帝国形成的经济的-政治的制度的基本底要素，便作为新的建设日尔曼诸国的新条件而为进一层的发展。罗马的世界原理和日尔曼的世界原理相同化和相互作用的过程，便助长了西欧的封建主义的形成。”（日译本第二分册，第8页）。

发展过程中，从罗斯王朝到伟大的“十月革命”也依样经过原始公社制、奴隶制、封建制、资本主义制诸阶段。——现在并已进到社会主义阶段。虽则像嘉治隆一之流，曾企图从市民史学的旧套头出发去加以歪曲。①

此外在古代印度、古代埃及及古代西南亚细亚各国，在其基本的特征上，也都是奴隶制度的——虽则不曾发展得像希腊、罗马那样典型。

最后关于“商业资本主义社会”问题，在中国的所谓“学者”们，也都是从波格达诺夫②那里抄袭来的。这在稍具社会科学常识的人们看来，本是无用申辩的。因为所谓商业资本这东西，它并不能代表何种独特的生产方式，也并不能独自地创造出何种生产力和它所代表的何种独特的生产关系；也就是说“商人资本的发展，就其自身说……不足以媒介成由一个生产方式到别一个生产方式的过渡，也不能把这种过渡说明”③。它是在最远的古代就已经存在着。马克思在《资本论》第三卷又说过：

货币流通和商品流通，能够在组织最不相同，依其内部结构仍然是以使用价值生产作为主要目标的各生产部门间，充作媒介。④

因而商业资本并不能代表一种独特的社会阶段。而且，就是在商业资本最发达的封建社会末期，它也并不能对于封建社会的生产关系有何根本性的决定作用。不宁惟此，马克思又教导我们说：

说资本当作商人资本有独立的和优势的发展，等于说生产没有从属于资本，等于说资本是在一个与资本相异且与其独立的社会生产形态基础上发展。所以，商人资本的独立发展，与社会一般经济的发展，是成反比例的。⑤

照我看来，这在制造商业资本社会论的人们，也或者不是完全不知道，

①*请参看改造社《经济学会集》第29卷《各国经济史》，嘉治隆一：《俄国经济史》。

②波格达诺夫：今多译作波格丹诺夫（Александр Александрович Богданов，1873—1928），俄国哲学家、经济学家。其哲学思想经历了自然科学的唯物主义、唯能论、马赫主义和经验一元论四阶段。在经济学上，主张用“能的生理消耗规律”与“劳动消耗规律”代替劳动价值规律。主要著作有《经验一元论》《普遍地组织起来的科学（组织形态学）》《经济科学简明教程》等。

③*《资本论》第3卷，人民出版社1953年版，第404-405页。

④*《资本论》第3卷，人民出版社1953年版，第404-405页。

⑤*《资本论》第3卷，人民出版社1953年版，第404-405页。

而是想故意歪曲吧！但是他们也常常拿马克思自己说过的话，去作他们理论的掩护。只可惜是断章取义的。譬如马克思的《资本论》第三卷第二十章，便是他们最喜欢引证的一章；最为他们重视的，又莫过于如次的一段。这无非想窃弄科学的社会主义发明者的招牌而希图支持他们那种由封建社会到资本主义之间的一个所谓“商业资本社会”的歪曲理论，一面想借以愚弄群众，作为献媚其主人的礼品。看他怎样在故意歪曲吧：

封建生产方式的转变，取两条途径。生产者变为一个商人与资本家，正与中世农业自然经济及城市行会手工业相反对。这是真正革命的路。或则由商人以直接的手段，占有生产。……这种方法到处都是真正资本主义生产方法的障碍。依后者的发达而常归崩坏的。①

我们无妨再翻看一下马克思的原文，把它重译一下：

由封建生产方式的推移，是二重地进行的。生产者成为商人与资本家，而与农业的自然经济，与中世纪城市产业在行会中结合着的手工业相对立。这是现实的革命的路。但或者是商人直接支配生产。这后一条路，虽然在历史上极其厉害地当作过渡来发生作用——例如十七世纪英国的毛织物商人，曾把那些仍然独立的织工人，放在自己的统制下，把羊毛售给他们，而购买他们的织物——但它本身却是这样少地唤起旧生产方式的革命，不过保存它，把它当作它的前提来维持。举例来说，甚至在这个世纪中叶，法国丝工业和英国织袜工业和花边工业的工厂主，大部分仍然不过名义上是工厂主，实际上不过是商人；他让织工人在他们旧式的分散的方法中继续劳动，不过实行商人的统治，他们实际也是为商人劳动的。这个方法，到处成为现实资本主义生产方式的障碍，跟着后者的发展而消灭。它不变革生产方式，不过使直接生产者的地位变坏，使他们变成单纯的工资劳动者和无产者，所处条件，比直接在资本支配下的人还坏，而在旧生产方式的基础上，占有他们的剩余

①* 见朱其华《中国社会的经济结构》，陶希圣《序言》引。

劳动。①

在我们没有看见这段原文之前，也几于忍不住地想呼和一声，“社会的转变是这样的非机械的”呵！（究竟不知是谁把它看成机械的！）“商业资本社会形状多着咧！”不幸得很，一拿出原文和上面那段零碎割裂的引文对照一下，锦簇花团的美人背后便露出一条狐狸尾巴来。我们于此看见“商业资本社会”论者，恰恰把那些最重要的地方删去，又是在怎样地在改变原文的意义呵！这是玩的什么把戏呢？恭喜我们的“学者”，由于这种神出鬼没的手段，而获得了“负有国际声誉的学者”的荣衔；可怜我们这群“小的”，真是受骗得“不亦乐乎”。

因而，由封建主义的生产方式到资本主义的生产方式的过渡期间，并不曾有所谓第三种生产方式的存在；无论商业资本在那一过渡期间的作用如何，但绝不能也没有存在另一种占有支配地位的独特的生产方式。马克思说得明白：

> 因为商业资本是封闭在流通领域内的，其机能专在媒介成商品交换，所以它的存在——除开未发展的由直接生产物交换发生的形态不说——只需要有简单的商品的和货币的流通作为条件。或者，宁可说，后者就是他的存在条件。当作商品加到流通中去的生产物，无论是在什么生产方式的基础上生产出来的——无论是在原始共同体的基础上，是在奴隶生产的基础上，是在小农民和小市民的生产基础上，还是在资本主义生产的基础上——都不会改变生产物的商品性质……②

所以，所谓“商业资本社会”，既没有与之相照应的独自的生产方式作基础，那么，在人间的世界内，便没有它独自存在的处所；如果说有的话，那只有在那班诡辩论者的脑子里。

①*《资本论》第3卷，人民出版社1953年版，第413-414页。

②*《资本论》第3卷，人民出版社1953年版，第401页。

B. 中国社会发展阶段的划分——原始公社制、奴隶制、封建制、半殖民地半封建制

中国社会发展的法则或客观规律，和世界其他各民族、国家一样，并没有什么本质的特殊。

中国原始公社制社会——原始群团阶段、氏族社会阶段，依样是顺次地存在过。不过我们目前对这方面的认识，还太缺乏罢了。因为关于旧石器时代的实物，还可说全无发现——在［内］蒙古所发现的，还不能完全确定其是否和中国民族有关。① 新石器及金石器时代的出土实物，不惟很少，而且至今还不曾完全确定其系统出来。②

然而这些实物——新石器和金石器时代出土古物——和丰富的神话传说，能指示我们：太古时代中国诸民族活动的一幅轮廓画，则能确切相信的。

现下研究中国史的，大抵都只肯从殷代开始；对殷以前的那个悠久的传说时代，并有了旧石器和新石器出土的时代，都很小心地不去过问。可是问题长此地悬下去，似乎太不妥当。严格地说，我们对于殷代的可靠史料，也还是很不够的。因而我胆敢对这悠久的传说时代，以地下出土物如骨骼，作一次探险的尝试。或者可以因此而引起大家对这一问题的研究，这是我徒行探险的第一个愿望。如果我所采取的航路错误了，由我个人负责；如果将来事实的发现，万一能符合了我的尝试的结果，那就更能证明历史唯物论的正确。

照我根据目前能有的材料研究的结果，传说中之“尧舜禹”的时代，正是中国母系氏族社会发展完成的时期。所有能借神话传说所指出的一些特征，几与恩格斯及莫尔根对古代社会的研究所得出的结果，完全符合。

①* 近年来的地下发现和研究成果，已能完全确定，它是中国民族在远古时代的遗物。——1960 年修订本补注。

②* 近年来社会主义建设过程中，已有了较系统的发表。——1960 年修订本补注。

不过所谓“尧舜禹”这三位“圣人”或者都是神化的人物也未可知。① 或不免系殷周及殷周以后的人们，根据古代神话传说作底本，又制造出这三位“圣人”来，拿他们和神话传说相结合，又加入作者的时代意识去粉饰一番，便成功了儒家的“华胥之国”。总之，要肯定，还有待于地下的发现。其次，“尧”、“姚”、“虞”、“夏”这四个字，我以为或者就由“夏”这一字的讹变而转出来的。“夏”（或“雅”）或者就是当时这一族的总名称。这都在后面还要研究。

传说中之“启”的时代，是太古时代中国社会的一大变革期——由男系代替母系社会的一大变革期。和其所结合着的神话传说，也恰能暗示出这一变革时代的特征来。

“羿因民”而“距”太康，是罢免酋长的神话传说；同时又“立其弟仲康”，是酋长的男系世袭权确立的一种传说。对偶婚的形迹，在“浞因羿室”和浇与浞的子媳共宿等传说中，可以得到证明。畜牧业的发展，在“庖正”和“牧正”等传说中，可以寻出其形迹来。

在传说中之所谓“桀”的时代，我也找着一点由血缘氏族组织到地域组织的市区的转变形迹，虽然不甚充分。

自然，对于古代的许多事情，我们是无法知道的。只有依据历史唯物论，根据恩格斯对原始社会之谜的科学揭发，作比较的研究，去理解其轮廓，或者再待于地下地上的发现和调查研究。

出土的一些新石器和金石器时代的实物，所能指出的时代，和神话传说所暗示的，竟能符合——自然还有空白，而其出土的主要地方，亦竟能和神

①* 舜即帝夋，在甲骨文字中已得到证明，这点是可信的。但帝喾就是帝舜之说，也已得到多数人的认同。我虽然不说“帝喾即帝舜”的结论错误，然而我觉得证据还不免薄弱一点。在古代，夏商两族，似系各为一支的，这从其各自散布的地域去考察可以得到证明。因而如果“帝喾即帝舜”，则在“商”的“帝舜”是实有其人，而在和“尧”“禹”结合着的“帝舜”仍不能肯定实有其人——在地下没有证物的发现前。“禹”之为神化的人，庄子就曾说过：“无有为有，虽有神禹，且不能知。”（《齐物论》）近有人谓“禹”为一图腾名称，待商榷。

话传说所寄托的主要区域相当，这并不是偶然的。

只是有一点，恩格斯及莫尔根曾有在东半球，直到中期开化时代的终局，还不曾知道种植的一个假说。① 这在中国，凭神话传说和出土物所指明的，却并不如此；她在新石器时代，一方面和东半球的其他区域一样，知道畜牧，他方面又能和西半球一样，也知道种植。② 不过这并不曾违反恩格斯所揭露的原则和莫尔根的论证，这是应该声明的。

殷代的社会，现下国内的历史家，几于一致地判定为氏族社会。若是用投票的方法可以表决，那我就再没有提出研究的必要了。无奈事实不许我们对感情让步，所以我还是不能不投一张反对票。

我所以投反对票的理由，因为殷代不仅有很繁盛的畜牧，③ 而且有很盛的农业；不仅在生产事业的领域里及其他事务上都使用奴隶，而且有专靠奴隶为生的自由民阶级和其贵族集团的存在。在上层建筑的政治形态上已经完全看不见古代民主主义的形迹，充分在表现阶级支配的机能。

这些特征，在甲骨文字和殷墟出土物中，也都能表示出来；在殷代和周初的文献中，更表现得明白——自然，殷代文献中的后人附加部分，应该要分别出去。

殷代王位之小部分为兄终弟及的事实，我以为这种上层建筑的东西，是没有决定的重要意义的。而且终归是男系的父子兄弟的世袭，这种世袭，又不曾有半点选举的遗迹。全员的选举和自承（或阶级的选举）是氏族社会和

①* 莫尔根在其《古代社会》中曾说："在东半球，……经过开化低级状态而接近于开化中级状态的末叶的时候，似乎还不知道谷物及其他植物的栽培。"恩格斯在《家庭、私有制和国家的起源》中，也有与此相同的论证。不过他们都不曾作出肯定结论，而只在说"似乎"是那样。

②* 在仰韶的出土物中，曾发现有用于种植的石锄和石耨，又发现有印有布纹的陶器，又发现谷粒；同时还发现有大堆的家畜骨骼。可是并不曾有铜器的发现。在同时发现铜器的辛店、沙井和寺洼，农业的形迹更显然，可是从其出土物作全盘的考察，主要是适应于中期未开化时代的。

③* 据山川均的研究，"奴隶制度，多是在畜牧对于纯农业比较占着优势，且是于对外贸易占着有利地位的区域发生的"（山川均：《唯物史观经济史》）。从人类全部历史看，山川均的话是符合若干古代国家和民族的情况的。因此，奴隶制度的经济，在畜牧比农业占着优势的情况下，都是可能的。

"文明时代"之政治范畴里的划界线，莫尔根在其《古代社会》中，对此曾再三论述过。而且兄终弟及的事实，不惟在古代国家存在过，就是在此后的国家也存在过的，在中国的例子就很多，如武王之与周公,① 赵匡胤与赵光义是；在罗马，甚至还有翁婿相承的事情。

关于"铁"的问题，无疑是问题的中心。莫尔根在《古代社会》中说：

铁的获得，是人类经验中的事件中的大事件，再没有可与它相等、没有可与它匹敌的，除了它，其他一切发明及发现都是无足道的，或至少是处于从属地位的。由铁产出铁锤及铁砧，斧及凿，备有铁尖的犁，以及铁剑等；要之，可以说文明的基础完全是定立在这一种金属之上的。②

恩格斯在《家庭、私有制和国家的起源》中，对"铁"的任务，作了如次的一个表述：

我们在这里（开化晚期——吕）初次看到了带有铁尖的用家畜拉的木犁；自有木犁以后，大规模的土地耕耘，田野耕作，从而生活品在当时条件下几乎毫无限制地增加，便都有可能了；其次，我们也看到了，森林的清除及其变为耕地和草地，如果没有铁斧与铁锄，这也是不可能大规模进行的。同时，人口也急速增殖起来，稠密地住在不大的地域内。而在田野耕作以前，应有非常特殊的环境才能把半百万人联合在一个统一的中央领导之下：这大概从来没有过。③

因而田野耕作的出现——铁的功用，它无异是文明时代的接生婆。（青铜器在适当的条件下，也似乎有仅次于铁的这种功用的可能。）可是到现在为止，在殷墟的可靠出土物中，还不曾有铁器的发现；然而从出土的铜器中，

①* 周公辅佐成王时，为巩固王权、稳定王室，曾"假为天子"。《周书》及其他一些周代文献中，均有周公自称为"王"的记载。

②* 三联书店 1957 年版，第 44-45 页。

③* 人民出版社 1954 年版，第 26 页。

我们却已找着一点铁的形迹。① 虽然还不敢判定，系属铜的自然的含量，还是经过加工的合金。这就是说，我们还不能信任罗振玉所搜集的古物中的铁器为可靠。陶弘景所谓“（夏）孔甲在位三十一年，以九年岁次甲辰，采牛首山铁铸一剑，铭曰‘夹’，古文篆书，四尺一寸”② 云云，我们更不能把它来作证物。

铁到春秋初期，似乎还把它当作“恶金”，只用作制造农具，而不曾用它来制造兵器，制造兵器是用当时人所谓“美金”的铜。殷墟是殷代的首都，人民所用的农耕工具、手工工具的东西，是否都容在内，这却还是一个问题。在殷墟的出土物中，多是些祭器、食器、兵器等，关于农耕工具的东西，还不多见——严格地说，可称还不曾发现。据一九三三年十月三十一日

①*（一）殷墟出土铜器，照地质调查所梁冠宇化验的结果，系含有如次的各种原质成分的合金：

铜 28.09%	铁 2.16%	银微量
铅微量	锡 5.00%	矽（编者按：即硅）酸质 3.66%

化学研究所王琏化验的结果，各原质配合的成分如次：

铜 39.20%	锡 10.71%	铁 1.14%
养化矽（编者按：即氧化硅）7.39%	水分？	养化炭（编者按：即氧化碳）？

英国皇家科学研究院采矿科教授哈罗（Sir H. C. Haroed Carpenter）化验的结果是如次的：

标　本	黄铜成分	锡成分
刀	85.00%	15.00%
矢	83.00%	17.00%
句　兵	80.00%	20.00%
礼　器	？	10.20%

哈罗并曾慎重声明，这种合金中是否尚有其他金属质存在，他不敢决定；并声明这些标本都过于氧化。（见李济《殷墟铜器五种及其相关之问题》，载 1933 年国立中央研究院历史语言研究所集刊外编第一种：《庆祝蔡元培先生六十五岁论文集》。）

（二）山东图书馆馆长王献唐先生对我说，明义士最近在殷墟得出土陶器一件，内附着有半熔解之铁矿一块；该件陶器之为殷墟时代物，从其色素方面看，都能作充分的决定。我为此事曾两度赴齐鲁大学访问明义士，欲得亲眼一见该附着铁矿之陶器，可惜当时他不在济；该校中人曾这样对我说。（如果对王先生的话记述错误由我负责。）

②* 陶弘景：《刀剑录》。

北平《世界日报》所载，董作宾发掘春秋时代郕国（按即郕）的遗址，亦不曾有铁的发现。① 如果所发现的果属春秋或战国时代的遗物，并且在该处将来若继续仍无铁的发现，这便值得我们特别地注意。不过凭传说去判定古物的时代，这是很危险的。山东境内，在周代以前，就有其他民族散布。我根据历史传说等方面去推测，认为山东境内或有发现早于殷墟的殷代遗物的可能。（按：城子崖所发现的殷代遗物，时代性早于殷墟——一九四〇年补订。）可是这不是在这里须要提出的问题。

〔按：斯大林论证说："这样的生产关系（奴隶制的生产关系——吕）在基本上是与当时的生产力状况相合的。此时人们所拥有的已经不是石器，而是金属工具……"② 不说铁器工具而说金属工具，这是值得注意的。事实上，如奴隶制度的古代埃及，就是使用青铜器工具的。殷代的生产工具也是青铜器，石器是已退处到从属地位或是已被废弃的前代遗物，下册详论。——一九四〇年补订。〕

从文字演进的程序说，甲骨文的文字，并不是所谓象形文字；实际而是已演到较复杂之形声文字阶段的文字。这是大家都能看得见的事实。那么，拿莫尔根研究的结果来说，就此已能证明是文明时代的象征。③

在甲骨文中的"令周侯"三字的发现之后，④ 不但指出了殷代有了一定的政治疆域和疆域的广大，同时又指明了贵族诸侯之业已存在。这实在给我

①* 北平《世界日报》民国二十二年十月三十一日："董作宾谈，此地（发掘地）俗呼谷堆顶……按诸历史，当为郕国之地，亦即今春周代铜器出土之地……各坑出土物，如陶器，骨片，贝壳等……本日（二十四日）所得者，多为陶器碎片，约长半公尺之鹿角一枝，海螺壳骨，箭头一镞……海螺壳蚌甲甚多……此种物品在城子崖，殷墟出土尤夥。"箭头为何素质，董作宾虽未说明，据其意推，似系铜质。

②*《列宁主义问题》，人民出版社 1955 年版，第 712 页。

③* 文明时代"开始于音标字母的使用和文字记录的产生"。（摩尔根：《古代社会》，三联书店 1957 年版，第 11 页。）

④*《安阳考古报告》第 1 期。——编者按：疑为前文出现过的《安阳发掘报告》。

们说明了不少的问题。①

商业对于奴隶制度，是具有一定的重要意义的。殷代商业发展的情形，虽然像如次的一些传说，我们并不能以之看作可靠的根据；充其量，也只能作为旁证。例如所谓：

自太昊以来则有钱矣，太昊氏、高阳氏谓之金；有熊氏、高辛氏谓之货；陶唐氏谓之泉；商人、周人谓之布；齐人、莒人谓之刀。②

禹以历山之金铸币。③

汤“铸金币”。④

农工商交易之路通，而龟贝金钱刀布之币兴焉。所从来久远，自高辛氏之前尚矣，靡得而记云……虞、夏之币，金为三品，或黄或白或赤，或钱或布或刀或龟贝。⑤

凡货：金钱布帛之用，夏殷以前，其详靡记云。⑥

夏后以玄贝，周人以紫石，后世或金、钱、刀、布。⑦

古者宝龟而货贝。⑧

秦兼天下……珠玉龟贝银锡之属为器饰宝藏，不为币。⑨

这种传说式的记载，其中也不是完全没有可信的成分，但不能依以说明历史上悬而未决的问题。

---

①* 殷代有其从属的诸侯，甲骨文中尚多见。（参看郭沫若《甲骨文字研究·释封》）1940 年补订：此等诸侯，大都为被征服异族的首领，他们是以殷代国家的征税吏和其氏族首长的两重人格而存在。

②*《通志·食货略·钱币》。

③*《管子·山权数》。

④* 今本《竹书纪年》汤二十一年条。

⑤*《史记·平准书》。

⑥*《汉书·食货志》。

⑦*《盐铁论·错币》。

⑧* 扬雄：《太玄》。

⑨*《文献通考·钱币考》。

然而在殷代，从奴隶作为商品交易，[1] 以及从殷墟遗物中的远方物件的发现等事象来考察，便不难想见其时商业上的发展概况。

作为商品交换媒介物的货币形态，可作为考察商业发展程度的一个尺度。在古代的希腊和罗马，作为商品交换媒介物的东西如阿司（ass）[2]，也还是货币之一种早期的形态；以 ass 作为货币的单位，真正的意义上，就是意义着以一匹驴为货币的单位。因而不论其后来的代替物是什么，它也还是一种早期形态的货币。我们在殷墟所发现的珠玉和贝货[3]，从它的性质说，也已经专门在作为商品交换的媒介物而存在了。这从上面所引的那些传说式的记载，可能作为旁证，此其一。我国文字凡关于货币的字类均从贝，从贝字除三数字外又多系形声，“商”字的本身，也便是一个从贝的形声字，[4] 贝当为最初的专门化的货币，[5] 此其二。我在山东曾亲自见过一块和周代的铲币形状一样的铲贝，并灼有“文贝”字样，而视其构造大小，又非能作为器物使用者，我以为这便是在古代曾专门充任货币任务的贝货，——这虽然还不能确定其时代，此其三。

但是我并不否认，殷代的奴隶制度，或并不曾发展到像古代希腊、罗马的奴隶制度那样高度就向封建制度转化了。这是各受其地理的环境及其条件的影响和限制的。古代希腊、罗马占取地中海那样交通等自然条件良好的区域，和古代中国的黄河比较，是不能同日而语的；她们又得以吸收古代埃及

①*《易经·旅卦》。

②阿司（ass）：或作“as”，亦译作“亚斯”“阿司”。古罗马铜币名。初铸于公元前 338 年前后。重约罗马一磅（约 327 克）。

③*按有真贝、骨贝、珧贝、铜贝（据郭沫若《甲骨文字研究·释朋》），这已专门充任货币的职分，郭先生亦不否认。

④*许慎《说文解字》：“商，行贾也，从贝，商省声，式阳切。”段玉裁等人均赞同许氏所述。

⑤*董作宾《安阳侯家庄出土之甲骨文字》（载《田野考古报告》第 1 册）：贝在殷代为重要货币，发掘所得，有孔可系者均属之。《侯家庄新出骨文》第 5 期，卜词有记取贝事……新出骨词云：“逻取贝百，□取贝六百。”在早期卜词中，贝为货币，亦可参见一二。可知商人以贝为货币，在殷墟时期，是始终一致的。近年来，在殷朝的遗址中，并有属于殷币的铜贝的发现（见《考古报告》第 9 期，第 52 页）。——1960 年修订补注。

和西南亚细亚的文化成果，也是中国的殷代所没有的条件。凡此，我们到专论殷代社会时再说明。

两周的社会，还有使用奴隶的事实存在，是无容否认的；然在生产领域里，奴隶经济已在各个地区，或先或后地逐步在退出支配地位，而向着农奴经济让渡，原来的奴隶主，在政治上自“武王革命”后就已让位给了封建领主。所以在两周，奴隶被使用这一事实，那不过是作为过渡和残余的形态存在，而且这种作为残余形态的东西，实通过了所有阶级制度的社会，通同存在着。

这——奴隶的被使用——到战国末以迄汉代，甚而此后的一个长时间（直至现代），不仅贵族们（或商人、地主）不少人还拥有大批的奴婢，如秦之吕不韦，汉之王侯公主，便是例证；而且卖子鬻女的事情，也还存在着。如果我们只从表面去捉弄，这些表面的事实，便可以蒙蔽我们，能使我们误认秦、汉为奴隶制度社会，可是我们一考察谁是主要的被剥削阶级的时候，却看见不是和工具一样的奴隶，而是具有一半人格的农奴；被榨取的，却是用地租、劳役和赋税等表现出来的剩余劳动；榨取的方式，曾充分表现着超经济以外的强制榨取。秦、汉的文献，均能充分表示出来这些特征。这而且一直继续到后来一个较长的时间。

话又说回来，在西周时的西周地区，从事生产的农民，所耕作的土地，不但是“公田”，同时并有“私田”，这在《诗经》“雨我公田，遂及我私”的一句话便能说明的。农民饲养的牲畜之类，除供纳给领主以外，自己还可以留存一部分，《诗》“七月流火”对这事就有确切的说明。凡此都不是工具化的奴隶们所能想像的。这不过是一些例子。

政治上之隶属关系，也完全在表现初期封建社会的一种形态。

研究西周的社会，在周金文和《诗经》这一类可靠的材料中，就能找到它的说明。郭沫若先生在其大著《中国古代社会研究》中所列举关于西周社会的一些史证，大多只能说明封建制度，并不能说明所谓奴隶制度。

在春秋时代，在周朝国家的全国范围，可说是由奴隶制到初期封建制度完成过渡的时代，而且出现了农奴制的典型的形态。无论表现在阶级剥削关系的内容上，抑其上层建筑诸形态上，均系如此。确切的内容，我们到专论春秋时代的社会时，再详细说明。

很有人紧紧啃住欧洲式的庄园制度来硬套中国的封建社会，一若欧洲式的庄园经济就是衡量初期封建社会的尺度。实际，照我所见，那就是在中世欧洲的各国家，也并非一般都是那样典型。而两周时代，也存在着像“井田”、“采”、“邑”或“社”式的庄园制的。（按西周彝器铭文“锡采”、“锡邑”、“锡田”之事甚多。）虽然，“井田”在原初并非一种土地制度，而是一种灌溉制度，但孟轲口中的“井田”，却正是原来的庄园。

战国时代，中国封建社会内部，显现着一种较强烈的部分的质变运动。一方面，新兴地主的经济渐次确立和商业资本的抬头，一方面，原来的封建领主相继没落。① 因而直到周、秦之际，这种内部的部分的质变的结果，是旧封建领主所支配的农奴经济，让渡给新兴封建地主的经济；建筑于其上层的封建领主的政权，当然也不能完全符合新兴地主的要求。点面交错的地主的土地占有，代替了封建领主的圈地，便不能不要求一种联合的管理机关——郡县制，去代替原来的领邑组织。从而出现了由地主分化出来的地税，作为联合管理机关的经费。秦始皇中央集权的专制主义的封建制的政权，便在地主阶级的阶级支配的基础上建立起来了。

像这样以地主而表现领主职分这一形式的封建社会，为要把它别于原来的封建社会，可以称之为专制主义的封建制或后期封建制，或者借波特卡洛

①* 历史文献对这种事情的说明多得很，关于商业资本，特在这里先介绍一点较新的材料。山东图书馆近年在齐国故都临淄掘出战国时代的刀币和陶片甚多：一方面，刀币似乎已大批地被使用；一方面，陶片上的文字，更具有十分重要的意义——陶片上大多均有“楚贾购，〇〇里豆”字样。这对于其时历史的许多方面都有其重要说明的。譬如对工艺的发展情况上，商业、交通的发展上，都有所说明。

夫①的话来说，便可以叫作“变种的封建社会”。实际，阶级剥削关系的内容，本质上并不曾改变。这是应该知道的。

由秦朝一直到鸦片战争的前夜，这种经济性质的内容，基本上并不曾改变，只在封建经济的体制内表现着连续的发展和部分的质变，直到资本主义“列强”的侵入，才入于灾难深重的半殖民地半封建的过渡时期——也是社会革命、民族民主革命的伟大时代。

只是一入秦朝以后的封建社会，系后期的形态，因而在政治的形式上表现为一种统一形式的国家，经济上有较发达的商业资本及高利贷资本的存在和活动。这便使许多唯心论的历史家们都陷入迷途，只能看见现象，对于其本质上的认识，便显出十分无力的窘状。因为只停留在现象上去认识问题，连什么都无法认识的。只有从现象深入社会自身最本质的最基础的东西方面去把握，社会，连同建筑于其上层的一切东西及种种现象，才能正确地被我们认识。因而要正确地阐明入秦以后至鸦片战争前这一阶段的社会性质，只有从其时社会的生产关系、阶级的剥削关系的内容上去考察，才是问题的核心，才能说明其社会的性质。如果生产关系、阶级的剥削关系的主要内容是封建主义的，那么，社会也便是封建主义的。封建主义的经济和其以前的奴隶制经济、其后的资本主义经济，都各有其一定的特征和特质，是不容混淆的。这两者的分别，最好拿马克思和列宁的话来说。列宁在《俄国资本主义的发展》中说道：

农民在自己的份地上经营“自己的”经济，是地主经济存在的条件，其目的不是“保证”农民有生活资料，而是“保证”地主有劳动力。

我们把这种经济制度叫作徭役经济。显然，这种经济制的占优势是以下列必要条件为前提的。第一，自然经济占统治地位。农奴主的领地必然是一个自给自足的和闭关自守的整体，同外界很少联系。地主为出卖而生产粮食

①编者按：“波特卡洛夫”，疑即前文出现过的“波格达诺夫”“波特卡诺夫”。

（这种生产在农奴制后期特别发达），这是旧制度崩溃的先声。第二，在这种经济下直接生产者必须分有一般生产资料特别是土地，同时他必须束缚在土地上，否则就不能保证地主获得劳动力。因而攫取剩余产品的方法在徭役经济下和在资本主义经济下是截然相反的：前者以生产者占有份地为基础，后者则以生产者从土地上解放出来为基础。第三，农民对地主的人身依附是这种经济制度的条件。如果地主没有直接支配农民个人的权力，他就不可能强迫那些得到份地而自行经营的人来为他们作工。所以，正如马克思在阐述这种经济制度时所说的，……必须实行“超经济的强制”。这种强制，可能有各种各样的形式和不同的程度，从农奴地位起，一直到农民有不完全的等级地位为止。最后，第四，技术的极端低劣和停滞是上述经济制度的前提和后果，因为种地的都是些迫于贫困、处于人身依附地位和头脑愚昧的小农。①

列宁在这里，是就俄国的封建经济说的；但它在原则上，完全可以活用于中国后期的封建经济。由初期封建制时期占支配地位的劳动地租，发展而成为在后期封建制时期占支配地位的生产物地租，并没有任何本质的变化。马克思教导说：“它（生产物地租——吕）和前一形态（徭役地租形态——吕）是由这一点来区别：剩余劳动不复在它的自然形态上，也不复在地主或他的代表人直接的监督和强制下进行。……那就是由他自己负责来进行这种剩余劳动。在这里，剩余生产——意指直接生产者在必要的需要以上，并且在实际上属于他自己的生产场所内，他自己所利用的土地内进行的生产，而不像前一场合，是在领主的所有地……内进行……。在这个关系下，直接生产者对于他的全部劳动时间如何利用，已经有权可以自己支配了，虽然这个劳动时间的一部分……，现在还是和以前一样，要无代价地，属于土地所有者；不过地主现在已经不是在劳动的自然形态上直接得受这种剩余劳动，他是在劳动借以实现的生产物的自然形态上得到它。”“生产者为自己做的劳动

①*《列宁全集》第3卷，人民出版社1959年版，第158-161页。

和他为地主做的劳动，不复在时间和空间上显明分开了。”在关于农奴经济和奴隶经济的根本区别，马克思说道：“它（农奴经济——吕）和奴隶经济或殖民地奴隶经济是从这一点来区别：奴隶是用别人所有的生产条件来劳动，不是独立的。”① 这里再没有什么可以引起误解的地方了，除非人们故意去歪曲。

根据这些原则去考察由秦到鸦片战争前的中国社会，除去在明末出现了资本主义工场手工业的胚卵，到明末清初，受到清军血洗政策的摧毁，在康雍以后的重新出现，到鸦片战争的结局又被先进资本主义所绞杀者外，我们却找不出资本主义的特性来，也看不见奴隶制的支配形态的存在；反之，却自始至终地具备着封建主义的诸特征。这到我们专论这一时期的社会时，还要详细说明的。

可是，自秦至鸦片战争前这一长的时期中，社会的性质，虽还是不曾改变，却也在曲线式地向前发展中。譬如从地租和赋税的形态来说，除官府的徭役外，在秦朝，大体上可说还行着劳动及生产物地租和赋税——后者虽成了主要形态，前者也还相当普遍；到汉代，地租和赋税，便都以生产物为主要形态了——劳动地租渐被排除；一到唐代的“天宝”时代，在赋税的领域里，便开始表现出生产物和货币之同等重要的事实；到明代英宗以后，在赋税的领域里，现物便完全为货币所代替。但在地租方面，直到这一时期末，还是生产物占优势。虽然，直到这一时代的最后期，且直至半封建社会的时期，劳动地租还常常存在着，可是它的重要性，是随时代的进展而渐次减弱了的。

地租的本身，在前资本主义的场合里，无论用何种形态表现出来，本质上都是剩余劳动即无偿劳动的构成物。马克思在《剩余价值学说史》第三卷说：

①*《资本论》第3卷，人民出版社1953年版，第1037、1038、1032页。

地租……在历史上……是表现为剩余劳动的一般形态，是无代价做的劳动的一般形态。在资本家的场合，剩余劳动的占有，是以交换为媒介，但在这里，不是这样。它的基础，乃是社会一部分人对于他一部分人的强制的支配权，从而是直接的奴隶制度，农奴制度，或政治的隶属关系。①

封建地租之最始基的形态，便是劳动地租，而且“地租的最简单的形态，是劳动地租”。“从经济学方面来说，由劳动地租到生产物地租（produktenrente）的转化，并没有改变地租的性质。”② 就是由生产物地租转化为货币地租的时候，在封建制的体系内构成地租的基础的东西，也还是同样的。马克思说：

在这里我们是把货币地租——要和那种以资本主义生产方式为基础的产业的或商业的地租相区别，那只是平均利润以上的余额——理解为单纯由生产物地租转形而生的地租，而生产物地租又只是转形的劳动地租。在这里，直接生产者不是把生产物付给他的地主……而是把生产物的价格支付给他。

但这种地租的基础（虽然已经面临着解体的前途），还是和在生产物地租（那是出发点）内一样。直接生产者依然是世袭的或传统的土地占有者，他依然要为地主（这种最必要的生产条件的所有者）在转化为货币的剩余生产物的形态上做剩余的强制劳动，那就是做没有给付、没有代价的劳动。③

拉歇恩可依据马克思和列宁的论旨论述说：

单纯货币地租的发生，和劳动地租及生产物地租比较，证明为社会的经济的诸关系之显著的高度的阶段。后二种地租形态，为与封建的——农奴制的经济不可分的结合着的……货币地租——在那还没转化为资本主义的地租——为与历史上的手工行业、都市经济及工场工业以前的时代结合着的。④

①* 三联书店 1951 年版，第 446-447 页。
②*《资本论》第 3 卷，人民出版社 1953 年版，第 1030、1036 页。
③*《资本论》第 3 卷，人民出版社 1953 年版，第 1040 页。
④*《农业经济学》日译本，第 168 页。

不过在这里须慎重指出的，生产物地租一转化到货币地租的形态，即由劳动地租递演到货币地租的形态，封建地租的基础，便临于崩溃。同时随着货币地租的发现以后，农村无产劳动者即农村雇佣工人阶级便必然伴着产生，而且是先行着的。这种农村无产劳动者，他们在表面上的人格的完全自由以及雇者与被雇者间的契约的完全自由这一点上，和后来的产业无产业阶级①是相同的。但随着这一新的阶级的发生，社会的阶级剥削关系的内容，并不能立即引起质的变化——直到这一阶级在生产的领域上占着优势的时候。马克思说：

……实物地租到货币地租的转化，不仅必然会陪伴有一个无产的，为货币而被人雇佣的日佣劳动者阶级的形成，而且会由这样一个阶级的形成而被预料。在这个阶级还是初生，还只是稀疏出现的时期，在处境较优而有纳租义务的农民间，必然已经有为自己利益而剥削农村工资劳动者的习惯发展起来，好比在封建时代，某些有财产的居隶属地位的农民已经有隶属的农民一样。

生产物地租到货币地租的转化，那种最初只是间或地，此后则多少在全国范围内进行的转化，把商业、城市产业、商品生产一般，及货币流通已有显著发展这一件事作为前提。②

为要说明封建地租诸形态，不禁把马克思的话引得过多，现在再回到本题来。

由秦到鸦片战争前这一长的时期中，社会内部的矛盾，曾爆发过多少次农民和地主的阶级间的战争。战争的结局，常归结为两个形式：其一，是农民阶级被其同盟者或流氓领袖所拍卖，归结为地主的政权在改朝换代的形式下得到延续；其一，在进行战争的两阶级间的胜负快到决定的时候，农民军并往往为地主阶级引来的他族统治集团的力量所压服，因而地主阶级的政权，

①编者按："产业无产业阶级"，疑为"无产业阶级"。

②《资本论》第3卷，人民出版社1953年版，第1042-1043、1047页。

乃在另一种朝代更换的形式下得到延续。前者如秦末农民军与泗上亭长而兼小土地所有者的刘邦，西汉末农民军与商人地主刘秀，元末农民军与李善长、朱元璋等。后者如唐代的农民军黄巢一群为唐政府引来的沙陀李克用所镇压，明末农民军为地主阶级的政府引来之满洲贵族势力所镇压。这都是历史上一些最显著的例子。直到清代的太平天国，地主阶级的朝廷亦曾把关税等特权，易来美、英、法等殖民主义者的协同围攻，才把太平军打败的。

不过每一次战争的结局，由于地主阶级武装在反农民军过程中的烧杀抢掠和肆行破坏，特别在其对人民肆行残杀而引起人口的大量减少，和人口的大量移徙，便常使地主阶级的经济，一时呈显衰退。另方面，大暴动的结局，又常迫使地主阶级向农民作些让步，而实行一些改良，这又往往使阶级间的矛盾，暂趋缓和，生产得到发展；直至矛盾的发展达到某种局势，阶级间的战争，便又重新爆发。不过这种战争的范围，总是一次比一次更扩大，内容也便一次比一次更丰富。

自北宋自由商人的集团的形成，都市行会手工业和商业更趋发展，封建制度自此已走到下坡。到元代，商业资本和高利贷资本的畸形发展，可说已达到尖端。这时的中国，无异已成了中世的国际市场。尤其是和外海交通的广州和泉州，手工制造业中心的杭州，内河商业都市中心的苏州和扬州……更成了商业的中心地。可是随着元代政权的崩灭，中国和中亚细亚的交通，便被强制地停止了。然而在社会经济遭受战争的大破坏之后，由于到明朝，全国范围恢复到宋朝的发展轨道，以及明初一系列的较进步的政策的推行，生产便得到较快的恢复和发展。因此，明廷又极力在恢复和探寻海外通商航路，并有三宝太监郑和等“七下西洋”以及其他类此的壮举，对亚非和亚欧的经济往来与文化交流，作出了不朽的贡献。

因而在清代，当资本主义列强侵入前的时代，中国的资本主义因素，业已开始在孕育；但自外国资本主义侵入以后，那个未出世的资本主义婴孩，便被绞死了。以后便沦入了半殖民地半封建的社会状态。

人们或者总不免嫌恨中国封建社会（初期封建制、专制主义的封建制等）的时期太长，所以便有些人在它的上头截去一长节，划归奴隶制度去管辖；有些人在它的下部截去一长节，划归所谓“商业资本社会”或“前资本主义社会”去管辖；更有些别有用心的人们，在继着这一时代之后的时代，急忙粉饰出一个资本主义社会来。他们完全不问社会自身的真实性和科学的真理性，只按照自己主观的意图来胡诌。这就是那般所谓“历史家”的科学。

我真不解！难道科学肯允许人们这样胡来么？

中国社会的现阶段，便是半殖民地半封建社会。建筑于其上层的诸形态的东西，均和其下层的基础相适应。对此，列宁早就作出了科学的论证。在一九一三年五月发表在《真理报》的文章《落后的欧洲和先进的亚洲》中就说过：“而‘先进的’欧洲呢？它掠夺中国，帮助中国民主、自由的敌人！”“反对中国的民主派”，“拥护准备实行军事独裁的袁世凯”。“整个欧洲的当权势力，整个欧洲的资产阶级，都是与中国所有一切中世纪反动势力实行联盟的。”① 后来在《论尤尼乌斯底小册子》②，在《共产国际第二次代表大会》③ 等文章和报告中，都多次提到中国、土耳其、波斯，都是“处于半殖民地地位的国家”，在经济、军事、财政以至文化等方面，都是从属和依附于帝国主义国家的。同时，早在一九一二年的文章《中国的民主主义和民粹主义》中，他就明确地指出中国社会的半封建性，说：“……中国这个落后的、半封建的农业国家的客观条件，在将近五亿人民的生活日程上，只提出了这种压迫和这种剥削的一定的历史独特形式——封建制度。农业生活方式和自然经济占统治地位是封建制度的基础；中国农民这样或那样地受土地束缚是他们受封建剥削的根源；这种剥削的政治代表就是以皇帝为政体首脑的全体封建主和各个封建主。”④ 以当前阶段中国社会性质为“资本主义社会”

①*《列宁全集》第19卷，人民出版社1959年版，第83页。
②*《列宁斯大林论中国》，解放社1950年版。
③*《列宁全集》第31卷，人民出版社1958年版。
④*《列宁全集》第18卷，人民出版社1959年版，第154页。

或“末期封建社会”的人，是常常引用马克思和列宁的词句来反对列宁的。①

关于中国社会的半殖民地半封建性，到专论现阶段的社会时，再详细论证。

（吕振羽著：《史前期中国社会研究 殷周时代的中国社会》，湖南教育出版社 2009 年版，第 9-48 页。）

评析

吕振羽是中国马克思主义历史学的开拓者和奠基人之一，对中国马克思主义史学的发展作出了重要贡献。《史前期中国社会研究》是他的代表作。该书最早在 1934 年由北平人文书店印刷出版，1935 年日本学者后藤富男将其译成日文，改名为《支那原始社会史考》，交由东京改造社 1937 年出版，

①* 当时托洛茨基派和“新生命”派等伪马克思主义流派，在这个问题上的阴暗的政治意图，是在反对中国共产党关于民族民主革命的纲领和党领导的民族民主革命。列宁关于中国社会性质和中国革命性质的论旨，毛泽东同志和我们党在领导中国革命的实践过程中，作了极全面的、深刻的、科学的、系统的阐明和创造性的发展，主要表现在毛泽东同志的《中国革命和中国共产党》《新民主主义论》等经典著作中。关于社会性质，毛泽东同志在《中国革命和中国共产党》中说道：“自从一八四〇年的鸦片战争以后，中国一步一步地变成了一个半殖民地半封建的社会。自从一九三一年九一八事变日本帝国主义武装侵略中国以后，中国又变成了一个殖民地、半殖民地和半封建的社会。”“……我们这个殖民地、半殖民地、半封建的社会，有如下的几个特点：一、封建时代的自给自足的自然经济基础是被破坏了；但是封建剥削制度的根基——地主阶级对农民的剥削，不但依旧保持着，而且同买办资本和高利贷资本的剥削结合在一起，在中国的社会经济生活中，占着显然的优势。二、民族资本主义有了某些发展，并在中国政治的、文化的生活中起了颇大的作用；但是，它没有成为中国社会经济的主要形式，它的力量是很软弱的，它的大部分是对于外国帝国主义和国内封建主义都有或多或少的联系的。三、皇帝和贵族的专制政权是被推翻了，代之而起的先是地主阶级的军阀官僚的统治，接着是地主阶级和大资产阶级联盟的专政。在沦陷区，则是日本帝国主义及其傀儡的统治。四、帝国主义不但操纵了中国的财政和经济的命脉，并且操纵了中国的政治和军事的力量。在沦陷区，则一切被日本帝国主义所独占。五、由于中国是在许多帝国主义国家的统治或半统治之下，由于中国实际上处于长期的不统一状态，又由于中国的土地广大，中国的经济、政治和文化的发展，表现出极端的不平衡。六、由于帝国主义和封建主义的双重压迫，特别是由于日本帝国主义的大举进攻，中国的广大人民，尤其是农民，日益贫困化以至大批地破产，他们过着饥寒交迫的和毫无政治权利的生活。中国人民的贫困和不自由的程度，是世界所少见的。这些就是殖民地、半殖民地、半封建的中国社会的特点。”（《毛泽东选集》第 2 卷，人民出版社 1952 年版，第 620、624-625 页）——1960 年 7 月补注。

在海外学界也产生了一定影响。该书最初共分为十章，后在1961年三联书店再版时加了两章，变成十二章。本书选取了该书的第一章“绪论”、第二章“中国社会形式发展的诸阶段”两部分内容。

在评析选文之前，有必要了解一下《史前期中国社会研究》的写作背景。1927年国共合作破裂，大革命失败，共产国际在探讨中国革命失败原因方面产生分歧。1928年6月18日至7月11日在莫斯科召开的中共六大明确指出，中国是半殖民地半封建社会，中国革命仍然是资产阶级民主革命。当时主持国际农民运动研究所东方部工作的马季亚尔（即文中“马扎亚尔”）却认为，20世纪的中国农村经济已经是资本主义经济，中国共产党的革命之所以失败，是因为没弄清楚中国的社会性质，采取了错误的方针和政策。同时，国内持不同政见者也提出异议。新生命派代表陶希圣认为中国的封建制度已不存在，认为鸦片战争后中国已进入商业资本社会；以李季等为代表的“中国托派”（又称“动力派”）认为，中国社会在鸦片战争后已逐渐资本主义化，封建制度只剩残余，故当行社会主义革命。随着参与人数增多，讨论逐渐发展为一场有关中国社会性质、中国社会分期、中国农村社会性质的大论战。1929年，中共领导的马克思主义学者以上海《新思潮》杂志为阵地，纷纷撰文回击；吕振羽、翦伯赞在京津等地也撰文参战。1930年，郭沫若将论战文章合辑为《中国古代社会研究》出版。同年，国民党“文化围剿”加强。紧系时政的社会性质论争渐渐平息，古代历史分期问题逐渐成为论战焦点。1931年底，《读书杂志》开辟“中国社会史的论战”专栏，将古代历史分期论战推向高潮。论战内容大致包括三方面：（1）什么是亚细亚生产方式？中国历史上是否出现过这样的时代？（2）中国有没有奴隶社会？中国奴隶社会与希腊罗马奴隶社会是否相同？（3）中国封建社会有什么特性？封建社会的发生发展及其没落是怎样的？核心其实还是中国社会性质的论争。而吕振羽撰写《史前期中国社会研究》，正是对论战议题的回应。

该书第一章“绪论”主要阐明了中国史前社会研究所面临的困难以及解决的方法。在作者看来，史前社会研究的最大困难是历史材料不充分与既有材料难以运用：（1）传世典籍极其有限，地下遗物更少。（2）典籍有的是后人伪托，即使公认可靠的古籍，经历不同朝代的多次修改，也不能直接采用。（3）对金石文字和甲骨文的解读未必正确，解读之依据《说文解字》本身也存在问题。吕振羽给出的解决方法是，将古代典籍与考古发掘相结合，“作语言学、民俗学、人种学等各方面之研究”；运用辩证唯物主义方法辨别史料，去伪存真，以马克思主义唯物史观为指导，遵循恩格斯、摩尔根等人所归纳的“人类社会发展法则的共同性”，勾勒中国史前社会的图景。

第二章“中国社会形式发展的诸阶段”是全书总纲，包括两部分，分别对历史方法论和中国社会发展阶段划分作出了说明。第一部分“关于历史方法论上的几个问题”，作者强调历史唯物论是解剖人类社会的唯一武器，是唯一正确的历史学方法论，必须坚持马克思主义对人类社会历史发展的划分原则，并针对社会史论战中争论最激烈的几个问题——亚细亚生产方式、奴隶制、商业资本主义——提出了自己的看法，对一些错误的观点进行了批驳。

关于亚细亚生产方式，由文中引用的马克思在《政治经济学批判·序言》中的话——“大体说来，亚细亚的、古代的、封建的与现代资本主义的生产方式，是社会经济形态向前发展的几个时代”——可见，它排在首位，在“古代的”生产方式即古希腊罗马的生产方式之前。也就是说，在马克思看来，“亚细亚的”生产方式所对应的社会形态是人类最早的社会形态，是“古代的”之前的一个社会阶段。“亚细亚的”生产方式具体是怎样的生产方式，马克思没作进一步的解释，这给后世理论家们留下了广阔的阐释空间。普列汉诺夫认为“亚细亚的”和“古代的”生产方式是“两个并存的经济发展的类型”，它们都脱胎于氏族社会。古希腊罗马由于生产力的发展，顺利由氏族社会进入奴隶社会；而在以中国、古埃及等为代表的东方，原始的氏族组织没有崩溃，新的古代生产方式即私有制的奴隶制社会没有产生，东方进入了一个独自的社会——“亚细亚生产方式社会。这个社会不是奴隶社会，而是游离于世界历史进程之外的特殊社会”①。之所以会在东方和西方孕育出“彼此有着很大的区别”的社会制度，普列汉诺夫认为，主要是因为地理环境的影响。② 他认为马克思读了摩尔根的《古代社会》（也作《原始社会》）一书后，对古代生产方式同东方生产方式关系的看法有了改变，也跟他一样，认为东方人类社会发展有着不同于西方人类社会发展的特殊性。马克思读了摩尔根的《古代社会》后，思想是有了改变，他对人类社会的史前时期有了科学的认识，从而形成了关于“原始社会”的理论，并以之取代“亚细亚的生产方式”作为人类最早的社会形态；而不是普所认为的，改变了对东方生产方式和古代生产方式之间关系的看法，认为东西方人类社会发展遵循着不同的规律。所以吕振羽认为他的解释是不正确的，是“对马克思主义的修改”。“人类社会历史发展的法则，是一元的”，无论东方社会还是西方社会，都遵循人类社会历史发展的共同法则。

作者接下来对受普列汉诺夫“东方社会特殊论”和“环境决定论”思想影响，并在其错误道路上走得更远的马季亚尔的亚细亚生产方式论进行了批驳。首先，认识方法上“倒果为因”，脱离经济基础单从上层建筑方面去研究问题，甚至以上层建筑界定经济基础。再就是延续普列汉诺夫“环境决定论”，过于强调“水利系统”这一“特殊的地理条件”，而没有从生产力与生产关系上去考察。最后也是最严重的，其所谓亚细亚生产方式以“土地国有”掩盖地主占有，以“官吏”掩盖地主的阶级构成，以国家的“永佃制”隐蔽土地对农民的束缚，以国家“赋税的形式”隐蔽地主对农民的剥削，实际就是否认中国还有地主和农奴或农民两个对立的阶级，否定还有社会革命；既然没有社会革命，也就无所谓农民阶级在政治上的重要性，无所谓民主革命任务。这种站在中国共产党的革命纲领的对立面的反动言论，在政治上有着极大的危害性，因此作者认为它“无法宽容”。

关于奴隶制问题，作者引用马克思恩格斯经典著作说明，奴隶制社会是

①盛邦和：《亚洲与东方学研究——东亚文明的进化》，上海财经大学出版社，2011，第37页。
②张广志：《中国古史分期讨论的回顾与反思》，陕西师范大学出版社，2003，第7-8页。

“人类社会发展过程中一个共同的必经的阶段”，并不只存在于古代希腊罗马。同时，他还以古代希腊罗马之外其他国家民族历史为据，说明不仅中国历史上存在奴隶制，日本、俄国也都存在过，进一步证明了马克思恩格斯观点的正确性。

关于“商业资本主义”，吕振羽认为，它不能代表某种独特的生产方式，也不能独立地创造出某种生产力和它所代表的某种独特的生产关系，因此，它“不能代表一种独特的社会阶段”；那些炮制“商业资本社会”概念的人，意在通过论证当时的中国已从“商业资本社会”或称“前资本主义社会”发展为“资本主义社会”，而不是在鸦片战争后由封建社会一步步沦为半殖民地半封建社会，来否定中国民主革命，否定反帝反封建的革命任务。

第二部分“中国社会发展阶段的划分”，作者重点阐述了将中国漫长的社会历史划分为原始公社制、奴隶制、封建制和半殖民地半封建制的方法和依据，及四种制度对应的不同时期。

对殷以前传说时代或说原始社会进行研究，关键在史料。作者将出土古物与神话传说相结合，细致辨别，去伪存真，再以马克思主义相关理论为指导进行解读，得出以下结论：传说中之尧、舜、禹时代，正是“中国母系氏族社会发展完成的时期”；传说中之启的时代，是“由男系代替母系社会的一大变革期”；新石器时代中国已经知道种植；等等。

奴隶社会在吕振羽看来始于殷代。不同于当时许多历史学家所认为的殷朝仍是原始社会（即“氏族社会阶段”），吕振羽提出，殷商时期不仅在各种事务中广泛使用奴隶，“而且有专靠奴隶为生的自由民阶级和其贵族集团的存在”，政治形态上也已经没有古代民主主义形迹而表现出“阶级支配的机能”，这表明殷代实质上已然进入了奴隶社会。甲骨文和殷墟出土文物也能证明。甲骨文中“令周侯”三字说明殷代不仅有了一定的政治疆域，且已存在“贵族诸侯之业”。甲骨文本身属于较复杂的形声文字，并不是原始象形文字，按照人类发明文字的演进程序推断，它与原始象形文字间有千年以上的演化历史。根据摩尔根的研究结果，甲骨文的出现也是进入文明时代的象征。殷墟出土物中发现了铜器。铜在吕振羽看来，在适当条件下可与铁一样，充当“文明时代的接生婆”，作为从原始社会进入“文明时代”（即奴隶社会）的标志。殷墟还发现了珠玉和贝货，结合相关文献推断，它们在殷代是作为商品交换的媒介物存在的。这一切，都让吕振羽的殷商奴隶时代论，建立在了一个比较坚实的基础之上。

与郭沫若认为西周仍处于奴隶社会不同，吕振羽认为，自西周开始逐渐进入封建社会。理由是：政治上，奴隶主让位给封建领主，主要的被剥削阶级是有一般人格的农奴而不是奴隶。经济上，奴隶经济逐步向农奴经济过渡，农民要耕种“公田”，但已拥有属于自己的“私田”。且在周金文和《诗经》一类古籍中，都能找到相应说明。奴隶被使用虽然西周东周依旧存在，但那不过是一种过渡或残余。而类似这种作为残余形态的事物，基本所有阶级制度社会都共同存在。

春秋时期在周朝全国范围内完成了由奴隶制到初期封建制度的过渡，且出现了典型的农奴制形态。战国时期，封建社会内部开始发生强烈的质变：地主经济渐次确立，商业资本开始抬头，封建领主相继没落；农奴经济让位于新兴封建地主经济，地主占有土地代替了封建领主的圈地。新的经济基础必然催生新的上层建筑，“秦始皇中央集权的专制主义的封建制的政权，便在地主阶级的阶级支配的基础上建立起来了”。这样以地主替代领主职分的封建社会，由秦朝一直延续到鸦片战争前夜。

作者接下来分析了为什么一些唯心论的史学家陷入误区，认为秦以后鸦片战争前的社会性质不是封建社会，而是“商业资本社会”或“前资本主义社会”。秦朝以后的封建社会在政治上表现为一个统一的国家，没有封建领主，而经济上有较发达的商业和高利贷资本活动，有一定迷惑性。但最主要的还是研究方法的问题，没有从社会的生产关系、阶级的剥削关系方面去考察。作者以马克思和列宁的著作为据，论证了由秦朝直到鸦片战争前夜，中国自始至终具备封建主义的各种特征，而资本主义只是短暂出现，也没有奴隶制的支配形态存在。不过，作者又说，秦朝直到鸦片战争前夜社会性质虽然没变，但仍在曲折地向前发展：经济方面，有“劳动地租—生产物地租—货币地租”的变化，农村雇佣工人阶级产生是货币地租产生的前提，货币地租逐渐替代劳动和生产物地租，让封建地租的基础即封建社会制度最终面临崩溃；政治方面，每一次暴力导致的改朝换代都会在一定程度上削弱地主经济，而统治阶级为缓和阶级矛盾所作的制度改良也会让手工业、商业等向前发展，并逐渐催生资本主义因素。

那么鸦片战争后，中国为什么沦为半殖民地半封建社会，而没有按照人类社会发展一般规律，直接进入资本主义社会呢？作者引用列宁的观点给出了解释：西方资产阶级的掠夺及与中国反动势力的联合镇压，使中国“在经济、军事、财政以至文化等方面，都是从属和依附于帝国主义国家的”；清朝内部孕育的资本主义因素被外国资本主义绞杀在了萌芽中，在中国占统治地位的仍是“农业生活方式和自然经济”，农民依旧“受封建剥削”。由此可见，“中国社会发展的法则或客观规律，和世界其他各民族、国家一样，并没有什么本质的特殊”，只是因为不同的国情，有了步骤上的改变。

最后，作者点明，那些认为当前中国已经步入“资本主义社会”或“末期封建社会”的人，不过是反对列宁、反对中国共产党领导的民族民主革命，有着阴暗政治企图的伪马克思主义者。

吕振羽的《史前期中国社会研究》在史学界有很高声誉。本书选取的两章，基本概括、体现了该书的写作特点和学术贡献。首先表现在研究方法上。在史料研究方面，将传世文献和出土实物相结合，并提出作语言学、民俗学、人种学等多学科研究，打破了传统历史考证只重文献的樊篱，发展了王国维地上文字资料与地下考古资料相印证的“二重证据法”，同时也是对完全否定神话传说对史前期历史研究的意义的极端疑古思想的纠正。在此基础上，以历史唯物主义为指导、以马克思主义著作为依据，结合中国历史实际对中国社会形态和历史分期进行研究，对推动马克思唯物史观在中国的发展有积极意义，也为构建符合中国实际的史学理论体系开辟了道路。

然后是学术成果方面。该书以马列理论为指导进行史料释读，整理出了一个较为完整且体现唯物史观的殷以前古史系统，填补了殷以前历史研究的空白。也是该书第一次提出殷代奴隶制和西周封建说，纠正了郭沫若《中国古代社会研究》中殷代原始社会、西周奴隶社会的错误观点，并很快被史学界接受，郭沫若也在后来的著作中修正了自己的错误。

吕振羽走上历史研究道路，是其强烈的拯救国民于水火的社会责任感所驱使。在湖南大学学习期间，他与革命者夏明翰一起参加学生运动，听李达老师讲"社会学"，就对唯物史观有了一定了解。大革命失败后，他最先追随郭沫若运用唯物史观研究中国古代社会，并投身于社会史论战。他的《史前期中国社会研究》对当时甚嚣尘上的"商业资本社会""亚细亚生产方式"等错误观点进行了分析和批驳，揭露了它们反对中国共产党的革命路线、歪曲和否定马克思主义的阴暗企图，对于廓清当时弥漫学界政界的思想迷雾，坚定民族民主革命思想，有着重大意义。同时，吕振羽在学术研究上也始终保持着审慎的态度。他指出，自己对史前社会的研究是"一次探险的尝试"。而在《史前期中国社会研究》出版后的二十年间，他仍不断吸收最新的考古成果去完善文本，体现出与时俱进的学术态度。也正是他永不停歇的钻研精神，使得《史前期中国社会研究》一书既重视考古发掘材料，又尊重古籍神话传说，既无极端疑古之偏颇，又无盲目崇古之弊端，至今仍在中国史学研究界熠熠生辉。

翦伯赞

翦伯赞（1898—1968），湖南桃源人，维吾尔族。历史学家。1916 年考入北京法政专门学校，不久转入武昌商业专门学校，开始学习和研究中国经济史。1924 年 7 月到美国加利福尼亚大学研究经济，阅读了《共产党宣言》《反杜林论》等马克思主义著作。1926 年 1 月回国。1928 年秋在北平结识吕振羽、谭丕谟等人，开始学习和运用马克思主义研究社会和历史问题。从 1930 年冬到 1931 年春，参与有关中国社会性质和社会史问题论战，发表《中国农村社会之本质及其历史的发展阶段之划分》《前封建时期之中国农村社会》《东方民族革命运动的过去与现在》等一系列论文。1937 年 5 月加入中国共产党。“七七事变”后回到长沙，任中苏文化协会湖南分会常务理事，主编《中苏半月刊》，积极撰文宣传抗日民族统一战线政策，同时进行史学理论研究。解放战争时期在上海、香港等地继续从事统战和理论宣传工作。新中国成立后历任燕京大学社会学系教授、北京大学历史系教授兼系主任和副校长、中国科学院哲学社会科学部学部委员、中国史学会常务理事兼秘书长、《历史研究》编委等职。从 20 世纪 50 年代初开始致力于史学学科建设，发起编纂《中国近代史资料丛刊》，主编其中《戊戌政变》《义和团》两个专题。从 1961 年春开始兼任全国高等学校历史教材编审组组长，主编通用教材《中国史纲要》和《中国古代史教学参考资料》。1966 年“文革”开始后被划为“资产阶级反动学术权威”，1968 年 12 月与夫人在北京大学含冤去世。著述宏富，重要文集有《中国史论集》（第一、二辑）、《历史问题论丛》（增订本）、《翦伯赞历史论文选集》、《史料与史学》，专著有《最近世界之资本主义经济（下）》、《历史哲学教程》、《中国史纲》（第一、二卷）（校订本改名《先秦史》《秦汉史》）。此外还主编了《历代各族传记会编》，与郑天挺主编了《中国通史参考资料》等。

历史哲学教程
（节选）

绪论

（一）历史科学的任务

当着中华民族解放战争伟大历史的课题摆在我们面前，而反映到历史哲学上，使现实的斗争与历史哲学的斗争结合为一时，历史哲学上的斗争，就成为现实斗争必要的一部分。我们历史哲学的批判在批判过去中就含着领导现在和指示将来。

中国资本主义自始就没有得到独立自由的发展，因此中国革命任务之一，是反封建的民权主义；中国的民族主义不是大汉族主义，而是殖民地谋解放的反帝的民族主义，它包含着伟大的国际意义。自大革命以来，中国革命尖锐化。于是中国部分的买办历史学者，企图维持中国半封建半殖民地旧有的统治地位，害怕国际革命理论影响到中国民众，害怕中国的解放会影响到他们阶级的没落，于是在历史上曲解中国为一种特殊的“亚细亚的生产方法”，无阶级的“士大夫社会”等。他们说，中国两千年来就没有封建势力，中国是特殊的“亚细亚的生产方法”或商业资本统治着。为要批判这些误解，并展开正确的现实斗争，因此，历史科学的研究在今日这个伟大的现实斗争的时代实为必要。

我们知道，历史不是谎造的故事、小说和神话，所以它不是少数人“有趣的音乐”，而是人类在其生活的长期斗争中所展开的社会经济形态之发生、发展与更替的相续的诸过程。社会一切文明的过程，都是劳动者的血与火的纪录。换言之，历史决不是从人类的感情中、美中、真中、善中所发展出来的人类精神和平进化过程之幽雅的牧歌，而是人类生活斗争及其革命的实践所推进社会发展之一贯的全面的总述。

正因为历史自身不是一种属于和平进化的自然的自发的运动，而是从人类生活斗争中发展出来的产物，所以历史科学也就是以说明人类生活斗争的实践及其发展为任务的“现实的及实证的革命科学”。历史决不是抽象的概念或形式的范畴的产物，恰恰相反，它是人类社会发展的最规律最具体的现实。我们欲了解人类社会发展的规律，不当求之于抽象的概念和范畴，而当求之于历史。

用马克思的话来说，“一切过去社会的历史，都是阶级斗争的历史”。因为历史有阶级性，于是历史学家叙述或批评过去的历史都是站在自己的阶级立场。所以历史学必然是带有社会各集团之阶级局限性的科学。历史科学，主要的是对于其先行时代的诸事实之分析与批判；同时，也反映着现社会正在敌对着的诸种倾向与其意识形态。所以当着分析或批判一切历史事实的时候，便必然直接地当然地站在一定的阶级立场上，而表现出不同的甚至相反的认识。因此，关于历史哲学问题，或是历史方法论问题，常常引起剧烈的斗争。这种斗争，无论在什么程度上，都必然地会反映着现实的斗争，都断然地会在这种斗争中彻底地暴露出这些历史家自身的阶级性。

关于历史哲学或历史方法论的斗争，虽然只是历史家对历史发展的认识与其所反映的意识形态的斗争，但也就是反映着正在敌对着的社会诸集团，对于现实生活的倾向之争取的斗争。这不仅是一个哲学问题、理论问题，而且是一个现实的政治问题。虽然这种理论上的斗争，没有像政治上的斗争表现得那样鲜明，那样公然；但这种斗争，比政治上的斗争，更来得深刻，来得有力。因为他们是最深奥地隐藏在暗室里的一种敌对的阴影。在他们的背后，都有着一定的集团或一定的阶级。所以新的历史科学，就在于以辩证唯物论的火炬，去照明这种隐蔽在历史科学领域之内的诸敌对倾向；就在于站在一定的阶级立场，去消灭站在劳动大众对面的那个阴影；就在于把历史还原到他自己所具有的阶级性、战斗性、实践性、生动性和关联性，历史科学从那些所谓饱学的奴才之污秽的手中夺了回来，使之成为大众以及一切被压迫人类革命斗争之最高的指导原理。

正因为历史科学是具有阶级性的科学，所以除了最进步的阶级之外，任何阶级也不能给予历史以真正科学的认识。无论封建主义的历史家或资本主义的历史家，他们对人类社会发展过程之历史的理解，都只能局限于其自身所隶属的阶级意识的界限内，从而他们的历史，只是支配阶级或民族胜利的纪述，而空白了被压迫阶级或民族痛苦的那一面。

可是，构成历史的，不仅是胜利者的凯歌，而是胜利者的凯歌与失败者的悲号之交响。历史科学的任务，也不在歌颂某一民族或阶级的胜利，而同时必须指出站在这胜利民族或阶级对面的失败的民族或阶级之历史的遭遇，并进而暴露社会各民族与各阶级间生活冲突最基础的原因，给予现在正在被压抑中的民族或阶级以一个最深刻的历史教训，使他们得以从过去历史的失败的原因中，获得其解放斗争的经验。我们研究历史，不是为了宣扬我们的祖先，而是为了启示我们正在被压抑中的活着的人类；不是为了说明历史而研究历史，反之，是为了改变历史而研究历史。

研究历史，不能完全依靠文字的记载，因为文字的记载常有出于小说、故事、神话的假托。马克思、恩格斯之所以致力于莫尔根①《古代社会》的研究，他们研究北美印第安人的氏族社会，希腊、罗马的奴隶社会及日耳曼人的封建主义社会，其目的是从各种不同程度的古典社会形式，研究过去几千年乃至几万年从原始人类以来的社会发展。从他们研究的结果中，发现一件重要的事实，即私有制度以及由此而产生的阶级社会不是天生的永恒不变的体制，在它以前，曾经存在过无阶级的原始共产主义社会之长远的历史，阶级社会在人类历史发展的总行程中，不过是历史发展之“一环”或一个“片断”，并且即刻就要随着历史的向前发展而归于消灭。马克思、恩格斯实欲以私有财产、阶级和国家之起源的历史必然性和人类对于历史的创造性，用以武装被抑压的人类，使他们深刻地认识历史的规律，和坚决地负起创造新的合理的社会制度的历史使命。

同样的意义，恩格斯之所以致力于德国农民战争史的研究，不但是为了

①莫尔根：Lewis Henry Morgan（1818—1881），今多译作“摩尔根”，美国人类学家、民族学家。

说明德国农民革命的过去，而是要研究工人之未来的联盟者——农民问题的意义。此外马克思、恩格斯所著的关于法国革命以后的法国史，德奥革命史，一直到马克思的《资本论》，列宁的《俄国资本主义的发展》、《帝国主义论》，斯大林的“关于马克思主义的诸问题”，无一不是想从历史发展不同的过程中发现革命斗争的规律性。因此，过去的历史不只是说明过去，而在实际上，是可以充作现在正在被抑压的人类冲锋陷阵的战斗的指南。

相反地，由无阶级的原始共产制进到古代的奴隶制，再进到封建社会时代的农奴制，虽较原始人类的生产和文化大大地进步，但由于他们同是阶级社会，因而这样的进步还是建筑在阶级剥削关系之上，所以也仍然同为黑暗野蛮的历史。所以在老子看来，还不如上古时“邻国相望，鸡犬之声相闻，民至老死不相往来”，主张历史向后倒转，恢复原始共产制。像这样的历史，也曾经一样地显现在我们封建时代历史家的眼里，但他们把这样的黑暗与野蛮，当作是“王道盛世”，用来反对资本主义，以维持封建的统治。同样，在近代资本主义社会，阶级剥削这一事实也一样尖锐地呈现在我们资本主义历史家的眼里，然而他们却把这种制度当作是“人道主义”的特征。他们一致地使用人道言语之描写，把这一历史时代之人剥削人的事实最深奥地隐蔽起来了，企图用来反对社会主义。这是证明一切历史家描写及批判过去的历史，都是站在自己的阶级立场，把历史作为现实的政治斗争的工具。

但是资本主义学者，当他们自己这个阶级还是革命的阶级的时候，他们“对于尚须进攻的封建制度的批判，也正如基督教对于异教的批判，或新教对于旧教的批判”①。“从他们看来，世界上只有人为的制度和天然的制度两种制度。封建制度是人为的制度，布尔乔亚②的制度是天生的制度。……所

①*参看《马克思恩格斯选集》第2卷第109页。——编者按：1949年新中国书局版《历史哲学教程》注释为“马克思：政治经济批判序言”。1995年版《马克思恩格斯选集》第2卷24页、“《政治经济学批判》导言”中译为：“在资产阶级经济学没有用编造神话的办法把自己同过去的经济完全等同起来时，它对于以前的经济，特别是它曾经还不得不与之直接斗争的封建经济的批判，是与基督教对异教的批判或者新教对旧教的批判相似的。”

②布尔乔亚：法语“bourgeoisie”的音译，即“资产阶级”。

以从前虽然有过历史那种东西，到现在却已经没有什么历史了。”① 这就无异说，在他们以前的历史，不算历史，在他们以后的历史，更没有什么历史，只有他们所支配的时代的历史，才叫做历史，而且是永恒不朽的历史。像这样的胡说，就正是人类在历史科学上之阶级性的表现。

马克思主义者认为人类历史在发展过程中各阶级的特点，不是决定于时代的英雄，而是决定于社会生产力和生产方法，所以经济是历史的基础。马克思依据生产方法的更替，区别历史的阶段为亚细亚的、古代的、封建的，及近代资本主义的。他不为士大夫立列传，不为贵族立世家，不为古天子立本纪，就是说他不认为历史完全是伟人的创造物。自然，一个作为群众领导者的伟大人物，也或多或少给予历史以创造作用，而认为历史是生产发展过程中的阶级关系和阶级斗争。在历史发展中之阶级社会的全时期中，各个时代的历史家，除无产阶级学者以外，为了辩护其各自的社会利益，都一致有意或无意地隐蔽其阶级榨取之残酷的内容。他们总是一贯地高扬伟人与天才，把人类历史上伟大的成果与变革，不归功于大众在历史发展中的创造作用，而归功于几个“特殊个人”的活动，甚至以为全部历史就是几个“特殊个人”之意识的连续与积累。他们把伟大的个人从大众中孤立出来，把观念与现实的历史分离，把领袖与群众对立，甚至最后把几个“特殊个人”归结于“天命”、“神”，把一切现实的历史，都升化到虚无缥缈的境界。这样，他们就可以使一般被抑压的人类安于非人的生活，而放弃至少是放松其对于现实的生活之争取。因而借以巩固并延长其自己的阶级之统治，延缓了革命成功的时间，增加了革命过程中的痛苦；但希望永恒不变的社会结果还是幻想。

所以，在以前所谓历史，分析到最后，除开几个“特殊个人”的琐碎纪

①* 参看《马克思恩格斯选集》第 1 卷第 118 页。——编者按：1949 年新中国书局版《历史哲学教程》注释为“马克思：哲学之贫困第 113 页”。1995 年版《马克思恩格斯选集》第 1 卷 151 页、“哲学的贫困（节选）”中译为：“经济学家们的论证方式是非常奇怪的。他们认为只有两种制度：一种是人为的，一种是天然的。封建制度是人为的，资产阶级制度是天然的。……于是，以前是有历史的，现在再也没有历史了。以前所以有历史，是由于有过封建制度，由于在这些封建制度中有一种和经济学家称为自然的、因而是永恒的资产阶级社会生产关系完全不同的生产关系。”

录之外，仿佛并没有什么其他的行动的人类，除了几个天生的圣哲的思想之外，仿佛并没有什么社会的现实生活。他们割裂历史的全面性，抹杀历史的生动性，隐蔽历史的飞跃性，最后把历史从其具体的历史的现实性中拖了出来，交给“上帝”、交给“皇天”、交给“理性”去管理。像这样的历史，“一言以蔽之，这并不是历史，而是黑格尔式的音乐；这不是通常的历史——人类的历史——而是神圣的历史，观念的历史。据他们看来，人类只是为了发展而使用观念或永久理性的简单工具”①。

（二）历史科学之史的发展

在远古时代，当人类开始知道应用象形文字的时候，他们随着也就知道纪录自己的生活和生活的经验。不过在这一时代，可以作为历史记录的材料，遗留下来的太少。由于人类生产力的十分幼稚，决定了古代社会的闭塞性与停滞性，因而也就决定了人类对自然的认识与克服的十分无力和模糊，决定了他们意识形态的直觉性和主观性。对于不认识的与不能克服的一切现象，都认为有一个超人的力量，即“神”在那里主持着支配着，这样，他们对一切解释不了的问题，便轻便地用主观的幻想做解释。所以在中国最古的记事历史，安阳出土的甲骨文片、易卦爻辞便完全是神学所贯彻的一种记事。此后，入于奴隶制度时代，随着社会生产力的进一步发展，已经有剩余劳动给奴隶主剥削，因此人类较原来那种幼稚的朴素的认识力，在生产发展的条件之下，有一步伟大的前进，局部的科学和形式逻辑具有初步的基础。恩格斯说：“没有奴隶制度，就没有希腊的科学和文艺，也就没有近代的资本主义。虽然在当时对于历史的说明依旧在借助于上帝。不过这时和他们以前不同的，是他们已具备一种较有系统的神学观念，并把神学哲学化，形成为主观观念论；但同时上帝却更在哲学上得到保证。”

①* 参看《马克思恩格斯选集》第4卷第322页。——编者按：这句话出自“马克思致帕·瓦·安年科夫”（1846年12月28日），1995年版《马克思恩格斯选集》第4卷第533页译为：“一句话，这是黑格尔式的废物，这不是历史，不是世俗的历史——人类的历史，而是神圣的历史——观念的历史。在他看来，人不过是观念或永恒理性为了自身的发展而使用的工具。”句中“他”指蒲鲁东。

中国的《易经》用卜决吉凶于神，是一种原始宗教的雏形；而卦辞爻辞却哲学化了。在欧洲从希腊、罗马时代一直到整个中世纪，在历史学的领域内还是为神学所支配。最有名的，便是奥格斯丁①所著的《上帝之城》。他在本书中，展开他的不朽的历史理论，他给予世界史的构成，便是所谓“天命”的普遍观念之统一。他以为“世界上除了上帝之外，再没有什么实在的东西存在，除了上帝的启示之外，再没有什么人类的现实历史”。这种见解，不仅是奥格斯丁个人，而且是神学史观对整个人类历史之基本出发点。神学史观主要的特征，是要把实际去适应于信仰，适应于预先幻想出来的教条。他们以为全部的人类历史，不过是由上帝导演出来的一幕悲剧。上帝在导引人类，并把人类导引到他所愿意的或不愿意的方向。人类之穿过继续不断的历史的变革，在这变革的过程中，一部分人锦衣玉食，另一部分人饥寒交迫，这都是上帝的意思。这在中国的甲骨文、《尚书》、《诗经》以至后来的《国语》、《左传》中，也充分地表现这种神学的历史观。如“天讨有罪”，“天命殛之”，“天用剿绝其命”，这一类的话到处都是。这样的理论假若申引起来，那我们就可以说：上帝愿意把一部分人的额上打上奴隶的烙印；上帝愿意把村中所有的农奴的少女都属于其殷勤的封建领主之闺房。同样在资本主义社会，上帝又愿意把劳动大众的血汗，一点一滴地榨入资本家的荷包里。同样在现在，上帝又愿意墨索里尼去剿灭非洲人，愿意日本强盗进攻中国，愿意希特勒并吞奥国，乃至指使他去分割捷克，愿意国际法西斯强盗毁灭人类的和平人民。很显明地，这种以上帝为出发点而构成不朽的历史理论，本质地而且必然地是反科学的。他们抬出上帝就是为了辩护资本主义乃至法西斯侵略主义不是人为的，而是天生的，是上帝的意思要人类执行的，上帝是不可反抗的，而且是永恒不朽的，因而资本主义乃至侵略主义也是不可反抗的，永恒不朽的。

这种神学史观，便作为观念论者历史理论的根源，从这一根源上，展开

①奥格斯丁：今多译作“奥古斯丁”（Aurelius Augustinus，354—430），古罗马基督教思想家。著有《忏悔录》《论三位一体》《上帝之城》等。

了后来历史的玄学时代。

玄学史观与神学史观在本质上并没有什么不同，所不同的就是在形式上。玄学史观把“上帝”这个名词，换成“永恒真理”这个观念的术语。在以观念构成的历史来代替具体的现实历史这一根本出发点上，他们是完全一致的。

玄学史观以为历史就是观念的实现。观念经过了各种不同的阶段，历史上的民族和时代，都是观念之部分的体现。统一与进步，就是这种见解的逻辑之结论。

在历史科学的领域中，这种玄学史观之虚伪的构成，在欧洲从十八世纪到十九世纪初特别地发展，如康德之“统制诸民族之史的发展的权利及公正的观念”，黑格尔的《历史哲学》，他们都提出“绝对的理性”，他们都是以自己观念的发展转化而为人类的历史。他们以为：“世界历史没有一个世界的统治者，是不能的。”而他们所谓统治者便是观念。他们肯定“观念统治人民”，“精神及其合理的意识……过去及现在，都在支配世界上的事变”。同样在中国也一样经过了这一历史科学之玄学史观的过程，从司马迁的《史记》以至杜佑的《通典》、郑樵的《通志》、马端临的《文献通考》，他们虽然已经在历史学上应用初步分类的逻辑学，但主要的出发点，是以玄学为根据的。虽然，司马迁诚不愧为中国史学的开山，他开始打破帝王家谱式的历史叙述法，不但以锐利的眼光注视着社会经济方面而写成其有名的《货殖列传》，并且同时为“游侠”、“日者”① 作“列传”。可惜他未能进一步地以社会经济作为全部中国历史事实的根基对中国历史展开其全面的研究，也未能从社会各阶层与各阶级间之相互的矛盾上去指出历史运动的法则，依旧只从政治的表层形式去说明历史，所以在究极上，他和杜佑等人一样，并没有逃出玄学史观的旋涡，都是以儒家伦理主义，贯穿中国的历史。

总之，在这时代的历史家，先天地在一切之前，已深信事实为观念的化身，于是观念就构成一个包罗全部的历史法则，而且以之建立与诸事实间的

①日者：占候卜筮的人。

关联，决定历史本身的特征。像这样反科学的历史理论，在当时，甚至在现在，构成了一个完整的强有力的体系。自然像这样的历史也不是真实的历史，而是超现实的、观念的历史。

把历史材料，加以科学的整理，以设定人类社会发展法则的最初尝试者，在欧洲是由费柯①开始的。他在其所著的《关于诸国民一般天性的新科学原理》一书中，由隐秘在人类天性中的内在诸因素来说明人类的发展，即由一切民族独立地经过相同的发展过程这一法则来说明人类历史发展的规律性。费柯把人类在历史上之发展的过程，分为神话时代、英雄时代及人类时代三个阶段。他所谓神话时代，即所谓人类发展之氏族时代。所谓英雄时代，即人类发展之封建时代。所谓人类时代，即费柯自己所生存的资本主义社会的萌芽时代："在这个时代，理性的性质，及人类特征的平等，已经能在市民的及政治的平等中显示出来。"费柯的历史理论，就是完全适应最新登场的布尔乔亚之需要的。从费柯以来，就有了资本主义历史科学的二元论，即用唯物论来解释普遍的观念论之存续的各个历史上的问题。一切后来的资本主义奴役的学者，一直到最近他们的历史理论家，都是以历史过程之观念论的解释为基础。法西斯的理论家，并且又牵着哲学和神学结婚。

在中国最初企图以科学的方法整理历史的是梁启超。他在其所著《中国历史研究法》著作中，主张把历史联系到一切其它的自然科学与社会科学，如政治学、经济学、土俗学、地质学、考古学等等的科学去研究。这样的历史研究法，在梁启超的主观上已经是尽力在应用实验主义的科学方法——虽然他并没有圆满地完成其这一愿望。他依然只从现象去说明现象，以政治作为一切历史事变的根源。所以究极上，他虽然和乃师康有为一样在反对儒学，而儒家学的血统在梁氏的史学中仍保留着不少的成分。

继梁启超而起者，有胡适、钱玄同。他们虽然在历史科学的理论上，没

①费柯：今译作维科（Giambattista Vico，1668—1744），意大利哲学家、历史学家。《关于诸国民一般天性的新科学原理》，指维科创作的《关于民族共同性的新科学原理》（也作《关于各民族的共同性的新科学的一些原则》，简称《新科学》）。

有比梁启超进步，但当他们在理论上研讨的时候，便转而从破纸堆中去整理史料，想从史料的考证中去证明自己的历史理论。这到顾颉刚反获得较多的成就了。不过在他们应用实验主义考证方法的时候，应用新科学方法来考据的工作，也已由郭沫若等在开始了。而且在史料的考证上，已入于一个新的进步阶段。

在形式上，寄生于新兴历史科学与实验主义之间的，便有陶希圣的波格丹诺夫①与奥本海末尔②之混血——其实是归宗——的历史研究。这位“天才的”历史家，曾经独创了不少的历史名词与历史理论，并且也还在中国历史上，制造了一些人类历史上所没有的历史奇迹。然而就因为他们独创与谎造，在中国历史上，也就造成层叠不穷的曲解，尽了不少散布毒素的责任。

一直到现在，我们的许多资本主义的历史家，还停留在历史科学的这一阶段，甚至退回到神学史观的阶段。他们不但拥护观念的万能，不但拥护永恒真理的神圣，而且进一步后退到玄妙的“僧侣主义”。他们穿着中世纪主义的衣裳，已经毫不知耻地倒在上帝的怀抱里了。他们与他们前辈不同的地方，不过是把他们前辈的朴素淡泊，变成艳装娇态而已。科学对于他们，只是变为一种浅薄的公式。除开一些温情的鄙俗的文字卖弄，以图把一切现实生活之残酷的内容引渡到玄想以外，什么也没有。在结论上，他们对于现实的历史，什么也不知道。尤其滑稽的是，他们为了要冒充新兴的科学，但又要承袭其观念论的血统，于是不能不抄袭一些他们所不懂的科学名词，嵌进他们主观主义的公式之中。这样的现象，在欧美，在中国，都非常普遍，这就恰恰说明了观念论的历史理论之萎缩与贫困。

最近布尔乔亚的没落与无耻，随着侵略主义之嚣张而愈益采取公然的态度。那些法西斯侵略主义国家的历史家——侵略主义的合唱队，他们已经在

①编者按：波格丹诺夫（1873—1928），俄国哲学家、经济学家。

②奥本海末尔：今作弗兰茨·奥本海（Franz Oppenheimer，1864—1943），又译作弗兰茨·奥本海默，德国社会学家、经济学家，犹太人，代表作《论国家》。

历史科学的理论上，以法西斯主义的形式而出现。如特罗希①，他认为历史是“神圣基础的启示”的表现，某些人类被压榨，某些人类之所以变成压榨者，都不是人的意思，而是神的启示。所以希特勒在并吞奥地利之后，在维也纳公开地向奥国人民说：“上帝要德奥合并。”其次如柏罗②，他以为在人类社会各部门之间，没有任何关系，某些方面可以发扬繁荣，而另一些方面则可以衰落。至于历史中的基本因素，则是政治，而不是经济。这一方面是说明侵略国家之发扬繁荣，弱小民族之衰落，都是历史的宿命；另一方面，又很明显地宣布政治的力量可以改变经济之“暴力主义”。此外如墨勒克③则公开宣言，国家不是别的，而是“永存的观念”；他以为历史活动中，只有物质的部分是服从因果律，而精神文化则不服从因果律。总而言之，在历史科学上，法西斯主义者都忽视一般的经济生活，忽视历史的发展。他们以为一切社会生活，都是在国家机构之中被创造出来。因而在这一原理之下，制造出狭义的绝对的国家主义。自己的民族是最优秀的，它创造了光荣的过去；其他一切民族则是低级的，理应处于被压迫的地位。他们对过去历史的记载，充满着神话、战争、帝王与英雄的事业等，用历史来创造崇拜英雄与好战的群众感情。希特勒的党徒们公开地造谣。他们说：“欧洲史是诺尔底族人④的工作。”墨索里尼的党徒们，也公开地狂吠。他们说：“意大利人不再是柔和月夜的歌者，而是士兵的宗教的人们，是对自己的信仰具有神秘火焰的狂热的战士。”他们公开地反对历史的客观性，以为“历史教科书中的客观性，

---

①特罗希：指恩斯特·特勒尔奇（Ernst Peter Wilhelm Troeltsch，1865—1923），又译作特劳赤、特洛尔奇，德国自由派新教神学家，宗教哲学和历史哲学作家，古典自由主义政治家。

②柏罗：指贝洛夫（Georg Anton Hugo von Below，1858—1927），德国历史学家，主要致力于德国中世纪史和经济史的研究，著有《日耳曼城市国家制度起源》《领地与城市国家》《中世纪的德意志国家》《经济史问题》等。

③墨勒克：指弗里德里希·迈内克（Friedrich Meinecke，1863—1954），又译作梅尼克，德国自由主义历史学家，代表作《德国的浩劫》。

④诺尔底族人：又作北欧人种（Nordic race），是一个过时的种族概念，起源于19世纪的人类学。20世纪初，“北欧人种是高加索人种的优越分支”的信念催生了北欧主义意识形态，最初在英国和美国被称为“盎格鲁-撒克逊主义”，在德国被称为“条顿主义”。到20世纪30年代，纳粹声称北欧人种是雅利安人种中最优越的分支，支撑了其种族灭绝理论。

只是自由主义的许多谬见中的一种，研究历史的，不是一般的人，而是德国人、法国人或英国人等，我们永久不能不偏不倚地来接近历史，而是以德国人的资格来接近历史”。1933 年德国内务部长给编纂教科书的指示，谓历史的开始，应是日耳曼的原始森林，不是尼罗河或幼发拉底河；古条顿族①的德行，应充分地宣扬，以引起民族的自尊心；对最近二十年的德国历史应行着重，特别是大战中对世界的斗争，人家对德国的诬蔑，《凡尔赛和约》给予德国的损失与耻辱，自由主义与马克思主义的混乱，并且特别宣扬国社党②对民族的觉醒与解放的功绩。此外着重国家观念以对抗国际观念，因为后者之卑劣的毒素，百多年来，已威胁并吞噬了日耳曼灵魂。德国史不应限于德国国境以内，且要注意国外同胞的命运。在教科书中，应该特别着重查理曼③、腓特烈大帝、俾斯麦乃至希特勒这些巨大人物。最后，则谓种族因素是历史的中心主题。诺尔底诸部落，浸透于印度、小亚细亚、北非。希腊与罗马，正是由于诺尔底族的影响，才决定古代史的命运，不幸后来为劣等种族所搀合，才表现中落的现象，而现在则应从这里恢复过去的光荣。

法西斯的历史学，已经不是记载或解释过去的事变，而是公开地造谣，根据一定的侵略政策来谎造历史。为了要并吞奥地利乃至进攻捷克斯洛伐克以及中欧诸小国，他们便不能不提出“注意国外同胞”的口号。为了要恢复原有的殖民地，他们便不能不提出“印度、小亚细亚、北非”这些不能忘记的地名。为了要提高希特勒的威权，他们便不得不提出“查理曼、腓特烈大帝、俾斯麦”这些人名。为了要诱惑并激励人民对重分殖民地战争的热情，他们便不得不提出“《凡尔赛条约》的损失与耻辱”。为了要鼓动并执行进攻苏联的战争，他们便不得不大骂“自由主义与马克思主义的混乱”。为了要巩固并加强法西斯的野蛮统治，他们便不得不夸张“国社党”的“功绩”。

①条顿族：指条顿人（Teutoni），日耳曼人的一个分支；也泛指日耳曼人及其后裔。

②国社党：指民族社会主义德意志工人党，亦称“纳粹党”。

③查理曼：指查理大帝（Charlemagne 或 Carolus Magnus，约 742—814），法兰克王国加洛林王朝最著名的君主。

总之一切的理论，都是适应于法西斯的党徒之需要而制造。布尔乔亚的没落反动与无耻，到法西斯主义已经表现得淋漓尽致了。

旧来的历史理论之能进到真正的科学阶段，是由于马克思、恩格斯的史的唯物论之建立。这种哲学，是新兴的劳苦大众的哲学，是从来社会发展理论之最高的成果。它把社会发展与历史上一系列之生产斗争的实践相结合，指示出可惊的多样性阶级之矛盾对立的统一性，社会相续的变革性的法则的过程，即历史之科学研究的道路。

这种历史理论，是在怎样的环境之中创立的呢？我们知道，它是在和旧的直观的唯物论与观念论的历史观的斗争中创造出来的。因为它是基于现实的历史研究之故。所以它的内容，不但是科学的，而且还是具有现实的革命性的科学，它明白地指出了社会诸敌对的阶级关系对历史发展的决定作用。

史的唯物论的创始者马克思和恩格斯，对人类社会之史的发展的现实的研究，已经得到这样一个普遍的结论，即阶级斗争是历史发展的原动力的这一结论。他指明“到目前为止的一切社会历史（后来恩格斯补充说明，原始公社的历史除外）都是阶级斗争的历史”①。历史科学的任务，就在于把这个结论和历史进程的普遍理论相结合，并进而理解并揭发阶级斗争之真实的原因与指导历史发展之实践的动向。所以历史一直到马克思、恩格斯把它放在史的唯物论的基础上，才成为真实的科学。

关于这一点，列宁曾经这样说过：“科学的思想之最伟大的成果，就是马克思的史的唯物论。直到现在，支配于历史及政治见解上的混乱与武断，都由整个的科学的理论来代替了，它显示着一个社会生活之组织，作为生产力发展的结果，以及如何发展到较高的组织——例如资本主义如何从农奴制度中生长出来。”② 这即是说，马克思、恩格斯在历史理论上，对于规定人类的历史运动，和极其正确的说明之根本的合则性，是出发于现实的生动的历

①* 参看《马克思恩格斯选集》第1卷第12页。——编者按：参见1995年版《马克思恩格斯选集》第1卷272页。

②* 参看《列宁选集》第2卷第443页。

史中发现的事物的必然性。他们确立了人类历史之最基本的前提，以为：“在一切历史的解释上，第一而且必要的，就是把这根本的事实，在其全体的意义上，和其全体的范围上来观察，而加以正当的评价。”①

总而言之，所谓史的唯物论的历史观，是要求对于整个世界史“从其联系上、运动上、错综上、生产过程上，去理解的——从辩证法看来，上述的现象正是辩证的方法，辩证的论据”②。所以关于整个宇宙及其发展与人类的发展，以及这种发展在人类头脑中的反映，如果要得到正确的说明，就一定要应用辩证的唯物论。

使马克思恩格斯所创立的史的唯物论的历史观，得到更高发展的，是列宁和斯大林。列宁的《帝国主义论》不仅是马克思的《资本论》的继续，而且是它更高的发展。这两部伟大的历史著作，都具有巨大的行动力量，都是劳苦大众阶级斗争的武器。

我们知道，当马克思著作《资本论》的时代，虽然资本主义的生产方法已经产生有相当的时期，但在很多国家中，还没有成为支配的生产方法。马克思在《资本论》第一卷的《序言》中，曾经这样写：“我们……不仅因为资本主义的发展而受苦，而且同样也因为资本主义的发展不充分而受苦。”③在当时，资本主义还在青年时代，受着狂热的欢迎与赞扬，一般资本主义的代言人都一致地说它是人类历史发展中永久的体制。马克思的伟大，就在于他坚决地指明这一制度的历史的暂时性与其没落的不可避免性；并从而指出其向社会主义社会转化之历史的必然性。因而这个社会形态的历史使命，就是在于准备社会主义胜利的前提。所以他尽量地揭开资本主义整个内部的矛盾。依据辩证唯物论，对历史发展之资本主义阶段作深刻而精细的理论分析。实际上，他的分析，是无尽的实际材料被溶化以后所产生的结论。所以在《资本论》中，理论的叙述，是从人类社会的整个历史过程出发的。他叙述

①* 参看《列宁选集》第 2 卷第 512 页。

②* 参看《马克思恩格斯选集》第 3 卷第 62 页。

③* 参看《马克思恩格斯选集》第 2 卷第 206-207 页。

的文字虽然深奥，但是由于他那种对榨取者的愤恨，对一切奴性学者的卑视，因而仍然是劳苦大众意识的复写。不过，因为他所生存的历史时代，资本主义还没有发展到帝国主义时代；但是他对资本主义的以至人类未来的前途的历史倾向之指示，已经在历史的实践中证明其百分之百地正确。

在《资本论》出版后的半个世纪，列宁从马克思、恩格斯理论的基础上，又作了一大步的发展——去继续研究资本主义的发展，他的《帝国主义论》就是紧接着马克思、恩格斯死后所中断的那里作起点的。这一个研究，不只是马克思历史事业的继续，而且是它的进一步发展。他运用辩证唯物论的历史方法，运用半个世纪以来资本主义发展中的大量具体材料，指出了资本主义最后阶段——帝国主义时代的诸特征和其必然没落，劳动阶级的革命及其必然的胜利。他对于大群的［为］资本主义代言的奴才作理论上无情的斗争，把唯物辩证法的斗争性充分地发挥了出来。

史的唯物论到了现在这个时代，即社会主义已经在苏联取得了胜利的时代，同时世界劳苦大众与其压榨者已经展开了残酷的斗争的时代，资本主义已经发展到最后的腐朽的阶段，从而在政治上表现为最反动的法西斯侵略主义，他们积极地到处发动殖民地再分割的战争。在最近几年来，一切的征候，都表现了人类历史发展到今日，已经到了一个突变的时代。在西欧，正在进行的西班牙的反法西斯侵略主义的战争；在东方，中国的抗日战争：都指示了历史突变的开始。于是斯大林又根据这一时代具体的历史事实，说明苏联一国社会主义建设可能的真理，以及这残酷斗争的历史时代——反动势力和进步势力的斗争、过去与未来的斗争、将下台的资本主义和上升的社会主义的斗争——的诸特征。他一方面指明帝国主义阵线因世界再分割的斗争以及阶级矛盾尖锐化而衰弱了。这种衰弱使劳动大众得以去切断其中最弱的一环，而且使一国内社会主义胜利成为可能。但是只有党的正确策略，只有与反对社会主义建设的敌人作无情的斗争，才能保证这种可能性转变为现实。因此，他以为社会主义国家，应该运用全世界被榨取的大众国际无产阶级的伟大力量，帮助弱小民族的解放。所以为列宁所创立的“资本主义不平衡的发展法则”，斯大林又运用不同的历史环境中的历史材料，使它得到一个更高的发展，即指出了反侵略斗争的理论，是全世界被压迫的殖民地奴隶和无产阶级走向解放与自由的唯一的历史斗争。

现在一切历史的倾向，都向着马克思、恩格斯所指明的方向继续发展，并证实了马克思列宁主义指导的正确性。德国和意大利的法西斯主义当着全世界的眼前，公开地在西班牙进行占取领土的干涉，努力想把这个国家变成他们继续向前开拓的营业。日本强盗正在用全副的武装来实现对于中国领土并吞的企图。意大利法西斯已经并吞了阿比西尼亚①，德国法西斯已经并吞奥地利，并且又在积极企图进攻捷克斯洛伐克，这一些现实的事实，都证实了历史的突变之来临。

在中国开始以史的唯物论把历史来作系统研究的，要算是郭沫若。他在其所著的《中国古代社会研究》的序言中，自己说是应用恩格斯的历史方法论研究中国的古代社会。虽然他对于社会形势发展的诸阶段，有许多的错误，对于辩证唯物论的运用也不十分正确，但由于他从唯物论的观点出发，从物质基础上去说明中国古代社会的政治乃至意识形态，所以他在中国历史的研究上，是有其相当贡献的一个人。

从此以后，由于中国的革命，走入一个苦闷的环境，不免有一部分人，从现实的革命战线上退回到研究室，相率研究中国社会之历史的发展，想从历史的发展中重新估定中国社会今后的一条正确出路，于是在“九一八”事变以后，在中国展开了热烈的社会史论战。如李季、王礼锡、胡秋原等，都曾经对于中国社会史加以一番检讨。但这些社会史的战士，不但是史料的搜集不够，而且对社会科学的素养也不够。所以在当时他们都一致以引用马克思、恩格斯的辞句为渊博，主要的在辩护其个人的偏见，而忘记了现实的历史，忘记了马克思对历史发展之整个的见解，因而变成了经院式的诡辩，而不是史的唯物论之应用。虽然他们也提出许多历史上的重要问题，但始终没

①阿比西尼亚：Abyssinia，源出阿拉伯语，原为古希腊对埃及以南地区的通称。13—16世纪，阿姆哈拉人在今埃塞俄比亚地区建立阿比西尼亚王国。1941年正式确立埃塞俄比亚国名。

有得到正确的结论。自然这也是初期历史科学研究中不可避免的现象。

在中国历史研究的领域上，近来渐有能够比较正确地运用辩证唯物论的，如吕振羽。他在其所著的《史前期中国社会研究》、《殷周时代的中国社会》，以及《中国政治思想史》诸著作中，都能比较灵活地运用史的唯物论的思想方法，以从事于中国社会的政治经济乃至意识形态之史的发展之阐明，并且开始用这种方法，把中国史来作系统的叙述。虽然在他的著作中，也有不少的地方是值得批判的，但总是比较地前进一步了。

随着伟大的中华民族解放战争之开始，中国各党各派的统一阵线之形成，中华民族正在向着独立自由与幸福的解放途中前进，于是对于中国社会史的研究，又转入一个新的时期。在这一时期中，有何干之的《中国社会史问题论战》及《中国启蒙运动史》。他重新提起许多历史上还没有解决的问题，特别指明中国革命运动之史的发展，企图指明中国社会从殖民地转化为独立自由的社会这一前途。可是他仍然没有尽量地运用具体的历史材料，仍然偏于方法论方面的讨论。

（三）历史科学的阶级性

由于上述的历史科学之一贯的历史发展，我们知道历史理论的自身，也和历史自身一样是具有其发展之诸阶段的，而且在各个发展阶段中，都具有其客观和主观的局限性。正确地说，历史科学是具有阶级性的。如果抹杀了历史科学的阶级性，这就等于否定历史自身，使之离开现实的真理，从而历史就不但成了背离对现实的指导任务的游戏，而且无异把人类全部历史变成一种神话。在这一点上，又正表现着贵族的布尔乔亚的历史理论的浪费与无力。然而这正是那些以暗箭向着已经抬起头来了的新兴科学而死守着旧秩序的那些奴性的历史家，把历史当作取悦于他们主人的一种无耻的梦呓。他们之所谓消灭历史科学的阶级性，就正是他们自己在历史科学上之一定的阶级性之实践。例如在各阶级间执行相互斗争的场合，历史科学就有其不同的阶级性。在我们目前以整个民族去反抗侵略的时候，历史科学就具备着斗争的民族性。这就是以人类生活斗争之各自集团的立场，而有着集团性。这种历史家的阶级性或集团性，正是生活的实践。从而他们的认识，就多少要受到其自己阶级或集团的主观条件和客观历史条件所局限。马克思对于这一点，曾经这样说过：“人类仅在一定的条件底下，……方能自我批判……一待耶稣教准备作某种程度的或所谓自动的自我批判，它便能帮助我们达到对于以前的神话之客观的认识。同样布尔乔亚社会的自我批判一经开始，布尔乔亚经济学便也随着理解封建的古代的及东方的社会。”① 比如奴隶所有者社会对于奴隶之单纯剥削的方法，在封建领主看来，是一件最愚笨的事情；封建社会对农奴之“超经济强制的剥削”，在资本家看来，倒不如以“自由劳动”的美名，进行更残酷的剥削来得更聪明而有利。因此社会、政治、意识形态的各方面，都配合着在发展，而又区分为各个不同的前进阶段。

“在罗马皇帝时代，喂了海鳗在人造的池中……罗马的人民缺乏为买面包所必需的东西，而罗马的贵族，并不缺少奴隶为他们饲养海鳗。”在我们比较进化的封建领主看来，也许认为是罪恶，然而这正是奴隶主贵族认为的他们的质朴的风俗与伟大的道德。同样，当封建领主以暴力把所有的土地收夺为自己私有，把大多数人类转化为自己的农奴，把村上所有美丽少女的初夜权都属于自己的特权的时候，我们正在被抑压下的市民阶级也认为这是值得愤怒的。然而随着历史的发展，这种白昼横行的封建罪行即刻就变成了我们布尔乔亚“文明幕布”后面的罪恶。商业日益更甚地采取了欺骗的性质，他们革命的箴言“博爱”、“自由”、“平等”，实际上就表现为竞争中的诡计与嫉视。贿赂代替了暴力的压迫，金钱代替了枪尖，成为社会权力的主要来源，初夜权从封建领主转于豪富的厂主。然而这样的情形在布尔乔亚自己看来，却不是什么值得愤怒的，恰恰相反，而正是合理的。“文明”内容，正是“人道主义”的特征。所以马克思说：“我们不能本着变革时代的意识，

①* 参看《马克思恩格斯选集》第 2 卷第 108－109 页。——编者按：参见 1995 年版《马克思恩格斯选集》第 2 卷“《政治经济学批判》导言”，24 页。

来判断这变革时代。”①

历史上的事实，证明了布尔乔亚在最初的时候，即当他们还是封建社会中一个被压迫的阶级的时候，还在从农奴中兴发起来，但一定要把贡税纳给封建贵族的时候，他们对于必须进攻的封建领主，曾发动了不断的英勇的斗争。德国的农民战争，法国的大革命，这都是有名的布尔乔亚的革命战争。

只有当布尔乔亚自身还是在被压迫的时候，而且是须要推翻封建制度的时候，他才承认历史上没有永恒不灭的制度。一旦我们的布尔乔亚自己登上了历史舞台，即一旦把他们自身超升到支配阶级的地位的时候，为了要永远保持其阶级支配，于是不能不把能动的历史变成不动的历史；把当作历史发展中一个阶段的资本主义制度，当作是永恒不灭的制度；把由他们前辈从封建领主手中夺来的支配权、剥削权，当作是天赋的特权。这样，资本主义制度，不但形成历史的起点，而且还是历史的终点。他们的逻辑是这样：资本主义制度的延长，就是人类历史的发展；反之，资本主义制度如果消灭，人类也就没有历史了。从这种历史理论出发，在资本帝国主义临末的尖端上，便出现了法西斯侵略主义，企图去延长资本帝国主义的统治。这在法西斯历史家看来，也正是人类历史的前进。可惜历史自身已规定它是历史的反动。

总之，他们以为资本主义以前的历史，是为了准备资本主义制度而存在的，但是资本主义的自身，却不是为准备一个更高的历史形态而存在的；反之，他们却以为不管历史发展到一个什么时代，总不能超出资本主义的范畴。这就无异说，人类的历史，不是人类的历史，而是我们布尔乔亚独有的历史。他们只许历史从封建制度转变为资本主义制度，而决不许他们神圣的资本主义制度再转变为更高发展的制度。这样的理论，就正是我们今日资本主义历史家效忠于他们阶级支配最高的无耻的谰言。现实的历史已经证明资本主义的历史已走到尽头，1929 年爆发的世界经济恐慌、政治恐慌，虽然经过 1935

---

①* 参看《马克思恩格斯选集》第 2 卷第 83 页。——编者按：参见 1995 年版《马克思恩格斯选集》第 2 卷“《政治经济学批判》序言”，33 页。

年后的所谓景气之回复，但现在却又跃入了一个更高的恐慌阶段。资本帝国主义已无法继续对劳苦大众和殖民地大众的统治，出现那残暴的野兽主义去屈服其国内劳苦阶级和弱小民族的反动的法西斯主义，它以破坏人类和平秩序与残暴侵略的进行，去维持资本主义的生存。为其说教的法西斯的历史家也便愈趋下流、无知，公然地反对科学，因为无论任何庸俗的科学、任何无知的曲解，法西斯都没有权力去接近的。因而把希特勒、墨索里尼的反动的“暴力”，当作历史理论的基本原理，拥护希特勒“暴力就是公理与正义”的侵略主义者的狂言，拥护殖民地再分割及进攻苏联的反动战争。这种理论跑到殖民地，变为出卖民族、破坏民族统一战线的“失败主义者”、“投降主义者”的均势论者反叛民族解放、革命战争的根据。所以到现在，他们的历史科学不是历史科学，而变成了法西斯侵略主义者掠夺战争的战斗教程了，变成殖民地汉奸出卖民族、出卖祖国、出卖革命的卖身契约的张本。

当着中国现在正在经历着这样一个伟大而又艰苦的解放斗争的历史时代，为了使这一伟大的斗争获得最后的胜利，我们实在需要正确地认识我们的历史前程。为了要正确地认识我们的历史前程，因而对于历史发展之一般性及其特殊性，必须正确地把握。这样，我们才能依据正确的历史倾向，向着正确的历史前程进发。在历史发展的激流中，我们要把握历史发展的每一瞬间的变化，我们要在每一瞬间去寻找我们可以前进的间隙，扫荡足以障阻我们前进的一切反动的理论，我们要在实际斗争的生活中，去创造充实并发展我们的历史，从而发展历史的理论。马克思、恩格斯已经指明了整个人类历史发展的前程——尤其是资本主义暂时性和崩溃的必然性。列宁又接着在其反帝国主义实践斗争中，在其社会主义的革命运动中，证实了由于资本主义发展的不平衡法则，以及它们彼此间的矛盾的尖锐化，社会主义有在某些国家单独胜利的可能。这就是说，人类历史发展到今日，一切客观条件都准备了历史突变的可能，斯大林在社会主义社会的创造中，更证实了社会主义的历史胜利。现在，我们的民族的反侵略斗争，也就正是在同一目的的另一方面的一个历史斗争，也就是马克思所指明的这一历史倾向之实际发展。所以在今日——尤其是在今日的中国，把历史的理论问题，尤其是孙中山、列宁、斯大林关于民族问题的理论与实际重新提起，并且把这种理论贯彻到实际斗争中去，作为斗争的指导原理，不是一个经院派的学究的把戏，而实为一个迫切的政治任务。

（翦伯赞著，李长林编：《历史哲学教程 史料与史学》，湖南教育出版社2009年版，第31-53页。）

评析

翦伯赞所著《历史哲学教程》是我国最早的一部马克思主义历史哲学著作，也是我国马克思主义史学发展史上的重要著作。该书1938年8月由长沙新知书店出版，分为六部分："绪论""历史发展的合法则性""历史的关联性""历史的实践性""历史的适应性""关于中国社会形势发展史问题"。本书所选"绪论"主要论述了历史科学的任务、历史科学之史的发展、历史科学的阶级性三方面问题，并对一些错误观点进行了批驳，集中反映了翦伯赞的马克思主义史学思维与方法论，及将历史与现实紧密结合的史学研究风格。

选文开篇即点明了时代背景和中国社会所处阶段、中国革命的性质：正面临"中华民族解放战争"即抗日战争这一伟大历史课题；在中国，资本主义从没有得到独立自由的发展，中国仍是半殖民地半封建社会，中国革命的任务一是反封建，一是反帝国主义。接着，为驳斥一些"买办历史学者"企图维持他们所代表的阶级在中国的固有统治地位而提出的错误理论，澄清"历史科学"的应有之义，文章围绕"历史科学的任务"这一主题，提出了许多重要见解。一是强调历史科学的斗争性：历史是人类生活斗争的产物，是对"人类生活斗争及其革命的实践所推进社会发展之一贯的全面的总述"；历史科学是以"说明人类生活斗争的实践及其发展"为任务的"现实的及实证的革命科学”。一是强调历史科学的阶级性：关于历史科学的论争，总是反映着现实社会当中不同集团对“现实生活的倾向”，透露出历史学家的阶级性。他以马克思、恩格斯和列宁、斯大林的著述为例指出，他们注重生产发展过程中的阶级关系和阶级斗争，从生产力与生产关系的角度考察历史运动变化的规律性；他们“无一不是想从历史发展不同的过程中发现革命斗争的规律性”，为正在受压迫的人类进行解放自身的战斗提供指南。所以，新的历史科学的任务，在他看来就在于：以辩证唯物论的火炬，去照明隐蔽在历史科学领域内的诸种敌对倾向；站在一定的阶级立场，去消灭站在劳动大众对面的那个阴影；让历史科学成为大众以及一切被压迫人类革命斗争之最高的指导原理。

“历史科学之史的发展”一节，作者对历史科学的发展进行了梳理，着力批判了神学史观、玄学史观以及法西斯主义者的暴力史观的错误与反动，提出唯有马克思主义唯物史观才是真正科学的历史理论。

早期人类由于生产力低下和对大自然认识的不足，遇到无法解释的现象便归结为“神”的力量，由此形成了神学史观。其主要特征是：“要把实际去适应于信仰，适应于预先幻想出来的教条。”随后产生的玄学史观则“把‘上帝’这个名词，换成‘永恒真理’这个观念的术语”，从抽象的观念而非客观存在的事实出发构建历史，把事实当作“观念的化身”。在18世纪到19世纪初的欧洲，玄学史观以康德、黑格尔的“绝对的理性”为代表；而在封建时代的中国，从西汉司马迁到宋元之际马端临的历史研究与史书编纂，虽然有一定逻辑学根据，但主要还是“以玄学为根据”。

历史学的发展进入以科学方法整理史料的阶段，在西方是以维科（即文中费柯）为代表，在中国则是梁启超、胡适、钱玄同等人推动了风气的转变。维科认为人类历史发展遵循一定规律，但他把历史材料加以科学整理以设定人类社会发展法则的方法，仍是“以历史过程之观念论的解释为基础”，实际是资本主义历史科学的二元论。梁启超主张结合政治、经济、土俗、地质、考古等各学科研究历史，是在尽力应用实验主义的科学方法，但“依然只从现象去说明现象，以政治作为一切历史事变的根源”；胡适、钱玄同等注重应用实验主义考证方法整理史料以证明自己的历史理论，实质不过是梁启超史学观的延续。而介于新兴历史科学与实验主义之间以陶希圣等为代表的资本主义史学家，独创一些历史名词嵌入主观主义公式，散布关于中国社会不再具备封建主义性质、已经进入“商业资本社会”等错误观点，更是对中国革命和中国历史的曲解，其中包含着否定中国民主革命的阴险企图。

法西斯的理论家更甚之，让哲学与神学“联姻”，为自己的侵略行径炮制理论依据。他们一方面宣扬宿命论，认为之所以有人类成为压榨者或被压榨者，完全是“神的启示”，另一方面又宣扬“一切社会生活，都是在国家机构之中被创造出来”的，强调政治的绝对力量，主张狭隘的绝对的民族主义，自视为最优秀的国家和民族，认为低等民族理应受他们的统治和奴役。作者一针见血指出：“法西斯的历史学，已经不是记载或解释过去的事变，而是公开地造谣，根据一定的侵略政策来谎造历史。”

马克思、恩格斯唯物主义史观的建立，使旧的历史理论进入真正的科学阶段。它强调社会发展与生产斗争实践相结合，认为阶级斗争是历史发展的原动力，一切社会历史——原始公社的历史除外，都是“阶级斗争的历史”，历史科学的任务“就在于把这个结论和历史进程的普遍理论相结合，并进而理解并揭发阶级斗争之真实的原因与指导历史发展之实践的动向”，带有极强的现实针对性。作者对马克思恩格斯所创立的唯物论历史观的发展作了梳理。他认为，在西方，列宁和斯大林很好地继承并发展了他们的思想。列宁的帝国主义理论预示了资本主义的最后灭亡，而斯大林的反侵略斗争理论，为全世界被压迫阶级和被殖民者走向解放和自由指明了方向。社会主义在苏联的胜利，进一步证实了马列主义唯物史论的正确性。在中国，最先用唯物论系统研究历史的是郭沫若，虽然在对辩证唯物论的运用上不十分正确，但他的首创之功不可抹杀。而能较灵活地运用辩证唯物论研究中国历史且有一定成就，并使马克思辩证唯物史观在中国得到进一步发展的，应数吕振羽。其他在社会史论战中也以“马克思主义者”自居的托派成员李季、王礼锡之流，只知道引用马克思、恩格斯的词句为自己的理论辩护，全然不顾中国现实历史，终究是沦为“经院式的诡辩”，不可能得出正确的结论。

最后一节作者对历史科学的阶级性进行了充分阐述。他指出，历史科学是有阶级性的，历史研究者的工作多少“要受到其自己阶级或集团的主观条件和客观历史条件所局限”。那些主张“消灭历史科学的阶级性”的人，不过是为自己所在阶级或集团利益张本。文中以资产阶级（即布尔乔亚）为例说明：资产阶级在封建社会中还处于被压迫地位时，认为历史上没有永恒不灭的制度，并奋起反抗封建压迫；而当他们占据统治地位时，为维护自身支配地位，便转而把历史发展过程中的一个阶段——“资本主义制度”——视为永恒不灭的制度。这本身就是“他们自己在历史科学上之一定的阶级性之实践”。这种历史观是不符合现实的。作者列举大量事实证明资本主义已经走到尽头：20 世纪二三十年代的经济危机暴露出资本主义制度自身难以克服的弊端；法西斯主义为“维持资本主义的生存”发动战争暴行；等等。他进一步指出，在对抗帝国主义、法西斯主义以求得民族独立的时代潮流下，这种观点极其危险：很可能成为出卖民族、破坏抗日民族统一战线的“失败主义者”“投降主义者”们反叛民族解放战争的理论根据，成为“法西斯侵略主义者掠夺战争的战斗教程”。

“绪论”一章体现了翦伯赞撰写《历史哲学教程》的思维逻辑及其研究史学的理论方法，可谓是全书的纲领。首先，作者高度重视历史哲学研究的现实意义即它的实践性。他提出：历史哲学上的斗争反映着现实的斗争，是现实斗争的一部分；历史哲学的批判，不只是对过去的总结和批判，同时也起着“领导现在和指示将来”的作用。作者原本想写一本中国社会史方面的书，1938 年 2 月改变主意开始撰写《历史哲学教程》。当时，大革命失败后开始的中国学术界关于中国社会性质问题的讨论虽然已经落下帷幕，但那些站在劳动大众对立面的资本主义历史学者提出的错误历史理论仍然干扰着思想界。作者认为，这些历史理论“不仅对于历史科学的本身是一个污蔑，那对于一般青年对中国历史之正确的认识，尤其对于中国目前正在进行中的民族解放斗争的前途的认识，更是一个毒害”。而当时抗日民族统一战线刚形成不久，面对强敌，统一思想一致对外是当务之急。作者认为很有必要“从历史哲学上去批判过去及现在许多历史理论家对中国历史之一贯的错误见解及其‘魔术式’的结论”，以“正确的活的历史原理”指导这一伟大斗争，所以才有了《历史哲学教程》的出版；也正因此，其行文表达带有浓郁的论战性。

再就是史学方法论上的卓越见解：主张将史料与理论相结合，二者不可偏废，强调历史研究既要注重史料的收集和整理，又要以马克思历史唯物主义为指导进行正确解读；主张一般性与特殊性辩证统一，反对教条主义，即将马克思主义关于人类社会发展的共同法则与中国的具体国情相结合，而不是脱离中国具体现实生搬硬套马克思主义理论。

翦伯赞的《历史哲学教程》以历史唯物主义的基本原理为指导，将对理论的建设性思考与对当时错误思想的批判相结合，对于拨开人们心中的思想迷雾、坚定抗战信心起到了一定宣传作用。其对马克思历史唯物主义史观的阐述与运用，促进了马克思主义史学在中国的传播和发展，对马克思主义中国化和中国马克思主义史学的发展作出了重要贡献。更为可贵的是，翦伯赞“为了改变历史而研究历史”的学术态度。他将对历史哲学问题的探讨与中国抗战形势、中国革命前途紧密结合，反映了对湖湘史学研究“经世致用”传统的继承与弘扬，是湖湘文化在波澜壮阔的革命时期发出的时代强音。

《历史哲学教程》于1938年8月出版后，因其强烈的时代性和斗争性，反响强烈，翌年3月即再版，后又于1946年2月、1947年10月发行了第三、第四版。虽然在今日一些学者看来，该书多少有些所处时代的局限，但无论是从史学思想、研究方法还是从学术价值、历史价值而言，《历史哲学教程》都不失为中国历史上一部有里程碑性质、对学界影响深远的重要历史哲学著作。

毛泽东

毛泽东（1893—1976），字润之（原作咏芝，后改润芝），笔名子任。湖南湘潭人。伟大的马克思主义者，伟大的无产阶级革命家、战略家、理论家，马克思主义中国化的伟大开拓者，中国共产党、中国人民解放军和中华人民共和国的主要缔造者和领导人。1914至1918年在湖南第一师范学校求学，1918年与蔡和森等组织新民学会。1921年7月出席中国共产党第一次全国代表大会。1923年中共第三次全国代表大会当选为中央执行委员。1924年国共合作后，在国民党第一、第二次全国代表大会上当选为候补中央执行委员。国共合作破裂后，在1927年8月召开的中共中央紧急会议（“八七会议”）上提出以革命武装夺取政权的思想。领导秋收起义，在井冈山创立了第一个农村革命根据地，开创了以农村包围城市、最后夺取城市和全国政权的道路。1930年10月至1931年9月，同朱德等领导中国工农红军取得三次反“围剿”的胜利，创建了中央革命根据地。1931年11月当选为中华苏维埃共和国中央执行委员会主席、中央执行委员会人民委员会主席。1935年1月遵义会议当选为中央政治局常委，并与周恩来、王稼祥组成新的三人团全权指挥军事，确立了在中共中央和红军的领导地位，开始形成以他为核心的党的第一代中央领导集体。1938年主持召开中共扩大的六届六中全会，提出马克思主义中国化的历史任务。1945年中共第七次全国代表大会确立毛泽东思想为党的指导思想并写入党章。1946年夏蒋介石发动全面内战，与朱德、周恩来等领导中国人民解放军积极防御，胜利推翻国民党政府。1949年10月1日中华人民共和国建立，当选为中央人民政府主席。新中国成立后，确定独立自主的和平外交政策，领导全党、全国各族人民完成社会改革任务，迅速恢复在旧中国遭到重创的国民经济，为中国新民主主义革命的胜利、社会主义革命的成功、社会主义建设的全面展开作出了彪炳史册的贡献。1976年9月9日在北京逝世，享年83岁。

毛泽东一生著述颇丰，不仅有《实践论》《矛盾论》《论持久战》《新民主主义论》这样的政治军事论著，还有如《沁园春·雪》《沁园春·长沙》《卜算子·咏梅》等文采斐然的词作。其著作主要收入《毛泽东选集》（四卷）和《毛泽东文集》（八卷）中。

如何研究中共党史

现在大家在研究党的历史，这个研究是必须的。如果不把党的历史搞清楚，不把党在历史上所走的路搞清楚，便不能把事情办得更好。这当然不是说要把历史上每一件事统统搞清楚了才可以办事，而是要把党的路线政策的历史发展搞清楚。这对研究今天的路线政策，加强党内教育，推进各方面的工作，都是必要的。我们要研究哪些是过去的成功和胜利，哪些是失败，前车之覆，后车之鉴。这个工作我们过去没有做过，现在正在开始做。从《六大以来》① 发出到现在，高级干部学习组、中央党校已经读了半年，别的单位现在也已经开始读。这是一件好事，今天已开始看到了好的结果。同志们读了之后恍然大悟，发生了启发思想的作用。现在来考虑我们过去所走的路和经验，要有系统地去考虑。路是一步一步走过来的，虽然在走每一步的时候也曾考虑过昨天是怎样走的，明天应该怎样走，但是整个党的历史却没有哪个人去考虑过。去年八九月中央经过讨论，印了《六大以来》这本书，在中央高级学习组里研究。我们怎样研究呢？我们是用整个党的发展过程做我们研究的对象，进行客观的研究，不是只研究哪一步，而是研究全部；不是研究个别细节，而是研究路线和政策。我们要用这样的研究来使我们对今天的路线和政策有更好的认识，使工作做得更好，更有进步。

如何研究党史呢？根本的方法马、恩、列、斯已经讲过了，就是全面的历史的方法。我们研究中国共产党的历史，当然也要遵照这个方法。我今天提出的只是这个方法的一个方面，通俗地讲，我想把它叫作“古今中外法”，就是弄清楚所研究的问题发生的一定的时间和一定的空间，把问题当作一定历史条件下的历史过程去研究。所谓“古今”就是历史的发展，所谓“中外”就是中国和外国，就是己方和彼方。

①《六大以来》：中共中央书记处主持选编的一本总结中共六大以来党内路线斗争的文件集，用于中央高级干部的整风学习，1941 年 12 月在延安出版。

按照历史发展的顺序，我们党的历史，我觉得可以分为这样三个阶段：大革命时期是第一个阶段；内战时期是第二个阶段；抗日时期是第三个阶段。这个分法是否妥当，大家可以讨论，我只是作为一个意见提出的，不是中央的决议。如果有更适合党的历史过程的分法更好。

革命的任务，三个阶段都是反对帝国主义及其走狗。第一个阶段直接的表现是反对北洋军阀，第二个阶段直接的表现是反对国民党，第三个阶段表现为反对日本侵略者及汪精卫汉奸。

联合的群众，第一个阶段是全国各民主阶级，是国共合作；第二个阶段是缩小了的统一战线，国共分裂，全国分为两大部分，一部分在国民党的领导下，一部分在共产党的领导下，互相对垒，进行内战；第三个阶段是全民族抗日，恢复国共合作的形式。

革命所打击的目标，第一个阶段主要是北洋军阀，我们的政策是广泛的统一战线。第二个阶段表现为反对国民党，我们的政策是狭小的统一战线，是无产阶级和农民、下层小资产阶级联合。第三个阶段就是现在的政策，日本侵略者和汉奸是我们的打击目标。革命的阵线是国共合作，全国各爱国力量。这是我们的路线。

第一个阶段内我们有正确的地方，也有错误的地方。正确的地方是实现了国共合作，打击目标是对的，革命队伍的组织是对的。后来发生了陈独秀路线，一九二七年上半年党的路线就不对了。当国民党准备实行叛变革命，要把无产阶级和农民丢了，要把我们和革命群众丢了的时候，我们还和它联合，这是右的机会主义。情况变化了，我们的政策路线没有跟着变。右的倾向是一切联合反对斗争。陈独秀路线的根本特点，便是一切联合反对斗争，就是在大地主大资产阶级叛变了的时候，还要同它联合。大地主大资产阶级的政策变了，而我们的政策不变。大地主大资产阶级打击革命了，我们的政策也还是不变。这就犯了右的错误。在联合中应该一方面与它联合，一方面与它斗争。

第二个阶段中全国分为两个营垒。马日事变以后，有过一种盲动主义，说是"有土皆豪，无绅不劣"。接着的立三路线是在不应该全国暴动时要暴动。"九一八"到遵义会议，当一个民族敌人打进来，民族资产阶级、上层小资产阶级已经变化了的时候，我们的政策没有跟着变，还是过去的一套，这就发生了"左"的东西。那时的领导路线是一切斗争否认联合。"九一八"以后情况变化了，上层小资产阶级和民族资产阶级公开倾向我们，如孙科、黄炎培等。但是我们说他们是改良主义，说他们是我们的主要打击对象。把这些人当作主要的打击对象，是不对的。还有当时提出消灭富农，也是过左的。

第三阶段既不是一切联合不要斗争，也不是一切斗争不要联合，而是联合与斗争的综合，联合是主，斗争是辅，要求统一下的独立性。统一就是联合，独立就是斗争。什么叫独立性呢？你站在这里，没有人叫你站开，这就不发生独立性的问题；在你站的位置上别人也想站，要赶你走，这就发生独立性的问题了。斗争、磨擦是为了统一，是统一的手段，这叫一打一拉，又打又拉，有理、有利、有节。在不妨碍统一下的独立自主，也就是希望团结得更好。

中共党史分成这三个阶段，就斗争目标、打击对象、党的政治路线讲，都合乎事实，都说得通。

在一九二五至［一九］二七年的大革命之前，还有一个准备阶段。一九二一至一九二四年是大革命的直接准备，可以和一九二五年开始的大革命合成一个阶段。"七七"以前，国民党三中全会以后，国共合作的局面大体上已经形成，这可以考虑合并于第三个阶段，也不必再分。

说到革命的准备，一九二一年开始的第一个阶段，实际上是由辛亥革命、五四运动准备的。特别是五四运动，大革命的思想、干部、群众、青年知识分子都是这时开始准备的。所以严格地讲，我们研究党史，只从一九二一年起还不能完全说明问题，恐怕要有前面这部分的材料说明共产党的前身。这前面的部分扯远了嫌太长，从辛亥革命说起差不多，从五四运动说起可能更好。

辛亥革命发生在中国无产阶级还没有觉醒，中国共产党还没有形成的时候；全世界无产阶级在巴黎公社失败以后，还没有实际革命行动，只是准备革命的时候；殖民地半殖民地的革命运动，还是世界资产阶级革命后备军的时候。而五四运动是发生在欧洲大战、十月革命之后，这时的世界殖民地半殖民地革命运动，已不是世界资产阶级革命后备军，而是世界无产阶级革命后备军了。五四运动是俄国十月革命的响应，所以比辛亥革命更深刻。辛亥革命只是在政治上推翻了清朝皇帝，没有彻底。我们写历史时常说辛亥革命是失败的，其实并不能说完全失败，辛亥革命有它的胜利，它打倒了直接依赖帝国主义的清朝皇帝。但后来失败了，没有巩固它的胜利，封建势力代替了革命，袁世凯代替了孙中山。那时无产阶级没有以一个觉悟的阶级走上政治舞台。五四运动是在十月革命的影响之下发生的。十月革命对世界的觉醒，对中国的觉醒，影响是很大的。五四运动时中国无产阶级开始有了觉悟。五四运动发生在一九一九年，一九二一年便产生了中国共产党。五四运动是广泛的统一战线，内部有左翼、右翼和中间势力。在“五四”以后一个月发生了六三运动①，全国罢工、罢课、罢市。那时的罢工还是无产阶级自发的运动。我们应该把五四运动中工人的态度研究一下。那时罢工虽然没有共产党领导，但其中总有领头的人。在五四运动里面，起领导作用的是一些进步的知识分子。大学教授虽然不上街，但是他们在其中奔走呼号，做了许多事情。陈独秀是五四运动的总司令。现在还不是我们宣传陈独秀历史的时候，将来我们修中国历史，要讲一讲他的功劳。国民党没有在五四运动中起领导作用，它是站在旁边的。

五四运动准备了大革命，没有五四运动就没有大革命。中国共产党是产生在“五四”之后，五四运动又是产生在俄国十月革命之后。中国共产党是

①六三运动：1919年6月3日，北京学生纷纷上街讲演游行，抗议北洋政府媚外卖国、镇压爱国运动，170余人被捕。6月4日又有数百人被捕。北洋政府的反动行为激起了全国人民的更大愤怒。为声援学生的爱国运动，上海工人首先罢工，接着商人罢市，并迅速得到其他省份响应，发展到全国，五四运动进入了一个新阶段。

在列宁的号召之下组织起来的，是共产国际派人来帮助组织的，在中共第一次代表大会上就有国际代表到会。

研究中国共产党的历史，还应该把党成立以前的辛亥革命和五四运动的材料研究一下。不然，就不能明了历史的发展。现在有很多东西直接联系到那时候，比如反对党八股，如不联系“五四”时反对老八股、老教条、孔夫子的教条、文言文，恐怕就不能把问题弄清楚。

对于辛亥革命、五四运动的估价，需要研究。辛亥革命是完全失败呢，还是有些胜利？五四运动是有群众，还是没有群众？我认为五四运动是有广大的群众性的，比起大革命来自然是差些。那时资产阶级、小资产阶级和无产阶级是统一战线，还没有农民参加，只有广大的工人。到大革命，就有农民参加了。土地革命时，参加的农民就广泛多了，但是统一战线不够广。到抗战，农民参加得更广泛了，比大革命时广，比土地革命时也广，同时有了比过去更广大的统一战线。

五四运动是民族资产阶级和无产阶级的统一战线，带着自发的性质。但是这种自发性和以前的不同，它多少有些觉醒。许多人赞成十月革命，赞成列宁的革命。孙中山曾说，列宁是革命的圣人，共产主义是三民主义的好朋友。他是作为同盟者来赞成共产主义的。在十月革命的影响下，当时的人们有一个很大的觉醒。五四运动发展到共产党的成立，工人运动向前发展了，这才有后来的国共合作。所以不说明以前的辛亥革命、五四运动，对于共产党的成立和以后的历史，也就不能说得清楚。

在说到辛亥革命时，如不说到当时国内国际的情形，就不能说明革命的发生。同样，不说明“五四”时代的政府是什么政府，也不能说明五四运动和六三运动的发生。所以当时的重要政治文件，像宣统皇帝退位的诏书，袁世凯、段祺瑞政府的一些文件，孙中山的几个重要宣言等，都要研究。

一九二一年到一九二七年这时期的斗争对象，是帝国主义和他的走狗北洋军阀。如不说明那时候地主怎样压迫农民，资本家怎样压迫工人，帝国主义怎样分裂中国，北洋军阀怎样对付革命，那就很难了解当时的斗争。要研究当时的国共合作，如果只看共产党的宣言而不看国民党的宣言还不够。共产党员那时是以个人名义参加国民党的，国民党是一个大团体，如果不把这个大团体搞清楚，就不能了解当时的情形和后来陈独秀犯错误的要不得。关于“四一二”、马日事变的材料也要看。内战时，我们反对国民党，反对帝国主义的走狗，如不讲国民党如何投降帝国主义，帝国主义如何同国民党一起压迫剥削中国人民，就看不到内战的必要。如果我们不知道主要的农业生产资料土地和牛这些东西是在谁的手里，不把地主与农民对土地的所有关系搞清楚，就不会知道土地革命的必要。如果不把国民党在“九一八”以后还是继续打共产党不去打日本这些情形讲一讲，我们反对国民党就显得没有道理、没有根据。抗战是国共合作大家抗日，国民党发表了许多文件，共产党也发表了许多文件。国民党的抗日文件有些是好的，但是它又要反共。我们自己的文件要看，国民党的文件也要看。国民党的好的文件要看，反共的文件也要看。如果不看这些材料，就不了解反对国民党反共的根据。因为他们先发表了《防制异党活动办法》① 这些东西，闹磨擦，我们在不妨害团结、不致引起分裂的条件下强调斗争是有必要的，如果不强调斗争，那就会又来一个陈独秀主义。

谈到中国的反帝斗争，就要讲到外国资本主义、帝国主义如何凶恶地侵略中国。讲到中国无产阶级，就要讲到世界无产阶级，讲到中国无产阶级政党——共产党的斗争，就要讲到马、恩、列、斯他们怎样领导国际无产阶级同资本主义和帝国主义作斗争。这就叫“中外法”。中国是“中”，外国是“外”。借用这个意思，也可以说，辛亥革命是“中”，清朝政府是“外”；五四运动是“中”，段祺瑞、曹汝霖是“外”；北伐是“中”，北洋军阀是“外”；内战时期，共产党是“中”，国民党是“外”。如果不把“外”弄清楚，对于“中”也就不容易弄清楚。世界上没有这方面，也就没有那方面。所以有一个“古今”，还有一个“中外”。辛亥革命以来，五四运动、大革

①《防制异党活动办法》：指 1939 年 4 月国民党制定的《限制异党活动办法》，是国民党反动派为限制和迫害中国共产党人，实现其防共、限共、反共方针而制定的一系列文件之一。

命、内战、抗战，这是“古今”。中国的共产党、国民党，农民、地主，工人、资本家和世界上的无产阶级、资产阶级等等，这就是“中外”。我想，为了有系统地研究中共党史，将来需要编两种材料：一种是党内的，包括国际共产主义运动；一种是党外的，包括帝国主义、地主、资产阶级等。两种材料都按照年月先后编排。两种材料对照起来研究，这就叫做“古今中外法”，也就是历史主义的方法。我们研究党史，必须全面看，这样研究党史，才是科学的。我们研究党史，必须是科学的，不是主观主义。研究党史上的错误，不应该只恨几个人。如果只恨几个人，那就是把历史看成是少数人创造的。马克思主义的历史观不是主观主义，应该找出历史事件的实质和它的客观原因。只看客观原因够不够呢？不够的，还必须看到领导者的作用，那是有很大作用的。但是领导人物也是客观的存在，搞“左”了，搞右了，或者犯了什么错误，都是有客观原因的，找到客观原因才能解释。

现在我们反对主观主义，反对宗派主义，反对党八股，在研究历史时也应该注意历史上有没有这些东西。把这些问题搞清楚了，才能学得一种科学的方法。这种科学的方法不是主观主义，不是宗派主义，也不是党八股。我们要应用这种方法，来研究我们党在各个时期的策略路线，研究各个个别的问题，如军事问题、肃反问题、农民土地问题等。

研究中共党史，应该以中国做中心，把屁股坐在中国身上。世界的资本主义、社会主义，我们也必须研究，但是要和研究中共党史的关系弄清楚，就是要看你的屁股坐在哪一边，如果是完全坐在外国那边去就不是研究中共党史了。我们研究中国就要拿中国做中心，要坐在中国的身上研究世界的东西。我们有些同志有一个毛病，就是一切以外国为中心，作留声机，机械地生吞活剥地把外国的东西搬到中国来，不研究中国的特点。不研究中国的特点，而去搬外国的东西，就不能解决中国的问题。如果不研究中国共产党的历史的发展，党的思想斗争和政治斗争，我们的研究就不会有结果。我们读过《联共（布）党史简明教程》，它告诉我们，布尔什维主义以马克思主义作为理论和方法，创造了苏联这个社会主义国家。这个布尔什维主义，这个社会主义国家，从前没有过，这是列宁所领导的党在俄国创造的。列宁把马克思主义的立场、方法与俄国革命的具体实践结合起来，创造了一个布尔什维主义，用这个理论和策略搞了二月革命、十月革命，斯大林接着又搞了三个五年计划，创造了社会主义的苏联。我们要按照同样的精神去做。我们要把马、恩、列、斯的方法用到中国来，在中国创造出一些新的东西。只有一般的理论，不用于中国的实际，打不得敌人。但如果把理论用到实际上去，用马克思主义的立场、方法来解决中国问题，创造些新的东西，这样就用得了。比如说，我们党在大炮没有、飞机毫无的条件下创造了八路军、新四军，这就是中国自己搞出来的。

（毛泽东著，中共中央文献研究室编：《毛泽东文集》第2卷，人民出版社1993年版，第399-408页。）

评析

《如何研究中共党史》是毛泽东于1942年3月30日在延安中央学习组所作的一次有关党史研究的重要讲话。当时没有公开发表，后以“如何研究中共党史”为题收入《毛泽东文集》，内容主要包括以下几个方面。

第一，明确了研究中共党史的必要性和目的。毛泽东开门见山指出，研究党的历史是“必须的”，“如果不把党的历史搞清楚，不把党在历史上所走的路搞清楚，便不能把事情办得更好”；“要把党的路线政策的历史发展搞清楚。这对研究今天的路线政策，加强党内教育，推进各方面的工作，都是必要的”。为什么要研究党史呢？毛泽东说：“我们要研究哪些是过去的成功和胜利，哪些是失败，前车之覆，后车之鉴。”他还联系延安整风运动反对主观主义、反对宗派主义、反对党八股的实际指出：“在研究历史时也应该注意历史上有没有这些东西。把这些问题搞清楚了，才能学得一种科学的方法”，“来研究我们党在各个时期的策略路线，研究各个个别的问题”。也即，研究党史的目的就是：发现问题、解决问题，以历史为鉴，避免重蹈覆辙；总结分析过去的经验教训，找出正确的方针政策，以指导当前和今后的工作。

第二，回答了应该如何研究党史即党史的研究方法问题。毛泽东提出，在“全面的历史的方法”这一研究党史的根本方法之下，应重视“古今中外法”。“古今”就是指以时间为序的历史发展，比如“辛亥革命以来，五四运动、大革命、内战、抗战，这是‘古今’”。“中外”一是从历史发展的空间而言，也即“中国和外国”；一是从对立双方关系而言，也即“己方和彼方”，比如“辛亥革命是‘中’，清朝政府是‘外’”，“共产党是‘中’，国民党是‘外’”。具体说来，毛泽东所说的“古今中外法”，就是用发展的、联系的观点将古今中外、我方彼方情况结合起来进行系统全面研究。一是要尊重历史实际，实事求是。毛泽东说：研究中共党史要“弄清楚所研究的问题发生的一定的时间和一定的空间，把问题当作一定历史条件下的历史过程去研究”。一是要用联系的观点看问题。毛泽东认为，很多现在发生的事情都能从过去的事件中找到线索，所以他提出，研究党的历史，还应该把党成立前“辛亥革命和五四运动的材料研究一下”，如果不研究，“就不能明了历史的发展”，“对于共产党的成立和以后的历史，也就不能说得清楚”。再就是要系统客观地分析问题。毛泽东建议“编两种材料：一种是党内的，包括国际共产主义运动；一种是党外的，包括帝国主义、地主、资产阶级等”，认为将两种材料结合对照研究、全面研究，才是科学的研究党史的方法。毛泽东还强调，研究党史必须坚持马克思主义历史观，避免主观主义。比如“研究党史上的错误，不应该只恨几个人”，而“应该找出历史事件的实质和它的客观原因”，“还必须看到领导者的作用”，找到领导人物犯错的客观原因。只有这样才能解释清楚为什么会犯错；只有解释清楚了为什么会犯错，才能找到避免犯错的方法。

第三，就中共党史应该如何分期提出了建议。毛泽东认为，我们党的历史就“斗争目标”“打击对象”“党的政治路线”而言，分为大革命时期、内战时期和抗日时期三个阶段比较合理。同时他认为，大革命之前还有一个思想和组织的准备期，即“革命的准备”阶段。他认为，“大革命的思想、干部、群众、青年知识分子”都是五四运动时期开始准备的，“五四运动准备了大革命，没有五四运动就没有大革命”，所以，说起革命的准备，他认为从五四运动算起更好。

最后，明确了中共党史研究应有的立场。毛泽东强调：“研究中共党史，应该以中国做中心，把屁股坐在中国身上。”也就是说，研究中共党史，必须始终联系中国的实际，不能脱离“中国”这个中心点。他特别指出，研究中共党史应该注意避免“一切以外国为中心”。为什么呢？一是机械教条地照搬外国的东西而不研究中国的特点，“不能解决中国的问题”；一是照搬外国的理论而不考虑中国的实际，“打不得敌人”。毛泽东认为，苏联布尔什维主义是列宁所领导的党在俄国创造的新事物，是列宁把马克思主义的立场、方法与俄国革命的具体实践相结合，才创造了苏联这个社会主义国家；并说，我们要按照同样的精神去做，“把马、恩、列、斯的方法用到中国来，在中国创造出一些新的东西”。

毛泽东的这篇讲话有着其特定背景。1937 年 11 月王明（即陈绍禹）从苏联回国后，在抗日战争上附和国民党“只要一个军队”的意见，主张限制共产党领导的敌后抗日游击战争，表现出明显的右倾投降主义。而到了 1940 年，他却再次重印《为中共更加布尔塞维克化而斗争》，为其“左”倾教条主义路线张目。这极大地干扰了广大共产党员的思想认识，让很多党员对于革命路线该怎么走感到迷茫。而路线问题如果不解决，将严重影响革命前途。正是在这种情况下，以毛泽东为代表的中共中央书记处主持印行了《六大以来》《六大以前》等“党书”，组织全党学习，接着又组织领导干部尤其是中高级干部进行“党史学习教育”，以期提高大家的思想认识，涤清错误路线影响。毛泽东在中央学习组作的党史研究方面的讲话，即本文《如何研究中共党史》，就是党史学习教育的重要一课。

毛泽东的讲话，不仅为延安整风时期的中共党史学习研究指明了方向，也奠定了中共党史研究的方法论基础。更为重要的是，他提出的“马克思主义中国化”，即研究中国的问题必须以中国为中心，不能脱离本国实际照搬外国的经验，必须将马克思列宁主义普遍真理和中国革命具体实际相结合的观点，已经不只是研究中共党史的指南，还是与党和人民紧密联系的革命事业和社会主义建设的引领。在革命年代，它对冲散党内的思想迷雾，打破对共产国际的迷信，统一全党的思想认识，制定正确的革命路线直到取得最终胜利，起到了至关重要的指导作用。而在中华人民共和国成立后的社会主义建设时代，我们党正是因为坚持“马克思主义中国化”，将其视作党最宝贵的政治和精神财富、视作全国各族人民团结奋斗的共同思想基础，才实现了中华民族从站起来、富起来到强起来的飞跃。我们将永远跟随这面旗帜，在建设中国特色社会主义新时代中，昂首向前，谱写中华民族伟大复兴的辉煌篇章！

向达

向达（1900—1966），字觉明，笔名方回、佛陀耶舍。湖南溆浦人，土家族。历史学家。1919年入南京高等师范学校（1923年并入东南大学）。1924年毕业后考入上海商务印书馆编译所任编辑，1930年秋任国立北平图书馆编纂委员会委员。1934年兼任北京大学历史系讲师，讲授明清之际西学东渐史。1935年秋，以北平图书馆交换馆员身份，先到英国牛津大学博德利图书馆抄录流失海外的中文史籍；翌年秋到伦敦大英博物馆研究敦煌写卷和太平天国文书，到意大利梵蒂冈图书馆抄录来华天主教传教士资料。1937年转赴巴黎、柏林、慕尼黑等地科学院、博物馆，继续调查、抄录德国吐鲁番探险队从吐鲁番和西域其他地方攫取的写本与伯希和探险队所获敦煌文献资料，以及巴黎所存耶稣会士的有关资料。1938年回国。1939年3月任教于浙江大学，9月担任西南联合大学历史系教授兼北京大学文科研究所导师。1942年参加中央研究院西北史地考察团，到敦煌考察了莫高窟（即千佛洞），榆林窟（亦称万佛峡），汉代玉门关、阳关遗址等。1943年7月，中央研究院史语所、中国地理研究所、中央博物院筹备处、北京大学文科研究所等联合组成西北科学考察团。1944年春，向达以西北科学考察团历史考古组组长身份再赴敦煌。向达两赴敦煌，除对敦煌诸石窟留下了重要记述，勘定了玉门关、阳关两关位置外，还写成多篇有关敦煌和西域考古方面的论文，开拓出考古、美术史、历史、文献等多学科综合研究敦煌的新路。他提出的将莫高窟收归国有，由学术机构进行管理、开展研究等建议，直接推动了敦煌艺术研究所的成立。曾任北京大学历史系教授、图书馆馆长。1954年任中国科学院历史研究所第二所副所长。1955年当选为中国科学院学部委员。第二至四届全国政协委员，《历史研究》和《考古学报》编委。主要致力于中西交通史和敦煌学研究，相关著译论文与专著有100多种。重要著作有《唐代长安与西域文明》《蛮书校注》等。

唐代长安与西域文明

一 叙言

唐代与西域交往甚繁，文物方面所受影响亦所在可见。冯承钧先生曾为《唐代华化蕃胡考》,① 日本桑原骘藏博士亦有《隋唐时代来住中国之西域人》② 一文，考证俱甚精确，可为隋唐史研究上辟一新叶。唯冯先生文仅以蕃胡华化为限，材料亦止于两《唐书》；桑原氏之作，范围较广，以人为主，而略及于各方面之文物。然俱语焉不详，欲明唐代与西域文明关系者仍尚有待焉。

李唐一代之历史，上汲汉、魏、六朝之余波，下启两宋文明之新运。而其取精用宏，于继袭旧文物而外，并时采撷外来之菁英。两宋学术思想之所以能别焕新彩，不能不溯其源于此也。今试即戏曲绘画诸方面言之。

元曲出于诸宫调，诸宫调导源于大曲。然大曲唐已有之，《教坊记》备记其目，率为舞曲，隶属胡部。唐代大曲，中国久已失传，而日本曾传唐乐，尚有可考：大曲有《破阵乐》、《团乱旋》、《春莺啭》、《苏合香》；中曲有《北庭乐》、《回波乐》、《兰陵王》、《凉州》、《皇獐》、《夜半乐》、《打球乐》、《还京乐》、《感皇恩》、《苏幕遮》；小曲有《甘州》、《拔头》之属；其帖数拍数备具。③ 由此以求唐乐，固可以窥知梗概，更由此以下溯宋代大曲，不难得其仿佛。此一事也。又如般涉一调，元曲中屡屡见之，此显然即龟兹④苏祇婆⑤西域传来七调之一。陈澧于〔与〕⑥ 凌廷堪由西域以溯源古乐，

①* 见《东方杂志》第27卷第17号。

②* 见内藤博士还历纪念《支那学论丛》，兹篇所用者为博士手校增补拔刷本。

③* 源光圀修《大日本史·礼乐志》十四至十六卷（雄辩会景印本第十三册），于传入日本之唐乐，综合各家所说，甚为详备，可以参看。

④龟兹：古西域国名，在今新疆库车。唐于贞观二十二年（648）置羁縻都督府，故治在今新疆库车，属安西都护府，后为安西都护府治所。贞元六年（790）后废。

⑤苏祇婆：西域龟兹人，善弹琵琶，南北朝周武帝时随突厥皇后入周。

⑥编者按：1933年哈佛燕京社版原文即为“于”；但根据上下文，“于”似应为“与”。

固诋为犹航断港绝潢①以至于海，然于宋元以来俗乐与苏祇婆七调之关系，固亦不能否认。诚能求唐代大曲中曲小曲之音节于西域，而得其解，则宋元戏曲演变之痕迹为之大白。其贡献于中国乐舞戏曲史者岂非甚大！此又一事也。

又如中国绘画，唐以前以线条为主。至唐吴道玄②始以凹凸法渗入人物画中，山水树石亦别开生面。逮王维创水墨山水注重晕染，遂开后来南宗风气。宋代米芾亦以泼墨法为世所重。摩诘竺信象教③，元章④或亦疑为异族。诚能以西域古代之画风与唐宋以来中国画家之作比观互较，究其消息，则宋元以后中国画之递变，不难知其故矣。

此外如胡服之日盛，波罗球自唐以及于宋、元、明由极盛而趋于衰微以至灭绝，并可从以窥知中外关系之繁密，以及一代风尚之变易。此种史实俱可于李唐一代窥其端倪。

余愧不足以言此，兹唯刺取唐代传入中国之西域文明与长安有关者，稍加排比，述之如次。唯为此事，亦必须对于中国与西域文明有深切之研究，然后可以互相比较，得其实际。顾在此间，西域史料不易寻求：如言胡服，无从知唐代西域波斯诸国之服装；言乐舞，虽知胡腾、胡旋、柘枝、苏幕遮之属来自中亚，而无由知西域古代乐舞之梗概。兹篇唯能将中籍史料，就耳目所能接及者，为之抉择爬梳，借供留心此一方面史实者之捃摭。偶有推测，亦等于扣槃扪烛⑤，是则尚祈博雅之士有以晋而教之耳。

至于本篇所指西域，凡玉门、阳关以西以迄于伊兰⑥高原地方俱属之。印度与中国交往频繁，关系过密，非区区此篇所能尽，用存而不论。又本篇

①断港绝潢：指无法通行的水路。

②吴道玄：指唐代画家吴道子。

③摩诘竺信象教：摩诘，唐代诗人、画家王维，字摩诘；竺，通“笃”；象教，佛教术语，意指通过形象化的方式来传播教义。

④元章：元代画家王冕，字元章。

⑤扣槃扪烛：比喻认识片面，未得要领。

⑥伊兰：波斯人将自己生活的地域称作“伊兰”（Iran），即“伊朗”，下同。

以长安为限，有关洛阳之新材料亦偶尔述及。其所以如此，非敢故乱其例，以为或可以稍省览者翻检之劳云尔，大雅君子或不以为非欤！

二　流寓长安之西域人

中国国威及于西陲，以汉唐两代为最盛；唐代中亚诸国即以“唐家子”称中国人，① 李唐声威之煊赫，于是可见也。贞观以来，边裔诸国率以子弟入质于唐，诸国人流寓长安者亦不一而足，西域文明及于长安，此辈盖预有力焉。桑原博士一文，于流寓长安之西域人曾约略道及，而未能尽，兹谨略事摭拾：以载籍所述泛及西域人士者记之于首，其国籍姓名彰彰可考者次叙于后。

中国史上西域人入居中国首都当以北魏一代为最多，其时流寓洛阳者，“自葱岭以〔已〕西，至于大秦，……附化之民万有余家”②，此万余家盖括四裔③而言。然观于后来西域人入籍洛阳之多，可知其中西域人之成分，盖亦不少也。④ 长安自周秦以来历为国都，在政治上与文化上俱为对外之中心。西域人之留居其间，虽不能比于元魏⑤时之洛阳，却亦不鲜，观于康僧渊生于长安可见一斑。⑥ 至唐而西域人流寓长安者日多，按之载籍以及最近出土

①* 中古时伊斯兰教徒称中国人为 Tamghai，Tomghai，Toughaj，又有作 Taugas，Tubgaǒ 及 Tapkaǒ 者。前人释此或以为即“桃花石”之音译，或以为即拓跋氏。德国夏德（F. Hirth）以为系“唐家”二字之音译，美国洛佛（B. Laufer）亦主其说。日本桑原博士始以为乃“唐家子”三字之音译，举证甚详，尚未足为最后之论定也。桑原氏说见其所著《宋末提举市舶西域人蒲寿庚之事迹》第135-143页（陈裕菁译《蒲寿庚考》第103-109页，冯攸译《唐宋元时代中西通商史》第98-106页）。

②*《洛阳伽蓝记》卷三云：“永桥以南，圜丘以北，伊、洛之间，夹御道有四夷馆：道东有四馆……道西有四馆，一曰归正，二曰归德，三曰慕化，四曰慕义。……西夷来附者处崦嵫馆，赐宅慕义里。自葱岭已西，至于大秦，百国千城，莫不欢附，商胡贩客日奔塞下。所谓尽天地之区已。乐中国土风，因而宅者，不可胜数，是以附化之民万有余家。门巷修整，阊阖填列，青槐荫柏，绿树垂庭，天下难得之货咸悉在焉。”——编者按：引文原文为“葱岭已西”，1933 版文中也为“已”。

③四裔：指四方边远之地的人。

④* 如洛阳出土之安延、安神俨、康续、康达□、康枕、康磨伽、康留买、何摩诃诸志，以及康夫人曾氏墓志所举之曹樊提、曹毗沙等，大都系出西域，于北魏、北周、北齐之际入居中国，占籍洛京者也。诸志文繁不能备举，以下当略述一二，以资参证。

⑤元魏：北魏（386—534），鲜卑族拓跋珪建立的封建王朝。拓跋氏，后改姓元。

⑥*《梁高僧传·康僧渊传》云：“康僧渊本西域人，生于长安；貌虽梵人，语实中国。”

诸墓志，一一可考也。

李唐氏族，据最近各家考证，出于蕃姓，似有可信。① 有国以后一切建置，大率袭取周隋之旧，而渗以外来之成分，如两京规画，即其一端。② 因其出身异族，声威及于葱岭以西，虽奄③有中原，对于西域文明，亦复兼收并蓄。贞观初（公元六三一年），突厥既平，从温彦博议，迁突厥于朔方，降人入居长安者乃近万家④；此或可视为唐代对于外族“怀柔”之一端。唐京兆府户口，在天宝初仅三十余万户，⑤ 贞观时当不及此，而长安一隅突厥流民乃近万家，其数诚可惊人矣。因此辈流人之多，至于宪宗之际，长安少年，耳濡目染，变本加厉，无怪乎东城老父为之慨叹不已也。⑥

天宝末，安史之乱，两京沦陷，肃宗至德二年（公元七五七年）元帅广平王乃帅朔方、安西、回纥、大食之兵十五万众，收复两京。其后安史之平得力于此辈者不少，而回纥叶护太子亲将兵四千余众助讨叛逆，厥功尤伟。肃、代之际，回鹘使者至长安，遂骄慢不可一世，常擅出坊市，掠人子女，白昼杀人，入狱劫囚，而莫敢谁何。代宗以后，回鹘麕聚长安者常至千人，华服营利，为公私害。⑦ 德宗即位，遂将留寓长安之回鹘人全部遣回，而有

①* 关于此一问题可参看冯承钧《唐代华化蕃胡考》，《女师大学术季刊》第1卷第4期刘盼遂《李唐为蕃姓考》，中央研究院历史语言研究所《纪念论文集》陈寅恪《李唐氏族推测》诸篇。

②* 按唐代两京规制，与周秦以来建国之制殊异，日本桑原博士还历纪念《东洋史论丛》那波利贞《从中国首都计划史上考察之唐代长安城》一文讨论綦详，可以参看也。

③奄：覆盖、包括。《诗·大雅·皇矣》：“奄有四方。”

④*《唐会要》卷七十三作“近万家”，《唐语林》卷三作“且万家”，《册府元龟》卷九百九十一作“数千家”，大致俱不殊也。——编者按：唐太宗平突厥是在公元630年。

⑤*《唐书·地理志》：京兆府天宝元年（公元742年）领户三十六万二千九百二十一，口百九十六万一百八十八。《旧唐书·地理志》口作一百九十六万七千一百八十八，旧领户二十万七千六百五十，口九十二万三千三百二十（据浙局本《旧书》）。——编者按：本文中“《旧书》”指《旧唐书》。

⑥* 唐陈鸿祖《东城老父传》：“今北胡与京师杂处，娶妻生子；长安中少年，有胡心矣。”鸿祖此传所纪为元和中叶时事。东城老父所云之北胡，其犹为突厥与营州杂胡之流裔欤？

⑦* 参看《资治通鉴·代宗纪》十四年七月条。

振武留后张光晟杀回鹘使者董突等九百余人之惨剧。① 按天宝以后，回鹘既代突厥而雄长朔漠，部族中遂杂有不少之西域人成分。代宗世常冒回鹘之名杂居长安之九姓胡，当即回鹘部族，桑原氏以为此辈九姓胡人应是昭武九姓②苗裔。据《李文饶［文］集》记在京回鹘译语人，屡及石姓译人，谓为“皆是回鹘种类”；西域石国人来中国，俱称石姓，此辈当是石国人之臣于回鹘者；桑原氏以九姓胡人为昭武九姓，其说可信也。关于回鹘石姓译人，别见于后，兹不赘述。至于回鹘人之在长安，并不因振武一戮而遂绝：《李文饶［文］集》所记译语人诸事，俱在会昌初年；会昌五年（公元八四五年）和蕃大和公主以回鹘王崩国乱归唐，至长安，随从中即有回鹘人，日本僧圆仁留学长安，盖亲见之。③ 穆宗长庆五年（公元八二五年）④，右龙武大将军李甚亦因其子贷在京回鹘钱不偿，为回鹘所诉，遂遭贬斥为宣州别驾（参看后论《西市胡店与胡姬》一节）；凡此皆可见德宗以后回鹘人仍时往来长安之概也。

唐自太宗以后，吐蕃势盛，高宗乾封、咸亨之际，西域四镇沦陷，河陇一带遂没于吐蕃。至今所得敦煌石室遗书，卷末书大蕃岁月者不一而足，当即此一时期之所书也。⑤ 中国与西域之交通，因四镇陷蕃而中断，于是安西、北庭奏事及西域使人在长安者归路既绝，遂流寓其间，仰给于鸿胪礼宾。桑

---

①* 参看《资治通鉴·德宗纪》建中元年（780）八月条。按《代宗纪》十四年七月条有云：“先是回纥留京师者常千人，商胡伪服而杂居者又倍之。”《德宗纪》建中元年八月条有云：“九姓胡闻其种族为新可汗所诛，多道亡。董突防之甚急。九姓胡不得亡，又不敢归，乃密献策于光晟，请杀回纥。”此所云商胡及九姓胡，日本羽田亨氏在其《九姓回鹘考》（见《东洋学报》第九卷）中以为系铁勒九姓。桑原氏谓指昭武九姓而言，其说较长，今从之。

②昭武九姓：亦称“九姓胡”。“九姓”非确指，泛指隋唐时期中亚阿姆、锡尔两河流域地区以粟特人为主体的诸政权，大部分在今乌兹别克斯坦境内。

③* 见圆仁著《入唐求法巡礼行记》卷三。——编者按：“会昌五年（公元八四五年）和蕃大和公主以回鹘王崩国乱归唐”句疑有误，是会昌“三年（843）”，和蕃“太和”公主回到长安。

④编者按：《册府元龟》卷九百九十九《外臣部·互市》载，文宗太和五年（831）六月，贬右龙武大将军李甚为宣州别驾。

⑤* 北京图书馆藏位字七九号《贞观氏族志》残卷，卷末有“大蕃岁次丙辰后三月庚午朔十六日乙酉鲁国唐氏比菿悟真记”一行。据余所考，大蕃岁次丙辰后三月，盖即唐文宗开成元年（836）之四月也。说见《北平图书馆馆刊》六卷六号《敦煌丛抄贞观氏族志残卷补注》。

原氏文指出，《通鉴·德宗纪》记当时胡客留长安久者或四十余年，皆有妻子，买田宅，举质取利。检括之余，有田宅者鸿胪停给，凡得四千人，此辈俱留不归，① 此亦一惊人之数字也。至于胡客之娶汉女为妻，并不始于德宗时，《唐会要》云：

贞观二年（公元六二八年）六月十六日敕：诸蕃使人所娶得汉妇女为妾者并不得将还蕃。

洛阳出土唐墓志中汉女适西域人者亦往往有之。② 验之《会要》之文，似乎有唐一代对于汉女之适异族，律并无禁，只不得将还蕃国耳。

唐代流寓长安之西域人，大致不出四类：魏周以来入居中夏，华化虽久，其族姓犹皎然可寻者，一也。西域商胡逐利东来，二也。异教僧侣传道中土，三也。唐时异族畏威，多遣子侄为质于唐，入充侍卫，因而久居长安，如新罗质子金允夫入朝充质，留长安至二十六年之久，③ 即其一例；此中并有即留长安入籍为民者，四也。兹谨综合所知，分国叙述如次：先及葱岭以东于阗④、龟兹、疏勒⑤诸国，然后推及中亚、西亚，如昭武九姓以及波斯诸国。观于此辈，而后西域文明流行长安，其性质之复杂，亦可概见矣。

于阗尉迟氏 于阗王室，相传在唐以前即属 Vijaya 一族。据斯坦因（M.

---

①*《资治通鉴·德宗纪》（编者按：系卷二百三十二“唐纪四十八”）贞元三年条：“初，河陇既没于吐蕃，自天宝以来，安西、北庭奏事及西域使人在长安者归路既绝，人马皆仰给于鸿胪礼宾，委府县供之，于度支受直。度支不时付值，长安市肆不胜其弊。李泌知胡客留长安久者或四十余年，皆有妻子，买田宅，举质取利，安居不欲归。命检括胡客有田宅者停其给，凡得四千人。将停其给，胡客皆诣政府诉之。泌曰：‘此皆从来宰相之过，岂有外国朝贡使者留京师数十年，不听归乎？今当假道于回纥，或自海道，各遣归国。有不愿归者，当于鸿胪自陈，授以职位，给俸禄为唐臣。人生当乘时展用，岂可终身客死耶？’于是胡客无一人愿归者。泌皆分隶神策两军，王子使者为散兵马使或押牙，余皆为卒；禁旅益壮。鸿胪所给胡客才十余人，岁省度支钱五十万缗，市人皆喜。”

②*例如《安延墓志》所记延夫人刘氏，大唐故酋长康国大首领因使入朝检校折冲都尉康公故夫人汝南上蔡郡翟氏墓志之翟氏，当俱是汉女，适于异族。至于安神俨之夫人史氏，康杴之夫人曹氏，佚名康君夫人曹氏，又康氏故史夫人，疑俱属异族，本非汉裔，墓志所云乃出缘饰，观于诸女祖若父之名俱为西域音盖可见也。

③*见《册府元龟》卷九百七十六《褒异·三》。

④于阗：古西域国名，在今新疆和田一带。唐于其地置毗沙都督府，属安西都护府。

⑤疏勒：古西域国名，国都在今新疆喀什市。唐高宗上元时设都督府，治今新疆喀什市，属安西都护府。约贞元六年（790）后陷于吐蕃。

A. Stein）及 Sten Konow 诸人研究，西藏文献中之 Vijaya 即 Saka 语中之Viśa，中国史籍中之于阗王室尉迟氏即Viśa一辞之译音。于阗国人入居中国，遂俱氏尉迟。至于唐代流寓长安之尉迟氏诸人，渊源所自，大别有三：一为出于久已华化之后魏尉迟部一族；一为隋唐之际因充质子而入华者；其一则族系来历俱不明者。今分举如次：

唐代住居长安久已华化之尉迟氏，自以尉迟敬德一族，最为著名。尉迟敬德（《旧唐书》卷六十八，《唐书》卷八十九有传），以高宗显庆三年（公元六五八年）卒于长安私第。敬德长安私第，据宋敏求《长安志》，在西市南长寿坊。其子宝琳附见两《唐书》传及许敬宗撰敬德碑。敬德犹子[①]窥基大师，字洪道，尉迟宗子，所谓奘门龙象者是也。《宋高僧传·窥基传》云：

释窥基字洪道，姓尉迟氏，京兆长安人也。尉迟之先与后魏同起，号尉迟部，如中华之诸侯国；入华则以部为氏〔姓〕也。魏平东将军说六代孙孟都生罗迦，为隋代州西镇将，乃基祖焉。考讳宗，唐左金吾将军松江〔州〕都督江由县开国公。其鄂国公德则诸父也，《唐书》有传。

敬德出于后魏尉迟部。《魏书·官氏志》谓为西方尉迟氏。按韦述《两京新记》，长安嘉会坊哀义寺本隋太保吴国公尉迟刚宅，刚兄即尉迟迥。永平坊宣化尼寺则隋开皇五年周昌乐公主及驸马都尉尉迟安舍宅所立。尉迟迥、尉迟安皆出于尉迟部，嘉会、永平、长寿三坊，自北而南彼此毗连，则此部人之占籍长安，最迟亦当在周隋之际，而敬德一族与此辈必有若干之关联也。日本羽溪了谛以为后魏尉迟部实始于《窥基传》中之平东将军说，尉迟说即于阗史上之 Vijaya-kirti，尉迟即 Vijaya 之音译，说则译 kirti 一字之义（kirti 出于梵语之kl̥̂t）云云。[②] 羽溪氏说，尚待佐证，唯久已华化之敬德一族，其先亦出于阗，则无可疑也。

---

①犹子：指兄弟的孩子，侄子或侄女。

②*见《艺文》第4年第2号氏著《于阗国佛教考》。——编者按："氏著"，指称承前而来的第三人著作的词，一般前面出现过作者名，后面才能说"氏著"；"氏"代称作者，也是对学有专长者的尊称。

隋唐之际始由西域入居长安之尉迟氏，其最著者有名画家尉迟跋质那及乙僧父子，而高僧智严当亦此名画家之一族也。桑原氏文曾引张彦远《历代名画记》云：

尉迟乙僧于阗国人，父跋质那。乙僧，国初授宿卫官，袭封郡公。善画外国及佛像，时人以跋质那为大尉迟，乙僧为小尉迟。

按尉迟乙僧及其父跋质那，史未言其为于阗质子，然而父子同封郡公，乙僧并授宿卫，非质子不能至此。跋质那，《名画记》列之隋代，则跋质那及乙僧乃父子同为质子而久居长安者也。

乙僧画风属于凹凸一派，后来吴道玄之人物画亦受此种影响，此在本篇论《西域传来之画派与乐舞》一节中更为详论，兹唯略考跋质那父子与智严之关系。据《名画记》，长安奉恩寺是尉迟乙僧宅，而按韦述《两京新记》及《宋高僧传·智严传》，则奉恩寺原是智严旧宅。《智严传》云：①

释智严姓尉迟氏，本于阗国质子也。名乐，受性聪利。隶鸿胪寺，授左领军卫大将军上柱国，封金满郡公。而深患尘劳，唯思脱屣。神龙二年（公元七〇六年）五月，奏乞以所居宅为寺，敕允，题榜曰奉恩是也。

尉迟乐与乙僧父子同为宿卫，同封郡公，而又前后同居一宅。按《贞元新定释教目录·智严传》，尉迟作郁持，当是译音之异。又谓智严“自惟生居异域，长自中华，幸得侍奉四朝，班荣宠极”云云。② 智严为中宗时人，上溯四朝，适在唐初，与大小尉迟同时。则诸人者疑为一家，由跋质那以至于乐，自隋末三世入居中国，先后以质子留宿卫京师。而乐则诞于西域，长自中华，如天宝以后尉迟胜之子锐然，是以翻经能“文质相兼，得其深趣”也。

神龙以后，至于天宝中叶，于阗质子，不复可考。天宝以后有尉迟胜，玄宗曾妻以宗室女（胜，《旧唐书》卷一百四十四、《唐书》卷一百一十俱有

①*《宋高僧传》卷三《智严传》。

②*《贞元新定释教目录》卷十四《智严传》。

传，又见《册府元龟》卷九百六十二）。禄山之叛，胜命弟曜行国事，自率兵五千赴难。安史乱平，胜遂留中国不去，寓长安修行里（本名修行坊），史称其“盛饰林亭，以待宾客，好事者多访之”。让国于弟曜，尤为世所称。据《旧书》，胜卒时年六十四，贞元十年（公元七九四年）赠凉州都督，子锐嗣。锐母，大约即唐宗室女也。据 Sten Konow 在《于阗研究》中考证，尉迟胜即西藏文献中之 Vijaya-sambhava。而于阗王尉迟曜则为西藏文献中之 Vijaya-bohan，亦即于阗国语中之Viśa-vahan；贞元初，悟空自西天反国过于阗，尚及见之也。①

代宗时又有尉迟青，居在长安之常乐坊，德宗朝官至将军。善觱篥②，时人称其冠绝古今，大历中曾以此艺折服幽州觱篥名手王麻奴。③ 文宗太和中，长安又有尉迟章④善吹笙。此二人者不知是否出于华化已久之尉迟部，与尉迟敬德一族同其渊源？抑与跋质那辈同为于阗质子之苗裔？今俱无可考。按唐代教坊不少胡人，如曹氏父子、米氏父子，皆以善歌世其业，同出于昭武九姓。太和中之康迺、米禾稼、米万搥辈疑亦是胡人（说见后），当与尉迟章等同隶乐府；其是否为随北周突厥皇后东来诸乐人之子嗣，今不可知矣。

疏勒裴氏　疏勒国王姓裴氏，自号阿摩支，⑤ 其裴姓对音之由来，至今

①* 参看《大唐贞元新译十地等经记》（《弘教藏》闰十五《十力经序》，《大正藏》卷十七，页七一五）。

②觱篥：一种乐器，约在汉代从西域传入中原。

③* 见唐段安节《乐府杂录》“觱篥”条。

④* 按尉迟章，《乐府杂录》作尉迟章，钱易《南部新书·乙》则作尉迟璋左。按《旧唐书》卷一七三《陈夷行传》，开成二年（837）有仙韶院乐官尉迟璋，授王府率，后转光州长史。同书《武宗纪》开成五年（840）正月二日文宗暴卒，“三日仇士良收捕宣诏院副使尉迟璋杀之，屠其家”。此“尉迟璋”当即《乐府杂录》中之尉迟章，《南部新书》作尉迟璋左，或是讹误也。《南部新书》云：“乐工尉迟璋左能啭喉为新声。京师屠沽效呼为拍弹。”而《唐会要》卷三四“杂录”条则谓：“咸通中伶官李可及善音律，尤能转喉为新声及艳辞，听者无倦。京师屠沽少年效之，谓之拍弹。”苏鹗《杜阳杂编》卷下亦谓：“可及善转喉舌，对至尊弄媚眼作头脑，连声作词唱新声曲，须臾即百数方休。时京城不调少年相效，谓之拍弹。”俱以拍弹属之李可及；《南部新书》之说，或系传闻之误也。

⑤* 冯承钧先生谓阿摩支官号为于阗、疏勒两王所共有。《册府元龟》卷九六四有开元十六年（728）册封于阗阿摩支尉迟伏师文，又封疏勒阿摩支裴安文云云。按“阿摩支”疑即梵文amâtya一字对音，义为宰相大臣（见 Sir Monier-Williams，*Sanskrit English Dictionary*，p. 81）。大约隋唐间疏勒、于阗臣属突厥，故其国王以诸侯自称耳。

学者未能言也。疏勒裴氏入居长安，当亦始于唐初，大率以质子宿卫京师，遂留不去。其族之著者有裴玢一家。玢，两《唐书》有传，《新书》[①] 传略云：[②]

裴玢五世祖纠[③]，本王疏勒，武德中来朝，拜鹰扬大将军，封天山郡公。留不去，遂籍京兆。

玢于元和初官至山南西道，史称其“为治严稜，畏远权势，不务贡奉。蔬食敝衣，居处取避风雨而已。仓库完实，百姓安之”。玢盖以一华化之西域人从官而为循吏也。史未及玢后，林宝《元和姓纂》裴氏亦无京兆一房，或者以其异族，遂予刊落也欤？

又有裴沙者，字钵罗，亦疏勒人。曾祖裴施，本蕃大首领；祖支，宣威将军；父达，云麾将军。沙于中宗时，以破突厥功，授忠武将军，行左领军卫郎将。以开元十二年十二月三十日（公元七二五年）薨于洛阳私第，寿八十一（公元六四五—七二五年）。沙，两《唐书》无传，近年墓志出土[④]，始显于世。据墓志，沙虽薨于洛阳，葬于北邙，然既行左领军卫郎将，必曾流寓长安（关于左领军卫，参看本节末述吐火罗[⑤]人仆罗条）。志谓“仍赐几杖”，又谓“自乐道优闲，亦十有余载”，则裴沙者，其后功成身退，息影林泉，遂卜居东都，优闲自适耳。

中国佛教史上有名之慧琳，亦姓裴氏，为疏勒国人。慧琳隶京师西明寺，“引用《字林》、《字统》、《声类》、《三苍》、《切韵》、《玉篇》、诸经杂史，参合佛意，详察是非，撰成《大藏音义》一百卷。起贞元四年，迄元和五载（公元七八八—八一〇年），方得绝笔”。[⑥] 琳以元和十五年（公元八二〇年）

---

①《新书》：指《新唐书》，下同。

②*《新唐书》卷一百十。

③编者按：“纠”《旧唐书》为“绰”。北宋赵明诚《金石录·唐兴元节度裴玢碑》指出，按碑文，应为“裴绰”，且裴绰是裴玢的四世祖（高祖）而非五世祖。

④*洛阳新出土《大唐故忠武将军行左领军卫郎将裴府君墓志铭》。原石不知归于何处，兹据北京图书馆藏拓本。以后所引诸新出墓志，大率根据此馆所藏拓本，不更一一注明。

⑤吐火罗：指大夏，中亚古国，在今阿富汗北部。

⑥*《宋高僧传》卷五《慧琳传》。

庚子卒于西明寺，春秋八十有四（公元七三七—八二〇年）。其生与裴玢大略同时，疑为其族人也。

贞观时，太常乐工有裴神符，与曹纲同时有裴兴奴，俱以妙解琵琶，见称当时。疑兴奴即神符之裔，以琵琶世其家，而与曹氏、米氏同出西域，为疏勒人，故姓裴氏也。关于神符等与西域乐之关系，说见后论《西域传来之画派与乐舞》一节，兹不赘。

唐末又有一种传说，谓裴休后转生于阗为王子。《南部新书》云：①

裴相休留心释氏，精于禅律。……每发愿曰："乞世世为王，来护佛法。"后于阗国王生一子，手文间有裴字，闻于中朝。

此显然由于疏勒国王室姓裴氏，因而附会于裴休之转生；又因于阗象教之盛，远胜疏勒，遂又由疏勒讹转而为于阗。大概由于释家缘饰，齐东野语，不足信也。

龟兹白氏　龟兹白氏，源远流长，自汉至唐，王室一姓相承；葱岭以东诸国，唯于阗尉迟氏勉强可与一较短长也。白氏对音，冯承钧先生由龟兹王苏伐勃驶及诃黎布失毕二名还原所得之 Suvarna-puspa（金花）及 Haripuspa（师子花）二者推测，以为疑是 Puspa 之译音。② 就目前而论，冯说盖较为可据也。

隋、唐之间，乐府伶工有白明达者，《隋书·音乐志》附之龟兹部内，隋炀帝常欲循曹妙达封王之例以宠之。桑原氏谓白明达当是龟兹人，或系随北周突厥皇后入中国之一乐人，隋、唐两代龟兹乐之盛极一时（说见后论《西域传来之画派与乐舞》一节），与此辈龟兹乐人应不无关系。隋亡以后，至贞观时，白明达以术逾等夷，积劳计考，并至大官；高宗时犹供奉内庭。史虽未及其长安居处，然其曾居于是，盖无疑也。

此外有蕃将白孝德诸人，桑原氏文曾为举述一二，其曾否流寓长安，今

①* 见《南部新书·癸》，又见孙光宪《北梦琐言》卷六。

②* 见《女师大学术季刊》第2卷第2期冯承钧《再说龟兹白姓》。

俱无考，置而不论。又本节注五十五①引仆罗上诉书中有龟兹王子白孝顺，当曾流寓长安。其与白孝德是否一族，今无可考。

又鄯善人至中国姓鄯氏，前贤论及西域姓氏，从无注意及此者。近洛阳出土鄯乾墓志，卒于魏永平五年（公元五一二年）；车师前部王车伯生息［妻］鄯月光墓铭，卒于魏正始二年（公元五〇五年）：是为六朝时入中国之鄯善人。又鄯昭墓志，卒于唐咸亨二年（公元六七一年）；其祖官于北周，父官于隋：是为唐代入中国知姓名之鄯善人。以俱卒于洛阳，长安尚未之见，兹姑不赘。

昭武九姓胡人 所谓昭武九姓，《唐书》与《文献通考》之言微有不同。《唐书》所云之昭武九姓，为康、安、曹、石、米、何、火寻、戊地、史；《通考》则为米、史、曹、何、安、小安、那色波、乌那曷、穆：并以部落称姓，示不忘本。关于昭武九姓之考证，可参看桑原骘藏、堀谦德、藤田丰八及冯承钧诸氏书，兹不能详。② 要之，凡西域人入中国，以石、曹、米、史、何、康、安、穆为氏者，大率俱昭武九姓之苗裔也。前引《通鉴·代宗纪》之商胡，《德宗纪》之九姓胡，即多属此辈。兹举流寓长安，姓名可考者分述如次。

康氏 康国人来中国，多以康为氏。桑原文于康姓考证甚详，其所举诸人，唐以前者不论，唐代有康国大首领康艳典（或作康染颠），石城镇将康拂耽延及其弟地舍拨；流寓长安者有玄宗时为安南都护、肃宗时为鸿胪卿之商胡康谦，贞元中长安琵琶名手康昆仑，唐初善画异兽奇禽之名画家康萨陀，李白《上云乐》中之康老胡雏；而开元时缚康待宾平六胡州之康植一家，桑原氏亦疑其为康国人。

今按康国人素以善贾市著称西域，利之所在，无所不至。如高昌、蒲昌

①编者按：1933 年版本是文后连续编码注释，故云；本书指第 400 页注②《全唐文》卷九九九“仆罗”条《诉授官不当上书》。

②*关于昭武九姓考证，桑原文外，堀谦德《解说西域记》64-72 页，藤田丰八《慧超往五天竺国传笺释》65-72 页（泉寿东文书藏印本）俱可参看。

海一带，以及北蕃部落，莫不有康国人踪迹。高昌及蒲昌海左近住居之康国人，有近出墓志及敦煌遗籍可以证明。① 而北魏、周、齐以来北蕃部族入居中国者亦复不少，北蕃有十二姓，其中即有康姓一部落；柳城康姓，当即此辈。② 史称突厥颉利可汗为唐所败，其部落或走薛延陀③，或走西域，来降于唐者甚众，惟柘羯不至。按柘羯即赭羯，原是西域康国战士。又如贞观初以隋萧后及杨政道来降之胡酋康苏密之流，当亦属于康部落。是所谓北蕃十二姓中，含有不少之西域种人，盖无可疑也。④ 今所知唐代曾居洛阳之康枚（石藏北京历史博物馆）、康达□、康武通、康续诸人，其先人于魏、周之际，入官中朝，验其墓志，大都渊源西域。⑤ 此皆桑原氏所未及知者也。至于流寓长安之康国人，据余检阅所得，尚有出于桑原氏举出诸人以外者，兹

---

①* 康国人东徙，沿途居停之地，今所知者有高昌、沙州以及柳城等处。西北科学考察团黄文弼先生在吐鲁番得有麟德元年（664）翟郁宁昏母康波蜜提及神龙元年（705）康富多夫人康氏二墓志：康波蜜提必是西域人无疑，而康富多亦当是康国人。至于沙州一隅之康国人，为数尤夥。据斯坦因所得唐光启元年（885）写本《沙州伊州地志》残卷（日本小川博士还历纪念《史学地理学论丛》羽田亨氏论此志篇曾录全文，又见 *Bulletin of the School of Oriental Studies*, London Institution, Vol. VI, Part4, pp. 825-846），伯希和所得《沙州都督府图经》（影本收入《鸣沙石室佚书》）以及《新唐书·地理志》，贞观中沙州康国人聚居其间，筑有四城，其首领康艳典、康拂耽延、地舍拨等，尤为著称于世（关于蒲昌海左近之康国部落，伯希和在 *Journal Asiatique*, 1916, pp. 111-123 有“Le'cha tcheou tou tou fout'ou king'et la colonie sogdi-enne de la regin du Lob-Nor”一文，冯承钧《史地丛考》译名为《沙州都督府图经及蒲昌海之康居聚落》，可以参看）。而《沙州文录补》康再荣建宅文中之沙州大蕃纥骨萨部落使康再荣，应即是所谓康部落之苗裔也。蒲昌附近之康国人，在唐代当甚为著名，是以源出西域之康国人夸其族系，每以出于蒲昌相矜。洛阳出土康武通墓志铭，铭词论及武通族系，即云“蒲昌贵族”，是可见也。

②* 案近来出土诸康姓墓志，康枚起自西魏，康达□曾祖仕齐，康武通祖仕于周。颜鲁公撰《夏州都督康公神道碑》云：“公讳阿义屈达干，姓康氏，柳城人。其先世为北番十二姓之贵种。”凡此诸辈，其先世疑俱为臣属北番突厥之康部落种人，后魏以降，入居中原也。

③薛延陀：北方古代民族，铁勒诸部之一，役属于突厥。后为唐所灭。

④* 参看《文献通考·四裔考》之《突厥考》。

⑤* 案康枚墓志云：“吹律命系，肇自东周；因土分枝，建旗西魏。”是明为属于后魏之一部族，而枚在唐初授陪戎副尉，此为统理异族之官，必其人亦属此族也。康达□墓志则直云“十六代祖西华国君，东汉永平中遣子仰入侍，求为属国”。此当系缘饰之辞，大约北齐时入居中国，遂占籍河南为伊阙人耳。康武通为太原祁人，亦授陪戎副尉。志称其妻唐（?）氏即酒泉单王之胤，所谓酒泉单王，不知何指，唯铭词有“蒲昌贵族，酒泉华裔”之语，则武通与蒲昌海附近之康国人有关系，固显然可见也。康续亦河南人，墓志谓：“昔西周启祚，康王承累圣之基；东晋失图，康国跨全凉之地。控弦飞镝，屯万骑于金城；月尘汉惊，辟千营于沙塞。举葱岩而入款，宠驾侯王；受茅土而开封，业传枝胤。”是续之先世，固葱岭以西之人，或系北齐之际入居中国，康王云云则谀墓之辞耳。续父名老，不知是否即李白《上云乐》中之康老胡雏，还待通人考定。

并缕述如次，以补其阙。

占籍河南洛阳之康国人，亦有曾流寓长安者。唐代长安，各国人集居其地者甚多，其中康国人当亦不少，洛阳出土墓志有康磨伽、康留买兄弟，当即此辈也。康磨伽曾祖感，凉州刺史；祖近德，安西都护府果毅；父洛，唐上柱国。磨伽以军功授游击将军上柱国。志文云：

君讳磨伽，其先发源于西海，因官从邑，遂家于周之河南。

盖亦为北周时入居中国之康国人也。磨伽卒于高宗永淳元年（公元六八二年）四月，志文谓磨伽：

以永淳元年四月三日疾薨于京之私第，游击将军守左清道率同返葬于洛州河南县平乐之原。

志文有“一举而扫龙庭，再战而清翰海”之语，其人当系永隆、开耀间从裴行俭平突厥有功者。既云游击将军守左清道率同返葬于洛州云云，则所谓薨于京之私第，自指长安而言，其曾流寓长安，于兹可见也。

康留买为磨伽之兄弟行，志文谓：

公讳留买，本即西州之茂族，后因锡命，遂为河南人焉。

其一家之为康国人，盖大致可信。留买亦因平突厥有功，“诏授游击将军守左清道率频阳府果毅北门长上”。所谓频阳折冲府，据罗振玉考证，隶于京兆，① 而左右清道率府②俱在西京，则留买亦必驻节长安。留买于磨伽卒后送榇归葬洛阳，已亦卒于其年七月十七日。两志俱未及卒者年岁，二人孰长，莫由决定也。磨伽有子阿善，留买有子伏度，俱见志文。

康磨伽兄弟之后，又有营州柳城杂胡安禄山，其长安赐第在亲仁坊。禄山本姓康氏，妻亦康姓，至中国后，受安波主之卵翼，遂易姓安氏。③ 桑原氏据姚汝能《安禄山事迹》，谓禄山或有中亚伊兰民族之血统，为康国人。

①*见《唐折冲府考补》（《永丰乡人杂著》本）。

②左右清道率府：唐代官署名，掌东宫内外昼夜巡警。

③*《全唐文》卷四百五十二邵说《代郭令公请雪安思顺表》云：“安禄山牧羊小丑，本实姓康，远自北番，来投中夏。思顺亡父波主，哀其孤贱，收在门阑；比至成立，假之姓氏。”波主，《旧唐书·安禄山传》作波至。——编者按：姚汝能《安禄山事迹》中“波主”为“波注”。

据颜鲁公①《康金吾神道碑》，北蕃大族有十二姓，其中即有康氏一部，属于此族之阿义屈达干，其后即卒于长安。《康金吾神道碑》云：②

公讳阿义屈达干，姓康氏，柳城人。其先世为北蕃十二姓之贵种：曾祖颉利，部落都督，祖染，可汗驸马都知兵马使，父颉利发，默啜可汗卫衙官、知部落都督；皆有功烈，称于北陲。公即衙官之子也。……以（至德）二年（公元七五七年）青龙甲辰冬十有一月二十日甲寅感肺疾薨于上都胜业坊之私第，春秋七十有五（公元六八三—七五七年）。亲事左右，莫不剺面截耳以哭。……铭曰：北方之强欤？十有二姓强哉矫。部落之雄者康，执兵柄，缅乎眇。……

所谓"部落之雄者康"是阿义屈达干之得姓，盖以"番人多以部落称姓，因以为氏"耳。柳城康姓胡人出于康国，因鲁公此碑而又加强其证。是以阿义屈达干归唐后，即隶禄山麾下，为部落都督，可见二人族姓之关系，而禄山部下有不少康部落人，于阿义屈达干为部落都督亦可以见出若干消息也。剺面截耳，俱突厥法，柳城康氏虽出西陲，盖为突厥所化久矣。阿义屈达干举族归唐，有四子：没野波、英俊、屈须弥施、英正，俱以勇力闻于世，颜碑并著其事。

又按康国人中每多摩尼教徒，③ 而据《唐语林》：④

颜鲁公尝得方士名药服之，虽老，气力壮健如年三四十人。至奉使李希烈，春秋七十五矣。……如穆护（原注：穆护即鲁公男硕之小名也）天性之道，难言至此。

穆护原为摩尼教中僧职之名，说者多以鲁公以穆护名其次男为异，今观其所作《康金吾神道碑》，可知鲁公与康国人曾有交往，则《语林》所云，

①颜鲁公：颜真卿，受封鲁郡公，世称颜鲁公。

②*见《颜鲁公集》（《四部丛刊》本）卷六。《唐三十姓可汗贤力毗伽公主阿那氏墓志》有"君临右地，九姓畏其神明；霸居左衽，十二部忻承美化"之语。此九姓当指铁勒九姓，而十二部则必是《康金吾神道碑》中所云之北蕃十二姓也。

③*参看《支那学》第3卷第5号羽田亨《漠北之地与康国人》一文。

④*《唐语林》卷六。

或者鲁公服膺摩尼教旨，而获其养生之术欤？

有名之华严宗第三祖贤首大师释法藏亦是康国人，曾与玄奘、义净同预译事。《宋高僧传》云：

释法藏字贤首，姓康，康居国人也。风度奇正，利智绝伦。薄游长安，弥露锋颖。

据阎朝隐《康藏法师碑》及崔致远《法藏和尚传》诸书，法师累代相承为康国（原作康居国）丞相，祖自康国来朝；父谧，唐赠左侍中；弟宝藏，中宗朝议郎行统万监。法师生于贞观十七年（公元六四三年）。其生地不详，验其幼年求道，不出雍州，疑即诞于长安。咸亨元年（公元六七〇年）削染于太原寺，其后历住崇福诸寺，先天元年（公元七一二年）圆寂于西京大荐佛〔福〕寺，春秋七十（公元六四三—七一二年）。此一家之入中国当在周、齐之际也。法藏撰《华严经传记》，记调露初雍州万年县人康阿禄山被冥道误追事，此康阿禄山疑亦是康国人。①

又据康庭兰墓志，庭兰官至右威卫翊府左郎将，开元二十八年（公元七四〇年）九月卒于东都温柔里，春秋六十有五（公元六九六—七四〇年②）。庭兰曾祖匿，唐游骑将军守左卫翊府中郎将；祖宁，归德将军行右领军卫将军；父烦陁，云麾将军上柱国。庭兰一家，就其姓名而论，当是唐代归化之康国人，而右威卫翊府左郎将，左卫翊府中郎将，右领军卫将军，据《唐书·百官志》，俱是宿卫京城之官，则庭兰诸人虽卒于东都，而在当年因〔应〕曾一度为长安寓公；疑其入唐原为质子，慕恋华风，遂留不归耳。

①* 法藏见《宋高僧传》卷五《法藏传》。又参看阎朝隐撰《大唐大荐福寺故大德康藏法师之碑》及崔致远撰《法藏和尚传》。康阿禄山见法藏集述《华严经传记》卷五（碑传等俱见《续藏经》第一辑第二编乙第七套）。

②编者按：“春秋六十有五（公元六九六—七四〇年）”疑出生年有误，65 岁的话应为公元 675 或 676 年出生。

代宗时李端有《赠康洽》诗，开篇即云：①

黄须康生②酒泉客，平生出入王侯宅。今朝醉卧又明朝，忽忆故乡头已白。……迩来七十遂无机，空是咸阳一布衣。

酒泉康姓，而又黄须，好饮，后寄居长安；则康洽者疑其先原为康国人。诗云酒泉，其亦犹凉州安氏之流欤？（李颀、周贺亦有赠洽诗，别详本节注四一③。）宣宗大中初，乐府又有康迺，善弄婆罗门，当亦如康昆仑然，同为流寓长安、原籍康国之乐工也。

安氏　唐代入居中国之昭武九姓胡人，康、安二姓同为显族。姑臧凉州安氏，据林宝《姓纂》，系出安国。北魏安难陀至孙盘娑罗（《唐书·世系表》作盘婆罗）代居凉州为萨宝④，盖火祆教⑤世家也。安兴贵以执李轨功，拜右武卫大将军归国公，其入居长安，当始是时。至抱玉，赐姓李氏，与弟抱真同为有唐名将，两《唐书》俱有传（《旧唐书》卷一百三十二，《唐书》卷一百三十八）。抱玉宅在长安朱雀门街西修德坊。安氏一家及其与以前诸安氏之关系，桑原氏文述之綦详，兹不赘。武德元年（公元六一八年）拜舞人安叱奴为散骑侍郎，李纲切谏不听。纲疏谓叱奴为舞胡，又与曹国出身之曹妙达、安国出身之安马驹并论，桑原氏疑其为安国人，当可信也。居于洛阳之安国人尚有安延及安神俨。安延祖真健，后周大都督；父比失，隋上仪同平南将军。墓志（石藏北京历史博物馆）谓：

君讳延，字贵萨，河西武威人也。灵源浚沼，浪发昆峰，茂林森蔚，草

①*《全唐诗》卷二八四。又《全唐诗》卷一三三有李颀《送康洽入京进乐府歌》云："识子十年何不遇，只爱欢游两京路。朝吟左氏《娇女篇》，夜诵相如《美人赋》。长安春物旧相宜，小苑蒲萄花满枝。……"又卷五〇三有周贺《送康洽（"洽"今本《全唐诗》作"绍"，明周晖《金陵琐事》卷三江宁诗人条引作康洽，是明本固有作"洽"者）归建业》诗，开篇云："南朝秋色满，君去意如何？……"综三家之诗观之，似乎康洽籍贯原系酒泉，系出西域，寄寓建业，后以进乐府而至长安，久之又归建业也。其所进之乐府疑亦为西域乐舞，如凉州霓裳之类耳。志此以待博雅论定。

②编者按：《全唐诗》中为"黄须康兄"，《唐百家诗选》中为"黄发康兄"。

③编者按：1933 年版本是文后连续编码注释，故云；本书指本页注①"《全唐诗》卷二八四"条。

④萨宝：官名，中原王朝为来自域外祀奉祆教的移民团体所设的政教合一的官职。

⑤火祆教：琐罗亚斯德教的中国旁支，也称拜火教、火教、祆教，起源于古代波斯。

敦积石。……词曰：……望重玉关，族高昆岳。……

神俨祖君恪，隋任永嘉府鹰扬；父德，左屯卫别将。墓志谓：

君讳神俨，河南新安人也。原夫吹律命系，肇迹姑臧；因土分枝，建旗强魏。

神俨嗣子敬忠。此二人当俱姑臧安氏一族，出于安国，昭然无疑。

自唐初入居长安之安国人，除桑原氏所举外，尚有安附国一家。附国祖乌唤，为突厥颉利吐发，番中官品称为第二。父朏汗于贞观初率所部五千余人入朝，为置维州，即以朏汗为刺史，拜左武卫将军，累授左卫右监门卫二大将军，封定襄郡公。附国亦于贞观四年（公元六三〇年）与父俱诣阙下，时年十八。太宗见而异之，即擢为左领军府左郎将。后授上柱国，封驺虞县开国男，咸亨初进爵为子。以调露二年（公元六八〇年）二月十八日终于长安，葬于雍州长安县孝悌乡。长子右钤卫将军北平县公思祇，次子鲁州刺史思恭。事实具见李至远撰《唐维州刺史安侯神道碑》。① 碑文有云：

侯讳附国，其先出自安息，以国为姓。

盖为隶属突厥之安国人，谓为出自安息，则文人之附会耳。注三十六② 所引邵说撰《请雪安思顺表》③ 中之安波主及其子思顺，与安附国一家或有若干血统上之关系，亦未可知也。

又长安出土有安令节墓志铭。令节以唐长安四年十一月二十三日卒于长安之醴泉里私第。志文有云：

君讳令节，字令节，先武威姑臧人，出自安息国王子，入侍于汉，因而家焉。历后魏、周、隋，仕于京洛，故今为豳州宜禄人也。……祖瞻

①* 见《全唐文》卷四百三十五。碑文谓附国“以贞观四年与父俱诣阙下，时年一十有八”。又谓“奄以调露二年二月十八日寝疾，终于神都，春秋八十有三”。按附国贞观四年才十八岁，至调露二年疾终之日，只应六十有八，与碑文所云八十有三不合。此二者必有一误。以无他证，姑悬疑以待通人。又附国入唐在贞观四年，与是年伊州杂胡来朝合，疑本是西域人，唐初入华，世系谱牒则缘饰之辞云耳。

②编者按：1933 年版本是文后连续编码注释，故云；本书指第 389 页注③“《全唐文》卷四百五十二”条。

③编者按：指前文提到的《代郭令公请雪安思顺表》。

〔赡〕①，皇唐左卫，潞州府左果毅。……父生，上柱国。……（令节）以长安四年十一月廿三日疾终于醴泉里之私第，春秋六十。有子如岳、国臣、武臣等。……即以神龙元年三月五日葬于长安县之龙首原，礼也。……

是安令节一家，固亦为流寓长安之西域安国人也。

又按李颀《听安万善吹觱篥歌》有云：②

南山截竹为觱篥，此乐本自龟兹出。流传汉地曲转奇，凉州胡人为我吹。……变调如闻杨柳春，上林繁花照眼新。……

既云凉州胡人，则安万善当为姑臧安氏，出于安国，与安难陀、安延、安神俨同属一族。上林云云，或指安万善之流寓长安而言耳。昭宗时长安又有舞胡安辔新，以曾斥李茂贞见称于世，当亦西域人也（见《北梦琐言》卷十五）。

曹氏　后魏以来，源出曹国入居中土之曹氏一家，特为显贵，名乐工、名画家不一而足。如曹婆罗门，曹僧奴，曹妙达；曹僧奴女北齐高纬之昭仪，三世俱以琵琶有名当世，妙达且以之开府封王。曹仲达为北齐有名画家，出身曹国，当亦妙达一家。至于唐代琵琶名手尤多曹姓：曹保，保子善才，孙纲，俱以琵琶著称当世。唐代乐府多袭周隋之旧，曹保一家，当即妙达之裔，于长安教坊中复大显其身手也。关于曹保一家，桑原氏文所述綦详，兹惟于其出身西域更举数证。按李绅《悲善才》诗为感曹善才之殁而作，其中有句云：③

紫髯供奉前屈膝，尽弹妙曲当春日。

按张说《苏摩遮》第一首谓“摩遮本出海西胡，琉璃宝眼紫髯须”，是紫髯盖西域胡人始有之也。曹氏之为胡人，观白居易诗，似更为可信。白氏《听曹刚琵琶兼示重莲》诗云：④

①编者按：查《安令节墓志》碑文为“赡”，据此，“瞻”应为“赡”。
②《全唐诗》卷一三三。
③《全唐诗》卷四八〇。
④《全唐诗》卷四四九。

拨拨弦弦意不同，胡啼番语两玲珑。谁能截得曹刚手，插向重莲衣袖中。

白氏诗之曹刚即《乐府杂录》中之曹纲。此所云“胡啼番语”，当非指琵琶之音调而言，大约以刚为西域胡人，故如是云云耳。白氏又有《代琵琶弟子谢女师曹供奉寄新调弄谱》诗，① 此善琵琶之女师曹供奉，疑亦是曹纲一家，如其不误，则其祖孙父子兄妹（?）并以琵琶著于世，与曹妙达一家先后媲美矣。唐末又有曹触新善弄婆罗门，江南李煜乐工曹者素善琵琶，或与曹保同为一族，亦未可知。② 白氏《琵琶引》又谓善琵琶之贾人妇本长安倡女，尝学琵琶于穆、曹二善才③云云，所谓曹善才当即曹保之子也。

又长安出土谯郡夫人曹明照墓志，夫人以开元十一年（公元七二三年）十月八日终于居德里私第。志称其“曾祖继代金河贵族，父兄归化，恭□玉阶。……以其年（开元十一年）十一月廿三日迁窆于金光坊龙首原，礼也。……”据此，曹明照疑亦是由曹国移至武威、姑臧一带之西域人也。

石氏 昭武九姓中之石国，其国王姓石氏，国人来中土者亦以石为氏。在唐初，石国人当有若干徙居今之陕西。《宋高僧传·神会传》云：④

释神会，俗姓石，本西域人也。祖父徙居，因家于岐，遂为凤翔人矣。

既为西域人，又姓石氏，自属出于石国。按神会以贞元十年（公元七九四年）十一月十二日坐灭于成都之净众寺，春秋七十五。从此上推，其祖父徙居于岐，当在唐初。按隋末西域杂胡据有伊州，至唐贞观四年（公元六三〇年）群胡慕化，率七城内附，因于其地置西伊州。此率七城慕化内附之首领为伊吾城主。据斯坦因在敦煌所获光启元年写本沙、伊两州地志残卷，贞观四年内附之伊吾城主为石万年，与康艳典等当同为昭武九姓胡人。⑤ 神会之祖，或即随石万年来朝之石国胡人，留恋中土，不忍遽去，因而遂家于岐，

①《全唐诗》卷四五五。

②* 曹触新见陈旸《乐书》卷一七三“弄婆罗门”条；曹者素见同书卷一八三“霓裳舞”条。

③编者按：这里的“善才”不是人名，指琵琶师。

④*《宋高僧传》卷九。

⑤* 小川博士《史学地理学论丛》羽田亨《唐光启元年写本〈沙州伊州地志〉考》述此甚详。又可参看 Lionel Giles，“A Chinese Geographieal Text of the Nineth Century”，*Bulletin of the School of Oriental Studies*，London Institution，Vol. VI，Part4（1932）：825-846。

为凤翔人。此凤翔一支之石国人，有无流寓长安者，今无可考。

北京图书馆曾购得长安出土唐石崇俊墓志一石，亦是西域人。志文云：

府君石氏，讳崇俊，字孝德。……府君以曾祖（?）奉使至自西域，寄家于秦，今为张掖郡人也。祖讳宁芬，本国大首领散将军。皇考讳思景，泾州阳府左果毅。……（府君）有子曰清，……荐授左威卫左司戈，掌剑南道泉谷之任。……（府君）不幸遘疾，以贞元十三年二月二十日终于群贤里之私第，享年八十有一。……

此石崇俊一家是否即石万年之后，今无可考。唯流寓以及卒于长安之西域石国人墓志，要当以石崇俊一石为最初之发见，是亦可珍也。

桑原文引刘言史《王中丞宅夜观舞胡腾》诗，首云“石国胡儿人见少”。王中丞名武俊，长安朱雀门街西道德坊有其家庙，长安当亦有居宅。此石国胡儿，盖居于长安之一不知名之舞胡也。

《李文饶［文］集》曾及回鹘部族中之石姓胡人，本节前已约略道及。兹按其《论译语人状》有云：

右缘石福〔佛〕庆等，皆是回鹘种类，必与本国有情。纥扢斯①专使到京后，恐语有不便于回鹘者，不为翻译，兼潜将言语辄报在京回鹘。望赐刘沔忠顺诏，各择解译蕃语人不是与回鹘亲族者，令乘递赴京，冀得互相参验，免有欺蔽未审。

同集又有《论回鹘石诫直状》，有云：

右自两月〔日〕来臣等窃闻外议云，石诫直久在京城，事无巨细，靡不谙悉。昨缘收入鸿胪，惧朝廷处置，内求奉使，意图〔在〕脱身。又云石诫直在先有两男逃走，必是已入回鹘；料其此去，岂肯尽心。……石诫直是一卑微首领，岂能有所感寤。况自今夏已来，两度点检摩尼、回鹘，又宠待唱没斯至厚，恐诫直之徒心怀疑怨。……

又《赐回鹘可汗书》谓“石诫直久在京城，备知仁心”云云。是石诫直

①纥扢斯：或作黠戛斯，古族名，据地主要在今叶尼塞河上游流域。唐贞观二十二年（648）内附，唐以其地为坚昆都督府，隶燕然都护府。

当为一回鹘首领，其家久居长安。会昌时，回鹘势力已及西域，其部族中不少昭武九姓胡人，则石福〔佛〕庆、石诫直辈当俱是臣服回鹘之昭武九姓胡，其流寓长安应在文宗、武宗之际也。①

大中初，教坊又有石宝山，善弄婆罗门②——弄婆罗门或作婆罗门舞，即霓裳羽衣舞。此石宝山，或亦如曹氏、米氏，源出石国也欤？

米氏 昭武九姓之米国即《西域记》之弭秣贺。邓名世谓西域米国胡人入中国者因以为氏。唐代宪宗、穆宗两朝著名之国乐米嘉荣及其子米和（一作米和郎，又作米莱加），皆西域人；桑原氏文已详言之。太和初，教坊又有米禾稼、米万槌，善弄婆罗门，《通考》归之于龟兹部，与曹婆罗门并称。米禾稼、米万槌，当亦是米国胡人，在长安为国乐，而与米嘉荣、米和辈或属同族也。

昭武九姓中，安、曹、史、米诸国并信奉火祆教。唐代火祆教传入长安，东来开教者遂亦有米国人。最近长安出土米萨宝墓志，萨宝为火祆教教职，米萨宝即米国人。墓志作《唐故米国大首领米公墓志铭》。志文有云：

公讳萨宝，米国人也。

其为米国胡人，无复可疑。米萨宝以天宝元年（公元七四二年）二月十一日卒于长安县崇化里，春秋六十有五。其在中国火祆教史之地位，本篇后更有说。其人或系流寓长安之一火祆教长也。

温庭筠《乾𦠆③子》曾记长安胡人米亮事。④ 谓亮工于览玉，助窦乂致

---

①*《论译语人状》见《李文饶文集》（《四部丛刊》本）卷十五，作于会昌二年（公元八四二年）正月十日；《论回鹘石诫直状》见同书卷十四，作于会昌二年八月十八日；《赐回鹘可汗书》见同书卷五。又同书卷十三《论田牟请许党项雠复回鹘嗢没斯部落事状》有回鹘安孝顺之名，此安孝顺疑亦是昭武九姓中之安国人，而足以为德宗时张光晟所杀九姓胡即昭武九姓之又一证明也。——编者按：《四部丛刊》本为《李文饶文集》，加“文”。

②*见《乐府杂录》“俳优”条。——编者按：“俳优”条为“弄婆罗，大中初有康迺、李百魁、石宝山”。

③乾𦠆：指风干或晾干的肉。乾（gān），太阳晒干；也有人视作“干”的繁体字。𦠆，同“馔”。南宋陈振孙《直斋书录解题》录《乾𦠆子》三卷，云：“序言‘不爵不觥，非炰非炙，能悦诸心，聊甘众口，庶乎乾𦠆之义’。𦠆与馔同字，从肉，见古礼经。”

④*《太平广记》卷二四三“窦乂”条引。

富，后遂居于崇贤里。米亮既是胡人，必出昭武九姓中之米国。唯《乾䉵子》本小说家言，则米亮之是否为历史的人物，盖难言也。

何氏　西域何国人，入中国姓何氏。唐以前何姓之西域人，桑原氏文曾指出隋代发明琉璃之何稠一家。又以唐中宗景龙四年（公元七一〇年）圆寂于长安荐佛〔福〕寺之西域僧伽大师俗姓何氏，桑原氏据《太平广记》引《僧伽大师事迹》，疑其与何国或有关系云云。今按《宋高僧传·僧伽传》已明言其为何国人。《传》云：①

释僧伽者，葱岭北何国人也。自言俗姓何氏，亦犹僧会本康居国人，便命为康僧会也。然合有胡梵姓名，名既梵音，姓涉华语。详其何国，在碎叶国东北，是碎叶附庸耳。

僧伽卒于景龙四年，年八十三，《传》称其"在本国三十年，化唐土五十三载"，是僧伽之入中土，盖在高宗显庆二年（公元六五七年）左右也。

又按姚宽《西溪丛语》卷上论《牧护歌》一条有云：

至唐贞观五年，有传法穆护何禄将祆教诣阙闻奏。敕令长安崇化坊立祆寺，号大秦寺，又名波斯寺。

或以宋敏求《长安志》崇化坊并无祆寺，亦无波斯寺，因疑何禄其人为子虚乌有，姚宽盖因贞观九年（公元六三五年）阿罗本传景教而误。② 此说证以近出之米萨宝墓志，可知其不然，而何禄之为实有其人，亦因此而加强其证据。此何禄亦必是西域何国人也。本篇后更有说，兹不详赘。

余在长安，于碑估③段姓处见何知猛墓志铭拓本一份，文有"望重起于西河"之语，当亦是西域人，唯其流寓之地及葬处俱不明，是否亦曾流寓长安，不敢遽决。

又洛阳出土有何摩诃墓志铭，志文云：

---

①*《宋高僧传》卷十八。《全唐文》卷二六三李邕撰《大唐泗州临淮县普光王寺》碑亦谓僧伽"和尚之姓何，何国人"云云。

②*陈垣《火祆教入中国考》，见北京大学《国学季刊》第1卷第1号。

③碑估：指以售卖碑帖为业的商人。

君讳摩诃，字迦，其先东海剡人也。因官遂居姑臧太平之乡。……曾祖瞻，齐为骠骑……祖陁，梁充校尉，……父底，隋授仪同。……惟君不以冠缨在念，轩冕留心，恁襟定水之前，栖志禅林之上。……以调露二年二月十六日遘疾卒于洛阳界嘉善之私第也。春秋五十有一。……

何摩诃一家之迁徙亦太离奇：由东海以迁于姑臧，由姑臧复回于中夏，而祖孙父子之名俱带外国风味，其为外国人，大部分可信也。摩诃信教，其信何教不可考，总疑非佛教也。

波斯诸国胡人　唐时波斯商胡懋迁往来于广州、洪州、扬州、长安诸地者甚众，唐人书中时时纪及此辈。本篇论西市胡店与胡姬一节，对于长安以及长安以外波斯诸国商胡略有叙述，兹唯将波斯诸国胡人姓名彰彰可考者次叙所知如下。

唐时流寓长安之波斯人，最显赫者自推波斯萨珊王朝（Sassan）后裔卑路斯（Firuz）及其子泥洹斯（Narses）二人。卑路斯为伊嗣俟（Isdigerd）子。伊嗣俟为大酋所逐，奔吐火罗，中道为大食所杀。卑路斯穷无所归，咸亨间乃至中国，客死长安。长安醴泉坊之波斯胡寺，即卑路斯请立以处波斯人者。子泥洹斯志图恢复，调露初因唐之助，终未能果；景龙二年（公元七〇八年）复返长安，埋骨中土。此为客死长安之名波斯人也。其在洛阳者，有景云元年（公元七一〇年）逝世之波斯国酋长阿罗憾及其子俱罗。阿罗憾父子，桑原氏疑其为犹太人，原为景教徒。关于此辈，可参看桑原氏文，毋待辞费。今按隋末尚有讳彻字娡旺者亦波斯人，祖各志，父若多志（?）；于大业十二年（公元六一六年）三月十日卒于洛阳。墓志出土失去其盖，故名存姓佚。志文有云：

君讳彻，字娡旺，塞北突厥人也。……侠侄之苗胄，波斯之别族。……

此盖波斯部族之臣于突厥者，是以志文云尔也。

又按开元十三年（公元七二五年）及十八年（公元七三〇年），波斯首领穆沙诺曾两度来朝，授折冲，留宿卫。唐代留宿卫之外国酋长亦有久留不去者，如前论于阗尉迟氏之尉迟胜是也。亦有留数月而即遣归者，如于阗王伏阇信及其子叶护玷是也。穆沙诺于开元时两度入唐，其亦如伏阇信之例，暂居而即遣归也欤？

开元初，又有吐火罗叶护①那都况利弟仆罗者，于神龙元年（公元七〇五年）授左领军卫翊府中郎将，十四年不迁，愤其苦屈，上书自诉。② 据《唐书·百官志》，左右领军卫同左右卫，亦掌宫禁宿卫，分兵主守则知皇城西面助铺及京城苑城诸门。仆罗当亦系外国质子，入留宿卫至十余年；其曾流寓长安，可知也。

天宝七载（公元七四八年），勃律国王苏失利芝及三藏大德僧伽罗蜜多并来朝；伽罗蜜多放还蕃，苏失利芝赐紫金袍金带，留宿卫给官宅。八载，护密国王罗真檀来朝，授左武卫将军；十四载陁拔国王子自会罗来朝，授右武卫员外中郎将，赐紫袍金带鱼袋七事：二人并留宿卫。按勃律即今巴尔的斯坦（Baltistan）③，护密为瓦罕（Wakhan）④，陁拔则今陀拔里斯坦（Tobaristan）⑤ 地方。凡此诸人疑俱暂留长安即放还蕃也。⑥ 至于桑原氏文中所举宣宗大中时之大食人李彦升，以进士第名显，然其至长安以后之行踪，今不可考。

太宗贞观九年景教僧阿罗本至长安，于义宁坊立大秦寺，是为景教入中国之始。德宗建中二年（公元七八一年）复立《大秦景教流行中国碑颂》，以颂扬伊斯。碑书以汉文，两侧镌叙利亚文，记大秦僧名七十人。所谓大秦国上德⑦阿罗本者，当是罗马东徼（Roman Orient）之人。据碑文，圣历、先

---

①叶户：吐火罗的王称“叶户”。

②*《全唐文》卷九九九，“仆罗”条《诉授官不当上书》有云：“但在蕃王子弟、娑罗门瞿昙金刚、龟兹王子白孝顺等，皆数改转，位至诸卫将军。唯仆罗最是大蕃，去神龙元年，蒙恩敕授左领军卫翊府中郎将，至今经一十四年，久被沦屈，不蒙准例授职，不胜苦屈之甚。”是此书当上于玄宗开元六年（718）也。

③巴尔的斯坦：又作巴尔蒂斯坦，地处喜马拉雅山脉、喀喇昆仑山脉、兴都库什山脉的交会地。

④瓦罕：连接今阿富汗和中国新疆维吾尔自治区的狭长地带，是丝绸之路的重要通道。

⑤陀拔里斯坦：在今里海南岸地区。

⑥*穆沙诺、苏失利芝、罗真檀、自会罗诸人入唐纪载，并见《册府元龟》卷九百七十五。

⑦唐时称景教中的主教为“上德”。

天之际，有景教僧首罗含、大德①及烈（Gabriel），“并金方贵绪”，则亦是中亚人，说者以为碑文上之及烈即开元二年与市舶使周庆立广造奇器异巧以进之波斯僧及烈。据碑末叙利亚文，及烈乃总摄长安（Khumdan）、洛阳（Sarag）两地景众之主教，罗含亦即为 Abraham 之对音。而大施主伊斯则“远自王舍之城，聿来中夏”。据碑末叙利亚文，伊斯即为 lzdbuzid 一名译音，盖即吐火罗斯坦（Tahuristan）地方王舍（Balkh）城故景教僧珉瓕（Milis）之子。而述此碑之大秦寺僧景净，叙利亚文名 Adam，为震旦②法主。贞元二年（公元七八六年）景净曾与般若三藏依胡本《六波罗蜜经》译成七卷，“时为般若不闲③胡语，复未解唐言；景净不识梵文，复未明释教。虽称传译，未获半珠”。圆照《贞元新定释教目录》称景净为“大秦寺波斯僧”，则景净确为伊兰血统之中亚人。景教碑中上述诸中亚人，当俱属长安寓公。叙利亚文人名中具伊兰风者尚有数人，唯彼等是否俱属长安大秦寺僧，为中亚人，抑属中国教徒模仿，今难具考矣。④

三　西市胡店与胡姬

自张骞凿空以后，陆路方面，敦煌一隅绾毂中西之交通，海路通西域则率取道徐闻、合浦。广州之成为中西交通要地，当在汉末以后。中国之政治中心既形分裂，孙权建国江南，从事经营海上，乃有康泰、朱应⑤宣化海南诸国之举。自是以后，广州遂为中西海上交通之重镇，六朝时广州刺史但经城门一过，便得三千万，其富庶可想矣。唐代广州犹为中西海上交通之唯一

①大德：佛教用语，对佛、菩萨、长老的敬称。景教传入唐朝后，也称教士为“大德”。

②震旦：古代印度人称中国为 Cīnisthana，汉译佛经作“震旦”。

③闲：通“娴”。

④*关于景教碑之考证，可参看佐伯好郎著《景教碑文研究》（日文本及英文本），A. C. Moule: *Christians in China before the Year 1550*, pp. 27-52。佐伯氏近著《大秦寺所在地考》，别有新解，说见本篇第七节。

⑤康泰、朱应：三国吴人，约在吴黄武年间（222—229）受孙权派遣出使扶南（中南半岛古国，约当今柬埔寨以及老挝南部、越南南部和泰国东南部）等国。归国后分别撰有《扶南异物志》（朱应撰，已佚）、《吴时外国传》（康泰撰，已佚）。

要地。泉州、明州、澉浦兴于唐末以及北宋，华亭、太仓之兴则又为元明以后之事。

唐代商胡大率麕聚于广州。广州江中“有婆罗门、波斯、昆仑等船，不知其数，并载香药珍宝，积载如山。其舶深六七丈，师子国、大石国、骨唐国、白蛮、赤蛮等往来居住，种类极多”①。是以黄巢攻陷广州，犹太教、火祆教以及伊斯兰教、景教等异国教徒死者至十二万人。② 唐代由广州向中原，大都取道梅岭以入今江西，而集于洪州；故《太平广记》中屡及洪州之波斯胡人。③ 至洪州后，或则沿江而下取道大江，或则东趣仙霞，过岭循钱塘江而东以转入今日之江苏。大江道远，风涛险恶，因是南下或北上者多取钱塘一道；不惟富春江上风景清幽，足供留连，旅途实亦较大江为平安也。至江苏后则集于扬州，由此转入运河以赴洛阳。是以扬州之商胡亦复不少，田神功大掠扬州，大食、波斯商胡死者竟至数千人。④ 由洛阳然后再转长安。故唐代之广州、洪州、扬州、洛阳、长安，乃外国商胡集中之地也。

天宝乱后，回鹘留长安者常千人，九姓商胡冒回鹘名杂居者又倍之，此九姓胡是昭武九姓，说已见前。前引《通鉴·代宗纪》谓此辈“殖赀产，开第舍，市肆美利皆归之”。《德宗纪》亦谓“代宗之时，九姓胡常冒回纥之名，杂居京师，殖货纵暴，与回纥共为公私之患”。所谓“殖赀产”，当即《德宗纪》之“举质取利”，盖此辈中最少当有一部分人营高利贷以为生也。贵显子弟亦有向彼等贷款者。穆宗长庆二年（公元八二二年）六月，右龙武

①* 元开撰《唐大和上东征传》（日本古典保存会景印古卷子本）。——编者按：婆罗门，指古印度；昆仑，指中南半岛南部及南洋诸岛国；师子国亦称“狮子国”“执师子国”“执狮子国”，今斯里兰卡；大石国，即揭盘陀国，约在今新疆维吾尔自治区塔什库尔干塔吉克自治县一带，也有说指大食，阿拉伯国家；骨唐国，有说在吕宋岛或苏门答腊岛，也有说在波斯湾一带。

②* 公元后第九世纪，阿拉伯人 Abuzaid 曾综合各游历者之言，著成一书，其中述及一人于回历二六四年（878）在广府亲睹此事。又谓有 Ibnwahab 者曾至 Khumdan（指长安）谒见皇帝，皇帝示以耶稣骑驴与门弟子偕诸像云云。此书收入法国 E. Renaudot，*Anciennes Relations des Indes et de la Chine*（1718）。此事见 E. Renaudot，*Ancient Accounts of India & China by Two Mohammedan Travellers*（1732），p. 42；又见 Reinaud，*Relations des voyages faites par les Arabes*（1845），pp. 63-64。

③*《太平广记》卷三七四“胡氏子”条，卷四百二“李灌”条，卷四百三“紫𩌦羁”条，卷四百四“岑氏”条，均及洪州商胡事。

④*《新唐书》卷一四四《田神功传》。

将军李甚之子即因贷回鹘钱一万一千贯不偿，为回鹘所诉，甚遂被贬为宣州别驾。① 随诏禁与诸蕃客钱物交关。诏曰：②

如闻，顷来京城内衣冠子弟及诸军使并商人百姓等，多有举诸蕃客本钱，岁月稍深，征索不得，致蕃客停滞市易，不获及时。方务抚安，须除旧弊，免令受屈，要与改更。自今以〔已〕后，应诸色人，宜除准敕互市外，并不得辄与蕃客钱物交关。委御史台及京兆府切加捉搦，仍即作条件闻奏。其今日已前所欠负，委府县速与征理处分。

中国质店制度，唐以后始盛，或者与此辈营高利贷之胡人有关，亦未可知也。

唐代西域各国胡人流寓长安，其居处自不限于一隅，然在城西者甚夥，而贾胡则似多聚于西市。段成式《寺塔记》平康坊菩萨寺条云：③

寺主元竟多识释门故事，云：李右座每至生日，常转请此寺僧就宅设斋。……斋毕，帘下出彩篚香罗帕籍一物，如朽钉，长数寸。……遂携至西市，示于商胡。商胡见之，惊曰："上人安得此物？必货此，不违价。"僧试求百千。胡人大笑曰："未也。"更极意言之，加至五百千。胡人曰："此值〔直〕一千万。"遂与之。僧访其名，曰："此宝骨也。"

段氏《支动》又云：④

予幼时尝见说狼〔郎〕巾，谓狼之筋也。武宗四年……老僧贤泰〔泰贤〕云："泾帅段祐宅在招国坊，尝失银器十余事。贫道时为沙弥，每随师出入段公宅，段因令贫道以钱一千，诣西市贾胡求郎巾。……"

《续玄怪录》记杜子春事，老者约子春于西市波斯邸，其辞云：⑤

明日午时，候子于西市波斯邸。

---

①编者按：《册府元龟》卷九百九十九《外臣部·互市》载，文宗五年（831）六月，贬右龙武大将军李甚为宣州别驾；甚子贷回纥钱一万一千四百贯。

②*《册府元龟》卷九九九《外臣部·互市》；诏文又见《全唐文》卷七十二。

③*《酉阳杂俎》续集卷五《寺塔记上》。

④*《酉阳杂俎》续集卷八。

⑤*《太平广记》卷十六杜子春引《续玄怪录》。

同书记刘贯词事亦谓:①

及岁余，西市店忽有胡客来。

《南部新书》云:②

西市胡人贵蚌珠而贱蛇珠，蛇珠者蛇所吐尔，唯胡人辨之。

皆云西市有贾胡及波斯邸，能辨识珠宝。而回鹘在长安，亦辄与西市商胡狼狈为奸。李肇《国史补》云:

回鹘常与摩尼议政，故京师为之立寺。其法日晚乃食，敬水而茹荤，不饮乳酪。其大摩尼数年一易，往来中国，小者年转江岭。西市商胡橐，其源生于回鹘有功也。

此段末句必有脱误，今按《通鉴·宪宗纪》元和十二年“二月辛卯朔遣回鹘摩尼僧等归国”。史炤注曰:

元和初，回鹘再朝献，始以摩尼至。摩尼至京师，岁往来西市，商贾颇与囊橐为奸。至是遣归国也。

史炤注正足以补《国史补》之讹脱，西市必多昭武九姓商胡，故回鹘可与囊橐为奸，殖货纵暴也。至于长安胡人之聚于西市，在唐初当已有之。刘肃《大唐新语》云:

贞观中，金城坊有人家为胡所劫者，久捕贼不获。时杨纂为雍州长史，判勘京城坊市诸胡，尽禁推问。司法参军尹伊异判曰:“贼出万端，诈伪非一。亦有胡着汉帽，汉着胡帽；亦须汉里兼求，不得胡中直觅。请追禁西市胡，余请不问。……”俄果获贼。③

此虽泛指西市居胡而言，然西市贾胡聚居，就以上所引诸文，已甚显然矣。

长安布政坊有胡祆祠；醴泉坊有安令节宅、波斯胡寺、祆祠；普宁坊有祆祠；义宁坊有大秦寺、尉迟乐宅；长寿坊有唐尉迟敬德宅；嘉会坊有隋尉

①*《太平广记》卷四二一刘贯词引《续玄怪录》。

②*钱易《南部新书·己》。

③*《大唐新语》卷九《从善》。

迟刚宅；永平坊有周尉迟安故宅；修德坊有李抱玉宅；群贤里有石崇俊宅；崇化坊有米萨宝宅及祆祠。所有西域传来新宗教之祠宇，以及西域人之家宅，多在长安城西部，祆祠唯东城清恭坊有之。中宗时，醴泉坊并有泼胡王乞寒之戏（解见后论《西域传来之画派与乐舞》一节），足见其间为西域人聚居之所，故能有此胡戏。则西市之多胡店，其故似非偶然也。①

唐代流寓长安之西域人，其梗概已约见上述。此辈久居其间，乐不思蜀，遂多娶妻生子，数代而后，华化愈甚，盖即可称之为中国人矣。西域人东来长安，为数既如此之盛，其中自夹有不少之妇女在内，惜尚未发见何种文献，足相证明。唯唐人诗中屡屡咏及酒家胡与胡姬，如王绩《过酒家》② 诗云：

有钱〔客〕须教饮，无钱可别沽。来时常〔长〕道贯，惭愧酒家胡。

是当时贾胡，固有以卖酒为生者也。侍酒者既多胡姬，就饮者亦多文人，每多形之吟咏，留连叹赏。如张祜《白鼻䯄》③ 诗云：

为底胡姬酒，长来白鼻䯄。摘莲抛水上，郎意在浮花。

李白天纵奇才，号为“谪仙”，篇什中道及胡姬者尤夥，如《前有樽酒行》④ 云：

琴奏龙门之绿桐，玉壶美酒清若空。催弦拂柱与君饮，看朱成碧颜始红。胡姬貌如花，当罏〔垆〕笑春风。笑春风，舞罗衣，君今不醉将安归！

《白鼻䯄》⑤ 诗云：

银鞍白鼻䯄，绿地障泥锦。细雨春风花落时，挥鞭直就胡姬饮。

《醉后赠朱〔王〕历阳》云：⑥

书秃千兔毫，诗裁两牛腰。笔纵起龙虎，舞曲〔袖〕拂云霄。双歌二胡姬，更奏远清朝。举酒挑朔雪，从君不相饶。

①* 可参看韦述《两京新记》、徐松《唐两京城坊考》二书。

②*《全唐诗录》卷二。日本《佛教美术》第15册有石田干之助《长安汲古》之一《当垆之胡姬》一文，叙述綦详；本节关于长安胡姬，大率取材于是。

③*《全唐诗录》卷七十。

④《李太白集分类补注》（《四部丛刊》本）卷三。

⑤《李太白集分类补注》卷六。

⑥《李太白集分类补注》卷十二。

皆可见此天才诗人之狂欢也。

当时长安，此辈以歌舞侍酒为生之胡姬亦复不少。如李白《送裴十八图南归嵩山》之一云：①

何处可为别，长安青绮门。胡姬招素手，延客醉金樽。……

青绮门即霸城门，日本石田幹之助氏以为即唐之春明门。杨巨源《胡姬词》云：②

妍艳照江头，春风好客留。当垆知妾惯，送酒为郎羞。香度传蕉扇，妆成上竹楼。数钱怜皓腕，非是不能愁。

词中“妍艳照江头”一语，疑指曲江头而言，是长安城东春明门至曲江一带，其间当有卖酒之胡家在也。李白《少年行》之二又云：③

五陵年少金市东，银鞍白马度春风。落花踏尽游何处，笑入胡姬酒肆中。

关于金市之解释，余亦同意于石田幹之助氏之说，以为系指长安之西市而言。长安胡店，多在西市，则其间有侍酒之胡姬，固亦至为近理者也。

四　开元前后长安之胡化

昔者汉灵帝好胡服，胡帐、胡床、胡坐、胡饭、胡箜篌、胡笛、胡舞，京城贵戚，皆竞为之。所谓上有好者下必有甚也。李唐起自西陲，历事周隋，不唯政制多袭前代之旧，一切文物亦复不间华夷，兼收并蓄。第七世纪以降之长安，几乎为一国际的都会，各种人民，各种宗教，无不可于长安得之。太宗雄才大略，固不囿于琐微，而波罗球之盛行唐代，太宗即与有力焉。开元、天宝之际，天下升平，而玄宗以声色犬马为羁縻诸王之策，重以蕃将大盛，异族入居长安者多，于是长安胡化盛极一时。此种胡化大率为西域风之好尚：服饰、饮食、宫室、乐舞、绘画，竞事纷泊；其极社会各方面，隐约皆有所化，好之者盖不仅帝王及一二贵戚达官已也。关于西域传来之绘画、

①《李太白集分类补注》卷十七。
②《全唐诗录》卷五三。
③《李太白集分类补注》卷六。

乐舞、波罗球，以及西亚新宗教，以下分别叙述，各有专论，兹唯剌取有关于宫室、服饰、饮食诸端，在本节中予以陈说。

中国建筑自中印交通，佛教传入东土以后，当受有印度之影响。此以大同、龙门石窟雕刻上所表现之宫室构造，与印度阿旃陀（Ajanta）及珊齐（Sanchi）之壁画建筑互相比观，可以知之。至于采用西亚风之建筑当始于唐。唐玄宗曾起凉殿，虽在盛暑，座内含冻。《唐语林》记此云：①

玄宗起凉殿，拾遗陈知节上疏极谏。上令力士召对。时暑毒方甚，上在凉殿，座后水激扇车，风猎衣襟。知节至，赐坐石榻，阴霤沈吟，仰不见日，四隅积水成帘飞洒，座内含冻，复赐冰屑麻节饮。陈体生寒慄，腹中雷鸣，再三请起方许，上犹拭汗不已。陈才及门，遗泄狼籍，逾日复故。谓曰："卿论事宜审，勿以己方万乘也。"

开天之际，诸杨用事，安禄山赐宅亲仁坊，一时贵游②竞饰第宅，争奇炫丽。而京兆尹王鉷谨事李林甫，复得玄宗宠任，尤为奢侈。其后以罪赐死，有司籍其第舍，数日不能遍。《唐语林》曾记其宅中自雨亭子云：③

武后以〔已〕后，王侯妃主京城第宅，日加崇丽。天宝中，御史大夫王鉷有罪赐死，县官簿录鉷太平坊宅，数日不能遍。宅内有自雨亭子，檐上飞流四注，当夏处之，凛若高秋。又有宝钿井栏，不知其价，他物称是。……

鉷，两《唐书》有传（《旧唐书》卷一百五，《唐书》卷一百三十四）。按《旧唐书·拂林〔菻〕国传》④ 云：

至于盛暑之节，人厌嚣热，乃引水潜流，上遍于屋宇。机制巧密，人莫之知。观者惟闻屋上泉鸣，俄见四檐飞溜，悬波如瀑，激气成凉风，其巧〔妙〕如此。

玄宗凉殿，"四隅积水成帘飞洒，座内含冻"。王鉷自雨亭子亦复"檐上

①*《唐语林》卷四。

②贵游：指无官职的王公贵族，亦泛指显贵者。

③*《唐语林》卷五。

④拂菻：古国名，亦作"拂林""拂临""弗林""拂郎"等，隋唐时指拜占庭帝国及其所属西亚地中海沿岸一带。事迹见于《旧唐书·西戎传》。

飞流四注，当夏处之，凛若高秋”。与《拂菻国传》所述俱合，当即仿拂菻风所造。清乾隆时圆明园中水木明瑟①，“用泰西水法引入室中，以转风扇，冷冷〔泠泠〕瑟瑟，非丝非竹；天籁遥闻，林光逾生净绿”。所谓凉殿与自雨亭子，或即后世水木明瑟之类耳。

胡服之入中国，为时甚古，王国维先生《胡服考》言之綦详：惠文冠具带履靴，上褶下袴；隋唐以后，更趋窄小。此盖由于战术变更，由车战而易为骑战，故不得不然也。唐代所谓法服多参戎狄之制。长安因外国人麕集其间，汉人胡服者不少，本篇第三节引刘肃《新语》② 尹伊判谓“胡着汉帽，汉着胡帽”，此可为贞观初长安汉人已行胡帽之证。贞观十七年（公元六四三年），太宗子承乾以谋逆废为庶人，徙黔州。《新唐书·承乾传》谓其：

又使户奴数十百人习音声，学胡人椎髻，剪彩为舞衣，寻橦跳剑，鼓鞞声通昼夜不绝。……又好突厥言及所服。选貌类胡者，被以羊裘，辨〔辫〕发，五人建一落，张毡舍，造五狼头纛，分戟为阵，系旛旗，设穹庐自居，使诸部敛羊以烹，抽佩刀割肉相啖。承乾身作可汗死，使众号哭，剺面，奔马环临之。忽复起曰：“使我有天下，将数万骑到金城，然后解发，委身思摩，当一设，顾不快邪！”

或以此为李唐出于蕃姓之证，③ 其然否不敢断言。唯贞观五年突厥平，从温彦博议，移其族类数千家入居长安，承乾之好突厥言、突厥服，大约系有见于流寓长安之此辈，因而心生欣羡，为所化耳。所谓“习音声学胡人”、“椎髻”云云，俱指仿效西域妆饰而言。故史文特为析明，不与突厥淆混也。

《教坊记》又云：

坊中诸女，以气类相似，约为香火兄弟，每多至十四五人，少不下八九辈。有儿郎聘之者，辄被以妇人称呼：即所聘者，兄见呼为新妇，弟见呼为

①水木明瑟是圆明园四十景之一。位于后湖以北小园集聚区中央，映水兰香东北，室内用西洋式水力机构驱动风扇。

②《新语》：指《大唐新语》，又名《唐新语》。

③* 刘盼遂《李唐为蕃姓考》（见《女师大学术季刊》第1卷第4期）。

嫂也。……儿郎既聘一女，其香火兄弟多相奔，云学突厥法，又云我兄弟相怜爱，欲得尝其妇也。主者知亦不妒，他香火即不通。

此皆因当时突厥势盛，长安突厥流民又甚多，以至无形之间，习俗亦受其影响也。

隋及唐初，宫人骑马，多著羃䍦。永徽以后，皆用帷帽。开元初遂俱用胡帽，民间因之相习成风。《旧唐书·舆服志》纪之云：

武德、贞观之时，宫人骑马者依齐隋旧制，多著羃䍦，虽发自戎夷，而全身障蔽，不欲途路窥之。王公之家亦用此制。永徽之后，皆用帷帽，拖裙到颈，渐为浅露。寻下敕禁断，初虽暂息，旋又复〔仍〕旧。咸亨二年又下敕曰："百官家口，咸预士流，至于衢路之间，岂可全无障蔽？比来多著帷帽，遂弃羃䍦，曾不乘车，别坐檐子，递相仿效，浸成风俗，过为轻率，深失礼容。……理须禁断。自今已后，勿使更然。"则天之后，帷帽大行，羃䍦渐息。中宗即位，宫禁宽弛，公私妇人，无复羃䍦之制。开元初从驾宫人骑马者皆著胡帽，靓妆露面，无复障蔽。士庶之家又相仿效，帷帽之制，绝不行用。俄又露髻驰骋，或有著丈夫衣服靴衫，而尊卑内外斯一贯矣。……开元来……太常乐尚胡曲，贵人御馔尽供胡食，士女皆竟〔竞〕衣胡服：故有范阳羯胡之乱，兆于好尚远矣。

姚汝能亦谓：①

天宝初，贵游士庶好衣胡服，为豹（幅）〔皮帽〕，妇人则簪步摇。衣服〔衩衣〕之制度，襟〔衿〕袖窄小。识者窃怪之，知其戎矣。

此种胡服之好尚，自以两京为特盛，故元稹诗有"自从胡骑起烟尘，毛毳腥膻满咸洛。女为胡妇学胡妆，伎进胡音务胡乐"之叹。羃䍦，马缟以为"类今之方巾，全身障蔽，缯帛为之"②。此亦是西戎之服，《隋书·附国传》：

①* 姚汝能《安禄山事迹下》（《藕香零拾》本）。

②* 马缟《中华古今注》卷中。

其俗以皮为帽，形圆如钵；或带羃䍦。

《旧唐书·吐谷浑传》：

男子通服长裙缯帽，或戴羃䍦。

白兰国与吐谷浑同，其男子亦服长裙帽，或戴羃䍦。马缟谓象方巾，大约乘马之时，以大幅方布被体，以蔽全身。乘舆或坐檐子，则羃䍦不适于用。

羃䍦可以障蔽全身，而帷帽则只拖裙到颈以下，较为浅露。案帷帽即吐谷浑男子所服之长裙缯帽，吐火罗人所著之长裙帽，原为西域之服。郭思《画论》谓：①

帷帽如今之席帽，周回垂网。

《事物原始》云：②

帷帽创于隋代，永徽中拖裙及颈。今世士人往往用皂纱全幅缀于油帽或毡笠之前，以障风尘，为远行之服，盖本于此。

马缟云：③

席帽本古之围帽也。男女通服之，以韦为之。四周垂丝网之，施以珠翠，丈夫去饰。

吐谷浑、吐火罗之长裙帽，其所谓长裙即帽下之垂网也。永徽以前之帷帽犹裙长过颈。永徽以后，渐行短缩，所短缩者当为帽下称为长裙之一部分。近来出土唐代陶俑，其中有一种女俑，即戴帷帽。余所藏洛阳、长安两地出土唐代女俑，多戴帷帽，今摄制数图附后，以资参考（参看本篇所附第一图及第二图）。④ 又日本原田淑人著《唐代之服饰》所附图版一二之第三图及图版一三之第一图即为戴帷帽之女俑。图版一二第三图之背面像，尚可见条纹痕迹，马缟所云“四周垂丝网之”当即是此，唯前面一部分须将面部露出，并非四围障蔽耳。

---

①*《格致镜原》卷十四《冠服类》二《帽》引。

②*《格致镜原》卷十四《冠服类》二《帽》引。——编者按：《事物原始》当为《事物纪原》，引文出自宋高承撰《事物纪原》卷三“冠冕首饰部十四”。

③*《中华古今注》卷中。

④编者按：原著附图于文后100-109页，本书中未选入；下文提及的附图，皆同此。

胡帽，在初唐时长安即有戴之者，前引刘肃《新语》，可以为证。胡腾舞舞人戴虚顶织成蕃帽，柘枝舞舞人亦戴卷檐虚帽（参看本篇论《西域传来之画派与乐舞》一节）。近来出土唐代陶俑，胡人像甚多，所谓胡帽，于此可以考见梗概。中有一种胡人，其帽卷檐上锐，所谓卷檐虚帽当即此类（参看本篇所附第二图5）。

唐代宫人又有为回鹘装者。花蕊夫人《宫词》云：[①]

明朝腊日官家出，随驾先须点内人。回鹘衣装回鹘马，就中偏称小腰身。

唐代长安对于外国风尚之变迁，每因政治关系而转移。回鹘装束之行于长安，当在安史乱后，正如香山居士所云之时世妆，其盛乃元和时事也。

案吐火罗人著小袖袍小口袴，大头长裙帽。波斯丈夫剪发戴白皮帽，贯头衫，两厢延下关之，并有巾帔，缘以织成；妇人服大衫，披大帽帔。[②] 长裙帽即帷帽。“贯头衫，两厢延下关之”，或者与德国勒柯克（Le Coq）[③] 在高昌所发见壁画中人物之像相近似。巾帔或即肩巾，大帽帔必是羃䍦无疑也。[④] 唐代盛行长安之胡服，不知果何所似，唯刘言史《观舞胡腾》诗有“细氎胡衫双袖小”之句，李端《胡腾儿》诗云“拾襟搅袖为君舞”，张祜《杭州观舞柘枝》[⑤] 诗亦云“红罨画衫缠腕出”，皆形容双袖窄小之辞，与姚汝能所云襟〔衿〕袖窄小之言合。证以近出诸唐代女俑及绘画，所谓襟〔衿〕袖窄小，尤可了然（参看本篇所附第一、第二、第三等图）。其音声队

①*《全唐诗》卷七九八。所谓回鹘装，与 Von Le Coq：*Chotscho* 第 30 图 b 女像所服者或者近似。末二语盖形容其窄小耳。

②*《册府元龟》卷九六一。

③勒柯克：指阿尔伯特·冯·勒柯克（Albert von Le Coq，1860—1930），德国探险家。

④* Von Le Coq：*Chotscho* 第 7 图 a 及第 28 图诸像，折襟及贯头衫，于此可以见之。第 46 图 e 右方二女像，肩上所披，当是巾帔也。

⑤《杭州观舞柘枝》：也作《观杭州柘枝》。

服饰尤与波斯风为近。① 则唐代所盛行之胡服，必有不少之伊兰成分也。陶俑中着折襟外衣鞠靴者亦不少。唐代法服中有六合靴，亦是胡服，为文武百僚之服，日本正仓院有乌皮六缝靴，足征唐制。②

白居易《时世妆》云：③

时世妆，时世妆，出自城中传四方。时世流行无远近，腮不施朱面无粉。乌膏注唇唇似泥，双眉画作八字低。妍蚩〔媸〕黑白失本态，妆成尽似含悲啼。圆鬟无鬓堆髻样，斜红不晕赭面状。……元和妆梳君记取，髻堆面赭非华风！

《新唐书·五行志》谓：

元和末，妇人为圆鬟椎髻，不设鬓饰，不施朱粉，惟以乌膏注唇，状似悲啼者。……唐末，京都妇人梳发，以两鬓抱面，状如椎髻，时谓之抛家髻。

赭面是吐蕃风，堆髻在敦煌壁画及西域亦常见之。④ 此种时妆或亦经由西域以至于长安也。（参看本篇所附第四图。）

开元以后，贵人御馔，尽供胡食。所谓胡食之种类可于慧琳书见之。慧琳释䭔䬽云：⑤

此油饼本是胡食，中国效之，微有改变，所以近代亦有此名。诸儒随意制字，元无正体，未知孰是。胡食者即饆饠、烧饼、胡饼、搭纳等是。

汉魏以来，胡食即已行于中国，至唐而转盛。至德元载⑥安史之乱，玄

①* 参看滨田耕作《支那古明器泥象图说》上卷第25页。日本田中传三郎编辑《波斯印度古代画集》收有帖木儿派（Timausid）青楼游乐图，女伎服饰衣袖与唐代音声队奇似，可见此种服饰所受伊兰之影响也。又 M. A. Stein, *The Thousand Buddhas* 第10图阿弥陀佛左下角之供养女像与第34图佛在鹫峰说法图左下角之供养女像，衣袖俱极长而窄，第34图女像并有肩巾，大可以见唐代女子胡服之概。相传为唐宣宗才人仇氏墓亦发见泥俑甚多，其中女像衣饰与敦煌画及波斯服俱相似。又有着折襟胡服之男像。此种服饰当曾盛行于长安也。

②* 参看原田淑人《唐代之服饰》第28-29页。

③*《白氏长庆集》卷四。——编者按：一作“……妍蚩黑白失本态……髻椎面赭非华风”。

④* M. A. Stein, *Serindia*, vol. Ⅳ 第68图张佛奴供养佛像，佛座两旁侍女之头髻，又 *The Thousand Buddhas* 第38图引路菩萨后随女像之头髻，疑俱是所谓堆髻也。

⑤* 慧琳《一切经音义》卷三七《陀罗尼集》第十二。

⑥编者按：“至德元载”即唐肃宗至德元年（756），是年安史之乱爆发，唐玄宗传位于肃宗。

宗西幸，仓皇途路，至咸阳集贤宫，无可果腹，亦以胡饼充饥。《通鉴·玄宗纪》云：

日向中，上犹未食，杨国忠自市胡饼以献。

胡三省注曰：

胡饼，今之蒸饼。高似孙曰：胡饼，言以胡麻著之也。崔鸿《前赵录》：石虎讳胡，改胡饼曰麻饼。《缃素杂记》曰：有鬻胡饼者不晓名之所谓，易其名曰炉饼；以为胡人所啖，故曰胡饼也。

是胡饼可名麻饼，亦曰炉饼。饼中并可着馅。《清异录》云：①

汤悦逢士人于驿舍。士人揖食，其中一物是炉饼，各五事，细味之，馅料互不同。以问，士人叹曰："此五福饼也。"

唐代长安盛行此饼，日本僧圆仁入唐，在长安及见之，其言曰：②

开成六年正月六日，立春，命赐胡饼寺粥。时行胡饼，俗家皆然。

此种胡饼，疑系西域各国常食，或即今日北方通行之烧饼。至于唐代之烧饼与今日之烧饼不同，其显著之别即在不著胡麻。《齐民要术》有作烧饼法云：③

面一斗，羊肉二斤，葱白一合，豉汁及盐熬令熟，炙之。面当令起。

唐代作烧饼法，与贾氏所云当不相远也。

䬪䬯，源顺《和名类聚钞》作䬪飳，音部斗，亦作䬪飳，④ 谓为油煎饼。⑤ 大约即《齐民要术》中之䬪〔餢〕䬸也。《要术》记其作法云：⑥

盘水中浸剂⑦，于漆盘背上水作者，省脂，亦得十日软，然久停则坚。

---

①*《格致镜原》卷二五《饮食类·饼》引。

②*圆仁《入唐求法巡礼行记》第三。

③*《齐民要术》（《四部丛刊》本）卷九《饼法》。

④编者按："䬪飳"（bótōu），"亦作䬪飳"，疑为作者笔误或排印失误。1933 年版《唐代长安与西域文明》即作此。

⑤*《和名类聚钞》（《日本古典全集》本）卷十六第 14 页。

⑥*《齐民要术》卷九《饼法》。——编者按：䬪䬸，《齐民要术》卷九《饼法》为"餢䬸（pǒutǒu）"。

⑦剂：指发好面后分成单个准备作饼的面剂。

干剂于腕上手挽作，勿著勃①入脂，浮出即急翻，以杖周正之。但任其起②，勿刺令穿。熟乃出之。一面白，一面赤，轮缘亦赤，软而可爱，久停亦不坚。若待熟始翻，杖刺作孔者，泄其润气，坚硬不好。法：须瓮盛，湿布盖口，则常有润泽，甚佳，任意所便，滑而且美。

此种油煎饼，日本至今有之。③

《资暇录》述饽饠之得名云：④

毕罗者，蕃中毕氏、罗氏好食此味。今字从食，非也。

或以为安国西百余里有毕国（Bikand），其人常至中土贸易。⑤ 故疑所谓饽饠者，因其来自毕国等地，遂以为名耳。杨慎云：⑥

《集韵》，饽饠修食也。按小说，唐宰相有樱笋厨，食之精者有樱桃饽饠。今北人呼为波波，南人讹为磨磨。

《青箱杂记》谓饼一名饽饠。⑦ 按升庵诸人之言近于臆说。饽饠既非波波，亦非磨磨，或因毕国得名，乃是今日中亚、印度、新疆等处伊斯兰教民族中所盛行之抓饭耳。抓饭印度名 pilau，亦作 pilow，pilaf，英国 H. Yule 及 A. C. Burnell 所著 *Hobson-Jobson*（pp. 710-711）述此甚详，与波波、磨磨截然二事。饽饠盖纯然为译音也。唐代长安亦有之，且有专售此物之饽饠店，一在东市，一在长兴里，俱见段成式《酉阳杂俎》。唐代卖饽饠亦以斤计，唯其中置蒜，以较今之饽饠，不知其异同为何如也。⑧

搭纳不知是何物，待考。

有唐一代，西域酒在长安亦甚流行。唐初有高昌之葡萄酒，其后有波斯之三勒浆，又有龙膏酒，大约亦出于波斯，俱为时人所称美。西市及长安城

①勃：指干面粉。
②起：指膨起。
③* 孙楷第《谈谈日本煎饼》（北平图书馆《读书月刊》第1卷第8号）。
④*《格致镜原》卷二五《饮食类·饽饠》引。
⑤* 参看桑原骘藏氏《隋唐时代来住中国之西域人》，博士手校增补拔刷本第85-86页。
⑥*《格致镜原》卷二十五《饮食类·饽饠》引。
⑦*《格致镜原》卷二十五《饮食类·饽饠》引。
⑧* 俱见《酉阳杂俎》续集卷一《支诺皋》上。

东至曲江一带，俱有胡姬侍酒之酒肆，李白诸人尝买醉其中。金樽美酒，其有不少之异国情调，盖不待言也。高昌葡萄酒于太宗平定高昌后始入中国。《册府元龟》纪此云：①

及破高昌，收马乳蒲桃实于苑中种之，并得其酒法。帝自损益，造酒成，凡有八色，芳辛酷烈，味兼缇盎②。既颁赐群臣，京师始识其味。

西域如大宛、龟兹诸国之葡萄酒，汉魏以来，中国即已知之。③ 唯在中土用西域法仿制之西域酒，要当始于太宗耳。

李肇记当时天下名酒有云：④

酒则有……京城之西市腔，虾蟆陵郎官清、阿婆清。又有三勒浆类酒，法出波斯。三勒者，谓庵摩勒、毗梨勒、诃梨勒。

庵摩勒梵文作 āmalaka，波斯文作 amola；毗梨勒梵文作 vib-hi-taka，波斯文作 balila；诃梨勒梵文作 harītaki，波斯文作 halila。⑤ 据《旧唐书·波斯传》，波斯产诃梨勒。三勒浆当即以此三者所酿成之酒耳。诃梨勒树，中国南部亦有之。鉴真至广州大云寺，曾见诃梨勒树，谓：⑥

此寺有诃梨勒树二株，子如大枣。

广州法性寺亦有此树，以水煎诃梨勒子，名诃子汤。钱易云：⑦

诃子汤：广之山村皆有诃梨勒树。就中郭下法性寺佛殿前四五十株，子小而味不涩，皆是陆路。广州每岁进贡，只采兹寺者。西廊僧院内老树下有古井，树根蘸水，水味不咸。僧至诃子熟时，普煎此汤以延宾客。用诃子五颗，甘草一寸，并拍破，即汲树下水煎之。色若新茶，味如绿乳，服之消食

①*《册府元龟》卷九百七十《朝贡三》。

②缇盎：缇齐与盎齐，均为酒名。

③*参见《晋书·吕光载记》，又《本草衍义》卷十八“葡萄”条引李白诗“胡人岁献葡萄酒”。又参看 B. Laufer, *Sino-Iranica*, pp. 220-245。——编者按：“胡人岁献葡萄酒”是唐鲍防《杂感》中诗句，北宋寇宗奭撰《本草衍义》引，以为是李白诗。

④*《国史补》卷下。——编者按：西市腔、郎官清、阿婆清均为酒名；三勒浆，古饮料名，“三勒”为产于印度的三种果实，其波斯语尾音均为“la”，故汉译合称“三勒”。

⑤*参看 B. Laufer, *Sino-Iranica*, p. 378。

⑥*《唐大和上东征传》。

⑦*钱易《南部新书·庚》。

疏气，诸汤难以比也。佛殿东有禅祖慧能受戒坛，坛畔有半生菩提树。礼祖师，啜乳汤者亦非俗客也。近李夷庚自广州来，能煎此味，士大夫争投饮之。

法性寺，《岭南异物志》作德信寺，陆路即六路，六棱也。三勒酒中之诃梨勒酒，其酿法或煎法是否亦如诃子汤，今无可考。

依高昌法制之葡萄酒及波斯法之三勒浆，当俱曾流行于长安市上。顺宗时又有龙膏酒，亦出西域，如其果有此物，疑是西域所贡，藏于天府，人间无从得而尝也。苏鹗云：①

顺宗时处士伊祈玄召入宫，饮龙膏酒，黑如纯漆，饮之令人神爽。此本乌弋山离国所献。

按乌弋山离即“Alexandria”一字之对音，为前汉时西域一国家，至唐久不存，何得于唐代东来贡献？苏鹗所记或系小说家之谰言耳。

长安、洛阳两地出土之古镜甚多，其中有一种上镌海兽、海燕以及葡萄花纹者，最为精美。前人称此种古镜为海马葡萄镜，以之属于汉镜一类，近始知其为唐镜。海马葡萄花纹图案，传自西域，以之铸镜，唐代始盛；是亦唐代两京盛行西域文明中之一小例也（参看本篇所附第五图）。

唐开元前后，西域文明之流布于长安，除上述而外，西域式之镫②彩，似亦曾一度为长安人士所笃好。张说有《十五日夜御前口号踏歌词》二首，其辞云：③

花萼楼前雨露新，长安城里太平人。龙衔火树千镫艳，鸡踏莲花万岁（龙池草堂本《张说之文集》作“树”）春。

帝宫三五戏春台，行雨流风莫妒来。西域镫（龙池草堂本作“登”）轮千影合，东华金阙万重开。

①*苏鹗《杜阳杂编》卷中。
②镫：同“灯”，指油灯。下同。
③*《张说之文集》卷十（《结一庐丛书》本）。

今按张鷟《朝野佥载》曾纪睿宗时一事云：①

睿宗先天二年正月十五、十六夜，于京师安福门外作灯轮高二十丈，衣以锦绮，饰以金玉，燃五万盏灯，簇之如花树。宫女千数，衣罗绮，曳锦绣，耀珠翠，施香粉。一花冠，一巾帔，皆万钱；装束一妓女皆至三百贯。妙简长安、万年少女妇千余人，衣服、花钗、媚子亦称是，于灯轮下踏歌三日夜；欢乐之极，未始有之。

张说诗疑即咏此。鷟书之灯轮，当即说诗之西域镫轮也。开元以后元夕玩灯遂成故实，其中果夹有若干之西域成分，今无从得知。要之，其为睿宗时之流风余韵，大致或可决耳。

五　西域传来之画派与乐舞

中国自经魏晋之乱，咸、洛为墟，礼崩乐坏，汉儒所辛勤缀拾于秦火之余者，至是亦复归于散坠。祖孝孙所谓“陈、梁旧乐，杂用吴、楚之音；周、齐旧乐，多涉胡戎之技”，盖可见也。隋代宫商七声竟莫能通，于是不得不假借龟兹人苏祗婆之琵琶七调，而后七声始得其正。苏祗婆之七调：一曰娑陁力，二曰鸡识，三曰沙识，四曰沙侯加滥，五曰沙腊，六曰般赡，七曰俟利箑：其源盖出于印度，受西域之影响，而微有更易。② 唐、宋以后之

①*《朝野佥载》卷三（《宝颜堂秘笈》本）。《旧唐书·睿宗纪》亦纪其大略云：“（先天二年春正月）上元日夜，上皇御安福门观灯，出内人连袂踏歌，纵百寮观之，一夜方罢。”《旧唐书·睿宗纪》又及同年二月一事云：“初有僧婆陁请夜开门燃灯百千炬，三日三夜。皇帝御延喜门观灯纵乐，凡三日夜。左拾遗严挺之上疏谏之，乃止。”此所谓僧婆陁，就其名而言，应是西域人。其所燃灯，或即西域式之灯彩，与上元之西域灯轮疑有若干相同之点。而僧人婆陁或即一火祆教徒，亦未可知也。又按《唐会要》卷九十九《吐火罗》条：“麟德二年（乌泾波）遣其弟祖纥多献玛瑙灯树两具，高三尺余。”

②*余旧为《龟兹苏祗婆琵琶七调考原》一文，原揭之《学衡》第54期，以苏祗婆七调为印度北宗音乐之一支：娑陁力调即 Shadja，般赡调即 Pañchama；苏祗婆所云之旦，即是 thāt。后于《小说月报》第20卷第10号为《论唐代佛曲》，复申此说。近两年来先后得读法国 Sylvain Lévi 及伯希和诸氏文，始知旧说多疏。读者欲识苏祗婆七调梗概，应读 S. Lévi：“Le'tokharien B', langue de Koutcha”, *Journal Asiatique*（1913）：311－380（冯译《史地丛考》第一篇《龟兹语考》），又1931年《通报》（*T'oung Pao*）第1、2期合刊第95－104页伯希和评《法宝义林》（Hôbôgirin, Dictionnaire encyclopèdique du boud-dhaisme d'aprésles sources chinoises et japonaises）一文。

音乐，随处可见此七调之痕迹，此在中国音乐史上固应特予以注意者也。

魏晋以后，不唯中国音乐残失散缺，待外国乐入而复获一新生命，即在绘画方面，亦莫不然。中国画之理论，至谢赫①创六法，始有可言。然公元后第三世纪，印度 Vatsyayana 亦创六法（Sadanga，or“Six Limbs of Indian Painting”），与谢赫之论大致不殊，说者因疑谢氏有承袭之迹。② 此说之当否姑不具论；要之，魏晋以后，中国画家受印度之影响，则极为显然：张彦远《历代名画记》记唐以前画家传代之作，画题带印度成分者约十居五六；而张僧繇画一乘寺，凹凸深浅，即为天竺之法，是可见矣。

魏、晋六朝以来，因吕光平龟兹，得龟兹乐；北周突厥皇后亦携来不少之西域乐人。至隋而九部乐特盛；中国之雅乐，有若告朔之饩羊，盖不绝如缕耳。而西域乐人亦特见重于中土，北齐曹婆罗门一家、白智通、白明达、胡小儿、康阿驮、穆叔儿、安马驹等，率蒙当时人主宠幸，至有开府封王者，对于西域乐舞之倡导可谓至矣。于画则有曹仲达、僧吉底俱、僧摩罗菩提、僧伽佛陀（冯承钧先生见告，谓《续画品录》著录作释迦佛陀、吉底、俱摩罗菩提。伯希和假定以为原名或是释迦佛陀、佛陀吉底、俱摩罗菩提云云。伯氏说见一九二三年《通报》二一五至二九一页其所著 *Notes sur quelque aristes des six dynasties et des T'ang*）。大尉迟、昙摩拙叉诸人，亦复驰名后世。六朝以来之乐舞与绘画，几乎有以西域传来之新乐与新画风为主体之势，至唐遂臻于极盛之境。唐代乐舞除去西域传来者几无可言，绘画则较为著称之诸名家亦莫不与西来之文明有若干之渊源。关于此一方面之研究，非本篇所克③述及。兹唯将有唐一代西域传来之画派与乐舞曾流行于长安者，比叙如次，以为言唐代与西域文明关系者之谈助而已。

唐初流寓长安之西域画家有康萨陀，善画异兽奇禽，千形万状。桑原氏

①谢赫：南朝齐梁时期画家，著有《古画品录》；提出的中国绘画“六法”，成为后世画家、批评家、鉴赏家们所遵循的原则。张彦远《历代名画记》记述其“六法”为：“一曰气韵生动，二曰骨法用笔，三曰应物象形，四曰随类赋彩，五曰经营位置，六曰传模移写。”

②* Percy Brown，*Indian Painting*，pp. 20-21.

③克：能。

谓萨陀当系康国人；就其姓与名而言，此说或可信也。此辈西域画家最有名者当推尉迟乙僧。乙僧父跋质那，人称大尉迟，张彦远以之归于隋代。两人俱系于阗国质子，说已见上。乙僧善画外国及佛像，说者以为“气正迹高，可与顾、陆为友”，又谓其“外国鬼神奇形异貌，中华罕继”；列于神品。其画传于今者甚少，有谓端方旧藏天王像乙僧笔，亦未能定也。乙僧画就载籍所及者言之，盖属于凹凸一派。朱景玄记乙僧画云：①

乙僧，今慈恩寺塔前功德，又凹凸花面中间千手眼大悲，精妙之状不可名焉。又光泽寺七宝台后面画降魔像，千态〔怪〕万状，实奇踪也。凡画功德、人物、花鸟皆是外国之物像，非中华之威仪。前辈云：尉迟［乙僧］，阎立本之比也。景玄尝以阎画外国之人未尽其妙，尉迟画中华之像抑亦未闻。由是评之，所攻各异，其画故居神品也。

长安宣阳坊奉慈寺普贤堂本天后梳洗堂，堂中有尉迟画，段成式云：②

普贤堂本天后梳洗堂，蒲萄垂实，则幸此堂。今堂中尉迟画颇有奇处。四壁画像及脱皮白骨，匠意极崄。又变形三魔女，身若出壁。又佛圆光均彩相错乱目成讲。东壁佛座前锦如断古标。又左右梵僧及诸蕃往奇。然不及西壁，西壁逼之摽摽然。

所谓“身若出壁”，“逼之摽摽然”，皆形容其画俨然有立体之势也。汤垕亦云：③

尉迟乙僧，外国人，作佛像甚佳。用色沈〔沉〕著，堆起绢素，而不隐指。

与乙僧同时，曾蜚声于长安画坛之吴道玄，其人物画亦受凹凸画派影响。其弟子有卢稜伽、杨庭光、翟琰之流。宋苏轼《书吴道子画后》云：④

道子画人物如以灯取影，逆来顺往，旁见侧出，横斜平直，各相乘除；

①* 朱景玄《唐朝名画录》。朱氏以乙僧与阎立德、阎立本、李思训、韩幹、张藻、薛稷并列，为神品下七人之一。

②* 见《酉阳杂俎续集》（《四部丛刊》本）卷六《寺塔记下》。

③* 汤垕著《古今画鉴》（又名《画鉴》）。

④*《东坡题跋》卷五《书吴道子画后》。

得自然之数，不差毫末。

米芾述吴画云：①

苏轼子瞻家收吴道子画佛及侍者志公十余人，破碎甚，而当面一手，精彩动人。点不加墨，口浅深晕成，故最如活。王防，字元规，家二天王皆是吴之入神画。行笔磊落，挥霍如莼菜条②，圜润折算，方圆凹凸，装色如新，与子瞻者一同。

汤垕述此最为明白，其辞云：③

吴道子笔法超妙，为百代画圣。早年行笔差细，中年行笔磊落，挥霍如莼菜条。人物有八面，生意活动，方圆平正，高下曲直，折算停分，莫不如意。其傅彩于焦墨痕中，略施微染，自然超出缣素。世谓之“吴装”。

米芾、汤垕诸人称述吴画之“口浅深晕成”，“其傅彩于焦墨痕中，略施微染，自然超出缣素”诸语，以近年敦煌、高昌所出诸绢画以及壁画勘之，便可了然。大率于线条以外，别施彩色，微分浅深：其凸出者施色较浅，凹入之处傅彩较深，于是高下分明，自然超出缣素矣。唐代长安寺院中小尉迟及道玄画壁甚夥，此种带凹凸风之人物，必不少也。

说者或谓凹凸画派传入中国，仅在人物画方面微受影响，山水画则仍以骨法为主干。④ 实则中国之山水画至吴道玄亦复起一大变局。张彦远论画山水树石云：⑤

魏晋以降，名迹在人间者，皆见之矣。其画山水，则群峰之势，若钿饰犀栉；或水不容泛，或人大于山，率皆附以树石，映带其地，列植之状，则若伸臂布指。详古人之意，专在显其所长，而不守于俗变也。国初，二阎⑥

①* 见《画史》。

②莼菜条：形容吴道子绘画用线特点，这种线条提按节奏鲜明，翻卷过渡自然，线形饱满圆厚。

③* 见《古今画鉴》。

④* 见叶季英著《中国绘画之骨法与输入之凹凸法》（《金陵学报》第 2 卷第 1 期第 165-170 页）。

⑤*《历代名画记》卷一《论画山水树石》。

⑥二阎：指阎立本、阎立德。

擅美匠学，杨、展①精意宫观，渐变所附。尚犹状石则务于雕透，如冰澌斧刃；绘树则刷脉镂叶，多栖梧菀柳。功倍愈拙，不胜其色。吴道玄者，天付劲毫，幼抱神奥，往往于佛寺画壁，纵以怪石崩滩，若可扪酌。又于蜀道写貌山水。由是山水之变始于吴，成于二李（李将军、李中书）②；树石之状妙于韦鹍，穷于张通（张璪也）。

张氏所论唐以前画，今不可多见；唯摄山隋舍利塔八相成道图中之山水树石，以及敦煌诸六朝画，庶几近之，盖纯为一种平面描写。吴道玄山水，或者采用西域传来凹凸画之方法，是以“怪石崩滩，若可扪酌”，用能一新其作品面目也。

唐代洛阳亦有尉迟乙僧及吴道玄画，凹凸派之画风当及于其地。又按凹凸派画，虽云渊源印度，而唐代作家之受此影响，当由西域人一转手。尉迟乙僧父子以善丹青驰声上京，即其一证；而近年来西域所出绘画，率有凹凸画之风味，足见流传之概也。③

隋承周齐以来之旧，有九部乐；唐太宗平高昌，得其乐部，遂益为十部。所谓十部者：燕乐、清乐、西凉、天竺、高丽、龟兹、安国、疏勒、高昌、康国是也。此十部中复分为坐立二部④，皆以琵琶为主要乐器。其后坐部伎转盛，据元稹《立部伎》诗注，当时太常选坐部伎无性识者退入立部伎，绝

---

①杨、展：指杨昇、展子虔。

②李思训（651—716，一作648—713），曾任过武卫大将军，世称“李将军”。李昭道，字希俊，生卒年不详，李思训之子，官至太子中舍，世称“李中书”。张彦远认为“山水之变始于吴，成于二李”，吴道子（688—765）晚于李，从时间上说不通，有说张意是：山水画的水墨淡彩创自吴道子，青绿技法至二李臻于完善。

③* Von Le Coq，*Chotscho* 第4图d面部及第22图（《高昌壁画菁华》第3图）佛像面部，及M. A. Stein，*Serindia*，vol. IV 第125图至第126图焉耆明屋（Ming-oi）壁画，可窥唐代凹凸画大概。——编者按：“焉耆明屋”，古代寺院遗址，位于新疆焉耆回族自治县七个星镇；“明屋”是维吾尔语“千间房屋”的意思，也即“千佛洞”。

④坐立二部：指唐代宫廷乐舞类别。“坐部”在堂上坐奏表演，舞者为3至12人，舞姿文雅，用丝竹细乐伴奏。其乐工、舞人也称“坐部伎”，技术水平较高。“立部”在堂下立奏表演，舞者为60至180人，舞姿雄壮威武，伴奏乐器有鼓和金钲（即锣）等，音量宏大。其乐工、舞人也称“立部伎”，技术水平较坐部伎低。玄宗时，习坐部伎不成的改习立部伎。

无性识者始退入雅乐部，则所谓秉承前休①之雅乐，其衰亦可知矣！

唐代不唯九部乐仍隋旧制，据《唐书·礼乐志》，唐初所有燕乐伎乐工舞人，亦无变易。隋代乐府承周齐之遗，白明达诸人，大概即为周突厥皇后携来乐人之流裔，其后复臣于唐。唐高祖之倾心胡乐当不下于隋炀帝，是以白明达、安叱奴之流以胡人俱跻显位。唐代乐府伶工遂多隶籍外国之世家。出于米国者有米嘉荣、嘉荣子和郎。后来又有米禾稼、米万槌，名见《乐府杂录》及《乐书》，以善弄婆罗门见称。虽未云其为米国人，而《文献通考》以之隶于龟兹部下，又其名亦与一般华名不类，故前疑为华化之米国人，与米嘉荣一家有若干关系。米氏而外，曹保一家，更为源远流长。曹保，保子善才，善才子纲俱以善琵琶著于当时。北齐曹婆罗门一家以善琵琶致显位，唐代曹保诸人或其后裔。其后又有曹触新、曹者素，当即曹保一家亦未可知。此两家者腾声誉于长安乐府，几与李唐一代共始终，亦可谓之深根固柢也矣。康姓者有康昆仑、康迺，安姓者有安叱奴、安万善、安辔新，大约即出于康国、安国。

唐代士大夫燕居之暇，大都寄情歌舞，留连风景。刘梦得有《与歌者米嘉荣》诗。曹氏一家，咏者尤多：白香山有《听曹刚琵琶兼示重莲》、《代琵琶弟子谢女师曹供奉寄新调弄谱》；李绅有《悲善才》；薛逢有《听曹刚弹琵琶》；元稹《琵琶歌》兼及昆仑、善才。皆可见此辈文人对于西域新传来之歌调乐曲沉酣倾倒反复赞叹之概，是以香山居士至欲截曹刚之手以接于重莲也。

开元、天宝之际，长安、洛阳胡化极盛，元稹《法曲》有云：②

自从胡骑起烟尘，毛毳腥膻满咸洛。女为胡妇学胡妆，伎进胡音务胡乐。火凤声沈〔沉〕多咽绝，春莺啭罢长萧索。胡音胡骑与胡妆，五十年来竞纷泊。

①前休：前人的美善言行。

②*《元氏长庆集》卷二四，又《全唐诗》卷四一九。

王建《凉州行》云:①

城头山鸡鸣角角，洛阳家家学（一作教）胡乐。

胡妆解已见上，兹不赘。胡乐之盛行于长安、洛阳，观此二诗可见。“春莺啭”为曲名，《教坊记》云:②

高宗晓声律，闻风叶鸟声，皆蹈以应节。尝晨坐闻莺声，命乐工白明达写之为《春莺啭》，后亦为舞曲。

张祜《春莺啭》云:③

兴庆池南柳未开，太真先把一枝梅。内人已唱《春莺啭》，花下傞傞软舞来。

是《春莺啭》为软舞曲。白明达为龟兹乐人，所写《春莺啭》，当函有不少之龟兹乐成分在内，故微之④诗列之于胡乐（关于《春莺啭》舞，参看本篇所附第六图上）。《火凤》，传贞观时太常乐工裴神符擅长此曲。《唐会要》称神符:⑤

妙解琵琶。作《胜蛮奴》、《火凤》、《倾杯乐》三曲，声度清美，太宗深爱之。高宗末其伎遂盛。

神符又为五弦名手，始用手弹，后人习为掐琵琶。与曹刚同时有裴兴奴，亦善琵琶，长于拢燃〔撚〕。此二人同隶乐府，疑为一家，而系疏勒入唐之乐人。《火凤》诸曲，当与《春莺啭》同其派别，故微之诗云尔也。

唐代流行长安之西域乐以龟兹部为特盛。按龟兹乐部自后魏以来，即为世人所重：后魏曹婆罗门一家即受龟兹琵琶于商人，其孙妙达尤为北齐文宣所重，常自击胡鼓和之。隋开皇中，西龟兹、齐龟兹、土龟兹三部，大盛于

①《全唐诗》卷二九八。

②*今本《教坊记》文与此微异，此据《乐府诗集》卷八十引。

③*《乐府诗集》卷八十。

④微之：唐代诗人元稹（779—831），字微之。

⑤*《唐会要》卷三三《宴乐》。按《洛阳伽蓝记》卷三“高阳王寺”条：“王有二美姬，一名修容，二名艳姿。……修容亦能为《渌水》歌，艳姿善《火凤》舞，并爱倾后室，宠冠诸姬。（原）士康闻此，遂常令徐（月华）鼓《渌水》、《火凤》之曲焉。”是《火凤》舞与曲久已有之，神符大约别创新声耳。——编者按：《洛阳伽蓝记》中不是“《渌水》”，是“《绿水》”。

闾阎。至唐而坐立部伎之安乐、太平乐、破阵乐、大定乐、上元乐、圣寿乐、光圣乐，皆雷大鼓，杂以龟兹乐。长寿乐、天授乐、鸟歌万岁乐、小破阵乐皆用龟兹乐。不仅朝廷诸大乐率用龟兹乐，笛及羯鼓亦复用之。元稹《连昌宫词》云：①

逡巡大遍《凉州》彻，色色龟兹轰绿〔录〕续。

《逸史》曾记长安善吹笛之李謩（《乐府杂录》作谟）与独孤生故事，谓謩师为龟兹人。其辞云：②

独孤曰："公试吹《凉州》。"至曲终，独孤生曰："公亦甚能妙。然声调杂夷乐，得无有龟兹之侣乎？"李生（李謩）③ 大骇起拜曰："丈人神绝，某亦不自知，本师实龟兹人也。"

微之所记当亦指笛而言。此为龟兹乐在管乐方面极为有势之一证也。段成式又云：④

玄宗尝〔常〕伺察诸王。宁王常夏中挥汗挽〔鞔〕鼓，所读书乃龟兹乐谱也。上知之喜曰："天子兄弟当极醉乐耳。"

按宁王长子汝阳王琎，又名花奴，善击羯鼓。疑宁王之"挥汗鞔鼓⑤"，亦为羯鼓，而"龟兹乐谱"则羯鼓谱耳。南卓《羯鼓录》附诸宫曲，太簇商有《耶婆色鸡》，此曲即出于龟兹；⑥《黄莺啭》当即《春莺啭》。玄宗特喜羯鼓，于是宋璟、宋沇之流，亦相率承风。龟兹、高昌、疏勒、天竺诸部虽俱用羯鼓，而就《羯鼓录》附诸宫曲观之，疑唐代盛行于长安之羯鼓，其渊

---

①*《元氏长庆集》卷二四，又《全唐诗》卷四一九。

②*《太平广记》卷二百四《乐二》"李謩"条引。

③编者按："（李謩）"可能系作者所注，不是原文献所有。

④*《酉阳杂俎》前集卷十二。

⑤鞔（mán）鼓：指把皮革绷紧固定在鼓框上，做成鼓面。

⑥*《宋高僧传》卷三《唐丘慈国莲华寺莲华精进传》云："安西境内有前践山，山下有伽蓝。其水滴溜成音可爱。彼人每岁一时采缀其声以成曲调，故《耶婆瑟鸡》，开元中用为羯鼓曲名。乐工最难其杖撩之术。进寺近其滴水也。"悟空译《十力经序》云："安西境内有前践山、前践寺，复有耶婆瑟鸡山。此山有水滴霤成音，每岁一时采以为曲。故有耶婆瑟鸡寺。"两书微异。耶婆瑟鸡即耶婆色鸡，S. Lévi 以为即古龟兹语 Yurpāske 一词之音译，其为龟兹乐盖无可疑也。Lévi 说见 *Journal Asiatique*（1913）320 页。

源实出于龟兹也。

龟兹乐中尚有觱篥，亦曾盛于长安。德宗朝之尉迟青，官至将军，居在常乐坊。大历中，以技折服幽州名手王麻奴。王麻奴于高般涉调中吹一曲勒部羝曲，青能用银字管于平般涉调中吹之。按隋苏祇婆介绍琵琶七调，其中有般涉调。又其他诸调，印度乐中每不之见，则苏祇婆之琵琶七调，当系由印度乐蜕出之另一西域系统之音乐。因其宫调与中国旧乐可相比附，故遂特为言乐者所喜用耳。

隋唐以来之西域乐，大率乐与舞不相离。唐代乐府中盛行之乐舞，段安节记述甚详。《乐府杂录》舞工云：

舞者，乐之容也。有大垂手、小垂手，或如惊鸿，或如飞燕。婆娑，舞态也；蔓延，舞缀也。古之能者不可胜记。即有健舞、软舞、字舞、花舞、马舞。健舞曲有《稜大》、《阿连》、《柘枝》、《剑器》、《胡旋》、《胡腾》。软舞曲有《凉州》、《绿腰》、《苏和香》、《屈柘》、《团圆旋》、《甘州》等。

字舞、花舞、马舞，解见段氏此文自注，兹不赘述。健舞、软舞之名，何所取义，今不甚可知。据《教坊记》及《乐府诗集》引，健舞曲为《阿辽》、《柘枝》、《黄獐》、《拂林》、《大渭州》、《达摩支》，软舞曲为《垂手罗》、《回波乐》、《兰陵王》、《春莺啭》、《社渠》、《借席》、《乌夜啼》，与今行段氏《乐府杂录》微异。健舞曲中今确知其出于西域、含有伊兰风味者，凡有《胡腾》、《胡旋》、《柘枝》三种；开元、天宝以后，盛行于长安，后更遍及于中国各处也。

唐人诗纪述此种胡舞者不少。于胡腾舞，有刘言史、李端二人诗可据。刘言史《王中丞宅夜观舞胡腾》① 诗云：

石国胡儿人见少，蹲舞樽前急如鸟。织成蕃帽虚顶尖，细氎胡衫双袖小。手中抛下蒲萄盏，西顾忽思乡路远。跳身转毂宝带鸣，弄脚缤纷锦靴软。四座无言皆瞪目，横笛琵琶遍头促。乱腾新毯雪朱毛，傍拂轻花下红烛。酒阑

①清代徐倬编《全唐诗录》卷五三。

舞罢丝管绝，木棉花西见残月。

王中丞即王武俊，宅在长安，说见本篇论《流寓长安之西域人》一节。李端《胡腾儿》诗云：①

胡腾身是凉州儿，肌肤如玉鼻如锥。桐布②轻衫前后卷，葡萄长带一边垂。帐前跪作本音语，拾襟搅袖为君舞。安西旧牧收泪看，洛下词人抄曲与。扬眉动目踏花毡，红汗交流珠帽偏。醉却东倾又西倒，双靴柔弱满灯前。环行急蹴皆应节，反手叉腰如却月。丝桐忽奏一曲终，呜呜画角城头发。胡腾儿，故乡路断知不知？

李诗末句，大约即指河陇为吐蕃所陷而言。就刘、李二人诗观之，胡腾舞大约出于西域石国。舞此者多属石国人，李端诗"肌肤如玉鼻如锥"，则其所见之胡腾儿为印欧族之伊兰种人可知也。此辈舞人率戴胡帽，着窄袖胡衫。帽缀以珠，以便舞时闪烁生光，故云"珠帽"。兰陵王、拔头诸舞，舞人所着衫后幅拖拽甚长，胡腾舞则舞衣前后上卷，束以上绘葡萄之长带，带之一端下垂，大约使舞时可以飘扬生姿。唐代音声人袖多窄长，为一种波斯风之女服。因衣袖窄长，故舞时须"拾襟搅袖"，以助回旋。李端诗"帐前跪作本音语，拾襟搅袖为君舞"，大约系指舞人起舞之先，必须略蹲以胡语致词，然后起舞。宋朝大曲，奏引子以后，竹竿子口号致语，③ 李端所云之本音语，疑即大曲口号之大辂椎轮也。胡腾舞容不甚可知，依二诗所言，大率动作甚为急遽，多取圆形，是以"环行急蹴"、"跳身转毂"云云。胡腾之腾或指其"反手叉腰"，首足如弓形，反立毯上，复又腾起而言欤？与胡腾舞伴奏之乐器有横笛与琵琶；酒阑舞罢，丝桐忽奏，于是一曲亦终矣。

健舞中与胡腾同出西域石国者尚有柘枝舞。石国亦名柘枝，亦名柘羯。薛能《柘枝词》之二云：④

---

①*《图书集成·乐律典》卷八九《舞部》引。

②桐布：木棉花织的布，也就是木棉布。"桐"又作"橦"，指木棉树。

③*郑麟趾《高丽史》卷七一《乐志》二，记唐乐之《献仙桃》《寿延长》《五羊仙》《抛球乐》《莲花台》诸大曲，其节奏与宋大曲略同。

④*《乐府诗集》卷五六。

悬军征柘〔拓〕羯①，内地隔萧关。日色昆仑上，风声朔漠间。何当千万骑，飒飒贰师还。

此首所咏，指天宝九载高仙芝征石国一役而言。盖以柘枝舞出于石国，故云尔也。兹略考柘枝舞舞人服饰、舞容之属如次。《乐苑》云：②

羽调有《柘枝曲》，商调有《屈柘枝》。此舞因曲为名，用二女童，帽（《御览》五七四引帽上尚有鲜衣帽三字）施金铃，抃转有声。其来也于二莲花中藏，花坼而后见。对舞相占，实（《御览》引无“舞相占实”四字）舞中雅妙者也。

陈旸云：③

柘枝舞，童衣五色，绣罗宽袍，胡帽银带。案：唐《杂说》，羽调有《柘枝曲》，商调有《掘柘枝》，角调有《五天柘枝》。用二童舞，衣帽施金铃，抃转有声。始为二莲花，童藏其中，花坼〔华折〕而后见。对舞相占，实舞中之雅妙者也。然与今制不同［矣］，亦因时损益（耶）〔然邪〕？唐明皇时那胡柘枝，众人莫（及也）〔不称善〕。

柘枝舞舞人衣五色罗衫，胡帽银带，唐人诗中亦多言之：张祜《观杭州柘枝》诗“红罨画衫缠腕出”，《周员外席上观柘枝》诗“金丝蹙雾红衫薄，银蔓垂花紫带长”。又《观杨瑗柘枝》诗：“促叠蛮鼍引柘枝，卷檐虚帽带交垂。紫罗衫宛蹲身处，红锦靴柔踏节时。”白居易《柘枝词》：“绣帽珠稠缀，香衫袖窄裁。”又《柘枝妓》诗④：“红蜡烛移桃叶起，紫罗衫动柘枝来。带垂钿胯花腰重，帽转金铃雪面回。”窄袖缠腕与胡腾舞同；用长带，着红锦靴；“卷檐虚帽”，亦即刘言史诗中之“织成蕃帽虚顶尖”：此俱胡服也。就唐人诗考之，柘枝舞大约以鼓声为节，起舞鼓声三击为度，故白居易《柘枝

①原文为“拓羯”。拓羯：亦名柘羯、赭羯，指石国；也是唐代西北对卫士、战士的称谓，来自伊朗语。

②*《乐府诗集》卷五六《柘枝词·小引》引。——编者按：《御览》即《太平御览》。

③*《乐书》卷一八四《柘枝舞》。

④《白氏长庆集》卷二三。

妓》诗云：

平铺一合锦筵开，连击三声画鼓催。

张祜《观杭州柘枝》诗：

舞停歌罢鼓连催，软骨仙娥暂起来。

又刘禹锡《和乐天柘枝》诗亦云：

鼓催残拍腰身软，汗透罗衣雨点花。

皆可见柘枝舞以鼓声为节奏之概。柘枝舞至曲终，例须半袒其衣，故沈亚之《柘枝舞赋》云：①

差重锦之华衣，俟终歌而薄袒。

薛能《柘枝词》之“急破催摇曳，罗衫半脱肩”，即指此也。

柘枝舞又重目部表情，此与胡腾不同。刘禹锡《观舞柘枝》云：②

曲尽回身去，曾波③犹注人。

沈亚之《柘枝舞赋》云：

骛游思之情香兮，注光波于秾睇。

卢肇《湖南观双柘枝舞赋》云：④

善睐睢盱，偃师之招周妓；轻躯动荡，蔡姬之詟桓公。

大约俱指舞人之流波送盼而言也。柘枝舞舞人帽上施金铃，舞时抃转有声。至其来时藏于二莲花中，花坼而后见，为胡腾、胡旋诸舞所未有，此事除《乐苑》外，不见各家记载（《乐书》即袭《乐苑》之文)，不识何故。唐、宋两代柘枝舞之不同，陈旸《乐书》已言之。唐代柘枝舞大约有一人单舞与二人对舞之别，二人对舞则曰双柘枝。张祜《周员外席上观柘枝》诗亦作《周员外出双舞柘枝妓》，是以诗有“小娥双换舞衣裳”之句。卢肇赋亦是观双柘枝舞，《乐苑》（据《御览》引）亦云柘枝舞“实舞中雅妙者也”。

---

①*《沈下贤文集》（《四部丛刊》本）卷一。

②《刘梦得文集》（《四部丛刊》本）卷五。

③曾（céng）波：喻美女的眼睛。曾，重也。

④*《图书集成·乐律典》卷八八《舞部》引。

是双人对舞应名双柘枝舞，其流传之盛当有过于单舞。宋代柘枝舞为乐府十小儿队之一，属于队舞。据史浩《鄮峰真隐漫录》，大曲中之柘枝舞凡用五人，舞人有竹竿子有花心；其口号致词，入队起舞吹唱遣队，与其他大典无异，疑唐代之柘枝舞尚无如是之繁复与整齐也。关于宋代之柘枝舞，别详余所著《柘枝舞小考》，兹附篇末，以资参览。①

胡旋舞，日本石田幹之助氏有《胡旋舞小考》② 一文，考证綦详，余愧无新材料以相印证，兹唯略述其概而已。案胡旋舞出自康国，唐玄宗开元、天宝时，西域康、米、史、俱密③诸国屡献胡旋女子，胡旋舞之入中国，当始于斯时。玄宗深好此舞，太真、安禄山皆能为之。关于胡旋舞，纪者虽多，而舞服舞容，反不若胡腾、柘枝之易于钩稽。白居易《新乐府》有《胡旋女》④，注谓天宝末康居国献之。其辞有云：

胡旋女，胡旋女，心应弦，手应鼓。弦鼓一声双袖举，回雪飘飘〔飖〕转蓬舞。左旋右转不知疲，千匝万周无已时。人间物类无可比，奔车轮缓旋风迟。……

元稹《胡旋女》云：⑤

天宝欲末胡欲乱，胡人献女能胡旋。……胡旋之义世莫知，胡旋之容我能传。蓬断霜根羊角⑥疾，竿戴朱盘火轮炫。骊珠迸弭〔珥〕遂〔逐〕飞〔龙〕星⑦，虹晕轻巾掣流电。潜鲸暗嗡〔噏〕笪海波，回风乱舞当空霰。万过其谁辨终始，四座安能分背面。……

---

①*《柘枝舞小考》原载《清华周刊》第37卷第12期第1367-1373页。柘枝系Tashkend古名“Chaj”一词之译音，《小考》旧说有误，今为改正，附录篇末。——编者按，《柘枝舞小考》本书未选入。

②*《史林》第15卷第3号。

③俱密：《大唐西域记》中的拘谜陀国。唐高宗龙朔元年（661）在此设至拔州都督府，为唐代安西都护府所辖羁縻府之一。故址在今塔吉克斯坦喀拉特金之苏尔哈布河流域，也有说在达尔瓦兹一带。

④*《白氏长庆集》卷三。

⑤*《元氏长庆集》卷二四。

⑥羊角：旋风名。《庄子·逍遥游》：“抟扶摇羊角而上者九万里。”成玄英疏：“旋风曲戾，犹如羊角。”这里形容旋转的速度和力量，如急剧的旋风。

⑦编者按：元稹诗此句为“骊珠迸珥逐龙星”，向达1933版文中“逐”字无误，系后来再版者误为“遂”。

两诗极赞胡旋舞旋转之疾，而于舞人装饰了未道及；盖其旨固在讽刺时习，初无意于纪事也。至白氏谓胡旋舞出康居，石田氏已指其谬，兹不赘。段安节又云：①

舞有骨鹿舞、胡旋舞，俱于一小圆球子上舞；纵横腾踏，两足终不离于球子上，其妙如此也。

《唐书·礼乐志》亦谓“胡旋舞舞者立球上，旋转如风”。此种胡旋舞法，诸家皆不载。《封氏闻见记》有蹴球戏，是否即为胡旋舞，今无可考。

软舞曲中之《凉州》、《苏合香》、《团圆旋》、《回波乐》，中国载籍中已不甚可考，从日本书中尚可知其一二（团圆旋亦作团乱旋。关于团乱旋舞图，参看本篇所附第六图下）。②《苏合香》有谓原出天竺，传至西域，以入中国者。③《春莺啭》在日本一名《天长宝寿乐》，为大曲，属壹越调二十五曲之一。序一帖，飒踏（一作中序）二帖，入破四帖，鸟声二帖，急声二帖，并各十六拍；始作有游声；舞女十人。其所谓帖，或即后来大曲中之叠；游声则序中词也。舞服舞容，日本亦不传。

软舞中之《兰陵王》一名《大面》，或名《代面》，始自北齐神武帝弟兰陵王长恭。段安节云：④

大面出于北齐。齐兰陵王长恭，才武而貌美，常著假面以对敌。尝击周师金墉下，勇冠三军。齐人壮之，为此声以效其指挥击刺之容。俗谓之《兰陵王入阵曲》。

段氏又谓戏者衣紫腰金执鞭。《兰陵王》在日本一名《陵王》，又名《罗

①*《乐府杂录·俳优》。——编者按：文中两个“球”字原文为球的异体字“毬”，疑为“毬”字误写，《太平御览》引《乐府杂录》句即为“毬”，敦煌壁画中舞者也是在小圆毯即“舞筵”（舞蹈时铺在地上的席子或地毯）上舞蹈。下文《唐书·礼乐志》（即《新唐书·礼乐志》）中“球”疑同此；也有学者认为胡旋舞近似杂技表演，就是立于“球”上表演。

②*源光圀修《大日本史》卷三四七至卷三四九《礼乐志》十四至十六记述从隋唐传来之乐曲甚详。以《凉州》属沙陀调，《苏合香》属般涉调，《团圆旋》（《礼乐志》作“团乱旋”）、《回波乐》（《礼乐志》作“回杯乐”）属壹越调。

③*参看田边尚雄《东洋音乐史》第293页（《东洋史讲座》第13卷）。

④*《乐府杂录·鼓架部》。

陵王》：有啭；有乱序中序各一帖；荒序八帖各一拍；入破四帖，后改为二帖，各十六拍。舞者一人别装束假面帽子，执金桴。其《兰陵王》舞服面具，并传于今。日本高楠顺次郎以为此曲系咏娑竭罗龙王（Sagara roi des Dragons）者，[①] 伯希和疑其无据。[②] 今按日本所传《兰陵王》有啭词云：[③]

吾等胡儿，吐气如雷。我采顶雷，蹈石如泥。右得士力，左得鞭回。日光西没，东西若月。舞乐打去，录录长曲。

自称胡儿，则其源或亦出于西域欤？（关于兰陵王舞图，参看本篇所附第七图）

唐代乐府中又有《钵头》，一名《拨头》，又名《拔头》，亦系一种舞乐。张祜有《容儿钵头》诗，[④] 即咏此也。段安节记《钵头》由来云：[⑤]

《钵头》：昔有人父为虎所伤，遂上山寻其父尸。山有八折，故曲八叠。戏者被发素衣，面作啼，盖遭丧之状也。

《通典》作《拨头》，云：[⑥]

出西域。胡人为猛兽所噬，其子求兽杀之，为此舞以象也。

《旧唐书·音乐志》文同。钵头舞今存于日本，舞者衣胡服，戴面具，披发，手持短桴。高楠顺次郎以为此舞从印度《梨俱吠陀》（*Rig Veda*）及《阿闼婆吠陀》（*Atharva Veda*）中 Pedu 王白马（Paidva）奋战却毒蛇之故事演出。[⑦] 高楠氏展转证合，致力极勤，唯钵头音之记者不一，是以说者于高楠氏之论多取存疑。中籍明谓出于西域，王国维先生以为当出西域之拔豆国，或者近是。[⑧]（关于拔头舞图，参看本篇所附第八图）

---

①* 田边尚雄《东洋音乐史》第 238–239 页，又 Hôbôgirin，*Deuxieme Fascicule*，p. 155.

②* *T'oung Pao*，no. 1–2（1931）：97–98.

③*《大日本史》卷三四七《礼乐志》五引《河海钞·类筝治要》（影印本第 13 册第 221 页）。

④*《全唐诗录》卷七十。

⑤*《乐府杂录·鼓架部》。

⑥*《通典》卷一四六。

⑦* 高楠顺次郎著《奈良朝临邑八乐考》（《史学杂志》第 18 编第 6 号）；田边尚雄《东洋音乐史》第 110–116 页；《法宝义林》第 155–156 页。又参看伯希和评《法宝义林》文。

⑧* 王国维《宋元戏曲史》第一章《上古至五代之戏剧》。

唐代又行一种泼胡乞寒之戏，戏时歌舞之辞名《苏摩遮》（一作苏莫遮、苏莫者）。此风曾及于两京，《旧唐书·中宗纪》曾两纪此事：

神龙元年（公元七〇五年）十一月“己丑，御洛城南门楼观泼寒胡戏”。

景龙三年（公元七〇九年）十二月“乙酉，令诸司长官向醴泉坊看泼胡王乞寒戏”。

按此戏出于西域康国，《旧唐书·康国传》云：

至十一月鼓舞乞寒，以水相泼，盛为戏乐。

《新唐书·康国传》、《册府元龟》所纪略同。此种泼胡乞寒之戏，在中宗时，两京而外，并行于各地。是以神龙二年（公元七〇六年）三月并州清源县尉吕元泰上书言时政曰：①

比见坊邑相率为浑脱队，骏马胡服，名曰苏莫遮。旗鼓相当，军阵势也。腾逐喧噪，战争象也。锦绣夸竞，害女工也。督（《唐会要》引作征）敛贫弱，伤政体也。胡服相欢（《唐会要》引作效），非雅乐也。浑脱为号，非美名也。安可以礼义之朝，法胡（《唐会要》引作戎）虏之俗（《唐会要》引此下尚有“军阵之势，列庭阙之中，窃见诸王，亦有此好，自家刑国，岂若是也”凡二十五字）。《诗》云：“京邑翼翼，四方是则。”非先王之礼乐，而示（《唐会要》引作将）则于四方，臣所未谕。《书》曰：“谋时寒若。”何必裸形体，灌衢路，鼓舞跳跃，而索寒焉。

吕元泰此疏，盖因神龙元年十一月洛城观泼寒戏而言。疏上不报。景龙三年诸司长官向醴泉坊观泼胡王乞寒戏，其后右拾遗韩朝宗、中书令张说亦相继上疏谏止。张说疏有云：②

且乞寒泼胡，未闻典故。裸体跳足，盛德何观？挥水投泥，失容斯甚！法殊鲁礼，亵比齐优。恐非干羽柔远之义，樽俎折冲之道。愿择刍言，特罢此戏。

①*吕疏见《新唐书》卷一一八《宋务光传》末。《唐会要》卷三四《论乐》亦引此，今取互校。
②*《唐会要》卷三四《论乐》引。

“裸体跳足”，“挥水投泥”，即以水相泼盛为戏乐之谓。说疏上，至开元元年（公元七一三年）① 十二月七日下敕禁断。敕文云：②

敕：腊月乞寒，外蕃所出；渐渍成俗，因循已久。至使乘肥衣轻，俱非法〔竞矜胡〕服，阗城溢陌，深点华风。朕思革颓弊，反〔返〕于淳朴。《书》不云乎：不作无益害有益，功乃成；不贵异物贱用物，人乃足。况妨于政要，取紊礼经。习而行之，将何以训！自今以〔已〕后（《唐会要》引此下有“无问蕃汉”四字），即宜禁断。

由以上所引诸文观之，可见乞寒一戏，唐代曾盛行于两京各处。自皇帝以至诸王，俱复好此，大约流寓长安之西域人不忘本习，而汉人则而效之。唐代行此，据《唐书·张说传》，始于则天末年。《张说传》云：

自则天末年季冬为泼寒胡戏，中宗尝御楼以观之。至是因蕃夷入朝，又作此戏。

其入中国当在北周宣帝时。《周书·宣帝纪》、《通鉴·陈纪》俱谓始北周天元大象二年（公元五八〇年），故玄宗敕谓“因循已久”也。苏莫遮一辞又见般若三藏译《大乘理趣六波罗蜜多经》卷一。薄伽梵告慈氏菩萨，论老苦有云：

又如苏莫遮帽，覆人面首，令诸有情，见即戏弄。老苏莫遮，亦复如是。从一城邑至一城邑，一切众生，被衰老帽；见皆戏弄。

慧琳释苏莫遮帽云：③

苏莫遮，西戎胡语也。正云飒磨遮。此戏本出西龟兹（一作慈）国，至今犹有此曲，此国浑脱、大面、拨头之类也。或作兽面，或象鬼神，假作种种面具形状。或以泥水沾洒行人，或持羂索搭钩捉人为戏。每年七月初公行

①编者按，核查《唐大诏令集》，该文作于开元二年，非开元元年。

②* 宋敏求编《唐大诏令集》卷一百九《禁断腊月乞寒敕》。

③* 慧琳《一切经音义》卷四十（《大乘理趣六波罗蜜多经》卷一《音义》）。按《酉阳杂俎》前集卷四《境异》纪龟兹国“婆罗遮并服狗头猴面，男女无昼夜歌舞，八月十五日行像及透索为戏”。此婆罗遮疑即苏莫遮，原应是娑摩遮。同书同卷又谓焉耆国元日、二月八日婆摩遮云云。此二者当俱是苏莫遮之传写讹误以及异译也。谨附记于此。

此戏，七日乃停。土俗相传云，常以此法攘厌驱趁罗刹恶鬼食啖人民之灾也。

慧琳所云，未及浑脱骏马；又用羂索搭钩捉人，戴面具，吕元泰疏及《康国传》都未之及。张说有《苏摩遮》诗，苏摩遮即苏莫遮，说曾上疏谏止乞寒胡戏，其《苏摩遮》诗所纪，自属得之目识亲览。以说诗与慧琳《音义》、吕元泰疏参互比观，唐代乞寒胡戏，当不难得其梗概。说诗题下注云，“泼寒胡戏所歌，其和声云亿岁乐”，是苏莫遮乃为乞寒戏时歌词之调名也。说诗五首，今录前四首如次：①

摩遮本出海西胡，琉璃宝眼紫髯须。闻道皇恩遍宇宙，来将歌舞助欢娱。（《亿岁乐》）

绣装帕额宝花冠，夷歌妓（龙池草堂本妓作骑）舞借人看。自能激水成阴气，不虑今年寒不寒。（《亿岁乐》）

腊月凝阴积帝台，豪歌急鼓送寒来。油囊取得天河水，将添上寿万年杯。（《亿岁乐》）

寒气宜人最可怜，故将寒水散庭前。惟愿圣君无限寿，长取新年续旧年。（《亿岁乐》）

是所谓苏莫遮之乞寒胡戏，原本出于伊兰，传至印度以及龟兹；中国之乞寒戏当又由龟兹传来也。为此者多属胡人，碧眼紫髯，指其为伊兰族而言耳。“绣装帕额宝花冠”，即吕元泰疏中所云之胡服。《康国传》谓鼓舞乞寒，是以张说诗有“夷歌妓舞”、“豪歌急鼓”之语；妓字应从明刊本作骑为胜，即吕疏所云之骏马胡服也。戏时大约以油囊盛水交泼，故说诗云云。《文献通考》纪此戏乐器云：②

乞寒本西国外蕃康国之乐。其乐器有大鼓、小鼓、琵琶、五弦、箜篌、笛。其乐大抵以十一月，裸露形体，浇灌衢路，鼓舞跳跃而索寒也。

大致俱西域康、安诸国乐部所常用者也。

---

①*《张说之文集》卷十（《结一庐丛书》本），以《四部丛刊》景龙池草堂本及《全唐诗》第一函第七册张说诗互校。诗题下注见《全唐诗》。

②*《文献通考·乐考》二十一《西戎》。

《苏莫遮》曲传于日本，名《苏莫者》，为般涉调中曲。序二帖各六拍；破四帖各十二拍；急失传。舞者别有一种服饰，戴假面，执桴；今犹有图可见。有答舞，名《苏志摩利》；答舞者左方先奏而右方从之之谓也。《苏志摩利》为双调曲，别名《庭巡舞》、《长久乐》、《回庭乐》，即新罗曲。舞者常服假面，戴帽着蓑笠。为此戏时，疑舞者步行，胡服骑马者则持盛水油囊作势交泼，舞者舞踏应节，以象闪避之状。答舞者着蓑笠，犹足以窥泼水之故典。① 大阪天王寺乐人秦家尚传此曲，一乐人登台吹笛，舞者随笛声而舞。② 此与唐人所传已异，大约删繁就简，无复骏马浑脱之概矣（关于苏莫遮舞图，参看本篇所附第九图）。

有唐一代，从波斯传来之波罗球，最为流行，而以长安为特盛；其详别见于本篇《长安打球小考》一节中，兹不赘。波罗球为一种马上球戏，亦有步打者。打球时并须奏乐，《羯鼓录》诸宫曲太簇商有《打球乐》，大约即为此戏时之所奏也。宋代队舞中之女弟子队，其十为打球乐队。《宋史·乐志》纪之云：

十曰打球乐队，衣四色窄绣罗襦，系银带，裹顺风脚，簇花幞头，执球杖。

此种衣饰，似乎俱是一种胡服。田边尚雄引《乐家录》云：③

《笛说》曰：胡国马上曲打球游之时，于马上奏此曲。

日本传来唐乐有此，中曲，为道调二十四曲之一。曲分七帖，各十一拍。舞者四人，特有一种装束，细缨冠著緌，执球杖对舞。至五月节会，则舞者至四十人，服骑马装，执杖弄球而舞。有答舞。④ 长安既盛行打球戏，则此种波斯风舞曲之曾相随而兴，又可知也（关于打球乐图，参看本篇所附第十图）。

---

①*《大日本史》卷三四八《礼乐志五》。

②*田边尚雄《东洋音乐史》第116-117页。

③*田边尚雄《东洋音乐史》第290页。

④*《大日本史》卷三四八《礼乐志五》。

六　长安打球小考

波罗球（Polo）为一种马上打球之戏。发源于波斯，其后西行传至君士坦丁堡，东来传至土耳其斯坦。由土耳其斯坦以传入中国西藏、印度诸地。日本、高丽亦有此戏，则又得自中国者也。或谓波罗球传至东方，仍保持其原音，① 此说余尚未发见何种文献足以为中国方面之证明。若《弹棋经序》所云之波罗，则本作波罗塞，俗本讹误，盖双陆②之别名，与戏于马上之波罗球不可混而为一也。以余所知波罗二字与此种球戏连类并及者唯杜环《经行记》一书。《经行记》谓拔汗那国：③

土有波罗林，林下有球场。

拔汗那即“Ferghana”，为汉代之大宛。其所谓球场，必为波罗球场无疑也。顾波罗球传入中国，波罗二字之音虽不可见，而波斯此戏原名之音，则似尚有残痕。按波罗球波斯名为“gui”，唐代名波罗球戏为打球，一名击鞠。球字之唐音为“渠幽切”，疑“球”字乃用以译波斯“gui”字之音。打球既一名击鞠，于是说者往往以为即汉魏以来所有之蹴鞠戏。实则蹴鞠戏以步打足踢为主，而波罗球须骑马以杖击之，故云打球或击鞠也。

波罗球传至东方后，中国与日本、高丽所行者俱微有异同。④ 中国所行之波罗球，其规则约略见于孟元老《东京梦华录》、《宋史·礼志》、《金史·礼志》及《析津志》诸书。《宋史》所陈过繁，今录《金史·礼志》之说如次，以见波罗球之梗概：

已而击球。各乘所常习马，持鞠杖。杖长数尺，其端如偃月。分其众为两队，共争击一球。先于球场南立双桓，置板，下开一孔为门，而加网为囊；

①* T. F. Carter, *The Invention of Printing in China and Its Spread Westward*, p. 139.

②双陆：古代的一种棋盘游戏。

③*《文献通考·四裔考》十四《疏勒国》注引。

④*《朝鲜》第196、198号（1931年9月11日）有今村鞆《日鲜支那古代打球考》一文，于日本、朝鲜打球情形，各有叙述，可以参看。唯抛球乐与打球乐不同，《高丽史》只及抛球乐而无打球乐。又汪云程《蹴鞠图谱》所述为蹴鞠，非打球，今村氏俱混而为一，非也。

能夺得鞠，击入网囊者为胜。或曰两端对立二门，互相排击，各以出门为胜。球状小如拳，以轻韧木枵其中而朱之。皆所以习蹺捷也。

唐代之波罗球，其规制大致当与此不殊。阎宽《温汤御球赋》云：①

珠球忽掷，月杖〔仗〕② 争击。

蔡孚《打球篇》亦谓：③

金锤玉銮千金重〔地〕，宝杖雕文七宝球。……奔星乱下花场里，初月飞来画杖头。……

皆指球与打球杖二者之形状而言也。打球以先入网者胜，名曰头筹；得筹则唱好。据《宋史·乐志》，大明殿会鞠，教坊例设龟兹部鼓乐，唐代亦然。王建《宫词》有云：④

对御难争第一筹，殿前不打背身球。内人唱好龟兹急，天子鞘回过玉楼。

可见其与宋制不殊也。波罗球传入中国，历唐、宋、元、明而不衰。明永乐时，北京羽林禁军尚为此戏，其时球场在东苑。⑤ 此戏之衰当在明之季叶，至清而寂然绝响，不唯民间不知打球，即朝廷亦无此典。不知何故也。

波罗球传入中国当始于唐太宗时。唐以前书只有蹴鞠，不及打球，至唐太宗，始令人习此。封演云：⑥

太宗常御安福门，谓侍臣曰："闻西蕃人好为打球，比亦令习，会〔曾〕一度观之。昨升仙楼有群蕃街里打球，欲令朕见。此蕃疑朕爱此，骋为之。以此思量，帝王举动岂宜容易，朕已焚此球以自诫。"

此是唐初波罗球已行于长安之证。《文献通考》名打球为蹴球，亦谓始

①*《图书集成·艺术典》卷八百二《蹴鞠部》引。

②月仗：中国古代马球运动中的击球用具，球棍长数尺，顶端形如偃月，故名；也作"月杖"。

③*《图书集成·艺术典》卷八百二《蹴鞠部》引。

④*《全唐诗录》卷五六。

⑤*王绂《王舍人诗集》卷二《端午赐观骑射击球侍宴》诗有"葵榴花开蒲艾香，都城佳节逢端阳。龙舟竞渡不足尚，诏令禁御开球场。球场新开向东苑，一望晴烟绿莎软"之句。绂字孟端，永乐十年（1412）官中书舍人。

⑥*封演《封氏闻见记》卷六《打球》。《资治通鉴》卷一九九系此于高宗永徽三年（652），谓为高宗事。《考异》亦未讨论及此。岂宋本《封氏闻见记》太宗原作高宗耶？抑温公别有所据耶？今姑依今本《封氏闻见记》，而识其疑惑于此。

兴于唐。① 唐代之波罗球大约直接从西域传来，是以犹存波斯旧音。有唐一代长安盛行打球，而皇室特嗜此戏，推究源始，俱由于太宗之倡开风气也。

唐代诸帝率善此戏，唐初则有玄宗为诸王时便已善此，球马之精，虽吐蕃名手亦所不逮。封演纪此云：②

景云中，吐蕃遣使迎金城公主，中宗于梨园亭子赐观打球。吐蕃赞咄奏言："臣部曲有善球者，请与汉敌。"上令仗内试之，决数都，吐蕃皆胜。时玄宗为临淄王，中宗又令与嗣虢王邕、驸马杨慎交、武秀等四人敌吐蕃十人。玄宗东西驱突，风回电激，所向无前，吐蕃功不获施。

是以开元、天宝中数御楼观打球为事。宋晁无咎《题明皇打球图》诗：③

宫殿千门白昼开，三郎沉醉打球回。九龄已老韩休死，明日应无谏疏来。

《通鉴》亦谓：④

上（玄宗）素友爱，近世帝王莫能及。初即位，为长枕大被与兄弟同寝。诸王每旦朝于侧门，退则相从宴饮，斗鸡击球，或猎于近郊，游赏别墅。

以此与本篇第五节引玄宗伺察宁王所云"天子兄弟当极醉乐"之言比观，可知玄宗人极猜忌，声色犬马之好所以颓丧诸王之志气耳。诸王亦复知此，是以玄宗偶誉汝阳王琎，宁王便为之震惊失次。玄宗以音律球马奖励臣工，于是争奇斗艳，竞相纷泊，开、天以后长安胡化之大盛，玄宗倡导之功不可没也。

玄宗而后，诸帝工打球者尚有宣宗，其技之精，虽二军老手咸服其能。《唐语林》云：⑤

宣宗弧矢击鞠皆尽其妙。所御马，衔勒之外，不加雕饰，而马尤矫捷。每持鞠杖乘势奔跃，运鞠于空中，连击至数百而马驰不止，迅若流电。二军

①*《文献通考·乐考》二十《散乐百戏》。
②*《封氏闻见记》卷六《打球》。
③*《图书集成·艺术典》卷八百二《蹴鞠部》引。
④*《资治通鉴》卷二一一《玄宗纪》。
⑤*《唐语林》卷七。

老手咸服其能。

僖宗于此技尤为自负，谓当得状元。《通鉴》纪之云：①

好蹴鞠、斗鸡，［与诸王赌鹅，鹅一头至五十缗，］尤善击球。尝谓优人石野猪曰："朕若应击球进士举，须为状元。"对曰："若遇尧、舜作礼部侍郎，恐陛下不免驳放。"上笑而已。②

三川节度亦以打球胜负定之，一国政事竟视同儿戏。穆宗、敬宗于打球戏俱沉溺忘返。敬宗嗜此，常至一更二更，戏者往往碎首折臂，而陶元皓、靳遂良、赵士则、李公定、石定宽之流以球工得见便殿；其后竟为此辈所弑，年才十八。唐代诸帝嗜打球戏，其结局要以敬宗为最惨矣。③

有唐一代，长安之达官贵人，亦复酷嗜此戏，相习成风。玄宗时诸王驸马俱能打球。《通鉴》谓：④

上好击球，由是风俗相尚。驸马武崇训、杨慎交洒油以筑球场。

杨慎交宅在靖恭坊，其所自筑球场在坊西隙［地］。⑤ 杨巨源《观打球有作》诗"新扫球场如砥平"，可知波罗球球场贵能平滑，以便球马驰骤，是以武崇训、杨慎交洒油以筑之，取其坚平，而豪侈亦可想矣。德宗时之司徒兼中书令李晟，文宗时户部尚书王源中俱能打球。晟宅在永崇坊有自筑球场。⑥ 源中为翰林承旨，宅在太平坊，暇日辄与诸昆季打球于里第；则其宅中当亦有球场也。⑦

长安宫城内有球场，宫城北有球场亭，中宗于梨园亭子赐吐蕃观打球即在此也。大明宫东内院龙首池南亦有之；文宗宝历九年，龙首池亦填为球场。此外三殿十六王宅俱可打球。平康坊亦有球场。平常则街里亦可打球，不一

---

①*《资治通鉴》卷二五三《僖宗纪》，又见《南部新书》。

②编者按：作者所引此段文字与《资治通鉴》原文对照有删节。

③参见《旧唐书》本纪十七上《敬宗本纪》，《资治通鉴》卷二四二（《唐纪》五十八）至二四三（《唐纪》五十九）。

④*《资治通鉴》卷二〇九《唐纪》二十五《中宗纪》。

⑤*徐松《唐两京城坊考》卷三"靖恭坊"。

⑥*徐松《唐两京城坊考》卷三"永崇坊"。

⑦*王定保《唐摭言》卷十五《杂文》。

定球场也。① 而打球原为军州之戏，是以左右神策军［营］亦为会鞠之所；所谓两军老手，即指左右神策军而言。段成式曾纪一善打球之河北将军云：②

建中初，有河北将军姓夏，弯弓数百斤。常于球场中累钱千余，走马以击鞠杖击之。一击一钱飞起，高六七丈，其妙如此。

盖言其手眼之明确也。李廓《长安少年行》云：

追逐轻薄伴，闲游不着绯。长拢出猎马，数换打球衣。晓日寻花去，春风带酒归。青楼无昼夜，歌舞歇时稀。

声色犬马、斗鸡打球，大约为唐代长安豪侠少年之时髦功课，故廓诗云尔。

唐代长安打球之戏不唯帝王、达官贵人、军中以及闾里少年嗜之，文人学士亦有能之者。唐代进士及第，于慈恩寺题名后，新进士例于曲江关宴，集会游赏，而月灯阁打球之会尤为盛举，四面看棚鳞次栉比。此辈能者至能与两军好手一相较量，则唐代文士之强健，于区区打球戏中，亦可窥见一斑焉。《唐摭言》纪其一事云：③

乾符四年，诸先辈月灯阁打球之会，时同年悉集。无何，为两军打球，［军］将数辈私较于是。新人排比既盛，勉强迟留，用抑其锐。刘覃谓同年曰："仆能为群公小挫彼骄，必令解去，如何？"状元已下应声请之。覃因跨马执杖，跃而揖之曰："新进士刘覃拟陪奉，可乎？"诸辈皆喜。覃驰骤击拂，风驱电〔雷〕逝，彼皆愕视。俄策得球子，向空磔之，莫知所在。数辈惭沮，僶俯〔俛〕而去。时阁下数千人，因之大呼笑，久而方止。

咸通十三年（公元八七二年）三月，亦行此会，击拂既罢，遂痛饮于佛阁之上。新进士榜发后在月灯阁集会打球，其来当已甚久，唯不审果始于何时耳。

---

①*《唐两京城坊考》卷一，谓皇城各街皆广百步，横街南北广三百步，是以群蕃能于升仙楼前街里打球。又卷四光德坊引《剧谈录》谓胜业坊北街军中少年蹴鞠云云。

②*《酉阳杂俎·前集》卷五《诡习》。

③*《唐摭言》卷三《慈恩寺题名游赏赋咏杂纪》。

宋末南渡，每逢三月三日宝津楼宴殿诸军呈百戏中有打球，其小打为男子，大打则为宫监。此辈玉带红靴，各跨小马，人人乘骑精熟，驰骤如神，雅态轻盈，妖姿绰约，说者以为人间但见其图画云。① 而乐府女弟子队中亦有打球乐队，纯是女子。唐代亦教内人打球。王建《宫词》云：②

殿前铺设两边楼，寒食宫人步打球。一半走来争跪拜，上棚先谢得头筹。

花蕊夫人《宫词》亦云：③

自教宫娥学打球，玉鞍初跨柳腰柔。上棚知是官家认，遍遍长赢第一筹。

可见唐代宫人亦能打球也。又当时为此戏有所谓打背身球者。王建《宫词》云：

对御难争第一筹，殿前不打背身球。内人唱好龟兹急，天子鞘回过玉楼。

杨太后《宫词》云：④

击鞠由来岂作嬉，不忘鞍马是神机。牵缰绝尾施新巧，背打星球一点飞。

按打背身球不知何似，以意测之，或犹今日打网球之反手抽击。马上反击，自然摇曳生姿，倍增婀娜。殿前之所以不打背身球者，亦以时地俱甚庄严，不容过为轻盈耳。滨田耕作《支那古明器泥象图说》附有骑马女俑一具，窥其姿态，当是打球女伎。侧身俯击，势微向后，大约即所谓打背身球耳。

打球本以马上为主，唯唐代长安亦行步打。王建《宫词》所谓“寒食宫人步打球”是也。步打之风至宋未衰，《宋史·礼志》曾纪其事。又打球本应用马，马之高低俱有一定。然在唐代，长安并行驴鞠。郭知运子英乂拜剑南节度使，教女伎乘驴击球，钿鞍宝勒及他服用，日无虑万数。⑤ 弑敬宗之

①*参看《东京梦华录》卷七。——编者按：孟元老《东京梦华录·驾登宝津楼诸军呈百戏》原文为，“各跨雕鞍花鞔驴子，分为两队。各有朋头一名，各执彩画球杖，谓之‘小打’。……续有黄院子引出宫监百余亦如‘小打’者，但加之珠翠装饰、玉带红靴，各跨小马，谓之‘大打’”，可见，“小打”骑驴，“大打”骑马。

②*《全唐诗录》卷五六。

③《全唐诗》卷七九八。

④*《古今图书集成》卷八百二《蹴鞠部》引。

⑤*《新唐书》卷一三三《郭英乂传》。

球工石定宽，即宝历二年（公元八二六年）六月郓州所进之驴打球人。《旧唐书·敬宗纪》：

（宝历二年六月）甲子，上御三殿，观两军、教坊、内园分朋驴鞠角抵。戏酣，有碎首折臂者，至一更二更方罢。

宋代则驴骡并用，此皆变格，非打球正轨也（关于打球图，参看本篇所附第十图）。

七　西亚新宗教之传入长安

以上所述，为宫室、服饰、饮食、绘画、乐舞、打球诸端。此外如西亚之火祆教、景教、摩尼教，亦于唐代，先后盛于长安。综此各方面而言，有唐之西京，亦可谓极光怪陆离之致矣。关于西亚诸宗教之流行中国，近世各贤讨论綦详，愧无新资料以为附益，兹谨述其流行长安之梗概如次。

西亚三种新宗教传入中国，以火祆教为最早，据陈垣先生《火祆教入中国考》① 当在北魏神龟中，即公元后五一八至五一九年之间也。北魏、北齐、北周并加崇祀。唐承周隋之旧，对于火祆教并置有官，据《通典》视流内视正五品萨宝，视从七品萨宝府祆正；视流外勋品萨宝府祆祝，四品萨宝率府，五品萨宝府史。② 宋敏求《长安志》布政坊胡祆祠注亦谓：

祠内有萨宝府官，主祠祆神，亦以胡祝充其职。

布政坊祆祠，韦述《两京新记》谓其立于武德四年。陈先生以为唐代之有祆祠及官俱以武德四年布政坊为始也。长安火祆教祠，就《两京新记》及《长安志》所载，凡有四处：布政坊西南隅，醴泉坊西北隅，普宁坊西北隅，靖恭坊街西。洛阳之会节坊、立德坊、南市、西坊亦有祆祠。

上述唐代长安之火祆教祠及官，率据陈先生文。兹按火祆教官名萨宝，

①* 见北京大学《国学季刊》第1卷第1号。

②唐代官制体系可分为流内、视流内、流外、视流外四种。《旧唐书》卷四二《职官志》：“流内九品三十阶之内又有视流内起居，五品至从九品。初以萨宝府、亲王国官及三师、三公……”

隋已有之。《隋书·百官志》云:①

雍州萨保为视从七品。

诸州胡二百户已上萨保为视正九品。

萨保即是萨宝，皆回鹘文“Sartpau”之译音，义为队商首领。日本藤田丰八、羽田亨、桑原骘藏诸人已详细予以讨论，兹可不赘。② 以余所见，北齐时当即有萨宝之官，《隋书·百官志》论齐官制有云:③

鸿胪寺掌蕃客朝会吉凶吊祭，统典客、典寺、司仪等署令丞，典客署又有京邑萨甫二人，诸州萨甫一人。典寺署有僧祇部丞一人。司仪署又有奉礼郎三十人。

此所谓京邑萨甫、诸州萨甫果作何解，说者从未注意。按鸿胪寺本掌接待远人，萨甫既属于典客署，其所掌者必为侨居京邑及诸州之外国人。隋唐以前，甫字读重唇音，则萨甫与萨宝、萨保同声，与“Sartpau”一字译音亦近。余疑北齐鸿胪寺之萨甫，即隋之萨保、唐之萨宝，同为辖火祆教之官也。

又按某氏鸳鸯七志斋藏有隋翟突娑墓志，近从徐森玉先生处得见拓本。其文有云:

君讳突娑，字薄贺比多，并州太原人也。父娑摩诃，大萨宝。薄贺比多日月以见勋效，右改宣惠尉；不出其年，右可除奋武尉，拟通守。……春秋七十。大业十一年（公元六一五年）岁次乙亥正月十八日疾寝，卒于河南郡雒阳县崇业乡嘉善里。葬在芒山北之翟村东南一里……

翟突娑之父娑摩诃为大萨宝，必系火祆教徒无疑。又从突娑卒年七十推之，其父之为大萨宝，当在北齐、北周之时矣。突娑疑即波斯文“tarsā”一字之异译。“tarsā”在景教碑中译作“达娑”，本用以称景士，同时又可用称

①*《隋书》卷二八《百官志下》。

②*参看桑原骘藏氏《隋唐时代来住中国之西域人》拔刷本第25页，又第96页。

③*《隋书》卷二七《百官志中》。

他教教徒。① 故翟突娑当亦为一火祆教徒。此志可为《隋·志》② 实证，而在隋代，雍州而外，洛阳之尚有萨宝，似亦由此志可以悬揣也。

又前引光启元年写本沙州、伊州地志残卷，伊州有祆庙，祆主名翟槃陁，贞观初曾至长安。文云：

祆庙中有素书，形像无数。有祆主翟槃陁者，高昌未破以前，槃陁因入朝至京，即下祆神。因以利刃刺腹，左右通过，出腹外截弃其余，以发系其本，手执刀两头，高下绞转，说国家所举百事皆顺天心，神灵助无不征验。神没之后，僵仆而倒，气息奄奄，七日即平复如旧。有司奏闻，制授游击将军。

敦煌亦有翟氏。③ 或谓此翟槃陁疑即羯槃随人，④ 其说然否尚难遽定。唯翟突娑一家亦为火祆教徒，太原又多蕃族，或者亦出于西域，与翟槃陁者先后有若干之关系欤？

宋姚宽《西溪丛语》卷上论火祆教有云：

至唐贞观五年，有传法穆护何禄将祆教诣阙闻奏。敕令长安崇化坊立祆寺，号大秦寺，又名波斯寺。

姚氏此条，说者多疑其不确。最近何遂先生赠北京图书馆长安出土米萨宝墓志一方，志文可释此疑，而证明姚氏之语不诬。米萨宝墓志朱书，外间尚未之见，原文漫漶，水渍而后，约略可读。《北平图书馆馆刊》六卷二号曾载志文，今不避重赘，转录如次，以资博闻：

唐故米国大首领米公墓志铭并序

公讳萨宝，米国人也。生于西垂。心怀□土。忠（?）志（?）等□□阴阳烈石，刚柔叙（?）德（?）。崇心经律，志行玄（?）门（?）。□苦海以

---

①* 参看 A. C. Moule, *Christians in China before the Year 1550*, p. 178, p. 216。

②编者按：《隋·志》，指《隋书·百官志》。

③* 参看本篇第二节注四九所举 Lionel Giles 文。——编者按：指 Lionel Giles 的“A Chinese Geographieal Text of the Nineth Century”，见 395 页注⑤。

④* 参看《沙州文录·翟家碑》。

逃名，望爱河而□肩（?）。□□天宝元年（公元七四二年）二月十一日□长安县崇化里，春秋六十有五，终于私第。时也天宝三载正月廿六日窆于高陵原，礼也。嗣妻（?）子（?）等（?）□丧（?）戚（?）不朽。

铭曰：

滔滔米君，□□□□，榆（?）杨（?）□□□□□□法

心匪固（?），□□沉良。逝川忽逝，长夜永□。

□维天宝三载正月廿六日。

火祆教萨宝例充以胡人，此明云西域米国人，可为宋敏求《长安志》更增一证。又从此志可知长安崇化坊实有祆祠，姚氏语本不诬，敏求《长安志》记长安祆祠仅及布政坊、醴泉坊、普宁坊、靖恭坊四处，而不及崇化坊，特失记耳。

景教为基督教之别支。其入中国在贞观九年（公元六三五年），大秦国上德阿罗本（Alopen）始来长安，诏于义宁坊造大秦寺一所度僧二十一人。景教碑颂谓“法流十道，国富元休；寺满百城，家殷景福”。玄宗时又曾一度中兴。唐以后中国景教若存若灭，知之者亦鲜。明天启间，《大秦景教流行中国碑颂》出土，世人始复知有此古教。自此以后三百年来，研究景教之书，日出不穷，不可阐述。最近日本佐伯好郎为《大秦寺所在地考》一文,①不少新奇可喜之论。本篇于长安景教别无新知，前贤之作具在；毋待辞费，兹唯介绍佐伯氏新论梗概如次。

关于《大秦景教流行中国碑颂》出土地点，自来有长安说，盩厔②说与长安、盩厔之间说三者之不同。能将此碑出土问题解决，则建中时大秦寺数问题，“灵武等五郡重立景寺”及“每岁集四寺僧徒”二语之如何解释，震旦法主景净（Adam）、关内（? Khumdan）副大德（chorepiscopus）伊斯

①* 见《东方学报》东京第3册第97-140页。

②盩厔：县名，在中国陕西省，今作周至。

（Izdbuzid）、大德曜轮（Mar John，episcopus）、Shiangtsua① 副大德景通（Mar Sargis）诸人驻于何寺之问题，亦可涣然冰释矣。

佐伯氏根据宋苏轼《南山纪行》诗《小序》及自注，证明盩厔有大秦寺。轼诗序谓：

壬寅（嘉祐七年）二月，有诏令郡吏分往属县减决囚禁。自十三日受命出府，至宝鸡、虢、郿、盩厔四县。既毕事，因朝谒太平宫，而宿于南溪溪堂，遂并南山而西，至楼观、大秦寺、延生观、仙游潭。十九日乃归，作诗五百言，以记凡所经历者寄子由。

《南山纪行》诗自注亦谓：

是日（二月十七日）游崇圣观，俗所谓楼观也，乃尹喜旧宅。山脚［有］授经台尚在。遂与张果〔杲〕之同至大秦寺，早食而别。……

同年十一月三日再游大秦寺有诗题为：

自清平镇游楼观、五郡、大秦、延生、仙游，往返四日，得［十一］诗寄子由同作。

金杨云翼曾于役盩厔，亦有《大秦寺诗》。东坡兄弟诗中俱有《五郡诗》，佐伯氏以为五郡在盩厔，为地名，大秦寺即在其地。盩厔五郡既有大秦寺，则“灵武等五郡重立景寺”之语，其“等”字应作“类于”或“同于”解，即在灵武地方亦仿五郡重立景寺。如此，建中时之景寺可以推知只有长安、洛阳、灵武、五郡四处，是以有“每岁集四寺僧徒”之语也。佐伯氏从而推论以为景净当驻长安。伊斯本应驻锡灵武，其时因安史乱后朔方节度使屯于长安附近，故亦来其地。景通驻于五郡之大秦寺，曜轮驻于洛阳。又一与景通同名 Mar Sargis 者则驻于灵武云。

余于今年四月因事去陕，便中得至盩厔之古楼观一游，遂亦留心寻访大秦寺遗迹，居然不虚此行，为之大慰。按大秦寺在古楼观西约五里地名塔峪，

①Shiangtsua：有学者认为指“沙州”。沙州，治敦煌（今敦煌市西），辖今甘肃敦煌、肃北、阿克塞及新疆若羌、且末地。

一寺翼然，今犹称为大秦寺。土人或讹为大清寺。或呼为塔寺，则以寺东有古塔，故名。苏东坡、杨云翼诗中所咏之塔，当即指此也。据旧记，大秦寺在五峰邱木山。而寺下不远稍偏西处有一村，询之村人，谓名塔峪。余疑塔峪村即古五郡旧址，今所谓五峰邱木山，当因寺后有五峰耸立，故名，而五郡之得名疑因于五峰也。余别有《盩厔大秦寺略记》，附本篇末，读者可以参阅，兹不更赘。

在火祆教、景教之后入中国者是为摩尼教。摩尼教创于波斯人摩尼（Mani），唐武后延载元年（公元六九四年），波斯人拂多诞（Furstadan）以摩尼教入中国，拂多诞义云"知教义者"。开元七年（公元七一九年）吐火罗支汗那王帝赊上表献解天文人大慕阇①，并请置法堂。至二十年（公元七三二年）即加禁止，然西胡自行则不科罪；是其时流寓中土之胡人盖有摩尼教徒在内也。开、天以后，回鹘势盛，回鹘笃信摩尼教，摩尼教遂假其势以大行于中国。长安有摩尼教寺，说者以为始于大历三年，赐寺名为大云光明寺；其在长安何处，今无可考。会昌三年（公元八四三年），敕天下摩尼寺皆入官，长安女摩尼死者即达七十二人，流播之速，及其在长安之盛亦可见矣。关于摩尼教在中国之情形，有陈垣先生《摩尼教入中国考》② 及沙畹、伯希和两氏《研究京师图书馆藏敦煌摩尼教残经》③ 两文，考证极为详尽，不更覆述。

八　长安西域人之华化

中国与西域交通以后，两方面之文明交光互影：中国自汉魏以后各方面所受西域之影响甚为显著，而西域诸国间亦有汲华夏文物之余波者。如前汉元康时龟兹王绛宾之醉心中国文明，乐汉衣服制度；隋唐时代之高昌亦有中

①慕阇（shé）：入华摩尼教教士称号，为摩尼教教阶的第一级。原意为"导师"。

②* 见《国学季刊》第 1 卷第 2 号。

③* Ed. Chavannes et P. Pelliot, "Un traité manichéen retrouvé en Chine", *Journal Asiatique*（1911）：499-617；（1913）：261-394.

国诗书，兼为诗赋，其刑法风俗婚姻丧葬与华夏大同：是其例也。上来所述，于唐代长安所表见之西域文明，已就耳目所及，约陈大概。唯其时流寓长安之胡人似亦有若干倾慕华化者：或则其先世北魏以来即入中国，至唐而与汉人无甚殊异；或则唐代始入中国，亦慕华风。凡此俱应分别观之也。

案唐以前西域人入中国率有汉姓：来自康居者以康为氏，安国者以安为氏，月支者以支为氏，曹国者以曹为氏；此因国名以为氏姓者也。龟兹人姓白，焉耆人姓龙，疏勒人姓裴；除龟兹白姓来源或如冯承钧先生所释而外，余皆无解，然其模仿汉姓，则无可疑也。至于昭武九姓胥以国名为姓，当大盛于唐。尉迟一部起自北魏，唐代尉迟敬德一族华化已久，与秦叔宝一家通婚，是其血统已参有中华之成分在内矣。尉迟乙僧父子与尉迟乐当隋唐之际始入中国；《贞元新定释教目录》至以尉迟乐之姓为郁持，可见其华化尚浅。其他西域各国人流寓长安，各有汉姓，具见上述。此辈西域人本身唐时始入中国，虽有汉姓，而名字往往仍留西域痕迹，至下一代则姓名始俱华化。如裴沙字钵罗，中宗时入唐，嗣子名祥；裴玢五世祖名纠，至玢当已华化，故名为玢。安胐汗以贞观时入唐，子附国当属赐名，附国子思祗、思恭；安波主子思顺：则姓名俱华化矣。若康阿义屈达干及其四子没野波、英俊、屈须弥施、英正，以俱生于外域，不唯名犹旧贯，剺面截耳亦循本习，以较裴沙、安胐汗诸人似有别也。

又中国志墓立碑之风在来华之西域人中亦甚通行，出土各西域人墓志即其明证。火祆教人亦随中国习俗，如翟突娑、米萨宝之有墓志是也。景士墓志虽未发见，而《大秦景教流行中国碑颂》即纯为中国风之作品，可为华化之证据。唯摩尼教人无论碑石墓志，至今未见，是为可异耳。

西域人入唐，与中国人通婚者亦多有之。安延妻刘氏，当属汉人。洛阳出土有《大唐故酋长康国大首领因使入朝检校折冲都尉康公故夫人汝南上蔡郡翟氏墓志铭》，翟氏曾祖瓒，隋朝议郎检校马邑郡司马；祖君德，唐朝散大夫太常寺丞；父方裕，清河郡清河县尉。如其所记先世阀阅非属伪造，则此亦中外通婚之一例也。唐代长安流寓之西域人应亦有娶华妇者：本篇第二节引《唐会要》所纪贞观二年（公元六二八年）六月十六日敕，有“诸蕃使人所娶得汉妇女为妾”之语；代宗时回纥诸胡在长安，亦往往衣华服，诱娶妻妾。天宝以后，河陇陷于吐蕃，胡客留长安不得归，亦皆娶妻生子买田宅举质取利，安居不欲归（参阅第二节6页注④）①。是其时中外通婚数见不鲜，并为律所不禁也。

唐代流寓长安之西域人亦有衣华服效华人者。本篇第三节引刘肃《新语》尹伊判即有胡着汉帽之语。代宗时，回纥诸胡在长安者或衣华服诱取妻妾，大历十四年（公元七七九年）七月庚辰用诏回纥诸胡在京师者各服其服无得效华人，② 皆可证明唐代长安西域人华化之一端也。

此辈倾心华化之西域人，当以于阗质子尉迟胜为最显。尉迟胜已见本篇第二节，《元龟》纪之云：③

尉迟胜，于阗质子也。……于京师修行里盛饰林亭，以待宾客，好事者多访之。……贞元初（本国王弟）曜遣使上疏，称有国已来，代嫡承嗣。兄胜既让国，请立胜子锐。帝乃以锐为简较〔检校〕光禄卿兼毗沙府长史还国。胜固辞，且言曰：“曜久行国事，人皆悦服。锐生于京华，不习国俗，不可遣往。”因授韶王谘议。兄弟让国，人多称之。

文质彬彬，居然君子，盖不仅欣羡华服以及中国园林风物已也。至于系出西域，而著述灿然者则有尉迟乐、慧琳及贤首国师三人。尉迟乐即智严，与慧琳俱见本篇第二节。智严于开元九年译有《说妙法决定业障经》一卷、《出生无边门陀罗尼经》一卷、《师子素驮婆王断肉经》一卷、《大乘修行菩萨行问诸经要集》三卷。《贞元新录》谓其：④

经明唐梵，智照幽微。《宝积》真诠，如来秘偈，莫不屡承纶旨，久预

①编者按：本书指第381页注①“《资治通鉴·德宗纪》贞元三年”条。

②*参看《资治通鉴》卷二二五《代宗纪》。又《旧唐书·德宗纪》上亦及此，谓大历十四年七月“庚辰诏鸿胪寺蕃客入京各服本国之服”，“诸胡”泛指各蕃。可见衣华服效汉风者不仅回纥人为然也。

③*《册府元龟》卷九六二《贤行》，又可参看两唐书（《旧唐书》与《新唐书》）《尉迟胜传》。

④*圆照《贞元新定释教目录》卷十四。

翻详，频奉丝言，兼令证译。于石鳖谷居阿练若习头陀行。开元九年于石鳖练若及奉恩寺译《决定业障经》等四部，并文质相兼，得其深趣。又译《尊胜陀罗尼咒》一首及《法华经》、《药王菩萨》等咒六首，时有经本写新咒入，幸勿怪之。

慧琳则：①

内持密藏，外究儒流，印度声明，支那诂训，靡不精奥。尝谓翻梵成华，华皆典故，典故则西乾细语也。遂引用《字林》、《字统》、《声类》、《三苍》、《切韵》、《玉篇》、诸经杂史，参合佛意，详察是非，撰成《大藏音义》一百卷。起贞元四年，迄元和五载，方得绝笔，贮其本于西明藏中。京邑之间，一皆宗仰。

是二人者当俱沈浸于中国文明之中，深造有得，是以一则“文质相兼，得其深趣”，一则“京邑之间，一皆宗仰”。大食人举进士之李彦升，以视智严、慧琳，恐亦望风却步也。

华严宗三祖贤首国师，康国人，卒于长安大荐福寺，已见本篇第二节。贤首讳法藏，二十六岁即能诵《华严》兼讲《梵网》。从学于智俨法师，华严宗之二祖也。咸亨元年（公元六七〇年）削染于长安之太原寺。证圣初与于阗三藏实叉难陀等在洛阳再译《华严》，续法②记云：

证圣元年三月，诏于东都大遍空寺，同实叉难陀再译《华严》。弘景、圆测、神英、法宝诸德共译，复礼缀文，师为笔受。……次移佛授记寺译。……圣历二年（公元六九九年）十月八日译毕。

此唐译八十卷《华严》也。此后屡于两京诸寺译述讲授，周旋于义净诸大德之间，以先天元年（公元七一二年）十一月十四日圆寂于长安之大荐福寺。其所著关于《华严》诸经注疏之书凡百余卷。《华严》一经之阐扬，贤首之力为多。集华严宗之大成，为中国佛教史上一大伟人，智严、慧琳俱不之逮。崔致远传之云：

①*《宋高僧传》卷五《慧琳传》。

②续法：清代僧人，历住杭州慈云、崇寿、上天竺诸寺。

麟史①称没〔殁〕有令名者三立焉：则法师之游学、削染、示灭，三立德也；讲演、传译、著述，三立言也；修身、济俗、垂训，三立功也。

法师与智严、慧琳诸人入唐，大率不逾三世，而其华化之深如是，洵足异矣。②

（向达著，荣新江编：《唐代长安与西域文明》，湖南教育出版社 2010 年版，第 1-86 页。）

评析

《唐代长安与西域文明》一书是向达学术研究的代表作，1957 年由三联书店出版，共收录作者 1926 年至 1954 年撰写的论文 23 篇。其中第一篇即《唐代长安与西域文明》。这篇论文曾在 1933 年发表于《燕京学报》，因其篇幅最长，所以用这篇文章名作为书名。本书所选文章即此篇论文。

全文共八节。第一节“叙言”就中外学术界关于唐代与西域文明关系研究的现状和局限，研究唐代文化发展历史的重要性和意义，以及作者撰写本文所用史料和研究方法等作了简单介绍，并特别点明了文中“西域”的定义：“凡玉门、阳关以西以迄于伊兰高原地方俱属之。”也就是说，文中之西域，不仅包括玉门关、阳关以西各民族或国家，还延伸到伊朗高原的广大地区，波斯（今伊朗）、大食（阿拉伯帝国）、天竺（古印度）等国家都包括在内。接下来七节为“流寓长安之西域人”“西市胡店与胡姬”“开元前后长安之胡化”“西域传来之画派与乐舞”“长安打球小考”“西亚新宗教之传入长安”“长安西域人之华化”，具体阐述了唐代长安与西域文明间的相互交融与影响。

①麟史：指《春秋》。孔子作《春秋》，绝笔于获麟，故称。

②*续法辑《法界宗五祖略记》，崔致远撰《法藏和尚传》，俱见《续藏经》。关于贤首国师在华严宗之地位，可参看常盘大定《支那华严宗传统论》，见《东方学报》东京第 3 册第 1-96 页。

第二节“流寓长安之西域人”全面梳理了唐代流寓长安之西域人的情况。文章将流寓长安的西域人按不同来源大致分为四类，并在引用大量古典文献和出土碑志、壁画，参考分析诸多中外相关研究成果基础上，对唐代在长安的各国名门望族如于阗尉迟氏、疏勒裴氏、龟兹白氏、昭武九姓等的来历、发展和具代表性人物的身份，以及波斯诸国胡人有姓名可考者的情况等，一一进行了考证。

第一类是北魏（即后魏）、北周时就已来长安，华化已久，但其族姓仍可追溯至胡人祖先的西域人。如唐朝著名将领尉迟敬德，即出于久已华化之后魏于阗尉迟部；著名乐人白明达，系随北周突厥皇后入长安之龟兹人。第二类是“逐利东来”之西域商人。如昭武九姓中就有很多商贾，其中康氏在西域素有善贾之名，康谦还被唐朝委以要职——玄宗朝为安南都护，肃宗朝为鸿胪卿。安禄山也是康国人，本姓康，父逝后母嫁给安波主之兄安延偃后改姓安；据说他有部分伊朗血统，属于杂胡，早期也是一名商人——在营州做“互市牙郎”。波斯商胡在长安者也甚众，以善识珠宝闻名。第三类是来中土传教的异教僧侣。如景教教士阿罗本于太宗贞观九年（635）至长安，唐对其礼遇有加，不仅于义宁坊立大秦寺，唐高宗还封他为“镇国大法主”。昭武九姓中安、曹、史、米诸国都信奉火祆教。长安出土墓志证明，米国大首领有名米萨宝者曾东来传教；巧的是，“萨宝”同时又系唐为信奉火祆教的移民团体设立的官职。第四类为各国慑于唐朝国威送来的人质，通常为王族子弟。如著名画家尉迟跋质那及其子尉迟乙僧，就是作为于阗质子于隋唐之际由西域入长安的；新罗质子金允夫入朝充质，留长安达 26 年；还有吐火罗王的弟弟仆罗，神龙元年（705）被授予左领军卫翊府中郎将，曾因 14 年没有升迁，心有不甘而上书玄宗。

文中还提到两种不属于以上四类的西域人：滞留使节和逃难王公。天宝年间吐蕃攻陷安西四镇，交通阻隔，以致几千使节滞留长安。他们有的一留就是 40 多年，都已在长安娶妻生子、购房置产，有的还是开钱庄的富豪，但他们及其马匹的生活费还从鸿胪寺支取，给唐朝财政造成很大负担。德宗贞元三年（787）李泌负责调查此事。他查到有土地房屋的共4000多人，便停了他们的生活费。胡人抗议，李泌说："这都是从前宰相的问题，哪有外国朝贡使者留在别国京城数十年不回去的？"并让他们选择：要么回国；要么做大唐的臣子，凭职务领取俸禄。结果没一个人回国。李泌便将他们分配在军营，身份是王子、使者的担任散兵马使或押衙，其余编为士卒。这样，鸿胪寺供给生活费的外国人只剩十余人，不仅壮大了禁军，还为财政每年节省了五十万缗钱。逃难王公有波斯萨珊王朝卑路斯（Firuz）王子及其子泥涅斯（Narses）。651年波斯被大食所灭，他们于高宗咸亨年间（670—674）逃亡至长安。长安醴泉坊之波斯胡寺，即为卑路斯请为波斯人立。他们是流寓长安波斯人中身世最显赫者。

除了姓氏可考之显赫大族，作者还把目光投向居住于长安的西域"市井小人"。第三节"西市胡店与胡姬"，向读者呈现了一幅长安西市胡店聚集，各色人等穿梭其中，夜晚酒肆觥筹交错，美貌胡姬歌舞侍酒的生活画卷。文中指出，在长安，西市是胡人的主要聚居地：贾胡设肆交易多聚于西市；从唐初开始就有胡人居于西市，几乎所有西域人之家宅、西域传来新宗教之祠宇（除了祆教祠）都在长安城西。胡商各有营生，有的放高利贷，有的经营珠宝，有的卖酒。西市就如唐代长安的"国际自贸区"，中土与西域的物质文明在此交融碰撞。而在这个中土与异域文化进行交流的大舞台上，文人笔下"笑春风，舞罗衣"，引得长安少年常常骑着银鞍马、笑入酒肆中的美艳胡姬，则为西市增添了几分浪漫色彩。

由二、三两节关于在长安的西域人的介绍可知，唐代居住在长安的西域人来源广、成分杂、数量多。长安就是一国际大都会，各种肤色人种在长安成家立业、繁衍生息，不管是出身高贵还是身份低微，都各得其所。有的人在唐廷为官甚至身居高位，也有人因在某一方面才华出众而备受推崇；即使引车卖浆之流，也宾至如归、安居乐业。天长日久，这些异族之人对故国情感日淡而“华化愈甚”，再随着家族绵延，“华心”日浓，便渐渐把他国作故乡，俨然就是有着不同肤色不同相貌的“中国人”了。

不同民族长期杂处必然会相互影响，而唐代中原文明与西域文明间相互交融，无论是广度还是深度，均可谓空前。由第四节“开元前后长安之胡化”可知，开元前后的长安，建筑、服饰、发型、妆容、饮食、歌舞、习俗等，处处透着浓浓胡风。开元后的长安，简直就是公元8世纪的“东方世界之窗”：建筑方面出现仿西亚风格建造的具制冷功能的“空调房”，比如玄宗的凉殿、御史大夫王鉷的自雨亭；服饰方面，文武百官所着法服多参戎狄之制，民间无论男女贵贱皆好衣胡服、戴胡帽；为天子准备的御膳尽供胡食，民间也是胡食遍布，安史之乱时玄宗逃亡便是以胡饼充饥，仿西域法制作的葡萄酒、三勒浆流行长安；“女为胡妇学胡妆，伎进胡音务胡乐”……有些习俗也发生了改变：女子出行从唐初着幂䍦遮蔽全身到高宗后戴帷帽遮住面容，再到开元初着胡帽无复障蔽，直到最后不戴帽子露出发髻，甚至干脆穿靴子着男装，大大方方四处游荡，可谓实现了出行着装方面的男女平等；教坊女子仿突厥人，约气味相投者结为“香火兄弟”；正月十五流行西域灯彩；寒冬腊月上演“泼胡王乞寒戏”；等等。

作者引大量古籍文献并参照唐俑、壁画等，介绍了凉殿制冷和亭子“自雨”原理，论证了唐代在西域文明影响下，服装、民俗及女子发髻妆容、出行礼仪的转变，还介绍了风靡长安的几种胡食如胡饼（即烧饼）、䭔饦（即油煎饼）的做法，考证了饆饠究竟是什么。他认为，“饆饠”是印度语“pilau”的音译，不是饼，而是印度和我国新疆等地盛行的手抓饭。整个行文穿插了许多故事、逸闻，使论文不仅极富学术性、知识性，还颇生动有趣，读来丝毫不觉枯燥乏味，还有些引人入胜。

第五节详细阐述了西域绘画与乐舞对中国的影响。作者认为，唐代绘画受西域影响甚大，较有名望之大家“莫不与西来之文明有若干之渊源”。如西域著名画家尉迟乙僧的画作属于印度“凹凸一派”，而唐代著名画家吴道子（即吴道玄）的画作也呈现出“凹凸”气韵。作者还引朱景玄《唐朝名画录》、段成式《酉阳杂俎》等文献对尉迟乙僧画作特点进行了介绍，指出其善画“外国及佛像”，所绘人物“身若出壁”“逼之摽摽然”，极富立体感。

乐舞方面受西域影响更甚，用作者的话说就是，“除去西域传来者几无可言”。唐代十部乐有九部是袭隋制承北周、北齐之旧；其中乐府伶工也多为北周突厥皇后带来之西域乐人之流裔，如龟兹王族后裔白明达，昭武九姓中曹氏后裔曹保。唐代从高祖到明皇多倾心胡乐，很多胡人以善乐跻身显位，如以米嘉荣、米和郎父子为代表的米氏家族，以曹保及其子曹善才、其孙曹刚（也作曹纲）为代表的曹氏家族。米氏以善弄婆罗门见称，婆罗门乐所用乐器一般为觱篥加齐鼓。曹氏以善弹琵琶著名，白居易、李绅、元稹等均有诗作咏及他们所作乐曲。两家所享声誉几与李唐一代共始终。流行长安之西域乐以龟兹部最盛，唐宫廷典礼所用雅乐为龟兹乐，民间笛、觱篥、羯鼓等演奏亦用龟兹乐。唐卢肇《逸史》载，开元时期长安教坊首席吹笛手李謩，其师即为龟兹人。段成式《酉阳杂俎》则载，玄宗窥察诸王，当发现宁王李宪夏天挥汗鞔鼓、所读书为龟兹乐谱时，放下心来，喜道：“天子的兄弟，就应该醉心于享乐！”这里的鼓即“羯鼓”。玄宗自己也特别喜欢羯鼓，于是大臣们相率成风。觱篥也曾风行长安。德宗朝于阗尉迟青将军就是觱篥名家，曾以技折服幽州名手王麻奴。

舞蹈方面，西域一般乐舞不相离，段安节《乐府杂录》对唐代乐府盛行乐舞的分类、舞姿等记述甚详。玄宗时期盛行长安的西域乐舞主要是胡腾、胡旋和柘枝。三者均属健舞，舞姿相对轻盈柔婉的软舞而言更刚劲有力。文章对这几种舞蹈的来历、特点等作了重点介绍。

胡腾出自西域石国（今乌兹别克斯坦塔什干一带），是一种男子独舞。据刘言史《王中丞宅夜观舞胡腾》“织成蕃帽虚顶尖，细氎胡衫双袖小”，“跳身转毂宝带鸣，弄脚缤纷锦靴软”，和李端《胡腾儿》“桐布轻衫前后卷，葡萄长带一边垂”，“扬眉动目踏花毡，红汗交流珠帽偏”可知，胡腾舞者一般头戴尖顶镶珠胡帽，身着木棉布做的窄袖胡衫，腰束葡萄花纹长带，脚蹬柔软锦靴，在一个小花毯上表演。而"跳身转毂宝带鸣"及"环行急蹴皆应节，反手叉腰如却月"句，则形象地反映了胡腾舞以腾踏跳跃为主、夹以急速旋转，同时飘带飞舞，既雄健奔放又飘逸洒脱的特点。

柘枝舞也出自西域石国，在唐代宫廷和民间均很盛行，有单人舞，但多为双人对舞。据《乐书》，舞者一开始藏于两朵巨大的莲花中，鼓声三响后，莲花缓缓绽放，两名妙龄少女出现。她们穿着轻薄艳丽的五色罗衫，戴着垂了银带的胡帽，脚踏红色锦靴；当随鼓点起舞旋转时，缀在银带和衣裙上的金铃"抃转有声"，煞是悦耳。而据沈亚之《柘枝舞赋》"俟终歌而薄袒"，薛能《柘枝词》"罗衫半脱肩"，还有刘禹锡《观舞柘枝》"曲尽回身去，曾波犹注人"等可知，柘枝舞是一种很注重与观众的眼神交流且较性感的舞蹈。每至曲终，舞者"例须半袒其衣"，即会抖落衣衫，露出雪白香肩；即使转身离去，美丽的眼睛还会注视着观众，频送秋波。另，舞者腰肢纤细柔软也是该舞一大特点，唐人诗作中多次提到。如刘禹锡《和乐天柘枝》"鼓催残拍腰身软"，章孝标《柘枝》"花钿罗衫耸细腰"，张祜《李家柘枝》"红铅拂脸细腰人"。这说明柘枝舞有很多腰部动作，对舞者腰部力量和柔韧度均有较高要求。文中提到的唐明皇时期的那胡，还有张祜笔下的杨瑗，都是唐代著名的柘枝舞者。

胡旋舞可谓唐代知名度最高的西域舞蹈。作者综合当时所能找到的中外文献，介绍了该舞的来历、特点及在唐代的影响。胡旋舞出自康国（今乌兹别克斯坦撒马尔罕一带），玄宗时传入。该舞的最大特点正如其名"旋"，强调不停地急速旋转。白居易《胡旋女》"左旋右转不知疲，千匝万周无已时"，"奔车轮缓旋风迟"，元稹《胡旋女》"蓬断霜根羊角疾""回风乱舞当空霰"，皆是言此。另，《乐府杂录》和《新唐书》俱言舞者立于"球"上舞蹈——有说"球"乃"毯"之误。玄宗"深好此舞"，西域各国投其所好，"屡献胡旋女子"；太真（即杨贵妃）、安禄山均擅长此舞。

胡旋舞在唐代开元后备受权贵追捧，盛极一时，但其传入中原时间，学界有不同看法。多认为是北周天和三年（568），武帝宇文邕与突厥公主阿史那氏联姻后传入；也有人认为在北魏或更早时候，经由丝绸之路传入。杨贵妃、安禄山能为胡旋，很多史书有载，白居易《胡旋女》亦云，“中有太真外禄山，二人最道能胡旋”。关于舞蹈方式和舞者装扮，据敦煌壁画，舞者是在小圆毯上舞蹈，两足始终不能踏出毯子，而不是立于“球”上；舞者头上戴冠或梳着高髻，上身裸露或半裸，项戴璎珞，臂挽绸带，腕套铃镯，下着飘逸长裙。不过也有学者认为，敦煌壁画中的舞蹈未必是胡旋舞——虽然二者舞姿相似，但是舞者装束不同。《旧唐书·音乐志》载，胡旋“舞二人，绯袄，锦领袖，绿绫裆裤，赤皮靴，白裤帑”，也即舞者二人，身穿绯红色袄子，衣领衣袖镶锦边，下着绿色绫罗裆裤，火红皮靴，白色套裤，与敦煌壁画中舞者装扮相差甚远。

这一节作者还不惜笔墨重点介绍了“泼胡王乞寒戏”（简称“乞寒戏”）和“苏幕遮”（又称“苏摩遮”“苏莫遮”）。乞寒戏是西域风俗性歌舞游乐活动，北周宣帝时传至中国，于唐代风行，中宗时“两京而外，并行于各地”。苏幕遮是该戏所配词的调名，也代指乞寒戏。关于乞寒戏的来源和特点，文中不同文献有不同说法：（1）按《旧唐书》《新唐书》和《册府元龟》，乞寒戏出于西域康国。《文献通考》记载，每年十一月，舞者裸露形体，以水相泼，“鼓舞跳跃而索寒”，重在“戏乐”；所用乐器有“大鼓、小鼓、琵琶、五弦、箜篌、笛”等，均为西域诸国常用乐器。（2）按慧琳《一切经音义》，苏莫遮“本出西龟兹”，是该国“浑脱、大面、拨头之类”舞曲，这说明苏莫遮曲调并不是专用于乞寒戏；又说此戏“每年七月初公行”，表演时，会戴上鬼神或野兽面具，“或以泥水沾洒行人，或持羂索搭钩捉人为戏”，“七日乃停”，目的是驱鬼消灾。可见，康国的乞寒戏与龟兹的乞寒戏不是一回事。作者综合不同文献，认为按张说“摩遮本出海西胡”，除了康国的乞寒戏，“原本出于伊兰”即波斯的乞寒戏，后经龟兹也传到了中国，在唐代流行的乞寒戏，既有康国歌舞的特点，也有龟兹习俗的影子。对于张说笔下的“海西胡”，学界多认为海西指“大秦”；但大秦指哪里，学界有分歧。有的认为大秦指东罗马，有的认为大秦是古埃及，还有的认为是叙利亚；也有人认为海西不是某个具体地方，是泛指，相当于“西洋”“海外”之意。

结合吕元泰上疏和张说的四首“苏莫遮”可知，流行于长安的乞寒戏一般在寒冬腊月于闹市街头上演，表演者多为碧眼紫髯的胡人，演出时阵仗极大：有骑骏马着胡服之队伍跳浑脱舞、唱苏莫遮，“旗鼓相当”“腾逐喧噪”，颇有军阵之势、战争之象；还有浩浩荡荡的裸身跣足、泼水投泥队伍，他们互相嬉戏，举止狂野。这样的大型胡人活动不可能是民间组织，至少也是由上层贵族发起。而据《旧唐书》《新唐书》，唐天子曾多次在御楼观看乞寒戏，每次表演乞寒戏要么是接待外宾，要么是节日庆典。这就很难不引起捍卫中华礼仪的臣子的反对。一是认为此戏有战争之象，不吉利祥和，且劳民伤财，助长奢靡之风，大唐不能“以礼仪之朝，法胡虏之俗”。一是认为在外宾来朝的严肃场合，应以典雅庄重的朝礼接待，并展示国家威仪，“裸体跳足”“挥水投泥”实在有碍观瞻。以这样的礼节接待来朝宾客，恐怕不是安邦定国的外交之道，也无法展现天子的盛德。再就是从安全角度考虑，担心乞寒戏队伍庞大，万一有刺客隐藏其中，会造成重大社会事件。故，并州清源县尉吕元泰于神龙二年（706）、右拾遗韩朝宗于景云二年（711）、中书令张说于先天二年（713）先后上疏谏止。最终，玄宗认识到此戏使人“乘肥衣轻，竞矜胡服”，助长浮华虚荣之风，且“妨于政要，取紊礼经”，对于施政导民都有弊无利，于是下令禁断，以恢复淳朴风尚。“苏幕遮”则一直流传，后成为流行词牌。

第六节“长安打球小考”，对马球运动在唐代的发展和影响进行了考察。马球运动发源于波斯的波罗球，唐太宗时传入中国。它与“步打足踢”之蹴鞠不同，是“骑马以杖击”，一般分两队争击一球，故名马球（即文中“打球”）或击鞠。由太宗始，历代唐皇均嗜好且善此戏。太宗（有说是“高宗”）颇为节制，为防沉迷曾焚球自诫；玄宗为临淄王时，球技吐蕃名手亦不逮；宣宗球技，神策二军老手咸服；自许可中击球状元的荒唐僖宗，以打球胜负定封疆大吏；更有敬宗玩物丧志，提拔善球之宵小，最终竟命丧此辈。所谓上行下效，于是达官贵人相习成风，长安之豪侠少年视打球为时髦功课，军中、文人甚至乐府女子、宫人也参与其中。相应地，球场也是不仅数量多，而且一个比一个建得豪奢——波罗球这一西域来的洋球，俨然成了东方唐帝国的“国球”。

为什么唐代长安胡风如此之盛，几乎渗透唐朝廷、民间各个领域？作者认为，雄才大略、不囿于琐微的唐太宗向西域人民及其文化敞开了接纳的大门。他“不间华夷”、视华夷为一家的“天可汗”胸襟，对西域文化兼收并蓄的政策，有力地促进了西域文明与中土文明、西域人与长安人的相互交融。而玄宗以音律球马奖励臣工，希望以声色犬马之好颓丧诸王之志以巩固自身统治的私心，则是对开元、天宝时期长安进一步胡化，以至争奇斗艳、竞相纷泊的奢靡之风泛滥的推波助澜。

第七节介绍了西亚火祆教、景教和摩尼教在长安的传播，体现了唐代对外域宗教的不同态度和政策。火祆教公元518—519年间传入，唐承北周、隋朝旧制设萨宝府，由胡人管理，还在长安城内设祆祠五处。大秦景教贞观九年（635）传入中国，玄宗时一度颇为盛行；德宗建中二年（781）立《大秦景教流行中国碑颂》，上书“法流十道”“寺满百城”等，记载了曾经的传教盛况。波斯摩尼教在中国的传播较为曲折。武后延载元年（694）传入中国。开元七年（719）吐火罗国王上表说要敬献一名精通天文的大慕阇，并请设立法堂传教。玄宗未允，且于开元二十年（732）禁止国人信奉摩尼，但不干涉胡人信教。天宝后回鹘因平安史之乱、阻吐蕃进犯之功势力大盛，又因奉摩尼为国教，提出在长安设摩尼教寺。代宗综合权衡，于大历三年（768）立寺并赐名“大云光明寺”，摩尼教借回鹘之力大行于中国。

总体而言，唐代对外域宗教持尊重包容态度，即使不允许国人信奉、不设立祠堂或寺院，也不会干涉胡人信仰自由。不过，显而易见，唐代对异教态度同对外国风尚一样，不仅与天子个人好恶有关，更重要的是“每因政治关系而转移”。比如对摩尼教，从玄宗不设教堂、禁止国人信奉到代宗时开始在长安及其他各地设寺，这种态度的转变反映的其实是政治关系或者说国力的变化。显然，处于衰落期的唐帝国对处于上升期的回鹘做出了让步。回鹘装束在安史之乱后尤其是元和年间（806—820）大行于长安，也是同样原因。

最后一节介绍了长安西域人的华化情况。同长安人之胡化一样，西域人的华化主要也是表现在对唐人日常生活方面的效仿与风俗的同化上，如姓名华化、仿华人志墓立碑、与华人通婚、衣华服效华人等。这种华化并不等于真正意义上的精神文化认同，只是浅表层次的对唐朝地大物博、生活富庶之欣羡。在作者看来，只有发自内心地认同中华文明并在人文精神层面自觉华化，才是真正意义上的华化。文中举例说明，真正“倾心华化”之西域人，当数于阗质子尉迟胜。他本为于阗国王，听闻安禄山、史思明谋反，毅然让弟弟尉迟曜代理国政，自己率兵五千协助唐朝平叛。后来弟弟曜欲将王位传给他的儿子锐，他以弟曜掌国政多年百姓安定，而锐生于长安不习国俗为由推辞，一时传为佳话。这一方面说明尉迟胜本就是深明大义、胸襟博大之君子，一方面也反映了他内心对唐王朝的高度认同和由衷服膺，也同时证明了唐王朝强大的国力和感召力。另外如智严、慧琳和法藏那样沉浸于中国文明之中，深造有得、著述灿然者，也是真正华化之人。智严姓尉迟，本为于阗质子；慧琳出自疏勒裴氏；法藏是昭武九姓之康国人。他们都于佛法深有造诣，其中法藏为华严宗实际创始人，被尊为华严宗三祖。

向达以历史研究作为终身志业，他曾在自传中将自己定位为“一个学历史的学生，专门研究中西交通史”，《唐代长安与西域文明》一书正是他中西交通史领域的里程碑式著作，奠定了他在中西交通史研究上的学术地位。而本书选文《唐代长安与西域文明》则是他唐代中西关系史领域的优秀研究成果。该文自从1933年发表以来，一直备受赞誉：英国著名中国科技史专家李约瑟评价该文为“有关唐代长安西方人的卓越论文”；当代著名学者荣新江评价该文是20世纪“唐代中外关系史研究当中的力作，迄今仍然是每一个研究唐史、中外关系史、长安历史的人所不可忽视的著作”①。笔者在认真研读该文后，深感前辈们评价不虚。

该文的一个最大特点是史料丰富、内容广博。作者所引史料极其丰富，几乎囊括了当时所能接触到的所有相关资料：既有历史文献也有前人和时人研究成果，既有国内文献也有国外文献，既有纸质文献还有碑志、壁画等考古发现。内容方面，因为史料所涉领域广博，文章虽然主要是介绍唐代长安与西域文明间的交流与相互影响，但几乎反映了有唐一代内政外交、思想政治等方方面面。可以毫不夸张地说，整篇文章是以文明交流为线，串联起了有唐一代的兴衰。其中所反映的很多问题都值得认真研究和深刻反思。

比如唐代对突厥降众的安置和对在长安的西域人的优待。唐太宗于630年击败东突厥后，采纳温彦博建议，将归附突厥置于朔方，“全其部落，顺其土俗”，并以官职、土地、钱粮等奖励归附的突厥人。这确实在促进边疆稳定、加强民族融合方面起到了积极作用，也充分展示了“天可汗”视天下为一家的博大胸襟，使草原民族都望风而来，纷纷臣服。但近万户突厥人（主要是贵族）入居长安也成了后来唐王朝的心腹之患。他们有的在高宗时期叛乱，有的成为天宝十四载（755）安史之乱的主力，严重扰乱和削弱了唐朝统治。在民风上，长安少年因长期与突厥流民杂处，耳濡目染，渐渐从外观到精神全面胡化，以至元和时期有“东城老父”慨叹：“长安中少年，有胡心矣。”玄宗时期给予移民“超国民”待遇，规定地方官府要负责归化之民吃穿，将他们安置在比较好的地方，还赋予他们免除十年赋税的特权。这些政策的正面效应是促进了各民族文化交流和统一多民族国家的形成，但

①向达著，荣新江编：《唐代长安与西域文明》，湖湘文库编辑出版委员会、湖南教育出版社2010年版，前言第9页。

也导致大量胡人住在长安乐不思蜀。文中第二节提到的德宗年间 4000 多滞留使节靠政府供养问题，就是这些优待政策的产物。

毋庸置疑，是以唐太宗为首的大唐君臣海纳百川的胸襟、开放包容的政策，才开创了中国历史上最自信、最大气、最富世界大同色彩的一个时代。但是，这样的胸襟和政策，它能够存在的前提只有一个——国家足够强大！不仅要有经济、军事等方面强大的硬实力，还要有文化、制度等方面强大的软实力。只有二者同时具备，才能真正“和同为一家”。可是后来，唐代走向衰落，这种前提逐渐消失，曾经有利的政策，便走向了反面。

再比如西域各国对唐朝随国力而变化的态度。突厥前文已述，不再赘言。先看吐蕃。文中有几处言及吐蕃：“高宗乾封、咸亨之际，西域四镇沦陷，河陇一带遂没于吐蕃”；“天宝以后，河陇陷于吐蕃”；“中国与西域之交通，因四镇陷蕃而中断，于是安西、北庭奏事及西域使人在长安者归路既绝”。前一句是说高宗李治、武则天时期，吐蕃灭吐谷浑后继续进军西域其他国家，高宗派军征讨，大败，安西四镇并废；第二、三句是说安史之乱的时候，吐蕃乘虚而入又占据河西①、陇右②，唐安西（今新疆库车）、北庭地区道路阻绝。再看回纥（788 年改称“回鹘”）。文中提到回纥/回鹘的地方很多，主要集中在第三节：（1）安史之乱后，长安城中常年驻留上千回鹘人，唐廷优待他们，准许他们购置产业，市场盈利都归他们，可他们仗着助唐平安史之乱、阻吐蕃进犯有功，日益骄纵。（2）昭武九姓之商胡见回纥势盛，便冒回纥名居于长安，他们狼狈为奸，“殖货纵暴”，成为“公私之患”。（3）回鹘尊摩尼为国教，回鹘人与摩尼教士来往密切，他们与西市商胡勾结为非作歹，以致元和十二年（817）宪宗诏令遣返回鹘摩尼僧。（4）文宗五年（831）六月，右龙武大将军李甚因其子贷回鹘钱一万一千四百贯不偿被回鹘诉，致贬官宣州别驾；文宗同时下诏，除正当贸易外，任何人不得与胡商有钱物往来。

①河西：指今甘肃、青海二省黄河以西地区，即河西走廊与湟水流域。

②陇右：泛指陇山以西地区，古代以西为右，故名。约相当于今甘肃六盘山以西、黄河以东一带。

其他各节关于回纥/回鹘的也都是负面材料：肃宗、代宗之际，回纥使者至长安，常“擅出坊市，掠人子女，白昼杀人，入狱劫囚，而莫敢谁何”；“德宗即位，遂将留寓长安之回鹘人全部遣回，而有振武留后张光晟杀回鹘使者董突等九百余人之惨剧”。

以上案例充分说明，唐代在与西域各国交往中并不是一直居主导地位，西域各国也不是一直尊崇唐天子。前期唐强胡弱，西域诸国归附，尊唐天子为“天可汗”并听从其号令；但后来唐由盛而衰，有的国家便根据双方实力对比改变了态度。比如回纥曾经助唐平乱，但在崛起后便开始“恃强凌弱”。而唐经历天宝之乱后元气大伤，在与回纥交涉方面处于劣势，后来几乎到了无力保障国民生命财产安全，不得不对其暴行忍气吞声的地步。这些都足以颠覆一直以来大唐在国人心目中的形象。我们现在一提到唐代，想到的基本都是“万国来朝”“世界中心”，基本不知道她曾经有过如此暗弱时刻；一提到中华民族复兴，想到的也是曾经的大唐荣耀。可是，相对漫漫历史长河，大唐一百多年的繁荣何其短暂！也许，我们更应该思考的是，为什么唐代的盛世，会如流星般突然坠落。

最后就是长安胡化与唐代政治。唐代之所以对西域文明表现出极大的包容，能够兼收并蓄，在作者看来，李唐氏族“出于蕃姓”是一大原因。李唐氏族究竟是何出身暂且不论，不过笔者以为，唐太宗“视四海如一家”“以天下为家”的大局观，“偃武修文，中国既安，四夷自服”的政治观，“夷狄亦人耳，其情与中夏不殊”的民族观，“不问出身，唯才是举”的用人观，等等综合起来所形成的他的治国理政思想，以及他对大唐国力和文化的强大自信，才是他对四夷宽厚以待、尊重并包容不同文明的根本原因。无疑，是“不排斥胡化”，才造就了一个经济发展、科技发达、民族融合、艺术繁荣的盛世。那么，玄宗时期长安衣食住行娱等方面几乎“全盘胡化”，对唐代发展是否存在不良影响呢？作者没有评价。其行文重在客观呈现长安胡化的各种表现，至于这种胡化所产生的影响，几乎不予置评。不过从文中一些表述和所引资料，还是能看出作者的一些倾向，及安史之乱后唐人对长安胡风盛行的反思。比如，文中第四节说开元、天宝之际玄宗重用安禄山，赐宅亲仁坊，“一时贵游竞饰第宅，争奇炫丽”，明显是认为玄宗所为滋长了长安贵族追求奢靡的浮华之风；引用白居易《时世妆》，其中描述胡妆的句子“妍媸黑白失本态，妆成尽似含悲啼”，还有“元和妆梳君记取，髻堆面赭非华风”，足见安史之乱后唐人对民间崇尚胡风的否定。还有第五节，元稹《胡旋女》“天宝欲末胡欲乱，胡人献女能胡旋”，毫不隐讳对玄宗沉迷西域歌舞、荒废朝政的批评。作者在文中对西域乐舞的介绍着墨较多。西域艺术的引入，确实让大唐的生活更加浪漫多姿，但也几乎是在西域的胡腾、胡旋与柘枝风行长安的同时，唐帝国的盛世开始走向衰落。范文澜在《中国通史》中曾说，它们的流行“正是唐统治阶级淫靡堕落、迫近祸乱的一个征兆”①。孔子曰：“移风易俗，莫善于乐。”西域乐舞胡腾、胡旋和柘枝，无不炫丽妖冶，全国上下沉浸其中，很容易导致整个民族的浮华享乐之风，并让国民变得日益委靡衰颓。但是，音乐、舞蹈作为艺术，它们本身是没有错的。不是胡旋的急速旋转让唐玄宗迷失了，而是他自己选择了迷失。是他放弃励精图治、选择声色犬马，进而摧毁了自己创造的盛世。

向达可谓中国近现代史上研究唐代长安胡化第一人，为后来者进行史学研究开辟了一个新的领域，但他并不是关注唐代胡化的第一人。安史之乱后，掩盖在盛世太平下的胡汉民族矛盾开始激化，民间排胡情绪强烈，越来越多的唐人开始关注并反思天宝后的高度胡化。他们多认为，安史之乱与玄宗被胡风迷惑了心智，重用蕃将有很大关系。《旧唐书》中甚至感叹：“故有范阳羯胡之乱，兆于好尚远矣。”即认为：之所以有胡人安禄山、史思明叛乱，根源就在于整个社会胡风炽烈，偏离了中华文化之正道。安史之乱的发生有经济、政治、社会等多方面原因，认为安史之乱就是胡化导致可能不完全对，但说胡风炽烈动摇了大唐统治根基，可能并不为过。文化是一个民族的根和

①管士光：《浅草集》，中国书店2007年版，第34页。

灵魂，有着塑造民族品性、引领社会风尚、凝聚国民人心的强大力量。一个国家如果由上而下不分时间、不分场合、不考虑后果地推崇别族文化，甚至在国家礼仪方面都颠覆传统，长此以往，当异族文化在民间的影响力达到一定程度，引起意识形态变化，就会影响社会稳定进而导致政局动荡。唐代由盛而衰，安史之乱后“天下指河朔若夷狄然”，再到后来分崩离析，中华民族再次由统一步入分裂，不能说没有异族风尚盛行，对几千年中华传统文化的根基造成冲击的原因。在世界历史范围内，意识形态演变导致一国政体变易的事例也不在少数。这些都提醒我们，必须重视文化的力量！“文化兴国运兴，文化强民族强。”必须好好培育自己的文化根系，捍卫自己的思想阵地；必须铸牢中华民族共同体意识，加强中华文化的凝聚力和向心力。

该文另一个特点就是论证严谨。作者是在充分搜集相关资料、广泛了解课题研究成果，并对某些疑点进行比较分析再加实地考察后才着手课题研究的。几乎每个观点的提出，都是建立在对材料进行分析论证，对别人的研究成果进行比较分析的基础之上。根据正文表述和页下注可知，作者参阅了冯承钧、王国维、陈寅恪、陈垣、孙楷第、黄文弼，日本桑原骘藏、羽田亨、佐伯好郎、滨田耕作、原田淑人、高楠顺次郎、石田幹之助，和法国雷诺多（E. Renaudot）、德国夏德（F. Hirth）、美国洛佛（B. Laufer）、英国斯坦因（M. A. Stein）、法国沙畹（Chavannes）、法国伯希和（Pelliot）、德国勒柯克（Le Coq）、英国慕阿德（Moule）、英国翟林奈（Lionel Giles）等几十位中外学者的相关研究成果，几乎将与唐代中外关系相关之学术成果“一网打尽”。对每个人的观点或引用文献一律注明出处，对别人观点或从之或补充或修正，同一观点当时学界的不同看法也会在文中列出，而不是直接照搬前人成果或者只概括归纳别人观点：这充分体现出作者矢志向学，实事求是、踏实认真的学术精神。

可以毫不夸张地说，《唐代长安与西域文明》一文，不论是从史料的丰富度还是从考证的严谨度而言，都堪称人文学科研究的典范。南京大学元史研究室/民族与边疆研究中心陈得芝在《重读向达先生的〈唐代长安与西域文明〉：人文学科学术标准感言》一文中说，人文社会学科研究成果水平的鉴定也可以和理科一样有明确的标尺。“如史学论著，一看作者是否了解该课题前人的研究情况及其成绩和缺陷；二看是否充分利用了相关资料并比前人有所扩展；三看所用资料是否经过检验，考异辨误，如同理科之通过实验获得准确数据。这三条标准都是很明确的，甚至可以用百分比来衡量，必须在相当程度上达到标准（或称‘到位’），其研究才能获得新的成绩（或称‘创新’）。”“向先生的这篇文章就是一个典范，从中不仅可以汲取丰富知识，还能学习到严谨的学风和科学的研究方法，领会怎样做才是真正的学术研究。”① 吾深以为然。

①陈得芝：《重读向达先生的〈唐代长安与西域文明〉：人文学科学术标准感言》，元史及民族与边疆研究集刊，2006 年第 1 期，第 1 页。

后记

早在2011年决定编撰出版《湖湘文化名著读本》时，丛书总主编朱汉民先生就将编撰历史卷的任务交给了我。可惜的是，由于身体原因，这一任务我未能完成。后来其他卷陆续完成并相继出版，受到社会的广泛好评。到2023年5月，应省委宣传部要求，湖南大学出版社决定重新修订这部丛书，朱先生将编撰历史卷的任务再次交付于我。

成书这一过程实属不易。湖湘史学是湖湘文化的重要组成部分，从史学名著的视角展现湖湘文化，首先必须对湖湘史学漫长的发展历程进行梳理，然后从庞杂的典籍中摘选出能体现湖湘文化精神特质的代表性著述，再对这些著述进行研读和评析。这对编撰者而言确实是一个很大的挑战。接受任务后，一是受学力所限，二是身体一直欠佳，频出状况，编撰工作进展相当缓慢。然历经一年另半载，历史卷终于还是依时付梓了。我深感宽慰，同时也深感惭愧。宽慰的是，史学作为文化的重要面相，这次终于没有在这套丛书中缺席了；惭愧的是，作为第一著者，诸多工作因身体原因而未能躬亲，实未尽责也。所以，无论如何，我要向本卷的编撰出版团队致以特别的谢意。

感谢李古月博士。他是朱汉民先生的得意门生。朱先生推荐他来协助我编撰本书时，他正处于博士学业中最为忙碌之时，可谓“临危受命”。李博士克服了诸多困难，以扎实的学术功底和务实的工作作风，承担了相当部分的选文勘误、加注和部分评析的撰写工作。

感谢本书责任编辑全健、尚楠欣女士。她们以严谨的工作作风、专业的编辑素养对选文进行了核对和勘误，对注释和评析提出了中肯的修改和完善建议，对全书进行了细致的审读和加工。尤其是全健女士，她不仅督促编撰进度、严格审稿把关，还耗费大量心血认真打磨全书内容，对注释、评析等作了有益的补充和精心的优化。正是在她的不断鞭策下，本书才得以最终完成；也正是她对图书质量的执着追求，才让历史卷得以如今之面貌呈现。她在本书出版过程中所体现出的敬业与专业，让人非常钦佩！

感谢审稿专家王兴国先生、郑佳明先生、唐浩明先生、王文珍女士和丛书总主编朱汉民先生，他们的意见让本卷的内容呈现有了进一步的提升和完善。

尽管本书现已完成，但作为作者，我仍诚惶诚恐。受学识和精力所限，本书在选篇、注释、评析等各方面或许皆存在问题，敬请学界专家和读者批评指正。

龚抗云

2024 年 12 月